Arbeiten zur Religionspädagogik

Band 72

Herausgegeben von
Prof. Dr. Dr. h.c. Gottfried Adam,
Prof. Dr. Dr. h.c. Rainer Lachmann und
Prof. Dr. Martin Rothgangel

Mónika Solymár

Evangelische Schulen in Ungarn

Eine Untersuchung zu ihrem Selbstverständnis
und Profil

Mit 11 Abbildungen

V&R unipress

Bibliografische Information der Deutschen Nationalbibliothek
Die Deutsche Nationalbibliothek verzeichnet diese Publikation in der Deutschen
Nationalbibliografie; detaillierte bibliografische Daten sind im Internet über
https://dnb.de abrufbar.

Gedruckt mit freundlicher Unterstützung der Barbara-Schadeberg-Stiftung, Siegen, und
der Evangelisch-Lutherischen Kirche in Ungarn, Budapest.

Umschlagabbildung: Der Gebäudekomplex des Fasor-Gymnasiums mit der Kirche in Budapest,
© Magyari Márton
Druck und Bindung: CPI books GmbH, Birkstraße 10, D-25917 Leck
Printed in the EU.

Vandenhoeck & Ruprecht Verlage | www.vandenhoeck-ruprecht-verlage.com

ISSN 2198-6177
ISBN 978-3-8471-1269-3

Inhalt

Teil II: Schulen in evangelisch-lutherischer Trägerschaft in Ungarn

Teil III: Selbstverständnis und Profil Evangelisch-Lutherischer Schulen in Ungarn – Ergebnisse der Analyse der Schulprogramme

Teil IV: Diskussion der Ergebnisse und Ausblick

Vorwort

Die vorliegende Arbeit wurde im Sommersemester 2018 von der Evangelisch-Theologischen Fakultät der Universität Wien als Habilitationsschrift angenommen und für die Drucklegung leicht überarbeitet. Sie befasst sich mit den evangelisch-lutherischen Schulen in Ungarn, mit ihrem programmatischen Selbstverständnis und Profil, mit ihren wichtigsten Bezugssystemen und neueren Entwicklungsprozessen. Das Selbstverständnis und das Profil evangelischer Schulen in Ungarn wird schließlich aus einer international-vergleichenden Perspektive bedacht und diskutiert.

Auf dem Weg zur Habilitation haben mich viele Menschen in vielfältiger Art und Weise unterstützt und begleitet. Mein besonderer Dank gilt Prof. em. Dr. Gottfried Adam, der mich ermutigt hat, diese Arbeit zu schreiben, und der ihre Entstehung von Beginn an engagiert begleitet hat. Seine Expertise im Themenbereich und sein Netzwerk zum wissenschaftlichen Arbeitsfeld »Evangelische Schulen« waren mir ausgesprochen hilfreich. Mein besonderer Dank gilt ebenfalls Prof. Dr. Martin Rothgangel, der an der Evangelisch-Theologischen Fakultät in Wien diese Arbeit begleitet und mit zahlreichen Ratschlägen bereichert hat. Seine Expertise zu empirischen Forschungsmethoden hat zum Entstehen der Arbeit viel beigetragen. Für die freundliche und konstruktive Unterstützung beider Wiener Professoren bin ich besonders dankbar.

Die vorliegende Untersuchung stützt sich auf zahlreiche Daten und (Schul)Dokumente, die das evangelisch-lutherische Schulwesen in Ungarn belegen. Die evangelisch-lutherischen Schulen selbst und das Kirchenzentrum der Evangelisch-Lutherischen Kirche in Ungarn ermöglichten den Zugang zu diesen Materialien. Stellvertretend für die Mitarbeitenden und für die Institutionen der Evangelisch-Lutherischen Kirche in Ungarn bedanke ich mich bei der Leiterin der Erziehungs- und Bildungsabteilung, Márta Varga, und beim Leiter des Kirchenzentrums, György Krámer, für diese bereitwillige Unterstützung.

Wissenschaftliches Arbeiten braucht Diskussionsrunden und Inspirationsquellen. Das regelmäßig stattfindende Wissenschaftliche Kolloquium Evangelische Schule in Hannover bot immer ein vertrauensvolles Forum für Anregungen und für fachlichen Austausch. Ebenso danke ich den KollegInnen der religionspädagogischen Sozietät am Institut für Religionspädagogik der Evangelisch-Theologischen Fakultät in Wien für das kritische Nachdenken und für die inspirierende Gemeinschaft. Ich bin sehr dankbar für die Möglichkeit der Teilnahme an einigen Konferenzen von ungarischen evangelischen Schulen in Budapest und in Révfülöp. Die Vorträge und Diskussionen an diesen Konferenzen, die Gespräche mit den AkteurInnen ermöglichten einen besonderen Blick auf das Forschungsfeld.

Für die fachwissenschaftliche Begutachtung bedanke ich mich bei Prof. Dr. Martin Schreiner (Universität Hildesheim), Prof. Dr. Dávid Németh (Reformierte Universität in Budapest) und Prof. Dr. Michael Domsgen (Universität Halle-Wittenberg).

Bedanken möchte ich mich auch für die freundliche Aufnahme des Buches in die renommierte Reihe »Arbeiten zur Religionspädagogik« durch den Verlag V&R unipress samt den Herausgebern Prof. Dr. Dr.h.c. Gottfried Adam, Prof. Dr. Rainer Lachmann und Prof. Dr. Martin Rothgangel. Den Mitarbeitenden des Verlags danke ich herzlich für die kompetente Betreuung und für die unkomplizierte Zusammenarbeit. Die Barbara-Schadeberg-Stiftung – die die Profilentwicklung, Vernetzung und wissenschaftliche Begleitung evangelischer Schulen seit 1994 unterstützt –, und die Evangelisch-Lutherische Kirche in Ungarn haben die Drucklegung dieser Publikation durch freundlich gewährte Zuschüsse erleichtert. Dafür möchte ich herzlich danke sagen!

Meine Faszination für den Themenbereich entstand durch die Arbeit als Schulpfarrerin und Religionslehrerin am Evangelischen Gymnasium/Lyzeum »Berzsenyi Dániel« in Sopron und durch die Mitarbeit im Erziehungs- und Bildungsausschuss der Evangelisch-Lutherischen Kirche in Ungarn am Anfang meiner Berufslaufbahn. Für die wertvollen Erfahrungen und Anregungen dieser Zeit bin ich ausgesprochen dankbar. Sie rufen mir vor Augen, wie bedeutungsvoll eine Verknüpfung und ein reger Austausch zwischen Theorie und Praxis sind.

Vielen Personen und Institutionen habe ich zu danken, die mich während der Zeit der Habilitation freundschaftlich und unterstützend begleiteten. Stellvertretend für viele seien Dr. Erika Schuster und Mag. Erich Foltinowsky erwähnt.

Mein besonderer Dank gilt meinem Ehemann Thomas, der in vielfacher Weise das Entstehen der Arbeit tatkräftig unterstützte. Besonders hat er mir auch dabei geholfen, in allen Phasen der Habilitation eine ausgewogene Work-Life-Balance zu wahren, die wesentlich zum erfolgreichen Abschluss meines Habilitationsprojekts beigetragen hat. Widmen möchte ich das Buch meinen Eltern, Ili und Gábor Solymár, und meinen Geschwistern Adél, Péter und Kinga.

Stratzing / Wien, im Herbst 2020   Mónika Solymár

Teil 1:
Einleitung

1. Konzeption der Studie

Schulen in evangelischer Trägerschaft sind Bildungseinrichtungen mit konfessionellem Profil. Sie ergänzen auch in Ungarn das staatliche Bildungswesen und eröffnen Möglichkeiten, in einer pluralistischen Gesellschaft Erziehungs- und Bildungsarbeit auf der Grundlage einer religiös-weltanschaulichen Prägung zu gestalten.

Dabei stellen sich unmittelbar folgende Fragen: Welche Spezifika kennzeichnen evangelische Schulen? Was macht eine Schule »evangelisch«? Wie schlägt sich die religiöse Prägung in den pädagogischen Konzepten und in den Lehrplänen nieder? Zur Beantwortung solcher Fragen analysiert das Projekt das Selbstverständnis und das Profil evangelischer Schulen in Ungarn. Dabei ist auch der Entwicklungsprozess des evangelischen Schulwesens seit der Wende von 1989 bis hin zum gegenwärtigen national-konservativen Kontext in den Blick zu nehmen. Die Analyse der Entwicklungen lässt gesellschaftliche, bildungspolitische und kirchliche Einflüsse erkennen. Bei der Herausarbeitung des Selbstverständnisses und Profils der Schulen scheinen die vielfältigen Verflechtungen in den Kontext des nachkommunistischen Ungarn auf. Ebenso werden die gegenwärtige Situation und die Herausforderungen für die evangelischen Schulen deutlich.

Die vorliegende Arbeit untersucht die evangelischen Schulen in Ungarn aus religionspädagogischer Perspektive. Das Hauptinteresse liegt darin, das programmatische Selbstverständnis und das Profil von Schulen in evangelischer Trägerschaft in Ungarn zu erheben und ihre theologischen und pädagogischen Fundierungen zu klären, wobei neben dem primären Blick auf den ungarischen Kontext abschließend auch eine international-vergleichende Sichtweise eingenommen wird.

1.1   Gegenstand und Relevanz der Untersuchung

Gegenstand dieser Untersuchung stellen die evangelischen Schulen in Ungarn dar. Auch in Ungarn bilden Schulen in kirchlicher Trägerschaft für viele SchülerInnen und Eltern eine Alternative zu den staatlichen Bildungseinrichtungen. In der tendenziell pluraler gewordenen ungarischen Gesellschaft wächst die Zahl kirchlicher Schulen kontinuierlich. Sie bilden einen immer größeren Anteil am gesamten Bildungswesen[1]. Sie spielen dadurch auch in den bildungspolitischen Diskursen eine bedeutende Rolle. Die öffentliche Diskussion und die Auseinandersetzung um Schulen in kirchlicher Trägerschaft in Ungarn können sich bislang aber kaum auf evidenzbasierte Forschungserkenntnisse stützen.

Aufgrund der Gesetzeslage können Kirchen und Religionsgemeinschaften in Ungarn ab dem Jahre 1990 Schulen und Bildungseinrichtungen gründen und jene Schulen, die vor der Verstaatlichung des gesamten Schulwesens im Jahre 1948 Schulen in kirchlicher Trägerschaft waren, vom Staat zurückfordern. In den letzten 28 Jahren entstand auf diese Weise landesweit ein Netzwerk von katholischen, reformierten und evangelisch-lutherischen Schulen[2]. Im Gefolge der Veränderungen von 1989 bedurfte es eines raschen Handelns. Die Gründung der neuen konfessionellen Schulen war aus diesem Grunde weder von theoretisch-konzeptionellen Grundsatzüberlegungen noch von empirischen Erhebungen und Begleituntersuchungen gestützt. Diese Situation hält bis heute weiterhin an.

Der Gegenstand der Untersuchung bedarf allerdings der Eingrenzung, um nicht einer uferlosen Bearbeitung zu erliegen. Darum werden für die vorliegende Untersuchung folgende drei Vorentscheidungen getroffen, die das Thema eingrenzen. Es werden (1) die evangelisch-lutherischen Schulen in Ungarn untersucht, (2) aus religionspädagogischer Sicht, (3) im Blick auf den ungarischen Kontext und andererseits in einer international-vergleichenden Perspektive.

Es gibt bisher keine wissenschaftliche Untersuchung zu Theorie und Praxis evangelisch-lutherischer Schulen in Ungarn. Trotz ihrer vielfältigen, innovativen und gesellschaftlich stark beachteten Praxis fehlt bisher weitgehend die wissenschaftliche Auseinandersetzung mit der Thematik sowohl aus theologischer und religionspädagogischer als auch aus bildungswissenschaftlicher Sicht. Ebenso wenig wurden bisher der Entwicklungsverlauf seit den Neugründungen und die gegenwärtige Situation analysiert.

---

1 Von 2002 bis 2017 ist die Zahl der SchülerInnen an konfessionellen Grund- und Mittelschulen in Ungarn von 4,8 % auf 15 % gestiegen (Datenbank des Ungarischen Statistischen Zentralamtes). Bemerkenswert ist dieses Wachstum insofern, als es in einer Periode der demographischen Abnahme in Ungarn stattfindet.
2 Zum Sprachgebrauch siehe Kapitel 3.4.2.

Die Arbeit will dieses vorhandene Defizit dadurch beheben, dass sie dem Selbstverständnis und Profil evangelischer Schulen in Ungarn nachgeht und deren theologische und pädagogische Fundierungen klärt.

Die Relevanz der Untersuchung ergibt sich vor allem aus religionspädagogischer und bildungspolitischer Sicht. Zudem ist aus der Perspektive einer öffentlichen Theologie das Thema von Interesse. Nicht zuletzt ist aus Sicht der konkreten schulischen Bildungspraxis und ihrer Durchführung und Gestaltung der Gegenstand der Untersuchung von hohem Interesse.

(1) Aus *religionspädagogischer Sicht* erschließt das Projekt die konzeptionellen Grundlagen zum Selbstverständnis und Profil der evangelischen Schulen. Das geschieht durch die Analyse der Schulprogramme auf empirisch-analytischem Wege. Als geeignetes Verfahren wird dazu die Methode der Grounded Theory ausgewählt. Sie ermöglicht es, die empirischen Ergebnisse in theoretisch-konzeptionelle Überlegungen zu überführen und Typisierungen vorzunehmen. Damit leistet die Arbeit einen Beitrag zur Erforschung der Theorie und Praxis evangelischer Schulen.

Die Erschließung der Elemente des Selbstverständnisses trägt zur Klärung des Verständnisses dessen bei, was das »Evangelische« an evangelischen Schulen meint, sowie des Verständnisses weiterer Profilelemente (wie z. B. das Verhältnis von theologischen und pädagogischen Elementen, Werteorientierung, religiöse Bildung, Schulleben, Schulgemeinde). Dabei ergeben sich von Seiten der Religionspädagogik Verbindungen zur Praktischen Theologie und zur Erziehungswissenschaft.

Die Studie wendet sich einem bislang unerforschten Gebiet zu. Die gewonnenen Ergebnisse können die Grundlage für weitere Forschungen bilden und ermöglichen wissenschaftlich fundierte Vergleiche (z. B. mit Schulen in anderen Trägerschaften und auf der internationalen Ebene). Über den ungarischen Kontext hinaus leistet das Projekt einen Beitrag zur gesamteuropäischen Diskussion über Rolle, Entwicklung, Identität und Profil konfessioneller Schulen und stellt für die Erforschung des kirchlichen Schulwesens in Ungarn den internationalen Anschluss her.

Es wird sich in der Durchführung der Untersuchung zeigen, dass die evangelischen Schulen in Ungarn ein spezifisches Profil aufweisen, da sich ihre Geschichte und ihr gesellschaftlicher Kontext von der Geschichte und den gesellschaftlichen Kontexten anderer protestantischer Schulen in Europa deutlich unterscheiden. Die vergleichende Betrachtung mit der deutschen Diskussion um evangelische Schulen ermöglicht es, das Besondere der evangelischen Schulen in Ungarn herauszuarbeiten. Durch diese vergleichende Betrachtung erfolgt auch eine Anbindung der ungarischen Diskussion an den internationalen Diskurs.

(2) In *bildungspolitischer Hinsicht* liefert die Arbeit empirisch fundierte Erkenntnisse über das evangelische Bildungswesen in Ungarn. Dadurch werden

Grundlagen und eine Datenbasis sowohl für weiterführende Forschungen als auch für die Qualitätsentwicklung und Entwicklungsplanung der evangelischen Schulen geboten. Die Impulse für die Schulentwicklung können auch für Schulen in anderen Trägerschaften bereichernd sein.

Die Untersuchung bietet Impulse zur gesellschaftlichen, bildungspolitischen und kirchlichen Bedeutung von kirchlichen Schulen. Sie kann auch zur Verbesserung des Informationsstandes über evangelische Schulen in Ungarn beitragen. Sie soll ebenso dazu verhelfen, dass im öffentlichen Bildungsraum Ungarns geführte Diskussionen über die kirchlichen/evangelischen Schulen sich auf Forschungserkenntnisse stützen, die auf empirischer Forschung basieren, damit diese Schulen nicht aufgrund spekulativer Annahmen, sondern anhand der wissenschaftlichen Erkenntnisse wahrgenommen werden.

(3) Aus Sicht einer *öffentlichen Theologie* (public theology) liefert die Untersuchung eine Möglichkeit, dass sich die konfessionellen Schulen und ihre Träger mit dem eigenen Selbstverständnis und den eigenen Profilmerkmalen kritisch-konstruktiv auseinandersetzen. Das ist im Blick auf den ungarischen Kontext von hoher Relevanz. Die konfessionellen Schulen sind Orte öffentlicher Verantwortung von Kirche in der Gesellschaft. Sie haben die Möglichkeit, die öffentliche Bedeutung von Religion und religiöser Bildung programmatisch zu thematisieren und in ihrer Praxis konkret umzusetzen und zu verwirklichen (z. B. unbedingte Annahme der Person, Bedeutung der Gemeinschaft, wertschätzende, anerkennende Schulkultur, Chancengleichheit und Bildungsgerechtigkeit, diakonisch-soziales Lernen). Die Forschung kann dazu Anregungen liefern, wie diese Schulen und ihre Träger diese Verantwortung wahrnehmen und mit welchem Selbstverständnis und Profil sie in der Gesellschaft auftreten können.

(4) Im Blick auf die *konkrete schulische Bildungspraxis* macht die Untersuchung konzeptionelle Beiträge und praktische Antworten evangelischer Schulen auf gegenwärtige Herausforderungen sichtbar. Dabei handelt es sich um den konkreten Umgang mit solchen aktuellen Fragestellungen wie Vielfalt, Inklusion, Bildungsgerechtigkeit, Leistungsfähigkeit und die entsprechenden Konzepte. Darüber hinaus können die Ergebnisse für die Wahrnehmung und Bedeutung von Religion in der Bildungsinstitution Schule sensibilisieren. Das gilt sowohl für die konfessionellen Schulen selbst wie aber auch darüber hinaus für den Umgang mit Religion im öffentlichen Schulsystem insgesamt.

Weiterführende Perspektiven und Auswirkungen können den Ergebnissen der Untersuchung insbesondere in den folgenden Bereichen zukommen: Schulentwicklung, Qualitätssicherung, Evaluation, Aus- und Weiterbildung der Lehrpersonen, konzeptionelle Entwicklung und Gestaltung der Schulpastoral/ Schulseelsorge, religiöse Bildung sowie ethische Bildung an Schulen und für Perspektiven und Orientierungsmöglichkeiten hinsichtlich bildungsstrategischer Entscheidungen.

1.2   Ziele und Forschungsfragen

Das Hauptinteresse der Untersuchung liegt darin, das programmatische Selbstverständnis und das Profil von Schulen in evangelisch-lutherischer Trägerschaft in Ungarn zu erheben und ihre theologischen und pädagogischen Fundierungen zu klären.

Dieses forschungsleitende Hauptinteresse kann verfolgt werden durch die Rekonstruierung der von den evangelisch-lutherischen Schulen selbst definierten, programmatischen Verständnisse und Profilmerkmale. Im Selbstverständnis und Profil kommt zum Ausdruck, wie diese Schulen sich sowohl theologisch als auch pädagogisch in programmatischer Hinsicht verorten. Ebenso kommt darin zum Ausdruck, wie diese Schulen sich programmatisch zwischen dem konfessionellen Schulträger, dem ungarischen Bildungssystem und der Gesellschaft positionieren.

Um sich dem Forschungsfeld »Evangelische Schulen in Ungarn« zu nähern, ist es zunächst notwendig, die Kontexte und Bezugssysteme sowie die evangelischen Schulen selbst und deren Entwicklungsverlauf seit den Wieder- und Neugründungen nach der politischen Wende im Jahre 1989 herauszuarbeiten und bis zur gegenwärtigen Situation zu verfolgen und aufzuarbeiten.

Auf diesem Hintergrund kann dann das entscheidende Ziel der Untersuchung, nämlich die Analyse des besonderen Selbstverständnisses und des eigenständigen Profils des evangelischen Schulwesens, durchgeführt werden. Dafür bieten sich die zahlreich vorhandenen Texte der Schulprogramme evangelischer Schulen an.

Mit dem Ziel, die Spezifika des Selbstverständnisses und Profils evangelischer Schulen in Ungarn weiter zu konturieren sowie nationale und übernationale Merkmale und Perspektiven evangelischer Schulen aufzuzeigen, werden die Hauptresultate dieser Studie in einem weiteren Schritt zu den entsprechenden Aussagen über evangelische Schulen in Deutschland in eine vergleichende Perspektive gestellt. Damit ist zugleich das Ziel verbunden, eine Anbindung der Diskussion um das evangelische Schulwesen in Ungarn an die internationale Diskussion über die konfessionellen Schulen vorzunehmen.

Für die Durchführung der Untersuchung sind die folgenden Fragestellungen leitend:

1. Welche Entwicklungsprozesse sind im evangelischen Schulwesen in Ungarn seit der Wende zu verzeichnen und welche Rolle und Bedeutung haben die Schulen in evangelischer Trägerschaft im gegenwärtigen ungarischen Bildungskontext?

2. Welches Selbstverständnis von evangelischen Schulen in Ungarn liegt vor und welche Profilmerkmale haben diese Schulen?

3. Welche Spezifika evangelischer Schulen in Ungarn zeigen vergleichende Perspektiven auf? Welche Gemeinsamkeiten und welche Unterschiede sind in der Auffassung von Selbstverständnis und Profil von Schulen in evangelischer Trägerschaft in Deutschland und in Ungarn exemplarisch festzustellen?

Die Arbeit verortet sich innerhalb der evangelischen Theologie im Bereich der Religionspädagogik. Auf der Basis ihrer »doppelten Verankerung« in Theologie und Pädagogik erforscht sie pädagogisch dimensionierte und theologisch verantwortete Bestimmungen und Profilmerkmale evangelischer Schulen in Ungarn, analysiert auf empirische Weise die programmatischen Sichtweise von Schulprogrammen und überführt diese in theoretisch-konzeptionelle Überlegungen. Die Ergebnisse zum Selbstverständnis und Profil von Schulen in evangelischer Trägerschaft in Ungarn werden in den internationalen Kontext gestellt und vergleichend diskutiert.

1.3   Aufbau der Studie

Entsprechend den Zielsetzungen und forschungsleitenden Fragestellungen gliedert sich die vorliegende Arbeit in folgende vier Teile:

In Teil I wird nach der Präsentation des Forschungsvorhabens der Forschungsstand zu Theorie und Praxis evangelischer Schulen in Ungarn und im europäischen Kontext erhoben. Darauffolgend wird die methodische Vorgehensweise dieser Untersuchung dargelegt und die Klärung von zentralen Begriffen vorgenommen.

In Teil II werden die Schulen in evangelischer Trägerschaft in Ungarn dargelegt. Zunächst werden die Kontexte und Bezugssysteme dieser Schulen vorgestellt. Sodann werden Tendenzen und Merkmale des ungarischen Bildungssystems herausgearbeitet sowie die Rolle und Bedeutung von konfessionellen Schulen im ungarischen Bildungssystem aus gesellschaftlicher und bildungspolitischer Sicht erläutert. Als weiteres Bezugssystem evangelischer Schulen wird darauffolgend die Evangelisch-Lutherische Kirche in Ungarn benannt. Die Fragen der kirchlichen Trägereinrichtungen, die kirchlichen Unterstützungs- und Steuerungsorgane des evangelischen Schulwesens und die maßgebenden kirchlichen Orientierungsdokumente zu den evangelischen Schulen werden dargestellt und untersucht.

Nach ihren Bezugssystemen kommen die evangelisch-lutherischen Schulen selbst in den Blick. Es werden Entwicklungsphasen und Entwicklungsmerkmale herausgearbeitet, die für die Gründung und das Bestehen evangelisch-lutherischer Schulen seit der politischen Wende 1989 kennzeichnend sind. Eine Bestandsaufnahme stellt die gegenwärtige Situation des evangelisch-lutherischen

Schulwesens anhand ausgewählter Merkmale (Trägerschaft, Schulstandorte, Schultypen, Schulformen usw.) dar. Zum Abschluss von Teil II werden die Leistungsfähigkeit sowie der »pädagogische Mehrwert-Faktor« evangelisch-lutherischer Schulen dargelegt.

Der Teil III bildet den Hauptteil der Arbeit. Darin wird die empirische Analyse der einschlägigen Dokumente zum Selbstverständnis und zu den Profilmerkmalen evangelisch-lutherischer Schulen durchgeführt.

In Kapitel 6 wird zunächst eine Zusammenschau der ermittelten Kategorien geboten, wie sie mittels des Kodierverfahrens der Grounded Theory aus den Schulprogrammen evangelischer Schulen gewonnen wurden. In den folgenden Kapiteln werden die Ergebnisse zu den Kategorien im Einzelnen dargelegt.

In Kapitel 7 wird das Menschenbild analysiert, das den Schulprogrammen zugrunde liegt. In Kapitel 8 geht es um die Frage, welche Zielvorstellungen die Schulen verfolgen. Das Kapitel 9 nimmt die AkteurInnen der Schulen – die SchülerInnen, LehrerInnen und die Eltern – in den Blick. In Kapitel 10 wird das Erziehungs- und Bildungsverständnis und in Kapitel 11 die Kategorie »Schulprofil evangelisch-lutherischer Schulen in Ungarn« untersucht.

Kapitel 12 bietet eine zusammenfassende Darstellung des Selbstverständnisses evangelisch-lutherischer Schulen in Ungarn. Dabei werden die drei herausgearbeiteten Formen des Selbstverständnisses erörtert. Eine kritische Auseinandersetzung mit den Schulprogrammen und ihre Würdigung als Medien des Selbstverständnisses und Profils evangelisch-lutherischer Schulen schließen das Kapitel ab.

In Teil IV werden die Ergebnisse der Untersuchung aus einer international-vergleichenden Perspektive bedacht und diskutiert. Das geschieht exemplarisch am Beispiel der evangelischen Schulen in Deutschland. Gemeinsame Elemente und vorhandene Unterschiede werden benannt. Durch den Vergleich wird der Erkenntnisgewinn dieser Arbeit im Blick auf Theorie und Praxis evangelischer Schulen in Ungarn erkennbar. Es werden aber auch Grenzen der durchgeführten Untersuchung deutlich.

Weiterhin werden Themen und Fragestellungen für weitergehende Forschungsprojekte, die an die Untersuchung anschlussfähig sind, benannt. Ferner werden Überlegungen zu möglichen Konsequenzen auf der Basis der vorgelegten Analysen angestellt sowie Anregungen und Hinweise für die Bildungspolitik, für die Schulträger bzw. die Kirchenleitung und für die evangelisch-lutherischen Schulen selbst formuliert.

2. Forschungsstand zu Theorie und Praxis konfessioneller Schulen

In diesem Kapitel geht es darum, die Untersuchung im nationalen und internationalen Kontext zu positionieren. Dazu wird zunächst der gegenwärtige Forschungsstand zu Theorie und Praxis von konfessionellen Schulen sowie von evangelischen Schulen in Ungarn behandelt. Danach wird das Forschungsfeld in den europäischen Kontext gestellt und die deutschsprachige Forschung und Diskussion näher vorgestellt.

2.1 Wissenschaftliche Erforschung von Theorie und Praxis konfessioneller Schulen in Ungarn

Das Monopol des Staates auf Schulerhaltung hörte in Ungarn mit dem Jahr 1990 auf. Die Veränderung der Machtstrukturen und der daraus sich ergebende Abbau und Umbau des kommunistisch-sozialistischen Bildungssystems führte zur Pluralisierung des Bildungswesens. Kirchen, Stiftungen und sonstige Schulträger gründeten Schulen bzw. forderten ihre einst verstaatlichten Schulen zurück. Die Übernahme der neuen gesellschaftlichen Rolle durch die Kirchen und ihr Auftreten als Schulträger wirkte am Anfang der 1990er Jahre befremdlich, rief geradezu feindliche Emotionen hervor[3]. Die einzelnen konkreten Schulübergaben generierten aber auch lokale Spannungen zwischen kommunalen Selbstverwaltungen, Kirchen und AkteurInnen der Schulen. Der Start von Schulen in kirchlicher Trägerschaft und ihre Erforschung wurden auch dadurch noch erschwert, dass in der kommunistischen Zeit der Staat und die Kirchen, Theologie und Pädagogik nicht nur keine Gesprächspartner, sondern »gegenseitige Feinde«[4] waren.

---

3 Tomka 2005, 2010.
4 Nagy 2000a.

2.1.1 (Bildungs-) Politische Diskussion um die weltanschauliche Neutralität des Bildungswesens in Ungarn

Die kirchlichen Schulen betreffen ein wichtiges Gebiet der Auseinandersetzung zwischen Staat und Kirchen. Das zentrale Thema der wissenschaftlichen Reflexion im Zusammenhang mit kirchlichen Schulen war am Anfang die Frage bzw. die Infragestellung der Rolle und Verantwortung, die die Kirchen im Bildungswesen zu übernehmen begannen. Es gab Fallbeispiele, es entstanden Studien, die die geschichtliche Rolle der Kirchen im öffentlichen Bildungswesen zum Thema hatten[5]. Diese Frage war ein stark politisiertes Thema, sie bildete einen Teil des Systemwechsels und war auch wegen des Rückgabeprozesses der einst verstaatlichten kirchlichen Schulen nicht gegen Interessenskonflikte gesellschaftlicher Gruppierungen gefeit[6].

Im Zusammenhang mit der neuen Rolle der Kirchen im öffentlichen Bildungswesen entstand auch die Frage nach der Einführung des Religionsunterrichts an der öffentlichen Schule. Mitte der 1990er Jahre wurde das ein wichtiges Thema[7]. Diese Frage führte zu einer Diskussion über die weltanschauliche Neutralität des staatlichen Bildungswesens[8]. Die kontroversen gesellschafts- und bildungspolitischen Diskussionen darüber wurden bis zum Anfang der 2000er Jahre geführt. Eine Annäherung aus religionspädagogischer und/oder bildungswissenschaftlicher Sicht gibt es zum Thema in Ungarn aber bisher kaum. Daran änderte auch die neue Rechtslage nichts, dass ab Herbst 2013 in den allgemeinbildenden öffentlichen Schulen Ethikunterricht oder Religions- und Ethikunterricht als Wahlpflichtfach eingeführt wurden[9].

2.1.2 Soziologische und bildungssoziologische Forschungen

Am Anfang des 21. Jahrhunderts etablierte sich das kirchliche Schulsystem in Ungarn. Die Rolle der Kirchen im Bildungswesen ist gefestigt. Ihre Bildungsaktivitäten werden als Teil eines demokratischen und pluralistischen Bildungssystems gesehen. Entsprechende Analysen wurden in der bildungswissenschaftlichen Fachliteratur publiziert[10].

---

5 Liebhardt 1992, Nagy 2000a, 2000b.
6 Szigeti/Szemerszki/Drahos 1992, Korzenszky 1997.
7 Nagy 1994.
8 Nagy 2000b, Kozma 2005.
9 Gesetz CXC über das nationale Bildungswesen von 2011, § 35.
10 Pusztai/Rébay 2005, Hámori/Rosta 2013, Pusztai 2013.

Die bildungssoziologischen Arbeiten untersuchen die gesellschaftliche Beurteilung konfessioneller Schulen[11], ihre Leistungsfähigkeit[12], ihr Sozialkapital[13] und die Zusammensetzung ihrer Schülerschaft[14]. Die Studien zur Leistungsfähigkeit weisen auf die besseren Leistungen von SchülerInnen konfessioneller Schulen im Vergleich zu den SchülerInnen staatlicher Schulen hin. Besonders im Bereich des Leseverständnisses können die SchülerInnen kirchlicher Schulen bessere Ergebnisse vorweisen als die der staatlichen Schulen. Die Berücksichtigung mehrerer Faktoren, wie z. B. der sozioökonomische Hintergrund der Schülerschaft, führte zur weiteren Differenzierung der Ergebnisse. Die neueren Studien zeigen, dass die kirchlichen Schulen bezüglich der Zusammensetzung ihrer Schülerschaft keineswegs homogen sind und konfessionell unterschiedliche Spezifika aufweisen[15].

Diese Studien entstanden im empirisch-soziologischen Bereich und verglichen das kirchliche Schulwesen mit dem staatlichen. Dabei wurde das kirchliche Schulwesen zunächst »einheitlich« betrachtet. Die Merkmale und Unterschiede der einzelnen kirchlichen Schulträgergruppen wurden kaum berücksichtigt. Die neueren bildungssoziologischen Studien geben ein differenzierteres Bild über das konfessionelle Schulwesen in Ungarn[16]. Diese Analysen zeigen, dass die einzelnen Kirchen unterschiedliche bildungspolitische Zielsetzungen verfolgen, unterschiedliche Schüler- und Familiengruppen als Zielgruppen im Blick haben und dass ihre Schulsysteme unterschiedliche strukturell-institutionelle Merkmale aufweisen.

2.1.3 Forschungen aus religionspädagogischer und/oder bildungswissenschaftlicher Sicht

Seit der Wende erscheinen laufend kleinere Artikel, Jahrbücher, Festschriften, Erfahrungsberichte und Praxisbeispiele zu christlichen Schulen in Ungarn[17]. Sie beschreiben Vergangenheit und Gegenwart einzelner kirchlicher Schulen sowie die pädagogischen Ziele und das Proprium der kirchlichen Bildungseinrichtungen. Sie haben einen praxisorientierten Zugang, wie die große Zahl von Praxisberichten zeigt. Arbeiten im Bereich von Theologie, Religionspädagogik

---

11 Tomka 2005.
12 Pusztai 2004, Dronkers/Róbert 2004, Imre 2005, Neuwirth 2005, Hermann/Varga 2016.
13 Pusztai 2004, 2006, 2009.
14 Kopp 2014, L. Ritók 2015, Kopp/Vámos 2016, Hermann/Varga 2016, Tomasz 2017.
15 Kopp 2014, Hermann/Varga 2016.
16 Kopp 2014, Hermann/Varga 2016, Tomasz 2017.
17 z.B. Zeitschriftenreihe »Evangélikus Iskola« bzw. »Evangélikus Nevelés«, »Magyar Református Nevelés«.

und/oder Bildungswissenschaft, die wissenschaftlichen Ansprüchen genügen, sind nach wie vor zahlenmäßig äußerst gering. Sie werden im Folgenden dargestellt.

Ein ökumenisch ausgerichteter Sammelband beschäftigt sich mit Theorie und Praxis der Erziehung und Bildung aus dem christlichen Glauben[18]. Die kurzen Studien behandeln die Zielvorstellungen christlicher Schulen auf dem theologischen Hintergrund des christlichen Menschenbildes (Szűcs, Pálhegyi), die konkreten pädagogischen Aufgaben der Schulen (Korzenszky, Arany), die Fragen der Erziehung im Glauben (Jelenits, Lampérth), die Beziehungen zwischen Schule und Kirche bzw. Gemeinde (Dizseri, Tőkéczki) und die konkreten Bildungsinhalte im Unterricht (Bencze, Farkas). In diesem Sammelband spiegelt sich, wie Mitte der 1990er Jahre das kirchliche Bildungswesen auf der Suche nach gangbaren Wegen war.

Die kirchlichen Schulen profilieren sich allgemein mit der Darstellung der Grundlagen des christlichen Wertesystems und einer christlich orientierten Pädagogik. Die Kernthemen der kurzen Studien aus dem Bereich von Religionspädagogik und Bildungswissenschaft sind die christlich-religiöse Erziehung[19], die werteorientierte ethische Erziehung[20] sowie im protestantischen Bereich die ungarisch-protestantischen Bildungsinhalte[21].

Eine Studie untersucht die Frage, ob es eine »christliche Pädagogik« gibt[22]. Materialistisch, biologisch, humanistisch und christlich orientierte Menschenbilder werden miteinander verglichen. Ebenso werden unterschiedliche pädagogische Konzepte, die von diesen unterschiedlichen Menschenbildern geprägt sind, vorgestellt. Die leitende Fragestellung wird bejaht und theologisch dimensioniert. Der Kerngedanke einer christlichen Pädagogik wird in der »Wiederherstellung der Gottebenbildlichkeit des Menschen« gesehen. Es wird festgestellt, dass das allein Gott machen könne. Den christlichen Lehrenden wird dabei aber – als Mitarbeitende Gottes und Vorbild bei der Nachfolge Jesu – ein hoher Stellenwert zugeschrieben.

Eine Dissertation analysiert die Identität von Gymnasien der reformierten Kirche in Ungarn und arbeitet Identitätsmodelle dieser Schulen heraus[23]. Die Traditionen der reformierten Gymnasien in Ungarn, die gemeinsamen Grundelemente ihrer Identität, die Unterschiede von reformierten zu staatlichen sowie zu katholischen Schulen werden – durch Analyse von Lehrer- und Direktoreninterviews und Schülerbefragungen an diesen Schulen – empirisch untersucht.

---

18 Jancsóné/Kelemenné/Korzenszky 1996.
19 Rókusfalvy 2003.
20 Pálvölgyi 2009.
21 Kósa 1996.
22 Pálhegyi 2000.
23 Kopp 2007.

Das Ergebnis zeigt, dass die reformierten Gymnasien durchaus von den Schulen in staatlicher sowie in katholischer Trägerschaft differenziert werden können. Als gemeinsame Grundelemente gehören zu ihrer Identität: die deklarierte Zielvorstellung der Schulen, die Präsenz von Religion im Schulleben, der Respekt in Bezug auf die Traditionen, die Belange des nationalen Charakters, die Achtung gegenüber dem Lehrpersonal und die strengeren Schulregeln. Innerhalb der reformierten Gymnasien werden drei Identitätsmodelle – Traditionen weitertradierende Schulen, Traditionen neu interpretierende Schulen, nach der effektiven Bildung organisierte Schulen – identifiziert[24].

Die Kirchen, die Schulen unterhalten, fassten ihre programmatischen Vorgaben in Orientierungsdokumenten zusammen[25]. Den Lehrpersonen wird in kirchlichen Schulen bei der Gestaltung des Schulprofils eine wichtige Rolle zugeschrieben[26]. Die Lehrerprofessionalitätsforschung bestätigt die erweiterte Rollenauffassung der Lehrenden in den reformierten Schulen[27]. Die persönliche Begleitung der SchülerInnen, die Schulseelsorge, die Gestaltung der Schulgemeinschaft und die Arbeit für ein christlich-religiöses Schulklima sehen die Lehrpersonen der reformierten Schulen als wichtige Bereiche ihres Arbeitsfeldes an.

Die Forschungen zu Theorie und Praxis konfessioneller Schulen in Ungarn zeichnen sich durch ein erhebliches Theoriedefizit aus. Das betrifft u. a. die theologischen Bestimmungen und die Profilmerkmale kirchlicher/evangelischer Schulen, die systematische Darstellung der Begründungszusammenhänge dieser Schulen, die Aufzeichnung der neueren Entwicklungslinien, die wissenschaftliche Auseinandersetzung mit dem spezifisch christlichen bzw. evangelischen Bildungsverständnis und die Analyse der profilbildenden Merkmale der kirchlichen Schulen in Ungarn.

2.1.4 Forschungen und Publikationen zu Theorie und Praxis evangelischer Schulen in Ungarn

Die Arbeiten, die in den letzten dreißig Jahren bezüglich der evangelischen Schulen in Ungarn erschienen, beziehen sich in der Regel auf die Umstände des Neubeginns[28], auf die Geschichte von traditionsreichen evangelischen Gymnasien[29], auf die Situation des evangelischen Bildungswesens[30] und auf die Per-

---

24 Kopp 2007, 132f.
25 z.B. Kálmán/Márkus/Papp 2008, Pompor 2017.
26 Németh 2004.
27 Bacskai 2008, 2012.
28 Gyapay 1997, 1998.
29 Győrffy/Hunyadi 1986, Gyapay 1989, Zomboryné Bazsó 2000.

spektiven und Herausforderungen dieser Schulen[31]. Wiederkehrende Themen sind die Inhalte und Organisationsformen der christlich-religiösen Erziehung und Bildung[32] und die Rolle und Aufgabe der SchulpfarrerInnen[33]. Eine kurze Studie stellt anhand der Daten der landesweiten Kompetenzmessungen fest, dass die Leistungsfähigkeit evangelischer Schulen den landesweiten Durchschnitt weitaus übertrifft und dass der pädagogische Mehrwert an diesen Schulen – bis auf eine Ausnahme – positiv ist[34]. Ein thematischer Sammelband behandelt die evangelischen Bezüge in verschiedenen Unterrichtsfächern[35]. Er enthält Beiträge, die die Möglichkeiten der Sichtbarmachung evangelischer Inhalte in den Unterrichtsfächern Literatur, Geschichte, Fremdsprachen, Musik, Visuelle Kultur, Informatik, Sport und Evangelische Religion behandeln.

Die Frage nach den Gründungszusammenhängen evangelischer Schulen taucht immer wieder in Publikationen von unterschiedlichen Gattungen auf. Davon seien zwei Studien genannt. Die erste Studie betrachtet das Thema aus theologischer Sicht[36]. Sie sieht die theologischen Grundlagen evangelischer Schulen in der Rechtfertigungslehre, in der Freiheit des Menschen in Christus und in der Nachfolge und im Dienst Jesu. Daraus werden als Leitideen für die Schulen die Offenheit für unsere Welt, für uns selbst sowie für Gott und die Gottesfrage abgeleitet.

Die zweite Studie stellt zunächst jene Argumente vor, die noch keinen hinreichenden Grund zur Schulgründungen für die evangelische Kirche bedeuten: die ethische Erziehung und Bildung, die hohe Schulqualität, der Beitrag zur Kultur, die Tradierung protestantischer Traditionen und die Sicherung des Pfarrernachwuchses[37]. Der einzig wahre Grund für die Existenz evangelischer Schulen wird stattdessen in der christlichen Pädagogik gesehen. Die Leitgedanken einer solchen Pädagogik werden so gefasst: In der Mitte dieser Pädagogik steht Gottes Liebe zu den Menschen. Das Ziel dieser Pädagogik ist das Lob Gottes und die Entfaltung des menschlichen Lebens in Gottes Wirklichkeit. Die Methode besteht in der christlichen Ethik. Das lutherische Prinzip ist die Erziehung zu christlicher Freiheit und Verantwortung. Das Grundmerkmal ist die gemeinschaftliche Daseinsform.

Diese beiden Beispiele zeigen, dass in diesen Konzepten das Verhältnis zwischen Pädagogik und Theologie von einem Dominanzmodell bestimmt wird. Die

---

30 Győri 2003, Mihályi 2003, 2005, Solymár 2004a.
31 Szabó 2000, Frenkl 2001, Solymár 2004b, Kovács 2014.
32 Szabó 2000, Solymár 2004b, Mesterházy 2007, Zámbó 2008, Kodácsy-Simon 2015.
33 Solymár 1998, Szabó 2006, Evangélikus Iskola 1 (1/2012), Csepregi 2015, 2016.
34 Pusztai/Bacskai 2016.
35 Evangélikus Nevelés 14 (2/2015).
36 Csepregi 2015.
37 Kodácsy-Simon 2015.

pädagogischen Prinzipien werden aus der Theologie abgeleitet. Diese Vorgehensweise ist für den ungarischen Diskussionsstand als exemplarisch anzusehen. Zwei weitere Studien fragen nach dem Bedeutungsgehalt des »christlichen Menschenbildes« und des Verständnisses von »Inklusion« in den programmatischen Konzepten der evangelischen Schulen[38]. Zur Frage der Inklusion wird herausgearbeitet, dass in den Schulprogrammen evangelischer Schulen kein erkennbarer Unterschied in der Verwendung der Begriffe Integration und Inklusion festzustellen ist. Beide Begriffe besitzen eine Reihe von Deutungsvarianten. Sie werden als Leitwort, als pädagogisches Unterrichtskonzept, als Förderprogramm für benachteiligte SchülerInnen und als Prinzip für die Schulkultur und Schulorganisation verstanden. In einer Gegenüberstellung und Auswertung der Auswahlkriterien der SchülerInnen einerseits und der innerschulischen Bemühungen um Inklusion/Integration andererseits wird die Hypothese aufgestellt, dass an den evangelisch-lutherischen Schulen in Ungarn eine binnenschulische Bemühung um Inklusion und eine durch Auswahlverfahren vorgenommene Exklusion praktiziert wird[39].

Seitens der zuständigen Bildungsorgane der Evangelisch-Lutherischen Kirche in Ungarn wurden Orientierungsdokumente verfasst. Sie beinhalten Erwartungen und Ansprüche an evangelische Schulen sowie Zielsetzungen, grundlegende Bestimmungen und Entwicklungsperspektiven für diese Schulen[40]. Die seit 2001 unregelmäßig erscheinende Zeitschrift »Evangélikus Iskola« [=Evangelische Schule] veröffentlichte Berichte über die evangelischen Schulen sowie Selbstdarstellungen dieser Schulen. Mit dem Jahre 2012 wurde diese Zeitschrift in ihrer inhaltlichen Ausrichtung verändert, was auch durch den neuen Titel »Evangélikus Nevelés« [=Evangelische Erziehung und Bildung] zum Ausdruck kommt. Das Interesse ist nicht mehr auf Schulberichte ausgerichtet. Grundlegende Fragen der Organisationsentwicklung, die Rolle der AkteurInnen und die Aspekte der pädagogischen Konzepte dieser Schulen stehen im Mittelpunkt[41].

In den bisher vorliegenden Arbeiten handelt es sich überwiegend um kurze Artikel, die meistens ein schul- oder unterrichtspraktisches Thema haben, Praxisbeispiele vorstellen oder normative Richtlinien zur Profilierung evangelischer Schulen vorgeben. Zusammenfassend ist daher festzustellen, dass trotz einer

---

38 Solymár 2014, 2018.
39 Solymár 2018.
40 Oktatási Osztály 2001, Magyarországi Evangélikus Egyház 2008, Rozs-Nagy 2014, Magyarországi Evangélikus Egyház 2016. In Kapitel 4.2.3 werden diese Orientierungsdokumente ausführlicher behandelt.
41 Die thematischen Ausgaben haben die folgenden Schwerpunkte: Schulpfarrerschaft (1/2012), Erziehung zum Leben in der Familie (2/2012), Kirche der Anerkennung – Pädagogik der Anerkennung (1/2013), Im Diskurs (2/2013), Organisationskultur (1/2014), Der gute Leiter/ Die gute Leiterin (1/2015), Reformation im Unterricht (2/2015), Bildungsstrategische Aspekte (1/2017), Reformation (2/2017).

lebendigen und vielfältigen Praxis die Schulen in evangelischer Trägerschaft in Ungarn bisher kaum Thema der wissenschaftlichen Forschung in Theologie, Religionspädagogik und Bildungswissenschaft sind. Eine reflexiv-analytische Sicht auf die Verortung, (Selbst-)Bestimmung, Profilierung sowie Theorie und Praxis dieser Schulen ist nicht einmal ansatzweise vorhanden. Es fehlen international-vergleichende Analysen, die Theorie und Praxis evangelischer Schulen in Ungarn aus komparatistischer Sicht betrachten, gänzlich. Daher gibt es bislang keine Verbindung zur internationalen Forschungsdiskussion über konfessionelle Schulen.

Auffällig ist die Isoliertheit der ungarischsprachigen Publikationen. Die Erscheinungsorgane der genannten Publikationen sind fast ausnahmslos die kirchlichen, evangelisch-lutherischen Medien. In weiteren, insbesondere bildungswissenschaftlichen Fachzeitschriften ist die Beschäftigung mit der Theorie und der Praxis evangelischer Schulen in Ungarn und eine entsprechende Diskussion nicht präsent. Noch auffälliger ist aber der fehlende Austausch zwischen den evangelisch-lutherischen und den reformierten Schulen in Ungarn – auch im Bereich der Forschung. Die gemeinsame Verortung in der Reformation, die Verpflichtung gegenüber dem protestantischen Erbe und den reformatorischen Grundprinzipien sowie der gleiche ungarische Kontext sollten eigentlich genügend Gründe liefern für eine Kooperation in der Forschung und für gemeinsame Forschungsprojekte, die die Theorie und Praxis der reformierten und der evangelisch-lutherischen Schulen in Ungarn zum Gegenstand haben, sich aufeinander beziehen und sich darüber austauschen.

2.2 Internationale Forschungen zu Theorie und Praxis evangelischer Schulen

Über den ungarischen Kontext hinaus soll nun der Blick auf das Forschungsfeld »Konfessionelle Schulen« auf der europäischen Ebene gerichtet werden. Dabei ist der Themenbereich »Religion und religiöse Bildung an Schulen« von besonderem Interesse. Auf die Forschungen zu Theorie und Praxis an evangelischen Schulen in Deutschland wird deshalb besonders eingegangen, weil sie als Bezugspunkt für die vergleichende Betrachtung mit der ungarischen Situation ausgewählt werden.

2.2.1 Europäische Forschungsaktivitäten im Forschungsfeld »Konfessionelle Schulen«

Die protestantischen Schulen sind in den einzelnen Ländern Europas in sehr vielfältige und höchst unterschiedliche gesellschaftliche und bildungspolitische Situationen eingebettet[42]. Die kirchliche Trägerschaft weist ebenso eine Formenvielfalt von Trägerschaften auf (z. B. Vereine, Stiftungen, Gesamtkirche, Kirchenkreise, Ortsgemeinden, Diakonie). Die Trägerschaften werden auf unterschiedliche Weise wahrgenommen und ausgeübt.

Ein Netzwerk von protestantischen Schulen in Europa ist vor allem in Deutschland, in England und in Wales, in den Niederlanden und in Ungarn zu finden. In England, in Wales und in den Niederlanden hat das kirchliche Schulwesen eine lange Tradition. Es bildet einen wichtigen Teil des gesamten Schulwesens dieser Länder (ca. 60–70 %). Die Mehrheit dieser Schulen wird analog zu den öffentlichen Schulen vom Staat finanziert[43]. Ähnlich wie in Ungarn ergänzt in Deutschland das kirchliche Schulwesen das staatliche Bildungssystem und bildet einen kleineren Anteil am gesamten Schulwesen (ca. 8 %). Dabei kommt der konfessionell-kirchlichen Verortung dieser Schulen eine bedeutende Rolle zu.

Der wissenschaftliche Diskurs über protestantische Schulen wird sowohl in England (z. B. Warwick Religious and Education Research Unit) als auch in den Niederlanden (z. B. Vrije Universiteit Amsterdam) und in Deutschland (z. B. Comenius Institut/Münster, Wissenschaftliche Arbeitsstelle Evangelische Schule, Buchreihe »Schule in Evangelischer Trägerschaft« seit 2002) intensiv geführt. Dieser Diskurs wird von mehreren Einrichtungen und Stiftungen begleitet (z. B. National Society for Promoting Religious Education, Besturenraad voor Christelijk Onderwijs, Evangelische Schulstiftung in der EKD, Barbara-Schadeberg-Stiftung). Die Themen von Rolle, Selbstverständnis und Profilmerkmalen kirchlicher Schulen bilden auch wichtige Bereiche der Forschung[44]. Ebenso werden eine internationale Diskussion und ein wissenschaftlicher Austausch angestrebt (z. B. European Network for Religious Education through Contextual Approaches [ENRECA], Church and School [ICCS]). Daran sind bisher vor allem die west- und nordeuropäischen Länder beteiligt.

Die wissenschaftliche Forschung zu kirchlichen Schulen ist in das Thema »Religion und religiöse Bildung in der Schule« eingebettet. Dabei geht es vor allem um die Wahrnehmung, Bedeutung und Wirkung von Religion in der Schule

---

42 Jäggle/Rothgangel/Schlag 2013, Rothgangel/Jackson/Jäggle 2014, Rothgangel/Jäggle/Schlag 2016.
43 Siehe u. a. Jackson/O'Grady 2007, Gates/Jackson 2014, Geurts/ter Avest/Bakker 2014.
44 u.a. Francis/Lankshear 1993, Jackson 2003, BJRE 25 (2/2003), Worsley 2013.

im Kontext zunehmender kultureller und religiöser Pluralität[45]. Der spezifischere Forschungsbereich »Evangelische Schule« liegt genau an der Schnittstelle von Theologie und Pädagogik. Er leistet einen grundlegenden und unverzichtbaren Beitrag zum interdisziplinären Dialog[46].

Was die Behandlung der Thematik der konfessionellen Schulen betrifft, gibt es aber eine Diskrepanz zwischen den englischsprachigen Forschungen (West- und Nordeuropa) und der deutschsprachigen Forschung (mitteleuropäische Länder). Diese Diskrepanz ist bedingt durch kontextuell-bildungspolitische, sprachlich-begriffliche und bezugswissenschaftliche Differenzen. Vor allem werden zentrale Begriffe unterschiedlich verstanden, sodass man nicht von einer übergreifenden »allgemeingültigen« Bedeutung der Terminologie ausgehen kann. Angesichts einer zunehmenden »Europäisierung von Bildung« besteht hier der Bedarf, eine gemeinsame Plattform auszuarbeiten, um das wissenschaftliche Gespräch über diese Differenzen hinaus zu ermöglichen[47].

2.2.2 Forschungen zur theoretischen Selbstreflexion und Profilbildung der evangelischen Schulen in Deutschland

Die evangelischen Schulen in Deutschland wurden seit Anfang der 1990er Jahre als Lern- und Lebensorte in evangelischer Bildungsverantwortung wahrgenommen[48]. Das evangelische Bildungsverständnis leitet sich dabei aus dem christlichen Verständnis von Mensch und Wirklichkeit ab, wie es in der Rechtfertigungslehre formuliert ist. Zur Erschließung des evangelischen Bildungsverständnisses sind aus religionspädagogischer und bildungstheoretischer Perspektive wichtige Beiträge erschienen[49]. Grundlegende Diskurse wurden und werden um das evangelische Bildungsverständnis geführt. Dabei wird Bildung umfassend, mehrdimensional, in einem Verbund von theologischen und pädagogischen Aussagen und im Blick auf den gesellschaftlichen Kontext entfaltet[50]. Die dabei entwickelten Grundsätze und Kriterien ermöglichen einen breiteren Spielraum für Konzepte. Das spiegelt sich auch im Profil evangelischer Schulen wider[51].

---

45 z.B. Forschungsprojekt REDCo, Buchreihe Religious Diversity and Education in Europe, Zeitschrift BJRE, Schreiner, P. 2012.
46 Schreiner 1999, Schweitzer 2003, Kuld/Bolle/Knauth 2005, Dressler 2006, Simojoki 2008.
47 Schreiner, P. 2012, Rothgangel/Jackson/Jäggle 2014.
48 Nipkow 1990, Schreiner 1996.
49 Fraas 2000, Ochel 2001, Biehl 2003, Dressler 2003, Härle 2004, Pirner 2008, Schreiner, M. 2012a, Preul 2013.
50 EKD 2003, Biehl/Nipkow 2003, Nipkow 2005a, 2005b, Herbst 2009, EKD 2009, Preul 2013, Schweitzer 2014, 2016.
51 Schreiner 1996, Frank/Schwerin 2008, Hallwirth 2014.

Die Veröffentlichungen zur Rolle und Bedeutung des evangelischen Schulwesens im öffentlichen Bildungssystem arbeiten die Begründungsmotive evangelischer Schulen heraus[52]. Dabei ist die Entwicklung im ostdeutschen Kontext von besonderem Interesse[53]. Hier zeigen sich vielfältige Überschneidungen mit den ungarischen evangelischen Schulen vor dem gemeinsamen Hintergrund einer postsozialistischen Gesellschaft. Die Frage nach der Profilierung begleitet die Schulneugründungen in evangelischer Trägerschaft in den östlichen Bundesländern seit der Wende 1990. Die Suche nach Alternativen und nach Abgrenzung zum staatlichen Schulsystem und zu den Schulen der ehemaligen DDR machte die Eltern und die LehrerInnen für Schulen mit »alternativen Profilen« – darunter auch für Schulen in evangelischer Trägerschaft – offen bzw. initiierte diese Gruppierungen, solche Schulen zu gründen[54]. Für diese Schulneugründungs- und Profilbildungsprozesse ist ein Dialog mit reformpädagogischen Ansätzen und innovativen pädagogischen Konzepten charakteristisch[55]. Seitens der evangelischen Landeskirchen bzw. kirchlichen Trägerorganisationen in Ostdeutschland wird die Arbeit am »Evangelischen« Profil ebenfalls motiviert, unterstützt und erwartet[56]. Dabei bilden die Schnittmengen und Kooperationsfelder zwischen evangelischen Schulen und Kirche sowie der gesellschaftliche Kontext der »Religions- und Konfessionslosigkeit« die Schwerpunkte der kontextspezifischen Herausforderungen und profilorientierten Entwicklungsperspektiven und damit auch die Themen der Forschungsarbeiten[57].

Die Forschungen in Deutschland richten sich auch auf Fragen nach der Art der Beteiligung am öffentlichen Schulwesen[58] angesichts der Herausforderungen der wachsenden Pluralität im Blick auf die sozialen, kulturellen, religiösen und ethischen Dimensionen[59]. Dabei sind die Fragen nach den Unterschieden zu den staatlichen Schulen, nach den speziellen Zielsetzungen und nach dem »Evangelischen« an evangelischen Schulen zu bearbeiten[60].

Grundlegende Diskussionen werden um die Elemente der Profilbildung evangelischer Schulen und um die Realisierung dieser Profilmerkmale geführt.

---

52 Schreiner 1996, EKD 2008.
53 Bohne 1998, Bohne/Stoltenberg 2001, Lindner/Schulte 2007, Frank/Schwerin 2008, Schulte 2014a.
54 Bohne 1998, Bohne/Stoltenberg 2001, Frank/Schwerin 2008, Schulte/Widl 2011, Schulte 2014a.
55 Frank/Schwerin 2008, Baron 2011, Frank/Hallwirth 2010, Hallwirth 2012, Rasfeld 2018.
56 EKM 2013, EKM 2014, EKM 2016, EVLKS 2018.
57 Schreiner 2001, Domsgen/Hahn 2010, Domsgen/Schluß/Spenn 2012, Schulte 2014b, Handke 2016.
58 Nipkow 1990, 2004, EKD 2008, Schlag 2011, Weiß 2011, Gürlevik/Palentien/Heyer 2013, Kraul 2015, Schluß 2015.
59 Nipkow/Schweitzer 2002, Frank/Hallwirth 2010, EKD 2014.
60 Schreiner 1996, Kumlehn/Klie 2011, Schulte 2014a, 2014b, Hallwirth 2014, Schluß 2015.

Das je eigene wie auch das verbindende Proprium evangelischer Schulen wird im ausdrücklichen Bezug auf das Evangelium gesehen[61], das in vielfältiger Weise in Profil und Schulgestaltung realisiert werden kann. Als zentrale Profilelemente werden herausgestellt und diskutiert: das ganzheitliche Lernen, die religiöse Bildung, die Schule als Lern- und Lebensort mitsamt ihrer Schulkultur, das diakonisch-soziale Lernen, das christliche Profil und die Schulseelsorge, die Bildungsgerechtigkeit, Inklusion und die Innovations- und Zukunftsfähigkeit[62]. Die Profilierung des Unterrichts wurde bisher in der Forschung eher spärlich behandelt, ihr soll aber nach einigen Diskussionsvoten eine zunehmende Bedeutung zukommen[63].

Es gibt darüber hinaus Diskurse um die Evaluation evangelischer Schulen, um Lehrerprofessionalität und Lehrerausbildung. Sie beschäftigen sich damit, woran die Merkmale des evangelischen Schulprofils im pädagogischen Handeln und im schulischen Alltag sichtbar werden[64]. In jüngerer Zeit wendet sich die wissenschaftliche Forschung stärker dem Bereich von Schulentwicklung und Schulmanagement an evangelischen Schulen zu[65].

2.2.3 Empirisch orientierte Forschung zu Theorie und Praxis der evangelischen Schulen in Deutschland

Empirisch orientierte Forschungen zu den Schulen in evangelischer Trägerschaft sind bisher noch eher spärlich vorhanden, sie gewinnen aber zunehmend an Bedeutung. Quantitativ ausgerichtete Untersuchungen geben Auskunft über die Motive der Schulwahl sowie die Schulzufriedenheit der Eltern und der SchülerInnen[66], über Qualität und Leistungsfähigkeit evangelischer Schulen[67] sowie über das christliche bzw. evangelische Profil der pädagogischen Arbeit[68].

Die wenigen vorhandenen qualitativ-rekonstruktiven Analysen fragen danach, wodurch das spezifische Profil evangelischer Schulen aus Sicht von Akteurengruppen gekennzeichnet ist. Im empirischen Teil seiner Arbeit rekonstruiert Rausch die profilbildenden Merkmale evangelischer Schulen aus Sicht

---

61 Schreiner 1996, EKD 2008.
62 Scheilke/Schreiner 1999, Schreiner 2008, EKD 2008, Frank/Schwerin 2008, Kumlehn/Klie 2011, Schulte 2014b.
63 Pirner/Schulte 2010, Scheilke 2011, Pirner 2011.
64 Wild 2006, Hallwirth 2010, 2011, Baur/Fliege/Schlenker 2014.
65 Rausch 2010, Haeffner 2012.
66 Klemm/Krauss-Hoffmann 1999, Hanisch/Gramzow 2011, Gramzow/Hanisch 2012, Gramzow 2014.
67 Dronkers/Róbert 2004, Standfest 2005, Standfest/Köller/Scheunpflug 2005.
68 Pirner 2008.

von SchulleiterInnen dieser Schulen[69]. Die Orientierungen von LehrerInnen an Schulen in evangelischer Trägerschaft stehen im Mittelpunkt der Arbeit von Holl[70]. Haeffner fragt danach, wie LehrerInnen an evangelischen Schulen ihr berufliches Selbstverständnis in Schulentwicklungsprozessen reflektieren[71]. Die neueren empirischen Studien rekonstruieren die subjektiven Sichtweisen von SchulleiterInnen und Trägervertretern[72], von GrundschülerInnen und Erwachsenen[73] an evangelischen Schulen zum Profil. Die unterschiedlichen Sichtweisen zum Profil werden dann miteinander verglichen.

Die Profilierung evangelischer Schulen kommt auch in anderen qualitativen Studien vor. Diese thematisieren hauptsächlich das Spannungsfeld zwischen pädagogischem Profil und sozialer Distinktion an privaten Schulen, darunter auch an evangelischen Einrichtungen[74]. Als gemeinsame Profilmerkmale privater Schulen wurden dabei die besondere Förderung und Forderung der Kinder in ihrer Persönlichkeitsentwicklung, die enge Beziehung zu den SchülerInnen und zu ihren Eltern sowie die besondere Rolle der Schulgemeinschaft herausgearbeitet.

Ein wichtiges Profilmerkmal evangelischer Schulen stellt zunehmend das diakonisch-soziale Lernen dar. Es hat insbesondere bei den Schulneugründungen in Ostdeutschland eine Rolle gespielt. In einer empirischen Studie werden die Relevanz und Wirkung dieses Konzeptes am Beispiel einer Schule erforscht. Als Ergebnis zeigt sich, dass das diakonische Lernen gerade auch im Blick auf die Persönlichkeitsentwicklung von beachtlicher Bedeutung ist[75].

Die genannten Forschungen gehen zum einen dem Zusammenhang, d. h. den Übereinstimmungen und den Differenzen, zwischen der Sicht der schulischen AkteurInnen und den programmatischen Vorgaben des Schulprofils nach. Sie leisten zum anderen Beiträge zur Qualitätssicherung, Evaluation und Schulentwicklung und vergleichen das evangelische mit staatlichem bzw. mit anderem privatem Schulwesen.

---

69 Rausch 2010.
70 Holl 2011.
71 Haeffner 2012.
72 Petermann 2016.
73 Klatte 2018.
74 Kraul/Bergau/Rapp 2014, Kraul 2017.
75 Gramzow 2010.

2.3   Zusammenfassung und Hinführung zur Fragestellung der Studie

Das Hauptinteresse dieser Untersuchung liegt in der Herausarbeitung von Selbstverständnis und Profilmerkmalen der Schulen in evangelisch-lutherischer Trägerschaft in Ungarn. Aus dem dargestellten Forschungsstand zu Theorie und Praxis evangelischer Schulen lassen sich für die Präzisierung der Fragestellung dieser Studie folgende Ergebnisse und Herausforderungen festhalten:

– *Zusammenfassung der Ergebnisse:* Theoretische Überlegungen aus dem ungarischen Forschungsfeld benennen besonders vier Merkmale, die für evangelische bzw. kirchliche Schulen charakteristisch sind: (1) Eine christliche Pädagogik, (2) ein christliches Wertesystem, (3) eine christlich-religiöse Erziehung und (4) eine werteorientiert-ethische Erziehung. Dazu kommen noch (5) die evangelischen bzw. protestantischen Bezüge, die in verschiedenen Unterrichtsfächern behandelt werden sollen. Die genannten Merkmale werden normativ vorgegeben, aber nicht näher thematisiert oder systematisch entfaltet.

Die empirische Studie zur Identität von Gymnasien der reformierten Kirche arbeitet Grundelemente heraus. Diese Grundelemente weisen einerseits Gemeinsamkeiten mit den theoretischen Überlegungen auf (z. B. Religion im Schulleben, Respekt der Traditionen). Andererseits werden solche Elemente auch sichtbar, die in den theoretischen Überlegungen kaum vorkommen (z. B. Belang des nationalen Charakters, strenge Schulregeln). Die empirischen Ergebnisse aus der Lehrerprofessionalitätsforschung erbringen ebenfalls neue Elemente (z. B. persönliche Begleitung der SchülerInnen, Gestaltung der Schulgemeinschaft). Daneben werden schon vorhandene Elemente bestätigt (z. B. Schulseelsorge, christlich-religiöses Schulklima).

Die Forschungsergebnisse aus dem deutschen Kontext weisen darauf hin, dass die Frage nach dem Selbstverständnis und Profil von evangelischen Schulen stark mit der Verhältnisbestimmung von Theologie und Pädagogik verbunden ist und kontextuelle Merkmale aufweist. Die Betrachtung der deutschen Forschung zeigt, dass eher normativ-theoretische Überlegungen oder beschreibende Darstellungen zu Theorie und Praxis evangelischer Schulen vorhanden sind. Evidenzbasierte Kenntnisse zu den evangelischen Schulen in Deutschland sind eher spärlich zu finden, wobei in den letzten Jahren das Interesse an empirischen Forschungen in diesem Bereich wächst.

– *Varianz der Bezugnahmen:* Wie das Selbstverständnis und die Profilmerkmale von Schulen in evangelischer Trägerschaft bestimmt werden, hängt auch davon ab, aus welcher Perspektive die Fragen gestellt und bearbeitet werden. Die Orientierungsdokumente und die theoretischen Überlegungen formulieren Ansprüche an die evangelischen Schulen bezüglich ihres Selbstverständnisses und Profils. Dabei ist auch entscheidend, ob diese Fragen und Ansprüche aus bildungswissenschaftlicher, theologischer, schulpolitischer und/oder kirchlicher Sicht und dem entsprechenden Interesse gestellt werden. Empirische Forschungen aus der Perspektive der Praxis der Schulen könn(t)en die aus einer bestimmten Perspektive normativ formulierten Ansprüche und Erwartungen bestätigen oder ihnen auch widersprechen, sogar neue Erkenntnisse ans Licht bringen. Zudem ist zu bedenken: Bei den empirischen Forschungen ist die Sichtweise der Datenbreite bzw. des Datenausschnitts entscheidend. Die Zugangsweisen der explorativen, repräsentativen und Vollerhebungs-Studien können jeweils unterschiedliche Ergebnisse liefern.

- *Umgang mit der Vielfalt von Profilen:* Die deutsche Forschung sieht die Vielfalt von Profilen als ein charakteristisches Merkmal evangelischer Schulen. Diese Vielfalt ist etwas typisch Evangelisches, die mit der Möglichkeit der vielfältigen Konkretisierung eines evangelischen Bildungsverständnisses begründet wird. Daher ist auch zu berücksichtigen, ob die jeweilige Darlegung von Forschungsergebnissen zum Selbstverständnis und Profil evangelischer Schulen eher auf die großen gemeinsamen Züge oder auf die detaillierteren unterschiedlichen Dimensionen der Merkmale eingeht.

Unter Berücksichtigung der Überlegungen dieses Kapitels werden die Forschungsfragen in folgender Weise weiter präzisiert:
- Wie definieren die Schulen in evangelisch-lutherischer Trägerschaft ihr eigenes Selbstverständnis und ihre eigenen Profilmerkmale?
- Welches Selbstverständnis lässt sich aus den von den evangelisch-lutherischen Schulen selbst erstellten, programmatischen Sichtweisen der Schulprogramme erkennen?
- Welche Profilmerkmale lassen sich aus den von den evangelisch-lutherischen Schulen selbst erstellten, programmatischen Sichtweisen der Schulprogramme erkennen?

3. Methodologie

In diesem Kapitel werden die verwendeten Methoden, die Daten und die methodische Vorgehensweise im konkreten Forschungsprozess dargelegt. Es folgen Begriffsklärungen, die die Deutungen und terminologischen Varianten von »Erziehung und Bildung« und »evangelisch« bzw. »evangelische Schule« im ungarischen und im deutschen Sprachgebrauch in den Blick nehmen.

3.1 Methoden

Das Hauptinteresse der Arbeit liegt in der Rekonstruktion des programmatischen Selbstverständnisses und der Profilmerkmale von Schulen in evangelischer Trägerschaft in Ungarn. Als Erhebungs- und Auswertungsmethode wird für diese Rekonstruktion die – von Anselm Strauss und Juliet Corbin (weiter)entwickelte – Methodik der Grounded Theory verwendet[76].

Das explorative und hypothesengenerierende Verfahren der Grounded Theory etablierte sich in den letzten Jahrzehnten in der qualitativ-interpretativen Sozialforschung und wurde auch wiederholt in der religionspädagogischen Forschung angewendet[77]. Ihr Grundprinzip ist, dass Theorien aus den vorliegenden Daten selbst generiert werden und in ihnen gründen. Aus den einbezogenen Daten werden – mit der Erarbeitung von relevanten Kategorien mit ihren Eigenschaften und Dimensionen und deren Zusammenhängen – theoretische Erkenntnisse über das Forschungsfeld entwickelt.

Grundlagen des Verfahrens der Grounded Theory sind der ständige und gleichzeitige Wechselprozess von Datenerhebung, Datenauswertung und Entwicklung theoretischer Konzepte. Dabei werden die Methode des ständigen und systematischen Vergleichens, das mehrstufige Kodierverfahren, das Verfassen

---

76 Strauss/Corbin 1996, Strübing ³2014.
77 u.a. Fuchs 2010, Helbling 2010, Stögbauer-Elsner 2011, Schreiner, P. 2012, Meyer 2012, Benz 2015, Hermisson 2016.

von theoretischen Memos und das »Theoretische Sampling« unter Einbeziehung von kontrastierenden Fällen verwendet, bis eine »Theoretische Sättigung« erreicht wird[78].

Während des Verfahrens spielt die »theoretische Sensibilität« des Forschers bzw. der Forscherin bei der Variante der Grounded Theory von Anselm Strauss und Juliet Corbin eine bedeutende Rolle[79]. Diese theoretische Sensibilität wird folgendermaßen definiert:

> »Theoretische Sensibilität ist die Fähigkeit zu erkennen, was in den Daten wichtig ist, und dem einen Sinn zu geben. Sie hilft, eine Theorie zu formulieren, die der Wirklichkeit des untersuchten Phänomens gerecht wird (Glaser, 1978). Theoretische Sensibilität hat zwei Quellen. Einerseits kommt sie daher, dass man sich in der Fachliteratur gut auskennt, und auch aus professioneller und persönlicher Erfahrung. Forscher bringen dieses komplexe Wissen mit in die Forschungssituation ein. Andererseits wird theoretische Sensibilität während des Forschungsprozesses durch die kontinuierliche Auseinandersetzung mit den Daten erworben – Erheben und Analysieren.«[80]

Das theoretische Vorwissen des Forschers wird positiv bewertet und in das Verfahren integriert. Jedoch ist diese theoretische Sensibilität mit einer nötigen Kreativität verbunden, die das »Gleichgewicht zwischen Kreativität und Wissenschaft« gewährleistet, damit die generierende Theorie für neue Erkenntnisse und Zusammenhänge offen bleibt[81].

Aufgrund ihres explorativen, offenen und flexiblen Charakters ist die Methodik der Grounded Theory für Forschungsgebiete mit komplexen Zusammenhängen besonders geeignet. Gerade deswegen wurde sie als geeignete Erhebungs- und Auswertungsmethode zur Rekonstruktion des programmatischen Selbstverständnisses und der Profilmerkmale von Schulen in evangelischer Trägerschaft in Ungarn ausgewählt. Die Grounded Theory ermöglicht eine datenbasierte, empirische Analyse, die eine Theorie bzw. Strukturen, Zusammenhänge usw. aus dem empirischen Datenmaterial heraus entwickelt. Jedoch beschränkt sich die Methodik der Grounded Theory nicht auf ein rein induktives Verfahren. Die Einbeziehung des theoretischen Vorwissens, das starke Verflochtensein von Datenerhebung, Datenanalyse und Theoriegenerierung im Forschungsprozess generiert immer wieder auch deduktive Phasen. Den ständigen Wechsel zwischen den zwei Methoden der Erkenntnisgewinnung berück-

---

78 Die einzelnen Schritte des Verfahrens werden hier nicht eingehend vorgestellt. Sie sind in der Grundlagenliteratur zu dieser Methodik ausführlich dargestellt (Strauss/Corbin 1996, Strübing [3]2014, für die Religionspädagogik Rothgangel/Saup 2003). Eine Reihe von religionspädagogischen Arbeiten, die die Methodik beschreiben oder verwendet haben, geben darüber ebenfalls eingehend Auskunft (z. B. Fuchs 2010, 287–348, Hermisson 2016, 57–102).
79 Strauss/Corbin 1996, 25–30, Strübing [3]2014, 51–64.
80 Strauss/Corbin 1996, 30.
81 Ebd., 25–30.

sichtigend spricht Strübing bezüglich des Verfahrens der Grounded Theory von Abduktion[82]. Sie liefert eine denkbare Erklärung und Interpretation von Daten. Die gleichen Daten können aber ebenso eine andere Erklärung liefern bzw. andere Zusammenhänge rekonstruieren.

Die Methodik der Grounded Theory wurde hauptsächlich in dieser Arbeit verwendet (Teil III). Bei der Darstellung des evangelischen Schulwesens (Teil II) wurde auf die hermeneutische Methode zurückgegriffen[83].

3.2 Daten

In jeder empirischen Analyse ist entscheidend, auf welches Datenmaterial zugegriffen wird. Das Selbstverständnis und die Profilmerkmale evangelischer Schulen wurden in dieser Studie anhand der Datenmaterialien der Schulprogramme dieser Schulen erhoben. Im Folgenden wird »das Schulprogramm« als Datenmaterial inhaltlich bestimmt und vorgestellt, die Datenerhebung wird präzisiert und einige für die Analyse relevanten Merkmale der Schulprogramme werden charakterisiert.

3.2.1 Datenmaterial »Schulprogramme«

Nach dem geltenden Erziehungsgesetz vollzieht sich die Erziehungs- und Bildungsarbeit der ungarischen Bildungseinrichtungen nach dem Schulprogramm [pedagógiai program = pädagogisches Programm]. Dieses Dokument ist ein offizielles Dokument der Schule. Es wird vom jeweiligen Lehrerkollegium ausgearbeitet und angenommen und vom Schulleiter/von der Schulleiterin bestätigt. Im Falle kirchlicher Schulen wird es mit der Genehmigung des Schulträgers gültig. Jede Schule in Ungarn ist gesetzlich verpflichtet, ihr Schulprogramm auszuarbeiten und es auch der Öffentlichkeit zugänglich zu machen[84].

Das Schulprogramm der jeweiligen Schule besteht aus dem Erziehungs- und Bildungsprogramm [nevelés] und aus dem lokalen Lehrplan der Schule. Jedes Schulprogramm soll die pädagogischen Grundprinzipien, die grundlegenden Werte, die Ziele und Aufgaben der Erziehungs- und Bildungsarbeit an der jeweiligen Schule sowie die Strategien für die Umsetzung der pädagogischen Ansätze und die Entwicklungsperspektiven enthalten[85]. Infolgedessen sind Schul-

---

82 Strübing [3]2014, 46–50. Zu Potentialen und Grenzen des abduktiven Denkens in der qualitativen Sozialforschung siehe Reichertz [2]2013.
83 Für die Bildungswissenschaft vgl. Klafki 1971.
84 Gesetz CXC über das nationale Bildungswesen von 2011, § 26.
85 Erlass des Ministeriums für Humankapital 20 von 2012, § 7–11.

programme überaus geeignete Texte, um der Frage des Selbstverständnisses und des Profils evangelischer Schulen nachzugehen.

Die gesetzliche Regelung legt die inhaltlichen Bereiche, die diese Schulprogramme enthalten sollen, ganz genau fest[86]. Das Erziehungs- und Bildungsprogramm der Schule beinhaltet:

- die pädagogischen Grundprinzipien, die Werte, Ziele und Aufgaben, die Mittel und Strategien der Erziehungs- und Bildungsarbeit der Schule,
- die pädagogischen Aufgaben im Bereich der Persönlichkeitsentwicklung,
- die mit der ganzheitlichen Gesundheitsentwicklung zusammenhängenden Aufgaben,
- die mit der Gemeinschaftsentwicklung und die mit der Kooperation der Beteiligten der Schule zusammenhängenden Aufgaben,
- die institutionellen Aufgaben der Lehrpersonen, die Aufgaben des Klassenvorstandes,
- die lokale Regelung zur Förderung von SchülerInnen mit besonderen Bedürfnissen,
- die Regelung der Mitbeteiligung der SchülerInnen an den Entscheidungsprozessen der Schule,
- die Formen der wechselseitigen Beziehungen zwischen Eltern, SchülerInnen und LehrerInnen,
- die Regelung der schulinternen Prüfungen, der Aufnahmeprüfung und die Anforderungen der mündlichen Aufnahmeprüfung im Falle einer Mittelschule,
- die Regelung der Aufnahme und der Übernahme in die Schule,
- den Plan der Schule bezüglich des Erlernens der Grundkenntnisse in Erster Hilfe.

Die Bestandteile des lokalen Lehrplans sind:
- die Benennung der ausgewählten Rahmenlehrpläne,
- die Nennung des Lehrstoffes und der Stundenzahl der Pflicht- und Wahlunterrichtsstunden über die Stundenzahl der Rahmenlehrpläne hinaus,
- die Prinzipien der Auswahl der Lehrbücher, Lehrmittel und Lehrhilfen,
- die Form der Realisierung des tagtäglichen Sportunterrichts,
- die frei wählbaren Fächer und die Regelung der Lehrenden-Auswahl für diese Fächer,
- im Falle der Mittelschulen mit dem Abitur zusammenhängende Regelungen,
- die Form und Prinzipien der Prüfungen und Bewertungen,
- die Prinzipien der Gruppenteilungen und der Organisation anderer Aktivitäten der Schule,

---

86 Ebd., § 7.

- die Methoden der Messung der Kondition der SchülerInnen,
- das Programm der Gesundheitserziehung und der Umwelterziehung,
- die Maßnahmen für die Bildungsgerechtigkeit und die Chancengleichheit,
- die Prinzipien der Belohnung, der Bewertung des Benehmens und des Lerneifers der SchülerInnen.

Die Gesamtschulen (wie z. B. ein Schulzentrum mit Kindergarten, Grundschule, Gymnasium, Fachgymnasium, Berufsbildender Schule und/oder Kollegium) sind verpflichtet – neben einem gemeinsam gültigen Erziehungs- und Bildungsprogramm – einzelne Erziehungs- und Bildungsprogramme sowie einzelne lokale Lehrpläne für die unterschiedlichen Schul- und Bildungstypen aufzustellen.

Die Schulprogramme haben im ungarischen Bildungssystem drei Funktionen:
- Entwicklungs- und Steuerungsinstrument: Das Schulprogramm soll Auskünfte über den Entwicklungsstand, Entwicklungsbedarf und über die Entwicklungsperspektiven der Schule geben. Als Ausdruck gemeinsamer Verantwortung für das Konzept und die Entwicklung der Schule soll das Schulprogramm einen verbindlichen Rahmen und eine konzeptionelle Arbeitsplattform für pädagogisches Handeln und organisatorische Gestaltung geben. Es bleibt aber in den gesetzlichen Bestimmungen offen, wie diese zwei Funktionen zueinander stehen. Doch besitzen die Schulprogramme einen gewissen normativen Charakter, da sie programmatische Vorgaben definieren und operative und strategische Umsetzungen in inhaltlicher, personalbezogener und organisatorischer Ebene beinhalten.
- Außendarstellung des Schulprofils für Orientierung und Kooperation: Das Schulprogramm stellt das Erziehungs- und Bildungskonzept der Schule für die Öffentlichkeit dar. Damit zeigt es Schwerpunkte und konzeptionelle Ansätze auf, die für die Schule besonders relevant sind.
- Evaluation: Das Schulprogramm gibt Rechenschaft über die Arbeit und Entwicklung der Schule und liefert den Bezugsrahmen und Anknüpfungspunkte für die externe fachlich-pädagogische Evaluation. Im Falle kirchlicher Schulen führt der Schulträger die externe Evaluation der Schule durch.

3.2.2 Datenerhebung

Analysiert wurden die Schulprogramme von 25 Schulen in evangelisch-lutherischer Trägerschaft in Ungarn. Damit wurde eine Vollerhebung durchgeführt[87].
Zwar hat eine empirisch-qualitative Analyse keinen Anspruch auf Repräsenta-
tivität, jedoch ermöglichten die überschaubare Anzahl von evangelischen
Schulen, das vollständige Vorhandensein der Dokumente und die Wiederholung
von Textpassagen in mehreren Schulprogrammen eine Vollerhebung. Diese
Tatsache gewährte, bei der Analyse auch umfassende Aussagen zu formulieren,
die normalerweise kein Ziel einer solchen Untersuchung darstellen.

Die analysierten Schulprogramme datieren vom Schuljahr 2015/2016. Die
Mehrheit der analysierten Schulprogramme ist noch im Schuljahr 2018/
2019 gültig. Eine Auflistung dieser Schulprogramme befindet sich im Anhang 1
(Grundschulen) und im Anhang 2 (Mittelschulen). In diesen Tabellen werden die
in dieser Arbeit verwendeten Bezeichnungen der Schulprogramme sowie ihr
Umfang angegeben. Die Reihung der Schulen bzw. Schulprogramme folgt dem
Entwicklungsverlauf evangelischer Schulen in Ungarn, d. h. an erster Stelle steht
bei den Grundschulen diejenige Grundschule, die am frühesten evangelisch geworden ist (nach der Wende im Jahre 1990), an letzter Stelle die jüngste der
Grundschulen.

Die Schulprogramme sind öffentlich zugänglich, d. h. fast alle von ihnen sind
auf der Homepage der Schule abrufbar. Jedoch wurden die evangelischen
Schulen eigens angefragt und informiert, ihre Schulprogramme für die Analyse
zur Verfügung zu stellen. Sie ließen entweder selbst ihr Schulprogramm per Mail
zukommen oder verwiesen auf ihre Homepage. Damit stand ein Datencorpus für
die Analyse zur Verfügung.

Neben den Schulprogrammen wurde kein weiteres Datenmaterial in die Untersuchung einbezogen, bis auf eine Ausnahme. Die Kriterien der Schüleraufnahme
wurden von fast allen Schulprogrammen thematisiert, in einigen jedoch
nicht oder nicht eingehend. Damit die Erfassung von Kriterien der Schüleraufnahme
vollständig wird, wurde bei diesen seltenen Fällen eine Nacherhebung aus
der jeweiligen aktuellen Einschulungsinformation der Schule durchgeführt.
Fälle, in welchen auf die Daten dieser Nacherhebungen zugegriffen wurde, sind in
den entsprechenden Fußnoten vermerkt (im Kapitel 9.1 und 9.2).

---

87 Betreffend das Schuljahr 2015/2016. Seitdem hat die Kirche noch weitere Schulen über-
    nommen bzw. gegründet.

3.2.3 Merkmale der Schulprogramme

Folgende Merkmale der Schulprogramme sind für die Analyse relevant und
werden deshalb hier aufgeführt.

- *Umfang:* Auffällig sind die großen Unterschiede bezüglich des Umfangs der
  Schulprogramme[88]. Das längste Schulprogramm unter den Grundschulen
  umfasst 1.290 Seiten, das kürzeste 29 Seiten. Bei den Mittelschulen ist die
  Differenz nicht so groß, dort liegt der Umfang zwischen 35 und 440 Seiten.
  Aber auch das ist noch ein großer Unterschied. Die Schulprogramme enthalten auch die lokalen Lehrpläne einer Schule, die im Falle von Schulzentren
  mehrere Ausbildungstypen und die dazu gehörenden Lehrpläne umfassen.
  Damit kann der große Unterschied einigermaßen begründet werden. Die
  Erziehungs- und Bildungsprogramme weisen jedoch ebenfalls deutliche Unterschiede bezüglich des Umfangs auf. Das kürzeste Erziehungs- und Bildungsprogramm bei den Grundschulen besteht aus 29 Seiten, bei den Mittelschulen aus 22 Seiten. Demgegenüber besteht das längste Bildungsprogramm bei den Grundschulen aus 111 Seiten, bei den Mittelschulen aus 109
  Seiten.
- *Struktur:* Die Schulprogramme sind in unterschiedlicher Weise strukturiert.
  Einige weisen klare Strukturen auf, andere folgen der Inhaltsangabe der gesetzlichen Vorgaben. Es ist zu vermerken, dass bei etlichen Schulprogrammen
  immer wiederkehrende Themen und Strukturelemente zu finden sind. Es ist
  unterschiedlich, wie ausführlich die Schulen ihren lokalen Lehrplan ausar-
  beiteten und diesen in das Schulprogramm integrierten. Einige Schulprogramme enthalten kurze Hinweise zu ihrem lokalen Lehrplan, andere bieten
  ausführliche curriculare und fachdidaktische Ausarbeitungen zu jedem Unterrichtsfach.
- *Gattung, Sprache:* Die Schulprogramme enthalten Texte ganz unterschiedlicher Gattungen. Gesetzestexte, Bekenntnisse, Bibelzitate, Zielformulierungen,
  Gedichte usw. stehen nebeneinander oder vermischen sich miteinander.
  Sprachlich gesehen sind die Texte ebenfalls heterogen. Das ist einerseits eine
  Folge der unterschiedlichen Gattungen, andererseits aber ergibt sich das aus
  der unterschiedlichen Qualität der Schulprogramme selbst. Es ist deutlich zu
  merken, dass Textpassagen aus unterschiedlichen Schulprogrammen nieder-
  geschrieben wurden. Eine »inhaltliche Entwicklung« bestimmter Textpassagen kann man in der zeitlichen Abfolge von Schulprogrammen verfolgen.
- *Formalien:* Die äußere Erscheinung der Schulprogramme ist ebenfalls heterogen. Einige Mottos und Logos evangelischer Schulen, die auf dem Titelblatt

---

88 Siehe Anhang 1 und 2.

von mehreren Schulprogrammen präsentiert werden, werden in Anhang 5 und 6 vorgestellt.

3.3   Methodisches Vorgehen

Der Art und Weise der Durchführung des Forschungsprozesses kommt in der Methodik der Grounded Theory eine hohe Bedeutung zu[89]. Daher werden im Folgenden wichtige Elemente dieses Prozesses hier dargelegt.

Der Vorgang der Datenerhebung bestimmt in dieser Methodik zugleich die Analyse bzw. die Datenauswertung selbst. Am Anfang wurde die Vorentscheidung getroffen, dass die lokalen Lehrpläne nicht in die Analyse einbezogen werden, sondern nur die Texte der Erziehungs- und Bildungsprogramme. Diese Vorentscheidung basiert auf dem Vorwissen, welche inhaltlichen Bestimmungen für die Ausarbeitung der beiden Teile der Schulprogramme ausschlaggebend waren. Dazu kam die Notwendigkeit, die Arbeit umfangsmäßig zu begrenzen.

Das Kodierungsverfahren wurde mit einem Schulprogramm begonnen (M1). Zuerst stellte sich die Frage, wie aus dem Schulprogramm die Texte ausgewählt werden, die analysiert werden sollen. Zwar wäre es bei dieser Frage auch eine Möglichkeit gewesen, basierend auf dem Vorwissen und auf der Lektüre der Schulprogramme die Auswahlkriterien zu formulieren, aber die ersten Schulprogramme – präziser gesagt Erziehungs- und Bildungsprogramme – wurden gänzlich analysiert: Fragen wurden gestellt, Konzepte wurden entwickelt, zu Kategorien zusammengefasst, Zusammenhänge zwischen den entwickelten Konzepten bzw. Kategorien wurden vorläufig vermerkt. Die erste Kategorie – die »Zielvorstellungen« – ergab sich schon relativ früh und besonders prägnant vom Datenmaterial her. Im Laufe des Kodierprozesses war deutlich erfahrbar, wie die offenen und axialen Kodierungsschritte ineinander und miteinander verflochten sind.

Die Schulprogramme wurden in der angegebenen Reihenfolge (M1, M2, M3 usw.) in die Analyse hereingeholt[90]. Die vorläufigen Kategorien wurden zunehmend abstrahiert, ihre Anzahl immer mehr reduziert. Die verbleibenden Kategorien bekamen zunehmend deutlichere Konturen durch die immer dichtere Herausarbeitung ihrer Eigenschaften und deren dimensionale Ausprägungen. Nach der Analyse der ersten vier Schulprogramme (M1–M4) wurde das Kodierparadigma vorläufig aufgestellt, da die Daten – bis auf eine Ausnahme –

---

89 Strauss/Corbin 1996, 214–218, Strübing [3]2014, 89–91.
90 Siehe Anhang 2.

eindeutig auf entsprechende Zusammenhänge hindeuteten. Die Kategorie »Ziel-vorstellungen« nahm ihren Platz im Kodierparadigma etwas später ein[91].

Das Einbeziehen weiterer Erziehungs- und Bildungsprogramme in die Ana-lyse hat die Kategorien immer mehr »gesättigt«, aber in unterschiedlicher Form. Etliche Kategorien – wie »Zielvorstellungen«, »Schulprofil«, »Erziehungs- und Bildungsverständnis« – bekamen klare Strukturen, inhaltliche Bestimmungen und ausdifferenzierte Merkmale. Die jeweils neu einbezogenen Daten bestätigten die Aufstellung der Kategorien immer wieder, lieferten neue Fallbeispiele bzw. holten schon bekannte Textpassagen wieder herein. Bei anderen Kategorien – wie »Erwartungen«, »Bildungskontext« – kristallisierte sich heraus, dass sie bezüg-lich des Selbstverständnisses und Profils immer wieder angesprochen wurden. Ihre inhaltliche Bestimmung blieb aber unzureichend. Zwischen diesen beiden Polen befanden sich weitere Kategorien – »Traditionen«, »Rolle und Bedeutung«, »AkteurInnen der Schule« – die in bestimmter Weise zwar aufgestellt und di-mensionalisiert werden konnten, aber nicht in ausreichendem Maße. Aus dieser Gruppe wurde die Kategorie »AkteurInnen der Schule« mit vier »Eigenschaften« in die Darlegung der Ergebnisse aufgenommen. Eine weitere Gruppe bildete die Kategorie »Menschenbild«, die klare Strukturen, inhaltliche Bestimmungen und ausdifferenzierte Merkmale aufweist. Sie unterscheidet sich jedoch von den weiteren gesättigten Kategorien dadurch, dass ihre Belege nicht so zahlreich vorhanden sind. In vielen Fällen charakterisieren die Texte das zugrunde lie-gende Menschenbild implizit.

Die Kategorien, bei denen eine differenzierte Ausarbeitung anhand der Daten der Schulprogramme in nicht genügendem Maße möglich war, wurden bei der Darstellung der Ergebnisse ausgelassen. Es wurde herausgearbeitet, dass die Kategorien »Traditionen«, »Erwartungen«, »Bildungskontext« und »Rolle und Bedeutung« wesentliche Bestandteile des Selbstverständnisses und Profils evangelischer Schulen bilden. Durch Nacherhebungen hätten diese Kategorien auch ausgearbeitet werden können, diese Analyse konzentrierte sich jedoch auf die Daten der Schulprogramme.

Das leitende Forschungsinteresse lag bei der Herausarbeitung der von den Schulen selbst definierten, programmatischen Verständnisse und Profilmerk-male evangelischer Schulen in Ungarn. Die Einbeziehung weiterer Daten ist für diese Fragestellung nicht mehr relevant bzw. es muss ganz genau geklärt sein, welche Daten einbezogen werden können. Dokumente seitens der kirchlichen Träger thematisieren das Verständnis der kirchlichen Träger, Befragungen der AkteurInnen dieser Schulen weisen auf ihr Verständnis hin. Die Frage nach dem Selbstverständnis und Profil evangelischer Schulen richtet sich an die Schulen

---

91 Siehe Kapitel 8.

selbst. Die Antworten haben normativ-konzeptuellen Charakter, sie sind jedoch »Selbstansprüche«, die die Schulen sich selbst stellen.

Immer wieder wurden neue Schulprogramme in die Analyse einbezogen. Die Einbeziehung der Schulprogramme folgt der chronologischen Reihenfolge ihrer Entstehung (nach Schultypen). Während des Prozesses wurde bemerkt, dass einige Schulprogramme einander mehr oder weniger ähnlich sind bzw. identische Textpassagen enthalten. Diese »Schulprogrammgruppen-Bildung« kann sowohl chronologisch als auch geografisch typisiert werden. Eine Reihe von Anmerkungen (nach dem Sprachgebrauch der Grounded Theory s.g. Memos) hat diese Beobachtungen fixiert, sie wurden aber nicht weiter herausgearbeitet.

Zuerst wurden die Schulprogramme der Mittelschulen voll erhoben. Dann wurden die Schulprogramme der Grundschulen in den Blick genommen. Diese erbrachten keine weiteren Erkenntnisse bezüglich der Kategorienerstellung und der Aufstellung von Zusammenhängen. Sie erweiterten aber die Beispieltexte nochmals. Die Frage, ob es einen Unterschied bezüglich des Selbstverständnisses und Profils der Grundschulen und der Mittelschulen gäbe, war nicht explizit gestellt worden. Es waren aber auch keinerlei Beobachtungen zu machen, die in diese Richtung gedeutet hätten.

Das Verfahren der Grounded Theory ist vom ständigen Vergleichen (»constant comparative method«) geprägt. Sie zieht sich durch den gesamten Forschungsprozess hindurch. Der maximale und minimale Vergleich ermöglicht die Herausarbeitung der Kategorien und Eigenschaften in ihrer dimensionalen Ausprägung. Weitere Außenvergleiche ermöglichen es, solche Charakteristika zu entdecken bzw. zu bestimmen, die aus der Innenperspektive nicht so deutlich bzw. gar nicht auffällig sind. Insofern wurde ein Außenvergleich auch durchgeführt, indem die ungarischen Ergebnisse mit den entsprechenden deutschen Konzepten verglichen wurden. Dazu ist aber anzumerken, dass in diesem Vergleich die Gruppe der evangelischen Schulen in Deutschland keine genuine Außengruppe bildet. Die Kategorien des Vergleichs wurden aus den Ergebnissen der Untersuchung in Ungarn übernommen. Die idiografische und experimentelle Funktion des Vergleichs stand im Mittelpunkt, die das Besondere der evangelischen Schulen in Ungarn herausarbeitet und nach Gemeinsamkeiten evangelischer Schulen in Deutschland und in Ungarn fragt[92].

In der Anfangsphase der Analyse wurden viele Daten aus den Schulprogrammen herausgeholt. Eine Konzentration auf die Daten war bewusst vorhanden. Die Autorin dieser Arbeit war mehrere Jahre lang in einer evangelisch-lutherischen Schule als Akteurin tätig und wirkte in den Entwicklungs- und Steuerungsorganen evangelischer Schulen auf der landeskirchlichen Ebene mit. Der zeitliche Abstand von mehr als zehn Jahren lässt diese Vorkenntnisse aus

---

92 Hörner 1996, 2004.

einer anderen Perspektive erscheinen. Jedoch waren bei der Suche nach Zusammenhängen der unterschiedlichen Konzepte, Anmerkungen, Gemeinsamkeiten, Unterschiede und Widersprüche die theoretischen und praktischen Vorkenntnisse der Autorin sehr hilfreich.

In der Arbeit werden viele Belegtexte zitiert. Das geschieht einerseits wegen des Nachweises, damit die herausgearbeiteten Eigenschaften mit ihrer dimensionalen Ausprägung gut nachvollziehbar sind. Andererseits wird dies aber auch deshalb getan, damit die Art und Form dieser Schulprogrammtexte transparent wird. Bei diesen Texten handelt es sich um Übersetzungen aus dem Ungarischen. Dabei ist zu beachten und zu bedenken, dass es sich um einen anderen Bildungskontext und um einen anderen pädagogischen Sprachgebrauch handelt als den deutschen Bildungskontext und den deutschen Sprachgebrauch.

3.4   Begriffsklärungen und Variationen der Terminologie

Diese religionspädagogisch verankerte Arbeit forscht nach Merkmalen und Spezifika von Schulen in evangelischer Trägerschaft in Ungarn. Ein nicht unerhebliches Problem bedeutet dabei die verwendete Begrifflichkeit. Die sprachlichen Bedeutungsunterschiede und die Variationen der Terminologie werden im Folgenden für das Begriffspaar »Erziehung und Bildung« sowie im Blick darauf, was mit »evangelisch« und »evangelische Schule« gemeint ist, dargelegt.

3.4.1   Erziehung und Bildung

In den verschiedenen Sprachen gibt es unterschiedliche Terminologien, die teilweise mit differenten Akzentsetzungen verwendet werden. Die Untersuchungsgegenstände – Schulprogramme, nationale Bildungsdokumente, ein Teil der herangezogenen Literatur – stehen einerseits auf Ungarisch zur Verfügung, andererseits wurde die Arbeit auf Deutsch geschrieben. Die vergleichende Perspektive bezieht sich auf deutschsprachige Forschungen und auf deutsche Texte zu den Schulen in evangelischer Trägerschaft in Deutschland. Ein intensiver wissenschaftlicher Diskurs über Theorie und Praxis evangelischer Schulen wird in deutscher Sprache geführt. Die internationale Diskussion im erweiterten Fachgebiet – Religion und religiöse Bildung in der Schule – findet zusätzlich in der englischer Sprache statt. Im Folgenden werden die wichtigsten Fachbegriffe zu den Themenfeldern »Erziehung und Bildung« thematisiert.

Der Begriff »Bildung« gilt zwar im deutschen Sprachraum als Grundbegriff der Erziehungswissenschaft/Pädagogik und allen pädagogischen Handelns, es gibt aber keinen allgemein anerkannten Bildungsbegriff. Die Geschichte des Bildungsbegriffes – mit ihren unterschiedlichen und vielschichtigen Vorstellungen von Bildung – weist nicht nur auf die Kontextualität des Begriffes, sondern auch auf die wichtigen Spannungsfelder der Erziehungswissenschaft hin[93]. Andererseits ist die Bedeutung und die gängige Verwendung des Begriffes »Bildung« sehr different und inkonsequent, was nicht nur die alltägliche Redeweise, sondern ebenso die wissenschaftliche Diskussion betrifft. Der Begriff »Erziehung« ist genauso wie derjenige der Bildung ein Grundbegriff der Erziehungswissenschaft, der keine eindeutige Trennschärfe zu »Bildung« besitzt. Je nach Theorie und Begriffsdefinition werden »Erziehung« und »Bildung« in ihren Differenzen und Übereinstimmungen unterschiedlich bestimmt. Sie werden teilweise komplementär, teilweise synonym, teilweise ineinander einbegriffen oder einander entgegengesetzt verstanden und verwendet.

Im gegenwärtigen Sprachgebrauch der deutschsprachigen Religionspädagogik ist der Bildungsbegriff zu einem Leitbegriff geworden, der – im Unterschied zu Erziehung – durch seinen individuellen, selbst-reflexiven Charakter (sich selbst bilden) und seine subjektorientierte, intrinsisch motivierte Auffassung gekennzeichnet ist[94]. Die Erziehung ist demgegenüber von außen veranlasst, auf Andere gerichtet, bei ihr wirkt der Erzieher auf den zu Erziehenden ein[95]. Die Erziehungssituation ist durch eine Asymmetrie gekennzeichnet, die eine Subjekt-Objekt-Beziehung suggeriert[96]. Die neuzeitlichen Erziehungsverständnisse erhalten den Subjektstatus der zu Erziehenden im Erziehungsprozess aufrecht und sind an der individuellen Aneignungstätigkeit von Kindern und Jugendlichen ausgerichtet[97]. Der Erziehungsbegriff bezieht sich auf drei verschiedene

---

93 Kuhlmann 2013.

94 Biehl/Nipkow 2003, Schweitzer 2006, 97 ff.

95 Der Begriff Erziehung ist stark mit einer Handlungs-, Interaktions- und relationalen Dimension verknüpft. Das zeigt z. B. die Definition von Oelkers: »Unter Erziehung kann allgemein die moralische Kommunikation zwischen Personen und Institutionen sowie mit und über Medien verstanden werden, soweit sie auf dauerhafte Einwirkungen abzielt und ein Gefälle voraussetzt.« (Oelkers 2004, 303.)

96 Die Spannung von Subjekt-Objekt-Relation in Erziehungsprozessen beschreibt das pädagogische Paradox: »Die Ziele (Emanzipation oder Mündigkeit) waren gebunden an Mittel, die [...] den Zielen gerade widersprachen. Die Erziehung musste das Kind als Objekt der Erziehung betrachten, das seine Subjektivität erst in einer fernen Zukunft erlangen oder ›ausbilden‹ konnte.« (Oelkers 2001a, 267.)

97 In diesem Sinne schreibt Nordström, »dass Erziehung nicht in erster Linie als *Erziehung zu Autonomie* zu fassen ist, sondern – kohärenzorientiert – als *Erziehung in Autonomie* zu verstehen ist. (...) Erziehung macht nicht abhängige Kinder zu autonomen Erwachsenen und kann nicht glaubwürdig mit einem solchen Anspruch verbunden werden. Vielmehr ist Erziehung in Autonomie als Anspruch und als vielfältige relationale Situation orientiert an einem Autonomieideal, welches seinerseits für seine Bestimmung und Begründung an den Bedingungen der Situation orientiert ist. Damit ist zweitens ein umkehrbares, legitimierendes Verhältnis zwischen Autonomie und Erziehung angesprochen. Die Interpretation von Erziehung zu Autonomie als Erziehung in Autonomie macht eine Bestimmung und Begrün-

Ebenen[98]: Auf einer umfassenden Ebene bedeutet Erziehung den gesamten Prozess, in dem Kinder der Kultur einer Gesellschaft eingegliedert werden. Auf engerer Ebene bezeichnet Erziehung die intentionale Beeinflussung, die sich an bestimmten Erziehungszielen orientiert und mit Hilfe von bestimmten Erziehungsmethoden durchgeführt wird. Auf einer eingeschränkten Ebene wird Erziehung als Werteerziehung verstanden, mit Vermittlung von vorhandenen Werten und Normen.

Begrifflich kann man zwar bestimmte Bedeutungsnuancen zwischen Erziehung und Bildung feststellen, feste oder klar abtrennende Kategorien sind in der Fachliteratur aber schwer zu finden; im pädagogischen Handeln sind die beiden nicht zu trennen. Dressler bemerkt zu Recht: »Zunächst gilt es festzuhalten, dass es sich um eine *analytische* Unterscheidung handelt, die nicht einfach empirisch zu überprüfen ist. *De facto* sind Bildung und Erziehung (in je unterschiedlichen, u. a. altersabhängigen Mischungsverhältnissen) nicht zu trennen.«[99]

Die Unterscheidung zwischen den Begriffen *Erziehung* und *Bildung* ist eine »deutsche Besonderheit«[100], die in lateinisch beeinflussten Sprachen nicht zu finden ist. Der englische Begriff *education* umfasst das Bedeutungsfeld *Erziehung und Bildung* zusammen. Im gängigen religionspädagogischen Sprachgebrauch wird *Bildung* oft synonym mit *education* übersetzt, wobei mögliche Bedeutungsdifferenzen zwischen dem englischen Begriff *education* und dem deutschen Begriff *Bildung* verschwinden.

Ungarisch	Deutsch wortwörtlich	Deutsch sinngemäß	Englisch
Nevelés-oktatás	Erziehung und Bildung	Erziehung und Bildung	Education
Nevelés	Erziehung	Erziehung und Bildung oder Erziehung	
Oktatás	Unterricht	Unterricht oder Bildung	
Képzés	Bildung	Bildung oder Ausbildung	

---

dung von Autonomie kontextuell abhängig von dem praktischen Zusammenhang der Erziehung.« (Nordström 2009, 71–72.)
98 Schweitzer 2006, 118.
99 Dressler 2006, 114.
100 Benner/Oelkers 2004, 9.

(Fortsetzung)

Ungarisch	Deutsch wortwörtlich	Deutsch sinngemäß	Englisch
Vallási nevelés	Religiöse Erziehung	Religiöse Erziehung oder Religiöse Erziehung und Bildung	Religious education
Vallási képzés	Religiöse Bildung	Religiöse Bildung	

Tabelle 1: Terminologie der grundlegenden Begriffe im Bereich »Erziehung und Bildung« auf Ungarisch, Deutsch und Englisch

Im Ungarischen existiert das Wortpaar Erziehung/Bildung (*nevelés/oktatás*). Es wird aber oft zusammen – als Erziehung und Bildung (*nevelés és oktatás*) – verwendet. Im Vergleich zum deutschen Begriffspaar Erziehung/Bildung enthält es aber unterschiedliche Bedeutungsnuancen.

- Das Wort *oktatás* bedeutet wortwörtlich eher den *Unterricht* als die Bildung, hat semantisch einen fremdbestimmten Charakter und weist eine Koppelung an schulisch-institutionalisierte Bildungseinrichtungen auf; es wird aber auch selbstbestimmt, im Sinne von *Bildung* verstanden.
- Das Wort *képzés* bedeutet wortwörtlich *Bildung* (*kép* heißt *Bild*), wird aber eher im Sinne des Begriffes *Ausbildung* (*kiképzés, szakképzés*) verwendet.
- Das Wort *nevelés* im engeren Sinne bedeutet wortwörtlich und sinngemäß die *Erziehung*. In einem umfassenden Sinne wird aber mit dem Wort *nevelés* sowohl die Theorie (Fachdisziplin Erziehungswissenschaft und Pädagogik) als auch die Praxis des gesamten pädagogischen Handelns bezeichnet[101]. Dieses im umfassenden Sinne verstandene *nevelés* beinhaltet demzufolge auch den Bedeutungsinhalt von *Bildung*[102].
- Der Ausdruck *vallási nevelés* (religiöse Erziehung) bedeutet z.B. religiöse Erziehung und Bildung zugleich.

Ebenso wie im Deutschen gilt auch für den ungarischen Sprachgebrauch die Feststellung, dass die gängige Verwendung der Begriffe *nevelés, oktatás, képzés* sehr different und inkonsequent ist und es keine eindeutige Trennschärfe gibt.

---

101 Das Bildungsgesetz heißt in Ungarn *Erziehungsgesetz* (*nevelési* törvény).
102 »Die Erziehungswissenschaft betrachtet den Unterricht [oktatás] und die Bildung [képzés] als Teilkategorie der Erziehung [nevelés] (als Persönlichkeitsentwicklung). Innerhalb dieser bezieht sich der Begriff des Unterrichts [oktatás] auf die Vermittlung von Kenntnissen, der Begriff der Bildung [képzés] auf die Ausformung von Gedanken und Handlungen, von Fähigkeiten und von Fertigkeiten. In diesem Sinne benutzen wir auch das Wortpaar Unterricht-Bildung [oktatás-képzés]. Nach einer anderen Auffassung wird der Unterricht [oktatás] im Sinne der Allgemeinbildung, der Erziehung [nevelés] und von Unterricht-Bildung [oktatás-képzés] benutzt und die Bildung [képzés] als fachspezifische, spezielle Unterricht-Bildung [oktatás-képzés].« (Csoma 2004, 18.)

Häufig kann nur der Kontext deutlich machen, in welcher Bedeutung die Begriffe verwendet werden.

Diese Erläuterungen zu den Begriffen weisen darauf hin, dass im ungarischen und im deutschen Sprachgebrauch die Begriffe im Themenfeld *Erziehung* und *Bildung* mit unterschiedlichen Akzentsetzungen und inhaltlichen Bestimmungen verwendet werden. Es gibt keine direkt äquivalente Terminologie. Auffallend ist, dass der individuell-reflexive Charakter des deutschen Bildungsbegriffes – dass der Mensch sich selbst bildet, Subjekt seines eigenen Bildungsprozesses ist – in ungarischen Begriffen nicht so ausdrücklich vorhanden ist. In den ungarischen Begriffen *oktatás* und *képzés* sind die Selbstbestimmtheit ebenso wie die Fremdbestimmtheit von Lernprozessen inbegriffen. Dieses Merkmal gehört aber nicht zu den Charakteristika des ungarischen Bildungsbegriffes. Die Schwierigkeit der Übersetzung liegt in erster Linie nicht auf der sprachlichen Ebene. Vielmehr lassen sich die traditions- und kulturbedingten verschiedenen Konnotationen der Begriffe nicht mit-übersetzen. Darum heißt es zu Recht:

> »Das Wort »Bildung« ist kein terminus technicus; es kann nicht einfach als Terminus oder durch etymologisch nahe liegende Lösungen (z. B. fläm: »forming« oder neuengl. »capacity building«) mit dem Anspruch auf Eindeutiget in andere Sprachen übersetzt werden. Denn der Prozess der Wortfindung ist genau jener Prozess der handlungsbedeutsamen Auslegung von Tradition, Kultur und Selbstbestimmung (Bollenbeck 1994), den der Begriff zu bezeichnen und zu leiten sucht.«[103]

In der vorliegenden Arbeit sind die Bedeutungsinhalte der deutschsprachigen Begriffe ausschlaggebend, da die Arbeit auf Deutsch geschrieben wurde. Die ungarischen Begriffe werden sinngemäß ins Deutsche übersetzt, unter Beachtung der kontextuellen Bedeutungsverweise und der thematischen Gemeinsamkeiten. Bei der Übersetzung werden überwiegend die in der Tabelle zusammengefassten Begriffsdeutungen (erste und dritte Spalten) verwendet. An einigen Stellen, an denen die Bedeutungsinhalte nicht eindeutig sind und der im Text verwendete Begriff im konkreten Fall interessant sein kann, werden die verwendeten ungarischen Wörter in Klammern angegeben. Insgesamt gilt aber, dass eine Übersetzung nicht das Ganze eines Begriffes erschließt und dass anstelle von begrifflich eindeutigen Zuordnungen bzw. Abgrenzungen eine sinngemäße Übersetzung angestrebt wurde.

---

103 Ladenthin 2007, 17.

3.4.2   Evangelisch, evangelische Schule, konfessionelle bzw. kirchliche Schule

Die konfessionelle Bezeichnung »evangelisch« wird im ungarischen und im deutschen Sprachgebrauch unterschiedlich verwendet.

»Evangelisch« ist im deutschen Sprachgebrauch in Deutschland[104] ein Sammelbegriff, der die Lutheraner, Reformierten und Unierten umfasst. Die Organisationsform der Evangelischen Kirche in Deutschland wird folgendermaßen definiert: »Die historischen Wurzeln der 20 Gliedkirchen der Evangelischen Kirche in Deutschland reichen bis in die Reformationszeit zurück. Je nach ihrer lutherischen, reformierten oder unierten Prägung haben die Landeskirchen daher auch gliedkirchliche Zusammenschlüsse gebildet: die Union Evangelischer Kirchen in der EKD (UEK) sowie die Vereinigte Evangelisch-Lutherische Kirche Deutschlands (VELKD). Darüber hinaus versteht sich der Reformierte Bund als Dachverband für rund 320 reformierte Kirchengemeinden.«[105] Evangelisch kann nach dieser Auffassung evangelisch-lutherisch, evangelisch-reformiert und evangelisch-uniert in seiner jeweiligen konfessionellen Prägung bedeuten. Die Organe und die Verwaltung dieser Kirchen wurden zusammengelegt, um bestimmte Aufgaben gemeinsam zu bewältigen. Darüber hinaus verwenden in Deutschland viele Freikirchen den Terminus »evangelisch« als Selbstbezeichnung, wie z. B. die Freien evangelischen Gemeinden.

In Ungarn und im ungarischen Sprachgebrauch bedeutet demgegenüber »evangelisch« in seiner konfessionellen Prägung ausschließlich »evangelisch-lutherisch«. Die Evangelisch-Lutherische Kirche und die Reformierte Kirche sind in Ungarn organisatorisch und strukturell seit Jahrhunderten, seit der Religionsdiskussion in Csepreg im Jahr 1591, voneinander getrennt tätig. Sie haben unterschiedliche und voneinander getrennte Organe, Dienststellen und Kirchenstrukturen. Sie betreiben ihre Bildungssysteme und diakonischen Einrichtungen voneinander unabhängig und unterhalten ihre Hochschulen bzw. Theologischen Fakultäten getrennt voneinander. Demzufolge existiert in Ungarn ein evangelisches Schulsystem und ein reformiertes Schulsystem, die rechtlich und organisatorisch-strukturell voneinander völlig getrennt sind.

---

104 In Österreich ist es z. B. wieder anders. Die konfessionelle Bezeichnung »evangelisch« kann hier »evangelisch-lutherisch«, »evangelisch-reformiert«, aber auch »evangelisch-methodistisch« bedeuten. Die Evangelische Kirche A. und H.B. in Österreich besteht aus dem Zusammenschluss der Evangelischen Kirche A.B. in Österreich und der Evangelischen Kirche H.B. in Österreich. Evangelisch A.B. heißt evangelisch nach dem Ausburger Bekenntnis, d. h. evangelisch-lutherisch. Evangelisch H.B. sind die Evangelischen nach dem Helvetischen Bekenntnis, d. h. reformiert. Die evangelischen Kirchen haben sich zu einer gemeinsamen Verwaltung und zur gemeinsamen Erledigung von Aufgaben (wie z. B. Religionsunterricht, Diakonie, Presse und Medienarbeit) organisatorisch zusammengeschlossen.

105 www.ekd.de/Gliedkirchliche-Zusammenschluesse-UEK-VELKD-10775.htm.

In dieser Arbeit geht es um die evangelisch-lutherischen Schulen in Ungarn, ohne die reformierten Schulen. Im Text wird hauptsächlich der ungarische Wortgebrauch verwendet. Wo »evangelisch« steht, ist darunter »evangelisch-lutherisch« zu verstehen, ohne die Reformierten. Immer wieder wird aber auch die Bezeichnung »evangelisch-lutherisch« verwendet, damit dieser terminologische Unterschied im Bewusstsein bleibt. Im Kapitel 13, in dem eine vergleichende Perspektive zur Sprache kommt, wird die Bezeichnung »evangelische Schule« immer auf den eben aktuellen Kontext bezogen. Im Falle der ungarischen evangelischen Schulen meint es die Schulen in evangelisch-lutherischer Trägerschaft in Ungarn[106].

In Deutschland weist die Bezeichnung »evangelische Schule« eine gewisse Unschärfe auf, die einer Präzisisierung bedarf. Die Charakterisierung einer Schule als »evangelisch« ist eine Selbstbezeichnung, die vom Schulträger selbst gewählt wird[107]. Nach der Basiserhebung von 2012 gehören zum evangelischen Schulwesen in Deutschland 1.100 Schulen, die von 375 unterschiedlichen Schulträgern erhalten werden[108]. Neben den kirchlichen Trägern (wie z. B. Landeskirchen, Kirchenkreisen, Gemeinden) und diakonischen Einrichtungen sind auch verschiedene Schulverbände, Schulstiftungen, Vereine, Elternvereine, private Stiftungen und gemeinnützige Gesellschaften Träger von evangelischen Schulen. Die 375 Schulträger sind in ihrer Mehrheit kleine Schulträger, die nur eine oder zwei Schulen untererhalten. Von den Schulträgern ist die Diakonie der weitaus größte. 61,69 % der evangelischen Schulen in Deutschland sind in Trägerschaften, die institutionell zur Diakonie gehören. Zu den »evangelischen Schulen« werden auch mehrere Schulen in freikirchlicher Trägerschaft gerechnet, die aber von evangelischen Landeskirchen, Stiftungen und Schulwerken anerkannt sind. Weiterhin werden zu den »evangelischen Schulen« auch solche Schulen gezählt, die ökumenische Träger haben.

Scheunpflug stellt resümierend fest, dass die heterogene Gruppe »evangelische Schulen« aus mehreren Gründen nicht einheitlich gedacht werden kann: »Es wäre aber falsch, Schulen in evangelischer Trägerschaft eine gleichförmige Organisationsstruktur in der Hand der evangelischen Landeskirchen zu unterstellen oder gar eine direkte Einwirkung der Kirchenstrukturen auf die Schulen anzunehmen. Dies ist auch aus theologischen und bildungspolitischen Gründen nicht gewollt.«[109]

Die Schulen in evangelischer Trägerschaft sind rechtlich gesehen private Schulen in Deutschland, die das öffentlich-staatliche Schulwesen ergänzen. Sie

---

106 Siehe Kapitel 5.2.
107 Scheunpflug 2011, 406, Pirner 2015.
108 EKD-WAES 2016, 6–7.
109 Scheunpflug 2012.

sind von den sogenannten evangelischen Konfessionsschulen oder Bekenntnis-
schulen zu unterscheiden. Diese Schulen gibt es in zwei Bundesländern; dabei
handelt es sich um öffentliche Schulen in der Trägerschaft der politischen Gemeinden.

Die Bezeichnungen »evangelische Schule« und »Schule in evangelischer Trägerschaft« werden meist synonym verwendet. Die Begriffe »kirchliche Schule«
bzw. »Schule in kirchlicher Trägerschaft« werden aber als übergeordneter Begriff
zu evangelischen Schulen in Deutschland fälschlicherweise verwendet, da diese
Schulen sich nicht nur bzw. überwiegend nicht in kirchlicher Trägerschaft befinden. Im Falle evangelischer Schulen in Ungarn ist es wiederum anders, da die
Schulen in evangelischer Trägerschaften ausnahmslos kirchliche Schulen sind.

Die Bezeichnung »konfessionelle Schule« ist im Blick auf die evangelischen
Schulen in Deutschland ebenfalls unpräzise, da es unter den Schulträgern auch
ökumenische, überkonfessionell-christliche Vereine und Organisationen gibt.
Pirner sieht die Bezeichnung »konfessionelle Schule« in einer pluralen Gesellschaft, in der auch Schulen in jüdischer, islamischer und anderweitiger Trägerschaft zu finden sind, nicht mehr als hinreichend an, und schlägt stattdessen aus
dem angelsächsischen Sprachgebrauch die Bezeichnung »religiöse Schule« (faith
school) vor[110].

---

110 Pirner 2015.

Teil II:
Schulen in evangelisch-lutherischer Trägerschaft in Ungarn

4. Die evangelisch-lutherischen Schulen im Kontext von Staat und Kirche

Die evangelisch-lutherischen Schulen in Ungarn bilden einen Teil des öffentlichen ungarischen Bildungssystems und sind zugleich Bildungseinrichtungen in kirchlicher Trägerschaft. In diesem Kapitel werden diese zwei Bezugssysteme der evangelisch-lutherischen Schulen beschrieben, und es wird dargelegt, was das für die evangelisch-lutherischen Schulen bedeutet.

4.1 Evangelisch-lutherische Schulen im Kontext des ungarischen Bildungssystems

Die evangelisch-lutherischen Schulen in Ungarn sind öffentliche Erziehungs- und Bildungseinrichtungen des ungarischen Bildungswesens. Das ungarische Bildungssystem setzt die Kontexte und Rahmenbedingungen, die unmittelbare Auswirkungen auf das evangelisch-lutherische Schulwesen insgesamt wie auch auf die einzelnen evangelisch-lutherischen Schulen haben. Als Teile des ungarischen Bildungswesens stehen die evangelisch-lutherischen Schulen in einer wechselseitigen und untrennbaren Verbindung mit dem ungarischen Bildungswesen, das sie selbst auch mitformen und mitbestimmen.

Dieser Abschnitt stellt zunächst das ungarische Bildungssystem mit seinen öffentlichen Bildungseinrichtungen sowie mit seinen bildungspolitischen Entwicklungen und Tendenzen dar. Anschließend werden die rechtlichen Rahmenbedingungen dargelegt, die bestimmen, unter welchen Voraussetzungen sich die konfessionellen Schulen in Ungarn im öffentlichen Bildungssystem betätigen können. Schließlich werden die Rolle und Bedeutung von konfessionellen Schulen im ungarischen Bildungssystem aus gesellschaftlicher und bildungspolitischer Sicht erörtert.

4.1.1 Schulsystem des Landes

In Ungarn gehören zu den Erziehungs- und Bildungseinrichtungen des öffentlichen Bildungswesens die Kindergärten, die Grundschulen, die Gymnasien, die Fachgymnasien, die Berufsmittelschulen, die Berufsschulen, die Spezialschulen für Fertigkeitsentwicklung, die grundstufigen Kunstschulen, die heilpädagogischen, konduktiv pädagogischen Erziehungs- und Bildungseinrichtungen sowie die Schülerheime. Nach dem in 2011 verabschiedeten Bildungsgesetz beginnt die Schulpflicht mit dem 3. Lebensjahr (Kindergartenpflicht für jedes Kind) und dauert bis zum Ende des Schuljahres, in dem der Schüler/die Schülerin 16 Jahre alt wird[111]. Die Struktur des ungarischen Schulsystems wird nach Lebens- und Schuljahren sowie ISCED-Stufen in der Abbildung 1 zusammengefasst.

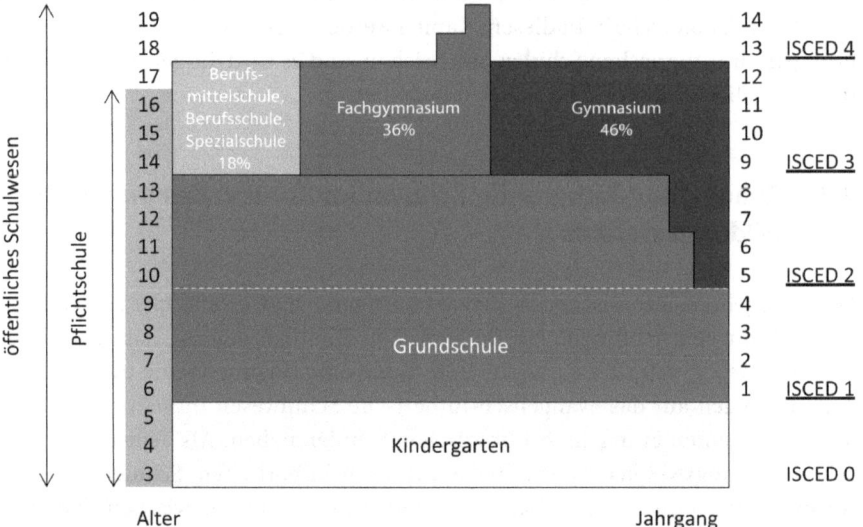

Abbildung 1: Struktur des ungarischen Bildungssystems nach Alter, Jahrgängen und ISCED-2011 Stufen (Schuljahr 2018/2019)

Die achtklassig geführte Grundschule [általános iskola] ist in Ungarn in eine Unterstufe (1.–4. Klasse) und eine Oberstufe (5.–8. Klasse) gegliedert. Die Absolvierung der Grundschule endet mit einem Abschlusszeugnis über die Grundschulqualifikation. Nach dem Abschluss der vierten und der sechsten Klasse können die SchülerInnen auf ein acht- bzw. sechsklassiges Gymnasium wechseln, wenn sie die Aufnahmeprüfung erfolgreich bestehen.

---

111 Gesetz CXC über das nationale Bildungswesen von 2011, § 8 Absatz 2, § 45 Absatz 3.

Nach der Schulausbildung in der Grundschule können die SchülerInnen ihre schulische Bildung im Gymnasium, im Fachgymnasium und in der Berufsmittelschule fortsetzen. Diese Schultypen bezeichnet man in Ungarn zusammen als Mittelschule [középiskola].

Die Gymnasien [gimnázium] haben acht, sechs oder vier Jahrgänge. Einige Gymnasien betreiben auch Gymnasialklassen mit fünf Jahrgängen (1+4 Jahre-Struktur), in denen in einem zusätzlichen Vorbereitungsjahr Fremdsprachen (Englisch oder Deutsch) unterrichtet werden. Fünf Jahre dauert ebenso das Begabtenförderprogramm »Arany János«, das eine Gymnasialausbildung für begabte SchülerInnen aus benachteiligten Familien ermöglicht. Die Gymnasialausbildung endet mit dem Abitur, das eine Voraussetzung für das Studium an einer Hochschule ist. Die Abiturprüfung erfolgt in vier Pflichtfächern – Ungarische Sprache und Literatur, Mathematik, Geschichte, eine Fremdsprache – und in einem Wahlfach. Ungarn hat im Jahre 2005 die zweistufige Abiturprüfung (Mittelstufe und zentrale Oberstufe) eingeführt[112].

Das Fachgymnasium [szakgimnázium] bietet eine Doppelqualifikation, in dem die SchülerInnen eine Berufsprüfung und ein facheinschlägiges Abitur in vier Jahren erwerben können oder ein allgmeingültiges Abitur und in ein-zwei zusätzlichen Ausbildungsjahren eine mittlere bzw. höhere Facharbeiterqualifikation. Mindestens 60 % der Ausbildungszeit in den ersten vier Jahren der Fachgymnasien besteht aus Allgemeinbildung, in der verbleibenden Ausbildungszeit erfolgt die einschlägige Fachausbildung.

Eine Berufsmittelschule [szakközépiskola] hat fünf Jahrgänge. In den ersten drei Jahren können die SchülerInnen eine Berufsausbildung absolvieren. Mindestens 33 % der Ausbildungszeit dieser drei Jahre besteht aus Allgemeinbildung. Nach erfolgreicher Prüfung bekommen die Absolventen einen Facharbeiterbrief. Falls sie sich weiterbilden und das Abitur ablegen möchten, haben die SchülerInnen die Möglichkeit, in der Berufsmittelschule zwei weitere Jahren zu lernen und das Abitur zu absolvieren.

Die Berufsschulen [szakiskola] und die Spezialschulen für Fertigkeitsentwicklung [készségfejlesztő iskola] sind mittelstufige Schulen für besonders förderbedürftige SchülerInnen. Die Berufsschule bietet eine Berufsausbildung für Jugendliche mit Sonderbedarf und mit leichter geistiger Behinderung. In Spezialschulen für Fertigkeitsentwicklung gibt es Lernangebote für Jugendliche mit leichter und mittelgradiger geistiger Behinderung. Die SchülerInnen werden beim Erwerb von Fähigkeiten und Fertigkeiten zur praktischen Lebensbewältigung, zur Teilnahme in Gemeinschaften und in der Gesellschaft sowie zur produktiven Beschäftigung unterstützt.

---

112 Regierungserlass 100 von 1997 über die Prüfungsordnung des Abiturs, Erlass des Bildungsministeriums 20 von 2002 über die detaillierten Anforderungen der Abiturprüfung.

Die grundstufigen Kunstschulen sind kunstpädagogische Einrichtungen in den Bereichen der Musik, der bildenden und angewandten Künste und der darstellenden Künste (Puppenspiel, Theater, Tanz). Sie bieten einen künstlerisch und musisch ausgerichteten Unterricht im Ausmaß von sechs Wochenstunden. Der Besuch einer Kunstschule ist für benachteiligte SchülerInnen sowie für SchülerInnen mit Behinderung kostenlos, ansonsten gebührenpflichtig.

Die Erziehungs- und Bildungseinrichtungen (einschließlich der Kindergärten) befinden sich im Schuljahr 2017/2018 zu 74 % in staatlicher, zu 15 % in kirchlicher und zu 11 % in Trägerschaft von Stiftungen bzw. anderen Schulträgern (z. B. Vereine, Einzelpersonen, Religionsgemeinschaften)[113]. Was die Zahl der Kindergartenkinder und der SchülerInnen in Tagesform betrifft, so gehen 81 % in staatliche Bildungseinrichtungen, 14 % in kirchliche und 5 % in Bildungseinrichtungen von Stiftungen bzw. von sonstigen Schulträgern.

4.1.2   Entwicklungen und Tendenzen in der Bildungspolitik des Landes

Das Schul- und Bildungswesen in Ungarn ist seit der Wende im Jahr 1989 durch grundlegende und andauernde Reformprozesse in Bewegung. Im Kraftfeld der verschiedenen und vielfältigen Interessensgruppen und des häufig wechselnden politischen Willens kann nicht vom Vorhandensein einer langfristigen, stabilen, berechenbaren, auf Konsens basierenden Bildungsstrategie gesprochen werden. Ausschlaggebend sind für die derzeitigen Entwicklungen im Schul- und Bildungswesen in Ungarn die Richtlinien des neuen »Nationalen Bildungsgesetzes« und die »Nationale Bildungsstrategie«[114]. In der Bildungsstrategie werden die Leitprinzipien folgendermaßen formuliert:

> »Die Umgestaltungen des ungarischen Bildungswesens zwischen 2010–2014 bilden die geeignete Grundlage für die wichtigsten Leitprinzipien der Bildungsstrategie im Zeitraum von 2014 bis 2020:
> - Im Interesse der Fairness (equity) wird die einheitliche Qualität der öffentlichen Erziehung und Bildung mit einer größeren staatlichen Verantwortungsübernahme gesichert;
> - die Rolle der Erziehung (socialization) wird in der Erziehung und Bildung verstärkt;
> - die Vermittlung von Wissen, Kompetenzen und Einstellungen wird ins Gleichgewicht gebracht;

---

113 Diese sowie die im weiteren Verlauf der Arbeit genannten statistischen Daten basieren auf Mitteilungen der Datenbank des Ungarischen Statistischen Zentralamtes [Központi Statisztikai Hivatal: KSH]. Die Quelle einer Datenbank wird im Weiteren nur dann angegeben, wenn die Daten nicht aus der Datenbank des Ungarischen Statistischen Zentralamtes stammen.

114 Gesetz CXC über das nationale Bildungswesen von 2011, Kormány 2015.

- das Ansehen der Lebenslaufbahn der LehrerInnen wird wiederhergestellt;
- mit diesen Maßnahmen werden die Verwirklichung der Vollbeschäftigung, die Veränderung der demographischen Entwicklungen sowie die Verwirklichung der Familienzentriertheit, daneben die gesellschaftliche Integration und die Steigerung der Chancengleichheit unterstützt.«[115]

Eine tiefergehende Analyse von Entwicklungen und Tendenzen im Bildungswesen und in der Bildungspolitik Ungarns ist nicht das Thema dieser Arbeit. Exemplarisch werden daher nur die folgenden sechs Charakteristika hervorgehoben.

Zentralisation im Bildungswesen
Das ungarische Bildungswesen ist seit 2013 durch einen starken Zentralisierungsprozess gekennzeichnet. Als Folge der politischen Veränderungen nach 1989 war das einheitliche, sozialistische Schulsystem zerfallen und es entstand ein beinahe vollkommen dezentralisiertes Bildungswesen. Das Monopol des Staates auf Schulerhaltung hörte auf zu existieren. Es wurden durch Kirchen, Stiftungen und sonstige Schulträger neue Schulen gegründet. Die kommunalen Selbstverwaltungen, die über eine bedeutende politische Autonomie verfügten, übernahmen als Schulträger die staatlichen Schulen. Die Schulen verfügten ebenso über eine starke pädagogische, organisatorische und wirtschaftliche Autonomie. Sie waren Bildungseinrichtungen mit eigener Rechtspersönlichkeit, die auch finanziell größtenteils selbstständig waren. Der Direktor/Die Direktorin der Schule übte die Rechte des Dienstgebers aus. Die freie Schulwahl der Schule initiierte einerseits eine innovative Profilierung der Einzelschulen, andererseits verstärkte sie die Segregation.

Gemäß dem Bildungsgesetz wurde die gesamte Bildungslandschaft mit dem Schuljahr 2013/2014 gänzlich verändert. Seitdem ist eine starke Zentralisierung zu beobachten, die von ständigen, grundlegenden Gesetzesänderungen und raschen Umstrukturierungsprozessen begleitet ist. Die Schulträger-Organisation der staatlichen Bildungseinrichtungen wurde in diesem Zeitraum mehrmals verändert. Ab 2017 üben die 58 Schulkreis-Zentren die Rechte und Pflichten des Schulträgers und das Betreiben von staatlichen Schulen aus[116]. Ausgenommen davon sind die staatlichen Schulen im Bereich der Berufsbildung (Fachgymnasien, Berufsmittelschulen), die dem Wirtschaftsministerium unterstellt sind. Die 58 Schulkreis-Zentren vertreten die Körperschaft des öffentlichen Rechtes für die Einzelschulen und sind die Arbeitgeber der Lehrpersonen. Die Schulkreis-Zentren sind dem Klebersberg-Zentrum unterstellt, das zum Ministerium für Hu-

---

115 Kormány 2015, 13.
116 Regierungserlass 136 von 2016.

mankapital gehört. Die organisatorische und finanzielle Autonomie der Einzelschule ist minimal.

Eine Zentralisierung ist auch im Bereich der pädagogischen Arbeit zu erkennen. Die fachliche Autonomie der Lehrenden ist gering. Der neueste nationale Bildungsplan – der ab September 2013 in Kraft ist – gibt konkrete, verbindliche und detaillierte Bildungsinhalte vor[117]. Erklärtes Ziel ist unter anderem, SchülerInnen zu einer national-patriotischen Gesinnung zu erziehen[118]. Die Rahmenlehrpläne bestimmen ganz genau und in großer Stofffülle die verbindlichen Gegenstände des Unterrichts[119]. Die Schulen können in ihren lokalen Lehrplänen nur im Ausmaß von 10 % den Unterrichtsanteil frei bestimmen. Als Ergebnis von Protesten gegen den zentral festgelegten und eng umrissenen Bildungskanon wurden im Schuljahr 2016/2017 »flexiblere Lehrpläne« eingeführt, die weniger Lehrstoff beinhalten als die »traditionellen Lehrpläne«[120].

Die Wahlfreiheit bei Schulbüchern und bei der Beschaffung von Unterrichtsmaterialien ist gering. Zentral bewilligte Lehrbücher wurden herausgegeben – meistens pro Fach, Schultyp und Jahrgang je zwei –, deren Ersteller und Herausgeber staatliche Institutionen sind[121]. Der Staat besitzt ebenso das Monopol für die Belieferung der Schulen mit Schulbüchern.

Umstrukturierung der Berufsausbildung
Im Rahmen der Umstrukturierung des gesamten Bildungswesens läuft die Umstrukturierung der Berufsausbildung. Eine duale Berufsausbildung wird angestrebt, die eine engere Kooperation mit der Wirtschaft und mit den praktischen Ausbildungsstätten (Firmen, Betriebe usw.) initiiert. Ziel ist dabei, die Attraktivität der Berufsbildung zu erhöhen und die Berufsausbildung besser an die Erfordernisse des Arbeitsmarktes anzupassen. Dabei wurden die berufsbildenden Schulen vom Klebersberg-Zentrum abgekoppelt und in 44 regionale staatliche Berufsbildungszentren überstellt. Die Einzelschulen haben keine Autonomie. Die Arbeit dieser 44 Berufsbildungszentren koordiniert das Nationale Amt für Berufs- und Erwachsenenbildung, das dem Ministerium für Innovation und Technologie unterstellt ist.

Zu Verwirrungen führte die Umänderung der Benennung von berufsbildenden Schularten ab September 2016. Die frühere Berufsmittelschule [szakközépiskola] – ermöglicht Berufsprüfung und facheinschlägiges Abitur – wurde in Fachgymnasium [szakgimnázium] umbenannt. Die frühere Berufsschule [szakiskola] – ermöglicht Berufsprüfung in drei Jahren, danach die Möglichkeit zum

---

117 Regierungserlass 110 von 2012.
118 Regierungserlass 110 von 2012, Anhang I.1.
119 Erlass des Ministeriums für Humankapital 51 von 2012.
120 Dazu siehe noch Kapitel 10.2.
121 Gesetz CCXXXII von 2013.

Abitur in zwei Jahren – wurde in Berufsmittelschule [szakközépiskola] umbenannt. Die frühere Spezielle Berufsschule [speciális szakiskola], die Berufsbildung für Jugendliche mit Sonderbedarf und mit leichter geistiger Behinderung ermöglicht, wurde in Berufsschule [szakiskola] umbenannt.

Mit dem Schuljahr 2016/2017 wurden die neuen Rahmenlehrpläne für berufsbildende Schulen eingeführt[122]. Der allgemeinbildende Anteil dieser Schulen wurde verkürzt. Die einschlägige Fachausbildung macht in den Fachgymnasien etwa ein Drittel, in Berufsmittelschulen und Berufsschulen etwa zwei Drittel der gesamten Ausbildungszeit aus. Diese findet – besonders im Falle der Berufsschulen – in Praxisbetrieben statt. Die Fachgymnasien können zukünftig nur ein facheinschlägiges Abitur durchführen, das den weiterführenden Bildungsweg oder eine Änderung in der Berufswahl nicht gänzlich offen lässt.

Unterfinanzierung des Bildungswesens
Ein wesentliches Problem ist die Unterfinanzierung des Bildungswesens[123]. Im Ländervergleich zeigt sich der Rückstand Ungarns bei den Bildungsausgaben deutlich[124]. Im Jahre 2016 beliefen sich die öffentlichen Gesamtausgaben für den Primar-, Sekundar- und postsekundären, aber nicht tertiären Bereich im Durchschnitt der OECD-Länder auf 7,9 % der öffentlichen Gesamtausgaben. Ungarn liegt bei diesem Indikator mit 6,3 % im hinteren Bereich der OECD-Länder. Die öffentlichen Ausgaben für Bildungseinrichtungen des Primar-, Sekundar- und postsekundären, aber nicht tertiären Bereichs machen im Durchschnitt der OECD-Länder 3,5 % des Bruttoinlandsprodukts (BIP) aus. In Ungarn sind es dagegen 3,2 % des BIP[125]. Diese Daten sind nur exemplarische Beispiele, die – zusammen mit weiteren Indikatoren, wie z.B. die öffentlichen Bildungsausgaben pro Bildungsteilnehmer, die Gehälter der Lehrenden – auf die Unterfinanzierung des Bildungsbereiches in Ungarn hinweisen[126].

Chancenungleichheit, Diskriminierung, Segregation und Selektion im Bildungssystem
Das ungarische Bildungssystem ist ein hochselektives Bildungssystem, in dem große Chancenungleichheiten vorhanden sind. Im Mai 2016 eröffnete die Europäische Kommission ein Vertragsverletzungsverfahren gegen Ungarn[127]. Sie forderte das Ende der Diskriminierung von Roma-Kindern[128] im Bildungsbereich

---

122 Erlass des Ministeriums für Nationale Wirtschaft 30 von 2016.
123 Civil Közoktatási Platform 2016, 27.
124 OECD 2019, 303–334, Hajdu/Hermann/Horn/Varga 2015, 31–38.
125 OECD 2019, 332.
126 Ebd., 303–334.
127 http://europa.eu/rapid/press-release_MEMO-16-1823_de.htm.
128 Die Roma sind die größte Minderheit in Ungarn. Bei der letzten Volkszählung im Jahre 2011 haben sich 315.583 Menschen als Roma bekannt (3,2 % der Gesamtbevölkerung). Nach

und die Sicherstellung eines gleichen Zugangs zu guter Bildung. Zur Begründung wurde z. B. auf Folgendes verwiesen: Roma-Kinder, vor allem Mädchen, haben nur eingeschränkt Zugang zu Bildung und brechen häufig die Schule ab. Mehr als 45 % der Roma-Kinder werden in der Ausbildung in getrennte Schulen oder Klassen eingeteilt[129]. Der Anteil der frühen Schulabbrecher in der Roma-Bevölkerung (59,9 %) ist im Vergleich zur Nicht-Roma-Bevölkerung (8,3 %) sehr hoch[130].

Der Zusammenhang zwischen sozioökonomischem Status und Bildungserfolg ist in Ungarn signifikant[131]. Die Leistungsunterschiede zwischen sozioökonomisch begünstigten und sozioökonomisch benachteiligten SchülerInnen sind sehr groß. Nach den PISA-Daten von 2015 sind die Leistungsunterschiede in Ungarn von allen OECD-Ländern am größten[132]. Die Wahrscheinlichkeit der Leistungsschwäche unter benachteiligten Schülern im Vergleich zu nicht benachteiligten Schülern ist besonders hoch[133]. Der Einfluss des familiären Hintergrunds auf den Bildungserfolg ist in Ungarn sehr stark. Die Schule kann diesen Einfluss nicht einmal abschwächen und kompensieren, eher verstärkt sie noch die Leistungsunterschiede[134]. Der Prozentsatz der resilienten SchülerInnen, die trotz ihres benachteiligten sozioökonomischen und kulturellen Status sehr gute Leistungen erbringen, ist zwischen 2006 und 2015 erheblich zurückgegangen[135].

Die Selektion im ungarischen Bildungssystem hat mehrere Ebenen.

(1) Einerseits bestehen zwischen den Schulen erhebliche Unterschiede, besonders in solchen Ortschaften, in denen eine Schulwahl zwischen mehreren Schulen möglich ist.

(2) Weiterhin wird Selektion innerhalb der Einzelschule durch die Einrichtung von Parallelklassen gefördert. Nach dem Gesetz dürfen die Schulen ihre SchülerInnen nicht nach dem Leistungsprinzip einteilen, erlaubt ist aber eine Einteilung nach fachlichen Interessen in angebotenen Schwerpunktklassen.

(3) Die unterschiedlichen Schultypen ermöglichen ebenso die frühe Selektion, besonders im Falle der acht- und sechsklassigen Gymnasien. Die Unterschiede

---

aktuellen Schätzungen dürfte ihre Zahl zwischen 650.000 und einer Million liegen (Bernát 2014, 247–250). Der größte Teil der Roma-Bevölkerung lebt im nördlichen-nordöstlichen Teil des Landes, wo der Anteil der Grundschulkinder von Roma 34,2 % beträgt (Papp Z. Attila 2015). Die Roma-Bevölkerung ist besonders von Armut, Arbeitslosigkeit und Diskriminierung bedroht.

129 European Commission 2015, 10, Oktatáskutató és Fejlesztő Intézet 2015, 161–163.
130 Központi Statisztikai Hivatal 2016, 15.
131 Ostorics/Szalay/Szepesi/Vadász 2016, 65–81, Balázsi/Lak/Ostorics/Szabó/Vadász 2016, 34–51.
132 OECD 2016, 247, http://dx.doi.org/10.1787/888933432803.
133 OECD 2016, 241, http://dx.doi.org/10.1787/888933432777.
134 Csapó/Fejes/Kinyó/Tóth 2014.
135 OECD 2016, 256, http://dx.doi.org/10.1787/888933432860.

zwischen den Gymnasien, Fachgymnasien und Berufsmittelschulen sind im Blick auf die Leistungsfähigkeit und den sozioökonomischen Hintergrund sowie den pädagogisch eingebrachten Mehrwert der Schule bedeutend[136].

(4) Die Lage der Schulstandorte hat ebenfalls erheblichen Einfluss auf die soziale Zusammensetzung der Schülerschaft und auf viele Bildungsfaktoren. Sie trägt zur Selektion bei. In den ärmeren nordöstlichen und in den Mitte-Theiß Gebieten des Landes ist der Anteil von benachteiligten und mehrfach benachteiligten SchülerInnen, von SNI-SchülerInnen[137] und von Sitzenbleibern bedeutend höher als in anderen Gebieten des Landes[138]. Der Anteil der frühen Schulabbrecher ist in der nordöstlichen Region hoch. Er beträgt 16,8 %. Eine größere Zahl von Jugendlichen, die das schulpflichtige Alter überschritten haben, geht in die Gemeinwohlarbeit, da das mehr finanzielle Mittel für die Familie bedeutet als die Familienbeihilfe[139].

(5) Schließlich gibt es zwischen den Schulträgern auch Unterschiede bezüglich der Selektion[140].

Ein Index zur Segregation, der das Ausmaß der ungleichen Verteilung der Schülerschaft misst, beträgt im Falle der benachteiligten SchülerInnen im Jahre 2013 in den Grundschulen 33 %[141]. Das bedeutet konkret, dass in Ungarn ein benachteiligter Schüler/eine benachteiligte Schülerin im Durchschnitt eine Klasse besucht, in der sich 33 % benachteiligte SchülerInnen befinden. Der Anteil von benachteiligten und mehrfach benachteiligten SchülerInnen ist bei den Mittelschulen mit niedrigerem Schulabschluss überproportional hoch (in Berufsmittelschulen 16 %). Bei den Mittelschulen mit höherem Schulabschluss ist er deutlich geringer (in Gymnasien 3 %). Weiterhin zeigt sich die Selektivität des ungarischen Bildungssystems deutlich bei der Verteilung von leistungsschwachen SchülerInnen und bei den Leistungsunterschieden zwischen den Einzelschulen. Nach der PISA-Untersuchung von 2015 machen die zwischen den Schulen bestehenden Unterschiede 56,6 % der Gesamtvarianz der Schülerleistungen aus. Damit gehört Ungarn zu jenen EU-Ländern mit der größten schulischen Selektion[142].

---

136 Civil Közoktatási Platform 2016, 59–65, Ostorics/Szalay/Szepesi/Vadász 2016, 39–40.
137 SchülerInnen mit Sonderbedarf.
138 Híves 2015.
139 Kormány 2016, 3. Arbeitslose Menschen müssen – unter bestimmten Bedingungen, wenn sie arbeitsfähig und nicht zum Bezug von Arbeitslosengeld berechtigt sind – eine so genannte »Gemeinwohlarbeit« leisten, um Sozialhilfe vom Staat zu bekommen (ähnlich wie der Ein-Euro-Job). Die Zahl der Arbeitslosen (im Januar 2017 waren 206.800 arbeitslos) und der Menschen in Gemeinwohlarbeit (189.900) ist ungefähr gleich, und liegt bei zirka 200.000.
140 Dazu noch im Kapitel 4.1.3.
141 Hajdu/Hermann/Horn/Varga 2015, 130–132.
142 OECD 2016, 244–249, http://dx.doi.org/10.1787/888933432794.

In Ungarn werden die folgenden Kategorien zur Beschreibung der Chancen-ungleichheiten und des Förderbedarfs verwendet:

(1) HH-SchülerIn (SchülerIn mit Benachteiligung): SchülerInnen, die auf-grund ihrer Familienverhältnisse und ihrer sozialen Lage zur regelmäßigen Kinderschutzbegünstigung berechtigt sind, und beide Eltern ein niedriges Bil-dungsniveau haben, oder die Eltern beschäftigungslos sind oder die Familie unter prekären Wohnungsverhältnissen lebt.

(2) HHH-SchülerIn (SchülerIn mit mehrfacher Benachteiligung): SchülerIn-nen, bei denen neben der regelmäßigen Kinderschutzbegünstigung noch zwei der oben aufgelisteten drei Bedingungen bestehen (niedriges Bildungsniveau der Eltern, Arbeitslosigkeit, prekäre Wohnungsverhältnisse).

(3) SNI-SchülerIn (SchülerIn mit Sonderbedarf): SchülerInnen, die physische, motorische, geistige, sprachliche bzw. mehrfache Beeinträchtigungen haben, die *Autismus-Spektrum-Störungen* oder andere psychische Entwicklungsstörungen haben und die von einer Fachkommission festgestellt und in einer Begutachtung bestätigt wurden.

(4) BTMN SchülerIn (SchülerIn mit Integrations-, Lern- und Verhaltenssto-rungen): SchülerInnen, die gegenüber Gleichaltrigen extrem leistungsschwach sind, oder Verhaltensstörungen, Lern-, Kooperations- und Integrationsproble-me haben, oder deren Persönlichkeitsentwicklung erschwert ist und spezielle Tendenzen zeigt. Diese sollen von einer Fachkommission festgestellt und in einer Begutachtung bestätigt werden.

Probleme der Effizienz
Das ungarische Bildungssystem kämpft mit Effizienzproblemen. Die interna-tionalen Leistungsstudien – PISA, IEA: TIMSS, PIRLS – weisen darauf hin, dass die Leistungen der ungarischen SchülerInnen in den letzten Jahrzehnten fort-laufend schlechter geworden sind[143]. Diese Tendenz zeigt sich sowohl bei leis-tungsstarken als auch bei leistungsschwachen SchülerInnen. Der Anteil der be-sonders leistungsschwachen SchülerInnen wächst, demgegenüber sinkt der Anteil der besonders leistungsstarken SchülerInnen. Die PISA-Ergebnisse aus dem Jahre 2015 liegen in allen drei Bereichen unter dem Durchschnitt der OECD-Länder. Im Bereich von Mathematik und Naturwissenschaften befindet sich Ungarn bei den PISA-Studien von 2015 im letzten Viertel der OECD-Länder, im Bereich von Lesekompetenz im letzten Fünftel.

Die IEA-Studien (TIMSS und Lesestudie PIRLS) zeigen bessere Ergebnisse bei den Leistungen der ungarischen SchülerInnen, da sie von ihrem Untersuchungs-konzept her eher wissensbezogen und weniger kompetenzbezogen sind[144]. Es ist

---

143 OECD 2016, OECD 2019, Ostorics/Szalay/Szepesi/Vadász 2016, Szalay/Szepesi/Vadász 2016.
144 Mullis/Martin 2015, Szalay/Szepesi/Vadász 2016.

aber anzumerken, dass unter den OECD-Ländern diese besseren Ergebnisse nur durchschnittlich bleiben.

Die landesweiten Kompetenzmessungen [Országos Kompetenciamérés – OKM][145] zeigen keine signifikanten Schülerleistungsunterschiede beim Leseverständnis und bei der Mathematik zwischen den Jahren von 2008 bis 2015[146]. Ebenso hat sich der Anteil der SchülerInnen in den jeweiligen Jahrgängen, die in unterschiedlichen Leistungsstufen lernen, in diesen sieben Jahren kaum verändert. Die landesweiten Kompetenzmessungen zeigen aber deutlich den engen Zusammenhang zwischen Schülerleistungen und regionaler Verteilung (ärmere und reichere Regionen), Gemeindetypen (größere bzw. kleinere Stadt, Dorf, Budapest), Schulformen (Gymnasium, Fachgymnasium usw.), Einzelschulen, unterschiedlichen Trägerschaften bzw. sozialem Hintergrund der SchülerInnen und weisen damit auf die Selektivität des ungarischen Schulsystems hin.

Große Popularität genießen in Ungarn die unterschiedlichen Ranglisten der Mittelschulen. Sie reihen die Gymnasien und Fachgymnasien nach den Kriterien der Effizienz hinsichtlich der Schülerleistungen[147]. Dabei werden oft nur die Outputeffizienzen berücksichtigt, wie z. B. die Ergebnisse der Kompetenzmessungen von Leseverständnis und Mathematik, die Ergebnisse des Abiturs in Ungarisch, Mathematik und Geschichte sowie die erfolgreiche Aufnahme der Absolventen in eine Hochschule bzw. Universität. Weitere Reihungen und Untersuchungen bedenken auch den pädagogischen Mehrwert der Schule[148]. Unter dem pädagogischen Mehrwert (value-added of schools) versteht man ein Kennzeichen für die pädagogische Qualität der Schule, die als Beitrag der Schule zur Entwicklung und zum Bildungserfolg von SchülerInnen gilt[149]. Die Messmethoden dieses Kennzeichens berücksichtigen weitere Faktoren, wie z. B. sozioökonomischer Hintergrund der SchülerInnen, Sozialindex, kompensatorische Wirkung der Schule, Merkmale der Schule und des Schulstandorts[150]. Die

---

145 Die landesweiten Kompetenzmessungen (OKM) werden seit dem Jahre 2001 beim Leseverständnis und bei der Mathematik in den Jahrgangsstufen 6, 8 und 10 bei allen SchülerInnen, in allen ungarischen Schulen, jährlich durchgeführt. Seit 2004 sind die gewonnenen Daten miteinander vergleichbar, seit 2006 werden im Rahmen dieser Messungen weitere Daten und Hintergrundfaktoren bezüglich der Schulen und der SchülerInnen erhoben. Die Datenbank ist öffentlich, die Ergebnisse der Schulen und der einzelnen SchülerInnen können verfolgt und miteinander verglichen werden (https://www.kir.hu/okmfit/). Damit stehen ausreichend Daten zur Analyse des ungarischen Bildungswesens zur Verfügung.
146 Balázsi/Lak/Ostorics/Szabó/Vadász 2016.
147 Z.B. HVG 2016.
148 Nahalka 2014, Szemerszki 2015, Országos Kompetenciamérés (OKM), www.oktatas.hu/kozn eveles/meresek/kompetenciameres/kiemelkedo_teljesitmenyu_iskolak, zuletzt geprüft am Mai 2020.
149 OECD 2008, 17.
150 O'Malley/McClarty/Magda/Burling 2011, Balázsi 2016, Bánné Mészáros 2016, 22.

landesweiten Kompetenzmessungen (OKM) liefern seit 2010 im jährlichen Abstand Daten zum pädagogischen Mehrwert jeder einzelnen Schule in Ungarn[151].

Reform der Lehrerbeschäftigung

Im September 2013 wurde ein neues Dienst- und Besoldungsrecht für Lehrende in Ungarn eingeführt[152]. Deklariertes Ziel der eingeführten Reform war die Anhebung der Qualität und des Prestiges des Lehrerberufs. Die Lehrenden wurden nach erforderlichen Praxisjahren und unter Erfüllung entsprechender Qualitätsanforderungen in ein fünfstufiges »Berufslaufbahn-Modell« eingegliedert (Praktikant – Pädagoge I. – Pädagoge II. – Meisterlehrer – Forscherlehrer). Die Qualifizierungen und Qualitätskontrollen für die Lehrenden werden von Fachinspektoren und von Inspektoren-Gruppen durchgeführt.

Weiterhin wurde die fachliche Autonomie der LehrerInnen verringert (z. B. verbindliche Inhalte der Rahmenlehrpläne, Verwendung verbindlicher Schulbücher). Die Pflichtunterrichtsstunden wurden von 22 auf 26 erhöht, ebenso wie die in der Schule zu verbringende Pflichtzeit. In staatlichen Schulen sind die Lehrenden automatisch und verpflichtend Mitglieder im »Nationalen Pädagogenkorps«, einer zentral geleiteten und von der Regierung kontrollierten Gewerkschaft für pädagogisches Personal.

Zur Reform gehörte auch die Erhöhung der bis dahin sehr geringen Lehrergehälter. Sie blieben aber verglichen mit den Pädagogengehältern in der EU und im Vergleich zu anderen Akademikergehältern in Ungarn weiterhin gering[153]. Die Anfangsgehälter sind immer noch sehr niedrig (60 % Bruttomindestgehalt im Vergleich zum nominalen Pro-Kopf-BIP)[154]. Der Anstieg der Gehaltserhöhung korreliert mit dem Dienstalter und ist relativ hoch (145 %). Aber für den Bezug des Höchstgehalts ist ein hohes Dienstalter (42 Jahre) erforderlich.

Die hier aufgelisteten Entwicklungen und Merkmale weisen auf mehrere negative Tendenzen hin. Diese Tendenzen in der ungarischen Bildungslandschaft bekräftigen die Befunde der vergleichenden internationalen Bildungsstudien sowie die Expertisen der ungarischen Bildungsforschung[155]. Die Wirkung der internationalen Unterstützungen und Untersuchungen – OECD, EU, Phare-Programm, HEFOP, TÁMOP, PISA, IEA usw. – auf das ungarische Bildungssystem und auf die ungarische Bildungspolitik ist bedeutend. Sie generieren innovative Änderungsprozesse, spielen in bildungspolitischen Turbulenzen eine stabilisierende Rolle, bieten empirische und wissenschaftliche Daten und

---

151 www.oktatas.hu/kozneveles/meresek/kompetenciameres/eredmenyek, zuletzt geprüft am Mai 2020.
152 Regierungserlass 326 von 2013 über das Berufslaufbahn-System von Pädagogen.
153 Hajdu/Hermann/Horn/Varga 2015, 82–84, OECD 2019, 455–484.
154 European Commission/EACEA/Eurydice 2016, 14–15, 68–69.
155 z.B. Csapó/Fejes/Kinyó/Tóth 2014, Csapó 2015, Civil Közoktatási Platform 2016.

Grundlagen über das Bildungssystem und unterstützen eine Bildungspolitik, die evidenzbasierte Entscheidungen treffen kann.

4.1.3   Rechtliche Rahmenbedingungen des kirchlichen Schulerhalters

Von den rechtlichen Rahmenbedingungen stellt dieser Abschnitt das Staat-Kirche-Verhältnis sowie die rechtliche Definition von Kirche, die Rechte und Pflichten der kirchlichen Schulträger und die Finanzierung von kirchlichen Schulen vor.

(1) Definition von Kirche und das Staat-Kirche-Verhältnis: In Ungarn besteht eine institutionelle Trennung von Staat und Kirche. Das Gesetz CCVI über die Gewissens- und Religionsfreiheit sowie über die Rechtslage von Kirchen, Religionsgemeinschaften und religiösen Gemeinschaften von 2011 deklariert die Gewissens- und Religionsfreiheit als unverletzliches Grundrecht jedes Menschen. Es definiert weiterhin, was unter gesetzlich anerkannten Kirchen, Religionsgemeinschaften und religiösen Gemeinschaften zu verstehen ist, wie sie sich registrieren lassen können bzw. anerkannt werden oder sich auflösen können. Schließlich regelt es die Beziehungen zwischen Staat und religiösen Gemeinschaften und die Finanzierung der Kirchen.

Die gesetzlich eingetragenen Religionsgemeinschaften [vallási közösség] werden in zwei Kategorien unterteilt. Die gesetzlich anerkannten Religionsvereine [vallási felekezet] gelten prinzipiell als Vereine, die religiöse Tätigkeiten ausüben. Als Schulträger verfügen sie über die gleichen Rechte und Pflichten wie die Stiftungen bzw. sonstigen Schulträger. Die gesetzlich anerkannten Kirchen [egyház][156] sind juristische Personen, besitzen – aufgrund ihrer gesellschaftlichen Relevanz – die Körperschaft des öffentlichen Rechtes. Das Gesetz über die Gewissens- und Religionsfreiheit listet in seinem Anhang 27 gesetzlich anerkannte Kirchen auf. Die Möglichkeit der Registrierung weiterer Kirchen ist offen gelassen. Um eine solche Registrierung zu beantragen, bedarf es des Nachweises, dass die betroffene Religionsgemeinschaft eine mindestens hundertjährige internationale Tätigkeit aufzuweisen hat, oder des Nachweises der Mitgliedschaft von mindestens 0,1 % der Bevölkerung und der mindestens zwanzigjährigen Tätigkeit der Religionsgemeinschaft in Ungarn. Über die Anerkennung einer Religionsgemeinschaft als gesetzlich anerkannte Kirche entscheidet das Parlament.

---

156 Die Benennung ist irreführend, da unter »gesetzlich anerkannten Kirchen« Kirchen und Religionsgemeinschaften verstanden werden. So werden z. B. der *Verband Ungarischer Jüdischer Glaubensgemeinschaften* (*Mazsihisz*), die Buddhistischen Religionsgemeinschaften und die Ungarische Islam-Gemeinschaft auch als »Kirche« geführt und bezeichnet.

Die tatsächliche gesellschaftliche Rolle und Präsenz sowie die Regelung der Besitzverhältnisse der einstigen kirchlichen Immobilien zeitigten gesonderte Vereinbarungen mit den einzelnen Kirchen. So kam es zuallererst im Vatikanvertrag (Gesetz LXX von 1999) zu einer Vereinbarung mit der katholischen Kirche. Dieser folgten bilaterale Vereinbarungen mit mehreren anderen Kirchen. Als Folge jener bilateralen Verträge und der gesetzlichen Kategorisierung der Religionsgemeinschaften ergab sich, dass diese »historischen« Kirchen auf dem politischen Schauplatz und in den Augen der Öffentlichkeit den neu entstandenen Religionsgemeinschaften gegenübergestellt werden konnten.

Das Gesetz CCVI über die Gewissens- und Religionsfreiheit sowie über die Rechtslage von Kirchen ist umstritten und sorgt seit 2011 für anhaltende Auseinandersetzungen. Mehrere Religionsgemeinschaften klagen beim Europäischen Gerichtshof für Menschenrechte in Straßburg gegen das Gesetz[157], dass es Vergünstigungen (z. B. im Bereich Steuerprivilegien, Finanzierung kirchlicher Schulen) für die 27 gesetzlich anerkannten Kirchen gewährleiste und die Neutralität des Staats aufhebe, da die gesetzlich anerkannten Kirchen vom Parlament anerkannt werden müssen.

(2) Rechte und Pflichte der kirchlichen Schulträger: Eine öffentliche Schule können der Staat, die Kommunen der Minderheiten, die gesetzlich anerkannten Kirchen, die Religionsgemeinschaften oder sonstige Personen und Organisationen gründen bzw. unterhalten. Der Träger soll den fortlaufenden Betrieb der Schule gewährleisten. Er entscheidet über die Wirtschaftsbefugnis, über den Haushaltsplan, über die Organisationsformen und Organisationsbereiche der Schule (Schultypen, Schulformen, Umstrukturierungen, Aufnahmeverfahren, Anzahl der Schulklassen usw.). Die SchuldirektorInnen werden durch den Schulträger ernannt. Der Schulträger übt die Rechte des Dienstgebers in Bezug auf die DirektorInnen aus. Der Schulträger genehmigt das pädagogische Programm, die Schulordnung und die Organisations- und Betriebsordnung der Schule sowie die Lehrfächerverteilung und das Weiterbildungsprogramm. Er übt die Aufsicht hinsichtlich der Rechtmäßigkeit, Wirtschaftlichkeit und Fachlichkeit beim Betreiben der Schule aus und führt mindestens einmal pro Jahr eine Evaluation der Schule durch.

Die Auflistung der Rechte und Pflichten von Schulträgern zeigt, dass die Schulträger grundlegende Rechte besitzen, die eine gewisse Autonomie beim Schulehalten und bei der Schulgestaltung ermöglichen. Im Falle kirchlicher Schulträger ist es unterschiedlich, welche Rechte sich die kirchlichen Schulträger vorbehalten und welche sie an die Schulen weitergeben. Insgesamt besitzen die kirchlichen Schulen aber mehr Schulautonomie als die staatlichen Schulen. In

---

157 z.B.: NLMR 2/2014-EGMR. Verlust des Rechtsstatus als Kirche. Magyar Keresztény Mennonita Egyház u. a. gg. Ungarn, Urteil vom 8.4.2014, Kammer II, Bsw. Nr. 70.945/11 u. a.

Budget-, Personal- und Sachfragen sowie in pädagogischen Fragen haben sie mehr Entscheidungsrechte als die staatlichen Schulen. Besonders die eigene Rechtspersönlichkeit der kirchlichen Schulen (mit selbstständigem Budget), die pädagogisch-fachlichen Möglichkeiten (z. B. eigene Rahmenlehrpläne, freie Wahl der Lehrmaterialien) und die Rechte der DirektorInnen (z. B. Auswahl von Lehrenden, Dienstgeberrecht für die Mitarbeitenden der Schule) unterscheiden den Autonomiegrad kirchlicher Schulen von dem der staatlichen.

Die Schulaufsicht übernimmt der Schulträger. Seitens des Staates wird in jedem zweiten Jahr eine Überprüfung der kirchlichen Schulen durchgeführt. Die verantwortlichen Regierungsstellen kontrollieren dabei, ob die einzelnen Schulen entsprechend dem Gründungsdokument und gemäß der Genehmigung des Schulbetriebs geführt werden.

(3) Finanzierung von kirchlichen Schulen: Entsprechend dem Bildungsgesetz ist Bildung eine öffentliche Aufgabe, wofür der Staat auch finanziell die Verantwortung trägt. Mit dem Jahr 2013 wurde die normativorientierte Finanzierung – die sich an den Schülerzahlen orientiert – durch die aufgabenorientierte Finanzierung der Schulen abgelöst. Das bedeutet, dass die öffentlichen Bildungseinrichtungen die Gehälter der Lehrenden und der weiteren Angestellten der Schule vom Staat bekommen. Die Anzahl der Lehrenden an den Schulen stellt der Staat fest. Diese ist abhängig von Schultyp, Schülerzahlen, Spezifika der Ausbildung usw. Diese Finanzierung seitens des Staates erhalten alle öffentlichen Schulen, unabhängig von ihren jeweiligen Schulträgern. Die weiteren Kosten – z. B. Erhalt und Erneuerung der Schulgebäude, Aufwendungen für Lehrmittel, weitere Betriebsfinanzierung der Schule – müssen die Schulträger übernehmen.

Falls der Staat mit einem Schulträger eine Vereinbarung zur Übernahme von öffentlichen Bildungsaufgaben des Staates trifft, bekommen diese nichtstaatlichen Schulen die Kosten der Betriebsfinanzierung der Schule ersetzt und erhalten nachträglich eine ergänzende Subvention. Es ist gesetzlich geregelt, dass die kirchlichen Schulträger eine solche Vereinbarung mit dem Staat treffen können. Damit werden die kirchlichen Schulen genauso finanziert wie die staatlichen Schulen[158]. Als »Vorschuss« bezahlt der Staat die Gehalts- und Betriebsfinanzierung aus. Als »Nachschuss« erhalten die Schulträger die ergänzende Subvention. Die Gehaltsfinanzierung ist dabei an staatlichen und kirchlichen Schulen gleich. Die in den kirchlichen Schulen unterrichtenden Lehrpersonen erhalten die Gehälter, die auch den staatlichen Beamten zustehen. Nach ihrem Status sind sie aber keine staatlichen Beamte, ihr Arbeitgeber ist vielmehr die Schule, an der sie arbeiten. Die ergänzende Subvention der kirchlichen Schulen besteht aus dem Differenzbetrag zwischen der abgeglichenen Summe, die vom Staat für das Betreiben des staatlichen Schulwesens verwendet wurde,

---

158 Gesetz CXXIV von 1997 über die Finanzierung von Kirchen, § 5.

und der abgeglichenen Summe, die den kirchlichen Schulen als Vorschuss ausbezahlt wurde. Diese ergänzende Subvention wird jährlich nachträglich abge-
rechnet, im Staatsbudget festgeschrieben und erst im Nachhinein an den
kirchlichen Träger ausbezahlt.

Die weiteren Privatschulen – Schulen in Trägerschaft von Religionsgemeinschaften, von Vereinen, von Stiftungen und von Einzelpersonen – bekommen
vom Staat ebenfalls die Gehaltsfinanzierung. Die weitere Finanzierung – Be-
triebskosten, ergänzende Finanzierung – müssen die Schulträger aber selbst
aufbringen. Einige Schulen in dieser Gruppe konnten mit dem Staat aber eine
Vereinbarung über die Übernahme von öffentlichen Bildungsaufgaben treffen.
Daher bekommen auch diese Schulen die ergänzende staatliche Finanzierung.
Die Vereinbarungen werden jährlich ausgehandelt. Andere Privatschulen sind
wirtschaftlich auf sich gestellt.

Zusammenfassend kann man feststellen, dass in Ungarn die kirchlichen
Schulen gleich wie die staatlichen Schulen vom Staat finanziert werden. Ein
Unterschied besteht darin, dass die ergänzende Subvention für kirchliche
Schulen im Nachhinein ausbezahlt wird, während staatliche Schulen sie im
laufenden Schuljahr erhalten. Bei der Finanzierung besteht aber für kirchliche
Schulen ein Vorteil darin, dass sie über ein eigenes Budget verfügen. Als Bil-
dungseinrichtungen mit eigener Rechtspersönlichkeit und mit eigenem Budget
haben die kirchlichen Schulen einen unmittelbareren und flexibleren Zugang zur
Bewerbung um und Unterstützung aus öffentlichen und privatwirtschaftlichen
Geldern als die staatlichen Schulen, die keine eigene Rechtspersönlichkeit sind.
Gesetzlich ist es zwar erlaubt, dass die kirchlichen Schulen Schulgeld verlangen
dürfen, aber davon machen nur wenige Schulen Gebrauch.

4.1.4 Rolle und Bedeutung von konfessionellen Schulen aus gesellschaftlicher und bildungspolitischer Sicht

Die Schulen in konfessioneller Trägerschaft in Ungarn sind so vielfältig, wie es
die Schulsysteme und die Bildungspolitik der einzelnen Kirchen sind. Innerhalb
der jeweiligen Kirche kommen dann noch die unterschiedlichen Schulträger
hinzu. Im folgenden Abschnitt werden einige Merkmale von Schulen in kirchlicher Trägerschaft herausgestellt, die aus gesellschaftlicher und bildungspolitischer Sicht relevant sind. Als ein Teil des Bildungssystems wirken die kirchlichen Schulen auf die ungarische Bildungslandschaft ein und bestimmen diese
mit.

*(1) Schulen in kirchlicher Trägerschaft als Teil des öffentlichen Bildungswesens
in der pluralen und demokratischen Gesellschaft:* Als die Kirchen und Religionsgemeinschaften nach der Wende wieder als Schulträger auftraten und das

öffentliche Bildungswesen in Ungarn sich – nach dem Ende der sozialistisch-kommunistischen Einheitsideologie – zu pluralisieren begann, wurden die Rolle und Präsenz der Kirchen im öffentlichen Bildungswesen infrage gestellt. Die kirchlichen Schulen wurden den staatlichen Schulen gegenübergestellt. Die »Zeit des Streits um die Schulen«[159] war von einem konkurrierenden Gegeneinander geprägt. Dabei kämpften die kirchlichen Schulen um ihre Existenz und Legitimität. Die Interessenkonflikte wurden von einem Klärungsprozess begleitet, dessen Grundsätze – die weltanschauliche Neutralität des Staates, das Grundrecht auf Religionsfreiheit und der Umgang mit religiöser und weltanschaulicher Pluralität in einer demokratischen Gesellschaft – weiterhin die Grundlage des Angebots der kirchlichen Schulen im öffentlichen Bildungswesen bilden.

Gegenwärtig haben sich die kirchlichen Schulen im öffentlichen Bildungssystem in Ungarn etabliert. Sie gelten als Zeichen der religiös-weltanschaulichen Pluralität der Gesellschaft und als Zeichen der Verwirklichung des Grundrechts auf Religionsfreiheit und auf freie Schulwahl in einer demokratischen und pluralen Gesellschaft. Daher haben die Kirchen und Religionsgemeinschaften das Recht, Schulen zu unterhalten und ihre Schulen in religiös-weltanschaulicher Gebundenheit zu gestalten. Diese religiös-weltanschauliche Positionierung kann sich sowohl im Profil – z. B. anstatt des wählbaren Pflichtfaches Ethik oder konfessioneller Religionsunterricht die Einführung eines verpflichtenden konfessionellen Religionsunterrichts für alle SchülerInnen –, als auch im Blick auf die Klientel der Schule – z. B. religiös-weltanschauliche Kriterien bei der Schüler- bzw. Lehreraufnahme – niederschlagen.

In Ortschaften, in denen nur eine Schule vorhanden und diese in kirchlicher Trägerschaft ist[160], taucht die Frage nach der Möglichkeit der weltanschaulich neutralen Bildung auf. Diese Schulen müssen – falls sie mit dem Staat eine Vereinbarung zur Übernahme von öffentlichen Bildungsaufgaben getroffen haben und vom Staat voll finanziert werden – alle Kinder aus dem Einzugsgebiet der Schule aufnehmen. In dieser Vereinbarung wird auch geregelt, wie diese kirchlichen Schulen bzw. der Staat in einer anderen Schule die weltanschaulich neutrale Bildung gewährleisten.

Das öffentliche Bildungswesen in Ungarn ist bezüglich der Schulträger auf drei Sektoren verteilt: staatliche Schulen, kirchliche Schulen und Schulen weiterer Schulträger. Die teilweise unterschiedlichen gesetzlichen Rahmenbedingungen sorgen für Spannungen zwischen diesen drei Bildungssektoren. Die Situation wird zusätzlich dadurch verschärft, dass die national-konservative Regierung in

---

159 Korzenszky 2000.
160 Nach dem Stand von 2015 gibt es 137 Ortschaften in Ungarn, in denen ausschließlich kirchliche Schule betrieben wird, aber keine staatliche, und 30 Ortschaften, in denen ausschließlich Kirchen ein Gymnasium unterhalten und kein Gymnasium in staatlicher Trägerschaft vorhanden ist.

den Kirchen und ihren Schulen Verbündete für ihre Politik sieht[161]. Die Kirchen und die jeweiligen kirchlichen Schulträger verhalten sich zu dieser Erwartung unterschiedlich. Dass die Kirchen sich an der Erfüllung des staatlichen Bildungsauftrags als Schulträger beteiligen, wird – aufgrund der Grundrechte einer demokratisch-pluralen Gesellschaft – nicht mehr infrage gestellt. Aber die rechtlichen und wirtschaftlichen Rahmenbedingungen für die Beteiligung an dieser Aufgabe sorgen weiterhin für (bildungs)politische Diskussionen und Spannungen.

(2) Expansion kirchlicher Schulen in der Allgemeinbildung: Die Anzahl der Schulen in kirchlicher Trägerschaft sowie der Anteil kirchlicher Schulen in der Allgemeinbildung steigt in Ungarn kontinuierlich an. Im Schuljahr 2001/2002 lag der Anteil der kirchlichen Schulen im Bereich der Allgemeinbildung bei 5,1 %, im Schuljahr 2010/2011 bei 8,8 % und im Schuljahr 2015/2016 bei 14,3 %. Im gleichen Zeitraum betrug der Anteil der SchülerInnen in kirchlichen Schulen 4,6 %, 7 % und 14,4 % aller SchülerInnen allgemeinbildender Schulen. Besonders bemerkenswert ist dieses Wachstum in einer Periode der demographischen Abnahme der Bevölkerung. Die Anzahl der Schülerbewerbungen ist allgemein befriedigend. In vielen kirchlichen Schulen gibt es mehr Anmeldungen als vorhandene Plätze. Gleichzeitig zeigen die neuesten Entwicklungen, dass auch die Schulen in kirchlicher Trägerschaft mit einem Abnehmen der Schülerzahlen und mit einem Kampf um die Anmeldungen rechnen müssen.

---

161 Besonders konkret hat diese (bildungs)politische Strategie der stellvertretende Ministerpräsident, János Lázár in seiner Rede bei der Eröffnung der renovierten alten Bibliothek der reformierten Schule in Mezőtúr am 25.11.2016 angesprochen: »*Der Staat ist überzeugt davon, dass die wichtigsten Teilnehmer des ungarischen Bildungssystems die Schulen in kirchlichen Trägerschaft sind. […] Das Allerwichtigste, das wir heute im 21. Jahrhundert einem Schüler in Ungarn, in Europa und in der Welt geben können, dass wir ihn zu einem guten Christen und einem guten Ungarn erziehen. Was darüber hinausgeht, ist strittig, fragwürdig, und wir wissen nicht, ob das die Probe der nächsten Jahrzehnte und Jahrhunderte besteht. Nur das wissen wir gewiss – und uns Ungarn ist die Vergangenheit deswegen besonders wichtig –, dass die ungarischen Erfolge des vergangenen Jahrtausends davon abhängig waren, ob die jungen Ungarn Christen waren und ob sie mutig genug waren, gute Ungarn zu sein. Das war die wichtigste Frage in den vergangenen Zeiten, und wir – die mit der Regierung dieses Landes von den Wählern beauftragt wurden – sind überzeugt, dass diese beiden [d.h. ein guter Christ, ein guter Ungar M.S.] die wichtigsten Tragpfeiler der ungarischen Erziehung und Bildung sind. Dazu suchen wir Verbündete in den Kirchen, dazu hoffen wir auf Verbündete in den historischen Kirchen, dem ordnen wir den neuen Nationalen Bildungsplan unter, und dem ordnen wir die ungarische Bildungspolitik unter.*« Diese Rede sorgte für große Aufregung. Auch Christinnen und Christen bzw. christliche Organisationen haben gegen diese Sichtweise protestiert.

	Schuljahr			
	2001/ 2002	2009/ 2010	2011/ 2012	2016/ 2017
Anzahl von SchülerInnen an kirchlichen Grund-schulen	35.671	48.565	63.041	104.212
Ihr Anteil im Grundschulbereich	3,7 %	6,3 %	8,4 %	14 %
Anzahl von SchülerInnen an kirchlichen Gymnasien	29.059	35.412	37.934	45.299
Ihr Anteil im Gymnasialbereich	15,9 %	17,6 %	19,4 %	25 %
Anzahl von SchülerInnen an kirchlichen Fachgym-nasien (bis 2016 Berufsmittelschule)	3.901	5.689	8.621	18.151
Ihr Anteil im Fachgymnasialbereich	1,6 %	2,3 %	3,7 %	10,8 %
Anzahl von SchülerInnen an kirchlichen Berufsmit-telschulen (bis 2016 Berufsschule)	2.524	4.168	4.374	8.254
Ihr Anteil im Berufsmittelschulbereich	2 %	3,2 %	3,4 %	10,5 %
Anzahl von SchülerInnen an kirchlichen Berufs-schulen (bis 2016 spezielle Berufsschule)	124	176	210	423
Ihr Anteil im Berufsschulbereich	1,9 %	1,8 %	2,2 %	6 %

Tabelle 2: Anzahl und relativer Anteil der SchülerInnen an kirchlichen Schulen in zeitlicher Entwicklung

Im Gymnasialbereich ist die Beteiligung kirchlicher Schulträger seit der Wende bedeutend. Die historischen, traditionsreichen kirchlichen Gymnasien waren die ersten, die die Kirchen vom Staat zurückverlangt und zurückbekommen haben. Der Anteil kirchlicher Gymnasien und die Anzahl von Gymnasiasten, die kirchliche Gymnasien besuchen, steigen kontinuierlich, wobei in den letzten Jahren diese Entwicklung nachließ. Im Gymnasialbereich erreicht das kirchliche Schulwesen einen Anteil von 25 %. Seine größte Ausdehnung erreichte das konfessionelle Schulwesen im Schuljahr 2014/2015 im Bereich der acht- und sechsklassigen Gymnasien. Bei diesen beiden Gymnasiumstypen betrug der Anteil der SchülerInnen 36 %[162].

Im Grundschulbereich und im Bereich der Berufsbildung – Fachgymnasien und Berufsmittelschulen – war die Beteiligung kirchlicher Schulen bis Anfang der 2000er Jahre unbedeutend. Die kirchlichen Schulen haben dann zunächst im Grundschulbereich, danach auch im Bereich der Berufsbildung zunehmend mehr Anteile übernommen. Die Gymnasiasten stellen zwar noch immer den größten Anteil am kirchlichen Schulwesen, aber der Anteil von SchülerInnen an den anderen Schultypen, die eine kirchliche Schule besuchen, ist deutlich ge-stiegen.

Innerhalb der kirchlichen Schulen liegt der Schwerpunkt nicht mehr bei den Gymnasien (21 % an konfessionellen Schulen), sondern bei den Grundschulen

---

162 Hermann/Varga 2016, 315.

(56 % an konfessionellen Schulen). In der Berufsbildung – bei der die konfessionellen Schulen bis 2011 eine marginale Rolle gespielt haben – ist der Anteil
konfessioneller Fachgymnasien (14 % an konfessionellen Schulen) und Berufsmittelschulen (9,5 % an konfessionellen Schulen) deutlich gestiegen. Auffällig ist
der geringe Anteil von kirchlichen Schulen im Bereich der Berufsschulen (0,5 %
an konfessionellen Schulen), die die Bildung von Jugendlichen mit Sonderbedarf
und mit leichter geistiger Behinderung als Aufgabe haben.

Die quantitative Entwicklung von kirchlichen Schulen lässt sich in drei Phasen
einteilen:

– In der ersten Phase – von 1990 bis 2001 – dominierte die Wiederinbetriebnahme von kirchlichen Schulen, die im Jahre 1948 verstaatlicht worden waren.
  Die Kirchen und Religionsgemeinschaften konnten bestimmen, welche ihrer
  früheren Schulen sie zurückverlangen und wieder in Betrieb nehmen wollten.
  Die konkrete Übergabe – viele alte, traditionsreiche Schulen mit gutem Ruf, an
  den besten Standorten – war von erheblichen Spannungen begleitet. In dieser
  Zeit wurden auch neue Schulen gegründet, das war aber für diese Phase nicht
  charakteristisch.

– In einer zweiten Phase – von 2001 bis 2011 – stieg die Zahl kirchlicher Schulen
  im allgemeinbildenden Bereich weiter. Einerseits geschah dies durch die Erweiterung von Schultypen und Bildungsaufgaben kirchlicher Bildungseinrichtungen, die in der ersten Phase (neu) gegründet worden waren. Es entstanden kirchliche Bildungszentren, die mehrere Schultypen – vom Kindergarten bis zum Gymnasium – umfassten. Es war eine Zeit der Konsolidierung.
  Die Kirchen etablierten sich als Schulträger. Ihre traditionelle Rolle und
  Verantwortung im Bildungsbereich übten sie in neuen Kontexten und angesichts neuer Herausforderungen aus. Dabei konnten sie Erfahrungen sam-
  meln und in einem gesamtgesellschaftlich so wichtigen Bereich wie Bildung
  und Erziehung tätig sein und aktiv mitwirken. Andererseits stiegen die Zahl
  und der Anteil kirchlicher Schulen etwa ab 2007 durch die Übergabe von
  kommunalen Schulen in die kirchliche Trägerschaft. Besonders die ärmeren
  und kleinen kommunalen Selbstverwaltungen – für die die Erhaltung ihrer
  Schulen eine große finanzielle Last bedeutete – übergaben ihre Schulen den
  bereitwilligen kirchlichen Schulträgern. In diesen Fällen war die Übergabe von
  den AkteurInnen und dem gesellschaftlichen Umfeld der Schule meist gewünscht, da der neue, kirchliche Schulträger als »Retter der Schule« gesehen
  wurde.

– Die dritte Phase begann mit dem neuen Bildungsgesetz von 2011. Darin wurde
  die Übergabe von Schulen in kommunaler Trägerschaft an das staatliche
  Klebersberg-Schulträgerzentrum (KLIK) angeordnet. Das Gesetz trat im Januar 2013 in Kraft. Eine Reihe von kommunalen Selbstverwaltungen wollte
  diesen Zentralisierungsprozess umgehen und ihre Schulen nicht an das zen-

trale staatliche Mammutinstitut, sondern eher an einen lokalen kirchlichen Träger übergeben. Sie überließen ihre Schulen den Kirchen, die sich zu diesem Zeitpunkt als Schulträger bewährt hatten. Die kirchlichen Schulen hatten zudem insgesamt einen guten Ruf. Manche Kirchen mit Schulträgertradition waren aber gegenüber dieser Gesamtentwicklung kritisch gewesen und übernahmen nur mit Bedacht Schulen von kommunalen Trägern.

Mehrere kleinere Kirchen und Religionsgemeinschaften sind in dieser Zeit ebenfalls Schulträger geworden. Die Entwicklung, dass von politischer Seite – jetzt seitens des Staates und nicht mehr durch die lokalen kommunalen Selbstverwaltungen – Schulen an kirchliche Träger übergeben werden, setzt sich inzwischen nicht mehr im früheren Ausmaß fort, aber sie dauert immer noch an.

Die Verteilung von konfessionellen Schulen lässt sich auch nach den Gemeindetypen und Regionen des Landes unterscheiden. Der Anteil konfessioneller Schulen stieg in den Dörfern und Kleinstädten in den letzten Jahren ebenso wie in den benachteiligten Regionen des Landes (Nordungarn, Nördliche Große Tiefebene, Südliche Große Tiefebene).

Insgesamt 87 % aller kirchlichen Bildungseinrichtungen sind in katholischer (53 %), reformierter (25 %) oder evangelischer (9 %) Trägerschaft. Unter den sonstigen Kirchen und Religionsgemeinschaften unterhalten noch die jüdischen Gemeinden, die neu-protestantische »Gemeinde des Glaubens«, die Baptisten, die Ungarische Evangelische Brüdergemeinde und die Buddhisten mehrere Bildungseinrichtungen. Die Trägerstrukturen der einzelnen Kirchen sind unterschiedlich. Katholische Schulträger im Bereich der Allgemeinbildung sind 15 Diözesen, 26 Ordensgemeinschaften und 3 weitere kirchliche Organisationen. Schulträger der reformierten Bildungseinrichtungen sind überwiegend die örtlichen Kirchengemeinden, seltener Kirchendistrikte und Kirchendiözesen. Die evangelisch-lutherischen Bildungseinrichtungen sind entweder in kirchengemeindlicher oder landeskirchlicher Trägerschaft.

(3) Schulen in kirchlicher Trägerschaft im Lichte der Leistungsuntersuchungen: Nach einer allgemein verbreiteten Meinung haben die kirchlichen Schulen in Ungarn eine bessere Qualität als die staatlichen. Was aber die Qualität einer Schule bzw. eines Schulsektors betrifft, so ist diese von vielen Faktoren abhängig und schwer messbar. Die Kriterien der Qualität sind ebenso zu diskutieren wie die Untersuchungsmethode des Vergleichs. Besonders der Einfluss des sozioökonomischen Status (ESCS-Index) soll mitberücksichtigt werden, wenn die Schülerleistungen als Messinstrumente der Qualität sowie des pädagogischen Mehrwerts der Schule herangezogen werden.

Mehrere Untersuchungen beschäftigten sich in diesem Zeitraum mit der Qualität von konfessionellen Schulen und zogen evidenzbasierte Vergleiche zwischen staatlichen, konfessionellen und sonstigen privaten Schulen. Die ersten Analysen vom Anfang der 2000er Jahre untersuchten die Ergebnisse der PISA-Studie[163], den Anteil der Durchgefallenen[164], die Aufnahmequote von Absolventen an Hochschulen und Universitäten[165] und die beabsichtigten Studienziele von SchülerInnen an Mittelschulen[166]. Es wurde festgestellt, dass SchülerInnen an konfessionellen Schulen verhältnismäßig seltener durchfallen und eine höhere Aufnahmequote an Hochschulen und Universitäten aufweisen als SchülerInnen von staatlichen oder sonstigen privaten Schulen. Beim Leseverständnis in den PISA-Tests schneiden die SchülerInnen von konfessionellen Schulen im Durchschnitt besser ab als die von staatlichen Schulen. SchülerInnen an konfessionellen Schulen haben verhältnismäßig ambitioniertere Ziele bezüglich der Weiterbildung und des Hochschulstudiums als die SchülerInnen an staatlichen und sonstigen privaten Schulen. Das gilt auch für SchülerInnen mit schwerem familiärem und sozioökonomischem Hintergrund. Die Weiterbildungspläne von SchülerInnen an konfessionellen Schulen werden weniger von ihrer familiären Herkunft beeinflusst, als dies bei SchülerInnen an den staatlichen und den sonstigen privaten Schulen der Fall ist.

Eine Studie untersuchte den pädagogischen Mehrwert von staatlichen und konfessionellen Mittelschulen im Zeitraum von 2000 bis 2004[167]. Die Studie stellt die bessere Leistungswirksamkeit konfessioneller Schulen an mehreren Schülerleistungsindikatoren fest. Unter Berücksichtigung des sozioökonomischen Hintergrunds der SchülerInnen und der Zusammensetzung der Schülerschaft waren es aber die staatlichen Schulen in kommunaler Trägerschaft, die im Durchschnitt ein Plus an pädagogischem Mehrwert aufzuweisen hatten. Im Falle der Gymnasien hatten die konfessionellen Gymnasien den höchsten pädagogischen Mehrwert aufzuweisen.

Die vergleichenden Leistungsstudien aus den letzten Jahren verwenden die umfangreiche Datenbank der landesweiten Kompetenzmessungen (OKM)[168]. Die Studie von Kopp und Vámos stellt fest, dass SchülerInnen an konfessionellen Schulen im 10. Jahrgang vergleichsweise bessere Ergebnisse beim Leseverständnis und in Mathematik aufweisen als die Durchschnittsleistung aller ungarischen SchülerInnen im 10. Jahrgang[169]. Im untersuchten Zeitraum von 2010 bis 2013 ist das Ergebnis signifikant. Bei den Schülerleistungen in Mathematik stellte die Studie weitere, konfessionsspezifische Ergebnisse fest. Überdurch-

---

163 Dronkers/Róbert 2003.
164 Imre 2005, 487–488.
165 Imre 2005, 488–491, Neuwirth 2005, 503–507.
166 Pusztai 2004, 231–262.
167 Neuwirth 2005.
168 z.B. Barta 2009, Kopp/Vámos 2016, Hermann/Varga 2016.
169 Kopp/Vámos 2016.

schnittliche Leistungen in Mathematik weisen die SchülerInnen von Schulen in römisch-katholischer, in reformierter, in evangelisch-lutherischer Trägerschaft und in Trägerschaft der »Gemeinde des Glaubens« auf. Unter dem landesweiten Durchschnitt liegen die Ergebnisse an Schulen in jüdischer und in buddhistischer Trägerschaft sowie an Schulen der Baptisten und der Ungarischen Evangelischen Brüdergemeinde. Die Ergebnisse an griechisch-katholischen Schulen liegen beinahe im landesweiten Durchschnitt.

Der pädagogische Mehrwert bezüglich der Testergebnisse in Mathematik ist an konfessionellen Schulen im untersuchten Zeitraum durchschnittlich positiv. Negative Werte beim pädagogischen Mehrwert an konfessionellen Schulen sind eher untypisch. Bis auf die Schulen in jüdischer Trägerschaft weisen auch diejenigen konfessionellen Schulen eher einen positiven pädagogischen Mehrwert auf, deren SchülerInnen eher negative Testergebnisse aufzuweisen haben. Die konfessionellen Schulen tragen durch ihre pädagogischen Leistungen zu den vergleichsweise guten Ergebnissen ihrer SchülerInnen bei.

Die Studie von Hermann und Varga kommt teilweise zu anderen Ergebnissen[170]. Sie analysierten aus der Datenbank der landesweiten Kompetenzmessungen die Testergebnisse aus dem Jahre 2015 zum Leseverständnis und zur Mathematik von SchülerInnen aus dem 8. und aus dem 10. Jahrgang. Bei den Grundschulen weisen die SchülerInnen an konfessionellen Schulen durchschnittlich ein besseres Leseverständnis auf als solche an den staatlichen und weiteren privaten Schulen. Der Mehrwert der konfessionellen Schulen im Bereich des Leseverständnisses wird auch bei Berücksichtigung des sozioökonomischen Hintergrunds der SchülerInnen aufrechterhalten. Die Testergebnisse in Mathematik zeigen bei vergleichbaren Schülerpopulationen keine signifikanten Unterschiede zwischen staatlichen und konfessionellen Grundschulen. Dabei sind die Testergebnisse an konfessionellen Schulen vor Berücksichtigung des sozioökonomischen Hintergrunds der SchülerInnen besser.

Im Falle der acht- und sechsklassigen Gymnasien schneiden die SchülerInnen an staatlichen »Kleingymnasien« sowohl in Mathematik als auch beim Leseverständnis besser ab als solche an konfessionellen »Kleingymnasien«. Dieses Ergebnis gilt ebenso vor oder nach Berücksichtigung des sozioökonomischen Hintergrunds. Im Falle der Mittelschulen kommt die Studie – bis auf die Berufsschulen, bei denen die konfessionellen Schulen besser abschneiden – zum gleichen Ergebnis.

Die Unterschiede von Ergebnissen der Leistungsstudien können – abgesehen von den Unterschieden in den verwendeten Methoden – mit der großen Zahl von Überführungen staatlicher Schulen in kirchliche Trägerschaft und der sich dadurch rasch ändernden Schülerzusammensetzung erklärt werden.

---

170 Hermann/Varga 2016.

(4) Zusammensetzung der Schülerschaft an Schulen in konfessioneller Trägerschaft: Eine verbreitete Ansicht besteht darin, dass das konfessionelle Schulwesen entscheidend zur Segregation im gesamten ungarischen Schulwesen beiträgt und dass die Schulen in konfessioneller Trägerschaft die Selektion der SchülerInnen in erheblichem Maße betreiben. Die vorhandenen statistischen Daten scheinen einerseits diese Sichtweise zu bestätigen, andererseits lässt sich aber auch auf gegenteilige Entwicklungen und Tendenzen hinweisen.

In welchem Maß sich die konfessionellen Schulen an der Erfüllung des Bildungsauftrags von benachteiligten SchülerInnen beteiligen, zeigen die tabellarischen Übersichten. Sie fassen die Anteile von besonders förderungsbedürftigen SchülerInnen nach Schulträgern in den Grundschulen, in den Gymnasien und in den Berufsschulen zusammen. Die Daten beziehen sich auf das Schuljahr 2015/2016.

Anteil von förderungsbedürftigen SchülerInnen an Grundschulen	Insgesamt	Staatliche Schulen	Konfessionelle Schulen	Sonstige Trägerschaften
Anteil von benachteiligten SchülerInnen (HH+HHH)	16,6 %	15,4 %	17,2 %	8,8 %
Anteil von mehrfach benachteiligten SchülerInnen (HHH)	9,6 %	10,1 %	7,1 %	6,4 %
Anteil von SchülerInnen mit Sonderbedarf – SNI-SchülerInnen insgesamt – SNI-SchülerInnen integriert – SNI-SchülerInnen in getrennten Klassen	7,2 % 5 % 2,2 %	7,5 % 5 % 2,6 %	4,9 % 4,5 % 0,4 %	8,1 % 6,4 % 1,7 %
Anteil von SchülerInnen mit Integrations-, Lern- und Verhaltensstörungen (BTMN)	8,5 %	8,9 %	6,6 %	3,9 %

Tabelle 3: Anteil von besonders förderbedürftigen SchülerInnen nach Schulträgern an Grundschulen im Schuljahr 2015/2016

Anteil von förderungsbedürftigen SchülerInnen an Gymnasien	Insgesamt	Staatliche Gymnasien	Konfessionelle Gymnasien	Sonstige Trägerschaften
Anteil von benachteiligten SchülerInnen (HH+HHH)	3,7 %	3,4 %	3,9 %	6,5 %
Anteil von mehrfach benachteiligten SchülerInnen (HHH)	1,1 %	1 %	0,8 %	2,6 %

(Fortsetzung)

Anteil von förderungsbe-dürftigen SchülerInnen an Gymnasien	Insgesamt	Staatliche Gymnasien	Konfessionelle Gymnasien	Sonstige Trägerschaften
Anteil von SchülerInnen mit Sonderbedarf (SNI insgesamt, überwiegend integriert)	0,6 %	0,4 %	0,8 %	1,1 %
Anteil von SchülerInnen mit Integrations-, Lern- und Verhaltensstörungen (BTMN)	2 %	1,8 %	2,4 %	3,6 %

Tabelle 4: Anteil von besonders förderbedürftigen SchülerInnen nach Schulträgern an Gymnasien im Schuljahr 2015/2016

Anteil von förderungs-bedürftigen SchülerIn-nen an Berufsschulen	Insgesamt	Staatliche Be-rufsschulen	Konfessionelle Berufsschulen	Sonstige Trägerschaften
Anteil von benachtei-ligten SchülerInnen (HH+HHH)	21 %	20,4 %	25,4 %	21,2 %
Anteil von mehrfach benachteiligten Schüle-rInnen (HHH)	10,1 %	9,5 %	14,7 %	10 %
Anteil von SchülerIn-nen mit Sonderbedarf (SNI insgesamt, inte-griert)	8,8 %	9 %	9,1 %	6,7 %
Anteil von SchülerIn-nen mit Integrations-, Lern- und Verhaltens-störungen (BTMN)	5,1 %	5,7 %	3,8 %	2,2 %

Tabelle 5: Anteil von besonders förderbedürftigen SchülerInnen nach Schulträgern an Berufsschulen im Schuljahr 2015/2016 (ab 2016 Berufsmittelschulen)

Es wurde schon erwähnt, dass das ungarische Bildungssystem sehr selektiv ist und Tendenzen zur Segregation auf mehrfachen Ebenen aufweist. Anhand der Daten der Bildungsstatistik und der Studien über die Zusammensetzung der Schülerschaft an konfessionellen Schulen lassen sich folgende Entwicklungen und Tendenzen feststellen:

– Die konfessionellen Schulen waren bis etwa 2010 eher für die Bildungselite und für die Mittelschicht da. Dies zeigt sich sowohl in der Zusammensetzung der Schülerschaft als auch in der Struktur und in der Verteilung des konfessio-nellen Schulwesens nach Gemeindetypen[171]. Hinsichtlich der Zusammenset-

---

171 Imre 2005.

zung der Schülerschaft wiesen einige Faktoren günstigere Werte bei den konfessionellen Schulen auf als bei den staatlichen Schulen oder bei den Schulen im Bereich der Allgemeinbildung insgesamt. Der Anteil von benachteiligten und mehrfach benachteiligten SchülerInnen war in konfessionellen Schulen deutlich geringer als in staatlichen Schulen. Im Jahr 2009 betrug dieser Anteil bei konfessionellen Schulen 20,2 %, bei den staatlichen 38,7 %[172]. Ebenso besuchten anteilsmäßig weniger SchülerInnen mit Sonderbedarf und mit Integrations-, Lern- und Verhaltensstörungen die konfessionellen Schulen als die staatlichen. Der allgemeine Schulabschluss sowie die Beschäftigungsrate der Eltern waren bei SchülerInnen an konfessionellen Schulen höher als an den staatlichen.

Die Struktur und die Verteilung nach Regionen und Gemeindetypen hatte sich ebenfalls auf die Zusammensetzung der Schülerschaft an konfessionellen Schulen ausgewirkt und eher die SchülerInnen mit einem besseren sozioökonomischen Hintergrund bevorzugt. Mehrheitlich waren die konfessionellen Schulen Gymnasien, die ihre SchülerInnen nach Leistungen – die im ungarischen Schulsystem stark mit sozioökonomischem Hintergrund der SchülerInnen zusammenhängen – auswählten. Der Anteil an Gymnasien unter den Mittelschulen in konfessioneller Trägerschaft betrug 80 % im Schuljahr 2004/2005. Bezüglich der frühen Selektion der SchülerInnen und der Elitebildung sind die acht- und sechsklassigen Gymnasien besonders wichtig[173]. Seit der Neugründung kirchlicher Schulen kommt ihnen eine besondere Rolle im konfessionellen Schulwesen Ungarns zu. Die konfessionellen Schulen waren eher in kleineren Städten und in regionalen Zentren zu finden. Um dieser städtischen Konzentration entgegenzuwirken, unterhalten die Kirchen mehrere Schülerheime, in denen mehrheitlich Gymnasiasten aus den ländlichen Gebieten leben. Im Schuljahr 2009/2010 waren 7.648 SchülerInnen in kirchlichen Schülerheimen (12,8 % aller SchülerInnen in Schülerheimen). Im Schuljahr 2015/2016 betrug der Anteil von SchülerInnen in kirchlichen Schülerheimen mit 7.851 SchülerInnen 16,3 %.

– Ab 2010 sind grundlegende Änderungen sowohl in der Zusammensetzung der Schülerschaft als auch in der Struktur und in der Verteilung nach Regionen und Gemeindetypen des konfessionellen Schulwesens zu verzeichnen[174]. Die konfessionellen Schulen bekamen – durch die Übernahme von einst staatlichen bzw. kommunalen Schulen – zunehmend mehr benachteiligte und besonders förderungsbedürftige SchülerInnen. Die tabellarischen Übersichten zeigen, dass zurzeit an konfessionellen Grundschulen, Gymnasien und Be-

172 Balázs/Kocsis/Vágó 2011, 436.
173 Horn 2010.
174 Pusztai 2014, Kopp 2014, Hermann/Varga 2016.

rufsschulen anteilsmäßig mehr benachteiligte SchülerInnen lernen als an den entsprechenden staatlichen Schulen. An der Erziehung und Bildung von mehrfach benachteiligten SchülerInnen beteiligen sich aber die konfessionellen Grundschulen und Gymnasien anteilsmäßig deutlich weniger als die staatlichen Schulen. An konfessionellen Berufsschulen lernen anteilsmäßig wiederum mehr mehrfach benachteiligte SchülerInnen als an staatlichen Berufsschulen.

Die Veränderungen in der Struktur und in der regionalen Verteilung bewirkten die Veränderung in der sozioökonomischen Zusammensetzung der Schülerschaft an konfessionellen Schulen. In den letzten Jahren wurden mehrere Berufsschulen und Berufsmittelschulen übernommen. An Berufsschulen und Berufsmittelschulen lernen mehr SchülerInnen mit Sonderbedarf, mit Integrations-, Lern- und Verhaltensstörungen als an Gymnasien. Die Anzahl und der Anteil an benachteiligten und mehrfach benachteiligten SchülerInnen ist an diesen Schultypen ebenso deutlich höher als an den Gymnasien.

Die Anzahl konfessioneller Schulen in Dörfern und kleineren Städten stieg, da die Schulen, die an kirchliche Träger übergeben wurden, überwiegend in diesen Ortschaften lagen. Ebenso sind die betroffenen Gebiete eher die ärmeren und weniger entwickelten Regionen von Ungarn. In Nordungarn, in der Nördlichen Großen Tiefebene und in der Südlichen Großen Tiefebene ist der Anteil an SchülerInnen, die eine kirchliche Schule besuchen, am höchsten (20–30 %). Da in diesen Gebieten die sozioökonomische Lage der SchülerInnen eher nicht so günstig ist, wirkten sich diese Veränderungen in den letzten Jahren auf die Zusammensetzung der Schülerschaft an konfessionellen Schulen aus.

Es ist aber anzumerken, dass gerade in diesen Gebieten die kirchlichen Schulen auch zur Segregation des Schulwesens beitragen, da sie eher die SchülerInnen mit relativ günstiger sozioökonomischer Lage auswählen[175]. Der Anteil von SchülerInnen mit mehrfacher Benachteiligung ist an kirchlichen Schulen vergleichsweise immer noch gering. Besonders zur Segregation von Roma und mehrfach benachteiligten SchülerInnen tragen die kirchlichen Schulen in diesen ärmeren Gebieten bei. Dabei spielt die Selbst-Segregation dieser Familien wohl auch eine Rolle[176]. Auf segregative Tendenzen konfessioneller Grundschulen deuten die hohen Schülerzahlen außerhalb des Einschulungsgebietes an konfessionellen Schulen hin.

---

175 Hermann/Varga 2016, 321.
176 Berényi/Berkovits/Erőss 2008, Fejes 2013, L. Ritók 2015.

Die kirchlichen Schulen sind unterschiedlich: einmal mit einer sozial ausbalancierten Schülerschaft, ein anderes Mal mit selektiv eingeteilten, homogenen Klassengemeinschaften. Es gibt Schulen mit einer Schülerschaft von *hohem Sozialstatus* genauso wie Schulen mit mehrfach behinderten SchülerInnen bzw. Schulen mit SchülerInnen mit Sonderbedarf. Des Weiteren ist anzumerken, dass die kirchlichen Schulen bezüglich der Zusammensetzung ihrer Schülerschaft keinesfalls homogen sind und konfessionell unterschiedliche Spezifika aufweisen.

(5) Schulen in kirchlicher Trägerschaft in konfessioneller Vielfalt: Sowohl in der Fachliteratur als auch in der öffentlichen Wahrnehmung werden die konfessionellen Schulen oft einheitlich betrachtet, obwohl sie je nach Konfession teilweise unterschiedliche strukturell-institutionelle Merkmale und inhaltliche Schwerpunkte aufweisen. Diesbezügliche vergleichende Untersuchungen sind bisher noch kaum vorhanden. Soweit sie vorliegen, basieren sie auf Daten, die aus der Zeit vor den Veränderungen des konfessionellen Bildungswesens stammen[177].

Die katholische, die reformierte und die evangelisch-lutherische Kirche sind seit der Wende mit ihren Bildungseinrichtungen als Schulträger präsent. Sie bauten ihre Bildungssysteme landesweit auf und profilierten ihre Bildungseinrichtungen inhaltlich-konzeptionell. Sie unterhalten ihre pädagogischen Zentren und Dienste, die die Bildungsarbeit der Kirche und ihrer Bildungsinstitute koordinieren, strategisch entwickeln und fachlich begleiten. Die tabellarische Übersicht zeigt die Größenordnung der Bildungssysteme dieser Kirchen im Schuljahr 2016/2017.

Bildungseinrichtungen im Schuljahr 2016/2017	In katholischer Trägerschaft[178]	In reformierter Trägerschaft	In evangelisch-lutherischer Trägerschaft
Kindergarten	143	73	31
Grundschule	232	102	18
Gymnasium	92	34	15
Fachgymnasium	51	15	5
Berufsmittelschule	29	6	1
Kunstschule	34	22	3
Heil- und konduktiv-pädagogische Einrichtung	0	3	0
Schülerheim	55	23	8

Tabelle 6: Anzahl der Bildungseinrichtungen in katholischer, reformierter und evangelisch-lutherischer Trägerschaft im Schuljahr 2016/2017

177 Forray 2001, Kopp 2014, Kopp/Vámos 2016, Tomasz 2017.
178 Römisch- und griechisch-katholisch gemeinsam.

Die drei Bildungszentren der jüdischen Schulträger bzw. mit jüdischer Orientierung wurden in den 1990er Jahren gegründet. Alle drei Bildungszentren – mit ihren drei Grundschulen, zwei Gymnasien, einer Berufsschule und einem Schülerheim – befinden sich in Budapest. Die Leitbilder und Schulkonzepte dieser Bildungseinrichtungen spiegeln die unterschiedlichen religiösen Strömungen im Judentum in Ungarn wider[179].

Die Bildungseinrichtungen von kleineren Kirchen zeigen ein vielfältiges Bild. Die Mehrheit dieser Einrichtungen wurde seit 2011 in kirchliche Trägerschaft übernommen. Sie befinden sich in einer Übergangsphase. Sie sind mit der Klärung und Schärfung des konfessionellen Profils und – bei einigen kirchlichen Schulträgern – mit der Einübung in die Aufgaben eines Schulträgers beschäftigt. Unter diesen Schulen befinden sich mehrere, die zuerst den größeren, im Schulwesen etablierten Kirchen – katholisch, reformiert, evangelisch – angeboten wurden. Diese übernahmen aber aus unterschiedlichen Gründen diese Schulen nicht. Ein Großteil dieser Bildungseinrichtungen besteht aus kleineren Schulen, die wegen einer drohenden Schließung oder wirtschaftlicher Schwierigkeiten die kirchliche Trägerschaft suchten.

Die Baptisten (Baptistische Hilfsorganisation), die bis 2012 über keine eigene Schule verfügten, übernahmen mit dem Schuljahr 2012/2013 gleich mehrere Bildungseinrichtungen. Ihr Bildungssystem – mit beinahe 17.000 SchülerInnen und 2.000 Lehrenden – wurde auf einmal ein wichtiger Teil des kirchlichen Bildungswesens. Viele dieser Schulen befinden sich in ärmeren Regionen und konzentrieren sich auf die Erziehung und Bildung von (mehrfach) benachteiligten Schülern. Weitere kleinere Kirchen, wie z. B. die Ungarische Pfingstkirche, die Gemeinde des Glaubens und die Ungarische Evangelische Brüdergemeinde, übernahmen ebenso im Zeitraum von 2011 bis 2015 mehrere Schulen von Kommunen, vom Staat und von anderen Schulträgern.

Das kirchliche Schulwesen veränderte sich in der letzten Periode auch in seiner konfessionellen Ausprägung. Die kleineren Kirchen, die bis 2011 anteilsmäßig kaum eine Rolle spielten, nahmen mit einem Anteil von 13 % am konfessionellen Schulwesen an Bedeutung zu. Durch die Übernahme von weiteren Schulen veränderte sich der Charakter des Bildungssystems der größeren Kirchen ebenfalls. Der quantitative Zuwachs lässt nach den systemischen Wirkungen des kirchlichen Schulwesens auf das gesamte Bildungswesen in Ungarn fragen. Besonders auffällig ist der Mangel an Untersuchungen, die das konfessionelle Bildungswesen in seiner Ausgestaltung nach den unterschiedlichen kirchlichen Schulträgern in den Blick nehmen. Die inhaltliche Ausdifferenzierung einer solchen Untersuchung nach Leitbildern, Zielsetzungen, Profilen, Leistungsfähigkeit, Bildungsklientel usw. würde weitergehende Erkenntnisse über die Rolle und

---

179 Gadó 1997, Zsigmond 1999.

Bedeutung konfessioneller Schulen im ungarischen Bildungssystem erbringen sowie Einsichten zum systemischen Beitrag der konfessionellen Schulen Ungarns ergeben.

4.2   Evangelisch-lutherische Schulen im Kontext der Evangelisch-Lutherischen Kirche in Ungarn

Die evangelisch-lutherischen Schulen sind als öffentliche Erziehungs- und Bildungseinrichtungen Teile des ungarischen Bildungswesens und als Erziehungs- und Bildungseinrichtungen in kirchlicher Trägerschaft sind sie Teil der Evangelisch-Lutherischen Kirche in Ungarn. In diesem Abschnitt wird nach den evangelisch-lutherischen Schulen als kirchlichen Einrichtungen gefragt. Zunächst wird auf die Evangelisch-Lutherische Kirche in Ungarn sowie auf die Unterstützungs- und Steuerungsorgane des evangelisch-lutherischen Bildungswesens eingegangen. Anschließend werden – mithilfe der kirchlichen Orientierungsdokumente und der einschlägigen kirchlichen Gesetzestexte – die Bestimmung evangelischer Schulen sowie die Ziele, Rolle und Bedeutung des kirchlichen Engagements im öffentlichen Bildungswesen aus kirchlicher Perspektive behandelt.

4.2.1   Minderheitskirche in gesellschaftlicher Verantwortungsübernahme: Evangelisch-Lutherische Kirche in Ungarn

Die Evangelisch-Lutherische Kirche ist die drittgrößte christliche Kirche in Ungarn. Sie befindet sich aber deutlich in der Situation einer Minderheitskirche. Nach der Volkszählung des Jahres 2011 bekannten sich 214.965 Personen als evangelisch-lutherische Christinnen und Christen. Das sind 2,2 % der gesamten ungarischen Bevölkerung und 3,0 % der Personen, die die Frage nach der Religionszugehörigkeit beantworteten[180].

Die Christen sind in Ungarn mehrheitlich Katholiken. Konkret sind das 3.871.881 Personen (39 % der Bevölkerung, 53,5 % der Befragten): davon gehören 179.176 zur griechisch-katholischen und 3.691.348 zur römisch-katholischen Kirche. Als Reformierte haben sich 1.153.442 Personen (11,6 % der Bevölkerung,

---

180 Diese sowie die im weiteren Verlauf der folgenden Ausführungen genannten statistischen Daten basieren auf der Publikation der Daten der Volkszählung von 2011 durch das Ungarische Statistische Zentralamt (Központi Statisztikai Hivatal 2014) sowie auf dem Bericht der statistischen Arbeitsgruppe der Synode der Evangelisch-Lutherischen Kirche in Ungarn (Sólyom 2010).

15,9 % der Befragten) bekannt. Zu den weiteren christlichen Konfessionen bekannten sich insgesamt 113.542 Personen.

Nach den Daten der Volkszählung von 2011 bekannten sich 52,5 % der Bevölkerung (5.353.830 Personen) als Christen. Zum Judentum bekannten sich 10.965 Personen. Zu anderen Religionsgemeinschaften – Hinduismus, Buddhismus, Islam, New Age-Gruppierungen, Zeugen Jehovas usw. – bezeichneten sich insgesamt 67.580 Personen als zugehörig. Als nicht- religiös bezeichneten sich 1.659.023 und als Atheisten 147.386 Personen (Die beiden letztgenannten Gruppen machen insgesamt 17,7 % aus). Beachtenswert ist der sehr hohe Anteil derer, die die Frage nicht beantworteten (27,2 % der Bevölkerung)[181]. Die Antwortgebenden gehörten 286 verschiedenen Kirchen, Konfessionen und Religionsgemeinschaften an.

Die Evangelisch-Lutherische Kirche in Ungarn besteht aus 256 Gemeinden, die in 17 Kirchendekanate und in 3 Kirchendistrikte (Nord-, Süd- und Westdistrikt) unterteilt sind. Die regionale Verteilung der Evangelischen in Ungarn ist nicht gleichmäßig. Evangelisch bedeutsame Regionen befinden sich in der Mitte des Landes (Budapest und Komitat Pest), im Südosten des Landes (Komitat Békés und Bács-Kiskun), im Komitat Nógrád und in Westungarn (Komitat Győr-Moson-Sopron und Vas). In 41 Ortschaften ist mehr als die Hälfte der Bevölkerung evangelisch-lutherisch. Diese Orte sind meistens kleinere Dörfer. Die Mehrheit der evangelisch-lutherischen Bevölkerung in Ungarn lebt in Dörfern (33 %) und in eher kleineren Städten (32 %). In Komitatssitzen (21 %) und in Budapest (14 %) leben anteilsmäßig weniger Evangelische. Die Diasporasituation der Kirche zeigt deutlich, dass die Hälfte der Gemeinden weniger als 500 Gemeindemitglieder zählt. Der Altersdurchschnitt der Kirchenmitglieder ist 46,7 Jahre. Das ist deutlich mehr als der Altersdurchschnitt der Gesamtbevölkerung Ungarns, der 39,5 Jahre beträgt.

Die Mehrheit der Evangelischen hat das Abitur als höchsten Bildungsabschluss (29 % Anteil ab den 15-Jährigen). 19 % haben eine Berufsbildung ohne Abitur und 27 % haben die Pflichtschule (Grundschule 1.–8. Klasse) als höchsten Bildungsabschluss. Unter den Evangelischen in Ungarn ist der Anteil der Akademiker (20 % ab den 15-Jährigen) relativ hoch. Relativ niedrig ist der Anteil derjenigen, die (noch) keinen Schulabschluss haben (5 % ab den 15-Jährigen). Die einst größeren deutschen und slowakischen Minderheiten der Evangelischen sind mit jeweils einem Anteil von 5 % der Evangelischen noch sichtbar, aber ihre

---

181 Der hohe Anteil von Personen, die die Frage nicht beantwortet haben (27,2 %) und die Formulierung der Fragestellung – »Zu welcher Religionsgemeinschaft, Konfession fühlen Sie sich zugehörig?« – führten zu unterschiedlichen Interpretationen, teils mit Relativierung der Ergebnisse (Harrach 2013).

Zahl ist deutlich zurückgegangen[182]. Der Anteil der Roma-Bewölkerung unter den Evangelischen liegt mit 0,4 % deutlich erkennbar unter dem Anteil der Roma in der katholischen und reformierten Kirche sowie der ungarischen Gesamtbevölkerung[183].

Der organisatorische Aufbau der Evangelisch-Lutherischen Kirche erfolgt von unten nach oben. Die »Grundsteine« der Kirche sind die Kirchengemeinden, die selbstständige Rechtspersonen sind. Das höchste Beschlussorgan ist die Synode. Die Mitglieder der Synode werden von den Kirchengemeinden und Kirchendistrikten delegiert. Es gilt das Prinzip der Parität zwischen den geistlichen und weltlichen Vertretern. Zentrale Gremien und Funktionsträger sind in der Kirche der leitende Bischof und der Landeskurator, der Bischofsrat, der Landeskirchenrat, das Landespresbyterium und der Leiter des Landeskirchenzentrums. Das Landeskirchenzentrum, das sich in Budapest befindet, ist das Verwaltungszentrum der Kirche. Die Abteilungen des Landeskirchenzentrums koordinieren und organisieren wichtige Aufgabenbereiche der Kirche, unterstützen die Gemeinden und vertreten die Evangelisch-Lutherische Kirche in Verhandlungen gegenüber dem Staat und anderen Organisationen.

4.2.2 Unterstützungs- und Steuerungsorgane des evangelisch-lutherischen Schulwesens

Die Träger der evangelisch-lutherischen Erziehungs- und Bildungsinstitute sind entweder die Landeskirche oder die örtlichen Kirchengemeinden. Die Rechte der Schulträger werden durch die Presbyterien – das Landespresbyterium, bzw. Presbyterium der Kirchengemeinde – ausgeübt.

Die Erziehungs- und Bildungsabteilung des Landeskirchenzentrums (NOO)[184] erfüllt die Aufgabe des Schulträgers im Falle von Schulen in landeskirchlicher Trägerschaft. Sie übt die Schulaufsicht aus und koordiniert und beaufsichtigt das Wirtschaften der evangelischen Schulen. Weiterhin koordiniert und unterstützt die Abteilung die evangelischen Schulen dabei, dass sie ihre inhaltlichen, pädagogischen, finanziellen und rechtlichen Anforderungen erfüllen können. Sie sorgt für die Vernetzung der evangelischen Schulen und für einen umfassenden Informationsaustausch unter ihnen. Sie berät die Entscheidungsorgane der Kirche in bildungspolitischen Fragen – wie z.B. bei der Gründung bzw. Einstellung von Schulen in evangelischer Trägerschaft.

---

182 Nach den Daten der Volkszählung von 2011 identifizierten sich 10.823 Evangelische als Deutsche (6 % der deutschen Minderheitengruppe in Ungarn) und 10.581 als Slowaken (30 % der slowakischen Minderheitengruppe in Ungarn).

183 Bartl 2014.

184 Erlass der Evang.-Lutherischen Kirche in Ungarn 2/2010, § 17–18.

In fachlich-pädagogischen Bereichen arbeitet sie mit dem Evangelischen Pädagogischen Institut eng zusammen. Mit der Herausgebertätigkeit – u. a. die Zeitschrift »Evangélikus Nevelés« [Evangelische Erziehung und Bildung] – unterstützt sie die Arbeit der Erziehungs- und Bildungsinstitute. Sie koordiniert, unterstützt und beaufsichtigt den evangelischen Religionsunterricht. Weitere Aufgabenbereiche der Erziehungs- und Bildungsabteilung sind die Vertretung des evangelisch-lutherischen Erziehungs- und Bildungswesens bei kirchlichen und staatlichen Stellen und die Zusammenarbeit mit der Evangelisch-Theologischen Fakultät, mit den Erziehungs- und Bildungsabteilungen der Schwesterkirchen und mit ausländischen Partnern im evangelischen Schulbereich. Eine besonders intensive Partnerschaft wird – im Rahmen der seit 1992 andauernden Partnerschaft zwischen der Evangelisch-Lutherischen Kirche in Ungarn und der Evangelisch-Lutherischen Kirche in Bayern – mit der Evangelischen Schulstiftung in Bayern gepflegt. Die Erziehungs- und Bildungsabteilung des Landeskirchenzentrums koordiniert – gemeinsam mit der Schulstiftung in Bayern – die Schulpartnerschaften zwischen bayerischen und ungarischen Schulen und entwickelt sie weiter.

Der Erziehungs- und Bildungsausschuss der Landeskirche (NOB)[185] verrichtet Aufgaben im Bereich von Beratung und Unterstützung, Entscheidungsvorbereitung und fachlicher Aufsicht. Die Mitglieder der Kommission sind Experten des evangelischen Bildungsbereichs, sie repräsentieren die verschiedenen Schularten und Arbeitsbereiche wie den jeweiligen Kirchendistrikt. Mit ihrer Arbeit berät die Kommission an erster Stelle die Synode und das Landeskirchenzentrum, aber auch die Schulen und die Schulträger. Sie verfolgt die Durchführung von Beschlüssen der Synode und des Landespresbyteriums.

Das Evangelische Pädagogische Institut (EPSZTI)[186] gilt als ein öffentliches Bildungsinstitut, welches seine beratende und unterstützende Arbeit für die Schulträger, für die Erziehungs- und Bildungsinstitute und auch für externe Personen und Institutionen verrichtet. Die Beratung geschieht in Fragen der Schulentwicklung, Unterrichtsgestaltung, Fachberatung, Gestaltung des Schullebens, Profilbildung sowie der Schulverwaltung, des Qualitätsmanagements und der Qualitätssicherung. Fort- und Weiterbildungen werden für die Mitarbeitenden der Erziehungs- und Bildungsinstitute angeboten, fachlich-pädagogische Publikationen herausgegeben, schulübergreifende Vernetzungen der Mitarbeitenden organisiert.

Der Schulleitungsrat[187] ist ein Gremium an der jeweiligen Schule. Es hat eine beratende Funktion und unterstützt und bestimmt die strategische Entwicklung

---

185 Erlass der Evang.-Lutherischen Kirche in Ungarn 3/2008.
186 Gesetz VIII der Evang.-Lutherischen Kirche in Ungarn von 2005, § 70.
187 Ebd., § 10–15.

der Schule. Der Schulleitungsrat besteht zum einen aus schulexternen Personen, die von den kirchlichen Organen gewählt werden (Delegierte der Kirchengemeinde, des Dekanats und des Distrikts) und zum andern aus schulinternen Personen, die von Amts wegen Mitglieder sind (SchulleiterIn, SchulpfarrerIn und GeschäftsführerIn der Schule). Der Schulträger kann bestimmte Rechte dem Schulleitungsrat übertragen.

4.2.3 Orientierungsdokumente des kirchlichen Trägers

Zentrale Organe der Evangelisch-Lutherischen Kirche in Ungarn gaben seit Anfang der 2000er Jahre Orientierungsdokumente zu den Schulen in evangelisch-lutherischer Trägerschaft heraus. Diese Dokumente behandeln verschiedene Themen. Sie sind von ihrer Art her unterschiedlich. Die folgende Zusammenstellung dokumentiert, wie in diesen Orientierungsdokumenten die Ziele und die Bestimmung evangelisch-lutherischer Schulen definiert und beschrieben werden.

(1) Das Dokument »*Grundlagen einer evangelischen Erziehung und Bildung*« wurde als Entwurf von der Bildungsabteilung des Landeskirchenzentrums im Jahre 2001 herausgegeben[188]. Die kurze Schrift fasst die Zielvorstellungen von Schulen in evangelischer Trägerschaft sowie die Rechte und Pflichten von LehrerInnen, SchülerInnen und Eltern zusammen. Das Dokument enthält eine Zielvorstellung für lutherische Schulen, die in zahlreichen späteren Orientierungsdokumenten und Schulprogrammen wiederzufinden ist:

> »Das Ziel der öffentlichen Erziehungs- und Bildungseinrichtungen der Evangelisch-Lutherischen Kirche in Ungarn besteht darin,
> – dass sie ihre SchülerInnen im evangelischen Geist zu treuen BürgerInnen der ungarischen Heimat und zu selbstbewussten, treuen und einsatzwilligen Mitgliedern unserer Kirche sowie die SchülerInnen anderer Konfessionen zur Wertschätzung unserer Kirche – unter Achtung der Gewissensfreiheit und nach Möglichkeit mit Unterstützung ihrer eigenen Kirchen – heranbilden;
> – dass sie alle ihre SchülerInnen in Übereinstimmung mit den geltenden staatlichen Gesetzen und mit den Zielvorstellungen des nationalen Bildungsplanes und der staatlichen Erziehungsprogramme unterrichten und entsprechend den Zielsetzungen des jeweiligen spezifischen Schultyps ausbilden.«[189]

Diese Formulierung zeigt prägnant die Besonderheit dieses Dokuments: Als Zielvorstellung evangelischer Schulen werden konkrete Leitbildvorstellungen vom Menschen mit konkreten Eigenschaften und Persönlichkeitsmerkmalen

---

188 Oktatási Osztály 2001, 16–20.
189 Ebd., 16.

formuliert. Charakteristisch sind listenartige Zusammenstellungen, die die gewünschten Eigenschaften der Schülerpersönlichkeit benennen wie z.B. treuer Bürger der ungarischen Heimat, selbstbewusstes, treues und einsatzwilliges Kirchenmitglied. Die Eingliederung in die ungarische Gesellschaft und in die jeweilige Kirche ist ebenso erwünscht wie eine emotionale Verbindung mit der ungarischen Heimat und mit der Kirche. Diese Zielvorstellung wird in jedem Schulprogramm evangelischer Schulen zitiert.

Es ist aber darauf hinzuweisen, dass diese Zielformulierung auf eine Textpassage zurückgeht, die aus dem Bildungsgesetz der Reformierten Kirche in Ungarn stammt[190]. Die ursprüngliche Formulierung wurde zwar sprachlich umformuliert, blieb aber in ihrem inhaltlichen Aussagegehalt unverändert erhalten und inspirierte so die Zielbestimmung des evangelisch-lutherischen Orientierungsdokuments »Grundlagen einer evangelischen Erziehung und Bildung«. Darauf basierend gelangte diese Formulierung des Ziels von Erziehung und Bildung in die Schulprogramme der evangelischen Schulen.

Im gesamten Dokument stehen die Zielvorstellungen mit ethischer und religiöser Ausrichtung deutlich im Mittelpunkt. Im ethischen Bereich werden die christliche Wertevermittlung, die ethische Urteilsbildung sowie das Bewusstsein und die Bereitschaft zum ethisch verantworteten Handeln als Zielvorstellungen betont. Im religiösen Bereich konzentrieren sich die Zielvorstellungen einerseits auf die anthropologische Ebene und geben als einen erwünschten Zielhorizont die Heranbildung eines christlichen Weltbildes und des christlichen Glaubens bei den SchülerInnen an. Die weiteren Zielvorstellungen im religiösen Bereich zielen auf die Verbundenheit mit der Kirche ab – Mitgliedschaft, Beheimatung, Loyalität, Sympathie – und auf die Offenheit gegenüber Anderen.

Als weitere Zielvorstellungen werden noch die möglichst umfassende Persönlichkeitsentfaltung »in die richtige Richtung«, das nationale Identitätsbewusstsein und das gesellschaftliche Engagement erwähnt[191].

---

190 Gesetz der Reformierten Kirche in Ungarn I von 1995 über die Erziehung und Bildung. Preamblum. Der reformierte Gesetzestext formuliert folgendermaßen: »*Das Ziel und die Aufgabe der öffentlichen Erziehungs- und Bildungseinrichtungen, die von der Reformierten Kirche in Ungarn erhalten und betrieben werden, bestehen darin, dass sie ihre SchülerInnen zu ausgebildeten, charaktervollen, christlichen Menschen heranbilde, die die universalen menschlichen Werte ehren, die treue, einsatzwillige und schöpferische BürgerInnen der ungarischen Heimat und Nation werden, die jederzeit bereit sind für die Aufnahme, Vermehrung, Vermittlung und Weitertradierung der echten Werte der tradierten und gegenwärtigen Kultur; dass sie die reformierten SchülerInnen zu bekennenden Mitgliedern unserer Kirche heranbilde; dass sie die nicht reformierten SchülerInnen – unter Sicherstellung der Ausübung ihrer Religion – zur Wertschätzung ihrer Konfession und der reformierten Kirche heranbilde.*«

191 Ebd., 17.

Laut diesem Dokument ist das wichtigste Leitbild evangelisch-lutherischer Schulen der ethisch-religiöse Mensch. Bei den nicht-evangelischen SchülerInnen werden Loyalität, Wertschätzung und Sympathie für das »Evangelische« (Kirche, Glaubensinhalte und Glaubenspraxis, Kultur, gesellschaftliches Engagement) angestrebt. Bei den evangelischen SchülerInnen sind die Bildung und Entwicklung einer evangelischen Identität das Ziel. Die evangelischen Schulen sollen zum Kennenlernen und zur Vermittlung von evangelischen Glaubensinhalten, Geschichten, Symbolen, Glaubenspraxis, gesellschaftlichem Engagement usw., zur Beheimatung in und Identifikation mit evangelischen Gemeinschaften und zur Bewahrung und aktiven Mitgestaltung evangelischer Identität beitragen, ohne dabei in konfessionalistische Abschottung abzugleiten.

(2) Das Gesetz VIII der Evangelisch-Lutherischen Kirche in Ungarn von 2005 regelt die Gründung und das Betreiben von Institutionen in evangelisch-lutherischer Trägerschaft, u. a. die Gründung und das Betreiben von Erziehungs- und Bildungseinrichtungen. Als allgemeine Bestimmung wird für die evangelischen Institutionen »die Ausübung und Unterstützung der grundlegenden Berufung der Kirche« angegeben[192].

Der Gesetzestext befasst sich nur am Rande mit der Zielvorstellung von evangelischen Institutionen bzw. Schulen. Als Leitziel von Schulen in evangelischer Trägerschaft richtet das Gesetz den Blick auf die SchülerInnen und verweist auf die im vorherigen Abschnitt (1) zitierte Zielvorstellung aus dem Dokument von 2001. Eine weitere Zielsetzung richtet sich auf die Schulen selbst und betont den Anspruch auf Qualität in allen Bereichen evangelischer Schulen. Bemerkenswert ist die vergleichende Formulierung, dass nicht insgesamt eine gute Qualität angestrebt wird, sondern eine bessere bzw. mindestens eine solche, die für Schulen in staatlicher Trägerschaft charakteristisch ist:

> »Der Schulträger soll aus den Eigenmitteln oder unter Einbeziehung anderer finanzieller Quellen für die finanziellen Bedingungen sorgen, damit die evangelischen Erziehungs- und Bildungseinrichtungen mindestens auf einem solchen Niveau arbeiten können wie die entsprechenden Erziehungs- und Bildungseinrichtungen in staatlicher Trägerschaft.«[193]

(3) Das Dokument der Landeskirche »Kirche der lebendigen Steine. Die Strategie der evangelischen Erneuerung« von 2008 schildert eine Vision der Evangelisch-Lutherischen Kirche in Ungarn[194]. Den Bildungsinstituten in evangelisch-lutherischer Trägerschaft werden in dieser Strategie die folgenden Ziele und Aufgaben zugesprochen:

---

192 Gesetz VIII der Evang.-Lutherischen Kirche in Ungarn von 2005, § 2, Absatz 1.
193 Gesetz VIII der Evang.-Lutherischen Kirche in Ungarn von 2005, § 54, Absatz 2.
194 Magyarországi Evangélikus Egyház 2008, 14.

- Systematische (Weiter-)Entwicklung einer evangelischen Identität: Festlegung von grundlegenden Botschaften, deutlich erkennbares Image, Minimalanforderungen bezüglich des evangelischen Profils, Weiterbildung des Lehrpersonals im Bereich explizite und implizite Vermittlung von evangelischer Identität, systematische Vermittlung evangelischer Identität in evangelischen Schulen.
- Schlüsselrolle in der Mission und in der evangelischen Jugendarbeit: Vernetzung und Zusammenarbeit von evangelischen Schulen und Ortsgemeinden, kirchliche Jugendarbeit an evangelischen Schulen, Teilnahme an außerschulischen regionalen und landesweiten evangelischen Jugendveranstaltungen, Eingliederung in das Leben der Evangelisch-Lutherischen Kirche in Ungarn, Religiöse Praxis und Stärkung des Glaubens, Einbeziehen der Eltern von SchülerInnen.
- Primat der Erziehung: Bildung mit Wertevermittlung, Verwendung, Erkundung und Experimente moderner Methoden und pädagogischen Handelns, besondere Bedeutung der Schülerheime.
- Qualität und Stabilität: evangelische Erziehung und Bildung in hervorragender Qualität, institutionelle Stabilität im Schulbetrieb, Schulautonomie auch im Wirtschaften der Schule, Schulmanagement, kontinuierliche Personalentwicklung, systematische Weiterbildung des Schulpersonals in fachlicher Hinsicht und im Bereich der evangelischen Identität, Vernetzung nach Fachbereichen mit Lehrenden an anderen evangelischen Schulen.
- Aktive Teilnahme im öffentlichen Bildungsbereich: Mitwirkungsmöglichkeit und Verantwortungsübernahme beim öffentlichen Erziehungs- und Bildungsauftrag.

Die evangelischen Schulen werden als Unterstützer der Kirche bei der Erfüllung der Missions- und Verkündigungsaufgabe gesehen. Besonders im Bereich der Weiterentwicklung einer evangelischen Identität und evangelische Profilierung räumt dieses Dokument den Schulen eine wichtige Bedeutung ein.

>»Die evangelisch-lutherischen Erziehungs- und Bildungsinstitute stehen vor einer zweifachen Herausforderung. Mit der Aufnahme von SchülerInnen sichern sie ihre eigene Existenz, die Bedingungen des Betreibens, währenddessen sollen sie beim geistigen Wachstum der Kirche helfen. Denn unsere Schulen, Kindergärten und Schülerheime sind wichtige missionarische Faktoren in der Vermittlung von christlichen Werten und eines christlichen Wirklichkeitsverständnisses. Sie erfüllen ihre Aufgabe, wenn sie ihre Tätigkeit qualitätsvoll betreiben und der Aufgabe der Erziehung eine Priorität einräumen.«

(4) Die Evangelische Erziehungs- und Bildungsstrategie von 2014 ist das Statement einer Expertengruppe über die Bestimmung des »Evangelischen«, über die

Grundlagen des Erziehungs- und Bildungsverständnisses, über Leitvorstellungen für die Organisation, über Zukunftsbilder von evangelischen Schulen und über die Prioritäten im ungarischen evangelischen Erziehungs- und Bildungsbereich[195]. Das Statement wurde als »Diskussionsstoff« bezeichnet und verstanden. Es lädt dazu ein, die vorgelegte Strategie weiterzuentwickeln.

Laut diesem Dokument dienen die evangelischen Schulen dazu, dass die Kirche ihren Auftrag verwirklicht. Dieser Auftrag wird als »Mitarbeit am Reich Gottes« breit gefasst, doch nicht konkretisiert. Der enge und unmittelbare Zusammenhang zwischen Schule und Kirche besteht grundsätzlich darin, dass die evangelisch-lutherischen Schulen als Handlungsfelder der Kirche verstanden werden.

> »Dieses Bildungsnetzwerk ist ein Mittel zur Verwirklichung des Auftrags der Kirche. Es erfüllt seine Berufung durch theologische Fundierung, durch fachliche Professionalität und durch seine starken und entwicklungsoffenen Gemeinschaften.«[196]

Das Dokument bestimmt die Handlungsfelder evangelischer Schulen näher. Die evangelische Profilierung bzw. die religiöse Praxis der Schule, die qualitätsvolle Arbeit und die lebendigen Gemeinschaften werden sowohl als Zielsetzungen als auch als Prioritäten und Organisationsentwicklungsfelder evangelischer Schulen erfasst.

> »Das Ziel in unseren Erziehungs- und Bildungsinstituten ist die Stärkung des religiösen Schullebens, die Entwicklung der Qualität von Profession und die Heranbildung einer lebendigen Gemeinschaft.«[197]

Die religiöse Profilentwicklung soll darauf gerichtet sein, dass die evangelische Ausrichtung der Schule deutlich erkennbar und sichtbar wird und alle Bereiche der Schule durchdringt. Die Anwesenheit und Arbeit der SchulpfarrerInnen in der Schule trägt und repräsentiert das evangelische Programm der Schule. Im Bereich der religiösen Angebote wird eine hohe Qualität angestrebt, da diesen ein Modell- und Repräsentanzcharakter für die Kirche und für das Christentum zugeschrieben wird.

Die Rolle der Lehrenden wird im religiösen bzw. evangelischen Profil der Schule betont. Daher wird eine Identifikation der LehrerInnen mit dem evangelisch geprägten Profil und mit der Organisation evangelisch-lutherischer Schulen und der Kirche angestrebt. Es werden Lehrerfortbildungen organisiert, die das Eigenprofil evangelischer Schulen und die Förderung der religiös-spirituellen Kompetenz von LehrerInnen im Blick haben. Landesweite bzw. regionale Lehrertreffen werden veranstaltet. Die evangelischen LehrerInnen werden in das

---

195 Rozs-Nagy 2014, 67–76.
196 Ebd., 68.
197 Ebd., 75.

Gemeindeleben aktiv einbezogen. Die Bekanntmachung und Identifikation mit dem evangelischen Profil der Schule und mit der Kirche wird auch bei den Eltern und Familien angestrebt.

Die Zielsetzung der evangelisch-lutherischen Schulen formuliert dieses Dokument nicht nur im Blick auf die Erziehungs- und Bildungsinstitutionen, sondern auch hinsichtlich der SchülerInnen.

> »Die Berufung der Erziehungs- und Bildungsinstitutionen der Evangelisch-Lutherischen Kirche besteht darin, dass sie die ihnen anvertrauten Jugendlichen – entsprechend der evangelischen Tradition – zur verantwortlichen und verpflichtenden Freiheit in Christus erziehen und ausbilden, dass sie die SchülerInnen für ihre eigene Lebensberufung in hoher Qualität vorbereiten und daran arbeiten, dass die SchülerInnen in der geschaffenen Welt und in der Gemeinschaft der Kirche ein Zuhause finden. Sie sollen ein Zeichen von Gottes kluger, treuer, erhaltender Liebe in der Welt werden.«[198]

Bezüglich des Individuums wird eine selbstbestimmte und eigenverantwortliche Lebensführung anzielt. Die Leitgedanken der reformatorischen Grunderkenntnis – die Freiheit in Christus und die daraus gewonnene Verantwortung für die Mitmenschen und für die Welt als Gottes Schöpfung – kommen in dieser Zielbestimmung zum Vorschein. Eine reformatorische Konnotation haben ebenso der Berufungsgedanke und die Zeichen-Metapher, die zugleich einen Weltbezug und einen Gottesbezug in sich tragen.

Weiterhin zielt die selbstbestimmte und eigenverantwortliche Lebensführung auf die Beheimatung in der Welt und in der Kirche. Die Zielsetzungen, die an das Subjekt gerichtet sind, tragen eine gewisse Spannung in sich, es dominieren aber die Formulierungen, die die Anpassung an Bestehende betonen. Die Subjektwerdung wird damit zwar prozesshaft verstanden, aber eindeutig verengt. Wichtige Dimensionen der Bildungsprozesse und deren Zielbestimmung bleiben ohne Berücksichtigung und Erwähnung: wie z. B. das kritisch-reflexive Potential, das Veränderungen initiiert, die Gebrochenheit der Selbstwerdung, die Unverfügbarkeit des Lebens und seiner Zielbestimmung, das Vertrauen auf die Heilung und Vollendung.

Diese Erziehungs- und Bildungsstrategie beschäftigt sich hauptsächlich mit den Grundlagen der Erziehungs- und Bildungsarbeit an evangelischen Schulen und formuliert fünf Leitgedanken zu einer evangelisch verantworteten Erziehung und Bildung:
– Wir sind alle JüngerInnen – Die Erziehung und Bildung basiert auf dem Evangelium.
– Im anderen Menschen tritt Christus zu uns – Die Erziehung und Bildung ist integrativ.

---

198 Ebd., 69.

- Das Kind ist ein Zeichen, das auf Gott hinweist – Die Erziehung und Bildung ist kinderorientiert.
- Die hohe Professionalität bedeutet die Wertschätzung der Geschenke Gottes – Die Erziehung und Bildung ist lebensbejahend/lebensfähig.
- Es gibt kein Einpersonen-Christentum – Die Erziehung und Bildung ist gemeinschaftlich.

Die Zusammenstellung von jeweils zwei Formulierungen will sichtbar machen und darauf hinweisen: Die fünf Leitgedanken zu Erziehung und Bildung sind von biblischen Grundaussagen her konzipiert bzw. damit in Parallele gestellt.

(5) Die Erziehungs- und Bildungsstrategie der Evangelisch-Lutherischen Kirche in Ungarn mit *dem dazugehörenden Aufgabenplan* von 2016 ist das bisher ausführlichste strategische Dokument zu den evangelisch-lutherischen Schulen[199]. Die Bildungsstrategie und der Aufgabenplan wurden seitens der Erziehungs- und Bildungsabteilung des Landeskirchenzentrums (NOO) erarbeitet. Sie werden als »Arbeitsstoff« bezeichnet. Sie wurden durch die Synode genehmigt und gelten als offizielle Bildungsstrategie der evangelischen Schulen[200].

Die Strategie beinhaltet eine Situationsanalyse, Zielsetzungen, Aufgabensetzungen und eine Strategie für die Rekrutierung von SchülerInnen für die Schulen. Sie setzt sich mit der Rolle und Aufgabe des Schulträgers auseinander und macht die Orientierung und Stärkung des Schulträgers zu ihrem Anliegen[201]. Daher hat sie eher eine bildungspolitische bzw. schulpädagogische Ausrichtung. Die Bestimmung evangelischer Schulen wird von den Erwartungen gegenüber diesen Schulen definiert.

> »Das Netzwerk von evangelischen Kindergärten und Schulen ist ein solcher Kreis von öffentlichen Erziehungs- und Bildungsinstitutionen, die die Berufung der Kirche, die Erwartungen von Kindern und Familien, die diese Institutionen besuchen, und die Erwartungen der geltenden Regelungen zu kirchlichen Schulen im öffentlichen Bildungswesen zur Erfüllung bringt.«[202]

Die evangelisch-lutherischen Schulen sehen sich damit einem dreifachen Erwartungshorizont gegenüber: (1) seitens der Evangelisch-Lutherischen Kirche, (2) seitens der SchülerInnen und ihrer Familien, (3) seitens des öffentlichen Bildungssystems. Als Zielsetzungen der evangelischen Erziehungs- und Bildungsinstitutionen scheinen immer wieder die folgenden drei Herausforderungen auf: Schulqualität, religiöse Praxis in den Schulen (evangelisches Schul-

---

199 Magyarországi Evangélikus Egyház 2016.
200 Synodalbeschluss Nr. 3/2016 (II.26.).
201 Magyarországi Evangélikus Egyház 2016, 9, 15.
202 Ebd., 4.

leben), liebevolle, offene und fördernde Gemeinschaft[203]. Die Zielsetzungen im Bereich der Qualität der Schule werden detaillierter dargelegt. Dabei werden herausgestellt: die Verbesserung des Bildungserfolgs der SchülerInnen, die Stärkung der integrativen Offenheit, die Gewährleistung der Anerkennungsfähigkeit, die Stärkung der Fähigkeit zur Chancen-Ermöglichung und die Sicherstellung des nachhaltigen und wirksamen Betreibens der Schulen.

Diese Erziehungs- und Bildungsstrategie konzentriert sich auf die Schulen und auf das evangelische Bildungssystem. Es werden aber auch einige Zielsetzungen formuliert, die sich auf die SchülerInnen beziehen. Dabei wurden wieder jene Leitbildvorstellungen mit den konkreten Eigenschaften und Persönlichkeitsmerkmalen aufgenommen, die schon in den früheren Orientierungsdokumenten zu finden sind. Angezielt wird ein christliches Weltbild und Wertesystem, ein offenes, schöpferisches Denken, die ethische Urteilsbildung auf der Grundlage der christlichen Werte, die Bewältigung von Herausforderungen, die Aneignung einer kirchlich-religiösen Praxis, die Treue zur Kirche, zur Heimat und zu menschlichen Gemeinschaften[204]. Im Zusammenhang dieser Zielsetzungen bezüglich des Individuums finden aber weder die Subjektwerdung noch die Unverfügbarkeit menschlichen Lebens eine Erwähnung.

Eine gewisse Spannung wird zwischen dem Streben nach Qualität und der evangelischen Ausrichtung der Schulen, zwischen der Bewahrung der Werte der Vergangenheit und der Offenheit für die Zukunft und Innovationsfähigkeit, zwischen den weltlichen und kirchlichen Perspektiven thematisiert[205]. Es wird betont, dass die kirchliche Trägerschaft keine Kompromisse bezüglich der Qualität der fachlich-pädagogischen Arbeit bedeuten kann. Über die fachlich-pädagogische Arbeit der LehrerInnen hinausgehend erhält die Qualität einen hohen Stellenwert für die gesamte Schul- und Organisationsentwicklung. Dies gilt auch betont im Blick auf die evangelische Profilierung.

Als Stärken des evangelischen Bildungssystems listet das Dokument die überschaubare Zahl der Erziehungs- und Bildungsinstitute (Networking, persönliche Verbindungen), die Synergie zwischen den Organisationssystemen, die Offenheit und die Fachlichkeit der Erziehungs- und Bildungsinstitute, die Wertegemeinschaft und die konsolidierten familiären Hintergründe der SchülerInnen, die Erfolge des evangelischen Erziehungs- und Bildungsnetzwerks und die rechtlichen und bildungspolitischen Möglichkeiten der kirchlichen Schulträger auf. Es ist auffallend, dass unter den »Faktoren, die die Arbeit der Schulträger stärken«, keine kirchlichen bzw. theologischen Elemente erwähnt werden[206].

---

203 Ebd., 8, 28–29, 38.
204 Ebd., 4–5.
205 Ebd., 15–16, 23–24, 27.
206 Ebd., 18–23.

Der Aufgabenplan knüpft an die Bildungsstrategie an. Er benennt 16 Schwerpunkte, die in der kurz-, mittel- und langfristigen Entwicklung des evangelischen Bildungssystems Priorität haben sollen. Darunter werden z. B. benannt: die Qualitätsentwicklung und -sicherung der fachlich-pädagogischen Arbeit, das Ringen um das evangelische Profil, das Engagement im Bereich der erfolgreichen Erziehung und Bildung von benachteiligten und mehrfach benachteiligten SchülerInnen, die Integration von Roma-SchülerInnen, die Berufsbildung, die Elitebildung (hinsichtlich des pädagogischen Mehrwerts der Schulen), der evangelische Rahmenlehrplan, die Entwicklung und der Nachwuchs der Führungspersonen, die Entscheidungsprozesse und Entscheidungskompetenzen.

Es wurde schon darauf hingewiesen, dass diese Strategie eher eine bildungspolitische bzw. schulpädagogische Ausrichtung besitzt. Theologische und bildungstheoretische Hintergründe evangelischer Schulen werden nicht thematisiert. Theologische bzw. pädagogische Deutungsrahmen für die evangelischen Schulen werden nicht benannt. Ebenso wenig werden das Selbstverständnis und die Implikationen der evangelisch-lutherischen Trägerschaft thematisiert. Der Aufgabenplan weist auf diesen Mangel hin und betont ausdrücklich, dass eine Auseinandersetzung mit diesen Themen unbedingt nötig ist.

In der Strategie zur Rekrutierung der Schülerschaft werden mehrere solcher Leitsätze hervorgehoben, die als Merkmale der evangelisch-lutherischen Schulen gesehen werden. Diese Leitsätze sollen die Eltern, Familien und darüber hinaus die gesamte Gesellschaft über die Charakteristika evangelisch-lutherischer Schulen informieren:

- Die kirchliche Schule bietet den Kindern und Jugendlichen im Bereich ethisch-religiöser Bildung einen Mehrwert, den die wöchentlich einmal stattfindenden Religionsunterrichtsstunden an den staatlichen Schulen nicht geben können.
- Die evangelisch-lutherischen Schulen sind integrativ. Kinder, die nicht religiös erzogen wurden, sind ebenfalls herzlich willkommen. Diese Kinder können leicht in das Leben der Schule integriert werden, sie bleiben keine Außenseiter.
- Die evangelisch-lutherischen Schulen sind kinder- und familienorientiert.
- Eine fortlaufende Erziehung und Bildung – vom Kindergarten bis zum Abitur – ist in den evangelisch-lutherischen Erziehungs- und Bildungsinstitutionen gewährleistet.
- Im Blick auf das religiöse/evangelische Profil der Schule sind klärende Informationen notwendig. In Bezug auf die Pflichten der SchülerInnen und ihrer Familien im religiösen Bereich gibt es Missverständnisse und Fehlinformationen. Die nicht religiösen oder nicht informierten Eltern und Familien setzen mehr und andere Verpflichtungen voraus, als die evangelischen Schulen tatsächlich an sie stellen. Die Eltern nehmen z. B. die Verpflichtung zu einem regelmäßigen Gottesdienstbesuch oder zu einer Beteiligung im Gemeindele-

ben an. Oder: Es wird vorausgesetzt, dass nur evangelische bzw. christliche SchülerInnen aufgenommen werden.

- Ausreichende und klare Informationen sind notwendig bezüglich der Differenzierung von Schulen in kirchlichen Trägerschaften. Die Eltern und Familien, die die evangelisch-lutherischen Schulen nicht näher kennen, machen keinen Unterschied zwischen den kirchlichen Schulen. Eine Folge davon ist, dass der nicht so gute Ruf von anderen konfessionellen Schulen – einige gelten als »zu dogmatisch« – auf die evangelischen Schulen übertragen wird.[207]

Die Tabelle 7 bietet eine Übersicht zu den in den Orientierungsdokumenten auffindbaren Bestimmungen und Zielvorstellungen evangelisch-lutherischer Schulen.

Dokument	Herausgeber Jahr der Herausgabe	Selbstverständnis und Zielvorstellungen
Grundlagen einer evangelischen Erziehung und Bildung (Entwurf)	Bildungsabteilung des Landeskirchenzentrums, 2001	Die Erziehungs- und Bildungsinstitute sind Teil des öffentlichen Schulwesens. Ziele bezüglich der SchülerInnen: Konkrete Leitbildvorstellungen vom Menschen: Ethisch-religiöser Mensch, evangelische Identität, nationale Identität, gesellschaftliches Engagement, Persönlichkeitsentfaltung.
Gesetz VIII über die Institutionen der Kirche (Kirchengesetz)	Evangelisch-Lutherische Kirche in Ungarn, 2005	Die Erziehungs- und Bildungsinstitute sind Unterstützer der Kirche bei der Ausübung der grundlegenden Berufung der Kirche. Ziele und Aufgaben evangelischer Erziehungs- und Bildungsinstitute: Hohe Qualität der Schulen. Ziele bezüglich der SchülerInnen: Konkrete Leitbildvorstellungen vom Menschen: Ethisch-religiöser Mensch, evangelische Identität, nationale Identität, gesellschaftliches Engagement, Persönlichkeitsentfaltung.

---

207 Ebd., 40.

(Fortsetzung)

Dokument	Herausgeber Jahr der Herausgabe	Selbstverständnis und Zielvorstellungen
Kirche der lebendigen Steine. Die Strategie der evangelischen Erneuerung (Perspektivpapier)	Evangelisch-Lutherische Kirche in Ungarn, 2008	Die Erziehungs- und Bildungsinstitute sind Unterstützer der Kirche bei der Erfüllung der Missions- und Verkündigungsaufgabe. Ziele und Aufgaben evangelischer Erziehungs- und Bildungsinstitute: Ringen um evangelische Identität, Mission und Jugendarbeit, Erziehung, hervorragende Qualität der Schule, institutionelle Stabilität, Teilnahme im öffentlichen Bildungsbereich.
Evangelische Erziehungs- und Bildungsstrategie (Experten-Statement mit Bekenntnischarakter)	Expertengruppe der Erziehungs- und Bildungsabteilung des Landeskirchenzentrums, 2014	Die Erziehungs- und Bildungsinstitute sind Handlungsfelder der Kirche. Sie dienen dazu, dass die Kirche ihren Auftrag – »Mitarbeit am Reich Gottes« – verwirklicht. Ziele und Aufgaben evangelischer Erziehungs- und Bildungsinstitute: evangelische Profilierung, hohe Qualität der Schule, lebendige Gemeinschaften. Ziele bezüglich der SchülerInnen: »In der Welt und in der Kirche ein Zuhause finden«. »Zeichen der Liebe Gottes in der Welt zu sein.«
Erziehungs- und Bildungsstrategie der Evangelisch-Lutherischen Kirche in Ungarn und Aufgabenplan (Strategiedokument)	Evangelisch-Lutherische Kirche in Ungarn, 2016	Die Erziehungs- und Bildungsinstitute sind da, um die Berufung der Kirche, die Erwartungen der SchülerInnen und Eltern und des öffentlichen Bildungssystems zu erfüllen. Ziele und Aufgaben evangelischer Erziehungs- und Bildungsinstitute: evangelische Profilierung, hohe Schulqualität, liebevolle, offene und fördernde Gemeinschaft. Ziele bezüglich der SchülerInnen: Konkrete Leitbildvorstellungen vom Menschen: Ethisch-religiöser Mensch, evangelische Identität, nationale Identität, gesellschaftliches Engagement, Persönlichkeitsentfaltung.

Tabelle 7: Selbstverständnis und Ziele evangelischer Schulen anhand von Orientierungsdokumenten der Evangelisch-Lutherischen Kirche in Ungarn

Mehr oder weniger aber ist für alle Dokumente charakteristisch, dass in ihnen sich die theologischen, erziehungswissenschaftlichen, bildungspolitischen bzw. kirchenpolitischen und schulpädagogischen Sichtweisen miteinander mischen und nicht unterschieden werden. Die aufgelisteten Perspektiven sind für eine fundierte Bestimmung, für eine angemessene Profilierung und ein angemessenes Betreiben evangelischer Schulen unerlässlich. Eine mehrperspektivische Betrachtung des Themenfeldes »evangelische Schule« bedeutet nicht nur, dass die unterschiedlichen Sichtweisen nebeneinandergestellt werden, sondern dass sie miteinander ins Gespräch gebracht, miteinander kritisch-dialogisch in Beziehung gesetzt und verbindende Verknüpfungspunkte hergestellt werden. Dagegen ist aber eine undifferenzierte Vermischung von theologischen und pädagogischen Begründungs- und Deutungsrahmen der evangelischen Schulen und der Erziehung und Bildung nicht transparent und stößt auf Unverständnis (z. B. theologisch bestimmte Zielsetzungen für pädagogisches Handeln).

Bis auf das Gesetz VIII »Über die Institutionen der Kirche« ist für alle Dokumente charakteristisch, dass sie als »Entwurf«, bzw. als »Diskussionsstoff« bezeichnet werden. Das kann einerseits eine Offenheit sowie eine Einladung zur Weiterentwicklung bedeuten und die Gewissheit zum Ausdruck bringen, dass die Bestimmung und Zielzuschreibung für evangelische Schulen ein dynamischer, nie abgeschlossener Entwicklungsprozess ist. Andererseits können diese Selbstbezeichnungen aber auch auf eine inhaltliche Unsicherheit hinweisen. Das wird seitens der Verfasser bzw. Herausgeber selbst in den Orientierungsdokumenten eingeräumt. Verstärkt wird eine solche Interpretation dadurch, dass in konkreten Textpassagen auf die Vorläufigkeit der Überlegungen und auf die noch zu klärenden bzw. bisher fehlenden Themenbereiche hingewiesen wird.

Das Selbstverständnis evangelischer Schulen wird in den Orientierungsdokumenten von drei Perspektiven her bestimmt: vom staatlich-öffentlichen Bildungsauftrag einer Schule, von den Erwartungen der Bildungsklientel und vom Auftrag der Kirche. Dominant ist dabei in den Dokumenten das Verständnis, das die evangelischen Schulen hauptsächlich als Handlungsfelder der Kirche bestimmt.

Die Zielsetzungen richten sich auf die SchülerInnen und auf die Aufgaben der Schulen. Bezüglich der Ziele und Aufgaben evangelischer Schulen wird in den Orientierungsdokumenten eine dreifache Zielzuschreibung entwickelt. Demgemäß streben die evangelisch-lutherischen Schulen (a) nach einer klaren evangelischen Profilierung, (b) nach hoher Schulqualität und (c) nach einer offenen und fördernden Schulgemeinschaft. Die Zielzuschreibungen bezüglich der Schulen sind klar formuliert und deutlich offengelegt.

Demgegenüber werden die auf das Individuum gerichteten Ziele der Erziehungs- und Bildungsprozesse nicht hinreichend deutlich thematisiert. Konkrete Leitbildvorstellungen vom Menschen werden – ohne eine Systematisierung –

aufgelistet. Die benannten anzustrebenden Eigenschaften und Fähigkeiten kann man in die folgenden vier Bereiche einteilen: (a) Subjektwerdung, (b) der ethisch-religiöse Mensch, (c) gesellschaftliches Engagement und (d) kirchliches Engagement. Unter diesen Leitbildvorstellungen werden die Aussagen zum ethisch-religiösen Menschen (z.B. christliche Weltanschauung, Glaube) und zum kirchlichen Engagement (z.B. Kirchenmitgliedschaft, Treue zur Kirche) besonders betont und gewichtet.

5. Die evangelisch-lutherischen Schulen in Ungarn – Entwicklung und aktuelle Bestandsaufnahme

Im vorhergehenden Kapitel wurden die beiden wichtigsten Bezugssysteme der evangelisch-lutherischen Schulen – das ungarische Bildungssystem und die Evangelisch-Lutherische Kirche in Ungarn – behandelt. Dies Kapitel richtet den Blick auf die evangelisch-lutherischen Schulen selbst. Es werden die neueren Entwicklungslinien dieser Schulen skizziert und eine gegenwärtige Bestandsaufnahme der evangelisch-lutherischen Schulen in Ungarn vorgelegt. Eine Darstellung der Leistungsfähigkeit evangelisch-lutherischer Schulen aufgrund der Daten und Analysen der landesweiten Kompetenzmessung von 2016 schließt dieses Kapitel ab.

5.1 Entwicklung des evangelisch-lutherischen Schulwesens seit der Wende

Die neuere Geschichte des evangelisch-lutherischen Schulwesens beginnt im September 1989 mit der Wiederinbetriebnahme des traditionsreichen evangelischen »Fasor«-Gymnasiums in Budapest. Auf die Schwächung des kommunistischen Regimes deutete damals hin, dass nach langen Auseinandersetzungen und Vorbereitungen der Beschluss über die Neueröffnung des evangelischen Gymnasiums und über die Rückgabe seines traditionsreichen Gebäudes noch vor der Wende und vor der Aufgabe des Staatsmonopols des Schulwesens gefasst wurde. Seit diesem – aus der Sicht der kirchlichen Schulen – historischen Ereignis wurde eine Reihe von Erziehungs- und Bildungsinstituten in evangelisch-lutherischer Trägerschaft gegründet. Gegenwärtig existiert ein ganzes Netzwerk dieser Schulen.

In diesem Kapitel wird dem Entwicklungsverlauf der Gründung von evangelisch-lutherischen Schulen nachgegangen. Dabei ist aber eine ausführliche Darstellung der jüngsten Geschichte des evangelisch-lutherischen Schulwesens nicht das Ziel. Es wird nur knapp auf die wichtigsten Entwicklungsphasen des evangelisch-lutherischen Schulwesens in Ungarn eingegangen[208]. Dabei wird auf die Gründungszusammenhänge dieser Schulen ein besonderes Augenmerk gelegt.

5.1.1 Die Zeit der Wiederinbetriebnahme einst verstaatlichter kirchlicher Schulen

Aufgrund der Gesetzeslage konnten Kirchen und Religionsgemeinschaften in Ungarn ab dem Jahre 1990 Schulen und Bildungseinrichtungen gründen und die Schulen, die vor der Verstaatlichung im Jahre 1948 kirchliche Schulen waren, vom Staat zurückfordern[209]. Die erste Phase der Schulgründungen, die von 1989 bis 2001 dauerte, war von der Rückforderung und Wiederinbetriebnahme von einst verstaatlichten evangelischen Schulen geprägt.

Am 16. Juni 1948 hatte das ungarische Parlament das Gesetz über die Verstaatlichung kirchlicher Schulen verabschiedet. Darauffolgend verlor die Evangelisch-Lutherische Kirche in Ungarn eine Rechtwissenschaftsakademie, 14 Gymnasien – darunter drei mit Lehrerbildungsanstalten –, 13 Schüler- und Studentenheime, 352 Volks- und Grundschulen und die dazu gehörenden Ackerböden[210]. Die lutherische Kirche konnte zwei traditionsreiche Gymnasien behalten, das »Fasor«-Gymnasium und das Mädchengymnasium am Deák-Platz in Budapest. Die Kirche konnte aber unter den erschwerten Rahmenbedingungen diese Gymnasien nicht lange erhalten und »bot« im Jahre 1952 beide Gymnasien dem kommunistischen Staat »an«. Ab 1952 bis zum Jahre 1989 durfte die evangelisch-lutherische Kirche kein öffentliches Bildungsinstitut betreiben. Allein die Evangelisch-Lutherische Theologische Akademie blieb in kirchlicher Trägerschaft. In ihr wurde – ohne staatliche Anerkennung – die Pfarrerausbildung durchgeführt.

Nach der politischen Wende im Jahre 1989 wurde die Rückforderung bzw. Rückgabe einst verstaatlichter kirchlicher Schulen und Immobilien möglich. Die Schulen waren seinerzeit mitsamt den Schulgebäuden verstaatlicht worden. Die Kirchen konnten sich entscheiden, ob und wie sie ihre ehemaligen Schulen zurückfordern. Ein Abkommen zwischen dem Staat und der Evangelisch-Luthe-

---

208 Der Entwicklungsverlauf konfessioneller Schulen wurde im Kapitel 4.1.4 (2) herausgearbeitet. Die dort vorgestellten drei Entwicklungsphasen gelten auch für die evangelisch-lutherischen Schulen.

209 Gesetz IV von 1990 über die Gewissens- und Religionsfreiheit, Gesetz XXXII von 1990 über die Rückgabe der einst kirchlichen Immobilien.

210 Die genaue Anzahl der verstaatlichten evangelisch-lutherischen Schulen variiert je nach Quellen. Die hier genannten Zahlen stammen aus dem Protokollbuch der Generalversammlung der Evangelisch-Lutherischen Kirche in Ungarn, Nummer 560/1949 (Evangelisch-lutherisches Landesarchiv in Budapest).

rischen Kirche regelte den Prozess der Rückgabe bzw. Entschädigung. Dieser erstreckte sich bis zum Jahre 2001. Alle bis 2001 (neu)gegründeten evangelischen Schulen waren einst verstaatliche Schulen, die im Rahmen dieses Abkommens der Kirche zurückerstattet wurden. Dabei entstanden drei Formen der Rückgabe:

- Übergabe einer funktionierenden staatlichen Schule: In dieser Periode bekam die evangelische Kirche die meisten Schulen als im ehemaligen kirchlichen Schulgebäude funktionierende staatliche Schule, samt Schulgebäude, SchülerInnen und LehrerInnen zurück. Diese Übergaben waren teilweise von heftigen Konflikten begleitet. Der Schulträgerwechsel hatte besonders für die Lehrenden weitreichende Konsequenzen. Einige von ihnen wollten nicht an einer kirchlichen Schule arbeiten. Mit anderen wollte die Schule nicht weiterarbeiten, sie mussten daher ihren Arbeitsplatz wechseln. Weitere Lehrende blieben nur aus Gründen der Existenzsicherung in der Schule, ohne dass sie das evangelische Profil akzeptierten und mittrugen. Die Schulklassen sollten nur aufbauend als »kirchliche Jahrgänge« geführt werden. Diese Vorgehensweise brachte eine Übergangsphase, bis alle SchülerInnen, die noch in der einst staatlich geführten Schule aufgenommen worden waren, die Schule absolviert hatten.
- Übergabe des leeren Schulgebäudes der einst kirchlichen Schule: Diese Art von Übergabe ermöglichte einen Neuanfang mit einer Schüler- und Lehrerschaft, die sich bewusst für eine evangelisch-lutherische Schule entschieden. Meistens fingen diese Schulen ihre Tätigkeit mit 1–2 Jahrgängen an und konstituierten ihre Schülerschaft aufbauend. Die Konflikte entstanden in diesem Fall bei der Räumung des Gebäudes Die staatliche Schule oder Behörde, die sich im Schulgebäude befand, musste samt Schüler- und Lehrerschaft in ein anderes Gebäude umziehen. Folgende evangelische Schulen wurden auf diese Weise neu gegründet: das »Fasor«-Gymnasium und das Gymnasium am Deák-Platz in Budapest, die Schulzentren in Győr und in Békéscsaba, die Grundschulen in Alberti und in Pápa.
- Rückgabe der einst kirchlichen Schule in einem neu gebauten Schulgebäude: In Aszód konnte das einst kirchliche Schulgebäude nicht zurückerstattet werden. Daher wurde ein neues Schulgebäude im Rahmen der Entschädigung der Kirche gebaut, in dem das neu gegründete Gymnasium seine Tätigkeit aufnahm.

Die zurückgeforderten Schulen waren vor allem traditionsreiche städtische Gymnasien, die auch ein Schülerheim betrieben. Diese Schülerheime wurden ebenfalls zurückgefordert. Im Schuljahr 2001/2012 betrug die evangelisch-lutherische Kirche insgesamt 7 Grundschulen, 1 künstlerische Schule, 11 Gymnasien, 4 Berufsmittelschulen, 1 Berufsschule und 6 Internate. In den Grundschulen waren insgesamt 2.141, in den Mittelschulen 5.252 SchülerInnen eingeschrieben.

Der Anteil der evangelischen SchülerInnen war in den Grundschulen 40 %, in den
Mittelschulen 28 %. In den Grundschulen lehrten insgesamt 207, in den Mittelschulen 502 Lehrende. Der Anteil der evangelischen LehrerInnen war bei den
Grundschulen 51 %, bei den Mittelschulen 27 %. In evangelischen Schülerheimen
wohnten 716 SchülerInnen. Den Entwicklungsverlauf zwischen 1989–2001 zeigt
die Abbildung 2.

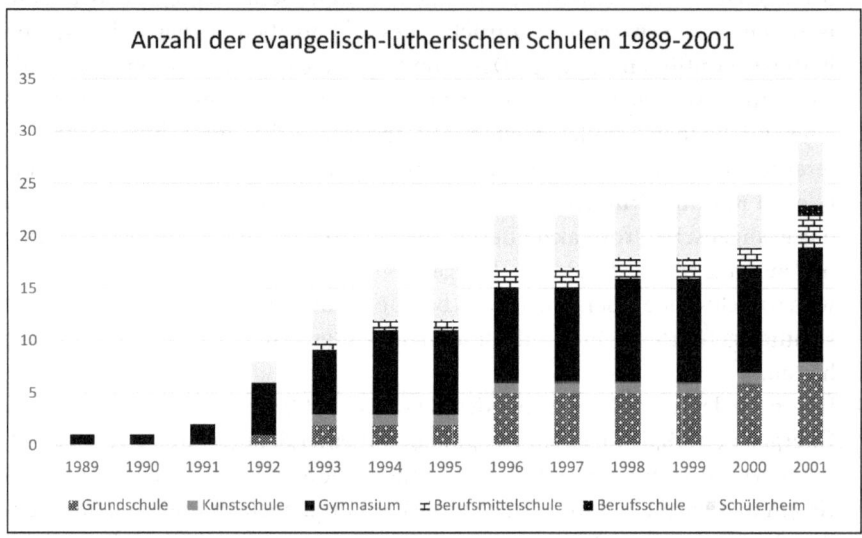

Abbildung 2: Anzahl der evangelisch-lutherischen Schulen im Zeitraum von 1989 bis 2001

Die Zeit der Wiederinbetriebnahme war von vielen Emotionen geprägt. Die
evangelischen Gemeinden, die Gemeindemitglieder und die gesamte evangelisch-lutherische Kirche setzten hohe Erwartungen und Hoffnungen auf die neu
eröffneten Schulen. Andererseits waren diese Wiederinbetriebnahmen von In-
teressenkonflikten begleitet und polarisierten auf der Lokal- und der Landes-
ebene die gesellschaftlichen Gruppierungen. Die meisten evangelischen Schulen
bekam die Kirche als Übernahme einer funktionierenden staatlichen Schule
zurück. Diese Prozesse wurden durch einige Interessenkonflikte begleitet. Insgesamt blieben aber die Rückgabeprozesse evangelisch-lutherischer Schulen von
Skandalen verschont.

Die Übernahme öffentlich-gesellschaftlicher Aufgaben, die bildungspolitische
Aktivität der Kirchen wirkte unmittelbar nach dem Epochenbruch 1989/1990
fremdartig. Da die evangelische Kirche während des kommunistischen Regimes
keine einzige Schule betreiben durfte, hatte sie keine Erfahrung in diesem Bereich. Die 40 Jahre zurückliegenden Erfahrungen im Schulehalten bildeten keine
Garantie für einen erfolgreichen Wiederbeginn. Der geringe Anteil der Evange-

lischen an der Bevölkerung Ungarns (3 %) und die Unsicherheiten der gesetzlichen Regelung hinsichtlich der Finanzierung von kirchlichen Schulen ließen die evangelische Kirche vorsichtig agieren. Allerdings war diese Phase der Schulgründungen nicht von strategischen Überlegungen gekennzeichnet, sondern vom raschen Handeln, von kontextbezogener und praxisorientierter Vorgehensweise.

Vor dem Systemwechsel von 1989 repräsentierten allein die Gemeinden vor Ort die Evangelisch-Lutherische Kirche in Ungarn in der Gesellschaft. Mit der Wiedereröffnung der evangelischen Schulen wurden neue Institutionen präsent, die das »Evangelische« in sich trugen und nach außen vertraten. Die Beziehung zwischen Gemeinde und Schule, zwischen mehreren evangelischen Institutionen am Ort war nicht geregelt und sorgte für einige Konflikte zwischen PfarrerInnen und SchuldirektorInnen.

5.1.2 Die Zeit der Konsolidierung und Organisationsentwicklung

Der Beginn des Schuljahres 2001/2002 markierte eine neue Epoche in der jüngsten Geschichte des evangelisch-lutherischen Schulwesens. Mit der Wiederinbetriebnahme der Mittelschulen in Miskolc und Kőszeg endete der vereinbarte Rückgabeprozess von einst verstaatlichten evangelisch-lutherischen Schulen. Die evangelische Kirche rechneten zwar noch mit der Möglichkeit, weitere evangelische Schulen zu gründen. Anstelle einer quantitativen Ausweitung stand aber die qualitative Entwicklung im Mittelpunkt[211].

In der zweiten Entwicklungsphase – von 2001 bis 2010 – bekamen die Institutionalisierung, die Organisationsentwicklung und die Profilierung große Bedeutung. Aus dieser Phase sind drei Spezifika zu nennen:
– Organisationsentwicklung: Die Bildungsabteilung des Landeskirchenzentrums koordiniert, unterstützt und berät die Arbeit der evangelischen Schulen seit 1997. Die Vernetzung dieser Schulen miteinander war eine Herausforderung dieser Zeit. Die Zielsetzung war nicht nur die Koordination der Arbeit von den vereinzelt tätigen evangelischen Schulen, sondern die Entwicklung einer »Corporate Identity« des evangelischen Schulwesens und die Mitbeteiligung der einzelnen Schule am Ganzen. Die Organisation von Tagungen, Konferenzen, Schülerwettbewerben, Weiterbildungen für die Lehrenden sowie unterschiedliche Begegnungen für LehrerInnen und SchülerInnen unterstützten diesen Prozess. Die jährliche Wiederholung der Programme rief neue, identitätsstiftende Traditionen ins Leben. Arbeitsgemeinschaften brachten die Lehrenden mit gleichen Fächern aus unterschiedlichen Schulen zusam-

---

211 Frenkl 2001, 11–16, Mihályi 2004, 60–61.

men. Die Zeitschrift »Evangélikus Iskola« [=Evangelische Schule] berichtete über das Leben der einzelnen Schulen[212]. Die Organisationsentwicklung des evangelischen Schulwesens wurde seitens der Kirche initiiert. Sie bewirkte zugleich eine Vernetzung des Schulwesens mit der Organisation der evangelischen Kirche.

– Strukturaufbau: Die evangelischen Schulen befanden sich nicht mehr in einer Übergangsphase. Die AkteurInnen der Schulen entschieden sich selbst für eine Schule in evangelischer Trägerschaft. Die Struktur der Bildung wich vom staatlichen Schulsystem ab, da das evangelische Schulsystem die achtklassige gymnasiale Ausbildung anstelle der vierklassigen bevorzugte.

– Profilierung dessen, was »Evangelisch« bedeutet: Die »Evangelische« Profilierung der Schulen war seit der Wiedereröffnung ein Anliegen und eine Erwartung an die evangelischen Schulen. In der Anfangszeit war dieser Aufgabenbereich sowohl in inhaltlicher als auch in organisatorischer Hinsicht unklar und von der Motivation und den Möglichkeiten einzelner Personen geprägt. Die fehlende Regelung der Zuständigkeiten bezüglich der Profilierung verursachte ebenso Probleme. Die zweite Entwicklungsphase evangelischer Schulen war die Zeit der Institutionalisierung und Professionalisierung dieses Aufgabenbereiches. Dabei wurde die Verabschiedung eines kirchlichen Bildungsgesetzes wichtig. Darin werden u. a. die Zuständigkeit und die Aufgaben eines Schulpfarrers geklärt[213]. Das Gesetz schreibt vor, dass jede evangelische Schule, die mehr als 300 SchülerInnen hat, einen Schulpfarrer/eine Schulpfarrerin beschäftigen muss. Zu dessen Zuständigkeit gehört – gemeinsam mit dem Direktor/mit der Direktorin der Schule – die evangelische Profilierung der Schule. Die LehrerInnen wurden ebenso in diesen Aufgabenbereich einbezogen. Die religiöse Bildung ist ein Bestandteil des Fortbildungskanons der LehrerInnen an evangelischen Schulen geworden. Die Evangelisch-Lutherische Theologische Universität organisiert seit 2004 theologisch-pädagogische Fortbildungen, die als offizielle Fortbildungskurse für LehrerInnen anerkannt sind.

Die Anzahl der Schulen wuchs in diesem Zeitraum leicht weiter. Es wurden drei Grundschulen und ein Schülerheim gegründet. Die Schulgründung der Ge-

---

212 Die Zeitschrift wurde im Jahre 2001 gegründet. Sie erfuhr im Jahre 2012 eine Profiländerung. Seitdem erscheint sie unter dem veränderten Namen »Evangélikus Nevelés« [=Evangelische Erziehung und Bildung]. Ihren Schwerpunkt bilden nicht mehr die Schulberichte und Schulinformationen wie früher, sondern in thematisch orientierten Heften werden aktuelle Themen des Erziehungs- und Bildungsbereiches des evangelisch-lutherischen Schulwesens bearbeitet.

213 Gesetz VIII der Evangelisch-Lutherischen Kirche in Ungarn von 2005.

meinde »Szarvas-Újtemplom« war eine Eigeninitiative der Gemeinde. Diese Grundschule existierte nur für vier Schuljahre (von 2006 bis 2010).

In Szombathely und in Marcaltő übernahmen die evangelischen Gemeinden Grundschulen von kommunaler Trägerschaft. Diese Grundschulen standen vor der Schießung. Die jeweilige kommunale Selbstverwaltung wollte bzw. konnte die Schulen nicht mehr weiterbetreiben. In Szombahely wollte die evangelisch-lutherische Ortsgemeinde eine Schule gründen und übernahm die vor der Schließung stehende kommunale Grundschule. In Marcaltő suchten die Schule und die kommunale Selbstverwaltung selbst einen neuen Schulträger. Die evangelisch-lutherische Gemeinde in Malomsok übernahm diese Aufgabe. Diese zwei Beispiele der Gründung von evangelischen Grundschulen weisen auf die folgende Entwicklungsphase hin.

Im Schuljahr 2010/2011 betrieb die evangelisch-lutherische Kirche insgesamt 10 Grundschulen, 1 künstlerische Schule, 11 Gymnasien, 4 Berufsmittelschulen, 1 Berufsschule und 7 Internate. In den Grundschulen lernten insgesamt 2.987, in den Mittelschulen 6.322 SchülerInnen. Der Anteil der evangelischen SchülerInnen war in den Grundschulen 45 %, in den Mittelschulen 30 %. In den Grundschulen lehrten insgesamt 374, in den Mittelschulen 723 LehrerInnen. In den evangelischen Schülerheimen wohnten 873 SchülerInnen.

5.1.3 Die Zeit der strategischen Weiterentwicklung des evangelischen Schulwesens

Den Anstoß für die nächste Entwicklungsphase von evangelischen Schulen gab das neue Bildungsgesetz von 2011. Demgemäß sollten ab 1. Januar 2013 (mitten im laufenden Schuljahr) alle Schulen in Trägerschaft kommunaler Selbstverwaltungen in die staatliche Trägerschaft übergeben und durch ein zentrales Schulträgerzentrum verwaltet werden. Die kirchlichen Schulen – darunter auch die evangelisch-lutherischen – waren in dieser Zeit schon etablierte und zuverlässige Teilnehmer der bildungspolitischen Landschaft in Ungarn. Die evangelisch-lutherischen Schulen hatten einen guten Ruf, und die kirchlichen Träger – die Landeskirche oder die Gemeinden – galten als zuverlässige Partner. Die finanzielle Sicherung der evangelisch-lutherischen Schulen war durch die Vereinbarung zwischen Staat und Kirche und durch die (damals) normativorientierte Finanzierung der Schulen ebenso geregelt. Daher boten mehrere kommunale Selbstverwaltungen der evangelischen Kirche bzw. evangelischen Gemeinden an, ihre Schulen – anstelle der zentralen staatlichen Trägerschaft – in evangelisch-lutherische Trägerschaft zu übergeben.

Diese Situation forderte eine strategische Überlegung seitens des Schulträgers, die die Ziele, Rolle und Bedeutung, die Möglichkeiten und Grenzen des evangelischen Schulwesens klärte. Zuerst konzentrierten sich diese strategischen Überlegungen auf die Frage nach der Übernahme kommunaler Schulen in evangelisch-lutherische Trägerschaft. Das Presbyterium der Landeskirche fasste im Jahre 2011 einen Beschluss, der die Kriterien der Übernahme kommunaler Schulen regelte[214]. Die sechs Kriterien waren die folgenden:

- *Ort der Schule:* Der Ort soll mindestens 3.500 Bewohner vorweisen. Die demographischen Indexe und die konfessionelle Zusammensetzung des Ortes müssen berücksichtigt werden.
- *Gebäude:* Das Schulgebäude muss den gesetzlichen Vorgaben entsprechen. Falls Umbauarbeiten nötig sind, sollen die Baukosten nicht auf die Kirche zurückfallen.
- *Sicheres Betreiben:* Es muss gewährleistet werden, dass die Schule langfristig sicher und ökonomisch betrieben werden kann.
- *Gemeinde:* Im Ort soll eine evangelisch-lutherische Gemeinde tätig sein, die die Schule bei der Erfüllung der Bildungsaufgabe unterstützt. Die demographischen Indexe der Gemeinde sind ebenso entscheidend. Einen Vorteil bedeutet es, wenn für den Schulpfarrer von der Gemeinde eine Wohnung bereitgestellt werden kann.
- *SchülerInnen:* Zu prüfen sind die Zusammensetzung der Schülerschaft – z. B. Zahl der SchülerInnen, Einschulung, die Zahl der SonderschülerInnen usw. – sowie die Angebote der Schule bzw. die Erwartungen seitens der SchülerInnen – z. B. Nachmittagsbetreuung, Sport, Fremdsprachen, Begabtenförderung usw.

Diese Kriterien wurden von 2011 bis 2016 bei der Entscheidung über die Übernahme kommunaler Schulen in evangelisch-lutherischer Trägerschaft angewendet. Der Kriterienkatalog trug maßgeblich dazu bei, dass die evangelisch-lutherische Kirche sich im Bereich der Schulübernahme und der Schulerhaltung nicht überbürdete.

Mit der Zeit waren aber diese Kriterien immer weniger anwendbar. Im Jahre 2016 wurden sie deshalb überarbeitet[215]. Die schon vorhandenen Kriterien wurden ergänzt und präzisiert. Grundsätzliche Veränderungen lassen sich im Bereich der Kriterien »Zusammensetzung der Schülerschaft sowie Elternwunsch« und »Humanressourcen« finden.

- *Zusammensetzung der Schülerschaft sowie Elternwunsch:* Die Mehrheit der Eltern und die vorhandene Schülerselbstverwaltung sollen die Übernahme

---

214 Beschluss des Landespresbyteriums 37/2011. (III.17.) über die Kriterien zur Übernahme von Bildungsinstituten und von diakonischen Instituten in kirchlicher Trägerschaft.
215 Beschluss des Landespresbyteriums 116/2016. (IX.22.) über den Kriterienkatalog zur Übernahme von Instituten.

unterstützen und nicht gegen die Übergabe in evangelisch-lutherische Trägerschaft eingestellt sein. Es ist ein Vorteil, wenn in der Schule viele SchülerInnen mit Sonderbedarf, mit Lernschwierigkeiten, mit Behinderung bzw. mit mehrfacher Behinderung oder mit Begabung lernen, damit die Förderung dieser SchülerInnen ermöglicht wird.

- *Humanressourcen:* Die möglichen Veränderungen im Lehrerkollegium und das sichere Betreiben seitens der vorhandenen bzw. möglichen Humanressourcen sollen überprüft werden. Eine große Fluktuation im Lehrerkollegium (mehr als 25 % der LehrerInnen) ist ebenso zu vermeiden wie die Weiterbeschäftigung von LehrerInnen, die sich offen gegen christliche Werte und Lehre aussprechen. Die Nachbesetzung der Lehrerstellen soll gesichert sein. Es ist noch vor dem Übernahmeprozess zu klären, ob ein geeigneter Kandidat/eine geeignete Kandidatin für die Direktorenstelle vorhanden ist, der/die bereit ist, die Schulleitung zu übernehmen.

Der Kriterienkatalog weist auf eine strategische Überlegung im Bereich des evangelischen Schulwesens hin. Mehrere Ansatzpunkte des Kriterienkatalogs finden sich in der Erziehungs- und Bildungsstrategie der Evangelisch-Lutherischen Kirche von 2016 wieder, wie z. B. das gewünschte Engagement im Bereich der Erziehung und Bildung von benachteiligten und mehrfach benachteiligten SchülerInnen, die Frage nach der Zusammensetzung des Lehrerkollegiums, die Heranbildung von Leitungspersonen, die Zusammenarbeit der evangelischen Schulen und Gemeinden.

Die strategische Weiterentwicklung von vorhandenen evangelischen Schulen bildete einen weiteren Anstoß zur Steigerung der Zahl evangelischer Schulen in dieser Periode. Besonders charakteristisch ist die Weiterentwicklung evangelischer Gymnasien zu einem Bildungsinstitut mit einer Grundschule. Die Erfahrungen dieser Gymnasien im Bildungskontext am Ort bildeten die Grundlage zur Neugründung einer Grundschule bzw. Schulerweiterung um den Grundschulbereich. Diese Weiterentwicklung evangelischer Schulen geht auch auf Elternwünsche zurück, dass ihre Kinder die gesamte Ausbildung – vom Kindergarten bis zum Abitur ohne Schulwechsel – in einer zuverlässigen und qualitätsvollen Bildungsinstitution absolvieren können[216]. Es zeichnete sich eine Tendenz nach größeren Bildungsinstitutionen ab, die mehrere Schultypen bzw. Bildungsformen umfassen.

In dieser Entwicklungsphase wurden neun evangelische Grundschulen, eine Kunstschule, zwei Gymnasien und ein Fachgymnasium gegründet (bis zum Schuljahr 2016/2017). Mehrere evangelische Grundschulen nahmen ihre Tätigkeit als Erweiterung von schon bestehenden evangelischen Gymnasien auf, wie in

---

216 Magyarországi Evangélikus Egyház 2016, 10, 37.

Miskolc, Békéscsaba, Aszód und Mezőberény. Die evangelische Kunstschule entstand ebenso als eine Weiterentwicklung der evangelischen Grundschule in Szombathely. Weitere Schulen wurden von kommunalen Selbstverwaltungen in evangelisch-lutherische Trägerschaft übergeben. In diesen Orten sind größere evangelische Gemeinden vorhanden – Budapest-Pestszentlőrinc-Pestszentimre, Budapest-Rákoskeresztúr, Kiskőrös und Soltvadkert –, die diese Schulgründungen initiierten bzw. unterstützten. Den Entwicklungsverlauf der Anzahl evangelisch-lutherischer Schulen im Zeitraum 2001–2017 zeigt die Abbildung 3.

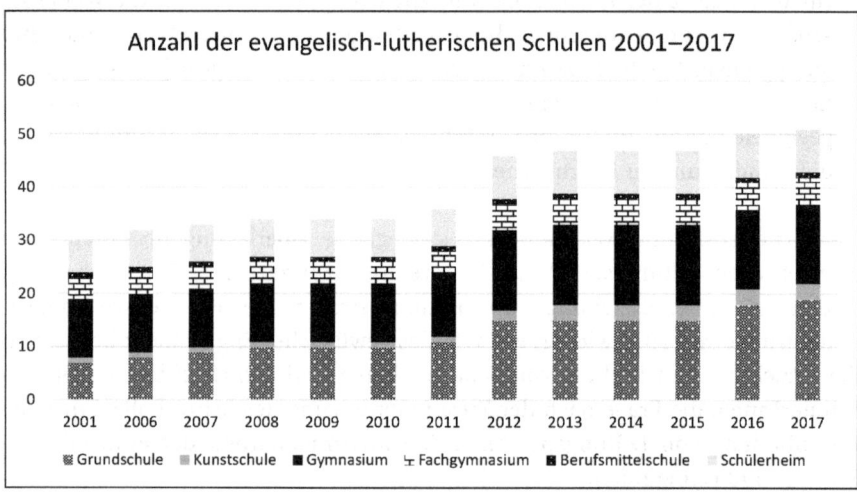

Abbildung 3: Anzahl der evangelisch-lutherischen Schulen im Zeitraum von 2001 bis 2017. (Da die Anzahl der Schulen sich zwischen 2001–2005 nicht veränderte, wird dieser Zeitraum nicht gesondert dargestellt. Die Benennung der Schultypen folgt der neuen, zurzeit aktuellen Begrifflichkeit.)

Es ist zu bemerken, dass für die Anfangszeit der neuesten Geschichte des evangelisch-lutherischen Schulwesens eine Mehrheit von Gymnasien charakteristisch war. Bis zum Jahre 2015 glich sich dies mit der Zahl der Grundschulen aus. Im Jahre 2017 überstieg die Anzahl der Grundschulen leicht die Anzahl der Gymnasien. Im Bereich der Berufsbildung und im Bereich der Erziehung und Bildung von mehrfach benachteiligten SchülerInnen in benachteiligten Gebieten engagieren sich die evangelischen Bildungsinstitute mäßig. Die evangelische Bildungsstrategie von 2016 empfiehlt daher, keine weiteren Gymnasien zu übernehmen. Bei der Übernahme von Schulen bekommen die Berufsmittelschulen, die Fachgymnasien sowie die speziellen Berufsschulen und Förderschulen in benachteiligten Gebieten eine Priorität. Besonders an Orten, in denen schon eine evangelische Grundschule vorhanden ist, sollen solche Schulgründungen initiiert werden.

Die weitere Entwicklung soll sich statt auf einen quantitativen Ausbau eher an einer qualitativen Entwicklung der Schulen ausrichten. Die Qualitätssicherung und Qualitätsentwicklung in den bestehenden evangelischen Schulen und im gesamten evangelischen Schulsystem, die Gemeinschaftsentwicklung und die evangelische Profilierung sollen die Richtlinien der zukünftigen Entwicklung charakterisieren.

5.2   Das evangelisch-lutherische Schulwesen in Ungarn – Ein Überblick

Im Schuljahr 2019/2020 sind insgesamt 48 Erziehungs- und Bildungsinstitute in evangelisch-lutherischer Trägerschaft[217]. Davon sind 19 Einrichtungen größere Bildungszentren, die mehrere Typen von Bildungseinrichtungen umfassen. Im Schuljahr 2019/2020 sind 29 Kindergärten, 20 Grundschulen, 15 Gymnasien, 5 Fachgymnasien, 1 berufsbildende Mittelschule, 10 Schülerheime, 6 Kunstschulen und 1 Pädagogisches Institut in evangelisch-lutherischer Trägerschaft. Diese Einrichtungen bilden einen Teil des öffentlichen Erziehungs- und Bildungswesens in Ungarn. Weiterhin betreibt die Evangelisch-Lutherische Kirche in Ungarn eine Universität (Evangelisch-Lutherische Theologische Universität) sowie zwei Fach-Studentenheime im Hochschulwesen (Luther-Heim Fachkollegium in Budapest, Roma Fachkollegium in Nyíregyháza). Diese gehören aber nicht zum öffentlichen Erziehungs- und Bildungswesen, sondern zum Bereich des Hochschulwesens.

5.2.1   Trägerschaften der evangelisch-lutherischen Erziehungs- und Bildungsinstitute

Vom Schulträger her können die evangelisch-lutherischen Erziehungs- und Bildungsinstitute in zwei Gruppen gegliedert werden.

(1) Landeskirche als Schulträger: Die meisten Mittelschulen, bis auf ein Heim alle Schülerheime und einige der Grundschulen und Kindergärten sind in landeskirchlicher Trägerschaft. Die Rechte des Schulträgers übt das Landespresbyterium aus. Dabei werden bestimmte Rechte dem Leiter/der Leiterin des

---

217 Eine Auflistung der Grund- und Mittelschulen in evangelisch-lutherischer Trägerschaft findet sich im Anhang 4 und 5.

Kirchenamtes bzw. dem Leiter/der Leiterin der Erziehungs- und Bildungsabteilung der Kirche übertragen[218].

(2) Gemeinde als Schulträger: Die meisten Kindergärten und Grundschulen sowie zwei Mittelschulen gehören in der Trägerschaft der jeweiligen Kirchengemeinde. Die Rechte des Schulträgers übt das Presbyterium der Gemeinde aus, die rechtliche, pädagogisch-fachliche und finanzielle Aufsicht übernimmt die Landeskirche. Die ergänzende Subvention für die kirchlichen Schulen bekommen diese Schulen durch die Landeskirche übermittelt.

Es ist festzustellen, dass je höher die Bildungsstufe einer Bildungsinstitution ist, desto mehr Schulen dieses Typs befinden sich in landeskirchlicher Trägerschaft. Die überwiegende Mehrheit von Kindergärten ist in der Trägerschaft der jeweiligen Gemeinde. Der Großteil der Mittelschulen befindet sich in landeskirchlicher Trägerschaft.

Von den 29 evangelisch-lutherischen Kindergärten sind 18 selbstständige Einrichtungen. Die übrigen Kindergärten sind Teil von evangelischen Bildungszentren. Von den 18 selbstständigen Kindergärten sind 4 in landeskirchlicher Trägerschaft, die weiteren 14 befinden sich in der Trägerschaft der jeweiligen örtlichen Gemeinde.

Von den 20 Grundschulen, die im Schuljahr 2019/2020 in evangelisch-lutherischer Trägerschaft sind, sind 11 solche, in denen die Grundschulausbildung die höchste erreichbare Bildungsstufe ist. Von diesen Grundschulen sind 5 Grundschulen mit Kindergärten und 3 mit Kunstschulen verbunden. 3 Grundschulen sind in landeskirchlicher Trägerschaft und 8 in der Trägerschaft von Gemeinden.

Im Schuljahr 2019/2020 befanden sich 16 Mittelschulen in evangelisch-lutherischer Trägerschaft. Die meisten von ihnen sind Bildungszentren, die mehrere Typen von Bildungseinrichtungen umfassen. 2 von 16 Mittelschulen sind in der Trägerschaft der jeweiligen örtlichen Gemeinde, die weiteren 14 Mittelschulen sind in landeskirchlicher Trägerschaft.

Es gibt insgesamt 10 Schülerheime in evangelisch-lutherischer Trägerschaft, davon sind 7 ein Teil von evangelischen Bildungszentren und 3 selbstständige Einrichtungen. Bis auf ein Schülerheim sind alle in landeskirchlicher Trägerschaft.

---

218 Die Rechte und Pflichten der kirchlichen Schulträger wurden im Abschnitt 4.1.2 (2) behandelt.

5.2.2 Geographische Verteilung, Schulgrößen und Schulstandorte

Die geographische Verteilung evangelisch-lutherischer Schulen entspricht der landesweiten Verteilung der evangelisch-lutherischen Bevölkerung in Ungarn. Die Konzentration der evangelischen Schulen in bestimmten Gebieten – wie z. B. Budapest, östlicher Teil der Umgebung von Budapest, Nord-West Ungarn, Süd-Ost Ungarn sowie einige Städte in Nord-Ost Ungarn – ist deutlich erkennbar.

Die Grundschulen befinden sich meistens in Städten, die regionale Zentren sind (42 %), und in Städten mit Komitatssitzrechten (32 %). In der Hauptstadt Budapest sind zwei evangelische Grundschulen zu finden. Nur drei evangelische Grundschulen befinden sich in Dörfern. Das kleinste Dorf, in dem eine evangelische Grundschule vorhanden ist, ist Marcaltő. Der Ort hat 727 Einwohner (Stand 01. 01. 2011).

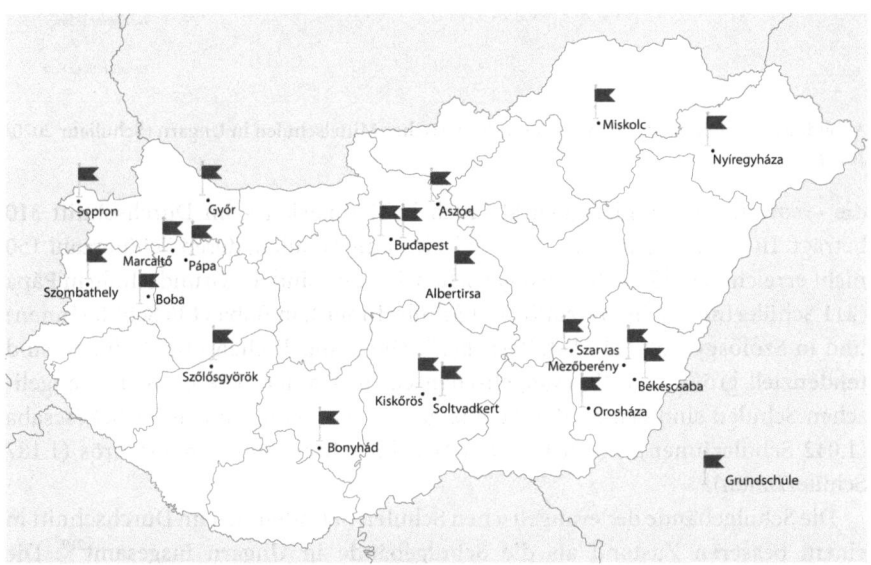

Abbildung 4: Schulstandorte evangelisch-lutherischer Grundschulen in Ungarn (Schuljahr 2020/ 2021)

Die geographische Verteilung evangelischer Mittelschulen ist großenteils identisch mit der Verteilung der evangelischen Grundschulen. Die meisten evangelischen Mittelschulen befinden sich ebenso in Städten (44 %) und in Städten mit Komitatssitzrechten (38 %). Es gibt keine einzige evangelische Mittelschule mit Sitz in einem Dorf. Mit Abstand ist Aszód die kleinste Stadt – mit 6.395 Einwohnern (Stand 01. 01. 2011) –, in der ein evangelisches Gymnasium zu finden ist.

Die Anzahl der SchülerInnen pro evangelische Schule beträgt im Durchschnitt 600. Diese Zahl liegt weit über der Anzahl der SchülerInnen pro Schule in Ungarn,

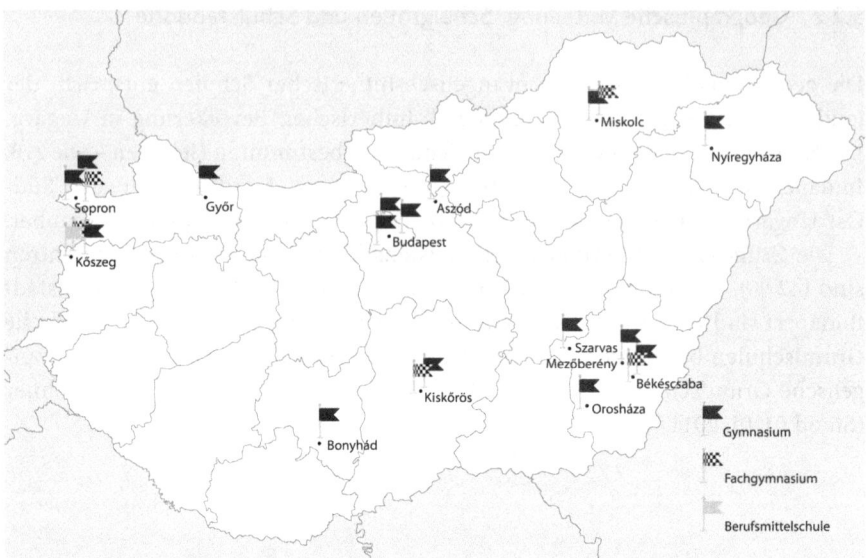

Abbildung 5: Schulstandorte evangelisch-lutherischer Mittelschulen in Ungarn (Schuljahr 2020/ 2021)

die – sowohl in Grundschulen als auch in Gymnasien – im Durchschnitt 310 beträgt. In Ungarn gelten als »Kleinschulen« die Schulen, deren Schülerzahl 150 nicht erreicht. Die kleinsten evangelischen Schulen sind die Grundschule in Pápa (211 SchülerInnen), in Marcaltő (159 SchülerInnen), in Boba (138 SchülerInnen) und in Szőlősgyörök (110 SchülerInnen). Die evangelischen Mittelschulen sind tendenziell größer als die evangelischen Grundschulen. Die größten evangelischen Schulen sind gemäß den Schülerzahlen das Schulzentrum in Békéscsaba (1.042 SchülerInnen), in Miskolc (1.081 SchülerInnen) und in Kiskőrös (1.187 SchülerInnen).

Die Schulgebäude der evangelischen Schulen befinden sich im Durchschnitt in einem besseren Zustand als die Schulgebäude in Ungarn insgesamt[219]. Die meisten Schulgebäude evangelischer Schulen sind in gutem Zustand (43 %), weitere befinden sich in durchschnittlichem Zustand (38 %) und in ausgezeichnetem Zustand (19 %). In den meisten evangelischen Schulen (72 % der evangelischen Schulen) wurden in den letzten zehn Jahren partielle Renovierungsarbeiten durchgeführt, eine Reihe von evangelischen Schulen (19 %) wurde sogar komplett erneuert. Nur in wenigen evangelischen Schulen (9 %) passierten

---

219 Der Zustand und die Ausstattung der einzelnen Schulen werden im Rahmen der landesweiten jährlichen Kompetenzmessung erfasst. Diese Zusammenfassung basiert auf den Daten und Berichten der Kompetenzmessung von 2016 (https://www.kir.hu/okmfit/kereso.a spx?t=f).

in den letzten zehn Jahren keine Bau- bzw. Renovierungsarbeiten. Die evangelischen Schulen sind teils besser ausgestattet (z. B. in Bezug auf Fremdsprachenräume, Fachunterrichtsräume, Schulbibliothek, Turnsaal), teils gleich ausgestattet (z. B. Computerraum, Förderungsräume) wie die Schulen in Ungarn insgesamt. Die innovative Weiterentwicklung evangelischer Schulen wird auch im Bereich des Zustands der Schulgebäude und der Ausstattung der Schulen initiiert und erwartet.

5.2.3 Schultypen, Schulformen und Bildungsschwerpunkte

Im schulischen Bereich, ab Primarschule bis zur Sekundarschule sind insgesamt 26 Schulen in evangelisch-lutherischer Trägerschaft. Davon sind 3 Grundschulen, 4 Gymnasien und 19 Bildungszentren, die mehrere Schultypen und Bildungsformen anbieten.

Die 19 Bildungszentren sind bezüglich ihrer Schultypen sehr vielfältig. Diese Vielfalt weist darauf hin, dass die Erweiterung der Bildungszentren je nach örtlichem Bedarf und lokalen Gegebenheiten geschah. Eine wichtige Motivation zur Erweiterung der Bildungsangebote von evangelischen Schulen resultiert aus dem Elternwunsch nach einem kontinuierlich aufbauenden Erziehungs- und Bildungsangebot von Schulen in evangelischer Trägerschaf. Insgesamt in 6 Bildungsinstituten besteht die Möglichkeit, vom Kindergarten bis zum Abitur bzw. bis zur Berufsbildung den Erziehungs- und Bildungsweg zu absolvieren.

Nicht nur die Schultypen, sondern auch die Schulformen und die Bildungsschwerpunkte der einzelnen Schulklassen sind in den evangelischen Schulen vielfältig. Die Gymnasien bieten insgesamt fünf unterschiedliche Schulformen an. Die Bildungsschwerpunkt-Angebote variieren je nach Schulen, aber die meisten Schwerpunktklassen werden im Bereich Fremdsprachen, Mathematik/ Informatik und Naturwissenschaften/Biologie angeboten. Die folgende Zusammenstellung listet die Angebote der Schulformen und Bildungsschwerpunkte der evangelisch-lutherischen Gymnasien im Schuljahr 2016/2017 auf:
- Achtklassiges Gymnasium wird in 5 evangelischen Schulen angeboten (M1, M2, M3, M6, M8). Neben allgemeinem achtklassigen gymnasialen Lehrplanprofil wird diese Schulform mit humanistischem Profil (M1), mit naturwissenschaftlichem Profil (M1) und mit Deutsch-Minderheiten-Profil (M2) betrieben.
- Sechsklassiges Gymnasium wird in 4 evangelischen Schulen angeboten (M4, M10, M14, M15). Neben allgemeinem sechsklassigen gymnasialen Lehrplanprofil wird diese Schulform mit Schwerpunkt Deutsch (M4), Mathematik (M4, M15) und Biologie (M15) gestaltet.

- Vierklassiges Gymnasium wird in 15 evangelischen Schulen angeboten. Neben allgemeinem vierklassigen gymnasialen Lehrplanprofil wird diese Schulform mit Schwerpunkt Fremdsprachen (Englisch, Deutsch, Französisch, Italienisch, Spanisch), Ungarische Sprache und Literatur, Mathematik/Informatik, Naturwissenschaften/Biologie, Geschichte, Musik, Sport, Kunst und visuelle Kultur angeboten. Diese Schulform wird auch mit zweisprachigem (Deutsch-Ungarisch) und mit Deutsch-Minderheiten Profil sowie für SchülerInnen mit Sonderbedarf betrieben.
- Fünfklassiges Gymnasium mit Fremdsprachenprofil (Deutsch oder Englisch) wird in 3 evangelischen Schulen angeboten (M2, M7, M15). Diese Schulform beginnt mit einem Vorbereitungsjahr mit verstärktem Sprachunterricht. Die weiteren vier Jahre der gymnasialen Ausbildung werden in zweisprachigem Profil geführt.
- Fünfklassiges Gymnasium im Rahmen des Begabtenförderungsprogramms »Arany János« wird in 2 Schulen angeboten (M4, M15). In dieser Schulform werden sozial benachteiligte SchülerInnen mit besonderen Begabungen in einem Vorbereitungsjahr für die gymnasiale Bildungsform vorbereitet. Nach dem Vorbereitungsjahr lernen die SchülerInnen nach dem vierklassigen gymnasialen Lehrplan weiter, wobei die individuelle Betreuung und spezielle Angebote weiterhin als Teil der Ausbildung bleiben.

Die Bildungsschwerpunkte der berufsbildenden Schulen in evangelisch-lutherischer Trägerschaft gehören zu den sozial-diakonischen Bereichen – wie Gesundheit und Bildung –, an denen die Kirchen gemäß einer langen Tradition immer aktiv teilnahmen und diese mitgestalteten (M7, M9, M11). Weitere Bildungsschwerpunkte der berufsbildenden evangelischen Schulen sind in den Bereichen der Landwirtschaft (M12, M14), der Touristik-Gastronomie (M12, M14), der Logistik (M14) und im Handel-Marketing (M14) zu finden.

Die Vielfalt der Bildungsangebote bietet einerseits viele Möglichkeiten für die Familien bzw. SchülerInnen, gewünschte Bildungsorientierungen auszuwählen. Andererseits ermöglichen die unterschiedlichen Schultypen und Schwerpunktklassen ein hohes Maß der Selektion. Die Bildungsangebote selbst haben schon eine Auswirkung auf die Zusammensetzung der Schülerschaft[220]. Die Bildungsangebote von evangelisch-lutherischen Schulen ziehen bildungsnahe, bildungsinteressierte, religiös orientierte Familien an. Besonders im Falle der acht- und sechsklassigen Gymnasien wird durch die wettbewerbsartige Auswahl von SchülerInnen eine frühe Selektion praktiziert[221].

---

220 Balázsi/Takácsné Kárász/Lak/Ostorics/Szabó/Vadász 2017, 16–24, Solymár 2017.
221 Horn 2010, Hermann/Varga 2016, 321–324.

5.2.4 SchülerInnen an den evangelisch-lutherischen Schulen

Im Schuljahr 2015/2016 besuchten 2.298 Kinder die evangelischen Kindergärten, 5.557 SchülerInnen die evangelischen Grundschulen und 7.833 SchülerInnen die evangelischen Mittelschulen. In den Kunstschulen in evangelischer Trägerschaft lernten insgesamt 953 SchülerInnen, in mittelstufigen Kunstschulen 163 SchülerInnen. In evangelischen Schülerheimen wohnten 849 SchülerInnen. Die Anzahl der SchülerInnen nach Schultypen und Schulformen zeigt die Abbildung 6.

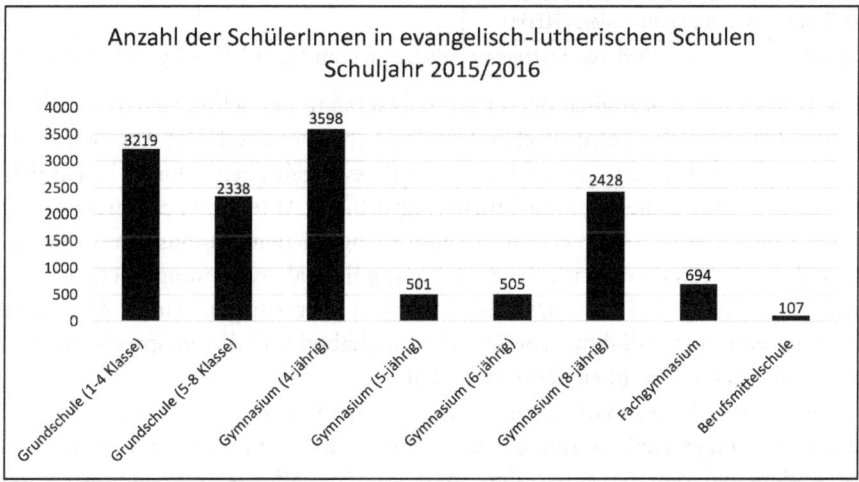

Abbildung 6: Anzahl der SchülerInnen in evangelischen Schulen nach Schultypen (Schuljahr 2015/2016)

Die Diagramme zeigen deutlich, dass – trotz der etwas höheren Anzahl evangelischer Grundschulen – die gymnasiale Ausbildung den deutlichen Schwerpunkt des evangelisch-lutherischen Schulwesens bildet. Besonders die Anzahl von SchülerInnen in der achtklassigen Gymnasialform ist anteilsmäßig hoch. Demgegenüber ist die Zahl der SchülerInnen in der Berufsbildung gering. Die Schülerzahlen weisen auch darauf hin, dass evangelische Bildungsinstitute sich kaum im Bereich der Berufsbildung betätigen. Die geringe Anzahl von SchülerInnen in den evangelischen Berufsmittelschulen ist besonders auffallend. Das evangelische Bildungswesen konzentriert sich offensichtlich auf SchülerInnen, die höhere Bildungsabschlüsse anstreben.

Die Zusammensetzung der Schülerschaft weist auf selektierende Tendenzen hin. Der Anteil von SchülerInnen mit besonderem Förderbedarf (HH-, HHH-, SNI- und BTMN-SchülerInnen) ist an evangelischen Schulen geringer als an allen Schulen insgesamt, je nach den entsprechenden Schultypen (siehe Tabelle 8).

Anteil von förderungsbedürftigen SchülerInnen	Schulen in evangelisch-lutherischer Träger-schaft	Schulen aller Schulträger insge-samt
Anteil von benachteiligten SchülerInnen an Grundschulen (HH+HHH)	3,4 %	16,6 %
Anteil von mehrfach benachteiligten SchülerInnen an Grundschulen (HHH)	1 %	9,6 %
Anteil von benachteiligten SchülerInnen an Gymnasien (HH+HHH)	3 %	3,7 %
Anteil von mehrfach benachteiligten SchülerInnen an Gymnasien (HHH)	0,8 %	1,1 %

Tabelle 8: Anteil von förderbedürftigen SchülerInnen im Vergleich (Schuljahr 2015/2016)

Die Unterschiede bezüglich der Zusammensetzung der Schülerschaft sind zwischen den einzelnen evangelischen Schulen bemerkenswert. Die Abweichungen von den Durchschnittswerten sind in einigen evangelischen Schulen beachtlich. In einem evangelischen Gymnasium beträgt z. B. der Anteil von SchülerInnen mit Benachteiligung 13,6 %, in einem weiteren evangelischen Gymnasium 7,6 %. Der Anteil von SchülerInnen mit Benachteiligung liegt aber an evangelischen Gymnasien insgesamt bei 3 %. Die abweichenden Werte liegen daran, dass diese Schulen eine starke diakonische Profilierung haben und die entsprechende Bildungsklientel in den Blick genommen haben.

Der Unterschied zwischen den Schulen insgesamt und den Schulen in evangelischer Trägerschaft bezüglich der Zusammensetzung der Schülerschaft ist besonders bei den Grundschulen markant. Die offengelegten Kriterien der Schülerauswahl an den evangelischen Grundschulen geben klare Signale, welche SchülerInnen an den evangelischen Schulen besonders willkommen sind. Von den drei wichtigsten Auswahlkriterien – Einschulungsgebiet, christliche/evangelische Konfession, Bereitschaft der Eltern, das Schulkonzept mitzutragen – begünstigen zwei Kriterien eine milieuspezifische, homogene Bildungsklientel[222]. Das Anliegen des Trägers, möglichst viele evangelische und sympathisierende SchülerInnen und Familien durch evangelische Schulen zu erreichen, schiebt das diakonische Anliegen in den Hintergrund und gibt der missionarischen Dimension evangelischer Grundschulen die Priorität.

In den höheren Schulstufen – bei denen die Schülerauswahl stark durch das Leistungskriterium bestimmt wird – werden in gleicher Weise die bildungsinteressierten, milieuspezifischen Familien bzw. SchülerInnen angezogen. Das Spannungsfeld »Offenheit für alle« und »milieuspezifische Bildungsklientel« wird bei der Zugänglichkeit evangelischer Schulen konkret und offensichtlich. In der Trägerstrategie wird dieses Spannungsfeld angesprochen und darauf hin-

---

222 Solymár 2018.

gewiesen, dass die missionarische und die diakonische Dimension bei der Auswahl der SchülerInnen ebenso wichtig sind. In der Situationsanalyse der Trägerstrategie wird zugleich selbstkritisch festgestellt, dass – da der missionarische Aspekt eine Priorität besitzt – der Zugang zu evangelischen Schulen nicht für jeden gewährleistet ist.

>»Die Zuversicht, dass die öffentlichen Erziehungs- und Bildungseinrichtungen in kirchlicher Trägerschaft für Kinder mit Benachteiligung offen sind, wurde nur bedingt erfüllt. Der traditionelle Ruf der Bildungsinstitute, die von Eltern gewünschte Sicherheit und Berechenbarkeit hat die kirchlichen Schulen rasch attraktiv gemacht. Der Überschuss der Anzahl von angemeldeten SchülerInnen ermöglicht eine wettbewerbsartige Auswahl, die den mehrheitlichen Anteil von SchülerInnen mit besserem Schicksal in kirchlichen Schulen bewirkt.«[223]

Die statistischen Daten bekräftigen diese Feststellung. Die Zusammensetzung der Schülerschaft an Schulen in evangelisch-lutherischer Trägerschaft besteht eher aus sozioökonomisch begünstigten SchülerInnen aus bildungsnahen Familien. Die Indikatoren des sozioökonomisch-familiären Hintergrundes der SchülerInnen, die im Rahmen der Nationalen Kompetenzmessungen jährlich erfasst werden und den ESCS-Index [családiháttér-index – CSH] bilden, zeigen bei den SchülerInnen an evangelischen Schulen die höchsten Werte von kirchlichen Schulen insgesamt. Im Falle evangelischer SchülerInnen haben z. B. die Eltern höhere Schulabschlüsse, in den Haushalten sind mehr Computer und Bücher zu finden als im Falle von SchülerInnen anderer konfessioneller Schulen sowie im Falle von SchülerInnen in Ungarn insgesamt[224].

Die konfessionelle Zugehörigkeit der Schülerschaft wird in den Schulstatistiken nicht erfasst. Jedoch wird die Anzahl der SchülerInnen, die am Religionsunterricht teilnehmen, gemäß der konfessionellen Verteilung festgehalten. Die Tabelle 9 bietet einen entsprechenden Überblick. Die Daten beziehen sich auf das Schuljahr 2016/2017.

Die Daten lassen erkennen, dass die SchülerInnen des evangelischen (41,4 %) und des katholischen (40,6 %) Religionsunterrichts die zwei teilnehmerstärksten Gruppen sind. Dabei übersteigt die Anzahl der SchülerInnen im evangelischen Religionsunterricht leicht die Anzahl der SchülerInnen im katholischen Religionsunterricht. 14,8 % der Schülerschaft nehmen am reformierten Religionsunterricht teil. Nur einige SchülerInnen besuchen einen Religionsunterricht, der nicht von den drei genannten christlichen Konfessionen erteilt wird. An evangelischen Schulen wird kein Religionsunterricht angeboten, der nicht von einer christlichen Konfession erteilt wird. Diese Tatsache spiegelt einerseits die aus

---

223 Magyarországi Evangélikus Egyház 2016, 25.
224 Kopp 2014, 211–213, Datenbank der Nationalen Kompetenzmessungen (https://www.kir.h u/okmfit/).

religiöser Sicht relativ homogene ungarische Gesellschaft, andererseits die Trä-
gerkonzeption bezüglich der definitiv christlichen Ausrichtung der Schule wider.

Es gibt an den evangelischen Schulen einige SchülerInnen (2 %), die keinen
Religionsunterricht besuchen. Das ist dann der Fall, wenn die Schule erst seit
kurzer Zeit in die evangelische Trägerschaft übernommen wurde und die betroffenen SchülerInnen bereits vor der Übergabe in die Schule aufgenommen
worden waren. Das ist weiterhin nur dann möglich, wenn die evangelische Schule
die einzige Schule des jeweiligen Schultyps am Ort ist. Die SchülerInnen dieser
Schulklassen bzw. dieser Schulen können statt Religionsunterricht den Ethikunterricht an evangelischen Schulen besuchen.

Schulart bzw. Schultyp	Anzahl der SchülerInnen am konfessionellen Religionsunterricht					
	Evangelisch	Katholisch	Reformiert	Sonstige	Kein RU	Insgesamt
Grundschule 1.–4. Klasse	1.757	1.189	572	49	6	3.573
Grundschule 5.–8. Klasse	991	818	243	48	146	2.246
Achtklassiges Gymnasium 5.–8. Klasse	523	590	174	1	0	1.288
Sechsklassiges Gymnasium 7.–8. Klasse	95	82	10	7	0	194
Fünfklassiges Gymnasium Vorbereitungsjahr	81	48	24	0	0	153
Gymnasium 9.–12. Klasse	1.797	2.213	849	41	87	4.987
Fachgymnasium 9.–12. Klasse	204	389	89	1	0	683
Berufsmittelschule 9.–11. Klasse	26	45	0	0	30	101
Insgesamt:	5.474	5.374	1.961	147	269	13.225

Tabelle 9: Anzahl der SchülerInnen am konfessionellen Religionsunterricht an evangelischen Schulen (Schuljahr 2016/2017)

Der Anteil der SchülerInnen, die den evangelischen Religionsunterricht besuchen, beträgt insgesamt 41,4 %. Die Verteilung ist aber in den unterschiedlichen
Schultypen nicht gleichmäßig. Während in der Grundschule (1.–8. Klasse) 49,2 %
der Schülerschaft den evangelischen Religionsunterricht besucht, beträgt dieser
Anteil in den Gymnasien (9.–12. Klasse) 36 % und in den Berufsmittelschulen
25,7 %. Diese Anteile übersteigen aber weit den Anteil der Evangelischen unter

der Bevölkerung Ungarns (2,2–3 %)[225]. Zwar ist die Anzahl der SchülerInnen, die den evangelischen Religionsunterricht besuchen, mit der Anzahl der evangelischen SchülerInnen an evangelischen Schulen nicht deckungsgleich. Es ist aber zu vermuten, dass keine sehr große Abweichung zwischen den beiden Zahlen besteht[226]. Der vergleichsmäßig große Anteil evangelischer SchülerInnen unter der Schülerschaft stimmt mit der Absicht und der Bemühung evangelischer Schulen überein, sich für die evangelischen sowie die nicht evangelischen, aber mit den Evangelischen sympathisierenden Familien als qualitätsvolle Erziehungs- und Bildungsorte mit deutlicher evangelischer Prägung zu präsentieren[227]. Der vergleichmäßig hohe Anteil von SchülerInnen, die den evangelischen Religionsunterricht besuchen, deutet darauf hin, dass die Bildungsangebote evangelischer Schulen von den evangelischen bzw. den sympathisierenden Familien wahrgenommen werden. Seitens der Schulträger werden die evangelischen Schulen auch herausgefordert, möglichst viele evangelische SchülerInnen »anzuwerben«. Unter den Indikatoren, die die Ergebnisse evangelischer Schulen messen, wird »die Anzahl der SchülerInnen, die am evangelischen Religionsunterricht teilnehmen«, aufgelistet[228].

5.2.5 Lehrende an den evangelisch-lutherischen Schulen

Im Schuljahr 2016/2017 arbeiteten an den evangelisch-lutherischen Erziehungs- und Bildungsinstituten (einschließlich der Kindergärten) insgesamt 1.386 LehrerInnen bzw. KindergärtnerInnen und weitere 246 pädagogische Mitarbeitenden. Weiterhin waren 333 Mitarbeitenden in nicht-pädagogischen Arbeitsfeldern beschäftigt.

Die Lehrenden werden als Angestellte beschäftigt. Ihr Arbeitgeber ist der Direktor/die Direktorin der Schule. Die Besoldung erfolgt – gleich wie an staatlichen Schulen – nach dem fünfstufigen »Berufslaufbahn-Modell«[229]. Die Gehälter und die weiteren Sonderleistungen werden für die Lehrpersonen und für die weiteren Angestellten der Schule vom Staat bezahlt. Die staatlichen Be-

---

225 Vgl. Kapitel 4.2.1.
226 Diese Annahme beruht auf der konfessionellen Verteilung der ungarischen Bevölkerung, auf den Kriterien der Schülerauswahl an evangelisch-lutherischen Schulen, auf der Gesamtstruktur und den Angeboten des ungarischen Bildungssystems sowie auf der Eingebundenheit dieser Schulen in das Leben der Evangelisch-Lutherischen Kirche in Ungarn und deren Ortsgemeinden. Diese hypothetische Annahme gilt nur für den evangelischen Religionsunterricht *an evangelischen Schulen!*
227 Magyarországi Evangélikus Egyház 2008, 22, Rozs-Nagy 2014, 74–76, Magyarországi Evangélikus Egyház 2016, 8, 19–20, 34–39. Vgl. Kapitel 12.
228 Magyarországi Evangélikus Egyház 2016, 34.
229 Siehe Kapitel 4.1.2.

hörden stellen die Anzahl der Lehrerstellen an der jeweiligen Schule – unter Berücksichtigung von Schultyp, Schulprofil, Aufgaben, Schülerzahlen, Zusammensetzung der Schülerschaft usw. – fest. Die Stellenausschreibungen sollen öffentlich erfolgen. Neben den fachlichen, pädagogischen und persönlichen Kompetenzen wird von den Lehrpersonen eine engagierte christliche Einstellung als Voraussetzung bei der Besetzung der Stellen erwartet. Bei gleichen Voraussetzungen sollen die evangelischen KandidatInnen bevorzugt werden. Die Entscheidung über die Anstellung obliegt dem Direktor/der Direktorin der Schule. Der Schulleitungsrat hat dabei ein Begutachtungsrecht. Falls die unbefristete Anstellung eines Lehrers/einer Lehrerin erfolgt, wird ein Amtseid – meistens im Rahmen des Gottesdienstes zur Eröffnung des Schuljahres – abgelegt.

Den Lehrenden an evangelischen Schulen kommt eine Reihe von Ansprüchen und Erwartungen entgegen. Die strategischen Dokumente schreiben ihnen sowohl im Bereich der Qualität der fachlich-pädagogischen Arbeit, des ethischen Verhaltens, als auch bei der Vertretung, Unterstützung, Umsetzung und Weiterentwicklung des evangelischen Profils eine bedeutende Rolle zu[230]. Daher sind die evangelischen Schulen bemüht, möglichst viele evangelische bzw. protestantische Lehrpersonen im Kollegium zu haben.

Der Anteil der Beschäftigten mit evangelisch-lutherischer Konfessionszugehörigkeit an evangelisch-lutherischen Erziehungs- und Bildungseinrichtungen beträgt insgesamt 39 %. Bei den PädagogInnen sind es 40 %. Damit bilden die Evangelischen die größte Gruppe, der aber die Gruppe der katholischen PädagogInnen mit 36 % dicht folgt. Unter der Gruppe »Sonstige« befinden sich weitere PädagogInnen aus christlichen Konfessionen, deren Anteil 5 % beträgt. Insgesamt ordnen sich mehr als 90 % der PädagogInnen an evangelisch-lutherischen Erziehungs-und Bildungseinrichtungen einer christlichen Orientierung bzw. Überzeugung zu. Mit einem Anteil von 54 % sind dabei die Protestanten (40 % Evangelisch-Lutherisch, 14 % Reformiert) die größte Gruppe.

---

230 Oktatási Osztály 2001, 19, Gesetz VIII der Evang.-Lutherischen Kirche in Ungarn von 2005, § 22–24, 63–66, Magyarországi Evangélikus Egyház 2008, 22–23, Rozs-Nagy 2014, 68–73, Magyarországi Evangélikus Egyház 2016, 38.

Konfessionszugehörigkeit der Beschäftigten an evangelischen Schulen					
	Evangelisch	Katholisch	Reformiert	Sonstige	Keine Angabe	Insgesamt
LehrerInnen, KindergärtnerInnen	537	499	207	61	82	1.386
Sonstige pädagogische Mitarbeitenden	107	90	29	16	4	246
Weitere Mitarbeitenden	125	140	40	22	6	333
Insgesamt	769	729	276	99	92	1.965

Tabelle 10: Konfessionszugehörigkeit der Beschäftigten an evangelisch-lutherischen Schulen (Schuljahr 2016/2017)

Das sind Durchschnittswerte. Je nach Einzelschule und Schultyp ist der Anteil von evangelischen PädagogInnen sehr unterschiedlich. Im Kindergarten sind z. B. fast 60 % der ErzieherInnen evangelisch. Es gibt sogar Kindergärten, in denen ausschließlich evangelische Kindergärtnerinnen arbeiten. Demgegenüber beträgt in Mittelschulen der durchschnittliche Anteil an evangelischen PädagogInnen 26,7 %.

Garant eines evangelischen Profils sind nicht ausschließlich die Lehrenden, die in den Schulen arbeiten. Neben der personellen Ausstattung spielt eine Reihe von weiteren Faktoren (wie z. B. organisatorische, strukturelle, inhaltlich-konzeptionelle Aspekte) bei der Profilierung evangelischer Schulen bzw. bei der Umsetzung und Weiterentwicklung des evangelischen Profils eine Rolle. Allerdings ist die persönlich-personelle Verankerung und Vertretung des evangelischen Profils durch die Lehrenden unabdingbar. Ohne ihr Engagement und ihre Professionalität lässt sich keine gute Schule mit einem evangelischen Profil machen. Gemessen am Bevölkerungsanteil der Evangelischen in Ungarn ist der Anteil evangelischer Lehrenden an den evangelischen Schulen beachtlich. Doch taucht die grundsätzliche Frage auf, welche Möglichkeiten bestehen, mit einer – wie das in vielen evangelischen Schulen Ungarns der Fall ist – mehrheitlich katholischen bzw. nicht evangelischen Lehrerschaft das evangelische Profil umzusetzen.

Das Kirchengesetz schreibt die Verantwortung für »eine Erziehung und Bildung im christlichen Geist« an den evangelischen Schulen – neben dem Schul-

pfarrer/der Schulpfarrerin – dem Direktor/der Direktorin zu[231]. Die DirektorInnen an evangelischen Schulen sind evangelisch. Das Anforderungsprofil der
DirektorInnen klärt die konfessionell-religiösen Voraussetzungen seitens der
evangelischen Kirche folgendermaßen:

> »Direktor/Direktorin eines öffentlichen Erziehungs- und Bildungsinstituts kann sein,
> wer (a) ein Pädagoge mit evangelischer Konfession und konfirmiert ist, seit mindestens
> fünf Jahren in einer evangelischen Gemeinde tätig und ein treues Mitglied der evan-
> gelischen Kirche ist, (b) über die nötigen Qualifikationsvoraussetzungen gemäß den
> staatlichen Gesetzen verfügt, (c) über eine mindestens fünfjährige praktisch-fachliche
> Berufserfahrung in einer Stelle als Lehrer verfügt – bestimmte staatliche Rechtsvor-
> schriften regeln die Ausnahmen.«[232]

Die evangelisch-lutherische Kofession gilt als Voraussetzung für die Ernennung
zum Direktor/zur Direktorin einer evangelischen Schule. Das Strategiedokument
von 2016 wirft vorsichtig die Frage auf, ob – neben anderen wichtigen Kompetenzen, Voraussetzungen und Auswahlkriterien – die konfessionelle Zugehörigkeit als entscheidendes Kriterium erhalten bleiben soll[233].

> »Letztendlich stellt sich die schwerste Frage, inwieweit ermöglicht das Kriterium der
> evangelischen Religionszugehörigkeit die Berücksichtigung weiterer Voraussetzungen
> und Aspekte, und gäbe es realistische Alternativen zur gegenwärtigen Regelung.«[234]

5.3   Leistungsfähigkeit evangelisch-lutherischer Schulen im Spiegel der »Nationalen Kompetenzmessung« von 2016

Die landesweiten Kompetenzmessungen [Országos Kompetenciamérés – OKM]
erheben seit 2001 jährlich die Leistungen von allen SchülerInnen in den Jahrgangsstufen 6, 8 und 10 im Blick auf die Mathematik und das Leseverständnis.
Seit dem Jahre 2004 sind die gewonnenen Daten miteinander vergleichbar. Seit
2006 werden im Rahmen der Messungen weitere Daten und Hintergrundfaktoren
sowohl von den Schulen als auch von den SchülerInnen erhoben. Seit 2008 sind
die Messwerte kompetenzabhängig und jahrgangsunabhängig. Ab diesem Jahr
ist es auch möglich, dass – mithilfe eines Identifizierungskodes – die Ergebnisse
und die Entwicklung der einzelnen SchülerInnen über die Jahre hinweg verfolgt
werden können. Die Datenbank ist öffentlich. Die Leistungen der einzelnen
SchülerInnen, der Schulen und der unterschiedlichen Schulformen innerhalb ei-

---

231 Gesetz VIII der Evang.-Lutherischen Kirche in Ungarn von 2005, § 60 Absatz 3, § 64 Absatz 2.
232 Ebd., § 60 Absatz 1.
233 Magyarországi Evangélikus Egyház 2016, 28.
234 Ebd., 28.

ner Schule (wie z.B. acht- und vierklassiges Gymnasium) sind abrufbar (https://www.kir.hu/okmfit/).

Die Skalierung der Schülerergebnisse richtet sich nach dem landesweiten Mittelwert von SchülerInnen im 6. Jahrgang von 2008. Der Mittelwert wurde im Jahre 2008 sowohl beim Leseverständnis als auch bei Mathematik auf M = 1.500 festgelegt. Die Standardabweichung wurde auf SD = 200 festgelegt. Das bedeutet, dass im Bereich zwischen 1.300 und 1.700 Punkten 95 % aller SchülerInnen im 6. Jahrgang von 2008 lagen. Die erreichten Punktwerte wurden in Kompetenzstufen übertragen. Diese sind in sieben Stufen unterteilt. Die Ergebnisse der Kompetenzmessungen der nachfolgenden Jahre werden der im Jahr 2008 festgelegten Skalierung zugeordnet. Die Vergleichbarkeit zwischen den Testaufgaben der unterschiedlichen Jahre ermöglicht der sog.»Core-Test«. Dieser wird jährlich in einer landesweiten repräsentativen Stichprobe erstellt.

In diesem Kapitel wird die Leistungsfähigkeit evangelisch-lutherischer Schulen mithilfe der Ergebnisse der»Nationalen Kompetenzmessung« von 2016 dargelegt. Dabei wird bei weitem nicht die volle Reichweite der Möglichkeiten der Datenbank ausgeschöpft. Die Darstellung konzentriert sich vielmehr auf die Präsentation der Mittelwerte (1) für Mathematik und (2) für das Leseverständnis. Zuletzt (3) wird über den Index des pädagogisch eingebrachten Mehrwerts der evangelischen Schulen berichtet, der den Einfluss der Schule auf die Schülerleistungen sichtbar macht.

5.3.1 Leistungsfähigkeit evangelisch-lutherischer Schulen – Mathematik

Die Tabelle 11 listet die Mittelwerte der mathematischen Kompetenz im Jahr 2016 nach Jahrgängen auf. Diese Daten zeigen, dass die Durchschnittsleistung evangelischer Schulen in allen drei Jahrgängen höher war als die Durchschnittleistung aller Schulen in Ungarn. Mit den höheren Jahrgängen steigt der Leistungsunterschied zwischen den Schulen insgesamt und den evangelischen Schulen markant. Die Durchschnittsleistung der SchülerInnen an evangelischen Schulen in Mathematik ist im 8. Jahrgang höher als die Durchschnittsleistung aller SchülerInnen in Mathematik im 10. Jahrgang.

Mathematik	6. Jahrgang	8. Jahrgang	10. Jahrgang
Mittelwert aller Schulen	1.468	1.597	1.641
Mittelwert evangelisch-lutherischer Schulen	1.535	1.650	1.719

Tabelle 11: Mittelwerte für Mathematik bei der landesweiten Kompetenzmessung von 2016

Die Abbildung 7 zeigt die Ergebnisse der Kompetenzmessung von 2016 in Mathematik je nach einzelnen evangelischen Schulen. Unter den Schultypen innerhalb einer Schule wird hier nicht unterschieden.

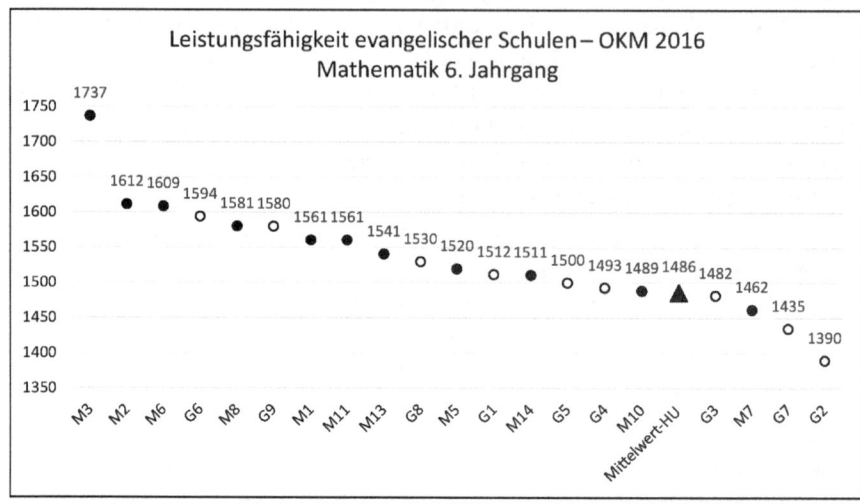

Abbildung 7: Mittelwerte evangelischer Schulen in Mathematik im 6. Jahrgang. Eigene Darstellung der Ergebnisse der landesweiten Kompetenzmessungen von 2016. (Die Kennzeichnung erfolgt nach den Schultypen: ● – Mittelschule, ○ – Grundschule. Das schwarze Dreieck zeigt den landesweiten Mittelwert an.)

Die Ergebnisse der Kompetenzmessung von 2016 in der Mathematik je nach einzelnen evangelischen Schulen zeigen, dass bis auf vier Schulen (G3, M7, G7, G2) die SchülerInnen im 6. Jahrgang in Mathematik besser abschneiden als in allen Schulen in Ungarn insgesamt. Eine Grundschule hat im Vergleich ein schlechteres Ergebnis (G2), und ein achtklassiges Gymnasium ein weitaus besseres Ergebnis (M3) als die anderen evangelischen Schulen. Im Falle des 6. Jahrgangs kann man die Ergebnisse evangelischer Grundschulen und evangelischer achtklassiger Gymnasien vergleichen. Der Mittelwert liegt bei den evangelischen Grundschulen bei 1.502 Punkten, bei den achtklassigen Gymnasien bei 1.562 Punkten. Erwartungsgemäß schneiden die achtklassigen Gymnasien besser ab als die Grundschulen. Mehrere evangelische Grundschulen (G6, G9, G8) können aber sehr gute Durchschnittswerte für Mathematik im 6. Jahrgang vorweisen.

Im 8. Jahrgang weisen die acht- und sechsklassigen Gymnasien weiterhin bessere Ergebnisse in Mathematik auf (Mittelwert 1.667) als die Grundschulen insgesamt (Mittelwert 1.627). Die Leistungsunterschiede zwischen den beiden Schultypen verringern sich aber etwas. Das Ergebnis einer evangelischen Grundschule bleibt weiterhin weit unter dem Durchschnittswert der landesweiten Ergebnisse. Einer Reihe von evangelischen Schulen gelingt es, besonders hohe Mittelwerte im Fach Mathematik in diesem Jahrgang zu erreichen (M3, M4, M2, M6).

Im 10. Jahrgang liegt der Mittelwert evangelischer Schulen für Mathematik (1.719) weit über dem Mittelwert ungarischer Schulen insgesamt (1.641). Dies ist verständlich, wenn man bedenkt, dass bei den evangelischen Mittelschulen die überwiegende Mehrzahl zur gymnasialen Schulform gehört. Zwei evangelische Gymnasien (M5, M10) erreichen den landesweiten Mittelwert ganz knapp nicht. Zwei Mittelschulen des Typs Berufsbildung (M11, M12) weisen niedrigere Werte aus als die Gymnasien und der landesweite Mittelwert. Ein evangelisches Gymnasium (M3) – das als eines der leistungsfähigsten Gymnasien in Ungarn gilt – schneidet mit einem weitaus höheren Mittelwert (1.945) ab als die übrigen evangelischen Mittelschulen.

5.3.2 Leistungsfähigkeit evangelisch-lutherischer Schulen – Leseverständnis

Die Tabelle 12 listet die Mittelwerte für das Leseverständnis im Jahr 2016 nach Jahrgängen auf.

Leseverständnis	6. Jahrgang	8. Jahrgang	10. Jahrgang
Mittelwert aller Schulen	1.494	1.568	1.610
Mittelwert evangelisch-lutherischer Schulen	1.567	1.633	1.713

Tabelle 12: Mittelwerte für das Leseverständnis der landesweiten Kompetenzmessung von 2016

Diese Daten zeigen, dass die Durchschnittsleistung evangelischer Schulen in allen drei Jahrgängen bedeutend höher war als die Durchschnittleistung der Schulen insgesamt in Ungarn. Der Unterschied der Mittelwerte ist besonders im 6. Jahrgang bemerkenswert. Das Leseverständnis von SchülerInnen an evangelischen Schulen im 6. Jahrgang ist durchschnittlich gleich wie das Leseverständnis von SchülerInnen insgesamt im 8. Jahrgang. Im Jahrgang 10 sind die Leistungsunterschiede beim Leseverständnis zwischen den SchülerInnen an evangelischen Schulen und den SchülerInnen insgesamt besonders hoch. Dabei spielt die Struktur des evangelischen Mittelschulwesens, das in starkem Maße aus Gymnasien besteht, eine wesentliche Rolle.

Die Abbildung 8 zeigt die Mittelwerte, die Werte der 25 % und der 75 % der Leistungsverteilung sowie die minimalen und maximalen Werte der Schülerleistungen im Leseverständnis im 6. Jahrgang an den einzelnen evangelischen Schulen. Die Abbildung zeigt, dass bis auf drei Schulen alle evangelischen Schulen die landesweiten Durchschnittswerte erreichen. Die achtklassigen

Gymnasien befinden sich in der Vorreiterposition, aber mehrere Grundschulen erzielen bessere Ergebnisse als die weiteren achtklassigen Gymnasien. Die maximalen und minimalen Schülerleistungen zeigen größere Schwankungen. Demgegenüber ist die Differenz zwischen den Werten der 25 % und der 75 % relativ gering. Besonders groß sind die Unterschiede zwischen den maximalen und minimalen Werten im Falle mehrerer Grundschulen (z.B. G6, G3, G4, G2).

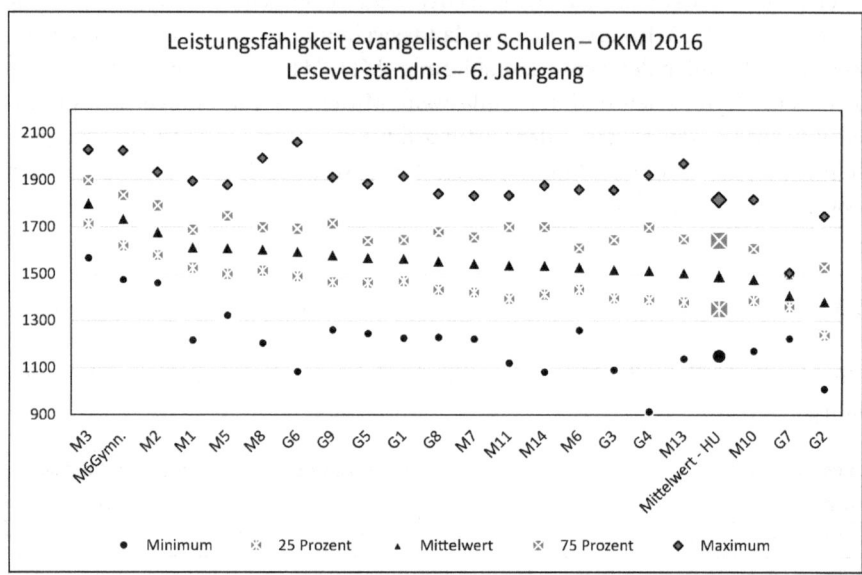

Abbildung 8: Mittelwerte und die Wertebreite evangelischer Schulen für das Leistungsverständnis im 6. Jahrgang. Eigene Darstellung der Ergebnisse der landesweiten Kompetenzmessungen von 2016. In einer Schule ist der 6. Jahrgang in zwei Schulformen zu finden, in diesem Fall werden die Werte getrennt voneinander vorgestellt (M6Gymn. – Schulform achtklassiges Gymnasium, M6 – Schulform Grundschule).

5.3.3 Leistungsfähigkeit evangelisch-lutherischer Schulen – Pädagogischer Mehrwert der Schule

Die bisher vorgestellten Ergebnisse der Kompetenzmessungen von 2016 erfassten die Leistungen der SchülerInnen in Mathematik und im Leseverständnis, ohne aber weitere, schulische und außerschulische Rahmenbedingungen – sozioökonomisch-kulturelle Hintergründe, Bedingungen des Unterrichts usw. – zu berücksichtigen. Mithilfe der Kontextfragebögen ist es möglich, die Leistungsergebnisse und den ESCS-Index [családiháttér-index – CSH] für den sozioökonomisch-kulturellen Status miteinander in Verbindung zu setzen und die Zusammenhänge zwischen beiden zu analysieren. Diese Fragestellung ist besonders wichtig, da in mehreren Analysen für Ungarn ein starker Zusammenhang zwischen Schülerleistungen und sozioökonomischem Hintergrund festgestellt wurde[235]. Ebenso werden weitere Indexe für die Zusammensetzung der Schülerschaft an den jeweiligen Schulen gebildet und mit den Leistungsergebnissen in Verbindung gesetzt.

Die landesweiten Kompetenzmessungen fragen nach Schulen, denen es gelingt, bessere Ergebnisse zu erzielen als der sozioökonomisch-kulturelle Status ihrer SchülerInnen erwarten ließe. Ebenso werden auch solche Schulen erfasst, die schlechtere Leistungsergebnisse vorweisen als die Zusammensetzung ihrer Schülerschaft erwarten ließe. Der pädagogische Mehrwert einer Schule informiert darüber, inwieweit die Leistungsergebnisse der SchülerInnen der pädagogischen Arbeit der Schule oder dem sozioökonomisch-kulturellen Hintergrund der SchülerInnen zu verdanken sind[236].

Die Tabellen 13 und 14 basieren auf der Analyse der landesweiten Kompetenzmessung von 2016. Sie stellen die Ergebnisse der linearen Regressionsanalyse zur Erfassung des pädagogischen Mehrwerts der Schulen dar[237]. Sie vergleichen die faktischen Ergebnisse der Schülerleistungen an evangelischen Schulen mit den zu erwartenden Werten und ordnen die Schulen bzw. Schulformen innerhalb der Schulen danach ein, ob sie bessere, schwächere oder gleiche Ergebnisse erreichen als von ihnen – anhand der Zusammensetzung ihrer Schülerschaft – zu erwarten wären.

Es ist festzustellen, dass die meisten evangelischen Schulen bei den Schülerleistungen in Mathematik die Ergebnisse aufweisen, die von ihnen aufgrund ihrer Schülerschaft zu erwarten sind. Zwischen den unterschiedlichen Schultypen kann man keinen bedeutenden Unterschied feststellen, bis auf die sechsklassigen Gymnasien – die ein besseres Ergebnis liefern – und die Berufsbildung – die ein schlechteres Ergebnis liefert als die zu erwartenden Werte. Die achtklassigen Gymnasien schneiden in ihrem 8. Jahrgang schlechter ab als es von ihnen erwartet wird. Es gibt eine Reihe evangelischer Schulen bzw. Bildungsangebote, deren pädagogischer Mehrwert positiv ist, und ähnlich viele, die schlechter abschneiden. Einige evangelische Schulen weisen in unterschiedlichen Bildungs-

---

235 OECD 2016, 239, 247, Balázsi/Takácsné Kárász/Lak/Ostorics/Szabó/Vadász 2017, 34–40.

236 Die Komplexität der Faktoren, die die Leistungsergebnisse der SchülerInnen beeinflussen und sich auf sie auswirken, werden selbstverständlich nicht mit diesen zwei Faktoren allein erschlossen werden können.

237 Der landesweite Durchschnitt (= 100,00) für den pädagogischen Mehrwert der Schule bezeichnet die durchschnittliche Wirkung der Schule auf die eingebrachten Schülerleistungen. Die positive Abweichung vom landesweiten Durchschnitt bedeutet eine positive Wirkung der Schule auf die eingebrachten Schülerleistungen, unabhängig vom familiären Hintergrund. Die negative Abweichung vom Durchschnitt weist auf die schwächere Wirkung der Schule auf die eingebrachten Schülerleistungen hin. Datenbank der Kompetenzmessungen: https://www.kir.hu/okmfit/.

formen schlechtere Ergebnisse (G2, G3, M1, M7, M11) auf, während andere
Schulen in unterschiedlichen Bildungsformen bessere Ergebnisse (G6, M4) erzielen als zu erwarten wäre.

	Signifikant schwäche-res Ergebnis in Mathematik	Signifikant kein Unterschied zu den zu erwartenden Werten	Signifikant besseres Ergebnis in Mathematik
6. Jahrgang – Grundschule	G2, G3	G1, G4, G5, G8, M6, M10, M14	G6, G9, M11
6. Jahrgang – achtklassiges Gymnasium	M1, M7	M2, M5, M8	M3, M6
8. Jahrgang – Grundschule	G2, G3	G1, G5, G8, G9, M14	G6
8. Jahrgang – achtklassiges Gymnasium	M1, M7	M2, M3, M5, M6, M8	
8. Jahrgang – sechsklassiges Gymnasium		M10, M14	M4
10. Jahrgang – vierklassiges Gymnasium	M5, M11	M2, M3, M6, M7, M9, M10, M14, M16	M4, M15
10. Jahrgang – achtklassiges Gymnasium		M2, M3, M5, M6, M7, M8, M16	
10. Jahrgang – sechsklassiges Gymnasium		M10, M14	M4
10. Jahrgang –Fachgymnasium	M11, M14	M7, M9, M12	
10. Jahrgang –Berufsmittelschule	M12		

Tabelle 13: Vergleich von faktischen Ergebnissen der Schülerleistungen für Mathematik an
evangelischen Schulen mit den aufgrund des sozioökonomischen Status der Schülerschaft
zu erwartenden Werten. Eigene Darstellung der Ergebnisse der landesweiten Kompetenzmessung von 2016.

Beim Leseverständnis weisen die meisten evangelischen Schulen bzw. Schulformen die Ergebnisse auf, die von ihnen aufgrund ihrer Schülerschaft zu erwarten
sind. Gegenüber der Mathematik fällt aber der von den evangelischen Schulen
eingebrachte Mehrwert beim Leseverständnis eindeutig positiv aus. Eine Reihe
evangelischer Schulen hat in unterschiedlichen Bildungsformen bessere Leistungen aufzuweisen als es von ihrer Schülerschaft her zu erwarten wäre (G9, M2,

M4, M6, M10). Es gibt nur eine evangelische Schule (M11), die in zwei ihrer Bildungsformen schlechtere Ergebnisse liefert als die aufgrund der Zusammensetzung der Schülerschaft zu erwartenden Werte. Beim Leseverständnis ist der von den evangelischen Schulen eingebrachte pädagogische Mehrwert eindeutig positiv.

	Signifikant schwächeres Ergebnis für das Leseverständnis	Signifikant kein Unterschied zu den zu erwartenden Werten	Signifikant besseres Ergebnis für das Leseverständnis
6. Jahrgang – Grundschule	G2, G3	G4, G5, G6, G8, M6, M10, M11, M14	G1, G9
6. Jahrgang – achtklassiges Gymnasium		M1, M7, M8	M2, M3, M5, M6
8. Jahrgang – Grundschule		G1, G2, G3, G5, G6, G8, M14	G9
8. Jahrgang – achtklassiges Gymnasium	M7	M1, M3, M5, M8	M2, M6
8. Jahrgang – sechsklassiges Gymnasium		M4, M14	M10
10. Jahrgang – vierklassiges Gymnasium	M11	M3, M5, M7, M9, M10, M14, M16	M2, M4, M6, M15
10. Jahrgang – achtklassiges Gymnasium		M2, M3, M5, M6, M7, M8, M16	
10. Jahrgang – sechsklassiges Gymnasium		M14	M4, M10
10. Jahrgang – Fachgymnasium	M11	M7, M9, M12, M14	
10. Jahrgang – Berufsmittelschule		M12	

Tabelle 14: Vergleich von faktischen Ergebnissen der Schülerleistungen für das Leseverständnis an evangelischen Schulen mit den aufgrund des sozioökonomischen Status der Schülerschaft zu erwartenden Werten. Eigene Darstellung der Ergebnisse der landesweiten Kompetenzmessung von 2016.

Das Strategiedokument der Evangelisch-Lutherischen Kirche in Ungarn von 2016 erteilt den Auftrag, dass die Ergebnisse der evangelischen Schulen bei den jährlichen landesweiten Kompetenzmessungen im Lichte des sozioökonomisch-kulturellen Hintergrunds der SchülerInnen zu analysieren sind. Dabei ist den Verfassern bewusst, dass die günstige Zusammensetzung der Schülerschaft auch ein Grund für die guten Ergebnisse evangelischer Schulen bei den Kompetenzmessungen ist. Das Strategiedokument weist auf die Bequemlichkeit und die Unehrlichkeit als die beiden möglichen Gefahren hin, die die evangelischen Schulen dabei hindern könnten, mit den Ergebnissen der landesweiten Kompetenzmessung professionell umzugehen.

> »Wir rechnen auch damit, dass die Schulen in evangelisch-lutherischer Trägerschaft mehrheitlich von bildungsnahen Familien aus der Mittelschicht gewählt werden, welches nicht nur fachliche Erwartungen mit sich bringt, sondern auch eine Bequemlichkeit bewirken kann. (…) Der Träger möchte eindeutig klarmachen, dass er nicht die schlechten Ergebnisse als Misserfolg betrachtet – da das Erkennen des Mangels den Weg für positive Veränderungen eröffnet –, sondern das [Verhalten], dass ein Bildungsinstitut unfähig dazu ist, sich einen verzerrungsfreien Spiegel vorhalten zu lassen.«[238]

Der Träger verspricht besondere Aufmerksamkeit und konzentrierte Ressourcen für jene evangelischen Schulen, in denen der pädagogische Mehrwert der Schule negativ ausfällt und an denen SchülerInnen schwächere Leistungen erzielen als ihr sozioökonomischer Status erwarten ließe. Die Maßnahmen konzentrieren sich auf die Qualitätsentwicklung und Effizienzsteigerung der pädagogisch-didaktischen Arbeit in der jeweiligen evangelischen Schule.

Zusammenfassend ist festzustellen, dass bei den landesweiten Kompetenzmessungen im Jahre 2016 die evangelischen Schulen sowohl in Mathematik als auch beim Leseverständnis bessere Durchschnittsleistungen aufzuweisen hatten als die Durchschnittsleistungen aller Schulen in Ungarn. Diese Feststellung gilt auch für die SchülerInnen im 6., im 8. sowie im 10. Jahrgang. Die Mittelwerte der einzelnen evangelischen Schulen sind sowohl für Mathematik als auch für das Leseverständnis – bis auf einige Schulen – bedeutend höher als der entsprechende landesweite Mittelwert. Die entsprechenden Werte sind für das Leseverständnis besser als für die Mathematik. Zwar ist die Leistungsfähigkeit evangelischer Schulen beim Leseverständnis höher als bei der Mathematik, aber in beiden Bereichen liegen die Mittelwerte der evangelischen Schulen weit über den Durchschnittswerten der Schulen in Ungarn insgesamt.

Einige evangelischen Schulen liefern besonders gute Leistungen und gelten als Vorreiter nicht nur des evangelischen, sondern auch des ungarischen Schulwesens. Einige weitere Schulen schneiden aber schlechter ab als die landesweiten Mittelwerte der jeweiligen Schülerleistungen. Unter diesen Schulen sind die Schulen mit berufsbildenden Schulformen zu finden.

Die hohe Leistungsfähigkeit evangelischer Schulen hängt einerseits mit der Zusammensetzung ihrer Schülerschaft und andererseits mit der pädagogischen Arbeit der Schulen zusammen. Die Indexe für sozioökonomisch-kulturelle Hintergründe von SchülerInnen an evangelischen Schulen sind durchschnittlich

---

238 Magyarországi Evangélikus Egyház 2016, 26.

positiver als die Durchschnittwerte dieser Indexe für Ungarn insgesamt. Die Zusammensetzung der Schülerschaft an Schulen in evangelisch-lutherischer Trägerschaft besteht eher aus sozioökonomisch begünstigten SchülerInnen aus bildungsnahen Familien. Von diesen Familien ist es zu erwarten, dass sie ihre Kinder in ihren Bildungswegen unterstützen.

Die Analysen zum pädagogischen Mehrwert von evangelischen Schulen zeigen aber deutlich, dass die evangelischen Schulen in ihrer überwiegenden Mehrheit mit ihrer pädagogischen Arbeit zum Leistungserfolg ihrer SchülerInnen positiv beitragen. Die SchülerInnen liefern im überwiegenden Durchschnitt in Mathematik und im Leseverständnis die Leistungen, die von ihnen zu erwarten sind. Eine Reihe von evangelischen Schulen hat in mehreren Bildungsformen bessere Leistungen aufzuweisen als es von der Schülerschaft her zu erwarten wäre.

Das Strategiedokument von 2016 betont ausdrücklich die Leistungsfähigkeit evangelischer Schulen. Mithilfe der Analyse der Ergebnisse evangelischer Schulen bei den landesweiten Kompetenzmessungen soll die Leistungsfähigkeit der einzelnen evangelischen Schulen bzw. Bildungsformen erfasst werden. Die Ergebnisse dieser Analysen sollen Qualitätsprozesse an den evangelischen Schulen initiieren und deren Durchführung unterstützen.

Teil III:
Selbstverständnis und Profil Evangelisch-Lutherischer
Schulen in Ungarn – Ergebnisse der Analyse der
Schulprogramme

6. Zusammenschau der ermittelten Kategorien

In diesem Kapitel wird eine verdichtete Zusammenschau der Kategorien und ihrer Strukturzusammenhänge, die aus dem Kodierverfahren der Grounded Theory gewonnen wurden, dargestellt. Die aus den Texten der Schulprogramme ermittelten Kategorien werden benannt und mittels des Kodierparadigmas hinsichtlich ihrer Zusammenhänge in Beziehung gesetzt[239].

Im Mittelpunkt steht das Phänomen »Selbstverständnis evangelisch-lutherischer Schulen in Ungarn«. Es wird gefragt: Wie definieren die Schulen in evangelisch-lutherischer Trägerschaft in Ungarn ihr eigenes Selbstverständnis? Während des Prozesses der Kategorienbildung wurden ständig Fragen gestellt, Vergleiche herangezogen und die Daten untereinander in Relation gesetzt. Die Verwendung des Kodierparadigmas hat die Fragestellungen weiter nach Bedingungen, Kontexten, Handlungen und Konsequenzen spezifiziert.

Bei der Analyse des Phänomens »Selbstverständnis« wurden aus den programmatischen Texten der Schulprogramme mittels des Verfahrens der Grounded Theory folgende neun Kategorien herausgearbeitet:

- Das Selbstverständnis evangelischer Schulen hängt vom zugrundeliegenden MENSCHENBILD ab.
- Das Selbstverständnis evangelischer Schulen hängt von den ERWARTUNGEN der Schulträger, der Eltern, der Gesellschaft usw. gegenüber den Schulen ab.
- Das Selbstverständnis evangelischer Schulen hängt von den TRADITIONEN der evangelischen Schulen ab.
- Der gesellschaftlich-bildungspolitische BILDUNGSKONTEXT wirkt auf das Selbstverständnis sowie auf das Erziehungs- und Bildungsverständnis und das Profil der evangelischen Schulen ein.
- Das Selbstverständnis evangelischer Schulen ist durch die AKTEURE der Schule (Schulleitung, LehrerInnen, SchülerInnen, Eltern) bedingt.
- Das Selbstverständnis evangelischer Schulen wird im ERZIEHUNGS- und BILDUNGSVERSTÄNDNIS entfaltet und

---

239 Zum methodischen Vorgehen mittels der Grounded Theory siehe im Kapitel I.

- als PROFIL der Schule thematisiert und praktisch umgesetzt.
- Das Selbstverständnis evangelischer Schulen hat Konsequenzen für die ZIELVORSTELLUNGEN dieser Schulen.
- Das Selbstverständnis evangelischer Schulen hat Konsequenzen für die ROLLE und BEDEUTUNG dieser Schulen im bildungspolitischen und kirchenpolitischen Diskurs in Ungarn.

Das von den Schulen in evangelischer Trägerschaft *vorausgesetzte Menschenbild,* die *Traditionen* von und die *Erwartungen* an diese Schulen stellen sich – gemäß der Methodik der Grounded Theory – als *Ursachen* des Phänomens »Selbstverständnis evangelisch-lutherischer Schulen in Ungarn« heraus.

Die *gesellschaftlich-bildungspolitischen Bildungskontexte* gelten als *intervenierende Bedingungen,* die als breite, strukturelle Bedingungen sowohl die Strategien und Handlungen (das Erziehungs- und Bildungsverständnis, das Schulprofil sowie die Erziehungs- und Bildungsarbeit) beeinflussen als auch auf das Phänomen (Selbstverständnis) einwirken.

Die *AkteurInnen der Schulen* wurden als ein *Kontext* des Phänomens (Selbstverständnis) rekonstruiert. Die LehrerInnen, SchülerInnen, Schulleitung und Eltern prägen das Selbstverständnis evangelischer Schulen in Ungarn und bilden zugleich die besonderen, konkreten Bedingungen, innerhalb deren das Erziehungs- und Bildungsverständnis sowie das Schulprofil verwirklicht werden[240].

Das *Erziehungs- und Bildungsverständnis* sowie das *Profil* der untersuchten Schulen – die in der Terminologie der Grounded Theory die *Strategien und*

---

240 Strübing stellt fest, dass die kategoriale Unterscheidung zwischen »Kontext« und »intervenierende Bedingungen« schwer zu treffen ist und »die Unterscheidung eher graduell als kategorial zu verstehen ist« (Strübing 2004, 29). Demgegenüber merkt Helbling an, dass »Kontext« und »intervenierende Bedingungen« wohl zu unterscheiden sind, da der »Kontext« auf das Phänomen und die »intervenierenden Bedingungen« auf die Strategien und Handlungen bezogen sind. »Unter Kontext sind Eigenschaften zu verstehen, die ein Phänomen prägen. Intervenierende Bedingungen beeinflussen die Handlungsstrategien. Sie erleichtern oder erschweren die Bewältigung eines Phänomens.« (Helbling 2010, 159) Strauss und Corbin formulieren offen und verstehen den »Kontext« nicht nur auf das Phänomen, sondern auch auf die Strategien und Handlungen bezogen: »Ein Kontext stellt den spezifischen Satz von Eigenschaften dar, die zu einem Phänomen gehören (…). Gleichzeitig stellt Kontext auch den besonderen Satz von Bedingungen dar, innerhalb dessen die Handlungs- und Interaktionsstrategien stattfinden, um ein spezifisches Phänomen zu bewältigen, damit umzugehen, es anzuführen und darauf zu reagieren.« (Strauss/Corbin 1996, 80–81) In dieser Arbeit werden – wie es die oben verwendeten Formulierungen zeigen – die intervenierenden Bedingungen als allgemein-strukturelle Bedingungen verstanden, die vor allem die Handlungs- und Interaktionsstrategien beeinflussen. Der Kontext – die AkteurInnen der Schule – fasst die fallspezifischen Bedingungen zusammen, die das Selbstverständnis der jeweiligen evangelischen Schule prägen und zugleich die konkreten Handlungs- und Interaktionsstrategien bestimmen.

Handlungen bilden – zeigen, wie das Selbstverständnis dieser Schulen gedeutet, thematisiert und praktisch umgesetzt wird.

Als *Konsequenzen* von Selbstverständnis, Erziehungs- und Bildungsverständnis sowie des Profils evangelischer Schulen konnten in der Analyse die *Zielvorstellungen* sowie die *Rolle und Bedeutung* dieser Schulen ermittelt werden.

Abbildung 9: Kodierparadigma zum »Selbstverständnis von Schulen in evangelischer Trägerschaft in Ungarn«

In der empirischen Analyse der Schulprogramme konnten zum Phänomen »Selbstverständnis evangelisch-lutherischer Schulen in Ungarn« neun relevante Kategorien herausgearbeitet und die Beziehungen zwischen diesen Kategorien aufgewiesen werden.

Im Folgenden werden fünf Kategorien – das zugrundeliegende Menschenbild, die Zielvorstellungen, die AkteurInnen der Schule, das Erziehungs- und Bildungsverständnis sowie das Schulprofil – ausführlich dargestellt. Die einzelnen Kategorien werden mit ihren Eigenschaften und deren dimensionalen Ausprägungen präzisiert, systematisiert und mit – aus der ungarischen in die deutsche Sprache übersetzten – Textbeispielen aus den Schulprogrammen belegt. Die Darstellungen konzeptualisieren und verdichten die Daten der Schulprogramme, jedoch bleiben sie detailliert und zeigen die Spannweite des jeweiligen Themas in seiner Vielfalt und Breite auf.

Die Darstellung der Ergebnisse zu den einzelnen Kategorien folgt der gleichen Systematik. Zuerst wird die aus der Analyse selbst rekonstruierte Kategorie benannt und die leitende Fragestellung zur jeweiligen Kategorie herausgearbeitet. Danach werden die Eigenschaften und deren Dimensionen, die zur jeweiligen Kategorie gehören, in einer Tabelle gebündelt. Diese tabellarischen Übersichten bieten eine Zusammenschau der Ergebnisse zur jeweiligen Kategorie. Danach werden die einzelnen Eigenschaften und deren dimensionale Ausprägungen ausführlich dargestellt. Hierbei werden ausgewählte Passagen aus den Schulprogrammtexten zitiert, um die Ausführungen zu belegen. Eine Zusammenfassung schließt die Darstellung der Ergebnisse zur jeweiligen Kategorie ab.

Vier der ermittelten Kategorien – die Erwartungen an Schulen in evangelisch-lutherischer Trägerschaft, der gesellschaftlich-bildungspolitische Bildungskontext in Ungarn, die Traditionen sowie die Rolle und Bedeutung dieser Schulen – werden im Rahmen dieser Analyse nicht behandelt. Die empirische Analyse konnte zwar aus den Daten der Schulprogramme diese Kategorien als relevant für die Fragestellungen zum Selbstverständnis evangelischer Schulen festlegen und sie zu weiteren Kategorien in Beziehung setzen, jedoch wurde eine Sättigung dieser Kategorien nicht in ausreichendem Maße erreicht. Die Schulprogramme liefern nicht genügend geeignete Daten für die möglichst umfassende und hinreichende Entwicklung relevanter Eigenschaften und Dimensionen zu diesen Kategorien. Es wäre erforderlich, neben den Schulprogrammen zusätzliche Daten in die Untersuchung einzubeziehen, um diese Kategorien ausreichend entwickeln zu können. Dies ist deshalb nicht geschehen, weil sich die Analyse auf die programmatischen Sichtweisen der Schulprogramme zum Selbstverständnis und Proprium evangelischer Schulen konzentriert. Zudem liegt das Forschungsinteresse in diesem Teil der Untersuchung vor allem auf den theologischen und bildungstheoretischen Aspekten.

Ziel der Analyse ist die Herausarbeitung des von den Schulen selbst definierten, programmatischen Verständnisses sowie der Profilmerkmale der Schulen. Die Ergebnisse der Analyse ermöglichen ferner Hypothesen zu den weiteren, aus den Schulprogrammen herausgearbeiteten Kategorien, wie zu den Erwartungen an die Schulen sowie ihre Rolle und Bedeutung. Im Selbstverständnis evangelischer Schulen kommt auch zum Ausdruck, wie diese sich programmatisch im Gesamtspektrum von konfessionellen Schulträgern, ungarischem Bildungssystem und ungarischer Gesellschaft – darunter die (zukünftigen) SchülerInnen und Eltern – positionieren. Ebenso leistet die empirisch durchgeführte Herausarbeitung des programmatischen Verständnisses und der Profilmerkmale der untersuchten Schulen Beiträge zur Qualitätssicherung, Qualitätsentwicklung und Evaluation eben dieser Schulen.

7. Kategorie 1: Das von den Schulen in evangelischer Trägerschaft in Ungarn vorausgesetzte Menschenbild

Hinter jedem Erziehungs- und Bildungsprozess stehen anthropologische Grundannahmen[241]. Explizit oder implizit werden Fragen der folgenden Art gestellt und beantwortet: Was ist das Wesen des Menschen? Was sind die Grundlagen des menschlichen Lebens und Handelns? Welchen Sinn, welche Leitbilder und wel-

---

241 Jeder Erziehungs- und Bildungsprozess hat normative Voraussetzungen und Implikationen und beruft sich darum – in impliziter oder expliziter Weise – auf bestimmte Menschenbilder. Seit der empirischen Wende der 1960er Jahre begleitet die Diskussion in der Erziehungswissenschaft in besonderer Weise das Fragen danach, inwieweit an einer bestimmten Normativität im Blick auf die Erziehungs- und Bildungsprozesse festzuhalten ist. Zugleich wird die Kritik an festgelegten, generalisierten Menschenbildern formuliert. Eine pädagogische Anthropologie, die auf einer empirischen Basis ruht, ist bezüglich normativer Menschenbilder außerordentlich zurückhaltend (Oelkers 2001b), spricht über Menschen in Negationen (Liebau 2004), löst die Frage nach dem Wesen und nach der Bestimmung des Menschen in pragmatisch-situative Implikationen und Handlungsperspektiven auf (Mietzner/Tenorth 2007) oder analysiert anthropologische Paradigmen historisch-komparativ (Wulf/Zirfas 2014). Eine theologische Anthropologie ist einem christlichen Menschenbild verpflichtet, das sich an biblisch-theologischen Aussagen, Erfahrungen und einem dementsprechenden Verständnis des Menschen orientiert. Es gibt kein einheitliches biblisch-theologisches Menschenbild, sondern eine Vielfalt von Aussagen. Die Bibel bringt viele Aspekte des Menschseins zur Geltung. Diese ergänzen sich, konkurrieren teilweise miteinander oder können sogar zueinander in Widerspruch stehen. Es gibt aber fundamentale Aussagen – wie z.B. der Gottesbezug, die Geschöpflichkeit, die Gottebenbildlichkeit, die Endlichkeit –, welche die Basis für die Grundzüge eines christlichen Menschenbildes bilden (Schobert 2006, Härle 2005, 411–423, aus religionspädagogischer Perspektive Biehl 1991, Fraas 2000, Dressler 2003, Preul 2001, 2011, 2013, Englert 2008, Grümme 2012). Aus theologischer Sicht ist die Unverfügbarkeit der menschlichen Existenz festzuhalten: Der Mensch, das Ebenbild Gottes kann nicht völlig erfasst werden. Einer theologischen Anthropologie ist ihre Fragmentarität bewusst, zugleich hat sie aber den Anspruch, normative anthropologische Aussagen zu formulieren, die für das Subjekt Geltung haben. Die religionspädagogische Diskussion um den Menschen kann nicht auf das interdisziplinäre Gespräch verzichten. Nur so können theologische, human- und naturwissenschaftliche und kontextuelle Aspekte berücksichtigt und aufeinander bezogen werden und zugleich die religionspädagogische Theoriebildung und die bestehende Praxis auf ihre jeweiligen Menschenbilder, Subjekt- und Lebensförderung hin kritisch-reflexiv befragt werden (Dressler 2003, Schweitzer 2011, Schlag/Simojoki 2014).

che Ziele hat menschliches Leben? Wie kann das menschliche Leben gelingen? In der Gestaltung, Durchführung und Profilierung ihrer Erziehungs- und Bildungsarbeit fühlen sich die Schulen in evangelisch-lutherischer Trägerschaft einem protestantischen Erziehungs- und Bildungsverständnis verpflichtet, das aus dem biblisch-christlichen Verständnis von Mensch und Wirklichkeit hergeleitet wird. In diesem Sinne betonen orientierende Dokumente kirchlicher Träger die theologisch-anthropologischen Voraussetzungen der Erziehungs- und Bildungsarbeit evangelischer Schulen[242].

> »Jesus Christus hat die Kinder als Vorbilder vor uns gestellt. »Siehe, Kinder sind eine Gabe des Herrn, und Leibesfrucht ist ein Geschenk« (Psalm 127,3). Die uns anvertrauten Kinder bedeuten für uns daher Zeichen der Gnade Gottes. Die Entfaltung ihres Lebens und ihrer Persönlichkeit unterstützen wir im Geist einer christlichen Erziehung.«[243]

In diesem Abschnitt wird gefragt: Welche Menschenbild-Elemente bestimmen das Menschenbild der Schulen? Mit welcher Absicht wird auf die zugrundeliegenden Menschenbilder Bezug genommen?

Es ist hier anzumerken, dass es in diesem Abschnitt um die Menschenbild-Elemente geht, die als Voraussetzung die Grundlage der Erziehungs- und Bildungsarbeit evangelischer Schulen bilden. Die Ziel- und Leitvorstellungen in den proklamierten Erziehungs- und Bildungszielen der Schulen enthalten ebenso Menschenbild-Elemente, die aber im folgenden Kapitel analysiert werden. Die Charakteristika der zugrundeliegenden Menschenbild-Elemente können in folgende vier Themenbereiche zusammengefasst werden, die – nach der Methodik der Grounded Theory – die Eigenschaften der Kategorie »Vorausgesetztes Menschenbild von Schulen in evangelischer Trägerschaft« bilden:

1. Gottebenbildlichkeit des Menschen,
2. Ganzheitlichkeit des Menschen,
3. Merkmale und Spannungsfelder menschlicher Existenz,
4. Grenzen und Scheitern des Menschen.

Die Analyse der Schulprogramme hat *das vorausgesetzte Menschenbild* als eine ursächliche Bedingung des Selbstverständnisses evangelischer Schulen rekonstruiert. Die Tabelle 15 fasst die Ergebnisse der Analyse zu dieser Kategorie zusammen.

---

242 Az evangélikus nevelés alapjai 2001, Rozs-Nagy 2014.
243 Rozs-Nagy 2014, 70.

Kategorie: Vorausgesetztes Menschenbild von Schulen in evangelischer Trägerschaft
Eigenschaften und ihre Dimensionen
– **Gottebenbildlichkeit des Menschen** *Beziehung und Beziehungsmöglichkeit zu Gott – Begründung zwischenmenschlichen Verhaltens – Begründung der Menschenwürde – Bestimmung des Menschen zur Freiheit – Eigenschaften – Auftrag und Verantwortung – keine Erwähnung*
– **Ganzheitlichkeit des Menschen** *Anthropologische Grundannahme in dimensionaler Ausprägung – Anthropologische Grundannahme ohne weitere Spezifikation – Element des christlichen Menschenbildes – Zielvorstellung mit konkreten Eigenschaften – Zielvorstellung als Idealbild – Christus als Zielbild vollkommenen Menschseins – keine Angaben*
– **Merkmale und Spannungsfelder menschlicher Existenz** *Menschsein bzw. Subjektwerdung des Menschen – Individualität bzw. Sozialität des Menschen – Freiheit bzw. Determiniertheit des Menschen – Gottesbezug bzw. kein Gottesbezug des Menschenbildes*
– **Grenzen und Scheitern des Menschen** *Wahrnehmung der Grenzen und des Scheiterns des Menschen – Umgang mit dem Scheitern: Annahme jedes einzelnen Menschen – Umgang mit dem Scheitern: Bemühungen um das Beheben des Scheiterns – Umgang mit dem Scheitern: individuelle und personzentrierte Begleitung – Umgang mit dem Scheitern: solidarische und tragende Schulgemeinschaft – kein Hinweis auf das Scheitern des Menschen*

Tabelle 15: Kategorie »Vorausgesetztes Menschenbild von Schulen in evangelischer Trägerschaft«

7.1 Gottebenbildlichkeit des Menschen

Die Gottebenbildlichkeit des Menschen – gemeinsam und untrennbar verbunden mit der *Geschöpflichkeit des Menschen* – gilt als ein zentraler Begriff der theologischen Anthropologie und wird damit als die Grundlage des Menschseins bestimmt. Die Eigenschaft Gottebenbildlichkeit des Menschen thematisiert, wie die Schulprogramme diesen theologischen Begriff verstehen und wie sie das Wesen und die Bestimmung des Menschen festlegen.

Die Gottebenbildlichkeit des Menschen wird einerseits durch *die Beziehung und die Beziehungsmöglichkeit zu Gott* näher bestimmt[244]. Der Mensch ist Geschöpf Gottes[245], d. h. das Leben wird von Gott her begründet – »*das Leben/das Kind ist ein Geschenk Gottes*«[246] – und als ein Leben im Bereich der Liebe Gottes gesehen. Gott und Mensch stehen miteinander in einer dialogischen Beziehung.

---

244 z.B. Nyíregyháza-Kossuth 8, 9, 10, Győr 12, Békéscsaba 20, Orosháza 5, 7, Kiskőrös 34, Szarvas-Benka 8, Pápa 15.

245 z.B. Budapest-Deák-tér 9, Aszód 14, Kőszeg 18, Budapest-Sztehlo 32, Mezőberény 15, 20, Szarvas-Vajda 20, Nyíregyháza-Túróczy 7, Budapest-Podmaniczky 18.

246 Sopron-Líceum 5, Nyíregyháza-Kossuth 9, Győr 41, Békéscsaba 21, Sopron-Eötvös 13, Orosháza 6, 28, Kiskőrös 14, Mezőberény 21, Sopron-Hunyadi 8, Szarvas-Benka 17, Szombathely 3, Marcaltő 1.

Der Mensch ist von Gott angeredet und herausgefordert, auf diese Anrede Antwort zu geben.

> »In der Mitte des Christentums steht die Einladung und die Aufnahme in die Liebe Gottes. Die Anrede erreicht manche schon in der Kindheit, und sie antworten darauf mit dem Glauben. Es gibt aber auch viele, die in einer besonders schweren Situation des Lebens zum Glauben finden. Der auf die Anrede antwortende Glaube ist ein Geschenk Gottes: die Erkenntnis und Annahme, dass unser Leben aus Gott entspringt und zu Gott zurückkehrt; dass Gott uns liebt und wir aus dieser Liebe in jedem Augenblick unseres Lebens leben können.«[247]

Damit wird die Unverfügbarkeit menschlicher Existenz angesprochen und als bei Gott aufbewahrt verstanden.

Aus der Gottesbeziehung folgt die *Art des zwischenmenschlichen Verhaltens*[248]. Es wird eine geschwisterliche Beziehung zwischen den Menschen, zwischen LehrerInnen und SchülerInnen anerkannt und angestrebt. Dadurch werden alle Mitglieder der Schulgemeinschaft – ohne Unterschied – als Geschöpfe Gottes und als erlösungsbedürftige Menschen gesehen.

> »Wir bekennen, dass jeder Mensch Geschöpf Gottes und sein Erlöser Christus ist; in diesem Sinne sind alle Mitglieder der Schulgemeinschaft Geschwister. Wir möchten erreichen, dass alle unsere SchülerInnen sich einander sowohl als Helfer wie auch als Hilfsbedürftige erkennen können.«[249]

Interessanterweise erscheint diese Formulierung in mehreren Schulprogrammen in leicht veränderter Form. In der folgenden veränderten Formulierung ist eine gewisse Unterscheidung zwischen PädagogInnen und SchülerInnen zu erkennen. Hier werden nur die PädagogInnen als Geschwister in Christus angesehen, nicht aber alle Mitglieder der Schulgemeinschaft.

> »Als PädagogInnen betrachten wir uns als Geschwister. Unter den Kindern und Jugendlichen streben wir auch nach einem entspannten und annehmenden Schulklima.«[250]

In der Gottebenbildlichkeit des Menschen wurzelt die *unantastbare Würde des Menschen*[251] und die *Bestimmung des Menschen zur Freiheit*[252], die es für jeden Menschen zu wahren gilt.

---

247 Győr 12.
248 z.B. Nyíregyháza-Kossuth 8, Győr 41, Békéscsaba 20, Orosháza 5, Nyíregyháza-Túróczy 6.
249 Budapest-Deák-tér 9, Aszód 14, Budapest-Sztehlo 32, Szarvas-Vajda 20.
250 Nyíregyháza-Kossuth 10, Békéscsaba 22, Orosháza 6, Mezőberény 21, Alberti 72, Nyíregyháza-Túróczy 7, Szarvas-Benka 16, Budapest-Podmaniczky 57.
251 z.B. Békéscsaba 21, Kőszeg 18, Budapest-Sztehlo 182, Szarvas-Benka 17.
252 z.B. Békéscsaba 21, Orosháza 6, Budapest-Sztehlo 182, Mezőberény 20, Szarvas-Benka 17.

»Indem wir Gottes Ebenbild in den anderen Menschen erkennen, erhalten wir unsere Aufgabe – in Beziehungen innerhalb und zwischen den Gruppen von Pfarrern, von Lehrenden, von SchülerInnen und von Eltern – einander die gebührende menschliche Würde und die Freiheit der Liebe in Christus zu erweisen, damit dieses Bildnis immer erkennbarer in unserem Gesicht strahle.«[253]

Die Gottebenbildlichkeit des Menschen wird in einigen Schulprogrammen auch durch *bestimmte Eigenschaften* definiert[254]. Dabei bekommen die kognitiven Fähigkeiten (Vernunft) des Menschen und die ethische Urteilsfähigkeit eine entscheidende Rolle.

»Da der Mensch Gottes Geschöpf ist, das nach Gottes Ebenbild geschaffen wurde, halten wir den Menschen für fähig, seine natürliche, soziale und technische Umwelt zu erkennen und zwischen Gut und Böse, Wahr und Falsch, Schön und Hässlich zu unterscheiden.«[255]

Die Geschöpflichkeit und die Gottebenbildlichkeit des Menschen sind mit dem *Auftrag* verbunden, für die Mitmenschen und für die Welt *Verantwortung zu übernehmen*[256].

»Alle sind wir Geschöpfe Gottes, das gibt uns Würde und Auftrag zugleich: unsere Arbeit als Berufung zu tun und damit auch das Beste für unsere Mitmenschen zu suchen.«[257]

Die Fähigkeiten der SchülerInnen werden als Gottes Gaben gesehen, die sie befähigen, den *Herrschaftsauftrag* (Gen 1,28), die Repräsentation Gottes in der Welt zu bewältigen. Die Erziehungs- und Bildungsarbeit der Schule zielt letztendlich darauf ab, dass die SchülerInnen ihre Begabungen entwickeln und entfalten, damit sie ihre Berufung – Gott zu dienen und zu loben – erfüllen.

»Wir sind alle mit der Gottebenbildlichkeit in die Welt hineingeboren, aber mit unterschiedlichen Fähigkeiten. Mit dem Kennenlernen des eigenen Lernstiles und mit der Umsetzung der unterschiedlichen Unterrichtsmethoden sollen die Kinder in den Bereichen unterstützt werden, in denen sich ihre Stärken und Begabungen zeigen und entfalten. Mit deren Hilfe kann das Kind Gottes guter Diener sein und wird in geeigneter Weise über die geschaffene Welt herrschen können.«[258]

Die Ergebnisse zur Eigenschaft »Gottebenbildlichkeit des Menschen« werden in der Tabelle 16 zusammengefasst:

---

253 Nyíregyháza-Kossuth 9, Orosháza 6, Mezőberény 20.
254 Sopron-Líceum 5, Sopron-Eötvös 12.
255 Sopron-Líceum 5, Sopron-Eötvös 12.
256 z.B. Budapest-Fasor 5, Győr 20, Békéscsaba 21, Orosháza 6, Budapest-Sztehlo 161, Kiskőrös 36, Alberti 16, Nyíregyháza-Túróczy 7, 11, Szarvas-Benka 17, Pápa 13.
257 Kőszeg 18.
258 Orosháza 4.

Kategorie: Vorausgesetztes Menschenbild von Schulen in evangelischer Trägerschaft	
Eigenschaft: Gottebenbildlichkeit des Menschen	
Dimensionale Ausprägung	**Schulen**
Beziehung und Beziehungsmöglichkeit zu Gott	M5, M6, M7, M10, M12, M13, M14, M15, G2, G4, G5
Begründung zwischenmenschlichen Verhaltens	M3, M5, M6, M7, M8, M10, M12, M13, M15, M16, G1, G2, G4, G8
Begründung der Menschenwürde	M5, M7, M10, M12, M13, M15, G2, G4
Bestimmung des Menschen zur Freiheit	M5, M7, M10, M13, M15, G2, G4
Eigenschaften	M2, M9
Auftrag und Verantwortung	M1, M5, M6, M7, M10, M12, M13, M14, M15, G1, G2, G4, G5
Keine Erwähnung	M4, M11, G3, G6, G7, G9

Tabelle 16: Eigenschaft »Gottebenbildlichkeit des Menschen«

7.2 Ganzheitlichkeit des Menschen

Zum Wesen des Menschen gehört nach den Schulprogrammen seine *Ganzheitlichkeit*, die als *anthropologische Grundannahme* und als *Zielvorstellung* thematisiert wird. Als anthropologische Grundannahme (1) spezifizieren die Schulprogramme die Ganzheitlichkeit des Menschen durch die Angabe von Einzeldimensionen weiter, oder (2) sie stellen den Menschen ohne weitere Spezifizierung als etwas schon gegebenes Ganzes vor. In manchen Fällen wird (3) die anthropologische Grundannahme »Ganzheitlichkeit« als ein Element des christlichen Menschenbildes verortet. Ebenso verwenden die Schulprogramme den Begriff der Ganzheitlichkeit (4) als Zielvorstellung in qualitativer Lesart – mit Hervorhebung bestimmter Einzeldimensionen – und (5) als Zielvorstellung in quantitativer Lesart als normatives Idealbild. Ein Schulprogramm (6) sieht in Christus den vollkommenen Menschen. Manche Schulprogramme (7) enthalten keine Angaben zum Thema[259].

(1) Als *anthropologische Selbstverständlichkeit in dimensionaler Ausprägung* wird die Ganzheitlichkeit des Menschen mit unterschiedlichen Angaben beschrieben. Der Mensch wird als »*Körper, Geist und Seele*«[260] in einer Person verstanden. Er hat eine »*geistig-kognitive, affektiv-seelische und physisch-kör-*

---

259 Budapest-Deák-tér, Sopron-Eötvös, Kőszeg, Szombathely.
260 Sopron-Líceum 10, Bonyhád 6, Kiskőrös 57, Sopron-Hunyadi 16.

perliche Ebene«[261]. Die Ganzheitlichkeit des Menschen ist etwas Gegebenes und wird aus der Geschöpflichkeit des Menschen abgeleitet.

»Der von Gott geschaffene, denkende Mensch ist physisch ein Teil der Natur, denn er »wurde aus dem Staub der Erde geschaffen«, und gleichzeitig hat er die göttliche Seele inne. So ist er in einer Person Körper, Geist und Seele. Im Laufe der Persönlichkeitsentwicklung ist die abgestimmte und bewusste Beeinflussung dieser drei Bereiche das Ziel.«[262]

Die Ganzheitlichkeit des Menschen als anthropologische Selbstverständlichkeit in dimensionaler Ausprägung sprechen die Schulprogramme als konkrete Aussage eher selten an[263]. Öfter verweisen die Schulprogramme auf den ganzen Menschen, auf den die Erziehungs- und Bildungsarbeit ausgerichtet ist[264]. Es werden Einzeldimensionen des Menschen benannt, die die Schwerpunkte dieses Entwicklungs- und Entfaltungsprozesses bilden.

»Die evangelische Erziehung und Bildung [nevelés] richtet sich auf den ganzen Menschen. Die Selbsterkenntnis, die Mündigkeit, die Selbsteinschätzung, die Entwicklung der seelischen, psychischen und sozialen Fähigkeiten bekommen wesentliche Bedeutung in den Gruppenarbeiten und im Religionsunterricht.«[265]

(2) Manche Schulprogramme setzen die Ganzheitlichkeit des Menschen als Gegebenheit, als *anthropologische Selbstverständlichkeit, ohne eine weitere Spezifikation* voraus[266].

»Jesus Christus hat das folgende Gebot seinen Jüngern gegeben: »Das ist mein Gebot, dass ihr euch untereinander liebt, wie ich euch liebe.« (Joh 15,12) Die Liebe richtet sich auf den ganzen Menschen, in ihr ist keine Angst und sie macht frei. Im Laufe der evangelischen Erziehungs- und Bildungsarbeit werden die Wertevermittlung und der Unterricht von der Nächstenliebe her gesteuert.«[267]

Das Ganze wird ein Attribut des Menschen. Die Betonung liegt wiederum auf dem Erziehungs- und Bildungsprozess, die Ganzheitlichkeit des Menschen wird eher in einer indirekten Form angesprochen. Sie wird meistens als eine gegebene Voraussetzung, als Ausgangssituation der Heranwachsenden mit ihren je eige-

---

261 Miskolc 7.
262 Sopron-Líceum 10, Sopron-Hunyadi 16.
263 Sopron-Líceum 10, Bonyhád 6, Miskolc 7, Budapest-Sztehlo 72, Kiskőrös 57, Sopron-Hunyadi 16.
264 z.B. Orosháza 6, 17, Kiskőrös 14, 33, 38, Alberti 19, 65, Nyíregyháza-Túróczy 8, Sopron-Hunyadi 21, Szarvas-Benka 17, 18, Pápa 39, Marcaltő 16.
265 Budapest-Fasor 10, Nyíregyháza-Kossuth 9, Békéscsaba 22, Orosháza 6, Kiskőrös 14, Mezőberény 21, Alberti 65, Nyíregyháza-Túróczy 8, Szarvas-Benka 17, Budapest-Podmaniczky 55.
266 z.B. Sopron-Líceum 15, Bonyhád 31, Budapest-Sztehlo 75, Mezőberény 20, 42.
267 Nyíregyháza-Kossuth 9, Békéscsaba 21, Orosháza 6, Kiskőrös 13, Mezőberény 20, Nyíregyháza-Túróczy 7, Szarvas-Benka 17.

nen menschlichen Potentialen thematisiert. Der ganzheitliche Mensch braucht eine (ganzheitliche) Erziehung und Bildung, die sich auf die ganze Persönlichkeit richtet.

(3) Einige Schulprogramme verweisen auf das christliche Menschenbild, wenn sie über die Erziehungs- und Bildungsarbeit sprechen, die den ganzen Menschen, die ganze Person anspricht[268]. Die Ganzheitlichkeit des Menschen wird daher – wiederum in indirekter Weise – als *ein Element des christlichen Menschenbildes* verstanden und von diesem abgeleitet.

> »Die Berufung der Erziehungs- und Bildungseinrichtungen der Evangelisch-Lutherischen Kirche in Ungarn besteht darin, dass ausgehend vom christlichen Menschenbild die ganze Persönlichkeit der Kinder und der SchülerInnen angesprochen wird.«[269]

(4) Als *Zielvorstellung* ist die Ganzheitlichkeit des Menschen zugleich eine Aufforderung. Diese Aufforderung zur Ganzheitlichkeit interpretieren die Schulprogramme in qualitativer und in quantitativer Weise. In mehreren Beschreibungen wird die *Ganzheitlichkeit mit konkreten Eigenschaften* belegt[270]. Diese qualitative Lesart von Ganzheitlichkeit hebt einzelne Dimensionen hervor, die erwünscht sind; darauf soll die ganzheitliche Erziehungs- und Bildungsarbeit der Schulen zielen. Den herausgestellten Eigenschaften ist gemeinsam, dass sie eher die emotionalen und sozialen Bereiche betreffen, weniger die kognitiven und gar nicht die leiblichen. Durch Auflistung erwünschter und angestrebter menschlicher Eigenschaften wird die Ganzheitlichkeit ethisch interpretiert und charakterisiert.

> »Unsere Schule hat sich das Bild des ganzen und ausgeglichenen (harmonischen, christlichen) Menschen zum Ziel gesetzt, der für sich selbst und für andere Verantwortung tragen kann, der für ferne Ziele sinnvoll arbeiten und lernen kann, in dem die Fähigkeit und die Bereitschaft, neuen Kraftproben entgegenzusehen, vorhanden sind.«[271]

(5) Die Ganzheitlichkeit in quantitativer Lesart meint – im Sinne einer Vollkommenheit und Umfassendheit – alle Dimensionen des Menschen. Als Zielvorstellung wird die Ganzheitlichkeit als *normatives Idealbild* gesetzt und mit der Subjektwerdung des Menschen als ein Entwicklungsprozess verstanden[272].

---

268 Orosháza 4, Mezőberény 11–12.
269 Orosháza 4, Mezőberény 11.
270 z.B. Budapest-Fasor 4, Sopron-Líceum 14, Bonyhád 26, Nyíregyháza-Kossuth 9, Győr 11, Békéscsaba 21–22, Orosháza 6, 23, Kiskőrös 14, Alberti 7, 32, Nyíregyháza-Túróczy 7, 134, Sopron-Hunyadi 13, Szarvas-Benka 17, 25, Budapest-Podmaniczky 16, Soltvadkert 16, 19.
271 Aszód 4, 14, Budapest-Sztehlo 8–9, Mezőberény 12, Szarvas-Vajda 4.
272 z.B. Budapest-Sztehlo 45, Mezőberény 23, Szarvas-Vajda 23, Budapest-Podmaniczky 42.

»Das Ziel der Erziehung [nevelés] besteht darin, dass sich die Persönlichkeit der SchülerInnen in die richtige Richtung entwickle, dass wir an das Ideal immer näher herankommen, das die SchülerInnen zur Subjektwerdung führt.«[273]

Dieses Idealbild wird nur annähernd erreicht, eine ganzheitliche Erziehungs- und Bildungsarbeit ermöglicht diesen Entwicklungsprozess. Was die »richtige Richtung« als normative Angabe der Orientierung der Persönlichkeitsentwicklung und -entfaltung bedeutet, wird ethisch mit der Vorbildlichkeit Jesu erhellt.

»Die höchsten allgemeinen Werte wurzeln in unserem Glauben und in der Lehre der Bibel, aber erscheinen in ihrer Ganzheit im Leben Jesu. Daher sollen wir seine Gestalt – altersgemäß entsprechend – unseren SchülerInnen als ein nachahmenswertes Vorbild nahebringen.«[274]

(6) Die *Ganzheitlichkeit des Menschen* wird in einem Schulprogramm *in Christus* – als vollkommener Mensch – gesehen und begründet. In Christus werden das Maß und das Prinzip des vollkommenen, ganzen Menschseins erkannt. Bei dieser Formulierung liegt die Betonung aber nicht auf der christologisch-anthropologischen Aussage, sondern auf dem Entwicklungs- und Entfaltungsprozess der ganzheitlichen Persönlichkeit.

»Wir haben uns bewusst der Entfaltung des ganzen Menschen verpflichtet, da sich in Christus, im vollkommenen Menschen alle menschlichen Werte vollkommen entfalten und ineinander verflechten.«[275]

Ein vollkommenes Menschenbild – Christus – wird hier als Idealbild angezielt. Die Vollkommenheit Christi wird ethisch, mit den in Christus sich vollkommen entfaltenden menschlichen Werten verstanden. Die Ganzheitlichkeit in ihrer soteriologischen und eschatologischen Perspektive, dass nämlich das Ganzsein des Menschen in Christus hergestellt und in Gott erreicht wird, erfährt dabei keine Erwähnung.

Kategorie: Vorausgesetztes Menschenbild von Schulen in evangelischer Trägerschaft	
Eigenschaft: Ganzheitlichkeit des Menschen	
Dimensionale Ausprägung	Schulen
Anthropologische Grundannahme in dimensionaler Ausprägung	M1, *M2*, M4, M5, M7, M10, M11, *M13*, *M14*, M15, G1, G2, *G3*, G4, G5, G7, G8, G9
Anthropologische Grundannahme ohne weitere Spezifikation	*M2*, M4, M5, M7, M10, M13, M14, M15, *G2*, *G4*
Anthropologische Grundannahme, ein Element des christlichen Menschenbildes	M10, M15

---

273 Aszód 16, Budapest-Sztehlo 35, 36, Mezőberény 23, Szarvas-Vajda 23, Nyíregyháza-Túróczy 14, Pápa 14.
274 Aszód 16, Budapest-Sztehlo 35, Mezőberény 23, Pápa 14.
275 Mezőberény 14.

(Fortsetzung)

Kategorie: Vorausgesetztes Menschenbild von Schulen in evangelischer Trägerschaft	
Eigenschaft: Ganzheitlichkeit des Menschen	
Dimensionale Ausprägung	**Schulen**
Zielvorstellung mit konkreten Eigenschaften	M2, M4, M6, M8, M10, M13, M15, M16, G1, G2, G3, G4, G9
Zielvorstellung als Idealbild	M8, M10, M13, M15, M16, G2, G5, G9
Christus als Zielbild vollkommenen Menschseins	M15
Keine Angaben	M3, M9, M12, G6

Tabelle 17: Eigenschaft »Ganzheitlichkeit des Menschen«

Die Tabelle 17 fasst die Eigenschaft »Ganzheitlichkeit des Menschen« zusammen. Es ist anzumerken, dass die *Erwähnung der Ganzheitlichkeit des Menschen* in den Schulprogrammen knapp und eklektisch ist und überwiegend in indirekter Form geschieht. Die wenigen Fälle, die über den Menschen in irgendeiner Weise als »ganzheitliches« Wesen explizit sprechen, sind in der Tabelle durch kursive und fett gedruckte Buchstaben hervorgehoben. In den Texten geht es eher um eine ganzheitliche Erziehungs- und Bildungsarbeit, die »sich auf den ganzen Menschen richtet« oder sich »die Entfaltung der ganzen Persönlichkeit« als Ziel setzt.

Eine weitere Beobachtung besteht darin, dass die »Ganzheitlichkeit des Menschen« – als anthropologische Selbstverständlichkeit und auch als Zielvorstellung – öfter durch hervorgehobene Einzeldimensionen charakterisiert wird als durch den Hinweis auf die Vollkommenheit, als Ideal oder als Grundannahme der menschlichen Existenz. Die hervorgehobenen Attribute der Ganzheitlichkeit liegen vor allem in den sinnlichen, emotionalen und sozialen Bereichen. Damit wird eine Abgrenzung von einem funktionalen Menschenbild und von einer vor allem auf die kognitive Ebene ausgerichteten Erziehungs- und Bildungsarbeit signalisiert. Das Verhältnis des Menschen als ein Ganzer zu seinen verschiedenen Dimensionen sowie die Ganzheitlichkeit als eine übergeordnete Sinnstiftung, dass nämlich das Ganze immer mehr ist als die Summe seiner Teile, werden in den Schulprogrammen nicht angesprochen.

7.3   Merkmale und Spannungsfelder menschlicher Existenz

In diesem Kapitel wird nach weiteren Elementen des Menschenbildes gefragt, die nach den Schulprogrammen Dimensionen der menschlichen Existenz erschließen. Diese Dimensionen stehen zueinander in untrennbarer Wechselwirkung und bilden die dynamischen Spannungsfelder menschlicher Existenz. Sie können daher nur in einer methodischen Abstraktion benannt und voneinander getrennt werden. Da in diesem Kapitel der Fokus auf den zugrundeliegenden Menschenbild-Elementen liegt, werden hier die Menschenbilder, die in den Zielvorstellungen enthalten sind, nicht berücksichtigt, wohl aber die vorausgesetzten Menschenverständnisse der Erziehungs- und Bildungsprozesse. Eine Überscheidung ist insofern unumgänglich, als die darzustellenden Spannungsfelder einige Verbindungen und Schnittstellen zwischen den vorausgesetzten und den in den Zielvorstellungen enthaltenen Menschenbildern umfassen.

(1) Das Spannungsfeld »*Menschsein bzw. Subjektwerdung des Menschen*« thematisiert die gegenwärtige und künftige Bestimmung des Menschen und deren Spannungen. Der Mensch wird in jeder Zeit und in jedem Zustand seines Lebens als Person, als Mensch verstanden. Zugleich ist seine Menschwerdung ein fortlaufender, unabschließbarer Prozess[276]. Das Menschsein des Menschen wird in den Schulprogrammen mit der Geschöpflichkeit des Menschen und mit der Erlösung durch Jesus Christus als unantastbar, von Gott bestimmt und bei Gott bewahrt gesehen[277]. Menschen können ihr Menschsein weder erwerben noch verlieren.

»Wir bezeugen, dass Gott uns – trotz unserer Schuld und Fehler – bedingungslos angenommen hat: durch Jesus Christus, nur aus Gnade hat er uns unsere Sünde vergeben, hat uns gerechtfertigt und führte unser Leben zur Heiligung.«[278]

Das Menschsein des Menschen ist unabhängig von allen Voraussetzungen, wie z.B. Lebensalter, Stand, Ethnizität. Daher werden die Kinder nicht als »unvollständige Erwachsene« und die Kindheit nicht als eine Vorbereitungsphase zum »eigentlichen« Leben gesehen, sondern das Leben der Kinder soll in seiner Gegenwärtigkeit ernst genommen werden[279]. Ein Schulprogramm formuliert diesen Anspruch in programmatischer Weise folgendermaßen:

---

276 Im religionspädagogischen Sprachgebrauch werden die Begriffe »Person« und »Subjekt« in der Regel normativ gebraucht und voneinander klar differenziert (Biehl 2003). »Person« bezeichnet den Menschen als Gottes Geschöpf und seine Gottebenbildlichkeit, dass der Mensch außer seiner selbst gründet und von daher bestimmt ist. »Subjekt« bezeichnet den Zielhorizont von Erziehung, Bildung, Selbstverwirklichung und Sozialisation, wobei die Betonung auf dem prozesshaften Charakter der »Subjektwerdung« liegt. Sie gilt als ein lebenslang andauernder, unabgeschlossener Prozess, der die immer neue Realisierung und Konkretisierung der dem Menschen gewährten Möglichkeiten einschließt. »*Subjekt muss der Mensch im Prozess seiner Bildung erst werden, Person ist er immer schon*« (Biehl 2003, 40.).

277 z.B. Sopron-Líceum 5, Budapest-Deák-tér 9, Győr 12, 41, Aszód 14, Sopron-Eötvös 12, 13, Kőszeg 18, Budapest-Sztehlo 32, Mezőberény 15, 20, Szarvas-Vajda 20, Sopron-Hunyadi 8, 16, Szombathely 3, Marcaltő 1, Budapest-Podmaniczky 18.

278 Nyíregyháza-Kossuth 8, Békéscsaba 20, Orosháza 5, Nyíregyháza-Túróczy 6, Szarvas-Benka 5.

279 z.B. Budapest-Fasor 10, Orosháza 7, Budapest-Sztehlo 182, Kiskőrös 52, Marcaltő 4.

»Das Kind bereitet sich zum Leben nicht vor, sondern lebt.«[280]

Weitere Schulprogramme betonen das Kindsein als eine besondere Form des Menschseins und gestehen dem Kind das grundsätzliche Recht auf Erziehung und Bildung zu[281].

»Jeder Mensch ist ein einzigartiges und einmaliges Geschöpf Gottes, ein unwieder-holbares Individuum. Da Jesus Christus uns die Kinder als Vorbild hinstellt, nehmen wir die Identität der Kinder besonders ernst! Wir müssen die Menschenwürde und die Freiheit des Kindes achten, wertschätzen und auf keinen Fall gefährden. Das Leben und die Persönlichkeit des Kindes sind unschätzbar wertvoll. Es ist ein Grundrecht des Kindes, dass es von seiner Geburt an eine solche Erziehung und Bildung [nevelés] bekomme, die seine Persönlichkeit bestmöglich entfaltet.«[282]

Die Subjektwerdung spricht einerseits die Erziehungs- und Bildungsbedürftig-keit sowie die Erziehungsfähigkeit und die Bildsamkeit des Menschen an, an-dererseits bezieht sie sich auf solche Aktivitäten und Prozesse, die diese Sub-jektwerdung fördern und fordern. Der Mensch ist auf Erziehung und Bildung angewiesen. Entwicklung, Erziehung und Bildung gehören zum Menschsein/ zum Kindsein selbst und zur Menschwerdung[283].

»Die uns anvertrauten Kinder sind für uns die Zeichen der Gnade Gottes, deren Leben und deren Persönlichkeit sich im Laufe einer christlichen Erziehung [nevelés] wirklich/ gänzlich entfalten kann.«[284]

Es ist zu beobachten, dass die Schulprogramme das Spannungsfeld »Menschsein bzw. Subjektwerdung des Menschen« ansprechen. Die Subjektwerdung des Menschen wird in Zielvorstellungen der Erziehungs- und Bildungsprozesse konkretisiert. Das Kindsein der Kinder wird bei den Grundprinzipien der Er-ziehungs- und Bildungsarbeit (z. B. Kindgemäßheit) berücksichtigt.

(2) Das Spannungsfeld »*Individualität bzw. Sozialität des Menschen*« spricht den interaktiv-wechselwirkenden Prozess zwischen Individuum und seinen Gemeinschaften und Gesellschaften an. Der Mensch wird als ein soziales Wesen verstanden, die Schule auch als ein soziales Umfeld gesehen[285].

»Der Mensch ist ein soziales Wesen. Viele Kinder fühlen sich in der Schule deswegen wohl, weil sie da Freunde haben, weil sie ihre Lehrerin mögen, weil sie in einer Gruppe

---

280 Marcaltő 4.
281 Sopron-Líceum 10, Budapest-Sztehlo 43, 182.
282 Budapest-Sztehlo 182.
283 Siehe Kapitel 8 »Zielvorstellungen« und Kapitel 10 »Erziehungs- und Bildungsverständnis«.
284 Nyíregyháza-Kossuth 9, Békéscsaba 21, Orosháza 6, Mezőberény 20–21, Kiskőrös 14, Nyír-egyháza-Túróczy 7–8, Szarvas-Benka 17.
285 z.B. Budapest-Fasor 10, 18, Sopron-Líceum 11, Budapest-Deák-tér 17, Békéscsaba 42, Aszód 22, Sopron-Eötvös 15–16, Kiskőrös 74–77.

sind, wo sie etwas zählen. Das Zugehörigkeitsgefühl, die Beziehung ist eines der wichtigsten Grundbedürfnisse des Menschen.«[286]

In der Entstehung und Entfaltung eines Individuums bekommen gerade die jeweiligen intersubjektiven Bezogenheiten und Teilhaben entscheidende Bedeutung[287].

»In der Identitätsbildung, in der Herausbildung eines Selbstbildes, in der Entwicklung der Kreativität und des Konfliktlösungspotenzials, in der Integration einer Gesellschaft spielen die Schulgruppen und Schulklassen eine entscheidende Rolle.«[288]

Jeder Mensch wird aber auch als einzigartiges und einmaliges Individuum verstanden, mit seinen eigenen Interessen, Fähigkeiten und Fertigkeiten, Bedürfnissen, Ansichten und Lebensentwürfen. Einige Schulprogramme sprechen in diesem Zusammenhang die Vielfalt von Individuen an und betonen sie als eine Bereicherung für die schulische Gemeinschaft[289].

»In diesem Sinne besteht ein oberstes Ziel der Erziehungs- und Bildungsarbeit nicht darin, die individuellen Besonderheiten verschwinden zu lassen oder in ihrer aggressiven Unterdrückung, sondern dass jedermann erkennt: Die Verschiedenheit bedeutet nicht notwendigerweise eine Vereinzelung, und die jeweiligen Besonderheiten stellen uns nicht der Gemeinschaft gegenüber, sondern diese stellen gerade eine Bereicherung dar.«[290]

Die Sozialität der Menschen wird in den Schulprogrammen als selbstverständlich angesehen und betont. Sie wird als zwischenmenschliche Beziehung in der Lehr- und Schulgemeinschaft sowie in den weiteren Gemeinschaften und in der Gesellschaft als Verantwortung für Andere, besonders für die Schwachen und für die Benachteiligten, und als eine Zielvorstellung der Erziehung zur sozialen Sensibilität thematisiert. Die Schulprogramme stellen heraus, dass in der heutigen Gesellschaft die Individualität, Selbstverwirklichung und der Egoismus des Menschen im Vordergrund stehen. Daher heben sie die Sozialität des Menschen hervor und unterstreichen eine Sichtweise, die die Mitmenschen, den Gemeinschaftssinn und die Verantwortung für Andere ernst nimmt und berücksichtigt[291].

»Unserer Ansicht nach ist es in der gegenwärtigen, stark individualisierten Welt wichtig zu betonen, dass man das Individuum darin unterweisen muss, wie es ein aktives Mitglied einer Gemeinschaft sein kann, wie es verantwortungsvoll Leitungspositionen

---

286 Orosháza 16.
287 Budapest-Fasor 18–19, Békéscsaba 42, Győr 11, Orosháza 11, 15–16.
288 Orosháza 11.
289 Budapest-Fasor 18, Kőszeg 42.
290 Budapest-Fasor 18.
291 z.B. Nyíregyháza-Kossuth 15, Győr 18–19, Orosháza 16–17, Kőszeg 31, Budapest-Sztehlo 63–64, Pápa 38.

übernehmen kann, da es in dieser, die Individualisation kultivierenden Welt dazu keine hinreichenden Modelle angeboten bekommt. Daher wollen wir eine solche Gemeinschaft verwirklichen, die ein würdiges und wünschenswertes Modell dieser Art anbietet.«[292]

(3) Beim Spannungsfeld »*Freiheit bzw. Determiniertheit des Menschen*« geht es um die Möglichkeit der Freiheit des Menschen. Die Grundbestimmung des Menschen wird in den Schulprogrammen von Gott her gesehen.

»Das Kind ist an erster Stelle ein von Gott bestimmtes, autonomes Wesen.«[293]

Damit wird das Angewiesensein des Menschen auf Gott genannt. Gleichzeitig wird einerseits ein naturalistischer Determinismus abgelehnt, der den Menschen durch seine Umwelt (äußere Bedingungen), durch seine Gene oder sein Nervensystem (innere Bedingungen) determiniert sieht. Andererseits wird ein theologisch-voluntaristischer Determinismus ebenso zurückgewiesen, der den Menschen als willensloses Opfer göttlichen Handelns versteht. Eine gewisse Freiheit wird dem Menschen zugeschrieben, eine Freiheit in den Grenzen des Geschöpfseins, die Gott zu verdanken ist[294].

»Wir, die durch die Gnade Gottes befreit sind, sind eine Gemeinschaft, die in Jesus Christus lebt, und wir arbeiten gemeinsam für eine gerechte, versöhnte und mit Gott im Einklang lebende Welt.«[295]

Diese Freiheit ist eine Befreiung zu Entscheidungen, zu verantwortungsvollem Handeln, zu einem selbstbestimmten Leben, zu Beziehungen, zur Nächstenliebe. Freiheit und Verantwortung werden in engem, untrennbarem Zusammenhang gesehen[296] und als ein wesentliches Merkmal evangelischer Identität bestimmt.

»Verantwortlich: Jesus Christus hat uns durch den Glauben dazu befreit, dass wir unsere Mitmenschen lieben und ihnen helfen. Die Verantwortung für die Gesellschaft und die Bewahrung der Schöpfung bilden organische Teile unserer evangelischen Identität.«[297]

Die Freiheit des Menschen bedeutet auch Entscheidungsfreiheit in Glaubensfragen. Die Schulprogramme erwähnen auch die Religionsfreiheit. Meistens weisen sie darauf aus juristischer Sicht hin: als ein menschliches Grundrecht, das

---

292 Budapest-Fasor 19.
293 Orosháza 7.
294 z.B. Sopron-Líceum 5, Nyíregyháza-Kossuth 9, 10, Győr 12, Mezőberény 14, 20.
295 Békéscsaba 20, Orosháza 5, Nyíregyháza-Túróczy 6, Szarvas-Benka 8.
296 z.B. Győr 9, Kőszeg 23, Mezőberény 14, 20, Pápa 13.
297 Nyíregyháza-Kossuth 8, Békéscsaba 20, Orosháza 5, Nyíregyháza-Túróczy 7, Szarvas-Benka 7. Diese Formulierung haben die Schulprogramme aus dem Orientierungsdokument »Evangelische Erziehungs- und Bildungsstrategie« von 2014 übernommen.

die konfessionellen Schulen zu berücksichtigen haben[298]. Nur einige Schulprogramme sprechen theologisch über die Religions- und Glaubensfreiheit, jedoch in etwas unklarer Weise[299].

»Unser tagtägliches Tun organisieren wir um unser Glaubensleben, dessen Grundprinzipien sind: ... (2.) Neben der konsequenten Erwartung von Loyalität bezüglich des kirchlichen Geistes der Schule, die repressionsfreie Glaubensentwicklung von SchülerInnen und LehrerInnen (Aspekte des Evangeliums).«[300]

(4) Das Spannungsfeld »*Gottesbezug bzw. kein Gottesbezug des Menschenbildes*« thematisiert, ob die Vorstellungen vom Menschen auf einen Gottesbezug verweisen. Die bisherige Analyse ist bereits auf die Geschöpflichkeit des Menschen und die Gottebenbildlichkeit des Menschen eingegangen[301]. Ein weiterer Gottesbezug des vorausgesetzten Menschenbildes evangelischer Schulen ergibt sich dadurch, dass der Mensch als von Gott erlöster und befreiter Mensch verstanden wird[302].

»Wir bekennen, dass jeder Mensch Gottes Geschöpf ist, dessen Erlöser Christus ist.«[303]

Der Mensch wird in seiner Beziehung zu Gott dahingehend verstanden, dass er als Repräsentant Gottes in der Welt lebt. Der von Gott geschaffene und erlöste Mensch hat die Aufgabe, Gott in der Welt zu vertreten, ihm zu dienen, ihn zu bezeugen und zu loben. Die Berufung des Menschen besteht darin, dass der Mensch sein Leben von Gott her und in der Gemeinschaft mit Gott versteht: als Zeuge und Diener Gottes in der Welt[304].

»Unsere gemeinsame Bestrebung besteht darin, dass wir nichts über Gott stellen, im Laufe unseres ganzen Lebens Gottes Nähe suchen und die Verwirklichung seines Willens auf uns nehmen.«[305]

Die eschatologische Ausrichtung des Menschen, dass der Mensch durch Gott und bei Gott geheiligt wird, deuten einige Schulprogramme mit folgender Formulierung an:

---

298 z.B. Budapest-Fasor 5, Budapest-Deák-tér 9, Bonyhád 6, 18, 19, Aszód 4, Sopron-Eötvös 6, Miskolc 6, Kőszeg 18, 117, Budapest-Sztehlo 9, Kiskőrös 14, Szarvas-Vajda 3, Alberti 7, Sopron-Hunyadi 7, Pápa 12, Szombathely 2, Soltvadkert 16.
299 Orosháza 8, Budapest-Sztehlo 36, Kiskőrös 36.
300 Budapest-Sztehlo 36.
301 Abschnitt 2.1 in diesem Kapitel.
302 z.B. Nyíregyháza-Kossuth 8, 10, Győr 12, Békéscsaba 20, Orosháza 5, Budapest-Podmaniczky 26.
303 Budapest-Deák-tér 9, Aszód 14, Budapest-Sztehlo 32, Mezőberény 15, Szarvas-Vajda 20.
304 z.B. Budapest-Fasor 5, Sopron-Líceum 5, Aszód 5, Kőszeg 12, Budapest-Sztehlo 152, Kiskőrös 56, Alberti 8, Sopron-Hunyadi 9, Pápa 15.
305 Nyíregyháza-Kossuth 9, Békéscsaba 21, Orosháza 5, Mezőberény 20, Nyíregyháza-Túróczy 7, Szarvas-Benka 16.

»Wir bezeugen, dass Gott uns – trotz unserer Schuld und Fehler – bedingungslos angenommen hat: durch Jesus Christus, nur aus Gnade hat er uns unsere Sünde vergeben, hat uns gerechtfertigt und führte unser Leben zur Heiligung.«[306]

Zwei Schulen verweisen auf den Gottesbezug des Menschenbildes ausschließlich bei der Behandlung ihrer Zielvorstellungen. Eine Schule setzt sich dabei zum Ziel, dass »*der Mensch Gott und seine Mitmenschen liebe*«[307]. Die andere Schule formuliert in ihrem Schulprogramm das Ziel, dass der Mensch »*in seinem ganzen Leben lang Gottes Nähe suche*«[308]. Eine Schule thematisiert ihre Vorstellung vom Menschen ohne konkreten Gottesbezug[309].

Die Tabelle 18 fasst die Analyseergebnisse zum Spannungsfeld »Gottesbezug bzw. kein Gottesbezug des Menschenbildes« zusammen:

Dimension: Spannungsfeld Gottesbezug bzw. kein Gottesbezug des Menschenbildes	
Dimensionale Ausprägung	**Schulen**
Der Mensch als Geschöpf Gottes	M2, M3, M5, M6, M7, M8, M9, M10, M12, M13, M14, M15, M16, G2, G3, G4, G6, G7, G8
Keine Erwähnung der Geschöpflichkeit des Menschen	M1, M4, M11, G1, G5, G9
Der Mensch als Gottes Ebenbild	M1, M2, M3, M5, M6, M7, M8, M9, M10, M12, M13, M14, M15, M16, G1, G2, G4, G5, G8
Keine Erwähnung der Gottebenbildlichkeit des Menschen	M4, M11, G3, G6, G7, G9
Der Mensch als Erlöster und Befreiter	M3, M5, M6, M7, M8, M10, M13, M15, M16, G2, G3, G4, G8
Keine Erwähnung der Erlösung/Befreiung des Menschen	M1, M2, M4, M9, M12, M14, G1, G5, G6, G7, G9
Bestimmung des Menschen als Repräsentant Gottes in der Welt	M1, M2, M5, M6, M7, M8, M9, M10, M12, M13, M14, M15, G1, G2, G3, G4, G5
Keine Erwähnung der Bestimmung des Menschen als Repräsentant Gottes	M3, M4, M11, M16, G6, G7, G8, G9
Heiligung des Menschen durch Gott	M5, M7, M10, G2, G4
Gottesbezug ausschließlich bei den Zielvorstellungen	M4, G9
Kein Gottesbezug	M11

Tabelle 18: Gottesbezug bzw. kein Gottesbezug des Menschenbildes

---

306 Nyíregyháza-Kossuth 8, Békéscsaba 20, Orosháza 5, Nyíregyháza-Túróczy 6, Szarvas-Benka 5.
307 Soltvadkert 7.
308 Bonyhád 18.
309 Miskolc.

7.4 Grenzen und Scheitern des Menschen

Die Eigenschaft »Grenzen und Scheitern des Menschen« thematisiert, *ob und wie die Schulprogramme die Fragmentarität und Verfehlung menschlicher Existenz ansprechen.* Die Fehlbarkeit und die Grenzen menschlichen Lebens bringen mehrere Schulprogramme zur Sprache, aber in eher knappen Hinweisen. In den Texten wird überwiegend die gleiche Terminologie verwendet und die Grenzen und das Scheitern des Menschen werden mit dem Begriff »Fehler« [hiba] bezeichnet. Diese Terminologie legt nahe, den Begriff einerseits auf der persönlichen, zwischenmenschlichen und gesellschaftlichen Ebene zu deuten, und ihn andererseits ethisch als Fehlverhalten des Menschen zu interpretieren.

Trotz dieser Terminologie wird in einer Reihe von Texten der »Fehler« des Menschen zusammen mit einem Gottesbezug, also in einer theologischen Perspektive verstanden. Es ist dabei zu beobachten, dass der Blick auf die pädagogischen Umgangsformen im Mittelpunkt steht. Angemessene Umgangsformen werden mit dem Scheitern gesucht bzw. geschildert, während die theologisch-anthropologischen Grundlagen eher als Begründungen für pädagogische Handlungen und Haltungen zur Sprache kommen. Die Schulprogramme benennen die folgenden pädagogischen Umgangsformen:

- *Wahrnehmung der Grenzen und des Scheiterns des Menschen*[310]. Die Lehrpersonen sollen sich bemühen, die SchülerInnen samt ihren Grenzen und ihrer Gebrochenheit wahrzunehmen. Ebenso wird auf die Grenzen und Fehler der Lehrperson selbst hingewiesen, die sich »*ihrer Fragmentarität bewusst ist*« und »*ihre ganze Persönlichkeit mit ihren Grenzen vor den SchülerInnen verantworten soll*«[311].

»Unser Ziel besteht darin, dass wir unsere SchülerInnen mit ihren guten Eigenschaften und ihren Fehler kennenlernen.«[312]

- *Annahme jedes einzelnen Schülers* samt seinen Fähigkeiten und Fehlern[313]. Hier werden nur solche Erwähnungen der Annahme eines jeden Schülers berücksichtigt, insofern die Schulprogramme die Annahme in Verbindung mit den Fehlern und dem Scheitern des Menschen ansprechen oder fordern.

---

310 z.B. Sopron-Líceum 12, Budapest-Deák-tér 9, Kőszeg 40.
311 Győr 20, Aszód 16, Orosháza 12, 48, Budapest-Sztehlo 34, Mezőberény 22, Szarvas-Vajda 22, Nyíregyháza-Túróczy 13.
312 Sopron-Líceum 12.
313 z.B. Aszód 29, Orosháza 5, Miskolc 27, Budapest-Sztehlo 39, Szarvas-Vajda 34, Pápa 44.

»Jedes Kind ist ein Geschenk Gottes, aus seinen Händen nehmen wir es an, mit seinen Fähigkeiten und Fehlern.«[314]

Die bedingungslose Annahme eines jeden Menschen wird schöpfungstheologisch und christologisch begründet.

»Wir bezeugen, dass Gott uns alle – trotz unserer Schuld und Fehler – bedingungslos angenommen hat. Durch Jesus Christus hat er uns alle unsere Sünden vergeben, hat uns gerechtfertigt und führte unser Leben zur Heiligung.«[315]

Das Leben aus der Vergebung wird hier angesprochen. Die LehrerInnen werden aufgefordert, in der Schule ein solches Leben mit gegenseitiger Entschuldigung, Reue und Vergebung zu praktizieren und dieses auch den SchülerInnen zu vermitteln[316].

»Wir erwarten von den Kindern den Respekt, aber die LehrerInnen sollen die Kinder auch respektieren. Das kann jede humanistische Schule ebenso praktizieren. In einer christlichen Schule besteht die Grundlage des gegenseitigen Respekts aber in Folgendem: Wir haben einen gemeinsamen Vater, den schöpferischen Gott. Wir sind alle durch Jesus Christus erlöst, wir sind einander Geschwister. Wir können Fehler machen, die Erwachsenen ebenso wie die Kinder. Wir können aber Vergebung erhalten und wir können einander vergeben.«[317]

Die Möglichkeit der menschlichen Vergebung wird wiederum theologisch begründet. »*Die gnädige Menschenliebe Gottes*«[318] fordert den Menschen zu einem liebevollen Miteinander auf. Diese pädagogische Haltung, die aus der theologischen Grundlegung folgt und in ihr wurzelt, wird als ein Mehrwert in der Erziehungs- und Bildungsarbeit der Schule gesehen.

»Es bedeutet einen entscheidenden Mehrwert, dass unsere LehrerInnen den christlichen Werten verpflichtete Menschen sind. Sie wenden sich – aufgrund ihres Glaubens an Jesus Christus – an die ihnen vertrauten Kinder mit Nächstenliebe, Geduld und Vergebung.«[319]

Die theologischen Grundlagen – bedingungslose Menschenliebe Gottes, Erlösung, Leben aus der Vergebung – drücken sich pädagogisch in der Annahme jedes einzelnen Schülers – mit und trotz seiner Grenzen und seines Scheiterns – aus.

---

314 Győr 41.
315 Nyíregyháza-Kossuth 8, Békéscsaba 20, Orosháza 5, Nyíregyháza-Túróczy 6, Szarvas-Benka 5.
316 z.B. Sopron-Líceum 8, Budapest-Deák-tér 10, Győr 20, Békéscsaba 52, Aszód 16, 28, Orosháza 7, 12, 48, Budapest-Sztehlo 34, Szarvas-Benka 192.
317 Orosháza 48.
318 Nyíregyháza-Kossuth 10.
319 Békéscsaba 52, Aszód 28.

- Als Umgang mit dem Scheitern werden auch die *Bemühungen um das Beheben des Scheiterns* thematisiert[320]. Falls es konkretisiert wird, wird das Scheitern in diesem Fall ethisch – als Fehler, als Mangel, als »falsche Eigenschaft« – interpretiert. In Bezug auf die SchülerInnen bedeuten die Erfolge oder Misserfolge im Bildungsprozess auch die Kriterien des Scheiterns.

»Das Ziel der Erziehung besteht darin, dass sich die Persönlichkeit der Kinder in die richtige Richtung entwickelt. Bei dieser Arbeit sollen wir bestimmte Eigenschaften kräftigen, andere aber »abschneiden« oder ersetzen. In jedem Fall sollen aber die Hauptcharakterzüge der Einzelperson berücksichtigt werden, und unter Rücksichtnahme auf sie sollen die Aufgaben bestimmt werden. In jedem Menschen ist etwas Wertvolles. Das sollen wir erkennen, und unter dessen Berücksichtigung sollen wir die Eigenschaften, die in die falsche Richtung lenken wollen, stutzen.«[321]

- Als Prävention und Bewältigung des Scheiterns erwähnen die Schulprogramme die *individuelle, personzentrierte Begleitung*[322]. Die Schule soll anstreben, dass jeder Schüler/jede Schülerin Erfolgserlebnisse bekommt, auch diejenigen, die im Lernen oft Misserfolge haben. Besondere Aufmerksamkeit und Unterstützung sollen diejenigen SchülerInnen bekommen, die schwächer sind, die unter schwereren Umständen leben als ihre MitschülerInnen. Die Beurteilungskriterien sollen subjektorientiert, »*nach Maßgabe der Fähigkeiten und Gegebenheiten der SchülerInnen*« sein, und die Schule soll sich darum bemühen, dass »*die Kinder nicht unangemessen viel an Belastung erfahren*«[323].

»Ein Ziel der Schule ist das Prinzip des Erfolgserlebnisses für alle. Dieses Prinzip kann z. B. bei der Störung der Integration Unterstützung leisten. Dieses Prinzip wird bei den Beurteilungskriterien der Schule angewendet, demzufolge die relative Leistung und Verbesserung auch belohnt werden.«[324]

- Im Umgang mit dem Scheitern bekommen die Schulgemeinschaft und die Schülerschaft eine wichtige Rolle[325]. Sie werden als *solidarische und tragende Gemeinschaften* gesehen. Es wird ein »*annehmendes Schulklima*« angestrebt, in dem die scheiternden Menschen »*mit Liebe und mit Menschlichkeit*«[326] angenommen und akzeptiert werden.

---

320 Győr 11, Kőszeg 40, Nyíregyháza-Túróczy 132, Sopron-Hunyadi 18, Pápa 51.
321 Marcaltő 24.
322 z.B. Budapest-Fasor 16, 22, Győr 29, Sopron-Eötvös 28, Kőszeg 19, 40, Alberti 35, Sopron-Hunyadi 20–23, Pápa 61, Marcaltő 34–35, Budapest-Podmaniczky 66–67, Soltvadkert 74–78.
323 Sopron-Líceum 12, Aszód 30–31, 99, Nyíregyháza-Kossuth 26, Budapest-Sztehlo 38, Szarvas-Vajda 35.
324 Aszód 31–32, Szarvas-Vajda 33.
325 Sopron-Líceum 12, Budapest-Deák-tér 17, Orosháza 22, Miskolc 27, Szarvas-Vajda 34.
326 Sopron-Líceum 12, Miskolc 27.

»Die Mehrheit unserer SchülerInnen behauptet sich, aber wie die Erfolge unserer SchülerInnen einen gemeinsamen Wert bilden, so gilt es auch, die eventuellen Misserfolge ebenso miteinander zu teilen. Zwei Grundelemente dieser Arbeit sind die Stärkung des annehmenden Schulklimas und die Kooperation mit unseren Problemschülern. Die Basis der Kooperation besteht darin, die hinter dem Verhalten verborgene Aussage zu erkennen.«[327]

- In einigen Schulprogrammen findet sich kein Hinweis auf das Scheitern des Menschen in theologischer Sicht, in der die überpersönliche Dimension des gestörten Gottesverhältnisses – im Sinne einer Allgemeinheit und Unausweichlichkeit – angesprochen wird[328].

Aus dieser Zusammenstellung ist erkennbar, dass die Schulprogramme die Grenzen und das Scheitern des Menschen unterschiedlich verstehen. Einige Aussagen deuten die Grenzen und die Verfehlung des Menschen mit einem gestörten Gottesbezug, der zum Menschsein gehört und von Menschen nicht aufhebbar ist. In diesen Aussagen bekommt die Vergebung einen wichtigen Stellenwert. Demgegenüber spiegeln andere Aussagen ein humanistisches Menschenverständnis wider, wonach der Mensch in seinem Wesenskern gut ist und demzufolge ein ständiges Streben nach dem Guten die Behebung von Scheitern ermöglicht. In solchen Aussagen verliert der Sündenbegriff seine religiöse Bedeutung und wird auf die moralische bzw. juristische Ebene verschoben.

7.5 Zusammenfassung: »Christliches Menschenbild« als Voraussetzung der Erziehungs- und Bildungsarbeit

In diesem Kapitel wurde das vorausgesetzte Menschenbild von Schulen in evangelischer Trägerschaft in Ungarn analysiert. Mehrere Menschenbild-Elemente wurden herausgearbeitet und ihre Charakteristika dargestellt. Es ist festzustellen, dass in den Schulprogrammen nur wenige explizite Hinweise auf das zugrundeliegende Menschenbild enthalten sind. Die Frage »Wer ist der Mensch?« wird überwiegend in indirekter Form beantwortet. Die Menschenbild-Elemente kommen bezüglich der Erziehungs- und Bildungsarbeit und im Blick auf die Zielvorstellungen für das pädagogische Handeln zur Sprache. Das zugrundeliegende Menschenbild hat in den Schulprogrammen die Funktion, die Einstellungen und pädagogischen Handlungen zu begründen. Das Wesen des Menschen wird grundsätzlich theologisch bestimmt: durch den Gottesbezug,

---

327 Sopron-Líceum 12.
328 Budapest-Fasor, Bonyhád, Sopron-Eötvös, Kiskőrös, Alberti, Sopron-Hunyadi, Szombathely, Marcaltő, Budapest-Podmaniczky, Soltvadkert.

bzw. die Geschöpflichkeit und Gottebenbildlichkeit des Menschen. Daraus werden Konsequenzen für die Prinzipien und die Praxis von Erziehung und Bildung abgeleitet.

Die Gottebenbildlichkeit des Menschen wird überwiegend als Beziehung und Beziehungsmöglichkeit zu Gott verstanden. Diese Ansicht stimmt mit den gängigen biblisch-exegetischen und systematisch-theologischen Deutungen überein, nach denen die bestehende Gottesrelation den Gottebenbildlichkeitsbegriff ausmacht[329]. Einige Schulprogramme definieren die Gottebenbildlichkeit durch die Eigenschaften, dass der Mensch kognitive Fähigkeiten und ethische Urteilsfähigkeit besitzt. Dieser Wesensähnlichkeits-Gedanke, der einzelne Eigenschaften des Menschen hervorhebt und die »Imago Dei« in diesen Eigenschaften begründet sieht, entspricht einem anderen, früheren Interpretationsansatz der Gottebenbildlichkeit. Dabei werden diese Eigenschaften aber nicht mehr als Grundaussage, sondern höchstens als Implikation der Gottebenbildlichkeit verstanden[330].

Für das Verständnis des Menschen ist die Gottesbeziehung von grundlegender Bedeutung. Den Gottesbezug des Menschen thematisieren mit einer Ausnahme alle Schulprogramme. Mit der Geschöpflichkeit und der Gottebenbildlichkeit des Menschen werden weitere Relationen und Eigenschaften herausgestellt, die das Verhältnis des Menschen zur Welt – insbesondere zu seinen Mitmenschen – und zu sich selbst bestimmen und prägen. Dabei kommen die Würde jedes einzelnen Menschen, der Herrschaftsauftrag des Menschen als Repräsentant Gottes in der Welt, die Freiheit des Menschen in Christus, die Einzigartigkeit als Individuum und die Sozialität des Menschen zur Sprache.

Die Gottebenbildlichkeit ist ein Begriff, der schöpfungstheologische sowie christologische und eschatologische Aspekte umfasst. Die schöpfungstheologische Dimension findet ihre Verwirklichung in der Christologie und in der Eschatologie. Mehrere Schulprogramme berufen sich in diesem Sinne auf anthropologische Aussagen, die aus der Christologie abgeleitet sind: Erlösung, gemeinschaftliches Sein in Christus, Christus als Bild des vollkommenen Menschseins. Die eschatologische Dimension menschlicher Existenz – das Ganzsein im ewigen Leben vor Gott mit der ganzen Schöpfung – bleibt eher unberücksichtigt.

Ein weiterer Zentralbegriff anthropologischer Grundaussagen von evangelischen Schulen ist die Ganzheitlichkeit. Die Schulprogramme verwenden ihn undifferenziert und überwiegend in indirekter Form. Der Begriff ist bezogen entweder auf den ganzen Menschen, auf den sich die Erziehungs- und Bil-

---

329 Moxter 2006, Liedke 2009, Härle [4]2012, 440 ff.
330 Die Auslegungsgeschichte der Gottebenbildlichkeit verweist auf mehrere Eigenschaften, die die Gotteben-bildlichkeit des Menschen ausmachen sollen, wie z. B. die menschliche Vernunft, die Sprache, das Selbstbewusstsein des Menschen, die Gattungszugehörigkeit, die Morphologie (Waap 2008, 35 ff., Mohr, 2011, 179 ff.).

dungsarbeit richtet, oder auf das menschliche Idealbild, auf das die Erziehungs- und Bildungsarbeit ausgerichtet ist. Wenn die Ganzheitlichkeit in den Texten näher bestimmt wird, dann werden die sozialen und ethischen Merkmale und Potentiale des Menschen hervorgehoben. Die kognitiven und leiblichen Aspekte bleiben im Hintergrund oder werden gar nicht erwähnt. Einige Aussagen verweisen auf einen transzendenten Bezug – z. B. der ganze Mensch als Geschöpf Gottes –, aber die Ganzheitlichkeit bleibt in diesen Fällen ein Schlagwort. Eine einzige Fundstelle spricht die Ganzheitlichkeit des Menschen bezogen auf Christus an. Die inhaltlich problematische Formulierung vermischt aber theologische und pädagogische Kategorien, sie leitet das pädagogische Ziel aus theologischen Argumenten ab und landet letztendlich auf der ethischen Ebene.

Die Dimensionen und Spannungsfelder menschlicher Existenz beschreiben grundlegende Elemente des Menschseins und die dynamischen Polaritäten dieser Menschenbild-Elemente. Das Spannungsfeld »Menschsein bzw. Subjektwerdung des Menschen« thematisiert die gegenwärtige und künftige Bestimmung des Menschen und deren Spannungen.

Das Spannungsfeld »Individualität bzw. Sozialität des Menschen« spricht die Angewiesenheit des Menschen auf Beziehungen einerseits sowie sein einzigartiges und autonomes Subjekt-Sein andererseits an. Angesichts einer starken Individualisierung in modernen Gesellschaften sehen mehrere Schulprogramme den sozialen Zusammenhalt und die Fähigkeit zu sozialer Bereitschaft des Menschen gefährdet. Eine konsequente Betonung und Förderung sozialer Kompetenzen und der Sensibilität von SchülerInnen möchte diesen Tendenzen entgegenwirken und die Individualität des Menschen in ihren und durch ihre Beziehungen thematisieren.

Das Spannungsfeld »Freiheit bzw. Determiniertheit des Menschen« fragt nach den Möglichkeiten und Grenzen der Freiheit des Menschen. Die Schulprogramme sehen die Freiheit als ein Wesensmerkmal des Menschen, das aber von Gott bestimmt ist und Gott zu verdanken ist. Die Freiheit des Menschen stellt ein wesentliches Merkmal evangelischer Identität dar, sie ist aber immer mit Verantwortung verbunden.

Das Spannungsfeld »Gottesbezug bzw. kein Gottesbezug des Menschenbildes« thematisiert, ob die von den Schulprogrammen vorausgesetzten Menschenbilder den Menschen mit oder ohne die Erwähnung und Berücksichtigung der Gottesbeziehung des Menschen zur Sprache bringen. Der Gottesbezug des Menschen wird durch seine Geschöpflichkeit, Gottebenbildlichkeit, Erlösung und Bestimmung charakterisiert. Einige Schulprogramme fügen noch die Hoffnung auf die eschatologische Vollendung hinzu. In einem Schulprogramm wird der Mensch ohne die Erwähnung einer Gottesbeziehung dargestellt.

Die Fragmentarität und die Verfehlung menschlicher Existenz werden von mehreren Schulprogrammen erwähnt. Einige Schulprogramme beinhalten aber keine Aussagen zu Grenzen, Sünde und Schuld des Menschen. Wenn das Thema angesprochen wird, wird fast durchgängig der Begriff »Fehler« angewendet. Diese Terminologie enthält in sich die Gefahr, dass der Themenkomplex seine religiöse Bedeutung verliert und ausschließlich auf der moralischen bzw. juristischen Ebene interpretiert wird.

Beim Themenkomplex »Grenzen und Scheitern des Menschen« stehen die pädagogischen Umgangsformen mit den »Fehlern« von Menschen im Mittelpunkt. Damit wird die Schuldthematik vorrangig aus der Perspektive der Überwindung betrachtet. Die Wahrnehmung von Grenzen und Scheitern des Menschen buchstabiert die Absage einer Unschuldsvermutung und die Bereitschaft, die Fragmentarität, Verfehlung und Grenzen menschlicher Existenz anzuerkennen. Die bedingungslose Annahme jedes Menschen wird insofern theologisch begründet, dass jeder Mensch aus der Sündenvergebung, in einer von Gott geschenkten Existenz lebt. In weiteren Textaussagen, die auf eine theologische Deutung keinen Bezug nehmen, geht es um pädagogische Bemühungen, die auf das Beheben des Scheiterns und auf die Prävention durch individuelle, personzentrierte Begleitung abzielen. Bei der Überwindung und beim Tragen des Scheiterns bekommen die solidarischen und tragenden (Schul-)Gemeinschaften eine wesentliche Bedeutung.

Es ist anzumerken, dass sich an einigen Stellen der Schulprogramme theologisch problematische Äußerungen finden, wie z.B. die Interpretation der Gottebenbildlichkeit als grenzenlose kognitive Erkenntnisfähigkeit und unfehlbare ethische Urteilsfähigkeit, ferner die Idealvorstellungen bezüglich der Ganzheitlichkeit des Menschen sowie die geringe bzw. ethische Dimensionierung der Grenzen, Bruchstückhaftigkeit und Zerbrechlichkeit menschlicher Existenz. Ebenso ist der theologische Dominanzanspruch gegenüber der Pädagogik kritisch anzufragen, insofern aus theologischen Erkenntnissen und Prämissen pädagogische Einstellungen, Handlungen und Zielperspektiven unmittelbar abgeleitet werden[331]. Damit werden Aussagen zu Erziehung und Bildung als eine Deduktion von Theologie und theologischer Anthropologie verstanden. Pädagogische Maßnahmen lassen sich aber nicht unmittelbar aus der Anthropologie bzw. theologischer Anthropologie ableiten[332].

Welche Vorstellungen vom Menschen haben die evangelischen Schulen in Ungarn? Mit der Ausarbeitung der Eigenschaften und Dimensionen des vorausgesetzten Menschenbildes von Schulen in evangelischer Trägerschaft in Ungarn wurde der erste Teil dieser Fragestellung in den Blick genommen. Die Rekonstruktion der Menschenbild-Elemente, die die Ziel- und Leitvorstellungen

---

331 Dressler 2006, Schweitzer 2006, 267 ff., Englert 2008, Schröder 2012, 264 ff.
332 EKD 2003, 60.

dieser Schulen beinhalten, bildet den zweiten Schritt zur Beantwortung dieser Fragestellung.

8. Kategorie 2: Zielvorstellungen von Schulen in evangelischer Trägerschaft in Ungarn

Die Analyse der Schulprogramme hat die *Zielvorstellungen von Schulen in evangelischer Trägerschaft* als eine Konsequenz des Phänomens »Selbstverständnis evangelischer Schulen« rekonstruiert. Das Erziehungs- und Bildungsverständnis sowie das Profil evangelischer Schulen schlagen sich in den Zielvorstellungen der Schulen nieder. Im folgenden Abschnitt wird daher der Frage nachgegangen: *Welche Zielvorstellungen haben die evangelischen Schulen in Ungarn?*

In den Zielformulierungen sind jeweils Elemente des Menschenbildes enthalten, die implizit oder explizit die anthropologische Grundeinstellung ausdrücken, die in der jeweiligen Schule als wichtig angesehen wird. Ebenso besteht eine enge Verbindung zwischen den Zielvorstellungen einer Schule und ihrem Erziehungs- und Bildungsverständnis. Die Erziehungs- und Bildungsziele legen offen, wozu die Erziehungs- und Bildungsarbeit die SchülerInnen befähigen soll und welches Verständnis von Erziehung und Bildung der schulischen Arbeit jeweils zugrunde liegt.

Die Zielformulierungen der Schulprogramme haben daher eine zweifache Ausrichtung: Sie fokussieren einerseits auf die Zielsetzungen und Aufgaben der Erziehungs- und Bildungsarbeit der Schule, andererseits lassen sie die in Leitbildern formulierte Vision des Menschen erkennbar werden. Diese zwei formalen Dimensionen von Zielsetzungen stehen dabei in einer engen inhaltlichen Verknüpfung miteinander. Es ist aber auffällig, dass in den Schulprogrammen häufiger das intendierte Idealbild des Menschen dargelegt wird als die Zielsetzungen der Schule.

Die Charakteristika der Zielvorstellungen evangelischer Schulen können in fünf Themenbereiche zusammengefasst werden, die – nach der Methodik der Grounded Theory – die Eigenschaften der Kategorie »Zielvorstellungen von Schulen in evangelischer Trägerschaft« bilden. Die zweifache Benennung der Eigenschaften dieser Kategorie drückt die oben erwähnte Zweipoligkeit der Zielvorstellungen aus. Die fünf herausgearbeiteten Elemente der Zielvorstellungen sind:

1. Leistungsfähige Schule – Der (aus)gebildete Mensch,
2. Ganzheitliche Schule – Der mit sich selbst harmonische Mensch,
3. Beitrag für die Gesellschaft – Der verantwortliche Patriot/Europäer,
4. Werteorientierte Schule – Der ethisch mündige Mensch,
5. Christliche Schule – Der christlich-religiöse, glaubende Mensch.

Es ist anzumerken, dass die einzelnen Zielvorstellungs-Elemente nur theoretisch voneinander isolierbar sind. Sie sind miteinander verflochten, ebenso wie das bei den im vorherigen Kapitel behandelten Elementen des Menschenbildes der Fall war. Die beiden Kategorien – das vorausgesetzte Menschenbild als eine ursächliche Bedingung und die Zielvorstellungen als eine Konsequenz des Phänomens »Selbstverständnis evangelischer Schulen« – stehen miteinander in einer engen Verknüpfung. Beide befassen sich mit Menschenbild-Vorstellungen, die als Voraussetzungen oder als Zielvorstellungen der Erziehungs- und Bildungsarbeit an den Schulen bzw. als die (erwünschten) Ergebnisse der Erziehungs- und Bildungsarbeit an den Schulen anzusehen sind.

Die Zielvorstellungen können aber ebenso als ursächliche Bedingungen verstanden werden, die als Voraussetzungen der Erziehungs- und Bildungsarbeit definiert sind. Dass die beiden Kategorien – ursächliche Bedingungen und Konsequenzen – nahe beieinander sind und »die »Konsequenzen« in einer Modellstruktur ... sinnvoll auch »Bedingungen« in einer nächsten darstellen«[333] können, darauf weisen die Methodenbeschreibungen und Methodenanalysen der Grounded Theory hin[334]. In dieser Arbeit – mit der Verwendung eines so zusammengefügten Kodierparadigmas[335] – sind die beiden Kategorien sowohl inhaltlich als auch kasuistisch gut trennbar. Eine enge Verknüpfung zwischen den beiden Kategorien ist aber naturgemäß vorhanden.

Die Tabelle 19 fasst die Ergebnisse der Analyse zur Kategorie »Zielvorstellungen von Schulen in evangelischer Trägerschaft« zusammen.

---

333 Breuer ²2010, 87.
334 Diesen Hinweis findet man schon in der Methodenbeschreibung von Strauss/Corbin: »Die Konsequenzen der einen Handlungsreihe können zu einem Teil der Bedingungen (als Kontext oder intervenierende Bedingungen) werden, die die nächste Handlungs- und Interaktionsreihe einer Handlungsfolge beeinflussen – oder sogar ein Teil der Bedingungen, die eine ganz andere Handlungsfolge auslösen.« (Strauss/Corbin 1996, 85).
335 Siehe Kapitel 6.

Kategorie 2: Zielvorstellungen von Schulen in evangelischer Trägerschaft
Eigenschaften und ihre Dimensionen
1. **Leistungsfähige Schule – Der (aus)gebildete Mensch**   *Qualifikation und Ausbildung – Forderung guter und exzellenter Leistungen – bestmögliche, individuelle Förderung – Vermittlung anwendbaren Wissens und von Kompetenzen – Vermittlung einer umfassenden Allgemeinbildung – Entwicklung schöpferisch-kreativen Denkens – Vorbereitung zum Schulabschluss/Abitur – Vorbereitung auf weiterführende Studien – Vorbereitung auf die Berufswahl/auf das Berufsleben – Bereitschaft zum lebenslangen Lernen*
2. **Ganzheitliche Schule – Der mit sich selbst harmonische Mensch**   *Selbstbestimmte und eigenverantwortliche Lebensführung – Selbsterkenntnis und Selbstreflexion – Persönlichkeitsentfaltung/Identitätsbildung – soziale Beziehungsfähigkeit – persönliche Lebenszufriedenheit*
3. **Beitrag für die Gesellschaft – Der verantwortliche Patriot/Europäer**   *Bildung und Entwicklung eines nationalen Identitätsbewusstseins – positive Haltung und Zugehörigkeitsgefühl zu Europa – Achtung und toleranter Umgang mit Differenzen – Gesellschaftliches bzw. politisches Engagement – Fähigkeit und Bereitschaft zur Übernahme sozialer Verantwortung – Verantwortungsbewusster Umgang mit der Umwelt und mit den natürlichen Ressourcen*
4. **Werteorientierte Schule – Der ethisch mündige Mensch**   *Materiale Wertevermittlung – Vermittlung christlicher Werte – Wertebezogenheit – Selbstständige Werteklärung – Ethisches Urteilen auf der Grundlage fundamentaler moralischer Werte – Ethische Urteilsfähigkeit auf der Grundlage christlicher Ethik – Selbstbestimmte ethische Urteilsfähigkeit – Selbstbestimmtes ethisches Handeln und ethisch verantwortete Lebensführung – Ethisches Handeln und ethisch verantwortete Lebensführung auf der Grundlage christlicher Ethik – Religiöse Rückbindung des Ethischen*
5. **Christliche Schule – Der christlich-religiöse, glaubende Mensch**   *Identifikation mit einem christlichen Selbst-, Welt- und Gottesverständnis – Dienst an Gott und Mitmenschen – Anerkennung und Wertschätzung christlicher Religion und evangelischer Kirche – Gemeindemitgliedschaft/Kirchenmitgliedschaft – Aneignung einer kirchlich-religiösen Praxis – Ökumenische bzw. religiöse Offenheit und Toleranz*

Tabelle 19: Kategorie 2 »Zielvorstellungen von Schulen in evangelisch-lutherischer Trägerschaft«

8.1 Leistungsfähige Schule – Der (aus)gebildete Mensch

Die evangelisch-lutherischen Schulen in Ungarn haben das Ziel, gute, leistungsfähige Schulen zu sein, die ihren SchülerInnen die bestmögliche *Qualifikation und Ausbildung* bieten und sie damit auf ihren zukünftigen Bildungs- und Lebensweg vorbereiten. Hier steht das Ziel der intellektuellen Reife im Mittelpunkt: der (aus)gebildete Mensch.

>»[Unsere SchülerInnen] sollen gebildet und intelligent sein, gegenüber sich selbst und gegenüber anderen anspruchsvoll sein sowie aufmerksame und kundige RezipientInnen der Künste und Wissenschaften sein. Sie sollen Anspruch auf Selbstbildung haben,

über eine umfassende und spezifische Bildung verfügen, zum lebenslangen Lernen und zu neuen Kenntnissen motiviert sein.«[336]

Als gute, leistungsfähige Schulen haben die evangelischen Schulen das Ziel, dass sie von ihren SchülerInnen *gute bzw. exzellente Leistungen fordern*[337].

> »Das Evangelische Gymnasium »Petőfi Sándor« in Bonyhád möchte eine Schule sein, die in der Begabtenförderung eine herausragende Rolle einnimmt. Auf diesem Gebiet hat die Schule eine beachtliche Tradition. In dieser Ausrichtung stimmen die Erwartungen des schulischen Umfelds und die Absichten des Lehrerkollegiums überein.«[338]

Das Erfordernis guter bzw. exzellenter Leistungen bedeutet zugleich die bestmögliche, *individuelle Förderung der Leistungsfähigkeit und Leistungsbereitschaft aller SchülerInnen*[339]. Neben der Begabtenförderung setzen sich evangelische Schulen auch ausdrücklich das Ziel der Förderung von benachteiligten und mehrfach benachteiligten SchülerInnen sowie ihre Integration in die Gesellschaft.

> »Das Ziel der Schule besteht darin, dass die Leistungen der benachteiligten bzw. mehrfach benachteiligten SchülerInnen gesteigert werden und ihre gesellschaftliche Integration sichergestellt wird.«[340]

Das (Aus)Gebildetsein, die intellektuelle Reife definieren die Schulprogramme einerseits im Blick auf berufliche Qualifikationen und gesellschaftliche Erwartungen und andererseits im Blick auf eine umfassende Allgemeinbildung. Hinsichtlich Beruf und Gesellschaft geht es um *anwendbares Wissen* und *brauchbare Kompetenzen,* die die SchülerInnen befähigen, den Erwartungen der Gesellschaft und des Berufslebens zu entsprechen, die gegenwärtigen und zukünftigen Herausforderungen zu bestehen und eine erfolgreiche Lebensführung zu praktizieren[341].

> »Das Ziel unserer pädagogischen Tätigkeit besteht darin, dass unsere SchülerInnen solche Fähigkeiten und Fertigkeiten entwickeln, die es ihnen ermöglichen, den Erwartungen unserer Zeit zu entsprechen und zugleich in ihren sozialen Beziehungen als ein in sich ruhender Mensch ein Leben mit einer Sinnperspektive zu führen. Deshalb bestehen unsere Ziele darin (...), dass die SchülerInnen über anwendbares Wissen, die Fähigkeit zu lebenslangem Lernen sowie über die nötigen Kompetenzen zum persön-

---

336 Budapest-Fasor 5.
337 z.B. Budapest-Fasor 7, Sopron-Líceum 4, 16–17, Budapest-Deák-tér 15–16, Bonyhád 12, 31–35, Mezőberény 39–40, 58, Szombathely 6.
338 Bonyhád 35.
339 z.B. Budapest-Deák-tér 10, Nyíregyháza-Kossuth 10, 36, Győr 34, Aszód 15, 30–31, Budapest-Sztehlo 32, Szarvas-Vajda 20, Marcaltő 18–19.
340 Győr 34.
341 z.B. Sopron-Eötvös 7, Alberti 10, Marcaltő 8, Budapest-Podmaniczky 89, Soltvadkert 18.

lichen Vorankommen und für Chancengleichheit, d. h. für die gleichen Möglichkeiten für eine erfolgreiche Integration in die Gesellschaft verfügen.«[342]

Das Gebildetsein wird andererseits als *eine umfassende Allgemeinbildung* verstanden. Diese wird im Einklang mit der Persönlichkeitsbildung – unter Einschluss ethischer Reifung – und mit der gegenwärtigen Lebenswirklichkeit gesehen und zeichnet sich durch einen reflexiven Charakter aus[343].

>»Unser Ziel besteht darin, eine solche zeitgemäße naturwissenschaftliche, geistes- und sozialwissenschaftliche Bildung und ein entsprechendes Wertesystem herauszubilden, die die SchülerInnen darauf vorbereiten und dazu befähigen, dass sie ihre – natürlichen und gesellschaftlichen – Wirklichkeitsverhältnisse verstehen und Alternativen für aktive Handlungsformen erkennen.«[344]

Diese beiden Sichtweisen werden nicht als Gegensätze, sondern sich auf komplementäre Weise ergänzende Aspekte verstanden. Die Besonderheit evangelischer Schulen wird darin gesehen, dass diese ein zeitgemäßes, anwendbares Qualitätswissen und eine Allgemeinbildung mit sozialen und individuellen Dimensionen, aber auch mit nicht direkt verwertbaren Bildungsinhalten anstreben. Dabei sollen diese Bildungsinhalte mit ethischen und religiösen Fragestellungen und Sichtweisen verknüpft und diese Aspekte aufeinander bezogen sein[345].

>»Die Schule möchte zur Wissenschaft, zur Gemeinschaft des Wissens im christlichen Glauben erziehen, weil sie aus menschlicher Sicht darin die Möglichkeit der Gerechtigkeit, des Friedens und des Glücks sieht. Ein Glaube, der die Wissenschaft nicht wahrnimmt, verliert seine Universalität. Eine Wissenschaft, die sich vom Glauben loslöst, wird leicht Selbstzweck und Mittel von Machtgier und Ungerechtigkeit.«[346]

Um den neuen Herausforderungen gerecht werden und neue Ideen entwickeln zu können, wird *die Entwicklung schöpferisch-kreativen Denkens* angestrebt[347].

>»Es soll solches Wissen ausgebildet werden, das auch in neuen Situationen anwendbar ist. Daher treten das Finden neuer Ideen und die Entwicklung kreativen Denkens in den Vordergrund.«[348]

Als gute, leistungsfähige Schulen haben die evangelischen Schulen das Ziel, ihre SchülerInnen *bestmöglich auf den Schulabschluss vorzubereiten.* Die Grundschulen betonen, dass sie solches Basiswissen vermitteln und solche Lernvor-

---

342 Nyíregyháza-Kossuth 10, Győr 10, Kiskőrös 37, Sopron-Hunyadi 13.
343 z.B. Budapest-Fasor 5, Sopron-Eötvös 8, Orosháza 9, Kőszeg 18, Mezőberény 15, Pápa 16.
344 Sopron-Líceum 7, Aszód 17, Budapest-Sztehlo 40, Szarvas-Vajda 25, Szarvas-Benka 24.
345 Siehe Kapitel 10 »Erziehungs- und Bildungsverständnis«.
346 Sopron-Líceum 7, Aszód 17, Budapest-Sztehlo 40, Szarvas-Vajda 25, Szarvas-Benka 24.
347 z.B. Budapest-Deák-tér 25, Nyíregyháza-Kossuth 22, Mezőberény 26–27, Alberti 27.
348 Kiskőrös 45–46.

aussetzungen schaffen möchten, die eine weitergehende Schullaufbahn für die SchülerInnen ermöglichen[349].

>»Das Ziel der Schule [besteht darin]: Eine allgemeinbildende Schule, die die Persönlichkeit und die Fähigkeiten all ihrer SchülerInnen so fördert, dass sie gemäß ihren Interessen und Fähigkeiten vorankommen können.«[350]

Die Schulen im Sekundarbereich zielen je nach Schultyp auf das Abitur bzw. auf die beruflichen Fachprüfungen. Die Gymnasien heben unter ihren Zielvorstellungen besonders das Abitur mit dem bestmöglichen Erfolg hervor, das verknüpft ist mit der *Vorbereitung zur Weiterbildung und zur Aufnahmeprüfung* an Universitäten und Hochschulen[351].

>»Unser Ziel im Gymnasium ist eine Erziehungs- und Bildungsarbeit, die eine fundierte Allgemeinbildung bietet und auf die Abiturprüfung sowie auf das Hochschulstudium vorbereitet. Die wichtigsten Erwartungen sind dazu das Erlernen und die Aneignung von Kenntnissen auf höchstem Niveau im Blick auf den angestrebten akademischen Beruf und die dazu nötigen Aufnahmefächer sowie die Vorbereitung auf das zweistufige Abitur.«[352]

Eine besondere Betonung erfahren die Vorbereitung auf die Berufswahl[353] und die Bereitschaft zum lebenslangen Lernen[354].

>»Unser Ziel besteht darin, dass unsere SchülerInnen zur selbstständigen Urteilsbildung befähigt werden, dass wir sie auf eine ihren Begabungen und Fähigkeiten entsprechende Berufswahl vorbereiten und in ihnen den Anspruch auf die fortlaufende Selbstbildung und Erneuerung ausbilden. Wir versuchen, jedes Kind entsprechend seinen Begabungen zu fördern, damit es ein schöpferisches Mitglied der Gesellschaft werden und seine Arbeit mit Lust und Freude tun kann.«[355]

Als leistungsfähige Schulen wollen evangelische Schulen anwendbare Kompetenzen und ein fundiertes Basiswissen vermitteln sowie kreativ-schöpferisches Denken fördern. Dadurch sollen die jungen Menschen auf das Leben in der Gesellschaft vorbereitet werden und für sie eine persönliche Weiterentwicklung, Entfaltung und persönliches Wohlbefinden ermöglicht werden. Die intellektuelle Leistung, das Gebildetsein als Ziel wird aber nicht einseitig überbetont, sondern wird als ein Teil der Persönlichkeitsbildung gesehen.

>»Der Anteil unserer Absolventen, die staatlich finanzierte Hochschulplätze durch erfolgreiche Aufnahmeprüfungen bekommen haben, lag im ersten Jahr bei 20 %. Er ist

---

349 z.B. Alberti 7, Sopron-Hunyadi 12, Budapest-Sztehlo 20, Soltvadkert 16, 17.
350 Szombathely 6.
351 z.B. Sopron-Líceum 6, Budapest-Deák-tér 9, Bonyhád 19, Aszód 14, Orosháza 25.
352 Budapest-Sztehlo 40.
353 z.B. Békéscsaba 40, Sopron-Eötvös 8, Miskolc 91, Kőszeg 89, Kiskőrös 58, 89.
354 z.B. Budapest-Fasor 5, Győr 10, Kiskőrös 37, Sopron-Hunyadi 13, Pápa 118.
355 Budapest-Deák-tér 10, Aszód 15, Budapest-Sztehlo 32, Mezőberény 15, Szarvas-Vajda 20.

dann auf 55 % gestiegen, dann auf 65 % und liegt zurzeit bei 80 %. Trotzdem sind wir der Meinung, dass wir nie ein »erfolgreicher Rennstall« werden möchten. Das ist nicht unser Ziel, sondern wir möchten, dass unsere Absolventen mit guten Fundamenten aus unserer Schule herauskommen und in jedem Bereich des Lebens ihren Platz einnehmen können.«[356]

8.2 Ganzheitliche Schule – Der mit sich selbst harmonische Mensch

Die Leitbild- und Zielvorstellungen bezüglich des Individuums bilden das Kernelement des Erziehungs- und Bildungsverständnisses sowie der Erziehungs- und Bildungsarbeit der evangelischen Schulen. Die Richtungs- und Zielhorizonte der Persönlichkeitsentwicklung beziehen sich auf die eigene Person. Daher wird in diesem Abschnitt die Frage gestellt: *Welche Merkmale einer Persönlichkeit stellen die Schulen in evangelischer Trägerschaft als Leitbilder dar, auf die der Prozess der Persönlichkeitsbildung der Schulen gerichtet sein soll?* Die Texte der Schulprogramme geben dabei die folgenden fünf Antworten auf diese Fragestellung.

(1) Selbstbestimmte und eigenverantwortliche Lebensführung: Eine wichtige, umfassende Zielsetzung der evangelischen Schulen wird darin gesehen, dass der Mensch sich selbst bestimmen und die Folgen seiner Entscheidungen und seines eigenen Handelns tragen kann[357].

»Sie [=die SchülerInnen] sind zur Selbstreflexion fähig, ihnen sind die Folgen ihrer Entscheidungen und die daraus entstehende Verantwortung bewusst, und sie erkennen, dass sie ihre eigene Entwicklung, ihr Schicksal und ihre Lebensbahn größtenteils selbst gestalten können.«[358]

Die Voraussetzung für eine solche Selbstbestimmung und Eigenverantwortung ist die Freiheit, d.h. dass der Mensch über die Gestaltung seines Lebens frei entscheiden kann. Das impliziert, dass mehrere Entscheidungs- und Wahlmöglichkeiten vorhanden sind. Aus dieser Freiheit ergibt sich die Pflicht, für das eigene Handeln die Verantwortung selbst zu übernehmen. In dieser umfassenden Zielsetzung spiegelt sich das reformatorische Erbe der Lehre von der Rechtfertigung. Wer sich als von Gott gewolltes, geliebtes und befreites Geschöpf versteht, kann sein Leben als verpflichtendes Geschenk in Freiheit und Verantwortung leben und gestalten. Die Verbindung zwischen Freiheit und Verantwortung sowie dem christologischen, menschlich unverfügbaren Ursprung die-

---

356 Aszód 14.
357 z.B. Budapest-Fasor 41, Sopron-Líceum 10, Győr 12, Szarvas-Vajda 28, Alberti 8.
358 Budapest-Sztehlo 155–156, Kiskőrös 258.

ser Bestimmung und die Einladung zur Lebensgestaltung wird in einer Reihe von Zielvorstellungen in Schulprogrammen thematisiert[359].

> »Die Berufung der Erziehungs- und Bildungsinstitutionen der Evangelisch-Lutherischen Kirche besteht darin, dass (...) sie die ihnen anvertrauten Jugendlichen – entsprechend der evangelischen Tradition – zur verantwortlichen und verpflichtenden Freiheit in Christus erzieht und ausbildet.«[360]

Die Zielsetzung »Selbstbestimmte und eigenverantwortliche Lebensführung« enthält mehrere Teilelemente, die die Schulprogramme – eher in aufgelisteter Form – unter ihren angezielten Persönlichkeitsmerkmalen und Fähigkeiten thematisieren. Dabei geht es um Autonomie, persönliche Integrität, Selbst- und Wirklichkeitsbewusstsein, Selbstvertrauen, Selbstachtung, Selbstbegrenzung, positives Selbstwertgefühl, Selbstdisziplin usw.[361]. Ein von den Schulprogrammen oft genanntes Teilelement dieser Zielsetzung stellt das »Gesundheitsbewusstsein« dar. Auch in diesem Bereich spielen Selbstbestimmung und Eigenverantwortung eine bedeutende Rolle: Dem aktiven und gesunden Lebensstil wird für die Selbstentfaltung und die persönliche Lebenszufriedenheit eine beachtliche Auswirkung zugeschrieben[362].

> »Das wichtigste Ziel im Bereich der Gesundheitspflege besteht darin, dass die SchülerInnen zunehmend Kontrolle über ihre persönliche Gesundheit erwerben, dass sie ihre Gesundheit pflegen und sich dazu die nötigen Informationen und Möglichkeiten verschaffen.«[363]

Die Selbsterkenntnis, Selbstreflexion, Selbstentfaltung und Identitätsbildung können auch als Teilelemente der umfassenden Zielsetzung »Selbstbestimmte und eigenverantwortliche Lebensführung« verstanden werden. Angesichts des Tatbestands, dass diese Zielsetzungen in den Schulprogrammen ziemlich ausführlich thematisiert werden, soll im folgenden Abschnitt gesondert auf sie eingegangen werden.

(2) Selbsterkenntnis und Selbstreflexion: Eine selbstbestimmte und eigenverantwortliche Lebensführung setzt Selbsterkenntnis voraus. Es wird ein reales Selbstbild angestrebt, so dass der Mensch mit sich selbst, mit seinem eigenen Wissen und seinen Kompetenzen, mit seinem eigenen Charakter, mit seinen Eigenschaften, Möglichkeiten und Grenzen bestmöglich im Einklang ist[364]. Es wird ein positives Selbstbild, das ein gesundes Selbstvertrauen einschließt, angestrebt. Dieses soll sich nicht an Mängeln und Fehlern festmachen, sondern sich

---

359 z.B. Orosháza 5, Kőszeg 23, Budapest-Sztehlo 80, Nyíregyháza-Túróczy 11, Pápa, 13.
360 Mezőberény 11.
361 z.B. Budapest-Fasor 5, Békéscsaba 42, Sopron-Eötvös 6, Orosháza 11, Soltvadkert 30.
362 z.B. Budapest-Deák-tér 10, Nyíregyháza-Kossuth 13, Békéscsaba 36–37, Marcaltő 40.
363 Bonyhád 25.
364 z.B. Budapest-Fasor 15, Nyíregyháza-Kossuth 12, Békéscsaba 132, Miskolc 10.

– durchaus seiner Mängel und Fehler bewusst seiend – an den Möglichkeiten, Fertigkeiten und Kompetenzen orientieren[365]. Die Selbsterkenntnis und das Selbstvertrauen werden mit Erfahrungen, besonders mit Erfahrungen der eigenen Handlungsfähigkeit, in Verbindung gebracht.

»Eine besonders hervorgehobene Aufgabe der Persönlichkeitsentwicklung besteht in der Entwicklung eines gesunden, realen Selbstbildes, der Selbsterkenntnis und der Selbstachtung mithilfe von lebensnahen Situationen und Konstellationen.«[366]

Die Fähigkeit zur Selbsterkenntnis basiert auf der Fähigkeit zur Selbstreflexion, die auch die Fähigkeiten zur Selbstkritik und zum Perspektivenwechsel beinhaltet[367]. Dieses kritische, reflexive Bewusstsein bedeutet nicht nur eine fortlaufende Auseinandersetzung mit den Grundfragen des Person-Seins (Wer bin ich? Was will ich? Was weiß ich? Was kann ich? Wozu bin ich hier?), sondern auch eine Unterscheidungs- sowie Entscheidungsfähigkeit zwischen inneren bzw. äußeren Bestimmungen und Motivationen.

»Ziel der Erziehung und Bildung in der Oberstufe: (…) Sie [=die SchülerInnen] besitzen die Fähigkeit zur Selbstreflexion und sind fähig zwischen ihrer Vorstellung und der Einwirkung von Anderen zu unterscheiden.«[368]

(3) Persönlichkeitsentfaltung/Identitätsbildung: Eine wichtige, umfassende Zielsetzung der evangelisch-lutherischen Schulen ist die Förderung der Persönlichkeitsentfaltung und Identitätsbildung der SchülerInnen[369]. Sie fühlen sich daher zu einer vielseitigen Erziehung und Bildung verpflichtet. Darum setzen sie sich als Ziel, Schulen einer umfassenden, ganzheitlichen Erziehung und Bildung zu sein, die im Dienste einer möglichst umfassenden Persönlichkeitsentfaltung und Identitätsbildung stehen.

»Im Laufe unserer Erziehungs- und Bildungsarbeit achten wir – und betrachten dies als Geschenk Gottes – auf die persönlichen Fähigkeiten, Eigenschafts- und Charaktermerkmale. Darauf aufbauend setzen wir die Entfaltung der ganzen Persönlichkeit als Ziel. Mithilfe von speziell ausgerichteten Erwartungen und Förderungsformen – die die individuellen Ausgangslagen berücksichtigen – entwickeln wir gezielt, aber in vielseitiger Weise die Fähigkeiten, Fertigkeiten und Begabungen von Kindern und Jugendlichen.«[370]

---

365 z.B. Sopron-Líceum 14, Győr 12, Kőszeg 118, Szarvas-Benka 25, Szombathely 4.
366 Sopron-Eötvös 14.
367 z.B. Sopron-Eötvös 102, Miskolc 12, Budapest-Sztehlo 155, Kiskőrös 258, Mezőberény 42.
368 Győr 75, Békéscsaba 135.
369 z.B. Sopron-Líceum 14, Győr 10, Aszód 16, Szarvas-Vajda 21, Sopron-Hunyadi 14.
370 Nyíregyháza-Kossuth 9, Békéscsaba 21, Orosháza 6, Kiskőrös 14, Mezőberény 21, Alberti 32, 65, Nyíregyháza-Túróczy 8, Szarvas-Benka 17. Ein Schulprogramm beinhaltet diesen Satz ohne den Hinweis »…und betrachten als Geschenk Gottes…«, siehe Budapest-Fasor 4.

Ob und um welche Zielsetzungen es bei der Identitätsbildung geht, das wird in den Schulprogrammen in unterschiedlicher Weise thematisiert. In diese Zielvorstellungen gehen Elemente eines humanistischen, eines gesellschaftlich-ökonomischen und eines christlichen Verständnisses des Menschen ein und verbinden sich miteinander.

– Mit dem Streben nach einer vollkommenen, ganzheitlich-harmonischen Identität wird die »Selbstverwirklichung«, das Ideal eines »vollkommenen und harmonischen Menschen« als Ziel der Bildung des Menschen in den Mittelpunkt gestellt[371]. Die Bestimmung und das Ziel sind der ganze Mensch, der »seine Persönlichkeit voll entfalten kann«.

> »Unser Ziel besteht darin, dass wir uns jenem Persönlichkeitsideal, das unsere SchülerInnen zur vollen menschlichen Entfaltung führt, immer mehr annähern.«[372]

– Mit dem Streben nach gesellschaftlicher Bestimmtheit wird betont, dass der Mensch »ein aktives und wertvolles Mitglied der Gesellschaft ist«, das »in der Gesellschaft seinen Platz findet«, ein »nützliches Mitglied« wird und darin »erfolgreich vorwärts kommt«[373]. In dieser Hinsicht liegt die Bestimmung des Menschen in der Gesellschaft mit ihren Bedürfnissen, Werten und Normen. Das Ziel der Bildung ist der Mensch, der sich anzupassen vermag, der »beschäftigungsfähig und erfolgsorientiert ist«, der »fähig ist, den gesellschaftlichen, ökologischen und technischen Veränderungen zu folgen und dementsprechend zu handeln«[374].

> »Ein Grundprinzip unserer Erziehungs- und Bildungsarbeit besteht darin, unsere SchülerInnen zu einer konstruktiven Lebensführung zu befähigen. Eine solche Lebensführung ist es, die sowohl sozial wertvoll als auch persönlich erfolgreich ist.«[375]

– Mit dem Leben in einer Beziehung mit Gott wird herausgestellt, dass der Mensch eine »geschenkte Identität« hat, die einzigartig und unverwechselbar, von Gott gegeben und bewahrt ist. Die Bestimmung des Menschen liegt bei Gott. Das Ziel des menschlichen Lebens besteht darin, »in Gottes Liebe zu leben«, »Gott zu loben und zu dienen«, als »Salz der Erde« zu fungieren und als »Zeichen von Gottes kluger, treuer, erhaltender Liebe in der Welt«[376] zu wir-

---

371 Aszód 16, Budapest-Sztehlo 35–36, Mezőberény 23, Szarvas-Vajda 23, Pápa 14. Die Ganzheitsvorstellung als anthropologische Grundannahme und als Zielsetzung wurden im Kapitel 7.2 ausführlich behandelt.

372 Budapest-Sztehlo 35.

373 Sopron-Líceum 10, Bonyhád 18, Győr 9, Békéscsaba 76, Szombathely 6.

374 Budapest-Fasor 5, Oroszháza 10, Mezőberény 18, Békéscsaba 143, Soltvadkert 10.

375 Budapest-Sztehlo 39.

376 Budapest-Fasor 5, Nyíregyháza-Kossuth 10, Győr 12, Oroszháza 4, 10, Mezőberény 11–12, 14.

ken. Die Identität des Menschen ist nicht selbst generiert, sie wird als Geschenk erfahren und weist über sich hinaus. Der Mensch bleibt von dem Streben nach vollkommener Identitäts- und Persönlichkeitsentfaltung »verschont«. Seine Identität bleibt – auch im Scheitern und im Misslingen – bei Gott bewahrt.

Identität wird dabei prozesshaft verstanden, als etwas nie Fertiges, das immer im Werden ist. Sie entsteht und entwickelt sich nie isoliert, sondern in einer je konkreten, sich wandelnden, sozial und kulturell geprägten Lebenswelt, mittels des sozial-kommunikativen Interaktionsgeschehens.

(4) Soziale Beziehungsfähigkeit: Die interpersonellen Persönlichkeitsmerkmale und die sozial-kommunikativen Fähigkeiten sind Teile der Persönlichkeit. Die Prozesse der Identitätsbildung sind dabei durch den zwischenmenschlichen Umgang mitbedingt und (mit)begründet. Im Blick auf den zwischenmenschlichen Bereich der Persönlichkeitsentwicklung wird in den Schulprogrammen die soziale Beziehungsfähigkeit angesprochen[377]. Die soziale Beziehungsfähigkeit umfasst sowohl die Fähigkeit, Beziehungen aufzubauen, zu gestalten und zu pflegen als auch die Bereitschaft, menschliche Bindungen einzugehen. Zu dieser Zieldimension gehören mehrere Teilelemente. Insbesondere werden genannt: Empathie, Verlässlichkeit, Glaubwürdigkeit, Solidarität, Kooperationsbereitschaft, Konfliktfähigkeit, Konfliktlösungsbereitschaft und kommunikative Fähigkeiten.

> »Wir fördern, dass sie [=die SchülerInnen] ihre Gefühle authentisch ausdrücken können, dass sie ihr Einfühlungsvermögen – die Empathie – entwickeln können und dass sie einander gegenseitig akzeptieren lernen. (…) Eine fundierte Selbsterkenntnis trägt ebenso zum persönlichen und sozialen Leben bei wie zum Verständnis und zur Akzeptanz von Anderen sowie zur Gestaltung liebevoller menschlicher Beziehungen.«[378]

Das menschliche Leben wird mithin strukturell so verstanden, dass es durch Beziehungen geprägt ist. Konkret wird das in unterschiedlichen sozialen Beziehungsformen. Dabei kommt der Familie eine hervorgehobene Bedeutung zu. Diese Lebensform wird auch explizit als eine Zielvorstellung deklariert[379].

> »Das Ziel besteht darin, dass die SchülerInnen fähig werden, als Erwachsene einen ihnen entsprechenden Partner zu finden, mit ihm eine Beziehung aufzubauen, eine Familie zu gründen und Kinder großzuziehen. All dieses [soll geschehen] in Harmonie, integriert in die Gesellschaft, bevorzugt mit einer jesuanischen Sicht.«[380]

---

377 z.B. Budapest-Sztehlo 161, Szarvas-Vajda 29, Nyíregyháza-Túróczy 89.
378 Budapest-Fasor 41, Bonyhád 75, Győr 71, Aszód 19–20, Sopron-Eötvös 9, Kőszeg 88, Mezőberény 84, Szarvas-Benka 84, Pápa 75–76.
379 z.B. Budapest-Deák-tér 33, Aszód 23, Orosháza 45, Kiskőrös 57, Alberti 9, Szombathely 7.
380 Budapest-Sztehlo 157.

(5) Subjektive Lebenszufriedenheit: Die Zielsetzung des eigenen Wohls wird in den Schulprogrammen auf unterschiedliche Weise zur Sprache gebracht. Es werden u. a. folgende Begriffe verwendet: Harmonie, Glück, gelingendes Leben, Zufriedenheit, Ausgeglichenheit, innerer Friede[381]. Mit subjektiver Lebenszufriedenheit wird ein Zustand des Lebens bezeichnet, in dem es der Person gut geht, und sie sich persönlich-subjektiv zufrieden fühlt. Die inhaltlichen Vorstellungen von einem zufriedenen Leben variieren zwischen »erfolgreicher Lebensbewältigung«[382] und »harmonischer Verbundenheit mit Gott, mit sich selbst, mit den Mitmenschen und mit der geschaffenen Welt«[383].

> »Es ist wichtig, dass es [=das Kind] glücklich werde, mit Gott, mit sich selbst und mit seinen Mitmenschen im Einklang lebe.«[384]

8.3   Beitrag für die Gesellschaft – Der verantwortliche Patriot/Europäer

Ein etwas kompliziert formulierter Satz gilt als allgemeine Zielsetzung aller evangelisch-lutherischen Schulen in Ungarn[385]. Fast alle Schulprogramme beinhalten diese Zielformulierung und leiten daraus ihre detaillierten Erziehungs- und Bildungsziele ab:

> »Das Ziel der öffentlichen Erziehungs- und Bildungseinrichtungen der Evangelisch-Lutherischen Kirche in Ungarn besteht darin, dass sie ihre SchülerInnen im evangelischen Geist zu treuen BürgerInnen der ungarischen Heimat und zu selbstbewussten, treuen und einsatzwilligen Mitgliedern unserer Kirche sowie die SchülerInnen anderer Konfessionen zur Wertschätzung unserer Kirche – unter Achtung der Gewissensfreiheit und nach Möglichkeit mit Unterstützung ihrer eigenen Kirchen – heranbilden; dass sie alle ihre SchülerInnen in Übereinstimmung mit den geltenden staatlichen Gesetzen und mit den Zielvorstellungen des nationalen Bildungsplanes und der staatlichen Erziehungsprogramme unterrichten und entsprechend den Zielsetzungen des jeweiligen spezifischen Schultyps ausbilden.«[386]

Ausgehend von diesem Leitziel wurden weitere Erziehungs- und Bildungsziele im gesellschaftlich-politischen Bereich gesetzt und ausformuliert. In diesem Ab-

---

381 z.B. Mezőberény 17, Pápa 118, Marcaltő 4, Budapest-Podmaniczy 90, Soltvadkert 30.
382 z.B. Nyíregyháza-Kossuth 10, Győr 10, Kiskőrös 37, Mezőberény 78, Sopron-Hunyadi 13.
383 z.B. Győr 20, Aszód 15, Orosháza 12, Budapest-Sztehlo 34.
384 Nyíregyháza-Túróczy 162.
385 Gesetz VIII (Die Einrichtungen der Kirche) der Evangelisch-Lutherischen Kirche in Ungarn von 2005, § 56.
386 Budapest-Fasor 5, Sopron-Líceum 5, Budapest-Deák-tér 9, Bonyhád 18–19, Békéscsaba 23, Aszód 4, Sopron-Eötvös 12, Orosháza 5, Miskolc 6, Kőszeg 18, Budapest-Sztehlo 9, Kiskőrös 14, Mezőberény 13, Szarvas-Vajda 3, Alberti 7, Sopron-Hunyadi 7, Pápa 12, Szombathely 2.

schnitt wird daher nach den *Zielvorstellungen evangelischer Schulen im gesellschaftlich-politischen Bereich* gefragt. Aus den Texten der Schulprogramme konnten zu dieser Fragestellung die folgenden Dimensionen herausgearbeitet werden: (1) Bildung und Entwicklung eines nationalen Identitätsbewusstseins, (2) positive Haltung und Zugehörigkeitsgefühl zu Europa, (3) Achtung und toleranter Umgang mit Differenzen, (4) Gesellschaftliches bzw. politisches Engagement, (5) Übernahme sozialer Verantwortung und (6) Verantwortungsbewusster Umgang mit der Umwelt und mit den natürlichen Ressourcen.

(1) In der Erziehungs- und Bildungsarbeit evangelisch-lutherischer Schulen in Ungarn wird der *Bildung und Entwicklung eines nationalen Identitätsbewusstseins* eine wichtige Rolle zugewiesen. Dieses Bestreben wird in den Grundzielen der evangelischen Schulen deutlich. Es wird in den Zielvorstellungen weiter ausdifferenziert[387].

>»Unser Ziel besteht darin, dass unsere SchülerInnen unsere Heimat, unsere Nation, unsere Geschichte kennen und lieben lernen und die Symbole unserer Nation ehren. Sie sollen unsere Kultur und Tradition kennenlernen, bewahren, ehren und vermehren. Unsere Muttersprache sollen sie richtig benutzen, pflegen und an ihr festhalten. Mit den Ungarn, die jenseits unserer Grenzen in Minderheiten leben, sollen sie ein Gemeinschaftsgefühl entwickeln, ihre Probleme kennen und mit ihnen Kontakt suchen und ausbauen.«[388]

Die Bildung eines nationalen Identitätsbewusstseins wird in Teilbereichen vorgestellt. Diese beinhalten das Kennenlernen der nationalen Kultur und Geschichte, Symbole und Bräuche[389], die Identifikation mit und Bindung an die ungarische Nation[390], die Bewahrung der nationalen Identität und deren aktive Mitgestaltung[391]. Die eigene Kultur, Sprache und die gemeinsame historische Tradition bilden die Grundlagen für die nationale Identität und zugleich für den Zusammenhalt der Gesellschaft. Eine affektive Verbundenheit mit der ungarischen Heimat und Nation wird angezielt. Darauf weisen die gefühlsbezogenen Attribute der verwendeten Begriffe – Treue, Liebe, emotionale Bindung, Gefühlswelt des Patriotismus usw. – hin[392].

---

387 z.B. Bonyhád 25, Nyíregyháza-Kossuth 10, Győr 70–71, Kőszeg 87, Alberti 9.
388 Budapest-Fasor 6.
389 z.B. Budapest-Deák-tér 10, Miskolc 11, Budapest-Sztehlo 32, Nyíregyháza-Túróczy 23.
390 z.B. Nyíregyháza-Kossuth 10, Győr 9, Kőszeg 18, Kiskőrös 57, Soltvadkert 47.
391 z.B. Bonyhád 25, Sopron-Eötvös 6, Budapest-Sztehlo 33, Pápa 49, Marcaltő 25.
392 z.B. Miskolc 6, Kőszeg 18, Mezőberény 35, Sopron-Hunyadi 8, Szombathely 5.

>»Wir vermitteln das Zugehörigkeitsgefühl zur Gemeinschaft, die Heimatliebe und die Erkenntnis, dass bei Bedarf die Verteidigung Ungarns eine Verpflichtung für alle Staatsbürger darstellt.«[393]

Die Nation wird ethnisch definiert. Sie wird als homogen betrachtet. Sie umfasst neben den im heutigen Staatsgebiet Ungarns lebenden Personen auch jene Ungarn, die außerhalb der gegenwärtigen Landesgrenzen leben sowie auch die in Ungarn lebenden Minderheiten[394].

>»Infolge unserer engen Verbindungen nach Siebenbürgen wollen wir das Bewusstsein der nationalen Zusammengehörigkeit in unseren SchülerInnen stärken.«[395]

Das Bewusstmachen und die Pflege der Identität der Minderheiten, die innerhalb Ungarns leben, wird auch als Teil der Bildung eines nationalen Identitätsbewusstseins verstanden[396].

>»Der Nationale Bildungsplan spricht der nationalen Tradition, der Entwicklung der nationalen Identität eine wichtige Rolle zu, inbegriffen die Pflege der Identität der in Ungarn lebenden Minderheiten.«[397]

Die deutsche und slowakische Minderheit werden in einer Reihe von Schulprogrammen explizit genannt[398]. Die Geschichte, die Tradition und die deutschen und slowakischen Minderheitenanteile der Lutheraner in Ungarn fordern die evangelischen Gymnasien heraus, dass sie auf die Bewusstmachung und Pflege der Identität dieser Minderheiten besonderen Wert legen. Eine Reihe von evangelischen Schulen führt unterschiedliche Programme durch, um diese Zielsetzungen umzusetzen[399]. Auf die Minderheit der Roma – die zahlenmäßig die größte Minderheit Ungarns ausmacht – weisen namentlich zwei Schulprogramme hin[400].

>»Das Luthertum [in Ungarn] hat immer sehr viel Wert darauf gelegt, seine Identität im Einklang mit der Pflege der Traditionen der Minderheiten, mit der Anerkennung ihrer Besonderheiten und mit der Vertretung ihrer Interessen wahrzunehmen.«[401]

---

393 Budapest-Fasor 40, Bonyhád 75, Győr 70, Aszód 19, Sopron-Eötvös 8, Orosháza 44, Kőszeg 87, Budapest-Sztehlo 153, Mezőberény 83, Szarvas-Benka 83, Pápa 74, Budapest-Podmaniczky 90.

394 z.B. Győr 71, Békéscsaba 36, Kiskőrös 56, Mezőberény 20, Soltvadkert 50, 123–126.

395 Szarvas-Benka 27.

396 z.B. Kiskőrös 93, Mezőberény 48, Szarvas-Vajda 5, Alberti 7, Marcaltő 13, Soltvadkert 23.

397 Sopron-Eötvös 6.

398 Sopron-Líceum 6, Bonyhád 81, 87, Győr 70, Sopron-Eötvös 8, Kiskőrös 20, Mezőberény 48, Szarvas-Vajda 5, 28, Sopron-Hunyadi 17, Szarvas-Benka 27, Soltvadkert 32.

399 Siehe Kapitel 5.2.3.

400 Bonyhád 81, 87, Soltvadkert 84.

401 Nyíregyháza-Kossuth 9, Békéscsaba 21, Orosháza 6, Kiskőrös 13, Mezőberény 20, Nyíregyháza-Túróczy 7, Szarvas-Benka 17.

(2) Auf der supranationalen Ebene wird *eine positive Haltung und ein Zugehörigkeitsgefühl zu Europa* sowie ein respektvolles Zusammenleben der Menschen und Völker in Europa und in der globalisierten Welt angestrebt[402].

>»Als BürgerInnen von Europa können sie [=die SchülerInnen] auf ihre kulturellen Wurzeln stolz sein. Sie sollen die europäischen Traditionen kennen und bereichern – mit besonderer Berücksichtigung der Geschichte und der speziellen Probleme von Mitteleuropa. Sie sollen bestrebt sein, mehrere Sprachen zu erlernen. Sie sollen die nationalen Gefühle und das Identitätsbewusstsein unserer Nachbarn und aller Völker sowie die grundlegenden Menschenrechte respektieren. Sie sollen die globalen Probleme von Europa und der Menschheit kennen und ihre Umwelt schützen.«[403]

Europa wird als *»die weitere Heimat des Ungartums«*[404] verstanden, als Europa der Nationen, das aus Kulturen und Identitäten der europäischen Nationen und Völker besteht. Die Zielvorstellungen zeigen keine Unterschiede oder Spannungsfelder zwischen europäischen und nationalen Werten, zwischen europäischer und nationaler Identität auf. Es wird angenommen, dass diese Werte und Identitäten sich komplementär ergänzen und miteinander in Konsens zu bringen sind. Im Falle einer Differenz wird die nationale Identität als entscheidend angesehen.

>»Wir sollen in unseren SchülerInnen ihre europäische und vor allem die ungarische Identität bewusst machen: »Ich bin zunächst Ungar und dann Europäer«.«[405]

Eine postnationale Identität wird stillschweigend abgelehnt. Es wird angestrebt, dass die SchülerInnen sich im europäischen und im globalen Horizont auskennen und problemlos bewegen, zugleich aber ihre ungarische Identität bewahren und entfalten. Letztere wird als untrennbar zu ihrem Menschsein zugehörig angesehen[406].

>»Unsere SchülerInnen sollen unter Bewahrung ihrer ungarischen Identität BürgerInnen von Europa sein.«[407]

Es ist zu beobachten, dass die oben genannten zwei Zielsetzungen – Heranbildung und Entwicklung eines nationalen Identitätsbewusstseins sowie eine positive Haltung und ein Zugehörigkeitsgefühl zu Europa – in den Schulen durchaus unterschiedlich kultiviert werden. Einige Schulen nennen diese Ziele

---

402 z.B. Nyíregyháza-Kossuth 25, Orosháza 43, Kiskőrös 45, Alberti 65, Soltvadkert 17.
403 Budapest-Fasor 6.
404 Budapest-Fasor 41, Győr 70, Aszód 19, Sopron-Eötvös 8, Kőszeg 87, Budapest-Sztehlo 51, Mezőberény 83, Szarvas-Vajda 28, Szarvas-Benka 27, Pápa 74, Budapest-Podmaniczky 59, Soltvadkert 119.
405 Mezőberény 35.
406 z.B. Győr 70, Aszód 19, Sopron-Eötvös 8, Kőszeg 87, Mezőberény 83, Alberti 9, Pápa 74.
407 Budapest-Sztehlo 51, Szarvas-Vajda 28, Szarvas-Benka 27.

gar nicht oder lediglich am Rande[408], andere Schulen gehen in kurzen Leitzielen und Textpassagen darauf ein[409], weitere Schulen legen viel Wert auf diese Zielsetzungen und stellen diese verschiedenen Zusammenhänge und Textabschnitte ausführlich dar[410]. Die ausführlicheren Darstellungen umfassen in der Regel Texte, die wortwörtlich oder geringfügig modifiziert aus dem »Nationalen Bildungsplan« und aus dem »Rahmenlehrplan« (beide von 2012) übernommen wurden[411].

(3) Die Zielvorstellung »*Achtung und toleranter Umgang mit Differenzen*« wird in einer Reihe von Schulprogrammen knapp genannt und in Listenform aufgeführt[412].

> »Inhaltliche Aufgaben, Zielvorstellungen: Die Heranbildung der Toleranz, der Umgang mit Differenzen.«[413]

Verschiedentlich werden unterschiedliche Arten von Differenzen konkret angesprochen: z. B. kulturelle, religiöse, soziale, ethnische Unterschiede, oder auch Differenzen im Gesundheitszustand und in den Lebenseinstellungen[414].

> »Intendiert werden eine positive Einstellung bezüglich der vollen Achtung der Menschenrechte, wie Gleichheit, Demokratie, die Anerkennung von religiöser und ethnischer Vielfalt, das Streben nach Abbau von persönlichen Vorurteilen sowie die Fähigkeit zum Kompromiss.«[415]

Einige Passagen in Schulprogrammen weisen auf das innovative Potential der Heterogenität der Schülerschaft bzw. der Gesellschaft hin[416]. In einer Reihe von Aussagen wird die Vielfalt eher neutral, als eine reale Gegebenheit, die es kennenzulernen, zu verstehen und zu akzeptieren gilt, gesehen[417].

> »Ein heterogenes Milieu bewerten wir als wertvolles, mit unseren Zielsetzungen übereinstimmendes soziales Umfeld.«[418]

(4) Die *Bereitschaft zum gesellschaftlichen bzw. politischen Engagement* wird als eine wichtige Zielsetzung evangelischer Schulen in jedem Schulprogramm mehr-

---

408 Sopron-Líceum, Budapest-Deák-tér, Nyíregyháza-Kossuth, Sopron-Hunyadi.
409 Bonyhád, Békéscsaba, Aszód, Miskolc, Nyíregyháza-Túróczy, Szombathely, Marcaltő, Budapest-Podmaniczky.
410 Budapest-Fasor, Győr, Sopron-Eötvös, Orosháza, Kőszeg, Budapest-Sztehlo, Kiskőrös, Mezőberény, Szarvas-Vajda, Alberti, Szarvas-Benka, Pápa, Soltvadkert.
411 z.B. Győr 70–71, Békéscsaba, 144–145, Sopron-Eötvös 6, Orosháza 44, Kőszeg 18.
412 z.B. Bonyhád 24, Budapest-Sztehlo 45, Alberti 17, Nyíregyháza-Túróczy 22 Marcaltő 14.
413 Aszód 27.
414 z.B. Nyíregyháza-Kossuth 25, Orosháza 17, Miskolc 30, Kőszeg 88, Kiskőrös 76.
415 Békéscsaba 154, Aszód 80, Szarvas-Vajda 52–53, Szarvas-Benka 87, Pápa 93, Soltvadkert 147.
416 z.B. Budapest-Fasor 18, Győr 74, Aszód, 21, Alberti 10, Szarvas-Benka 84.
417 z.B. Békéscsaba 138, Miskolc 7–8, Nyíregyháza-Túróczy 108, Soltvadkert 42.
418 Kőszeg 42.

fach betont. Dabei wird in unterschiedlicher Weise herausgestellt, wie der Mensch dieser Anforderung nachkommen kann. Die Zielvorstellung *»Seinen Platz in der Gesellschaft finden«* hält an der aktuellen gesellschaftlichen Ordnung fest und sucht Möglichkeiten, darin einen Platz zu finden[419].

> »Wir bemühen uns, dass unsere SchülerInnen sich in die Gesellschaft integrieren können, mit besonderer Beachtung der europäischen Werte und der europäischen Kultur.«[420]

Die Zielvorstellung *»Anpassung an gesellschaftliche Veränderungen«* hat die aktuellen gesellschaftlichen Umstände und Änderungsprozesse im Blick. Dabei wird Wert gelegt auf eine hohe Anpassungsbereitschaft und die Orientierung an den Veränderungen im Handeln und Verhalten der SchülerInnen[421].

> »Das allgemeines Ziel der Sekundarschule besteht darin, dass sie die humanen Werte geltend macht, die Grundwerte der allgemein-nationalen Kultur vermittelt und solche StaatsbürgerInnen ausbildet, die ihre physisch-seelische Gesundheit anstreben, die in ihren menschlichen Beziehungen anspruchsvoll sind, und die fähig sind, den gesellschaftlichen, ökonomischen, technischen Veränderungen zu folgen und dementsprechend in angepasster Form zu handeln.«[422]

Die Zielvorstellung *»gesellschaftliche Teilhabe«* hat eine selbstbestimmte, aktive Partizipation im Blick. Dabei entscheidet jeder Mensch bewusst und selbstbestimmt, in welcher Art und Weise er sich in die Gesellschaft einbringen möchte und kann[423].

> »Engagement für das Gemeinwohl, Heranbildung solcher Verhaltensweisen, die es ermöglichen, dass jeder Einzelne wirksam und konstruktiv an der heterogenen Gesellschaft teilnehmen und die entstehenden Konflikte bewältigen kann.«[424]

Die Zielvorstellung *»Veränderungen gestalten«* schreibt dem Menschen ein aktives Mitgestaltungspotenzial zu. Das wird konkret im Blick auf die gesellschaftlichen Veränderungsprozesse, bei der Benennung, Gestaltung und Veränderung von gesellschaftlichen Strukturen und Wertesystemen zum Ausdruck gebracht[425].

> »Bildung mit ihrer doppelten – sowohl gesellschaftlichen als auch wirtschaftlichen – Funktion spielt eine entscheidende Rolle bei der Gewährleistung, dass die BürgerInnen Europas jene Schüsselkompetenzen erwerben, die sie benötigen, um sich Verände-

---

419 z.B. Bonyhád 19, 23, Győr 10, Orosháza 44, Miskolc 10, Kőszeg 93.
420 Pápa 74.
421 z.B. Sopron-Líceum 12, Békéscsaba 143, Aszód 79, Orosháza 52, Kiskőrös 41, Pápa 24.
422 Békéscsaba 143, Aszód 79.
423 z.B. Budapest-Deák-tér 10, Sopron-Eötvös 9, Orosháza 44, Mezőberény 15.
424 Budapest-Podmaniczky 89.
425 z.B. Sopron-Líceum 7, 10, Aszód 17, Szarvas-Vajda 25, Szarvas-Benka 24.

rungen flexibel anzupassen, um auf die Veränderungen aktiv einzuwirken und um ihren eigenen Lebenslauf aktiv zu gestalten.«[426]

Die meisten einschlägigen Textpassagen zielen zum einen auf die Integration in die Gesellschaft und die aktive Teilnahme an ihrem Leben sowie zum andern auf die Fähigkeit zur Anpassung an die gesellschaftlichen Veränderungen. Die Gestaltung von Veränderungen wird als Zielvorstellung dagegen nur selten erwähnt. Die Unterschiedlichkeit der Aussagen weist nicht nur auf Diskrepanzen im Verständnis von Gesellschaft hin, sondern lässt auch unterschiedliche Vorstellungen darüber erkennen, mit welcher Bestimmung und Berufung der Mensch in dieser Welt lebt.

(5) Ebenso wie die Bereitschaft zum gesellschaftlichen bzw. politischen Engagement bildet die »*Fähigkeit und Bereitschaft zur Übernahme sozialer Verantwortung*« ein wichtiges Leitziel für die Tätigkeit evangelischer Schulen[427].

> »Unser Ziel ist es, solche Persönlichkeiten heranzubilden, die (…) jeden Menschen, jedes Leben wertschätzen, sich hilfsbereit zu allen Menschen verhalten und besonders Menschen mit Benachteiligung unterstützen.«[428]

Solidarität, Hilfsbereitschaft, soziales Mitgefühl, Empathie, Unterstützung für Menschen mit Behinderung und Benachteiligung – all das sind oft erwähnte Begriffe für die Zielsetzung der Übernahme sozialer Verantwortung. Als wichtige Voraussetzungen für soziales Handeln werden die Heranbildung von Verantwortungsbewusstsein und die Fähigkeit und Bereitschaft zur aktiven Verantwortungsübernahme angeführt[429].

Die evangelischen Schulen bemühen sich, in diesem Bereich selbst aktiv zu werden und vorbildlich zu handeln (z. B. durch Stipendien und Sammelaktionen). Sie bieten schulische und außerschulische Gelegenheiten an, in denen ihre SchülerInnen Verantwortung übernehmen können (z. B. Gemeinschaftsdienst,

---

426 Mezőberény 78, Soltvadkert 142. Diese Formulierung ist eine ergänzte Fassung aus der »Empfehlung des Europäischen Parlaments und des Rates zu Schlüsselkompetenzen für lebensbegleitendes Lernen« (in: Amtsblatt der Europäischen Union L 394/13 vom 18. Dezember 2006). Die ursprüngliche Formulierung stellt heraus, dass die Schlüsselkompetenzen benötigt werden, um sich an die gängigen sozialen und wirtschaftlichen Veränderungen flexibel anzupassen. Der zitierte Satz, der aus der Empfehlung übernommen wurde, endet mit dieser Zielsetzung. Die aktive Einwirkung auf die Veränderungen sowie die aktive Gestaltung der eigenen Lebensbahn sind nicht mehr Bestandteil der Fassung des Europäischen Parlaments und des Rates. Diese Ergänzungen – die statt einer Anpassung eine aktive Mitgestaltung und mögliche Veränderung im Blick haben – stammen aus dem Nationalen Bildungsplan in Ungarn von 2007 (Regierungserlass 202/2007). Die genannten Schulen haben diese Formulierung des Nationalen Bildungsplanes von 2007 in ihre Schulprogramme übernommen.
427 z.B. Budapest-Fasor 5, Aszód 14, Kőszeg 88, Mezőberény 11–12, Soltvadkert 30.
428 Sopron-Eötvös 14.
429 z.B. Sopron-Líceum 36, Győr 11, Orosháza 11, 13, Miskolc 12, Szarvas-Benka 18.

soziale Projekte)[430]. Eine Reihe von Schulprogrammen weist auf den biblisch-christlichen Motivationshintergrund dieses Leitzieles hin[431].

(6) Die Zielvorstellung »*Verantwortungsbewusster Umgang mit der Umwelt und mit den natürlichen Ressourcen*« ist in allen Schulprogrammen vorhanden[432]. Nachhaltigkeit, Umweltbewusstsein sowie ein bewusstes und verantwortungsvolles Konsumverhalten und ein entsprechender Lebensstil sind als Ziele ein fester Bestandteil des »Nationalen Bildungsplanes«. Die entsprechenden Formulierungen werden oft in den Dokumenten evangelischer Schulen übernommen[433].

> »Intendiert wird, dass die SchülerInnen sich eine umweltschonende, werteschützende, der Nachhaltigkeit verpflichtete Verhaltensweise aneignen, die auf der Kenntnis von und der Liebe zur Natur und Umwelt aufbaut.«[434]

Weitere Formulierungen in Schulprogrammen, die diese Zielvorstellung benennen bzw. entfalten, gehen in diesem Zusammenhang auf das Thema der »Bewahrung der Schöpfung«[435] ein. Diese Aussage ist vom christlichen Schöpfungsglauben her geprägt. Dabei wird der Mensch als jemand gesehen, der in eine Lebensgemeinschaft mit allen Geschöpften eingebunden und zu dem Auftrag berufen ist, diesen Lebensraum zu gestalten, zu bewahren und vor Gott zu verantworten. Damit wird die Verantwortung des Menschen für seine Umwelt auf einen größeren religiösen Sinnhorizont bezogen.

> »In Verpflichtung gegenüber dem christlichen Menschenbild besteht unser Ziel darin, dass unsere AbsolventInnen Diener Gottes, Helfer für ihre Mitmenschen und Beschützer der von Gott geschaffenen Welt werden.«[436]

Eine Reihe von Schulprogrammen behandelt die Thematik der Umwelterziehung, ohne dass eine Verbindung zu schöpfungstheologischen Aspekten und/oder zu einer schöpfungstheologisch begründeten Umweltethik hergestellt wird[437]. Dort, wo in den Texten auf die Bewahrung der Schöpfung Bezug genommen wird, geschieht dies überwiegend im Zusammenhang mit den Thematiken von aktiver gesellschaftlicher Teilhabe und der Verantwortung für Mitmenschen.

---

430 Siehe Kapitel 11.5.
431 z.B. Budapest-Fasor 4, Bonyhád 89, Nyíregyháza-Kossuth 12, Győr 9, Aszód 14.
432 z.B. Budapest-Deák-tér 34–35, Nyíregyháza-Kossuth 80, Békéscsaba 148, Marcaltő 49.
433 z.B. Békéscsaba 134–135, Budapest-Sztehlo 54, 162–163.
434 Bonyhád 76, Győr 74, Aszód 20–21, Sopron-Eötvös 10, Miskolc 12, Kőszeg 88–89, Mezőberény 85, Alberti 9, Szarvas-Benka 84.
435 z.B. Budapest-Fasor 55–56, Nyíregyháza-Kossuth 9, Kiskőrös 14, Nyíregyháza-Túróczy 7.
436 Alberti 8.
437 Budapest-Deák-tér, Sopron-Líceum, Bonyhád, Aszód, Miskolc, Budapest-Sztehlo, Szarvas-Vajda, Sopron-Hunyadi, Szombathely, Marcaltő, Soltvadkert.

»Die Mitgestaltung der Gesellschaft und die Bewahrung der Schöpfung bilden unverzichtbare Teile unseres evangelischen Selbstverständnisses.«[438]

8.4 Werteorientierte Schule – Der ethisch mündige Mensch

Kirchliche Schulen berufen sich oft auf christliche Werte. Sie formulieren, dass sie ihre Erziehungs- und Bildungsarbeit nicht werteneutral konzipieren, sondern wertebezogen, d. h. an den Grundlagen eines christlichen Ethik- und Werteverständnisses orientieren. Die Eigenschaft »Werteorientierte Schule – Der ethisch mündige Mensch« stellt heraus, *welche Zielvorstellungen die evangelischen Schulen in Ungarn im Bereich ihrer Wertebezogenheit, ihrer ethischen Erziehung und Bildung sowie der Werteorientierung von SchülerInnen verfolgen.* In den Schulprogrammen werden dazu die im Folgenden aufgeführten Zielsetzungen thematisiert.

(1) Materiale Wertevermittlung: Es werden konkrete und erwünschte Wertüberzeugungen, Normen, Einstellungen, Haltungen und Verhaltensweisen angezielt. Sie werden vorab ausgewählt und werden verstanden als allgemeingültige normative Grundwerte, als gemeinsame Werte, die das Zusammenleben ermöglichen, das Leben schützen, die Gesellschaft zusammenhalten, religiös oder säkular hergeleitet sind. Bei einer Reihe von Formulierungen wird bezüglich des zu vermittelnden Wertes auf einen Gottesbezug hingewiesen. An anderen Stellen stehen die angestrebten Werte ohne Begründung da. Die Schulprogramme benennen viele konkrete Erziehungsziele, wie z. B. Hilfsbereitschaft[439], Gewissenhaftigkeit[440], Verantwortungsgefühl[441], Nächstenliebe[442], Ehrfurcht vor dem Leben[443], Toleranz[444], Gerechtigkeitssinn[445], Versöhnungsbereitschaft[446], Bewahrung der Schöpfung[447].

»Wir streben an, dass für die Mitglieder unserer Gemeinschaft – die Schülerschaft, die Lehrerschaft und die anderen Mitarbeitenden der Schule – Gerechtigkeit, Ehrlichkeit, Offenheit und ein – aus der Gottesliebe folgendes – Verantwortungsbewusstsein sowie die Bereitschaft zur Verantwortung charakteristisch sind.«[448]

---

438 Nyíregyháza-Kossuth 8, Békéscsaba 20, Orosháza 5, Szarvas-Benka 5.
439 z.B. Bonyhád 76, Aszód 15, Miskolc 11, Szarvas-Benka 18, 83, Marcaltő 17.
440 z.B. Budapest-Fasor 5, Győr 42, Békéscsaba 36, Aszód 16, Sopron-Hunyadi 11.
441 z.B. Sopron-Eötvös 8, Orosháza 44, Miskolc 11, Kőszeg 87, Alberti 8, Pápa 13.
442 z.B. Budapest-Deák-tér 10, Nyíregyháza-Kossuth 10, Kőszeg 23, Kiskőrös 34.
443 z.B. Bonyhád 25, Sopron-Eötvös 13, Kiskőrös 62, Mezőberény 13, Szombathely 4.
444 z.B. Győr 41, Orosháza 11, Budapest-Sztehlo 190, Szarvas-Vajda 25, Alberti 7.
445 z.B. Aszód 19, Sopron-Eötvös 6, Kiskőrös 256, Szarvas-Vajda 20, 28, Pápa 16.
446 z.B. Győr 41, Kőszeg 23, Budapest-Sztehlo 186, Kiskőrös 54, Nyíregyháza-Túróczy 13.
447 z.B. Nyíregyháza-Kossuth 10, Békéscsaba 22, Sopron-Eötvös 13, Nyíregyháza-Túróczy 8.
448 Budapest-Fasor 5.

(2) Vermittlung christlicher Werte: Andere Schulprogramme verzichten auf eine Aufführung der im Einzelnen angestrebten Normen und Werte. Sie bezeichnen diese zusammenfassend als »christliche Werte«. Die Zielsetzung »Vermittlung christlicher Werte« ist jedenfalls ein hervorgehobenes Merkmal und »Markenzeichen« evangelischer Schulen geworden[449]. Bei einem solchen pauschalen Hinweis werden die konkreten Werte und Einstellungen, die vermittelt werden sollen, nicht offengelegt. Daher bleibt es unklar und weiterer Definition bedürftig, welche Werte darunter konkret verstanden werden. Der Sinnhorizont und die Weltanschauung, die diese Werte und Normen begründen, werden auf diese Weise einfach gesetzt.

> »Aufgabe [der Schule ist]: die Vermittlung, Bewusstmachung und Aneignung von grundlegenden christlichen Werten und von christlicher Moral.«[450]

(3) Wertebezogenheit: In einigen Schulprogrammen wird Wertebezogenheit als ein Ausbildungsziel für die ethische Erziehungs- und Bildungsarbeit der Schule angeführt[451]. Die AbsolventInnen der Schule sollen verbindliche Werte anerkennen, wertebezogen denken und dementsprechend handeln. Diese Zielsetzung bleibt aber unklar. Weder die konkreten Normen und Werte noch ein bestimmtes Wertesystem werden auch in diesem Fall offengelegt. Die normativ gesetzten und angestrebten Werte werden mit folgenden Attributen charakterisiert: positive, grundlegende, bewahrte, wahre, durch die Schule vermittelte, feste (Werte). Das sind aber »Schlagwörter«, die offen lassen, was einen solchen positiven, wahren usw. Wert ausmacht. Es wird die intendierte Wertebezogenheit betont. Sie wird als leitende Perspektive einer normativ verstandenen Ethik gegenüber der ethischen Orientierungslosigkeit und einem Wertrelativismus herausgestellt.

> »Besondere Erziehungsziele: (…) Richtige Selbsteinschätzung, das Erkennen und die Achtung wahrer Werte sowie das Eintreten für die klare und überlegte Urteilsfähigkeit.«[452]

(4) Selbstständige Werteklärung: Bei dieser Zielsetzung steht die Identifizierung und Benennung von Werten sowie Wertesystemen im Mittelpunkt. Die Werteklärung wird durch selbstständige Werteklärungsprozesse und durch reflexiv-diskursiven Austausch über Werte von jedem Individuum selbst durchgeführt[453]. Die SchülerInnen können über die Werte und Wertesysteme selbst entscheiden. Die Entscheidungs- und Werteklärungsprozesse haben zwar reflexiven Charak-

---

449 z.B. Budapest-Fasor 4, Sopron-Líceum 7, Bonyhád 18, Győr 6, Békéscsaba 52, Sopron-Eötvös 13, Orosháza 34, Miskolc 48, Budapest-Sztehlo 35, Mezőberény 17, Szarvas-Vajda 33, Alberti 7, Szarvas-Benka 24.
450 Bonyhád 26.
451 z.B. Budapest-Fasor 5, Orosháza 11, Kőszeg 23, Mezőberény 13–14, Sopron-Hunyadi 9.
452 Kőszeg 23.
453 z.B. Budapest-Fasor 40, Békéscsaba 132–133, Sopron-Eötvös 8, Orosháza 44, Kőszeg 87.

ter, sie sind aber nicht vorher festgestellten, allgemeingültigen Werten und Normen verpflichtet. Es wird letztlich auch nicht gefordert, die individuell ausgewählten Werte und Normen zu verantworten und einem Diskurs über ihre Gültigkeit auszusetzen.

> »Wir halten es für wichtig, dass unsere SchülerInnen bei der Benennung und Identifizierung von Werten aktiv mitwirken. Es ist wichtig, dass sie sich in der Gestaltung ihrer Erziehung, ihres Schicksals, ihrer Lebensbahn immer kompetenter fühlen.«[454]

(5) Ethisches Urteilen auf der Grundlage fundamentaler moralischer Werte: Bei diesem Zugang stehen nicht mehr die Werte, sondern der Prozess des ethischen Urteilens selbst im Mittelpunkt. Allgemeingültige, absolute Werte bilden die Grundlage des ethischen Urteilens. Die SchülerInnen werden aufgefordert, mit diesen Wertevorstellungen übereinzustimmen. Die Verbindlichkeit dieser Werte schafft ethische Gewissheiten, auf deren Grundlage eine ethische Entscheidung, eine konkrete Lösung als klar beurteilbar angesehen wird. Demzufolge sprechen die Schulprogramme von einer möglichen Entscheidung zwischen »Richtig und Falsch«, »Gut und Böse«, »Wahr und Unwahr«[455]. Eine autonome Entscheidungsfähigkeit, die einen reflexiven und diskursiven Charakter besitzt, wird dabei meistens nicht konkret angezielt. Es bleibt irrelevant, ob bloßer Konformismus oder ethische Mündigkeit hinter einer »Entscheidung zum Guten« steht.

> »Wir möchten, dass die jungen Erwachsenen, die unsere Bildungsinstitution absolvieren, rein denkende, ethisch gefestigte Erwachsene werden, die zwischen Gut und Böse, Wahr und Unwahr, Richtig und Falsch entscheiden können.«[456]

(6) Ethische Urteilsfähigkeit auf der Grundlage christlicher Ethik: Bei dieser Zielsetzung geht es nicht mehr um die Vermittlung bestimmter Werte bzw. eines Wertekanons, sondern um die Aneignung, um eine Auseinandersetzung mit und eine Verinnerlichung von christlichen Werten[457]. Diese bilden die Grundlagen und Maßstäbe des ethischen Urteilens. Die Anpassung des Urteilens an die Normen und Werte einer christlichen Ethik geschieht in diesem Fall nicht fremdbestimmt, sondern selbstbestimmt, d.h. in einem Prozess der Auseinandersetzung mit und der Verinnerlichung von christlichen Werten. Dabei geht es um eine ethische Urteilsfähigkeit, die in Wertekonflikten nach Lösungen sucht, die den Ansprüchen einer christlichen Ethik genügen.

> »Unser Ziel besteht darin, dass unsere SchülerInnen sich die Grundregeln der auf der Grundlage der biblischen Lehre beruhenden christlichen Ethik und des christlichen

---

454 Sopron-Líceum 10.
455 z.B. Budapest-Fasor 5, Nyíregyháza-Kossuth 10, Aszód 15, Sopron-Eötvös 13, Orosháza 7–8, Mezőberény 15, Budapest-Podmaniczky 53–54.
456 Bonyhád 18, Budapest-Sztehlo 33.
457 z.B. Budapest-Fasor 5, Sopron-Eötvös 13, Orosháza 7–8, Kőszeg 22, Mezőberény 15.

Wertesystems während der Erziehung aneignen. Sie integrieren diese in ihr Verhalten, in ihre Lebensführung und in ihr Wertesystem; diese Grundsätze sollen ihnen helfen, dass sie in ihren ethischen Dilemmata und ihrem Urteilen richtige Entscheidungen treffen.«[458]

(7) Selbstbestimmte ethische Urteilsfähigkeit: Ziel ist hier eine ethische Urteilsfähigkeit, die von der Person individuell bestimmt wird und nach objektiven Kriterien beurteilbar ist. Diese Zielsetzung stellt die Auseinandersetzung mit konkreten ethischen Situationen in den Mittelpunkt und operiert mit offenen Lösungen. Dabei sind aber die Maßstäbe von Werturteilen bewusst, und diese werden auch offengelegt. Solche Maßstäbe können subjektorientiert, gemeinschaftsorientiert oder aber beides sein. Es geht dabei z. B. um das Gewissen, die Verantwortbarkeit, den Gottesbezug, Verallgemeinerbarkeit, Menschlichkeit, Gerechtigkeitssinn, Gemeinwohl[459].

»Als eine Schule in kirchlicher Trägerschaft verrichten wir unsere Erziehungs- und Bildungsarbeit auf der Grundlage der biblischen Lehre, wobei Gottes Wort als Maßstab verstanden wird. Unser Ziel ist aber nicht nur die Vermittlung ethischer Wahrheiten und Werte für die Jugendlichen, sondern auch die Förderung selbstständigen Denkens. Unser Ziel besteht darin, solche Jugendliche auszubilden, die vor Gott stehen, ihr Denken und Gewissen anwenden und so auf ihrem Lebensweg ethische Entscheidungen treffen können.«[460]

(8) Selbstbestimmtes ethisches Handeln und ethisch verantwortete Lebensführung: Eine Reihe von Schulprogrammen beinhaltet diese Zielsetzung[461]. Es geht dabei nicht um kognitive und argumentative Einsichten, sondern um deren Umsetzung im konkreten Verhalten und Handeln in der Lebensführung. Die SchülerInnen werden in ethisch relevanten Konfliktsituationen zu eigenen, selbstbestimmten Handlungen herausgefordert. Diese sollen sie begründen, durchführen und ethisch verantworten können. Dabei wird die Verbindung zwischen Einsicht und Handeln angestrebt.

»Eine wichtige Aufgabe besteht darin, dass die ethische Überzeugung und das ethische Handeln in Einklang gebracht werden. Auch in dieser Hinsicht soll das Lehrerkollegium sich als ein Vorbild erweisen. Es soll aufzeigen und bewusstmachen, welche Zusammenhänge zwischen den Gefühlen, dem Verstand, dem Glauben und dem Handeln bestehen.«[462]

---

458 Budapest-Deák-tér 10, Aszód 15, Kőszeg 22, Budapest-Sztehlo 33, Nyíregyháza-Túróczy 12, Sopron-Hunyadi 9, Pápa 13, Szombathely 4, Soltvadkert 22.
459 z.B. Budapest-Deák-tér 10, Győr 9, Aszód 15, Miskolc 10, Kőszeg 18, Mezőberény 15, Szarvas-Vajda 20, Pápa 15.
460 Budapest-Sztehlo 152.
461 z.B. Budapest-Fasor 40, Bonyhád 75, Győr 69, Alberti 8, Pápa 16, 24, Marcaltő 49.
462 Soltvadkert 54.

Diese Zielsetzung kombiniert und fasst mehrere zuvor erwähnte und einander ergänzende Zielsetzungen zusammen, wie z. B. den Erwerb von normgemäßen bzw. christlichen Werteüberzeugungen, die ethische Urteilsfähigkeit, die Reflexionsfähigkeit auf bereits vorhandene Werte und auf das Verhältnis zwischen kognitiven Urteilen und tatsächlichem Verhalten bzw. Einstellungen. Ob die Zielvorstellung »Selbstbestimmtes ethisches Handeln und ethisch verantwortete Lebensführung« verfügbar und inwieweit sie operationalisierbar ist, wird allerdings weniger erhellt. Mit dem Hinweis auf den Vorbildcharakter des Lehrerkollegiums wurde im zitierten Text der Erfahrungsraum der Schule angesprochen, wo Werte gemeinsam erlebt, vorgelebt, gelebt und reflektiert werden können.

(9) Ethisches Handeln und ethisch verantwortete Lebensführung auf der Grundlage christlicher Ethik: Diese Zielsetzung unterscheidet sich von den zuvor genannten dadurch, dass die tradierten christlichen Werte und die christliche Ethik die Grundlagen des Handelns und der Lebenseinstellung bilden[463]. Wieweit diese Handlungen und Einstellungen selbstbestimmt oder durch christlich-tradierte Normen motiviert sind, wird meistens nicht weiter dargelegt. In einigen Fällen wird aber darauf hingewiesen, dass intrinsisch motiviertes, den Anforderungen christlicher Ethik genügendes Handeln angezielt wird[464].

> »Unser strategisches Ziel besteht darin, intelligente Menschen auszubilden, die aktive und nützliche Mitglieder der Gesellschaft und ihrer Gemeinschaften sind und ihr Leben auf der Basis von christlichen Werten führen.«[465]

(10) Religiöse Rückbindung des Ethischen: Diese Zielvorstellung zielt auf die Einsicht ab, dass ethische Einstellungen und ethisches Handeln nicht in sich allein, sondern eingebunden in Sinnkontexte verstanden werden. Die Sinnkontexte erhellen die Tiefdimensionen, die weltanschaulich gebundenen Begründungs- und Motivationszusammenhänge ethischer Handlungen und ethisch verantworteter Lebenseinstellungen. Für die evangelischen Schulen bilden der biblisch-christliche Glaube und die biblisch-christliche Weltanschauung diesen Sinnhorizont. Die Gottesbeziehung ist die Grundlage, deren Potential ethisch relevante Handlungen und Lebenseinstellungen begründet und motiviert[466].

> »Unser Ziel besteht darin, solche AbsolventInnen zu entlassen, die die Liebe Gottes kennengelernt haben und diese in der Haltung der Liebe zu sich selbst, zu ihren Mitmenschen und zu ihren Gemeinschaften erwidern.«[467]

---

463 z.B. Sopron-Líceum 30, Aszód 44, Kőszeg 117–118, Kiskőrös 40, Mezőberény 15.
464 Orosháza 7.
465 Budapest-Sztehlo 40.
466 z.B. Sopron-Eötvös 12, Kőszeg 18, Budapest-Sztehlo 36, Nyíregyháza-Túróczy 14.
467 Kiskőrös 34.

Ethik und christlicher Glaube werden aufeinander bezogen, die sozialen Dimensionen werden mit religiösen Dimensionen verknüpft und vertieft. Dabei werden Jesu Reich-Gottes-Botschaft und das damit verbundene Lebensmodell als Maßstab für ethisches Handeln und als Vorbild für eine ethische Lebensführung verstanden.

»Die höchsten allgemeinen Werte sind begründet im christlichen Glauben und in biblischer Lehre – die Zehn Gebote, das Liebesgebot und die Botschaft Jesu – und entfalten sich in vollem Maße im Leben Jesu. Daher sollen wir Jesu Gestalt – altersgemäß entsprechend – uns und unseren SchülerInnen als ein nachahmenswertes Vorbild nahebringen.«[468]

8.5 Christliche Schule – Der christlich-religiöse, glaubende Mensch

Die Zieldimension von Erziehungs- und Bildungsarbeit evoziert die Sinnfrage und damit die Frage nach dem Verständnis von Mensch und Wirklichkeit. Dabei geht es um Fragen wie: Wer ist der Mensch? Mit welchem Ziel und mit welcher Bestimmung lebt der Mensch sein Leben? In welches Verständnis von Wirklichkeit und in welchen Horizont von Weltdeutung ist das Leben des Menschen eingebettet? Die Zielvorstellungen der Schulprogramme beziehen sich auf die persönlich-existentielle, die gesellschaftlich-kulturelle sowie auf christlich-religiöse bzw. kirchliche Dimension. Diese Zielsetzungen lassen sich unter folgenden fünf Punkten bündeln.

(1) Die *Identifikation mit einem christlichen Selbst-, Welt- und Gottesverständnis* ist ein besonders hervorgehobenes Ziel bei den Bemühungen evangelischer Schulen[469].

»Die SchülerInnen sollen die Lehre der Bibel und der Kirche kennenlernen, damit sie dadurch eine Veranlassung zur Herausbildung einer christlichen Weltanschauung und einer persönlichen Überzeugung bekommen.«[470]

Diese Zielsetzung wirft die Frage auf, ob und inwiefern die persönliche Überzeugung, der Glaube als ein pädagogisches Ziel formuliert werden kann. Die Unverfügbarkeit des Glaubens, dass dieser ein Werk Gottes ist, das weder erzeugt noch erzwungen werden kann, sondern ein Geschenk Gottes durch den Heiligen Geist darstellt, ist eine Grundaussage und Grundvoraussetzung, die theologisch unbestritten ist. Diese grundlegende Aussage wird von den evangelischen

---

468 Győr 40, Orosháza 10, Nyíregyháza-Túróczy 14, Pápa 14.
469 z.B. Bonyhád 24, Budapest-Sztehlo 33, Mezőberény 16, Szarvas-Vajda 21.
470 Budapest-Deák-tér 10, Győr 9, Aszód 15, Miskolc 8, Budapest-Sztehlo 33, Sopron-Hunyadi 8, Szombathely 3.

Schulen durchgängig beachtet. Zugleich wird aber nach pädagogisch verfügbaren Möglichkeiten gesucht, solche »äußeren Entstehungsbedingungen«[471] zu schaffen, die »Impulse zum Glauben« ermöglichen. So betonen die Schulprogramme die Vermittlung von und die Auseinandersetzung mit den Inhalten des Glaubens, das glaubwürdige Verhalten, die Bezeugung der Lebensrelevanz des christlichen Glaubens sowie die Schaffung von Erfahrungsräumen, wo der Glaube Gestalt und Ausdruck bekommt und erfahrbar sein kann[472].

> »Wir wissen, dass man den Glauben weder übermitteln noch herausbilden kann; nur Kenntnisse, die mit dem Glauben verbunden sind, [sind lehrbar]. Wir überschätzen unsere Möglichkeiten nicht, aber wir lehren engagiert, zeigen Vorbild und bekennen unseren Glauben.«[473]

Eine Reihe von Texten spricht von der *Glaubensüberzeugung* und der *Stärkung des Glaubens* als direkter Zielsetzung[474]. In den Formulierungen wird dabei einerseits die Unverfügbarkeit des Glaubens angesprochen, andererseits wird aber die persönliche Glaubensüberzeugung als ein möglicher und erwünschter Zielhorizont benannt.

> »Das Ziel der evangelischen Erziehung und Bildung besteht darin: dem Menschen zu helfen, dass er an den Dreieinigen Gott glaube, der sich in besonderer Weise in Jesus Christus offenbart hat. Diesen Glauben nimmt der Mensch in seinem Wesen an, dass er die Nähe Gottes lebenslang spüre, zugleich sich Gott verpflichte und an der Verwirklichung des Willens Gottes teilnehme.«[475]

Der Text ist in christlich-dogmatischer Begrifflichkeit (Dreieiniger Gott, in Jesus Christus offenbart, Willen Gottes verwirklichen) formuliert. Insofern verlässt er sprachlich den Boden der pädagogischen Begrifflichkeit. Allerdings ist der Inhalt schwer nachzuvollziehen. Dazu müsste noch weiter erläutert werden, was mit dem Satz »Diesen Glauben nimmt der Mensch in seinem Wesen an« ausgesagt werden soll.

(2) Die Zielvorstellung »*Dienst an Gott und den Mitmenschen*« fasst all jene Formulierungen zusammen, die das Ziel des menschlichen Lebens in der Hingabe, in der Annahme und der Verwirklichung von Gottes Willen im Leben des einzelnen Menschen begreifen[476]. Diese Zielvorstellung gründet in der stellvertretenden Lebenshingabe Jesu am Kreuz. Das wird so verstanden, dass dadurch das Leben des Menschen nicht sich selbst, sondern Gott gehört und dass deshalb die Berufung des Menschen darin besteht, Gott zu dienen. Zwei typische Formen

---

471 Härle ⁴2012, 70.
472 z.B. Sopron-Eötvös 13, Kőszeg 22, Kiskőrös 34–35, Mezőberény 19, Marcaltő 9.
473 Budapest-Deák-tér 9.
474 z.B. Budapest-Fasor 9, Bonyhád 18, Nyíregyháza-Kossuth 11, Kőszeg 23.
475 Győr 9, Sopron-Hunyadi 9, Pápa 15.
476 z.B. Sopron-Líceum 5, Nyíregyháza-Kossuth 12, Orosháza 4, Mezőberény 14.

der Aussage sind für diese Zielvorstellung charakteristisch: der Dienst für Gott und an den Mitmenschen, in der Kirche und in der von Gott geschaffenen Welt und die Annahme und Verwirklichung des Willens Gottes.

> »Das wichtigste Erziehungs- und Bildungsziel unserer Schule besteht darin, dass unsere SchülerInnen – ausgerüstet mit einem klaren christlichen Weltverständnis – befähigt werden, ihren Dienst in der Kirche und in der Welt zu vollbringen.«[477]

(3) Die bisher genannten Ziele basierten auf einer christlichen Überzeugung und richteten sich auf deren Umsetzung. Die Zielsetzung »*Anerkennung und Wertschätzung christlicher Religion und evangelischer Kirche*« setzt kein bestimmtes Weltbild und keine bestimmte Glaubensüberzeugung voraus, sondern strebt ein Bekanntmachen mit dem Beitrag der christlichen Konfessionen und der evangelischen Kirche zu Kultur, Gesellschaft, Gemeinwohl und Gemeinleben, Wissenschaften und Künste an und intendiert dessen positive Anerkennung und Wertschätzung[478]. Diese Zielangaben formulieren die Schulprogramme knapp und in Listenform, ohne dass die konkreten Beiträge und die Gebiete der Bereicherung entfaltet werden.

> »Unser Ziel besteht darin, dass wir ein aktives Mitglied des bestehenden und sich fortlaufend entfaltenden Evangelischen Zentrums in Szombathely werden, und die evangelische Geistigkeit bekannt machen und vermitteln.«[479]

(4) Unter den Zielsetzungen bekommt die »*Gemeindemitgliedschaft/Kirchenmitgliedschaft*« einen besonderen Stellenwert[480]. Dabei fällt bei näherem Hinsehen auf, dass das Ziel der Kirchenmitgliedschaft nicht allein auf die evangelischen SchülerInnen begrenzt ist, sondern auf alle christlichen SchülerInnen bezogen wird.

> »Unsere wichtige Aufgabe besteht darin, dass wir unsere SchülerInnen zu aktiven Mitgliedern ihrer Kirchen erziehen, damit ihnen nach dem Schulabschluss – neben dem Dienst an ihrer Heimat und an ihrer Familie – der Dienst für Gott und der Dienst in ihrer Kirche am wichtigsten werden.«[481]

Eine ausdrücklich in den Mittelpunkt gestellte Zielsetzung stellt in den Schulprogrammen die »*Heranbildung von evangelisch geprägten Persönlichkeiten*« dar. Bemerkenswert ist dabei, dass diese Persönlichkeiten so gesehen werden, dass sie ganz eng in der Evangelisch-Lutherischen Kirche in Ungarn und ihren Ortsgemeinden beheimatet sind und sich in letzteren aktiv betätigen[482].

---

477 Sopron-Eötvös 12.
478 z.B. Budapest-Fasor 5, Sopron-Líceum 5, Bonyhád 18, Sopron-Hunyadi 8.
479 Szombathely 3.
480 z.B. Sopron-Líceum 6, Bonyhád 18, Győr 9, Aszód 14, Kiskőrös 34, 35.
481 Budapest-Fasor 5.
482 z.B. Aszód 15, Budapest-Sztehlo 33, Mezőberény 12, Alberti 8.

»«Die Schule ist der Gemüsegarten der Kirche«. Heute möchte sie das auch sein. Von hier sollen die zukünftigen PfarrerInnen, weltlichen LeiterInnen und die Kirche liebende und sie aktiv mitgestaltenden Mitglieder der Kirche kommen. Sie [=die evangelische Schule] möchte den Menschen bilden, den man »ungarischer evangelischer Christ / ungarische evangelische Christin« nennen könnte.«[483]

(5) Die Zielvorstellung »*Aneignung einer kirchlich-religiösen Praxis*« strebt dahin, dass die SchülerInnen sich in den gelebten kirchlich-religiösen Praxisformen auskennen, sie praktizieren und Verbindungen zwischen dem Glauben und seinen Ausdrucksformen entdecken und herstellen können[484]. Dazu gehören die Liturgie des Gottesdienstes, das Kirchenliedgut, Ausdrucksformen christlicher Spiritualität und der Kirchenraum als religiöser Raum.

> »Sie [=die SchülerInnen] sollen sich die Traditionen und die Riten unserer Kirche aneignen, die Gottesdienstordnung verstehen. In ihre Lebensgewohnheiten sollen das Beten und weitere spirituelle Praxisformen integriert werden.«[485]

Es ist auffällig, dass es sich zumeist um die Vermittlung und Aneignung bestehender Traditionen und Formen von Spiritualität handelt, die den Kindern und Jugendlichen weitergegeben werden sollen. In diesem Zusammenhang werden kaum neue Ausdrucksformen erwähnt. Ebenso wenig wird von der Suche nach einer neuen Sprache und nach neuen Formen, die dem Lebensgefühl und den Ausdrucksmöglichkeiten von Kindern und Jugendlichen entsprechen, gesprochen[486].

(6) Schließlich wird die Frage der »*ökumenischen bzw. religiösen Offenheit und Toleranz*« angesprochen und bei den SchülerInnen eine dementsprechende Grundhaltung angestrebt[487].

> »Unser Ziel besteht darin, dass unsere SchülerInnen das Leben anderer christlichen Kirchen – im ökumenischen Geist – kennenlernen und die religiöse Überzeugung von Anderen schätzen lernen.«[488]

---

483 Aszód 4, Budapest-Sztehlo 8.
484 z.B. Nyíregyháza-Kossuth 11, 15, Békéscsaba 36, Sopron-Eötvös 13, Kiskőrös 16.
485 Budapest-Deák-tér 10, Aszód 15, Miskolc 8, Budapest-Sztehlo 33, Mezőberény 16, Szarvas-Vajda 21, Nyíregyháza-Túróczy 11, Sopron-Hunyadi 8, Pápa 15, Szombathely 3, Soltvadkert 22.
486 Kiskőrös 34.
487 z.B. Miskolc 7–8, Budapest-Sztehlo 9, Kiskőrös 14, Mezőberény 12.
488 Budapest-Deák-tér 10, Győr 9, Aszód 15, Miskolc 8, Kőszeg 22, Budapest-Sztehlo 33, Mezőberény 16, Szarvas-Vajda 21, Nyíregyháza-Túróczy 11, Sopron-Hunyadi 8, Pápa 15, Szombathely 3, Marcaltő 9, Budapest-Podmaniczky 53, Soltvadkert 22.

8.6   Zusammenfassung: Zielvorstellungen von Schulen in evangelischer Trägerschaft in Ungarn

Die Analyse der Schulprogramme hat die Zielvorstellungen von Schulen in evangelischer Trägerschaft als eine Konsequenz des Phänomens »Selbstverständnis evangelischer Schulen« rekonstruiert. In diesem Kapitel wurde daher nachgefragt, welche programmatischen Zielvorstellungen die Schulen in evangelischer Trägerschaft als Leitbilder herausstellen, auf die das Selbstverständnis sowie die Erziehungs- und Bildungsprozesse dieser Schulen gerichtet sein sollen.

Die Analyse der Kategorie »Zielvorstellungen von Schulen in evangelischer Trägerschaft« hat erbracht, dass die Zielvorstellungen in den Schulprogrammen umfangreich und diffus formuliert sind. Charakteristisch sind dabei listenartige Zusammenstellungen, die teilweise (hehre) Ideale und unerreichbare Leitbilder beinhalten. Eine Reihe von erwünschten Eigenschaften der Schülerpersönlichkeit und intendierte Ziele der schulischen Arbeit werden listenförmig aufgeführt und unvermittelt nebeneinandergestellt. Dies geschieht, ohne dass dabei gewisse Prioritäten herausgestellt oder zumindest vermerkt werden. Ebenso wenig wird erkennbar, dass die Darlegung einer systematischen Abfolge verpflichtet ist. Die Inhalte dieser Auflistungen wiederholen sich im jeweiligen Schulprogramm mehrmals. Die entsprechenden Formulierungen besitzen dabei unterschiedliche Qualität.

Aus formaler Sicht sind zwei Typen von Zielvorstellungen zu unterscheiden. Beim ersten Typ liegt der Schwerpunkt auf den Zielvorstellungen der Erziehungs- und Bildungsarbeit. Beim zweiten Typ geht es um die Leitbildvorstellungen im Blick auf den Menschen. Die von den Schulen selbst gesetzten bzw. verfolgten Ziele und Leitbilder fokussieren sich in der Regel auf die Aufgaben und Zielsetzungen der schulischen Erziehungs- und Bildungsarbeit. Die in den angezielten Leitbildern formulierten Visionen vom Menschen beschreiben in konkreten Persönlichkeitsmerkmalen, mit konkreten Eigenschaften und Kompetenzen, welche (Ideal-)Vorstellungen die Schulen von ihren AbsolventInnen haben. Zwischen den beiden formalen Typen von Zielvorstellungen besteht eine enge inhaltliche Verbindung und eine gewisse Verschmelzung. Daher werden die Zielvorstellungen der Schulen selbst, die Zielvorstellungen der Erziehungs- und Bildungsarbeit der Schulen sowie die angezielten Leitbildvorstellungen zu den Menschen gemeinsam behandelt.

Als leistungsfähige Schulen möchten die evangelisch-lutherischen Schulen, dass sie für ihre SchülerInnen die bestmögliche Qualifikation und Ausbildung bieten und sie damit auf ihren zukünftigen Bildungs- und Lebensweg vorbereiten. Ziel ist das Gebildet-Sein im Sinne einer umfassenden Allgemeinbildung. Darin sind inbegriffen anwendbares Wissen, brauchbare Kompetenzen und kreativ-schöpferisches Denken. Diese Zieldimensionen sollen den AbsolventInnen ermöglichen, dass sie die Schule mit dem individuell bestmöglichen Ergebnis abschließen und gute Voraussetzungen für ihre weitergehende Schullaufbahn, für eine passende Berufswahl und für eine erfolgreiche Lebensbewältigung erwerben. Die Bereitschaft zu lebenslangem Lernen wird angestrebt, damit die AbsolventInnen befähigt werden auf die sich rasch wandelnden gesellschaftlichen, ökonomischen und beruflichen Erfordernisse und Bedingungen zu reagieren.

Als ganzheitlich orientierte Schulen möchten die evangelisch-lutherischen Schulen, dass sie für ihre SchülerInnen eine umfassende Erziehung und Bildung bieten, die im Dienste einer möglichst umfassenden Persönlichkeitsentfaltung und Identitätsbildung stehen. Die Einbindung des Menschen in seine sozialen Verhältnisse spielt für die Identitätsbildung eine bedeutende Rolle. Daher zielen die Identitätsbildungsprozesse auch auf die soziale Beziehungsfähigkeit ab. Ziel ist die selbstbestimmte und eigenverantwortliche Lebensführung, d.h. dass der Mensch über die Gestaltung seines Lebens frei entscheidet und für seine Entscheidungen und sein Handeln die Verantwortung selbst übernimmt. Um dieser Zielsetzung gerecht werden zu können, kommt der Selbsterkenntnis und Selbstreflexion eine zentrale Bedeutung zu. Ein positives, realistisches Selbstbild mit einem gesunden Selbstvertrauen wird ebenso angestrebt wie eine Reflexionsfähigkeit, die es dem Individuum ermöglicht, mit sich selbst und mit seiner Umwelt Auseinandersetzung zu führen, sich selbst in der Welt zu verorten sowie sich Handlungs- und Gestaltungsoptionen zu erschließen.

Worauf die Identitätsbildungsprozesse und die selbstbestimmte und eigenverantwortliche Lebensführung des Menschen letztendlich abzielen, thematisieren die Schulprogramme in unterschiedlicher Weise. Die diesbezüglichen Leitbilder – »Selbstverwirklichung«, »sozial wertvolles, persönlich erfolgreiches Leben«, »in Gottes Liebe leben, harmonisch mit Gott, mit den Mitmenschen und mit der gesamten Schöpfung« – spiegeln humanistische, ökonomische und christliche Menschenbild-Vorstellungen. Eine weitere Zielvorstellung auf der Ebene der Persönlichkeit ist die subjektive Lebenszufriedenheit. Die Inhalte dieses Leitzieles umfassen – wenn sie angegeben werden – ebenso Elemente von humanistischen, ökonomischen und christlichen Menschenbild-Vorstellungen.

Als öffentliche, ungarische Schulen möchten die evangelisch-lutherischen Schulen einen Beitrag für die Gesellschaft leisten. Darum treten sie in ihren Zielsetzungen – und daraus folgend in ihrer Erziehungs- und Bildungsarbeit – für ein ungarisch-nationales bzw. europäisches Identitätsbewusstsein, für ein gelingendes menschliches Zusammenleben, für gesellschaftliches bzw. politisches Engagement der Einzelnen, für gesellschaftliche Solidarität und für verantwortungsbewussten Umgang mit der Umwelt und mit den natürlichen Ressourcen ein.

Die Bildung und Entwicklung eines nationalen Identitätsbewusstseins soll durch eine starke Identifikation der einzelnen Person mit der ungarischen Nation und durch die Bewusstmachung der Zugehörigkeit zur Nation erreicht werden. Neben dem Kennenlernen und der Wertschätzung der ungarischen Kultur, Geschichte und Traditionen – die die Zugehörigkeit zur Nation kognitiv verfestigen – wird auch eine positive, emotionale Bindung angestrebt. Das Empfinden der Zugehörigkeit zu Europa ist als Ergänzung zur ungarischen Identität erwünscht. Die Bedeutung der Nation und die nationale Identität bekommen aber eindeutig die Priorität vor der europäischen zugeschrieben.

Die Rolle und Beteiligung des Individuums in gesellschaftlich-politischen Diskursen und in Veränderungs- und Entscheidungsprozessen werden in unterschiedlicher Weise thematisiert. Eine Reihe von Zielen fokussiert darauf, dass das Individuum sich an die bestehenden gesellschaftlich-politischen, ökonomischen Bedingungen und Veränderungen anpasst und sich in der kontextuell-aktuell bestehenden Gesellschaft zurechtfindet. Andere Zielsetzungen betonen demgegenüber die Emanzipation des Menschen von gesellschaftlich-politischen Bestimmungen dadurch, dass er an gesellschaftlichen Entscheidungsprozessen aktiv teilnimmt, staatliche und gesellschaftliche Entwicklungsprozesse kritisch in Frage stellt sowie gesellschaftliche Veränderungsprozesse gestaltet.

Als wertebewusste und werteorientierte Schulen orientieren sich die evangelisch-lutherischen Schulen an der christlichen Ethik und einem christlichen Werteverständnis. Sie stellen darum die Wertebezogenheit der Schule heraus. Es geht ihnen darum, christliche Werte zu vermitteln, die SchülerInnen zur ethischen Urteilsfähigkeit und zu ethisch verantwortetem Handeln zu befähigen sowie die Tiefdimensionen ethischer Fragestellungen zu erhellen und ethisch relevante Handlungen und die Lebensführung mit der religiösen Dimension zu verknüpfen.

Die evangelischen Schulen verpflichten sich zu einer materialen Wertevermittlung – unter Rückgriff auf christliche Werte – ebenso wie zu einer Befähigung zur ethischen Urteilsfähigkeit, die auf der Bewusstmachung und Reflexion individualistischer Wertekonzepte und Handlungsoptionen basiert und zu ethisch begründeten und verantworteten Entscheidungen führt. Diese beiden Konzepte und Zielsetzungen ethischer Erziehung und Bildung werden als einander ergänzend gesehen und miteinander verbunden. Ein ethischer Relativismus wird abgelehnt. Demgegenüber wird die Wertebezogenheit der Schulen und ihrer Erziehungs- und Bildungsarbeit als ein besonderes Merkmal evangelischer Schulen hervorgehoben. Eine Verbindung zwischen ethischer Einsicht, kognitiver und argumentativer Urteilsfähigkeit und konkretem Verhalten und Handeln im Leben wird angestrebt.

Als christliche Schulen sehen sich die evangelisch-lutherischen Schulen berufen, sich in den Dienst der Verkündigung des Evangeliums zu stellen und solche »äußere Entstehungsbedingungen« zu schaffen, die gewisse »Impulse zum Glauben« ermöglichen. Die Identifikation mit einem christlichen Selbst-, Welt- und Gottesverständnis sowie die Glaubensüberzeugung und die Stärkung des persönlichen Glaubens werden als mögliche und erwünschte Zielsetzungen benannt. Ebenso wird aber auf die Unverfügbarkeit des Glaubens hingewiesen. Die Diskrepanz zwischen der theologischen Sichtweise von der Unverfügbarkeit des Glaubens und der pädagogischen Annäherung, den Glauben als erwünschtes Ziel zu setzen, wird nicht überwunden. Geschildert werden solche menschlichen Möglichkeiten, die Zugänge zu Erfahrungen und der Beschäftigung mit dem Glauben ermöglichen könnten, wie z. B. die Bezeugung der Lebensrelevanz des christlichen Glaubens, glaubwürdiges Verhalten, kirchlich-spirituelle Programme, Auseinandersetzung mit Glaubensfragen usw.

Die evangelisch-lutherischen Schulen wollen zum Bekanntwerden sowie zur Anerkennung und Wertschätzung der christlichen Religion und der evangelisch-lutherischen Kirche ihren Beitrag leisten. Sie möchten erreichen, dass alle ihre SchülerInnen und Mitarbeitenden – unabhängig von ihrer religiösen bzw. konfessionellen Überzeugung – den Beitrag von Religion, der Kirche allgemein und des Protestantismus und der Evangelisch-Lutherischen Kirche im Besonderen für die gesamtgesellschaftliche und kulturelle Ebene kennen, anerkennen und wertschätzen.

Im Blick auf die kirchlich-religiöse Ebene wird als Zielsetzung die Erziehung zur aktiven Kirchenmitgliedschaft/Gemeindemitgliedschaft herausgestellt. Diese Zielsetzung bezieht sich nicht nur auf die evangelisch-lutherischen, sondern auf alle christlichen SchülerInnen der Schule. Die Heranbildung einer evangelisch-lutherischen Verantwortungselite, von Persönlichkeiten, die sich sowohl auf gesamtkirchlicher als auch auf der Ebene der Ortsgemeinde – für die Kirche engagieren, sie vertreten und mitgestalten, hat aber überwiegend die evangelisch-lutherischen SchülerInnen im Blick. Die Zielvorstellung »Aneignung einer kirchlich-religiösen Praxis« lässt entweder offen, um welche konfessionelle Praxis es hier geht oder es sind die evangelisch-lutherischen Formen im Blick. Insgesamt soll aber eine ökumenische Grundhaltung und religiöse Offenheit und Toleranz bei allen SchülerInnen kultiviert werden.

Es wurde bereits mehrfach angesprochen, dass in die Zielvorstellungen Charakteristika eines humanistischen, gesellschaftlich-ökonomischen und christlichen Menschenbildes eingehen. Diese sind ineinander verzahnt und miteinander verflochten. Im Bereich der Persönlichkeitsbildung dominieren die humanistischen Vorstellungen, im Bereich der ethisch-religiösen Bildung dominiert eher ein christliches Menschenbild, im Bereich der Qualifikation und Ausbildung liegt ein Schwergewicht auf einem ökonomischen Verständnis des Menschen. Die Zielvorstellungen für den gesellschaftlich-politischen Bereich machen deutlich, dass die einzelnen Menschenbild-Elemente nicht voneinander isolierbar sind.

Die konkreten Darlegungen der Zielvorstellungen lassen den Eindruck entstehen, dass es ein ideales Bild vom Menschen gäbe. Trotz vieler konkreter Idealvorstellungen bleiben aber genügend Formulierungen unklar, vage und offen. Dadurch wird die Dimension der Unverfügbarkeit des Menschen immer wieder bewusst.

9. Kategorie 3: AkteurInnen der Schule

Bei der Analyse der Schulprogramme wurden *die AkteurInnen der Schule* als ein Kontext des Phänomens »Selbstverständnis evangelischer Schulen« rekonstruiert. Zentrale AkteurInnen – SchülerInnen, LehrerInnen, Eltern – bilden die spezifischen Bedingungen, in welchem Kontext die Tätigkeit der Schulen stattfindet. Daher werden in diesem Abschnitt die AkteurInnen der Schule in den Blick genommen und präzisiert: *Wer sind die AkteurInnen der Schule? Welche Klientel haben evangelisch-lutherische Schulen in Ungarn im Blick? Welche Kriterien bestimmen die Schüler- und Lehrerauswahl an evangelischen Schulen? Welche Anforderungen und Erwartungen sowie welche Rollenbilder werden an die AkteurInnen an evangelischen Schulen gestellt?*

Die Charakteristika der AkteurInnen der Schule können in folgenden vier Themenbereichen zusammengefasst werden, die – nach der Methodik der Grounded Theory – die Eigenschaften der Kategorie »AkteurInnen der Schule« bilden:

1. Kriterien der Schüleraufnahme an den Grundschulen,
2. Kriterien der Schüleraufnahme an Schulen des sekundären Bildungsbereiches,
3. LehrerInnen an evangelischen Schulen,
4. Die Eltern an evangelischen Schulen.

Kategorie 3: AkteurInnen der Schule
Eigenschaften und ihre Dimensionen
1. **Kriterien der Schüleraufnahme an den Grundschulen**   *Territorialprinzip – Kinder aus evangelischem Kindergarten – Konfessionszugehö-rigkeit – Kinder mit Benachteiligung/mit Sonderbedarf – Schulbesuch von Geschwistern – Losverfahren – Reihenfolge der Anmeldung –Bereitschaft, das Schulkonzept mitzutragen*
2. **Kriterien der Schüleraufnahme an Schulen des sekundären Bildungsbereiches**   *Grundschulzeugnis – Zentrale schriftliche Aufnahmeprüfung – Schuleigene mündliche Aufnahmeprüfung/Aufnahmegespräch – Konfessionszugehörigkeit – Reihungskriterien bei einer Ergebnisgleichheit – Bewerber aus schuleigener Grundschule – Zielgruppen der evangelischen Schulen*
3. **Lehrende an evangelischen Schulen**   *Kriterien der Lehreraufnahme – Anforderungen und Erwartungen an Lehrende an evangelischen Schulen – Rolle von Lehrenden an evangelischen Schulen – Weiterbildung und Förderung der Lehrenden*
4. **Die Eltern an evangelischen Schulen**   *Erwartungen an Eltern – Rolle von Eltern an evangelischen Schulen – Eltern als Akteure: Kooperation zwischen Schule und Familie*

Tabelle 20: Kategorie 3 »AkteurInnen der Schule«

Es ist anzumerken, dass die Schulprogramme auf die Fragestellung »Wer sind die AkteurInnen an evangelischen Schulen?« für unsere Untersuchung nur bedingt relevante Daten liefern. Gemäß ihrer Gattung gehen sie ausführlich auf bestimmte Themenbereiche ein, wie z. B. die Auswahlkriterien der SchülerInnen. Andere Fragestellungen, wie z. B. sozioökonomische und milieuspezifische familiäre Hintergründe, behandeln die Schulprogramme aber nur am Rande und lückenhaft. Das macht dann eine diesbezügliche Analyse nicht möglich.

Dieser Abschnitt fokussiert auf die AkteurInnen an evangelischen Schulen als spezifische Bedingung. Die leitende Fragestellung ist daher, wer diese AkteurInnen sind, welche Rollen ihnen zugeschrieben und welche Erwartungen an sie gestellt werden. Die Fragen, wie diese AkteurInnen in Erziehungs- und Bildungsprozessen agieren, welche Kooperationen es zwischen ihnen gibt und welche Partizipationsmöglichkeiten sie bei der Entwicklung und Gestaltung des Profils von evangelischen Schulen haben, werden hier – bis auf eine Ausnahme – nicht behandelt[489]. Die Frage nach der Kooperation zwischen Schule und Familie wird erörtert, weil sich dabei zeigt, inwieweit Eltern als AkteurInnen der Schule verstanden und in das Leben und in die Geschehnisse der Schule einbezogen werden.

---

489 Zur Behandlung dieser Fragestellungen siehe Kapitel 10 »Erziehungs- und Bildungsverständnis« und Kapitel 11 »Schulprofil«.

9.1 Kriterien der Schüleraufnahme an den Grundschulen

Die gesetzliche Regelung bestimmt die möglichen Kriterien der Schüleraufnahme an den Grundschulen[490]. Im Allgemeinen gilt das *Territorialprinzip*. Die staatlichen Grundschulen müssen diejenigen schulreifen Kinder in ihre ersten Klassen aufnehmen, die in ihrem Einzugsgebiet leben und angemeldet sind. Falls noch weitere Plätze vorhanden sind, können die Grundschulen weitere angemeldete Kinder in die Schule aufnehmen. In diesem Fall sollen die Schulen die benachteiligten Kinder (HH und HHH-Kinder) bevorzugen. Falls mehrere Kinder den gleichen Rechtsanspruch haben, eine Grundschule zu besuchen, sollen aus dieser Gruppe die restlichen Schulplätze mit Hilfe eines klar geregelten Losverfahrens vergeben werden. Eine Prüfung zwecks Aufnahme in die Grundschule ist nicht gestattet.

Die Grundschulen in kirchlicher Trägerschaft haben die Möglichkeit, jenseits des Territorialprinzips weitere Aufnahmekriterien festzulegen[491]. In einer offiziellen Vereinbarung klären der Staat und die kirchlichen Träger, in welchem Ausmaß sich die konkrete kirchliche Schule an der Bewältigung der Einschulung im entsprechenden Einzugsgebiet beteiligt. Diesem Ausmaß entsprechend soll die Grundschule bei der Vergabe der vorhandenen Schulplätze die gesetzlichen Aufnahmekriterien anwenden. Falls in einem Ort nur eine Grundschule vorhanden ist, diese aber einen kirchlichen Träger hat, muss im Sinne dieser Vereinbarung die kirchliche Schule die Einschulung aller Kinder aus dem Einschulungsgebiet übernehmen[492].

»Unsere Schule ist die einzige Grundschule am Ort, daher sichern wir die Aufnahme aller SchülerInnen am Ort zu.«[493]

In mehreren evangelischen Grundschulen ist das Territorialprinzip dominant[494]. Neben dieser Bestimmung werden bei der Vergabe der Schulplätze weitere Kriterien angewendet.

»Wenn die Grundschule ihre Aufnahmepflicht erfüllt hat und noch weitere Schulplätze vorhanden sind, dann sind die folgenden Kriterien in dieser Reihenfolge anzuwenden: evangelische Konfession, mehrfache Benachteiligung (HHH-SchülerIn), SonderschülerIn (SNI-SchülerIn), SchülerIn mit Sonderfall, d.h. die Eltern, Geschwister sind

---

490 Gesetz CXC über das nationale Erziehungswesen von 2011, § 31–33, § 50–51, Erlass 20 des Ministeriums für Humanressourcen von 2012, § 22–25. Es ist zu beachten, dass die Grundschulen in Ungarn acht Klassenstufen umfassen (1.–8. Klassen).
491 Gesetz CXC über das nationale Erziehungswesen von 2011, § 31–33.
492 Marcaltő, Soltvadkert.
493 Soltvadkert 31.
494 Alberti, Nyíregyháza-Turóczy, Szarvas-Benka, Marcaltő, Soltvadkert.

langanhaltend krank oder leben mit einer Behinderung oder die Geschwister besuchen die Grundschule.«[495]

Neben dem Territorialprinzip spielt in vielen evangelischen Grundschulen die *konfessionelle Zugehörigkeit* eine bedeutende Rolle. Mehrere Grundschulen bevorzugen bei der Aufnahme die evangelischen Kinder[496]. Einige weitere Grundschulen nehmen nur christliche/getaufte Kinder auf. Die Ausformulierung dieses Kriteriums ist konkret[497], indirekt[498] oder erscheint nicht in den Schulprogrammen, sondern in anderen Dokumenten dieser Schulen (z. B. in Einschulungsinformationen, auf der Homepage)[499].

>»Unsere Grundschule empfängt alle herzlich, die die christlichen Werte akzeptieren und bereit sind, diesen Verpflichtungen zu entsprechen. Von SchülerInnen, die sich in den ersten Jahrgang inskribieren möchten, brauchen wir den Taufschein.«[500]

Die evangelischen Grundschulen, die institutionell mit einem evangelischen Kindergarten zusammengehören oder wo am Ort ein evangelischer Kindergarten tätig ist, bevorzugen bei der Aufnahme solche Kinder, die aus dem eigenen Kindergarten kommen[501].

>»In die Anfängerklassen unserer Schule sollen an erster Stelle die schulpflichtigen, evangelischen Kinder aus Albertirsa aufgenommen werden. Bei der Aufnahme werden diejenigen Kinder bevorzugt, die aus dem Evangelischen Kindergarten in Alberti kommen.«[502]

Zwei Schulprogramme erwähnen – entsprechend der gesetzlichen Regelung – das *Entscheidungsmittel des Loses*, falls die Zahl von Anmeldungen übergroß ist[503]. Zunächst werden die festgelegten Kriterien der Aufnahme angewendet. Anschließend werden die weiteren freien Plätze unter den übrigen Bewerbern verlost. Eine ausführliche Regelung des Losverfahrens ist den Schulprogrammen beigefügt.

>»Wenn die Grundschule alle Aufnahmegesuche wegen Platzmangels nicht gewähren kann, entscheidet ein Los unter den Bewerbern.«[504]

---

495 Szarvas-Benka 52.
496 Alberti 53, Szarvas-Benka 52, Budapest-Podmaniczky 81, Soltvadkert 31, Győr 46, Orosháza 34, Kiskőrös 191.
497 Budapest-Sztehlo 109.
498 Győr 46, Kiskőrös 190.
499 Sopron-Hunyadi, Pápa, Szombathely.
500 Pápa: Beiskolázási tájékoztató 2016/2017 [Einschulungsinformation 2016/2017].
501 Alberti, Nyíregyháza-Túróczy, Sopron-Hunyadi, Szarvas-Benka, Marcaltő, Budapest-Podmaniczky, Győr, Orosháza.
502 Alberti 52.
503 Alberti 52, Szarvas-Benka 53.
504 Szarvas-Benka 52.

Die *Bereitschaft der Familien, das Schulkonzept mitzutragen* und die christlichen Werte und Einstellungen der Schule zu akzeptieren, erwähnen mehrere Schulprogramme[505]. Um diese Bereitschaft sicherzustellen, organisieren einige Grundschulen für die Eltern gemeinsam mit ihrem Kind ein »Einschulungsgespräch«[506].

»Im Rahmen eines ungebundenen Gesprächs lernen wir die Familien kennen. Bei der Beurteilung der Aufnahme berücksichtigen wir die Verbundenheit der Familie mit den von der Schule vertretenen Werten.«[507]

Eine Grundschule erwähnt noch die *Reihenfolge der Anmeldungen* als Aufnahmeprinzip.

»Wenn wir die Anzahl der in zwei Schulklassen aufzunehmenden (sc. 48 Personen) erreicht haben, beenden wir die Einschulung. Weitere Kinder können wir nicht mehr aufnehmen.«[508]

Die Tabelle 21 fasst die Kriterien der Schüleraufnahme an den Grundschulen in evangelischer Trägerschaft zusammen.

Kategorie: AkteurInnen der Schule	
Eigenschaft: Kriterien der Schüleraufnahme an den Grundschulen in evangelischer Trägerschaft	
Territorialprinzip	G1, G2, G4, G7, G8, G9, M7, M13
Kinder aus evangelischem Kindergarten	G1, G2, M6
Bevorzugung evangelischer Kinder	G1, G4, G8, G9, M10, M13, M14
Aufnahme evangelischer/christlicher Kinder	G3, G5, G6, M6, M13, M14
Kinder mit Benachteiligung/Sonderbedarf	G1, G2, G4, M6, M7
Schulbesuch von Geschwistern	G4, M6, M14
Losverfahren	G1, G4
Reihenfolge der Anmeldung	G6
Bereitschaft, das Schulkonzept mitzutragen	G1, G2, G5, G6, G8, M6, M10, M11

Tabelle 21: Eigenschaft »Kriterien der Schüleraufnahme an den Grundschulen in evangelischer Trägerschaft«

Aufgrund der angewandten Aufnahmekriterien sind drei Typen unter den evangelischen Grundschulen zu unterscheiden.

– Die *»Grundschulen für alle«* wenden das Territorialprinzip bei der Auswahl von Kindern an, wobei diese Schulen grundsätzlich für alle Kinder offen sind

---

505 z.B. Alberti 14, Nyíregyháza-Túróczy 35, Budapest-Podmaniczky 81, Orosháza 34, Miskolc 46.
506 Szombathely 26, Győr 46.
507 Szombathely 26.
508 http://www.szombathely-lutheran.hu/remenyik/beiskolazas.

und kaum Auswahlkriterien erwähnen. Sechs von fünfzehn evangelischen Grundschulen gehören zu diesem Typ[509].

- Die »*Grundschulen für Kinder aus dem Einschulungsgebiet und für Kinder mit evangelischer Konfession*« haben zwei Schwerpunkte im Blick[510]. Einerseits das Territorialprinzip: Sie wollen dadurch ein möglichst breites Spektrum von Familien erreichen, die im Einzugsgebiet der Schule leben, eventuell keinen Kontakt mit der Kirche und mit Religion, aber Vertrauen und Interesse an einem evangelischen Schulkonzept haben. Andererseits das Prinzip der Konfessionalität: Sie wollen dadurch möglichst viele evangelische Kinder erreichen, die ihre Bildung auf der Basis eines evangelisch geprägten Erziehungs- und Bildungskonzepts erhalten.

- Die »Grundschulen für evangelische/christliche Kinder« räumen der konfessionellen Zugehörigkeit der Kinder die oberste Priorität bei der Aufnahme ein[511]. Das Einzugsgebiet hat bei diesen Schulen keine Bedeutung. Diese Schulen befinden sich in größeren Städten, wo die Anzahl der Grundschulkinder höher ist und mehrere staatliche Grundschulen vorhanden sind. Daher haben die konfessionellen Schulen mehr Spielraum, ihre SchülerInnen nach ihren Kriterien auszuwählen. In diesen Städten sind traditionsreiche und relativ große evangelische Gemeinden tätig, die die Initiatoren der (Neu)Gründung/Übernahme dieser Grundschulen waren und die Schulträger dieser Schulen sind.

9.2 Kriterien der Schüleraufnahme an Schulen des sekundären Bildungsbereiches

In diesem Abschnitt wird analysiert, welche Aufnahmekriterien die evangelischen Schulen des sekundären Bildungsbereiches anwenden, um ihre SchülerInnen auszuwählen und aufzunehmen. Zunächst ist festzustellen, dass im sekundären Bildungsbereich evangelische Schulen in ganz unterschiedlichen Schulformen existieren (Berufsmittelschule, Berufsschule, Gymnasien mit acht, sechs und vier Klassenstufen), die teilweise unterschiedliche Zielgruppen ansprechen und unterschiedliche Aufnahmekriterien aufweisen. Die diversen Schwerpunktklassen bedingen ebenso unterschiedliche Aufnahmekriterien innerhalb einer Schule[512]. Die einheitlichen gesetzlichen Rahmenbedingungen er-

---

509 Szarvas-Benka, Marcaltő, Soltvadkert, Békéscsaba, Orosháza, Miskolc.
510 Alberti, Nyíregyháza-Túróczy, Budapest-Podmaniczky.
511 Sopron-Hunyadi, Pápa, Szombathely, Győr, Budapest-Sztehlo, Kiskőrös.
512 Siehe Kapitel 5.

möglichen es jedoch, die Aufnahmekriterien an evangelischen Schulen im sekundären Bildungsbereich in einem Kapitel gemeinsam zu behandeln.

Die entsprechenden Gesetze und Erlässe bestimmen das Aufnahmeverfahren an Schulen im sekundären Bildungsbereich[513]. Die SchülerInnen sollen ihr Aufnahmeansuchen an die zentrale Aufnahmestelle der Bildungsbehörde und an die ausgewählten Schulen richten. Die evangelischen Schulen im Sekundarbereich können die folgenden Aufnahmekriterien anwenden:

Grundschulzeugnis: Aufgrund ihres Grundschulzeugnisses werden die sich bewerbenden SchülerInnen eingestuft. Welche Unterrichtsfächer berücksichtigt werden, können die einzelnen Schulen bestimmen. Die Noten müssen aber Jahres- oder Halbjahreszeugnisnoten sein. Nach der Reihenfolge der Einstufung werden die SchülerInnen in die Schule aufgenommen. Alle evangelischen Schulen im Sekundarbereich berücksichtigen die Grundschulzeugnisse beim Aufnahmeverfahren. Manche evangelischen Gymnasien und Berufsmittelschulen verlangen keine weiteren Prüfungen und nehmen ihre SchülerInnen aufgrund ihrer Grundschulzeugnisse auf[514].

»Die Aufnahme in die Mittelschule erfolgt aufgrund der Grundschulzeugnisse.«[515]

Zentrale schriftliche Aufnahmeprüfung: Die Mehrheit der evangelischen Schulen im Sekundarbereich verlangt von ihren Bewerbern – neben dem Grundschulzeugnis – die Teilnahme an einer zentralen, mit einheitlichen Aufgabenstellungen organisierten schriftlichen Aufnahmeprüfung[516]. Der Prüfungsstoff dieser zentralen schriftlichen Aufnahmeprüfung ist Mathematik und Ungarisch. Das Ergebnis dieser Prüfung – das Bewertungsblatt – sollen die SchülerInnen der Schule zukommen lassen, an der sie sich beworben haben.

»Über die Aufnahme in die Schule entscheidet die Schule aufgrund der Grundschulzeugnisse und der Ergebnisse der zentralen schriftlichen Aufnahmeprüfung.«[517]

Mündliche Aufnahmeprüfung/Aufnahmegespräch: Neben der zentralen schriftlichen Aufnahmeprüfung sind die Schulen berechtigt, schuleigene mündliche Aufnahmeprüfungen zu organisieren, wenn die Anzahl der Bewerbungen seit

---

513 Gesetz CXC über das nationale Erziehungswesen von 2011, § 31, 47, 50–51, 79, 92, Erlass 20 des Ministeriums für Humanressourcen von 2012, § 7, 22–23, 26–45, Erlass 28 des Ministeriums für Humanressourcen von 2015, Beilage 2.

514 Békéscsaba 67, Orosháza 34, Kőszeg 58, Kiskőrös 191, Szarvas-Vajda 46.

515 Kiskőrös 191.

516 Budapest-Fasor 32, Sopron-Líceum 28, Budapest-Deák-tér 14, Bonyhád 55, Nyíregyháza-Kossuth 34, Győr 47, Aszód 37, Sopron-Eötvös 39, Miskolc 47, Budapest-Sztehlo 110, Mezőberény 74.

517 Mezőberény 74.

mehreren Jahren ausgesprochen hoch ist[518]. Die meisten evangelischen Schulen im Sekundarbereich organisieren mündliche Aufnahmeprüfungen oder Aufnahmegespräche. Der Prüfungs- und Gesprächsstoff ist je nach Schule und Schwerpunkt unterschiedlich: Ungarisch und Mathematik[519], Themenbereiche aus den Schwerpunktklassen[520] (wie z. B. Sprachen, naturwissenschaftliche Fächer), Allgemeinkenntnisse[521], Motivationen[522], Religionsunterricht und Bibelkenntnisse[523], kirchliche Verbundenheit[524], Persönlichkeit, kreative und kommunikative Fähigkeiten[525].

>>Bei der mündlichen Aufnahmeprüfung befragen wir unsere BewerberInnen zu Ungarisch und zu Mathematik, führen wir Gespräche mit ihnen über die Glaubenspraxis der jeweiligen Konfession sowie über allgemeine Bibelkenntnisse und fragen sie nach ihrer Motivation.<<[526]

Konfessionszugehörigkeit: Je nach Schule ist es unterschiedlich, in welcher Weise die Konfessionszugehörigkeit zu den Aufnahmekriterien zählt. Einige Schulen nehmen nur christliche SchülerInnen auf, wobei das Empfehlungsschreiben eines Pfarrers/einer Pfarrerin als Voraussetzung für die Anmeldung gilt[527]. Im Aufnahmeverfahren dieser Schulen wird nach den Kenntnissen in religiösen Fragen und der Verbundenheit mit der eigenen Konfession und der Kirche gefragt. Diesbezügliche Antworten werden bei der Auswahl mitberücksichtigt.

>>In unsere Schule können nur diejenigen aufgenommen werden, die getauft sind oder die sich verpflichten, sich während des ersten Schuljahres taufen zu lassen. Zum Aufnahmegesuch sollen die Kopie des Taufscheins oder die Erklärung über die Bereitschaft zur Taufe, die Kopie des Bewertungsblattes und das Empfehlungsschreiben eines Pfar-

---

518 Über die zentrale schriftliche Aufnahmeprüfung hinaus kann die Schule schuleigene mündliche Aufnahmeprüfungen nur dann durchführen, wenn die Anzahl der Bewerber in drei Jahren durchschnittlich mehr als zweimal so hoch gewesen ist wie die Zahl der maximalen Aufnahmeplätze der Schule (Gesetz CXC, § 50, Absatz 4).

519 Budapest-Fasor 32, Sopron-Líceum: Beiskolázási tájékoztató 2016/2017, Budapest-Deák-tér 14, Sopron-Eötvös 39, Budapest-Sztehlo 112.

520 Budapest-Fasor 32–33, Sopron-Líceum: Beiskolázási tájékoztató 2016/2017, Nyíregyháza-Kossuth 33, Győr: Beiskolázási tájékoztató 2016/2017, Aszód 37, Sopron-Eötvös 43, Miskolc 48.

521 Budapest-Fasor 32, Budapest-Sztehlo 112.

522 Budapest-Deák-tér 14.

523 Budapest-Deák-tér 14, Sopron-Eötvös 39.

524 Budapest-Fasor 32, Sopron-Líceum 28, Budapest-Deák-tér 14, Győr 46, Aszód 37, Budapest-Sztehlo 111.

525 Sopron-Líceum 28, Győr 46, Sopron-Eötvös 39.

526 Budapest-Deák-tér 14.

527 Budapest-Fasor: Beiskolázási tájékoztató [Einschulungsinformation] 2016/2017, Budapest-Deák-tér 5, 14, Nyíregyháza-Kossuth 33, Aszód 37–38, Budapest-Sztehlo 109.

rers/einer Pfarrerin beigelegt werden. Das Empfehlungsschreiben kann auch bei der mündlichen Aufnahmeprüfung abgegeben werden.«[528]

Eine Reihe weiterer Schulen schreibt die Zugehörigkeit zu einer christlichen Kirche als Voraussetzung für die Anmeldung nicht vor. Gleichwohl spielen die kirchliche Verbundenheit, die Glaubenspraxis und Glaubenskenntnisse beim Aufnahmeverfahren eine deklarierte Rolle[529]. Diese Aspekte werden konkret in das Ergebnis der mündlichen Aufnahmeprüfung einbezogen bzw. während des Aufnahmeverfahrens mitberücksichtigt.

»Das Ergebnis der mündlichen Aufnahmeprüfung: ungarische Sprache und Literatur sowie Mathematik 2 mal 10 Punkte; Gespräch, das die Glaubenskenntnisse, Sprachkenntnisse, Interessen, Persönlichkeit und kommunikativen Fähigkeiten der SchülerInnen erfasst 30 Punkte; insgesamt 50 Punkte.«[530]

In einer Reihe von Schulen spielt die Konfessionszugehörigkeit beim Aufnahmeverfahren bis zur Aufnahmereihung keine Rolle[531]. Im Falle einer Ergebnisgleichheit kann dann aber die Konfessionszugehörigkeit entscheidend sein.

»Die Schule als weltanschaulich gebundenes Bildungsinstitut setzt keine Erfordernisse bezüglich der Religionszugehörigkeit voraus.«[532]

Reihungskriterien bei einer Ergebnisgleichheit: Aufgrund der Grundschulzeugnisse und – an den Schulen, die es verlangen – der Ergebnisse der zentralen schriftlichen sowie der mündlichen Aufnahmeprüfungen werden die Bewerber gereiht. Im Falle einer Ergebnisgleichheit haben die Schulen das Recht, nähere Bestimmungen über die Reihung festzulegen[533]. Die folgenden Reihungskriterien werden in den Schulprogrammen erwähnt: Evangelische Konfession[534], mehrfache Benachteiligung[535], Grundschulzeugnis[536], Ergebnis der zentralen schriftlichen Aufnahmeprüfung in Mathematik[537], mündliche Aufnahmeprüfung[538], Wohnort[539], Bewerber aus schuleigener Grundschule[540], Geschwisterkinder und

---

528 Aszód 37–38.
529 Sopron-Líceum 28, Győr 46, Sopron-Eötvös 39, Orosháza 34.
530 Sopron-Eötvös 39.
531 Bonyhád, Békéscsaba, Miskolc, Kőszeg, Kiskőrös, Mezőberény, Szarvas-Vajda.
532 Mezőberény 73.
533 Gesetz CXC über das nationale Erziehungswesen von 2011, § 31, Erlass 20 des Ministeriums für Humanressourcen von 2012, § 7, 32, 39–41.
534 Budapest-Deák-tér 14, Bonyhád 59, Győr 47, Orosháza 34, Kőszeg 58, Budapest-Sztehlo 31, Kiskőrös 191.
535 Budapest-Deák-tér 14, Győr 47, Békéscsaba 67, Aszód 98, Sopron-Eötvös 39, Kőszeg 58.
536 Bonyhád 59, Kőszeg 58.
537 Nyíregyháza-Kossuth 34.
538 Sopron-Eötvös 39.
539 Kőszeg 58.
540 Kiskőrös 191.

Kinder aus Großfamilien[541]. Einige Schulen machen keine Angaben zu Reihungskriterien[542].

>»Falls mehrere Bewerber das gleiche Ergebnis erreicht haben, bevorzugen wir die evangelischen SchülerInnen und die SchülerInnen, die ein Empfehlungsschreiben eines Pfarrers haben. Nach dieser Priorität ist das Grundschulzeugnis in obligatorischen Abiturfächern die Grundlage der Entscheidung.«[543]

Bewerber aus der schuleigenen Grundschule: Mehrere evangelische Gesamtschulen unterhalten Grundschulen und Schulen des sekundären Bildungsbereichs am gleichen Ort[544]. Einige von ihnen nehmen die SchülerInnen aus der schuleigenen Grundschule bevorzugt auf[545].

>»Wenn die SchülerInnen aus unserer Grundschule ihre Schullaufbahn bei uns fortsetzen möchten, sollen sie ihr Aufnahmeansuchen bei uns schriftlich einreichen und im zentralen Aufnahmeblatt unser Gymnasium auch benennen. Falls die schuleigenen Voraussetzungen erfüllt werden, bewilligt der Direktor/die Direktorin das Weiterstudium. Daher sollen diese SchülerInnen an dem zentralen Aufnahmeprüfungsverfahren nicht teilnehmen.«[546]

Zielgruppen der evangelischen Schulen: Mehrere Schulen formulieren konkret, welche Zielgruppen sie erreichen möchten und welche SchülerInnen sie mit ihrem Profil und Angebot ansprechen wollen. Zielgruppen der evangelischen Schulen im Sekundärbereich sind
- evangelische SchülerInnen[547]:

>»Die jahrhundertelange Tradition in der Gegenwart fortsetzend ist es die Aufgabe des Evangelischen Lyzeums, dass es in Zusammenarbeit mit den Pfarrern, mit den weltlichen Verantwortungsträgern unserer Kirche und mit allen Kirchenmitgliedern den evangelischen Jugendlichen aus Transdanubien Studienmöglichkeiten anbietet.«[548]

---

541 Győr 46, 78, Aszód 97.
542 Budapest-Fasor, Sopron-Líceum, Miskolc, Mezőberény, Szarvas.
543 Bonyhád 59.
544 Győr, Békéscsaba, Orosháza, Miskolc, Budapest-Sztehlo, Kiskőrös.
545 Győr 47, Budapest-Sztehlo 110, Kiskőrös 191.
546 Budapest-Sztehlo 110.
547 Sopron-Líceum 4, 6, Budapest-Deák-tér 5, Bonyhád 59, Nyíregyháza-Kossuth 10, 16, Győr 4, 46, 47, Békéscsaba 67, Aszód 4, 15, Sopron-Eötvös 18, Orosháza 34, Kőszeg 58, Budapest-Sztehlo 31, Kiskőrös 33, 191, Szarvas-Vajda 5.
548 Sopron-Líceum 6.

- christliche SchülerInnen[549]:

»Offen stehen wir zu unserer konfessionellen Ausrichtung, aber – im Sinne der Ökumene – sind wir offen für Mitglieder weiterer christlicher Kirchen.«[550]

- begabte SchülerInnen, die sich weiterbilden möchten[551], begabte SchülerInnen mit (mehrfacher) Benachteiligung, die sich weiterbilden möchten[552]:

»In unserer Schule hat die Begabtenförderung eine wichtige Tradition. Die begabten SchülerInnen mit ausgezeichneten Fähigkeiten bekommen seit Jahrzehnten besondere Aufmerksamkeit. (…) Motivierte SchülerInnen mit ausgezeichneten Fähigkeiten, die aufgrund der Vorbedingungen ihres Wohnortes oder aufgrund ihrer persönlicher Lage benachteiligt sind, nehmen an unserem Programm [Arany János Begabtenförderungs-Programm] teil.«[553]

- SchülerInnen mit (mehrfacher) Benachteiligung und mit Sonderbedarf[554]:

»Unsere Schule hat – unter Mitwirkung von LehrerInnen mit entsprechenden Ausbildungen – die Erziehung und Bildung sowie die Vorbereitung auf das Abitur von SchülerInnen auf sich genommen, die aufgrund ihrer Dyslexie, Dysgraphie und Dyskalkulie benachteiligt sind. Der Unterricht geschieht entsprechend dem Nationalen Grundlehrplan, gemäß den Rahmenlehrplänen und der Anforderungen der Abiturordnung, mit Integration und mithilfe spezifischer Methoden. (…) Ein Drittel unseres Lehrerkollegiums hat das Weiterbildungsprogramm »Dyslexie und weitere Lernstörungen an Schulen im sekundären Bildungsbereich« erfolgreich absolviert. Daher sind die Voraussetzungen der Erziehungs- und Bildungsarbeit von SchülerInnen mit Lernstörungen an unserer Schule sehr günstig.«[555]

---

549 Budapest-Deák-tér 5, Bonyhád 18, Nyíregyháza-Kossuth 10, Győr 9, 46, Aszód 4, 15, Sopron-Eötvös 13, Oroszháza 3, Miskolc 48, Kőszeg 117, Budapest-Sztehlo 9, 109, Kiskőrös 33, 41, Mezőberény 13, Szarvas-Vajda 4, 5.

550 Győr 9, Aszód 4, Kőszeg 117, Budapest-Sztehlo 9, Mezőberény 13, Szarvas-Vajda 4.

551 Budapest-Fasor 6–7, Sopron-Líceum 6, 14–18, Budapest-Deák-tér 8, 15–16, Bonyhád 12, 32–35, Budapest-Sztehlo 10, 74–78, Mezőberény 29–30, Szarvas-Vajda 17.

552 Budapest-Fasor 22–23, Sopron-Líceum 15, 18, Budapest-Deák-tér 17, Bonyhád 12, 87, Budapest-Sztehlo 10, 74–78, Mezőberény 31.

553 Bonyhád 12.

554 Nyíregyháza-Kossuth 27, 60, Győr 5, 25, 29, Sopron-Eötvös 24–33, Oroszháza 19–22, Miskolc 26, Kőszeg 38–41, Budapest-Sztehlo 15, 64–70, Kiskőrös 85–86.

555 Miskolc 26.

- Familien mit schulähnlichen Werteeinstellungen[556], bzw. Familien, die bereit sind, das Schulkonzept mitzutragen[557]:

>Bei der Frage, inwieweit SchülerInnen unser Partner sein können, spielen die von zu Hause mitgebrachten Modelle eine entscheidende Rolle. Daher möchten wir erreichen, dass diejenigen unsere Schule wählen, die sich gerne mit unseren Werteeinstellungen identifizieren.«[558]

- SchülerInnen, die das Fach- und Qualifikationsprofil der Schule anspricht[559], SchülerInnen aus der ungarndeutschen Minderheit[560]:

>Die persönlichen und sachlichen Voraussetzungen sollen wir – in allen unseren vier Fächergruppen – so zusammensetzen, dass sie die Erhaltung des dem Arbeitsmarkt und der Wahl der SchülerInnen entsprechenden Berufsausbildungsangebots ermöglichen. Wir sollen über fachliche Vernetzungen und Informationen verfügen, die die Wahl der Berufsausbildung und die Orientierung unserer SchülerInnen verlässlich planbar machen. Unsere Auskünfte sollen bei der Einschulung und bei der Wahl der Berufsaus-bildung sehr gründlich sein. Sie sollen auf die inhaltliche Zusammensetzung der Qualifikationen und auf die möglichen Arbeitsfelder eingehen.«[561]

Um die erwünschte Schülerschaft zu erreichen und die Schule potentiellen Zielgruppen bekannt zu machen, entwickelten mehrere Schulen im sekundären Bildungsbereich Einschulungsprogramme. Sie organisieren »Offene Tür«-Ver-anstaltungen[562] in der Schule bzw. regelmäßige Informations- und Kontaktver-anstaltungen[563] an Grundschulen, in evangelischen Kirchengemeinden und in weiteren außerschulischen Einrichtungen (Besuche, regionale und landesweite Wettbewerbe, Mentoring-Programme, Einschulungsinformationen usw.).

>Im letzten Jahrzehnt hat die Schule ein Einschulungsprogramm entwickelt. Danach schauen die LehrerInnen der Schule sich in den Ortschaften von Völgység um, um

---

556 Budapest-Fasor 6, Sopron-Líceum 9, Budapest-Deák-tér 11, Nyíregyháza-Kossuth 17, Győr 39, Békéscsaba 58, Aszód 16, Orosháza 34, Budapest-Sztehlo 36, Mezőberény 23, Szarvas-Vajda 23.

557 Sopron-Líceum 9, Budapest-Deák-tér 11, Nyíregyháza-Kossuth 17, Győr 39, 47, Békéscsaba 58, Aszód 16, Orosháza 34, Miskolc 46, Budapest-Sztehlo 36, Mezőberény 23, Szarvas-Vajda 23.

558 Budapest-Fasor 6.

559 Sopron-Líceum 6, Budapest-Deák-tér 16, Bonyhád 10–12, Nyíregyháza-Kossuth 32, Békés-csaba 68, Sopron-Eötvös 24–34, Miskolc 41–43, Kőszeg 10, 28–29, Budapest-Sztehlo 11, Kiskőrös 110–112, Mezőberény 29–31, Szarvas-Vajda 17–18.

560 Sopron-Líceum 6, Bonyhád 11, Kiskőrös 112–114.

561 Kőszeg 29.

562 z.B. Budapest-Fasor 27, Nyíregyháza-Kossuth 32, Győr 39, Miskolc 26, Kiskőrös 317.

563 z.B. Sopron-Líceum 11, Budapest-Deák-tér 19, Kőszeg 29, Budapest-Sztehlo 38, Mezőberény 73.

begabte Kinder zu entdecken. Diese werden mithilfe eines Mentoring-Programmes in die Schule aufgenommen. Das bedeutet, dass die LehrerInnen nicht nur die Kinder ermutigen, sich in der Schule anzumelden, sondern sie begleiten diesen Prozess auch, damit die Kinder nicht »abbröckeln«. Bevor die Kinder bei uns SchülerInnen werden, treffen sich unsere LehrerInnen mit ihnen bereits achtmal.«[564]

Einige Schulen geben Hinweise darauf, welche Schülergruppen sie nicht im Blick haben[565].

»Die Bildung [oktatás] von SchülerInnen mit spezifischen Lernstörungen (Dyslexie, Dysgraphie usw.) und von SchülerInnen mit Erkrankungen der Sinnesorgane enthält unsere Gründungsurkunde nicht. Für ihre professionelle Förderung haben wir keine fachkundigen Spezialisten. Wenn die Eltern ihre Kinder jedoch in unsere Schule schicken möchten, müssen sie die individuellen Förderungseinheiten außerschulisch organisieren.«[566]

Die Kriterien der Schüleraufnahme lassen sich in der Tabelle 22 zusammenfassen. Es ist aber anzumerken, dass die einzelne Schule jährlich neu bestimmen kann, welche dieser Kriterien sie anwendet[567]. Die gleiche Schule bestimmt in ihren diversen Schwerpunktklassen häufig unterschiedliche Aufnahmekriterien. Diese Zusammenfassung richtet sich nach den Angaben der analysierten Schulprogramme.

Kategorie: AkteurInnen der Schule	
Eigenschaft: Kriterien der Schüleraufnahme an Schulen des sekundären Bildungsbereiches	
Dimensionale Ausprägung	Schulen
Grundschulzeugnis	M1, M2, M3, M4, M5, M6, M7, M8, M9, M10, M11, M12, M13, M14, M15, M16
Grundschulzeugnis – Keine weitere Aufnahmeprüfung	M7, M10, M12, M14, M16
Zentrale schriftliche Aufnahmeprüfung	M1, M2, M3, M4, M5, M6, M8, M9, M11, M13, M15

564 Bonyhád 86.
565 Budapest-Fasor 22, Budapest-Deák-tér 17, Békéscsaba 52.
566 Budapest-Deák-tér 17.
567 Jedes Jahr wird der Ministerialerlass für Humanressourcen über die Ordnung des kommenden Schuljahres herausgegeben (Erlass 28 des Ministeriums für Humanressourcen über die Ordnung des Schuljahres 2015/2016 von 2015). Dieser Erlass bestimmt, bis wann die Schulen im sekundären Bildungsbereich ihre ausgeschriebenen Bildungsformen für das kommende Schuljahr und die jeweiligen Aufnahmekriterien dazu bekannt machen müssen. Daher kann jede Schule die Aufnahmekriterien für ihre zukünftigen Schulklassen jedes Jahr neu bestimmen. Es gibt zwar immer wieder Änderungen, aber die evangelischen Schulen arbeiten meistens mit ihren bewährten Aufnahmekriterien, die den Kontext und die Umwelt der Schule sowie das Schulprofil berücksichtigen. Änderungen kommen in der Regel nur bezüglich der Schwerpunktklassen und deren Aufnahmekriterien vor.

(Fortsetzung)

Kategorie: AkteurInnen der Schule	
Eigenschaft: Kriterien der Schüleraufnahme an Schulen des sekundären Bildungsbereiches	
Dimensionale Ausprägung	**Schulen**
Mündliche Aufnahmeprüfung/-gespräch	M1, M2, M3, M4, M5, M8, M9, M11, M13
Mündliche Aufnahmeprüfung für die Schwerpunktklassen	M1, M2, M3, M4, M5, M6, M8, M9, M11, M13, M15
Konfessionszugehörigkeit – Voraussetzung – Vorteil – Spielt bis zur Reihung keine Rolle	M1, M3, M5, M8, M13 M2, M6, M9, M10 M4, M7, M11, M12, M14, M15, M16
Reihungskriterien bei Ergebnisgleichheit – Evangelische Konfession – Mehrfache Benachteiligung – Kognitive Fähigkeiten – Sonstiges – Keine Angaben	M3, M4, M6, M10, M12, M13, M14 M3, M6, M7, M8, M9, M12 M4, M5, M9, M12 M6, M8, M12, M14 M1, M2, M11, M15, M16
Bewerber aus der schuleigenen Grundschule	M6, M13, M14
Zielgruppe: SchülerInnen aus Familien mit schulähnlichen Werteinstellungen bzw. aus Familien, die bereit sind, das Schulkonzept mitzutragen	M1, M2, M3, M5, M6, M7, M8, M10, M11, M13, M15, M16

Tabelle 22: Eigenschaft »Kriterien der Schüleraufnahme an Schulen des sekundären Bildungsbereiches«

Als Ergebnis ist festzuhalten, dass die leistungsbezogenen Kriterien – Grundschulzeugnis, Ergebnisse der schriftlichen bzw. mündlichen Aufnahmeprüfung – den grundlegenden Maßstab für die Aufnahme an evangelischen Schulen im sekundären Bildungsbereich bilden. Die Mehrheit dieser Schulen sind Gymnasien. Darin liegt dieses Ergebnis wohl auch begründet.

Die konfessionelle Zugehörigkeit spielt eine unterschiedliche Rolle. Bei manchen Schulen ist die Zugehörigkeit zu einer christlichen Kirche eine notwendige Voraussetzung. Bei anderen Schulen bedeutet sie einen Vorteil, da sie in das Ergebnis des mündlichen Aufnahmegesprächs bzw. der mündlichen Aufnahmeprüfung einfließt. Bei einer Reihe weiterer Schulen wirkt sie sich für die Reihung nur im Falle einer Ergebnisgleichheit positiv aus. An einer Schule spielt die Konfession der Bewerber beim Aufnahmeverfahren keine Rolle.

9.3   Lehrende an Schulen in evangelischer Trägerschaft

An LehrerInnen evangelischer Schulen stellen die Gesetze und Orientierungsdokumente der Evangelisch-Lutherischen Kirche spezifische normative Anforderungen und Erwartungen[568]. Demgemäß sollen sich diese mit dem von der
Kirche deklarierten Selbstverständnis evangelischer Schulen identifizieren, es
mittragen, umsetzen oder mindestens akzeptieren.

In diesem Abschnitt wird präzisiert: *(1) Welchen Kriterien folgt die Lehrerauswahl an evangelischen Schulen? (2) Welche Anforderungen und Erwartungen
sowie (3) welche Rollenbilder werden an LehrerInnen an evangelischen Schulen in
den Schulprogrammen herangetragen? (4) Welche unterstützenden Angebote
bekommen die LehrerInnen an evangelischen Schulen,* um den neueren fachlichen und pädagogischen Entwicklungen sowie den besonderen Anforderungen
und Rollenbildern gerecht werden zu können?

(1) Die *Kriterien der Lehrerauswahl* werden sowohl durch staatliche wie auch
durch kirchliche Gesetze bestimmt. Die staatlichen Gesetze legen die nötigen
Qualifikationen der Lehrpersonen fest[569]. Das einschlägige kirchliche Gesetz
stellt heraus, dass die laut der staatlichen Gesetze nötigen Qulifikationsvoraus-
setzungen für Lehrpersonen auch für die Schulen in evangelischer Trägerschaft
verbindlich sind. Darüber hinaus legt das Gesetz spezifische eigene Kriterien für
die Anstellung fest[570].

> »Als Lehrpersonen können engagierte christliche – möglichst evangelische – Kandi-
> datInnen angestellt werden, die eine geregelte Lebensführung haben, treu zu ihrer
> Kirche stehen und sich für die Geistigkeit und Werteorientierung der Schule ver-
> pflichten.«[571]

Die einzelnen Schulprogramme wiederholen zum größten Teil die gesetzlichen
Bestimmungen und geben eine Reihe weiterer Bestimmungen zu den Anstellungskriterien von LehrerInnen an evangelischen Schulen:
– Mehrere Schulprogramme verweisen auf die staatlichen und kirchlichen Gesetze[572].

> »LehrerInnen der Schule können diejenigen Personen sein, die den kirchlichen und
> staatlichen gesetzlichen Anstellungskriterien genügen.«[573]

---

568 Gesetz VIII der Evangelisch-Lutherischen Kirche in Ungarn von 2005, § 63, 65–66, Az
    evangélikus nevelés alapjai 2001, 19, Rozs-Nagy 2014.
569 Gesetz CXC über das nationale Erziehungswesen von 2011, § 98–99, Beilage 3.
570 Gesetz VIII der Evangelisch-Lutherischen Kirche in Ungarn von 2005, § 22, 63, 65.
571 Gesetz VIII der Evangelisch-Lutherischen Kirche in Ungarn von 2005, § 63 Absatz 2.
572 Budapest-Fasor 19, Sopron-Líceum 7, Békéscsaba 49, Aszód 25, Sopron-Eötvös 44.
573 Budapest-Fasor 19.

- Eine Reihe von Schulprogrammen bewegt sich mit ihren unklaren Formulierungen im Spannungsfeld der Bandbreite des Anstellungskriteriums »das evangelische Profil akzeptieren – innerlich bejahen – passiv erleben – aktiv mitgestalten«. Eine Textpassage – die in mehreren Schulprogrammen zu finden ist und die aus dem Orientierungsdokument der Kirche übernommen wurde – repräsentiert dieses deutungsbedürftige Anstellungskriterium.

»In unserer Schule können nur diejenigen Lehrpersonen arbeiten – ungeachtet ihrer Konfession –, die das evangelische Profil unserer Schule akzeptieren, die biblische Lehre studieren und während ihrer Arbeit keine beleidigenden und verurteilenden Aussagen über die Kirche und die Lehre der Kirche machen. Sie nehmen mit ihren SchülerInnen an den religiösen Programmen der Schule teil, bei kirchlich-religiösen Veranstaltungen helfen sie den ReligionslehrerInnen.«[574]

In dieser Formulierung sind die Kriterien »Akzeptanz des evangelischen Schulprofils«, »Loyalität zur Kirche«, »Teilnahme an religiösen Veranstaltungen der Schule« sowie »Mitgestaltung des religiösen Profils« zu erkennen. Interpretationsbedürftig bleibt, was die Formulierung »die biblische Lehre studieren« bedeutet: Verbirgt sich dahinter das Kriterium einer persönlichen christlichen Überzeugung/Lebenspraxis oder einer grundsätzlichen Offenheit? Ebenso bleibt unklar, ob die Wendung »ungeachtet ihrer Konfession« das Erfordernis einer Konfessionszugehörigkeit bezeichnet, dabei aber offen lässt, um welche Konfession es sich handelt, oder ob die religiöse Zugehörigkeit völlig offengelassen wird. In einigen Schulprogrammen wird diese Formulierung in leicht abgeänderter Form zitiert: und zwar (1) ohne den letzten Satz[575], oder (2) ohne die Kriterien des Studiums der biblischen Lehre und der Loyalität zur Kirche[576] sowie ohne das Kriterium des Studiums der biblischen Lehre, aber mit dem Kriterium »*die nationale Identität der Schule (zu) akzeptieren*«[577].

- Mehrere Schulprogramme geben keinen Hinweis bezüglich der Anstellungskriterien der LehrerInnen[578].

(2) Die *Anforderungen und Erwartungen an Lehrende an evangelischen Schulen* werden in den Schulprogrammen ausführlich behandelt[579]. Dabei geht es um

---

574 Az evangélikus nevelés alapjai 2001, 19, Budapest-Deák-tér 10–11, Győr 20, Aszód 15–16, Orosháza 12, Budapest-Sztehlo 34, Szarvas-Vajda 22, Nyíregyháza-Túróczy 13, Pápa 14.
575 Sopron-Líceum 8, Sopron-Hunyadi 11, Soltvadkert 21.
576 Kőszeg 22–23.
577 Szombathely 5.
578 Bonyhád, Nyíregyháza-Kossuth, Miskolc, Mezőberény, Alberti, Marcaltő, Budapest-Podmaniczky.
579 In jedem Schulprogramm sind zu den Kompetenz- und Aufgabenbereichen von Lehrpersonen vielfältige Ausführungen zu finden. Da die vorliegende Untersuchung sich auf das

allgemeine und schulspezifische Anforderungen und Erwartungen. Die schulspezifischen Erwartungen und Anforderungen berücksichtigen einerseits die kontextuellen Gegebenheiten (Schultyp, Standort, Schwerpunkte, Milieu der Schule), andererseits den christlich-evangelischen Charakter der Schule. Die allgemeinen und schulspezifischen Anforderungen und Erwartungen an die LehrerInnen lassen sich in einer Reihe von Kompetenz- und Aufgabenbereichen zusammenfassen. Diese Bereiche sind eng miteinander verknüpft, ihre Differenzierung ist daher nur theoretisch möglich.

- Allgemein-pädagogische Kompetenzen, wie z. B. Wertschätzung und Anerkennung, individuelle Förderung, Differenzierung, Umgang mit Diversität, Umgang mit Konflikten, Gewaltprävention, Gestaltung von sozialen Beziehungen und kooperativen Arbeitsformen, eine inklusive, soziale Grundhaltung, die Wahrnehmung der Erziehungsaufgabe usw.[580]
- Fachliche und fachdidaktische Kompetenzen, wie z. B. wissenschaftlich fundierte Fachkenntnisse, Planung, Organisation und Reflexion von fachlichen Lernprozessen, fachbezogene Diagnose und Förderkompetenz, fach- und situationsadäquater Einsatz von Methoden.
- Spezifische Kompetenzen und Anforderungen hinsichtlich des evangelischen Profils.
- Mitarbeit in der Schulentwicklung sowie in der Schulorganisation, wie z. B. Tätigkeiten in der Schulorganisation und Verwaltung, Gestaltung des Schullebens und der Schulkultur, Begleitung und Beratung von SchülerInnen und deren Eltern, Aufbau und Pflege außerschulischer Vernetzungen, Mitwirkung an Evaluationen.
- Entwicklung eines Professionsverständnisses, wie z. B. Auseinandersetzung mit der Lehrerrolle, mit der eigenen Work-Life-Balance, Reflexion der eigenen Persönlichkeit sowie Persönlichkeitsentwicklung, Kenntnis von Bewältigungsstrategien, Fähigkeit zur Kritik, Bereitschaft zur Fort- und Weiterbildung.

Als spezifische Kompetenzen und Anforderungen bezüglich des evangelischen Profils stehen folgende vier Aspekte im Blickpunkt: a) die persönliche Überzeugung[581], b) die Vertretung christlicher Werte[582], c) die Vertretung einer Pä-

Eigenprofil der evangelischen Schulen konzentriert, werden die allgemeinen Anforderungen und Erwartungen an die Pädagogen nicht weiter thematisiert, sondern die Analyse richtet sich auf die spezifischen Anforderungen und Erwartungen an LehrerInnen an evangelischen Schulen.

580 Zu den pädagogischen Orientierungen der evangelischen Schulen siehe Kapitel 10 und Kapitel 11.4.
581 Sopron-Líceum 7, 8, Budapest-Deák-tér 5–6, 9–10, Nyíregyháza-Kossuth 8, 9–10, Győr 20, Békéscsaba 20–22, 52, Aszód 15–16, Sopron-Eötvös 44, Orosháza 5–6, 12, Budapest-Sztehlo

dagogik, die auf einem christlich-evangelischen Erziehungs- und Bildungsverständnis basiert[583] und d) die Verbundenheit/Loyalität mit der Kirche[584]. In
manchen Texten vermischen sich diese Aspekte oder sie werden als miteinander
verkoppelt verstanden[585].

> »Es bedeutet einen entscheidenden Mehrwert, dass unsere Lehrenden den christlichen
> Werten verpflichtete Menschen sind. Sie wenden sich – aufgrund ihres Glaubens an
> Jesus Christus – an die ihnen vertrauten Kinder mit Nächstenliebe, Geduld und Ver-
> gebung.«[586]

In einigen Schulprogrammen werden die religiös-weltanschauliche Orientierung
und die Professionalität der LehrerInnen getrennt. Das geschieht dann, wenn die
persönliche Überzeugung und die Verbundenheit mit der Kirche nicht als spezifische Anforderungen an die LehrerInnen an evangelischen Schulen gesehen
werden[587]. Die Vertretung christlicher Werte und einer christlich-evangelisch
begründeten Pädagogik bleibt jedoch auch an diesen Schulen eine Erwartung an
die LehrerInnen.

Für die Ausführungen zu diesen Aspekten ist charakteristisch, dass eine
größere Zahl aus den Orientierungsdokumenten der Kirche übernommen
wurde[588]. Dabei ist festzustellen, dass sowohl die selbstformulierten als auch die
übernommenen Texte in inhaltlicher Hinsicht zum Teil unklar und schwammig,
ja teilweise sogar unkorrekt und unpräzise formuliert sind[589].

34, Kiskőrös 31, Mezőberény 20, 22, Szarvas-Vajda 22, Nyíregyháza-Túróczy 6–8, 13, Sopron-Hunyadi 11, Szarvas-Benka 5, Pápa 13, 46, Szombathely 4–5, Soltvadkert 21.

582 Sopron-Líceum 7, 8, Budapest-Deák-tér 5–6, 10, Nyíregyháza-Kossuth 8, 9–10, Győr 20, 22, Békéscsaba 20–22, 52, Aszód 15–16, 25, 28, Sopron-Eötvös 44, Orosháza 5–6, 12, Miskolc 22, Budapest-Sztehlo 34, 80, Kiskőrös 31, Mezőberény 20, 22, Szarvas-Vajda 22, 27, Alberti 13, Nyíregyháza-Túróczy 7–8, 13, Sopron-Hunyadi 11, Szarvas-Benka 5, Pápa 13, Szombathely 4–5, Soltvadkert 21.

583 Budapest-Fasor 19, Sopron-Líceum 7, 8, Budapest-Deák-tér 10, Bonyhád 40, Győr 20, Békéscsaba 50, 52, Aszód 15–16, 25, Sopron-Eötvös 21, Orosháza 12, Miskolc 22, Kőszeg 22, Budapest-Sztehlo 34, 80, Kiskőrös 31, Mezőberény 22, Szarvas-Vajda 22, 27, Alberti 39, Nyíregyháza-Túróczy 13, Sopron-Hunyadi 11, Pápa 13–14, Szombathely 4–5, Budapest-Podmaniczky 65.

584 Sopron-Líceum 7, 8, Budapest-Deák-tér 10, Nyíregyháza-Kossuth 8, 9–10, Győr 20, Békéscsaba 20–22, Aszód 15–16, Sopron-Eötvös 44, Orosháza 5–6, 12, Budapest-Sztehlo 34, Mezőberény 20, 22, Szarvas-Vajda 22, Nyíregyháza-Túróczy 7–8, 13, Sopron-Hunyadi 11, Szarvas-Benka 5, Pápa 13–14, Szombathely 4–5, Soltvadkert 21.

585 z.B. Budapest-Deák-tér 10–11, Győr 20, Aszód 15–16, Sopron-Eötvös 21, Pápa 13.

586 Békéscsaba 52, Aszód 28.

587 Bonyhád, Miskolc, Kőszeg, Alberti.

588 z.B. Budapest-Sztehlo 34, Mezőberény 22, Szarvas-Vajda 22, Nyíregyháza-Túróczy 13, Sopron-Hunyadi 11, Szombathely 4–5, Soltvadkert 21. Zu den kirchlichen Orientierungs-dokumenten siehe Kapitel 4.2.

589 Békéscsaba 52, Alberti 13.

»Die Lehrperson (…) d) erzieht ihre SchülerInnen im christlichen Geist, verfolgt und fördert ihre Entwicklung, erweitert ihre Kenntnisse, entwickelt ihre positiven ethischen Einstellungen, stärkt ihre wertvollen Charaktermerkmale, bereitet ihre SchülerInnen auf das mündige christliche Leben vor.«[590]

Ein weiteres Merkmal mancher Formulierungen besteht darin, dass sie nicht als Anforderungen oder Erwartungen, sondern als Bekenntnisse formuliert werden[591].

»Unsere LehrerInnen vertreten christliche Werte, unser Lehrerkollegium bemüht sich als eine christliche Gemeinschaft tätig zu sein. (…) Wir wissen, dass der Glaube weder lehrbar noch übermittelbar ist; nur die Kenntnisse über den Glauben kann man vermitteln. Wir überschätzen unsere Möglichkeiten nicht, aber wir lehren engagiert, sind Vorbilder und bekennen unseren Glauben.«[592]

Die Mitarbeit bei der Schulentwicklung sowie das Professionsverständnis beinhalten ebenso spezifische Anforderungen: e) Akzeptanz/Erleben/Mitgestaltung/ Weiterentwicklung des evangelischen Profils[593], f) ein spezifisches Rollenverständnis und g) Bereitschaft zur Fortbildung, auch in Hinsicht auf das evangelische Profil.

(3) Mehrere *Rollenbilder* spiegeln das erwünschte Berufsethos und Professionsverständnis von Lehrpersonen an evangelischen Schulen in den Schulprogrammen wider. Die LehrerInnen sind *Lehrende,* die ihr Fachgebiet kompetent unterrichten, sowie *Erzieher,* die die SchülerInnen in ihrem Persönlichkeitsentwicklungsprozess unterstützen und begleiten. Die Schulprogramme betonen, ja unterstreichen die Erziehungsaufgabe der LehrerInnen ausdrücklich[594]. Die Persönlichkeit von Lehrenden wird beim Erziehungsprozess hoch angesehen. Ihre Haltungen und Einstellungen bekommen eine wichtige – sogar entscheidende – Bedeutung. Die Ausführungen zur Erziehungsaufgabe sind an Idealen orientierte, schwammige Formulierungen folgender Art:

»Die Erziehung der Kinder ist eine verantwortungsvolle, lebenslang andauernde Aufgabe. Damit die SchülerInnen harmonisch werden, über Selbsterkenntnis und Selbstdisziplin verfügen, für das Gute und für das Schöne aufgeschlossen sind, Gott und ihre Mitmenschen lieben, sollen die Lehrenden selbst ebensolche [Personen] sein.«[595]

---

590 Gesetz VIII der Evangelisch-Lutherischen Kirche in Ungarn von 2005, § 66 Absatz 1/d, Budapest-Fasor 19, Bonyhád 40, Békéscsaba 50, Aszód 25, Sopron-Eötvös 21.
591 z.B. Nyíregyháza-Kossuth 8, Békéscsaba 20, Mezőberény 20, Nyíregyháza-Túróczy 8.
592 Budapest-Deák-tér 5, 9.
593 Zur Verantwortung des christlich-evangelischen Profils siehe Kapitel 11.3.1.5 »AkteurInnen und Verantwortlichkeit«.
594 z.B. Békéscsaba 21–22, Mezőberény 20, Szarvas-Vajda 16, Alberti 7, Soltvadkert 21.
595 Sopron-Líceum 8, Budapest-Deák-tér 10, Győr 20, Aszód 15, Oroszháza 12, Budapest-Sztehlo 34, Mezőberény 22, Szarvas-Vajda 22, Nyíregyháza-Túróczy 13, Sopron-Hunyadi 11, Pápa 13–14, Szombathely 4–5, Soltvadkert 21.

Das *Rollenbild von LehrerInnen als Sozialpädagoge/Seelsorger* weist darauf hin,
dass die diakonische Dimension der Schule, das Wahrnehmen und Helfen in
Krisen-, Not- und Problemsituationen der SchülerInnen, auch von den LehrerInnen erwartet wird. Es geht hier nicht nur um schulische Krisensituationen,
sondern auch um allgemeine Problemsituationen in den sozialen, familiären und
sonstigen Umfeldern. Die evangelischen Schulen verfügen über Schulpsycholo-
gen, Schulsozialarbeiter bzw. Lehrpersonen, die mit der Thematik des Kinder-
und Jugendschutzes beauftragt sind. In allen Schulen arbeiten SchulpfarrerInnen, die auch für diese Aufgabenbereiche verantwortlich sind. Alle Lehrenden
der Schule – besonders die Klassenvorstände – sind ausdrücklich aufgefordert,
die individuelle Förderung in einem erweiterten Sinn zu praktizieren, Problemsituationen sensibel zu erkennen und wahrzunehmen sowie zum Wohl der
Kinder und Jugendlichen aktiv beizutragen[596].

> »Alle Lehrpersonen tragen zur Bewältigung der Aufgaben im Bereich von Kinder- und
> Jugendschutz, zur Prävention, Aufdeckung und Behebung von Umständen, die die
> Entwicklung der SchülerInnen gefährden, bei. Wir bemühen uns, mit höchster Empa-
> thie, mit Humanität und mit christlicher Hilfsbereitschaft unsere Tätigkeit im Bereich
> des Kinder- und Jugendschutzes zu vollziehen.«[597]

In den Schulprogrammen wird der *Vorbildfunktion* der LehrerInnen eine große
Bedeutung beigemessen[598]. Als wichtige Bezugspersonen vermitteln und leben sie
Werte, Normen, Lebenseinstellungen und Verhaltensweisen vor. Einige Schulen
erwarten von ihren Lehrenden, dass sie die Vorbildfunktion auch im religiösen
Bereich übernehmen[599].

> »Die Lehrenden sind in ihrem Berufs- und Privatleben mit der Treue zu ihrer Kirche
> und zur ungarischen Heimat, mit ihrer einwandfreien Lebensführung, mit ihrer
> Glaubenspraxis und mit ihrem geregelten Familienleben Vorbilder für die SchülerIn-
> nen und für deren Umfeld.«[600]

Mit der Vorbildfunktion im religiösen Bereich wird die besondere Rolle von
Lehrenden an evangelischen Schulen angesprochen. Darüber hinaus gibt es
weitere Rollenbilder, die das Spezifikum von Lehrenden an evangelischen
Schulen zum Ausdruck bringen. Eine Reihe von Schulprogrammen sieht die
LehrerInnen *als VertreterInnen des Glaubens*. Mit biblischen Bildern beschreiben

---

596 z.B. Sopron-Líceum 18–19, Nyíregyháza-Kossuth 27–28, Győr 22, Aszód 29–30, Nyír-
    egyháza-Túróczy 27, Pápa 46, Budapest-Podmaniczky 64, 68.
597 Alberti 35.
598 z.B. Budapest-Fasor 40, Bonyhád 75–76, Győr 20, Békéscsaba 107, Orosháza 8, Miskolc 30,
    Kőszeg 22, Budapest-Sztehlo 33, Kiskőrös 13, Mezőberény 15, Szarvas-Vajda 21, Alberti 14,
    Sopron-Hunyadi 11, Szarvas-Benka 13, Marcaltő 46.
599 Sopron-Líceum 7, Budapest-Deák-tér 9, Nyíregyháza-Kossuth 11, Sopron-Eötvös 44, Pápa
    46.
600 Sopron-Eötvös 44.

einige Schulprogramme dieses spezifische Rollenverständnis. Als Zeugen sollen sie mit ihrem Leben, ihren Worten und Taten Jesus Christus bezeugen und zu ihrem Glauben stehen[601]. Als JüngerInnen folgen sie Christus[602]. Als Geschwister in Christus erleben sie miteinander eine Gemeinschaft, die von Kooperation, von gegenseitiger Hilfeleistung und Unterstützung sowie von einem lebendigen Gemeinschaftsleben geprägt ist[603]. Als Diener arbeiten sie engagiert für die evangelische Schule. Dabei verstehen sie ihre Arbeit als Berufung[604].

»Wir erwarten, dass unsere Lehrenden das Lyzeum lieben, sich mit dem Wertesystem der Schule identifizieren und mit der Treue eines guten Verwalters und eines sorgfältigen Hausherrn dienen.«[605]

(4) *Fortbildung und Förderung der Lehrenden.* Die Erwartungen und Anforderungen an die Lehrenden sowie die spezifischen Rollenbilder lassen nach unterstützenden Angeboten fragen, die die Professionalität der Lehrenden fördern und sie bei der Bewältigung der vielfältigen und speziellen Anforderungen unterstützen. Die Schulprogramme erwähnen die Fortbildung als Recht[606], als Pflicht[607] oder als Angebot[608], mit dem Ziel, die Arbeit der LehrerInnen zu fördern.

»Aus der Berufung folgt die Verpflichtung, dass die LehrerInnen ihre fachlichen und pädagogischen Kompetenzen kontinuierlich erweitern. Dafür nutzen sie die Möglichkeiten der Selbstbildung, die organisierten Fortbildungsangebote sowie die Unterstützung des Fachkollegiums.«[609]

Die Schwerpunkte der Fortbildung richten sich meistens auf fachliche und pädagogische Bereiche. Einige Schulprogramme erwähnen Fortbildungen, die das Eigenprofil evangelischer Schulen und die Förderung der religiös-spirituellen Kompetenzen von Lehrpersonen im Blick haben[610]. Die knappen Hinweise

---

601 Budapest-Deák-tér 9, Nyíregyháza-Kossuth 8, Békéscsaba 20, Orosháza 5, Nyíregyháza-Túróczy 6, Szarvas-Benka 5.
602 Nyíregyháza-Kossuth 9, Győr 41, Békéscsaba 21, Orosháza 5, Mezőberény 20, Nyíregyháza-Túróczy 6, Szarvas-Benka 16.
603 Nyíregyháza-Kossuth 10, Békéscsaba 22, Sopron-Eötvös 12, Orosháza 6, Mezőberény 21, Alberti 72, Nyíregyháza-Túróczy 7, Szarvas-Benka 16, Budapest-Podmaniczky 57.
604 Sopron-Líceum 8, Nyíregyháza-Kossuth 18, Győr 20, Sopron-Eötvös 12, Soltvadkert 32.
605 Sopron-Líceum 8.
606 Budapest-Fasor 19, Nyíregyháza-Kossuth 18, Békéscsaba 49, Aszód 25.
607 Budapest-Fasor 19, Bonyhád 30, 40, Békéscsaba 50, Aszód 25, Sopron-Eötvös 21, Miskolc 21, Kőszeg 45, Kiskőrös 91, Szarvas-Vajda 27, Alberti 39, Szarvas-Benka 48, Budapest-Podmaniczky 64, Soltvadkert 40.
608 Győr 20, Aszód 13, Budapest-Sztehlo 29, Szarvas-Vajda 16, Alberti 26, Nyíregyháza-Túróczy 27, Pápa 11, Marcaltő 53, Soltvadkert 85.
609 Kőszeg 45.
610 Sopron-Líceum 8, Nyíregyháza-Kossuth 7, 22, Orosháza 30, Budapest-Sztehlo 37, Kiskőrös 36, Szarvas-Vajda 16, Alberti 10, Budapest-Podmaniczky 11.

benennen keine konkreten Inhaltsbereiche sowie erwünschte Fähigkeiten und Kompetenzen, sondern sie beschränken sich auf die Erwähnung.

»Mehrere Lehrende nehmen an den von Universitäten und Hochschulen organisierten Fortbildungen teil, oder sie bilden sich in einem neuen Unterrichtsfach weiter. Zurzeit besuchen 34 Lehrpersonen aus unserer Schule die Fortbildung für Lehrende an der Evangelisch-Theologischen Universität.«[611]

Eine Schule erwartet von ihren LehrerInnen seelsorgerliche Kompetenzen und benennt als gewünschte Fortbildungsrichtung die Bereiche von Theologie, Spiritualität und Psychologie[612]. Eine weitere Schule sieht im liturgischen Bereich – »*Kenntnisse, die Einübung und Belebung der Liturgie und der Lieder*«[613] betreffend – den Schwerpunkt der profilierten Weiterentwicklung von LehrerInnen und aller weiteren Mitarbeitenden der Schule.

Schulinterne unterstützende Angebote für LehrerInnen im religiös-spirituellen Bereich werden von mehreren Schulen organisiert, wie z.B. Besinnungstage[614], Bibelkreise, Bibel- und Glaubenskurse[615]. Sie richten sich auf die *praxis pietas*, auf die Stärkung und Entwicklung persönlicher Spiritualität sowie auf eine reflexive Auseinandersetzung mit theologisch-religiösen Themen. Von der Kirche organisierte Konferenzen bieten die Möglichkeit zum Austausch zwischen den PädagogInnen an evangelischen Schulen. Sie werden gerne beansprucht.

»Im Interesse unserer fachlichen Weiterentwicklung und einer effizienteren Erziehungs- und Bildungsarbeit suchen wir die Kooperation und die Möglichkeit zum Austausch mit Schulen, die ein ähnliches Profil haben. So haben wir im Laufe der Jahre unsere geschwisterliche Beziehung mit allen evangelischen Schulen in Ungarn ausgebaut. Die evangelischen PädagogInnen-Konferenzen im Sommer haben uns bisher in unserer Arbeit unterstützt. Wir möchten diese Gelegenheiten weiterhin in Anspruch nehmen. Wir besuchen gerne weitere, seitens der Theologie oder seitens der Evangelisch-Lutherischen Kirche in Ungarn organisierte fachliche Weiterbildungen.«[616]

---

611 Nyíregyháza-Kossuth 9.
612 Sopron-Líceum 8.
613 Nyíregyháza-Kossuth 22.
614 Győr 22, Orosháza 18, Kiskőrös 35, Pápa 11, Budapest-Podmaniczky 53, 64.
615 Orosháza 18, Budapest-Sztehlo 37, Kiskőrös 36, Szarvas-Benka 15, Pápa 11, Budapest-Podmaniczky 64.
616 Orosháza 30.

9.4   Die Eltern an evangelischen Schulen

Die Wahl der Schulart für das eigene Kind ist ein Recht der Eltern[617]. Es gehört zum Elternrecht, über die Pflege und Erziehung der eigenen Kinder frei zu entscheiden. Durch die Einschreibung ihres Kindes in eine evangelische Schule kommen die Eltern in Verbindung mit einer evangelischen Schule. Die Frage *»Wer sind die Eltern, die das Angebot einer evangelischen Schule in Anspruch nehmen?«* lässt sich anhand der Schulprogramme nur begrenzt beantworten. Die Schulprogramme stellen die Eltern und ihr Verhältnis zur Schule sowie die Zusammenarbeit zwischen Schule und Familie aus der Sicht der Schulen dar. Daher können bezüglich der Eltern als AkteurInnen der Schule lediglich die folgenden Themen präzisiert werden: *Welche Erwartungen haben die evangelischen Schulen an Eltern? Welche Rollen schreiben evangelische Schulen den Eltern zu? Inwieweit werden die Eltern als AkteurInnen der Schule verstanden?* Der folgende Abschnitt orientiert sich an diesen drei Fragestellungen und thematisiert (1) die Erwartungen an die Eltern, (2) die Rolle der Eltern und schließlich (3) die Partnerschaft zwischen Schule und Familie.

(1) Seitens der evangelischen Schulen werden die *Eltern mit einer Reihe von Erwartungen* konfrontiert. Die Schulprogramme betonen, dass die Bildungs- und Erziehungsziele nur in Zusammenarbeit mit den Eltern erreicht werden können[618]. Diese Zusammenarbeit wird von den Eltern erwartet. Sie wird in mehrfacher Hinsicht konkretisiert:

- Respekt und Akzeptanz des Wertesystems und der Erziehungs- und Bildungsprinzipien der Schule, sowie Anerkennung der Mitarbeitenden der Schule[619],
- Erziehungs- und Bildungskooperation zwischen Schule und Familie[620],
- Moralische und finanzielle Unterstützung der Schule[621],
- Erfüllung der Elternpflicht (z. B. Sorge um Schulpflicht)[622],

---

617 Unter »Eltern« sind die Erziehungsberechtigten zu verstehen, denen die Personensorge für einen Minderjährigen – d. h. das Recht und die Pflicht für das Kind bzw. den Jugendlichen zu sorgen – zusteht.

618 z.B. Budapest-Fasor 7, 26, Bonyhád 40, Békéscsaba 58, 107, Sopron-Eötvös 6–7, Kiskőrös 97, Alberti 14, Szarvas-Benka 18, 49, Marcaltő 37–38.

619 z.B. Sopron-Líceum 9, Nyíregyháza-Kossuth 17, Aszód 16, Orosháza 28, Miskolc 46, Szarvas-Vajda 23, Sopron-Hunyadi 11, Szombathely 5, Soltvadkert 21.

620 z.B. Budapest-Deák-tér 11, Győr 9, 39, Budapest-Sztehlo 36, Mezőberény 23, 55, Nyíregyháza-Túróczy 13, 14, Pápa 15.

621 Budapest-Deák-tér 11, Bonyhád 41, Győr 39, Aszód 16–17, Orosháza 28, Budapest-Sztehlo 36, Mezőberény 23, Szarvas-Vajda 23, Alberti 14, Nyíregyháza-Túróczy 14, Sopron-Hunyadi 12, Pápa 15, Szombathely 5, Marcaltő 38, Soltvadkert 21.

622 Bonyhád 40, Nyíregyháza-Kossuth 17, Orosháza 41, Miskolc 87, Szarvas-Benka 40, 46, Pápa 15, Marcaltő 38, Soltvadkert 71.

– Aktive Teilnahme an schulischen Veranstaltungen[623].

Zur Formulierung der Erwartungen gegenüber den Eltern übernehmen mehrere
Schulen den entsprechenden Text des Orientierungsdokuments der Kirche.

> »Der christliche Geist unserer Schule kann nur verwirklicht werden, wenn die Eltern-
> häuser unsere Bildungs- und Erziehungsinitiativen unterstützen. (...) Daher erwarten
> wir, dass die Eltern das evangelische Wertesystem und die Erziehungs- und Bildungs-
> prinzipien der Schule akzeptieren und respektieren, die Arbeit der Mitarbeitenden der
> Schule anerkennen. Sie sollen sich bemühen, ihre Kinder auch innerhalb der Familie an
> christlichen Werten orientiert zu erziehen. Sie unterstützen die Schule moralisch, wenn
> nötig – gemäß ihren Möglichkeiten – auch finanziell. Ihre Probleme bezüglich des
> Kindes besprechen sie mit den betroffenen PädagogInnen, und sie suchen gemeinsam
> eine angemessene Lösung. Unsere Erziehungsziele können wir nur gemeinsam, mithilfe
> der Familien und der Kirche verwirklichen.«[624]

Eine Reihe von Schulen formuliert überhaupt keine Erwartungen an die Eltern.
Ein Teil dieser Schulen sieht die Eltern primär als Auftraggeber, die die angebotenen Service-Leistungen in Anspruch nehmen. Darum äußern sie keinerlei
Erwartungen gegenüber den Eltern[625]. Ein weiterer Teil dieser Schulen kultiviert
eine enge, gleichberechtigte und partnerschaftliche Beziehung zwischen Schule
und Elternhaus. Dabei ist in diesem Zusammenhang statt von Erwartungen von
gemeinsamen Überlegungen und Vereinbarungen die Rede[626]. Im folgenden
Abschnitt wird näher darauf eingegangen, welche Vorstellungen bezüglich der
Eltern in den Schulprogrammen erkennbar sind.

(2) Es sind insgesamt *fünf Rollen, die in den Schulprogrammen von den Eltern*
erwartet und ihnen zugeschrieben werden. Diese fünf Elternrollen überlappen
sich teilweise. Dabei ist jeder Rollentyp in jedem Schulprogramm zu finden. Aber
es ist zugleich ein dominierendes Rollenbild für die einzelne Schule zu erkennen.
– »*Problemeltern*«. Sie delegieren ihre Erziehungs- und Bildungsverantwortung
gänzlich an die Schule[627]. Sie interessieren sich nicht für die Schulsituation des
Kindes, sie sind nur mäßig bereit, mit der Schule zu kooperieren oder ver-
weigern gar die Zusammenarbeit mit der Schule. Familiäre Probleme, problematische Werte- und Weltorientierungen der Eltern deuten sich im Zusammenhang dieser Verhaltensweise an.

---

623 Orosháza 28, Marcaltő 38.
624 Az evangélikus nevelés alapjai 2001, 20, Budapest-Deák-tér 11, Győr 39, Békéscsaba 58,
     Aszód 16–17, Budapest-Sztehlo 36, Mezőberény 23, Szarvas-Vajda 23, Alberti 14, Nyír-
     egyháza-Túróczy 14, Pápa 15, Sopron-Hunyadi 11–12, Pápa 15, Szombathely 5, Marcaltő 38,
     Soltvadkert 21.
625 Miskolc, Kőszeg, Budapest-Podmaniczky.
626 Sopron-Eötvös, Kiskőrös.
627 z.B. Nyíregyháza-Kossuth 12, Győr 33, Miskolc 117, Kiskőrös 107, Soltvadkert 63.

»Die Sorge ist größer und die Unterstützung ist schwerer in den Fällen, in denen die Familie den geeigneten moralischen Hintergrund für das Kind nicht sichert, in denen die Lebensführung der Eltern ein negatives Vorbild ist. (...) Die Schule kann die familiäre Erziehung nicht übernehmen, aber in solchen Fällen müssen wir eine verstärkte Fürsorge für die SchülerInnen auf uns nehmen.«[628]

– *Eltern als passive Klienten* nutzen die Angebote der Schulen. Sie bleiben aber passiv und engagieren sich nicht[629]. Sie akzeptieren die pädagogischen Einstellungen und Angebote der Schule und nehmen die Informationen der Schule und die Schulleistung ihres Kindes an. Sie sind bereit, mit der Schule zu kooperieren, wenn sie dazu explizit eingeladen werden; tendenziell sind sie eher beziehungsvermeidend. Die Schulen versetzen die Eltern in diese passive Klienten-Rolle, wenn eine solche einseitige Übermittlung von Informationen aus der Schule hin zum Elternhaus erfolgt.

»Die Lehrenden informieren die SchülerInnen und ihre Eltern über die Fortschritte und Leistungen von SchülerInnen an erster Stelle durch das Online-Notenzeugnisbuch. Daneben geben sie Auskünfte mündlich, schriftlich im Zeugnisbuch oder durch das Schulsekretariat in schriftlicher Korrespondenz. Die Schulleitung und die Klassenvorstände informieren die Eltern über das Gesamtleben und den Arbeitsplan der Schule sowie über die aktuellen Aufgaben. Die Schulleitung informiert mindestens einmal pro Halbjahr die Eltern in der Sitzung der Elternvertretung des Bildungsinstituts, und durch dieses Gremium die gesamte Elternschaft.«[630]

– *Eltern als wählende Konsumenten* entscheiden, welche Angebote der Schule sie in Anspruch nehmen[631]. Die Eltern entscheiden stellvertretend für ihre Kinder: z. B. bei der Wahl der Schule oder innerhalb der Schule bei der Auswahl der zu besuchenden Schwerpunktklasse bzw. hinsichtlich der Auswahl der Fremdsprachen. Es ist je nach Schule unterschiedlich, welche Wahloptionen für die Eltern offen sind und wie diese Wahloptionen zustande kommen. Weitere Bereiche, in denen die Eltern als Konsumenten agieren, sind z. B. die außerschulischen Angebote (mit einem finanziellen Beitrag der Eltern), die Ganztagsschule, die Erweiterung des Schultyps, die Inanspruchnahme von Unterstützungen/pädagogischen Angeboten, die Zustimmung zur Wahl der Lehrbücher, die Wiederholung einer Klasse in der Grundschule.

»Die Eltern als Besteller der Dienstleistung können die folgenden Angebote der Schule für ihr Kind in Anspruch nehmen: Teilnahme des Kindes an den von der Schule or-

---

628 Aszód 31, Budapest-Sztehlo 84.
629 z.B. Budapest-Deák-tér 12, Orosháza 31, Alberti 35, Sopron-Hunyadi 29.
630 Budapest-Sztehlo 81.
631 z.B. Budapest-Fasor 38–39, Bonyhád 72, Győr 19, Békéscsaba 88, Marcaltő 27.

ganisierten Programmen, Organisation von nicht obligatorischen, außer-unterrichtlichen Veranstaltungen, Aufnahme in das Schülerheim, Aufnahme in die Ganztagsschule, Auswahl der Fremdsprache, Inanspruchnahme der Kinder- und Jugendhilfe, die Ermäßigung des Essenbeitrages für das Kind, im Bedarfsfall die finanzielle Unterstützung der Schulstiftung.«[632]

– *Eltern als engagierte Initiatoren* organisieren schulische Programme bzw. helfen bei deren Durchführung, beschaffen finanzielle Ressourcen und vertreten Eltern- und Schülerinteressen gegenüber dem Schulträger, der Schulleitung und den Lehrenden[633].

»Der Abteilungsleiter beruft die Elternvertretung im Schuljahresplan zu vorbestimmten Terminen, pro Schuljahr mindestens zweimal, ein. Bei der Sitzung informiert er die Eltern über die Arbeit der gesamten Schule und die Abteilungen sowie über deren Aufgaben. Er hört auf die Vorschläge und Initiativen der Elternvertretung. Der Vorsitzende der Elternvertretung steht in direktem Austausch mit dem Schuldirektor und mit dem Abteilungsleiter, und einmal pro Schuljahr informiert er das Lehrerkollegium über die Arbeit der Elternvertretung.«[634]

– *Eltern als aktive Partner* arbeiten in den Erziehungs- und Bildungsprozessen des Kindes mit der Schule und mit dem Lehrerkollegium partnerschaftlich zusammen[635]. Sie sind ein Teil der Schulgemeinschaft, die bei der gemeinsamen Aufgabe – Schulerfolg und Persönlichkeitsentwicklung der Kinder und Jugendlichen – aktiv mitwirken. Die Partnerschaft ist durch einen regelmäßigen und intensiven Informationsaustausch, durch eine Erziehungs- und Bildungskooperation mit offenen und abgestimmten pädagogischen Maßnahmen und durch respektvollen Umgang und ein soziales Miteinander gekennzeichnet.

»Eine unerlässliche Bedingung der erfolgreichen Erziehungs- und Bildungsarbeit besteht darin, dass die Lehrenden, die sich bewusst mithilfe ihrer Fachkenntnisse und Erfahrungen für die Persönlichkeitsentwicklung ihrer SchülerInnen einsetzen, die Eltern, die mithilfe der Kräfte und Möglichkeiten der familiären Atmosphäre ihr Kind erziehen, und der SchülerInnen, die im Mittelpunkt der pädagogischen Aufgabe stehen, miteinander kooperieren. Sie bestimmen gemeinsam das zu erreichende Ziel und die pädagogischen Maßnahmen, die zum Ziel führen können.«[636]

---

632 Nyíregyháza-Kossuth 17.
633 z.B. Bonyhád 38, 90, Győr 39–40, Békéscsaba 58, Szombathely 28–29.
634 Kiskőrös 98.
635 z.B. Sopron-Eötvös 18–20, Kiskőrös 87, Mezőberény 66, Nyíregyháza-Túróczy 31.
636 Sopron-Líceum 25.

(3) Wieweit die Schulen die Eltern als AkteurInnen der Schule sehen und eine gemeinsame Erziehungs- und Bildungspartnerschaft zwischen Schule und Familie anregen, zeigen die *Kooperationsformen von Schule und Familie.* Daher wird hier nachgefragt, welche Kontakt- und Kooperationsformen zwischen Schule und Familie gepflegt werden[637].

Die gesetzlich vorgeschriebenen formellen Kontakte – Elternabend, Elternsprechtag, Lehrersprechstunde, vorschriftmäßige Informationen für Eltern (Zeugnisse, Mitteilungen) – dienen zum direkten Austausch von Informationen und Anregungen zwischen Lehrenden und Eltern, zwischen Schule und Familie[638]. Diese Kontaktformen werden von allen evangelischen Schulen praktiziert, ebenso wie die Zusammenarbeit mit der gewählten Elternvertretung[639]. Eine Reihe von Schulen betont, dass der Informationsaustausch auf Gegenseitigkeit basiert und dass im Interesse einer erfolgreichen schulischen Erziehungs- und Bildungsarbeit die LehrerInnen auf die Informationen und Rückmeldungen der Eltern angewiesen sind[640].

»Die Partnerschaft mit den Eltern, die pädagogische Unterstützung in der familiären Erziehung der Kinder, die Verwertung der Meinungen und Anregungen von Eltern sind unabdingbare Voraussetzungen der effektiven schulischen Erziehungs- und Bildungsarbeit. Die Schule soll daher solche Kontaktgelegenheiten schaffen, bei denen der Erfahrungsaustausch zwischen Eltern und PädagogInnen gegenseitig stattfindet und die Zusammenarbeit erfolgreich werden kann.«[641]

Weiterhin wird hervorgehoben, dass der Informationsaustausch seitens der Schule auch die Offenlegung und Bekanntmachung der Werteorientierung sowie der Erziehungs- und Bildungsprinzipien der Schule beinhaltet[642]. Die Eltern werden zur Kooperation und Unterstützung dieses Programms eingeladen.

»Der christliche Geist unserer Schule kann nur verwirklicht werden, wenn die Elternhäuser unsere Bildungs- und Erziehungsinitiativen unterstützen. Daher sollen wir den Eltern die Geistigkeit und die Erziehungs- und Bildungsprinzipien der Schule sowie die Rechte und Pflichten der Eltern bekannt machen.«[643]

---

637 Die Zusammenfassung basiert auf den Daten der Schulprogramme. Es ist aber zu berücksichtigen, dass die Schulprogramme nicht alle praktizierten Kooperationsformen zwischen Schule und Familie aufführen.

638 z.B. Győr 39–41, Aszód 34, Miskolc 34, Szarvas-Vajda 38–39, Pápa 65.

639 z.B. Bonyhád 38, Békéscsaba 58, Sopron-Eötvös 19, Szombathely 28, Soltvadkert 86.

640 z.B. Budapest-Fasor 26, Sopron-Líceum 19, Budapest-Deák-tér 11, Nyíregyháza-Kossuth 17, Győr 39, Orosháza 28, Miskolc 24, Budapest-Sztehlo 32, Kiskőrös 87, Mezőberény 23, 66, Alberti 14, Nyíregyháza-Túróczy 31, Sopron-Hunyadi 12, Szarvas-Benka 18, Marcaltő 38.

641 Sopron-Eötvös 6–7.

642 z.B. Sopron-Líceum 9, Bonyhád 39, Sopron-Eötvös 18, Miskolc 33–34, Kőszeg 50, Kiskőrös 93, Szarvas-Benka 45, Budapest-Podmaniczky 70.

643 Az evangélikus nevelés alapjai 2001, 20, Budapest-Deák-tér 11, Győr 39, Békéscsaba 58, Aszód 16–17, Budapest-Sztehlo 36, Mezőberény 23, Szarvas-Vajda 23, Alberti 14, Nyír-

Die teils formellen, teils informellen Kontakt- und Kooperationsformen zwischen Schule und Familien sind in der Tabelle 23 aufgelistet.

Kategorie: AkteurInnen der Schule	
Dimension: Kontakt- und Kooperationsformen zwischen Schule und Familie	
Dimensionale Ausprägung	Schulen
Vorschriftsmäßige formelle Kontakte Vorschriftsmäßige Informationen für Eltern (Zeugnisse, Mitteilungen usw.) Lehrersprechstunden, Elternsprechtag, Elternabend, Elternvertretung	M1, M2, M3, M4, M5, M6, M7, M8, M9, M10, M11, M12, M13, M14, M15, M16, G1, G2, G3, G4, G5, G6, G7, G8, G9
Teils formelle, teils informelle Kontakt- und Kooperationsformen	
Persönliches Gespräch (Lehrer-Schüler-Eltern bzw. Lehrer-Eltern)	M1, M2, M3, M4, M5, M6, M7, M8, M10, M13, M14, M15, G1, G2, G3, G4, G5, G6, G7, G8, G9
Hausbesuche Hausbesuche in nötigen/begründeten Fällen Hausbesuche in möglichen Fällen	M10, M11, M14, M15, G1, G2, G4, G5, G9 M1, M3, M5, M6, M7, M8, M12, M13, M16, G6, G8 M4
Einbeziehen der Eltern in das Erziehungs- und Bildungsgeschehen der Schule (z. B. Elternvorträge für SchülerInnen, schulische Projekttage mit Teilnahme von Eltern)	M1, M3, M6, M7, M8, M9, M10, M12, G7, G9
Informationsveranstaltungen für die Eltern (z. B. über Bildungsprinzipien der Schule, Erziehungsfragen, Berufswahl der Kinder, Lebenseinstellung/Lebensform)	M3, M5, M6, M7, M10, M12, M13, M14, M15, G2, G3, G5, G7, G9
Offene Tage der Schule mit möglichen Unterrichtshospitationen von Eltern	M1, M3, M4, M5, M6, M7, M8, M9, M10, M11, M12, M13, M14, M15, G1, G2, G4, G5, G6, G7, G8, G9
Einholen von Elternfeedback durch unabhängige Untersuchungen über Partnerzufriedenheit	M2, M4, M6, M9, M11, M12, M13, M14, G1, G2, G4, G6, G7
Gemeinsame (Pädagogen-Schüler-Eltern) informelle schulische Veranstaltungen (Feste, Konzerte, Ball, Familientag, Sporttag, Fasching, Eltern-Lehrer-Treffen usw.)	M5, M6, M7, M9, M10, M11, M13, M14, M15, G2, G3, G4, G5, G6, G7, G9
Gemeinsame (Pädagogen-Schüler-Eltern) informelle außerschulische Programme (Ausflüge, Sommerlager usw.)	M3, M5, M6, M7, M9, M10, M11, M14, G2, G5, G6, G7, G9

Tabelle 23: Kontakt- und Kooperationsformen zwischen Schule und Familie

Aus dieser Übersicht ist ersichtlich, dass die Schulen über die vorschriftsmäßigen formellen Kontakte hinaus weitere Kontakt- und Kooperationsformen prakti-

---

egyháza-Túróczy 14, Sopron-Hunyadi 11–12, Pápa 15, Szombathely 5, Marcaltő 38, Soltvadkert 21.

zieren, um die Eltern und Familien in die Erziehungs- und Bildungskooperation einzubeziehen. Diese Kooperation soll laut der evangelischen Schulen auf der Werteorientierung und den Erziehungs- und Bildungsprinzipien der evangelischen Schule basieren. Die evangelischen Schulen erwarten als Partner solche Familien, die bereit sind, das Schulkonzept mitzutragen[644].

Die Erziehungs- und Bildungskooperation hat die Kinder und Jugendlichen, ihren Erziehungs- und Bildungsprozess sowie ihre Persönlichkeitsentwicklung im Blick. Eine erfolgreiche Kooperation macht es erforderlich, dass die Familien ihre Kinder in geeigneter Weise unterstützen können. Jedes Schulprogramm beinhaltet, dass die soziokulturellen und milieuspezifischen familiären Hintergründe der SchülerInnen bekannt werden und dass die Schule im Bedarfsfall im Interesse des Kindes aktiv wird[645]. Die Mehrzahl der Schulen weiß sich verpflichtet, die Familien auch in schwierigen Situationen zu stärken, damit sie in der Lage sind, ihre Kinder im Erziehungs- und Bildungsprozess zu fördern[646].

> »Mit den Problemen der Familien sollen wir uns auseinandersetzen, und wir sollen zur Bewältigung dieser Probleme den Familien Unterstützung leisten.«[647]

Neben der Erziehungs- und Bildungskooperation und dem gegenseitigen Informationsaustausch – der nicht nur den Schulerfolg und die Persönlichkeitsentwicklung der Kinder und Jugendlichen im Blick hat, sondern auch die Herausforderungen und Schwierigkeiten der Familien sowie die Abstimmung der Erziehungs- und Bildungsprinzipien zwischen Schule und Familie – wird ebenso ein soziales Miteinander, eine wertschätzende, anerkennende und auf gegenseitigem Vertrauen basierende Gemeinschaftskultur angestrebt bzw. gepflegt[648].

> »Dazu, dass die Partnerschaft zwischen Eltern und Schule tatsächlich erfolgreich werden kann, ist es wünschenswert, dass diese Partnerschaft auf gegenseitiger Wertschätzung und gegenseitigem Vertrauen basiert. Der Kontakt zwischen uns soll anerkennend, offen, aufrichtig, herzlich und wohlwollend sein. In Problemfällen mit SchülerInnen sollen wir für die gegenseitigen Argumente und Perspektiven offen und bereit sein, dass wir gemeinsam die beste Lösung suchen. Die Familie soll die von der Schule vermittelten christlichen Werte akzeptieren.«[649]

---

644 Siehe Kapitel 9.1 und Kapitel 9.2.
645 z.B. Budapest-Fasor 23, Sopron-Líceum 19, Nyíregyháza-Kossuth 25, Kőszeg 43, Alberti 34–36, Szarvas-Benka 37, Marcaltő 35, Budapest-Podmaniczky 68.
646 z.B. Bonyhád 36, Győr 17, 33–34, Békéscsaba 53, Sopron-Eötvös 13, Miskolc 27, Kiskőrös 84–85, Szarvas-Vajda 23, Nyíregyháza-Túróczy 14, Pápa 14, Soltvadkert 63–64.
647 Budapest-Deák-tér 11.
648 z.B. Budapest-Deák-tér 5, Nyíregyháza-Kossuth 16, Budapest-Sztehlo 72, Szarvas-Benka 13, Marcaltő 37, Budapest-Podmaniczky 12, 69.
649 Orosháza 28.

In allen Schulprogrammen wird betont, dass der Klassenvorstand in der Partnerschaft zwischen Schule und Familien eine bedeutende Rolle spielt[650]. Unter seinen Aufgaben wird aufgelistet, dass er sich um die vorschriftsmäßigen formellen Kontakte und den Informationsaustausch sorgt, weiterhin informelle Kontakt- und Kooperationsformen zwischen Schule und Familien initiiert und sich um die Abstimmung der Erziehungs- und Bildungsprinzipien zwischen Schule und Familie kümmert[651].

> »Die Aufgaben des Klassenvorstandes: (…) Er unterstützt die Arbeit der Elternvertretung der Klasse. An Elternabenden informiert er über die Erziehungsarbeit und über den Bildungserfolg der Schulklasse, gibt pädagogische Ratschläge und strebt danach, die Erziehungsbemühungen zwischen Schule und Familie in Einklang zu bringen.«[652]

Es ist zu beobachten, dass eine Reihe von Schulen die teils formellen, teils informellen Kooperationsformen zwischen Schule und Familien stärker betont und häufiger praktiziert[653], während andere Schulen das weniger tun[654]. Alle Schulprogramme heben aber hervor, dass im Mittelpunkt dieser Kooperation der Erziehungs- und Bildungsprozess bzw. die Persönlichkeitsentwicklung des Kindes bzw. des Jugendlichen steht. Manche Schulen beziehen die betroffenen Kinder und Jugendlichen in die Kooperation von Schule und Eltern programmatisch mit ein[655].

> »Die individuelle Entwicklung und den individuellen Leistungserfolg von mehrfach benachteiligten SchülerInnen diskutieren die Eltern, der betroffene Schüler/die betroffene Schülerin, der Klassenvorstand und der Kinderschutz-Vertreter alle drei Monate miteinander. Aufgrund der Auswertung von Ergebnissen bestimmen sie gemeinsam und im Konsens die Aufgabe der Weiterentwicklung.«[656]

9.5   Zusammenfassung: AkteurInnen der Schule

Die Analyse der Schulprogramme hat die AkteurInnen der Schule als einen Kontext des Phänomens »Selbstverständnis evangelischer Schulen« rekonstruiert. In diesem Abschnitt wurden daher die zentralen AkteurInnen der Schule näher in den Blick genommen. Es wurde nachgefragt, wer die AkteurInnen sind,

---

650 z.B. Nyíregyháza-Kossuth 19–20, Aszód 26–27, Kőszeg 47–48, Mezőberény 44–45.
651 z.B. Győr 18, Kiskőrös 85, Mezőberény 55, Szarvas-Benka 37, Soltvadkert 87.
652 Bonyhád 29, Kőszeg 47.
653 Nyíregyháza-Kossuth, Győr, Sopron-Eötvös, Orosháza, Budapest-Sztehlo, Kiskőrös, Nyíregyháza-Túróczy, Pápa, Soltvadkert.
654 Budapest-Fasor, Sopron-Líceum, Budapest-Deák-tér, Bonyhád, Miskolc, Alberti, Sopron-Hunyadi, Szombathely, Budapest-Podmaniczky.
655 z.B. Budapest-Fasor 9, Sopron-Líceum 10, 25, Kiskőrös 87, Szarvas-Benka 18.
656 Mezőberény 66.

welche Anforderungen und Erwartungen und welche Rollenbilder an die AkteurInnen an evangelischen Schulen herangetragen werden. Die Analyse der Kategorie »AkteurInnen der Schule« musste berücksichtigen, dass die Schulprogramme nur solche Daten liefern, die die programmatischen Vorstellungen und Sichtweisen der Schulen vermitteln.

Welche Schülerschaft die evangelischen Schulen haben, hängt davon ab, welche Eltern die evangelischen Schulen für ihr Kind wählen. Dabei wählen die Eltern einerseits die Schule für ihr Kind aus. Die Schulen deklarieren aber anderseits durch ihre Aufnahmekriterien, welche Schülerschaft sie im Blick haben. Bei der Analyse der Aufnahmekriterien wird zwischen Grundschulen und Schulen im sekundären Bildungsbereich unterschieden. Das ist notwendig, weil die Grundschulen noch auf keine Leistungsdaten und Zeugnisse der Kinder zurückgreifen und daher leistungsbezogene Ergebnisse nicht als Bestandteil der Aufnahmekriterien einbezogen werden können.

An *evangelischen Grundschulen* gibt es kein einheitliches Aufnahmeverfahren. Sie nützen die gesetzlich gegebenen Möglichkeiten aus und definieren und verwenden unterschiedliche Auswahlkriterien, um ihre Schülerschaft zu generieren. In den Schulprogrammen wurden insgesamt acht Kriterien gefunden: Territorialprinzip, Konfessionalität, Benachteiligung/Sonderbedarf, Geschwisterkinder, evangelischer Kindergartenbesuch, Losverfahren, Reihenfolge der Anmeldung sowie Bereitschaft, das Schulkonzept mitzutragen. Die Schulen wenden diese Kriterien nicht in der gleichen Weise an, die Gewichtung der Kriterien variiert je nach Schule. Das Territorialprinzip und die Konfessionalität bilden aber die zwei stärksten Kriterien, wonach die Grundschulen entscheiden, welche Kinder sie als SchülerInnen ihrer Schule auswählen.

Aufgrund der angewandten Aufnahmekriterien konnten drei Typen von evangelischen Grundschulen rekonstruiert werden: Grundschule für alle, Grundschule für Kinder aus dem Einzugsgebiet und für evangelische Kinder, Grundschule für evangelische/christliche Kinder. Wenn man den dreiprozentigen Anteil der evangelisch-lutherischen Personen an der Gesamtbevölkerung berücksichtigt, ergibt sich aus der Analyse die Hypothese, dass die evangelisch-lutherischen Kinder, die sich in einer evangelisch-lutherischen Grundschule anmelden, von der Schule ausgewählt und aufgenommen werden.

Die *evangelischen Schulen im sekundären Bildungsbereich* können schon auf Leistungsdaten ihrer KandidatInnen zurückgreifen. Sie tun das auch. Die leistungsbezogenen Ergebnisse – Grundschulzeugnis, zentrale schriftliche und mündliche Aufnahmeprüfung – bilden an diesen Schulen entscheidende Auswahlkriterien. Die Konfession der KandidatInnen fällt bei der Auswahl mit unterschiedlicher Bedeutung ins Gewicht, sie spielt aber – bis auf eine Schule – eine relevante Rolle. Einige Schulen fordern die Zugehörigkeit zu einer christlichen Kirche als notwendige Bedingung für die Aufnahme. Andere Schulen berücksichtigen diesen Faktor beim Ergebnis der mündlichen Aufnahmeprüfung oder bei der Reihung im Falle einer Ergebnisgleichheit.

Aufgrund der Voraussetzungen, der Aufnahmekriterien und der Zielgruppen der Schulen können die folgenden Typen von evangelischen Schulen im Sekundärbereich unterschieden werden:

- *Schule für evangelische/christliche SchülerInnen:* Die Konfessionszugehörigkeit gilt als Voraussetzung, die leistungsbezogenen Ergebnisse spielen eine entscheidende Rolle bei der Auswahl.
- *Schule für begabte SchülerInnen mit mehrfacher Benachteiligung:* Die leistungsbezogenen Ergebnisse und die familiären Hintergründe spielen eine entscheidende Rolle bei der Auswahl.
- *Schule für gute SchülerInnen und für evangelische SchülerInnen:* Die leistungsbezogenen Ergebnisse spielen eine entscheidende Rolle bei der Auswahl. Die evangelische Konfessionszugehörigkeit bedeutet einen Vorteil, da dieser Faktor in die leistungsbezogenen Ergebnisse einfließt (mündliches Aufnahmegespräch, Reihung).
- *Schule für gute SchülerInnen, für SchülerInnen mit (mehrfacher) Benachteiligung und mit Sonderbedarf und für evangelische SchülerInnen:* Die leistungsbezogenen Ergebnisse spielen bei der Auswahl eine vorrangige Rolle, wobei der jeweilige spezifische sonderpädagogische Förderbedarf sowie die hinderlichen familiären Hintergründe der KandidatInnen berücksichtigt werden. Im Laufe des Aufnahmeverfahrens kann die evangelische Konfessionszugehörigkeit einen Vorteil bedeuten (mündliches Aufnahmegespräch, Reihung).
- *Schule für SchülerInnen, die das Fach- und Qualifikationsprofil der Schule anspricht:* Die leistungsbezogenen Ergebnisse und die fachspezifischen Voraussetzungen spielen eine entscheidende Rolle bei der Auswahl. Im Laufe des Aufnahmeverfahrens kann die evangelische Konfessionszugehörigkeit einen Vorteil bedeuten (mündliches Aufnahmegespräch, Reihung).

Eine Reihe von evangelischen Schulen im Sekundarbereich möchten solche Familien ansprechen, die schulähnliche Werteorientierungen haben und bereit sind, das Schulkonzept mitzutragen. Die Einschulungsprogramme dieser Schulen versuchen, diese Eltern und Familien zu erreichen und mit den Angeboten der Schulen zu überzeugen.

Einige evangelische Schulen verstehen ihre Zielgruppen breiter und machen keine Angaben bezüglich der Einstellungen und Werteorientierungen der Familien. Sie haben auch solche SchülerInnen im Blick, bei denen die Familien keine schulähnlichen Orientierungen haben bzw. die »hinderlichen« familiären Einflüsse gerade durch institutionelle Einrichtungen kompensiert werden sollen.

Nicht nur die SchülerInnen, sondern auch die LehrerInnen werden in einer evangelischen Schule durch ein Aufnahmeverfahren ausgewählt. Die staatlichen Gesetze bestimmen die nötigen Qualifikationsanforderungen der sich bewerbenden Lehrenden. Diese gelten für eine evangelische Schule in gleicher Weise wie für eine staatliche Schule. Die kirchlichen Gesetze beinhalten die spezifischen Anstellungskriterien von Lehrpersonen an evangelischen Schulen. Die Orientierungsdokumente der Kirche formulieren unscharf, was hinsichtlich der Verbundenheit mit dem evangelischen Profil der Schule erwartet wird. Es bleibt unklar, inwieweit die KandidatInnen das evangelische Profil mittragen sollen, um sich erfolgreich um eine Lehrerstelle an einer evangelischen Schule zu bewerben. In den Schulprogrammen werden drei Vorgehensweisen praktiziert: (1) Entweder sie verweisen auf die staatlichen und kirchlichen Gesetze und thematisieren die Kriterien der Lehreraufnahme nicht weiter, oder (2) sie zitieren kurz und auszugsweise die Formulierung des kirchlichen Gesetzes, oder (3) sie beinhalten keinerlei Angabe zu den Aufnahmekriterien.

Welche Anforderungen und Erwartungen an LehrerInnen an evangelischen Schulen gestellt werden, konnte in fünf Kompetenz- und Aufgabenbereiche zusammengefasst werden: (1) allgemein-pädagogische Kompetenzen, (2) fachliche und fachdidaktische Kompetenzen, (3) spezifische Kompetenzen und Anforderungen bezüglich des evangelischen Profils, (4) Mitarbeit in der Schulentwicklung sowie in der Schulorganisation, (5) Entwicklung eines Professionsverständnisses.

Als spezifische Kompetenzen und Anforderungen bezüglich des evangelischen Profils wurden (1) die persönliche Überzeugung, (2) die Vertretung christlicher Werte und einer Pädagogik, die auf einem christlich-evangelischen Erziehungs- und Bildungsverständnis aufruht, (3) die Verbundenheit/Loyalität mit der Kirche, (4) die Verantwortung des christlich-evangelischen Profils, (5) ein spezifisches Rollenverständnis und (6) die Bereitschaft zur Fortbildung rekonstruiert.

Das spezifische Rollenverständnis (5) versteht die LehrerInnen auch als Erzieher und Sozialpädagogen/Seelsorger und hebt die Vorbildfunktion von LehrerInnen besonders stark hervor. Die Vorbildfunktion erwarten einige Schulen auch im religiösen Bereich. Eine Reihe von Schulen beschreibt mit biblischen Bildern – wie z. B. Zeuge, Jünger, Geschwister in Christus, Diener –, dass sie die LehrerInnen auch in der Rolle der VertreterInnen des Glaubens sehen. Schulinterne Angebote sowie von den kirchlichen Einrichtungen organisierte Fortbildungen und Konferenzen unterstützen die Lehrenden bei der Bewältigung dieser vielfältigen und speziellen Anforderungen. Wiewert aber die LehrerInnen an evangelischen Schulen sich mit diesen spezifischen und programmatischen Erwartungen und Rollenbildern identifizieren und ihnen gerecht werden können, das erfordert weitere Untersuchungen.

Neben SchülerInnen und LehrerInnen wurden in diesem Kapitel auch die Eltern in den Blick genommen. Von den Eltern wird an evangelischen Schulen eine Zusammenarbeit mit der Schule erwartet. Diese Zusammenarbeit beinhaltet den Respekt und die Akzeptanz des Wertesystems und der Erziehungs- und Bildungsprinzipien der Schule. Ebenso wird die Anerkennung der Mitarbeitenden der Schule und eine Erziehungs- und Bildungskooperation zwischen Schule und Familie erwartet. Eine Reihe von Schulen erwähnt unter den Erwartungen auch die moralische und finanzielle Unterstützung der Schule. Einige Schulen verweisen auch auf die Erfüllung der Elternpflicht und die aktive Teilnahme an schulischen Veranstaltungen.

Die Analyse der Schulprogramme hat fünf Elternrollen herausgearbeitet und dargelegt: (1) die Problemeltern, (2) die passiven Klienten, (3) die wählenden Konsumenten, (4) die engagierten Initiatoren, sowie (5) die aktiven Kooperationspartner. Die letzteren stellen aus Sicht der Schulen die wahrgenommenen bzw. erwünschten Verhaltensweisen von Eltern dar. Die eingenommenen Elternrollen sind situationsabhängig und überlappen sich teilweise.

Um herauszufinden, inwieweit evangelische Schulen die Eltern als AkteurInnen der Schule sehen, wurden die Kontakt- und Kooperationsformen zwischen Schule und Familie untersucht. Die Schulen betonen, dass sie ohne die Unterstützung der Familien ihr Erziehungs- und Bildungsprogramm nicht verwirklichen können. Sie versuchen darum, die Eltern in eine Erziehungs- und Bildungspartnerschaft einzubeziehen. Die Merkmale dieser Partnerschaft sind der gegenseitige Informationsaustausch, eine Erziehungs- und Bildungskooperation im Interesse einer entsprechenden Förderung des Erziehungs- und Bildungsprozesses der Kinder und Jugendlichen sowie eine wertschätzende, anerkennende und auf gegenseitigem Vertrauen basierende Gemeinschaftskultur. Die Kooperation soll auf den Erziehungs- und Bildungsprinzipien der evangelischen Schulen basieren.

Zwischen Schule und Familie wird eine Reihe von unterschiedlichen Kontakt- und Kooperationsformen praktiziert, die über die gesetzlich vorgeschriebenen, formellen Kontaktformen hinausgeht. Die Schulen unterscheiden sich darin, welche teils formellen, teils informellen Kooperationsformen von Schule und Familie sie praktizieren. Sie betonen aber klar, dass im Mittelpunkt dieser Kooperationsformen der Erziehungs- und Bildungsprozess sowie die Persönlichkeitsentwicklung der Kinder und Jugendlichen stehen. Der jeweilige Klassenvorstand spielt dabei eine wesentliche Rolle bei der Durchführung und Aufrechterhaltung dieser Zusammenarbeit.

Bemerkenswert ist die Erwartung bei der überwiegenden Mehrzahl der evangelischen Schulen, dass die Familien ihre Erziehungs- und Bildungspraxis an die schulische Erziehungspraxis anpassen soll. Das wird darin deutlich, dass die Schulprogramme bei der Formulierung ihrer Erwartungen an die Eltern und bei der Beschreibung des Verständnisses der Elternrolle auf die Orientierungsdokumente der Kirche zurückgreifen. Inwieweit diesen Forderungen in den evangelischen Schulen tatsächlich entsprochen wird, kann durch eine Analyse der Schulprogramme nicht erkundet werden. Welches aber die Erziehungs- und Bildungsprinzipien sind, die die Arbeit an den Schulen in evangelischer Trägerschaft bestimmen sollen, darauf wird im nächsten Kapitel einzugehen sein.

10. Kategorie 4: Erziehungs- und Bildungsverständnis

Die Analyse der Schulprogramme hat *das Erziehungs- und Bildungsverständnis* als Strategie des Phänomens »Selbstverständnis evangelischer Schulen« rekonstruiert. Das Selbstverständnis evangelischer Schulen in Ungarn wird im Erziehungs- und Bildungsverständnis näher bestimmt und expliziert in Bezug auf Theorie und Praxis der Erziehungs- und Bildungsarbeit. Damit enthält das Erziehungs- und Bildungsverständnis Grundlagen und Richtlinien, die – als Handlungsstrategien – das Profil und die Profilmerkmale evangelischer Schulen bestimmen. In diesem Kapitel wird das Erziehungs- und Bildungsverständnis der Schulen in evangelischer Trägerschaft in Ungarn näher analysiert und die Frage gestellt: *Welches Verständnis von Erziehung und Bildung liegt den Schulprogrammen zugrunde?*

Bei der Behandlung dieser Fragestellung sind die begrifflichen und anwendungsbezogenen Differenzen bezüglich des Wortpaares Erziehung und Bildung zu berücksichtigen[657]. Im ungarischen Sprachgebrauch wird Erziehung und Bildung meistens als Wortpaar [nevelés és oktatás] gebraucht. Darüber hinaus hat das Wort Erziehung [nevelés] auch einen umfassenden Sinn, durch den die Theorie und Praxis des gesamten pädagogischen Handelns bezeichnet und weiterhin eine unausweichliche ethische Dimension pädagogischen Denkens und Handelns gekennzeichnet wird. Darum werden Erziehung und Bildung nicht voneinander getrennt – wie das in der deutschsprachigen wissenschaftlichen Fachdiskussion häufig der Fall ist –, sondern in ihrer untrennbaren Verbundenheit analysiert. Der gemeinsame Sprachgebrauch von Erziehung und Bildung wird nur dann aufgegeben, wenn ausdrücklich der eine oder der andere Teil des Wortpaares betont und inhaltlich hervorgehoben wird.

Die Analyse der in den Schulprogrammen aufscheinenden Erziehungs- und Bildungsverständnisse konnte drei differente Ansichten rekonstruieren, die in den Schulprogrammtexten zum großen Teil auch in formaler Hinsicht voneinander unterschieden werden. Zuerst werden diese drei Auffassungen jeweils

---

657 Siehe die Begriffsklärung im Kapitel 3.4.1.

gesondert dargestellt: (1) Erziehung und Bildung im »christlichen bzw. evangelischen Geist«, (2) Erziehung und Bildung im Sinne des Nationalen Grundlehrplans von 2012, (3) Erziehung und Bildung als Entwicklung von Kompetenzen. Die Bezeichnungen weisen deutlich auf die Besonderheiten des jeweiligen Verständnisses hin. Anschließend (4) wird ein Vergleich zwischen den drei differenten Erziehungs- und Bildungsverständnissen durchgeführt. Die Ausführungen konzentrieren sich darauf, welche dieser unterschiedlichen Auffassungen im jeweiligen Schulprogramm erscheint. Die Tabelle 24 bündelt die Ergebnisse der Analyse.

Kategorie: Erziehungs- und Bildungsverständnis
Eigenschaften und ihre Dimensionen
1. **Erziehung und Bildung im »christlichen bzw. evangelischen Geist«**   *Christlich bzw. evangelisch verantwortete Erziehung und Bildung – Theologische und pädagogische Bestimmung des Erziehungs- und Bildungsverständnisses –pädagogische Leitgedanken des Erziehungs- und Bildungsverständnisses mit implizit religiösem Charakter – Religiöse Erziehung und Bildung als unverzichtbare Erziehungs- und Bildungsdimension – Lebensfördernde Erziehung und Bildung in der Balance von zeitbedingten Herausforderungen, erfahrenen Traditionen und zukünftigen Visionen*
2. **Erziehung und Bildung im Sinne des »Nationalen Grundlehrplans« von 2012**   *Curriculare Bestimmung der Bildungsinhalte – An Inhalten orientierte Fähigkeitsentwicklung – Normative Werteorientierung und Wertebezogenheit – Entwicklungsbereiche als gemeinsame Werte – Primat der Erziehung – Spannungsfeld Tradition versus Zeitgemäßheit – Spannungsfeld gesellschaftliche und individuelle Bestimmung*
3. **Erziehung und Bildung als Entwicklung von Kompetenzen**   *Bedeutungsgehalte von »Kompetenz« – Systematisierung von Kompetenzen – Das Konzept der Kompetenzentwicklung – Kompetenzorientierter Unterricht – Ziele und Funktionen der Kompetenzentwicklung bzw. des kompetenzorientierten Unterrichts*
4. **Vergleich der drei Erziehungs- und Bildungskonzepte**   *Formalien der Erziehungs- und Bildungsverständnisse – Vorkommen der Erziehungs- und Bildungskonzepte – Verhältnisbestimmung der Erziehungs- und Bildungskonzepte*

Tabelle 24: Kategorie 4 »Erziehungs- und Bildungsverständnis«

10.1 Erziehung und Bildung im »christlichen bzw. evangelischen Geist«

Die Schulen in evangelisch-lutherischer Trägerschaft in Ungarn orientieren sich bewusst an einem christlich bzw. evangelisch orientierten Menschen- und Wirklichkeitsverständnis sowie an christlichen Wertevorstellungen. Diese Prämissen bilden die deklarierten Grundlagen und Rahmenbedingungen für ihr Erziehungs- und Bildungsverständnis. Zunächst wird herausgearbeitet, wie diese normativen Bestimmungen in den Schulprogrammen erscheinen. Anschließend wird aufgezeigt, wie Erziehung und Bildung in diesem Sinnhorizont verstanden werden.

(1) Christlich bzw. evangelisch verantwortete Erziehung und Bildung: Die evangelischen Schulen berufen sich oft programmatisch darauf, dass ihre Erziehung und Bildung christlich bzw. evangelisch ausgerichtet und in einen christlichen bzw. evangelischen Sinnhorizont eingebettet ist. Diese Ausrichtung erscheint in Bezug auf mehrere Ebenen und Teilgebiete in den Schulprogrammen. Bei der allgemeinen Zielsetzung aller evangelisch-lutherischen Schulen wird von einer Erziehung und Bildung »im evangelischen Geist«[658] gesprochen. Die Lehrenden werden dazu aufgefordert, dass sie »die ihnen anvertrauten SchülerInnen im christlichen Geist erziehen«[659]. Den DirektorInnen, SchulpfarrerInnen und ReligionslehrerInnen werden eine besondere Verantwortung bezüglich der Positionierung, Gestaltung und Aufrechterhaltung einer Erziehungs- und Bildungsarbeit im christlichen Geist zugeschrieben[660].

Von den Eltern wird eine prinzipielle Unterstützung bzw. Akzeptanz und Anerkennung der im christlichen Geist geschehenen Erziehungs- und Bildungsarbeit der Schule erwartet[661]. Oft erscheint dieses Hauptmerkmal als ein Leitwort, als ein Markenzeichen der Erziehungs- und Bildungsarbeit evangelischer Schulen, das aber nicht weiter thematisiert wird[662].

> »Als das einzige derartige Bildungsinstitut der Region, das ab dem Vorschulkindalter bis zum Abitur SchülerInnen betreut, bieten wir eine Möglichkeit für gläubige (und nichtgläubige) Familien, die ihren Kindern nicht nur ein hohes Bildungsniveau, sondern auch eine Erziehung und Bildung im christlichen Geist bieten möchten. Unsere Schule bietet beides an.«[663]

Mehrere Textpassagen legen aber doch dar, was sie unter »evangelischem Geist« verstehen[664]. Diese Ausführungen sind größtenteils theologisch bestimmt. Betont wird dabei die Rechtfertigungslehre, die Befreiung durch Gottes Gnade in Jesus Christus, die Menschenfreundlichkeit Gottes, das reformatorische Sola Scriptura-Prinzip, die Berufung zur Liebe in Freiheit, die Verknüpfung der Freiheit mit der Verantwortung für die Schöpfung, für die Natur und die Mitmenschen sowie für das Zeugnis der Kirche.

---

658 Budapest-Fasor 5, Sopron-Líceum 5, Budapest-Deák-tér 9, Bonyhád 18–19, Békéscsaba 23, Aszód 4, Sopron-Eötvös 12, Orosháza 5, Miskolc 6, Kőszeg 18, Budapest-Sztehlo 9, Kiskőrös 14, Mezőberény 13, Szarvas-Vajda 3, Alberti 7, Sopron-Hunyadi 7, Pápa 12, Szombathely 2.
659 z.B. Budapest-Fasor 19, Bonyhád 40, Békéscsaba 50, Sopron-Eötvös 21, Kőszeg 45.
660 z.B. Budapest-Deák-tér 6, Budapest-Sztehlo 34, Kiskőrös 29.
661 z.B. Aszód 16, Budapest-Sztehlo 36, Alberti 14, Sopron-Hunyadi 11, Pápa 14.
662 z.B. Sopron-Líceum 6, Nyíregyháza-Kossuth 15, Győr 4, Békéscsaba 23, Kőszeg 18.
663 Orosháza 3.
664 z.B. Győr 12, Orosháza 3, Nyíregyháza-Túróczy 8, Sopron-Hunyadi 8.

»Die Bildungseinrichtungen der Evangelischen Kirche führen ihre Erziehungs- und Bildungsarbeit im Geiste der Bibel durch, entsprechend der lutherischen Lehre und ihrer jahrhundertelangen Traditionen im schulischen Bildungsbereich.«[665]

Pädagogisch bestimmte Erläuterungen des »christlichen Geistes« sind in den Schulprogrammen ebenfalls zu finden[666]. Sie verweisen auf einen respektvollen, annehmenden und wertschätzenden Umgang miteinander, auf die Arbeit und die Einstellung der Lehrenden und auf die gemeinsame, »christliche« Wertebasis als Grundlage des pädagogischen Handelns. Es ist zu beobachten, dass bei einer Rede von Erziehung und Bildung im »evangelischen Geist« überwiegend theologische Erläuterungen geboten werden, während bei dem Attribut »christlich« eher pädagogische Überlegungen zu finden sind.

»Den christlichen Geist der Schule sichert der gegenseitige Respekt füreinander und das Klima der bedingungslosen Akzeptanz.«[667]

(2) Theologische und pädagogische Bestimmung des Erziehungs- und Bildungsverständnisses: Die wichtigste theologische Prämisse des Erziehungs- und Bildungsverständnisses evangelischer Schulen ist die Gottebenbildlichkeit des Menschen, wobei die Geschöpflichkeit, der Gottesbezug und die soteriologisch-eschatologische Vollendung in Christus eingeschlossen sind. Die schöpfungstheologisch entfaltete Bestimmung des Menschen wird christologisch – in Jesus Christus als Ebenbild Gottes und als Bild des wahren Menschen – konkretisiert und soteriologisch-eschatologisch – als Vollendung in Christus – realisiert. Die Rechtfertigung des Menschen durch Jesus Christus eröffnet dem Menschen einen Verwirklichungsraum, um seine Bestimmung wahrzunehmen und ihr nachzugehen. Diesen Prozess zu verwirklichen macht die Erziehung und Bildung zu einer lebensbegleitenden Notwendigkeit.

Aus diesen Prämissen werden grundlegende pädagogische Prinzipien abgeleitet. Dabei handelt es sich beispielsweise um die Unverfügbarkeit menschlicher Existenz, die Bildsamkeit und Bildungsbedürftigkeit des Menschen, die unantastbare Würde der Person, die Bestimmung des Menschen zur Freiheit und der Auftrag sowie die Verantwortung des Menschen in der Welt, die Begrenztheit menschlicher Existenz und die Unverfügbarkeit des Ziels des Daseins. Diese theologisch definierten Prämissen bilden laut einer Reihe von Schulprogrammen die Rahmenbedingungen, die den Ursprung und die Zielperspektiven des menschlichen Lebens aus christlich-protestantischer Sicht bestimmen[668].

---

665 Győr 9, Aszód 4, Orosháza 3, Budapest-Sztehlo 9, Mezőberény 13, Szarvas-Vajda 4, Nyíregyháza-Túróczy 10, Pápa 12, Marcaltő 9.
666 z.B. Budapest-Fasor 4, 23, Budapest-Deák-tér 10–11, Mezőberény 19, Marcaltő 7.
667 Kiskőrös 13.
668 Siehe Kapitel 7.

Der Begründungszusammenhang hört in den Schulprogrammen nicht immer bei der schöpfungstheologisch, christologisch und eschatologisch bestimmten Ermöglichungsbasis und den Zielperspektiven von Erziehung und Bildung auf. In einer Reihe von Texten werden pädagogische Prinzipien und Einstellungen unmittelbar aus der »Grundlage der Bibel« abgeleitet und von daher begründet[669].

> »Die Grundprinzipien der christlichen Erziehung und Bildung auf der Grundlage der Bibel sind die Folgenden: die Verantwortung der Eltern für ihre Kinder, die unantastbare Würde des Menschen als höchster Wert, die Bildungsbedürftigkeit des Menschen, die motivierende Kraft der Liebe, die Notwendigkeit des Erlernens von Lesen und Schreiben, der Einklang jeder Wahrheit in Gott.«[670]

Inwieweit die evangelischen Schulen in ihrem Erziehungs- und Bildungsverständnis bezüglich des Verhältnisses von Pädagogik und Theologie einem Dominanz- bzw. einem Konvergenzmodell[671] folgen, ist unterschiedlich. Innerhalb der einzelnen Schulprogramme ist auch nicht immer eine einheitliche Linie erkennbar. Einige Programme verwenden theologische Begründungen unmittelbar bei ihren pädagogischen Maximen und Handlungsperspektiven[672]. Eine zweite Gruppe markiert theologisch bestimmte Sinnzusammenhänge und weist darauf hin, dass diese Sinnhorizonte auf die pädagogische Theorie und Praxis einwirken[673]. Eine dritte Gruppe von Texten geht eher sparsam mit theologischen Grundlegungen und Rückkoppelungen um und nimmt überwiegend pädagogische Erziehungs- und Bildungskonzepte sowie die konkrete pädagogische Wirklichkeit in den Blick[674]. Die theologische – in manchen Fällen teilweise fragliche – Begründung bzw. Parallelisierung pädagogischer Grundansichten ist jedenfalls ein Merkmal der einschlägigen kirchlichen Orientierungsdokumente[675]. Das hat sich in den Formulierungen mehrerer Schulprogramme niedergeschlagen.

> »Martin Luther hat gesagt: »Ein Christenmensch ist ein freier Herr über alle Dinge und niemand untertan. Ein Christenmensch ist ein dienstbarer Knecht aller Dinge und jedermann untertan.« Die in der Praxis der Erziehungs- und Bildungsarbeit vertretene christliche Freiheit ist daher immer verantwortlich und engagiert.«[676]

669　z.B. Sopron-Líceum 5, Aszód 14, Miskolc 5, Mezőberény 22–23, Alberti 7–8.
670　Győr 12.
671　Wegenast 1978, 226–232, Lämmermann ²1998, 77–91, Rothgangel 2014, 36–40.
672　z.B. Győr 12, Orosháza 3, 4, 5–7, 10, 13, 16, 20, 24, 48, Kiskőrös 13, 14, 35, 40.
673　z.B. Sopron-Líceum 5, Sopron-Eötvös 12, Mezőberény 14, Sopron-Hunyadi 8–9.
674　Budapest-Fasor, Bonyhád, Békéscsaba, Miskolc, Soltvadkert.
675　Siehe Kapitel 4.2.
676　Nyíregyháza-Kossuth 9, Békéscsaba 21, Orosháza 6, Mezőberény 20, Nyíregyháza-Túróczy 7, Szarvas-Benka 17. Wortwörtliches Zitat aus der Erziehungs- und Bildungsstrategie der Erziehungs- und Bildungsabteilung der Evangelisch-Lutherischen Kirche in Ungarn vom 2014.

Weitere Textpassagen verzichten auf deduktive Ableitungen und legen Zusammenhänge und Anknüpfungspunkte offen, die theologische und pädagogische Perspektiven aufeinander beziehen[677]. So wird beispielsweise eine freundliche Schulgemeinschaft mit einem achtsamen, wertschätzenden und respektvollen Umgang miteinander und die geschwisterliche Gemeinschaft der Menschen in Gott als Schöpfer und in Christus als Erlöser der Menschen in Beziehung gesetzt[678]. Der wertschätzende und achtsame Umgang miteinander wird auch in Bezug auf die Bewertung der Schülerleistungen mit dem gemeinsamen Sündersein und dem Angewiesensein der SchülerInnen und LehrerInnen auf Gottes Vergebung in Verbindung gebracht[679].

»Das christliche Menschenbild hat Auswirkungen auf die Bewertung von Schülerleistungen. Wir erwarten von den Kindern den Respekt und die Wertschätzung, aber die Lehrenden sollen die Kinder ebenso respektieren und wertschätzen. Das kann jede humanistische Schule ebenso praktizieren. In einer christlichen Schule besteht die Grundlage des gegenseitigen Respekts und der Wertschätzung aber in Folgendem: Wir haben einen gemeinsamen Vater, den schöpferischen Gott. Wir sind alle durch Jesus Christus erlöst, wir sind einander Geschwister. Wir können Fehler machen, die Erwachsenen ebenso wie die Kinder. Wir können aber Vergebung erhalten und wir können einander vergeben. So sehen wir die Grundlage einer konsequenten, aber immer liebevollen und vorwärtsweisenden Leistungsbewertung.«[680]

Für ihr Erziehungs- und Bildungsverständnis wählen manche Schulprogramme solche Leitkategorien aus, denen sowohl eine theologische als auch eine pädagogische Relevanz beigemessen wird. Eine solche Leitkategorie – die sowohl über eine christlich-theologische Verankerung verfügt als auch eine allgemeingültige Akzeptanz hat – soll die Verbindung zwischen der theologischen und der pädagogischen Dimension gewährleisten. In diesem Sinne werden z.B. die christlichen Werte[681] oder die Nächstenliebe[682] als leitende Grundlagen von Erziehungs- und Bildungskonzepten bzw. -prozessen deklariert.

»In unserer Schule, die ein weltanschaulich ausgerichtetes kirchliches Gymnasium ist, basiert die Erziehungs- und Bildungsarbeit auf den christlichen Werten. Für uns bedeutet das christliche Wertesystem die Grundlage der universalen menschlichen Werte.«[683]

(3) Pädagogische Leitgedanken des Erziehungs- und Bildungsverständnisses mit implizit religiösem Charakter: In jedem Schulprogramm sind pädagogische

677 z.B. Nyíregyháza-Kossuth 8, Győr 90, Budapest-Sztehlo 32, Nyíregyháza-Túróczy 7.
678 z.B. Budapest-Deák-tér 9, Aszód 14, Mezőberény 15, Szarvas-Vajda 20.
679 Győr 41, Orosháza 48.
680 Orosháza 48.
681 z.B. Budapest-Fasor 5, Bonyhád 6, 18, Nyíregyháza-Kossuth 9, Szarvas-Vajda 3.
682 z.B. Bonyhád 18, Győr 9, Aszód 15, Orosháza 10, Mezőberény 34, Pápa 12.
683 Budapest-Fasor 4.

Überlegungen, Einstellungen, grundlegende Leitlinien und Handlungsperspektiven zu finden, die den schulischen Alltag leiten und orientieren sollen. Diese haben oft einen religiösen Charakter, der aber nicht bewusst als religiös wahrgenommen wird. Vielmehr ist diese religiöse Dimension meistens in Form von christlich motivierten bzw. begründeten pädagogischen Einstellungen und Handlungen vorhanden. Die Analyse dieser Textpassagen hat fünf pädagogische Leitgedanken erhoben, die für das Erziehungs- und Bildungshandeln der evangelischen Schulen maßstäbliche Orientierung bieten sollen[684].

- Wertschätzung und unbedingte Annahme der Person[685]: Die Würde des Menschen ist unabhängig von seinen Leistungen, von seinem Bildungsstand, von seiner gesellschaftlichen und sozialen Lage usw. In den evangelischen Schulen wird ein wertschätzender und annehmender Umgang mit Anderen erwartet, der zwischen den SchülerInnen, LehrerInnen und Eltern, unter den Lehrenden, zwischen der Schulleitung und der Lehrerschaft praktiziert wird. Dieser menschenfreundliche Umgang miteinander soll die Unterrichtsprozesse, das Schulklima und das gesamte Erziehungs- und Bildungshandeln sowie die Organisationskultur der Schule durchdringen. Eine besondere Rolle spielt dieses Grundprinzip im Bereich von Fehlerkultur, von Scheitern und Neuanfang, von Leistungsverständnis und schulischer Leistungsbeurteilungskultur sowie von Konfliktverhalten.

>»Unsere mündliche Beurteilung ist nicht leistungsorientiert. Sie verzichtet nicht auf die traditionelle Leistungsbeurteilung, doch betrachtet sie weitere Aspekte wie die Beziehungsfähigkeit, die Entwicklung der Selbsterkenntnis, die sozialen Kompetenzen als gleichgestellt mit der intellektuellen Leistung. (…) Wir sollen keine Verurteilung aussprechen (besonders nicht bezüglich der ganzen Person). (…) Wir sollen so viel als möglich positive Rückmeldungen geben!«[686]

- *Subjektorientierung*[687]: Jeder Mensch ist einzigartig, unverwechselbar und unwiederholbar, mit eigenen Fähigkeiten und Charaktermerkmalen, mit eigenen Stärken und Schwächen, mit eigenen Erfahrungen und Lebensumfeldern. Im Mittelpunkt der Erziehung und des Bildungshandelns steht das einzelne Subjekt mit seinen Bedürfnissen, Interessen, Eigenschaften, Potentialen und Lebenskontexten. Erziehung und Bildung zielen auf die individuelle Förderung und Forderung jedes Einzelnen, wobei die ganzheitliche Sicht und die Sozialität des Menschen mit zu berücksichtigen ist. Erziehung und Bildung soll den Einzelnen bei der Entwicklung seiner Persönlichkeit unter-

---

684 Weitere Ausführungen zu diesen Leitgedanken siehe im Kapitel 11.4.
685 z.B. Nyíregyháza-Kossuth 9, Győr 3, Békéscsaba 23, Aszód 28, Mezőberény 20, Pápa 27.
686 Soltvadkert 174.
687 z.B. Budapest-Fasor 4, Bonyhád 18, Sopron-Eötvös 28, Alberti 32, Szombathely 22.

stützen. In diesem Prozess sind die Potentiale, aber auch die Grenzen der jeweiligen Person wahrzunehmen und einzubeziehen.

»Unser Grundprinzip: Qualitätsvolle und konsequente Erziehung und Bildung entsprechend den individuellen Fähigkeiten der SchülerInnen. Wir möchten die uns anvertrauten Kinder mit einem auf die Person gerichteten, liebevollen Umgang, mit Konsequenz, mit Geduld, mit Authentizität und mit dem Beispiel des liebevollen Umgangs zwischen den PädagogInnen und in einer kooperativen Zusammenarbeit mit den Familien erziehen und heranbilden.«[688]

– *Bildungsgerechtigkeit und diakonische Ausrichtung*[689]: Die evangelischen Schulen setzen sich für eine Erziehung und Bildung ein, die jedem zuteil werden soll, unabhängig von seiner ethnischen Herkunft und sozialökonomischen Lage. Ein angemessenes und diskriminierungsfreies Bildungsangebot soll die SchülerInnen dazu befähigen, ein selbstbestimmtes Leben zu führen unter Teilnahme am sozialen, politischen, ökonomischen und kulturellen Leben der Gesellschaft. Der Zugang zu höherer Bildung soll für alle offen sein und ermöglicht werden, die über die entsprechende Leistungsfähigkeit und Einsatzbereitschaft verfügen. Die Schule soll faire und angemessene Bedingungen zum Lernen herstellen und dabei die benachteiligten Gruppen und Personen besonders beachten. Eine Reihe von evangelischen Schulen beruft sich auf den Leitgedanken der Inklusion, der aber unterschiedlich interpretiert und praktiziert wird[690]. Jede Art von Diskriminierung und Benachteiligung in Erziehungs- und Bildungsprozessen wird untersagt.

»Wir tun alles dafür, dass in den Erziehungs- und Bildungsprozessen kein einziges Kind Benachteiligung wegen seiner Nationalität, seines Geschlechtes oder seiner sozialen Lage erfahren soll.«[691]

– *Qualitäts- und Professionalitätsanspruch*[692]: Die evangelischen Schulen legen Wert darauf, ihre Tätigkeit qualitätsvoll und professionell auszuüben. Dieser Anspruch beschränkt sich nicht nur auf die Qualität des Unterrichts, sondern auch auf die gesamte institutionelle, organisatorische und pädagogische Ebene der Schule. Die Schule als Institution, als Organisation, als Lebensraum sowie alle Lehrenden der Schule sind herausgefordert, sich den gesellschaft-

---

688 Győr 9, Aszód 15, Orosháza 8, Budapest-Sztehlo 33, Mezőberény 15, Szarvas-Vajda 20–21, Nyíregyháza-Túróczy 9, Szarvas-Benka 14, Pápa 12.
689 Ausführliche Vorstellung dieses Leitgedankens siehe im Kapitel 11.4.2.
690 z.B. Sopron-Eötvös 16, Kőszeg 19, Budapest-Sztehlo 2. Siehe Kapitel 11.4.2.
691 Nyíregyháza-Kossuth 9, Békéscsaba 21, Orosháza 6, Kiskőrös 13, Mezőberény 20, Alberti 33, Nyíregyháza-Túróczy 7, Szarvas-Benka 17, Budapest-Podmaniczky 53.
692 z.B. Bonyhád 30, Sopron-Eötvös 21, Orosháza 6, Kőszeg 19, Kiskőrös 28, Pápa 11.

lichen Veränderungen sowie neuen pädagogischen, organisationstheoretischen und fachbezogenen Erkenntnissen zu stellen und sich in Anbetracht dessen weiterzuentwickeln und fortzubilden.

»Das Lehrerkollegium weiß sich besonders den folgenden drei Grundprinzipien verpflichtet:
- qualitätsvolle Erziehungs- und Bildungsarbeit auf der Grundlage der jahrhundertelangen Tradition der evangelischen Erziehungs- und Bildungsarbeit;
- konstruktive Zusammenarbeit mit den Eltern in allen Bereichen von Erziehung und Bildung;
- Begünstigung bedürftiger SchülerInnen bei gleichzeitiger Anwendung der Maxime der Bildungsgerechtigkeit.«[693]

Welche einzelnen Qualitätsdimensionen und Kriterien für die evangelischen Schulen in Ungarn leitend sind, wird in den Schulprogrammen nicht systematisch entfaltet. Besonders hervorgehoben werden aber die Persönlichkeit und die berufliche Professionalität der Lehrenden[694]. Auf Evaluations- und Unterstützungssysteme für die Entwicklung und Sicherung schulischer und unterrichtlicher Qualität wird in einigen Schulprogrammen kurz hingewiesen[695].

- *Bildender Charakter der (Schul-)Gemeinschaft*[696]: Die Gemeinschaft und deren bestimmende Werte, wie das soziale Miteinander und die zwischenmenschlichen Beziehungen, haben große Bedeutung und gelten als wichtige Erziehungs- und Bildungsfaktoren. Dementsprechend wird ein menschenfreundliches und solidarisches Schul- und Klassenklima angestrebt. Die Kultur der Schule soll dadurch deutlich geprägt werden. Die (Schul-)Gemeinschaft bietet soziale Einbindungen, die die Persönlichkeitsbildung durch Erfahrungen und Erkenntnisse von Gemeinsamkeiten, Differenzen und Abgrenzungen sowie das Erleben von Zuwendung, Solidarität, Gebrauchtwerden und Respekt ermöglichen. Die Schulgemeinschaft liefert weiterhin Kriterien zur Beurteilung von Werten sowie Beispiele und Motivationen für die Lebensorientierung.

»Eine grundlegende Aufgabe der Erziehungs- und Bildungsarbeit unserer Schule ist die Organisation und Steuerung der Erziehung und Bildung in der Gemeinschaft und durch die Gemeinschaft. Die Schulklassen und das Schülerheim sind wichtige »Schauplätze« der Verwirklichung der Aufgaben der Persönlichkeits- und Gemeinschaftsentwicklung. Es ist wichtig, die Heranbildung des besonderen Profils und der

---

693 Győr 9.
694 z.B. Békéscsaba 52–53, Győr 20, Alberti 13, Budapest-Podmaniczky 18.
695 z.B. Győr 42, Budapest-Sztehlo 82, Kiskőrös 199, Szarvas-Vajda 47.
696 z.B. Sopron-Líceum 10, Bonyhád 6, Győr 3, Orosháza 16, Kiskőrös 38, Alberti 72.

Traditionen der (Schul-)Gemeinschaft, d. h. die Heranbildung und Pflege der Werte, Verhaltensnormen, formellen Rahmenbedingungen und der Tätigkeiten, die die Merkmale der Schulgemeinschaft ausmachen sowie deren Zusammengehörigkeit zu stärken.«[697]

Ebenso zählen das sachliche Umfeld, die Räumlichkeiten und die äußere Gestaltung der Schule zu den Faktoren, die auf die Schulgemeinschaft und auf die Erziehungs- und Bildungsprozesse einwirken[698].

Diese fünf Leitgedanken sind in allen Schulprogrammen zu finden. Sie sind miteinander verflochten und bieten Anschlussmöglichkeiten für theologische Überlegungen sowie christlich-religiöse Sinnhorizonte und Lebenseinstellungen.

(4) Religiöse Erziehung und Bildung als unverzichtbare Erziehungs- und Bildungsdimension[699]: Die Begegnung mit dem Evangelium und der kirchlichen Tradition sowie die Auseinandersetzung mit deren Herausforderungen für die Gegenwart gehören als unverzichtbare Dimension zu den Erziehungs- und Bildungsaufgaben sowie zum Gesamt der Erziehungs- und Bildungsprozesse der evangelisch-lutherischen Schulen in Ungarn[700]. Der christliche Glaube wirkt mit seinem speziellen Wirklichkeitsverständnis auf die Erziehungs- und Bildungsprozesse ein. Bildung und Glaube stehen aus protestantischer Sicht miteinander in einem untrennbaren Zusammenhang. Sie befruchten sich wechselseitig und interpretieren bzw. moderieren einander gegenseitig.

> »Die Schule möchte zur Wissenschaft, zur Gemeinschaft des Wissens im christlichen Glauben erziehen, weil sie aus menschlicher Sicht darin die Möglichkeit der Gerechtigkeit, des Friedens und des Glücks sieht. Ein Glaube, der die Wissenschaft nicht wahrnimmt, verliert seine Universalität. Eine Wissenschaft, die sich vom Glauben loslöst, wird leicht Selbstzweck und Mittel von Machtgier und Ungerechtigkeit.«[701]

Die religiöse Erziehung und Bildung wird als Ermöglichung von und Hinführung zu Erfahrungen mit dem eigenen Glauben als einer sinnstiftenden Lebensgrundlage und Lebenspraxis sowie als eine kritisch-reflexive Beschäftigung mit Religion und menschlicher Religiosität als einem Wirklichkeitsverständnis verstanden.

> »Die Eltern und die Paten legen bei der Taufe des Kindes das Versprechen ab, dass sie das Kind so erziehen und erziehen lassen, dass es, »wenn es heranwächst, selbst und

---

697 Aszód 22.

698 z.B. Sopron-Líceum 10, Marcaltő 35.

699 Siehe Kapitel 11, besonders das Kapitel 11.1 »Subkategorie: Religionsunterricht«, das Kapitel 11.2 »Subkategorie: Religion als Dimension beim Unterricht anderer Fächer sowie bei Wissens- und Fächerkulturen« sowie Kapitel 11.3 »Subkategorie: Das religiöse Schulleben«.

700 z.B. Budapest-Deák-tér 10, Győr 9, Miskolc 8, Sopron-Hunyadi 8, Szombathely 3.

701 Sopron-Líceum 7, Aszód 17, Budapest-Sztehlo 40, Szarvas-Vajda 25, Szarvas-Benka 24.

freiwillig seinen Glauben vor der Gemeinde bestätigt«. Die Schule in kirchlicher Trägerschaft bietet eine gute Gelegenheit, die Berufung der Kirche und das Taufversprechen von Eltern und Paten zu erfüllen.«[702]

Die religiöse Erziehung und Bildung als unverzichtbare Dimension von Erziehung und Bildung ist in den evangelischen Schulen nicht zu trennen von der ethischen Erziehung und Bildung, da die Werte von ihren Begründungen und Beweggründen her verstanden und erschlossen werden. Diese sind in christliche Sinnzusammenhänge eingebunden[703].

　(5) Lebensförderliche Erziehung und Bildung in der Balance von zeitbedingten Herausforderungen, erfahrenen Traditionen und zukünftigen Visionen[704]: Es gehört zur Verantwortung jeder einzelnen Schule, die Balance zu finden: zwischen einem zeitgemäßen Erziehungs- und Bildungsangebot, das sich nicht den Erwartungen des Zeitgeistes unterwirft, sondern dem evangelischen Verständnis von Erziehung und Bildung sowie von Schule gerecht wird. Die Schulprogramme betonen, dass evangelische Schulen in Ungarn ihrer Tradition nach weniger die aktuell herrschenden gesellschaftlichen, bildungspolitischen und pädagogischen Situationen »bedienen«, sondern eher Quelle und Initiatoren zukünftiger Entwicklungen bzw. die Bewahrer lebensförderlicher und bewährter Traditionen sind[705].

Die Tradition der Innovation gehört ebenso zum Selbstverständnis evangelischer Schulen in Ungarn wie die Tradition der Bewahrung. Beide Dimensionen sind Bestandteil ihres Erziehungs- und Bildungsverständnisses. Für jede Erhaltung und Innovation gilt die Maxime, dass sie im Dienst des Lebens stehen. Erziehung und Bildung sollen das Leben fördern und entfalten: das Leben des Einzelnen, der Gemeinschaft, der Gesellschaft und der gesamten Schöpfung.

> »Neben der wichtigen kognitiven Bildung legen wir Wert auf die Erziehung zum Familienleben, auf die konstruktive Konfliktlösung, auf die Pflege von menschlichen Beziehungen, auf die Bestärkung von individueller Berufung, auf die Entwicklung von sozialer Sensibilität und auf die Bewahrung der Welt als Schöpfung.«[706]

702　Aszód 4, Budapest-Sztehlo 8, Szarvas-Vajda 3.
703　Siehe Kapitel 8.4 »Werteorientierte Schule – Der ethisch mündige Mensch«.
704　z.B. Nyíregyháza-Kossuth 5, Orosháza 3, Kőszeg 126, Budapest-Sztehlo 78.
705　z.B. Sopron-Líceum 3–4, Budapest-Deák-tér 4–6, Bonyhád 9–10, Kőszeg 9–10.
706　Budapest-Fasor 4, Nyíregyháza-Kossuth 9, Békéscsaba 22, Orosháza 6, Kiskőrös 14, Mezőberény 21, Alberti 66, Nyíregyháza-Túróczy 8, Szarvas-Benka 17.

10.2 Erziehung und Bildung im Sinne des »Nationalen Grundlehrplans« von 2012

Das Erziehungs- und Bildungsverständnis des ungarischen Grundlehrplans von 2012 hat Einfluss auf das Erziehungs- und Bildungsverständnis, welches in den Schulprogrammen der evangelisch-lutherischen Schulen zu finden ist. Die Schulprogramme zitieren entweder wortwörtlich oder in zusammengefasster Form einschlägige Passagen aus dem Nationalen Grundlehrplan. Teilweise wird in den Textpassagen lediglich darauf hingewiesen. Im folgenden Abschnitt wird nach dem Erziehungs- und Bildungsverständnis des ungarischen Grundlehrplans gefragt, insofern sich dieses in den Schulprogrammen niederschlägt.

(1) Curriculare Bestimmung der Bildungsinhalte: Die Schulprogramme verweisen in Anknüpfung an den Nationalen Bildungsplan auf gewisse »nationale« und »allgemeine« Grundkenntnisse, die die gemeinsame Basis für die Verständigung, für den gegenseitigen Respekt, für den Dialog der Generationen und für die Integration in die Gesellschaft bilden[707].

> »Dazu, dass die BürgerInnen eines Landes einander verstehen, ist das Vorhandensein einer gemeinsamen Kenntnis der Kultur notwendig, welches Wissen von allen erwachsenen BürgerInnen vorausgesetzt werden kann.«[708]

Die Bildungsinhalte werden in zehn »Bildungsbereichen« näher thematisiert. Sie werden auch als gemeinsame Werte verstanden: Ungarische Sprache und Literatur, Fremdsprachen, Mathematik, Mensch und Gesellschaft, Mensch und Natur, Unsere Erde und Umwelt, Künste, Informatik, Lebensführung und -praxis, Turnen und Sport. Die Erziehungs- und Bildungsprozesse haben die Aufgabe der Vermittlung und Aneignung dieser »nationalen und allgemeinen Grundkenntnisse«[709].

> »Der Nationale Bildungsplan definiert die öffentliche Erziehung und Bildung [nevelés] als Vermittlung und Bewahrung der nationalen Grundkenntnisse und der Kultur der heimischen Minderheiten, als Vermittlung und Aneignung der Allgemeinkultur und als Vertiefung des moralischen Sinnes sowie der geistig-affektiven Aufgeschlossenheit.«[710]

Wissen wird dabei als Bedingung und Voraussetzung von Bildung gesehen. Bildung wird damit im Sinne einer materialen Bildung auch an ein bestimmtes Wissen gekoppelt. Die Rahmenlehrpläne bestimmen ganz genau die Inhalte, welche die verbindlichen Gegenstände des Unterrichts sind. Nur 10 % des je-

---

707 z.B. Aszód 18, Kőszeg 93, Budapest-Sztehlo 51, Kiskőrös 38–39, Szarvas-Vajda 24.
708 Sopron-Eötvös 7. Wortwörtliches Zitat aus dem Nationalen Bildungsplan vom 2012.
709 z.B. Békéscsaba 143, Aszód 67, Orosháza 9, Szarvas-Vajda 20, Budapest-Sztehlo 32, Alberti 7.
710 Sopron-Eötvös 7, Kőszeg 18, 87, Alberti 7. Wortwörtliches Zitat aus dem Grundlehrplan vom 2012.

weiligen Fachunterrichts können die Schulen für ihre Schulklassen selbst bestimmen. Die Schulen sollen in ihren Schulprogrammen bzw. lokalen Lehrplänen genau angeben, welche Rahmenlehrpläne sie in ihren Schulklassen verwenden und wofür sie den freien Unterrichtsanteil, der pro Schulfach 10 % umfasst, benutzen[711]. Dieser zentral festgelegte und eng umrissene Bildungskanon ist im Kreis von ungarischen Lehrpersonen, Bildungsexperten und in weiten Teilen der (Zivil-)Gesellschaft umstritten. Dagegen wurde seit dem Inkrafttreten der Rahmenlehrpläne in vielfacher Weise protestiert[712].

(2) An Inhalten orientierte Fähigkeitsentwicklung: Die Kenntnisse, die durch die obligatorisch vorgeschriebenen Inhalte festgelegt sind, werden dabei nicht als Wissen an sich verstanden, sondern als ein erworbenes, verarbeitetes und anwendungsfähiges Wissen gesehen. Das Wissen wird durch das Subjekt – mit seinem Faktenwissen, mit seinem Urteils- und Entscheidungsvermögen, mit seiner Kreativität, Erfahrung, Handlungsfähigkeit, mit seinem Können – individuell aufgenommen. Der Wissenserwerb und die Entwicklung von Fähigkeiten – Kompetenzen – stehen in einem unmittelbaren Zusammenhang und in gegenseitiger Wechselwirkung zueinander. In einer Reihe von Textpassagen wird die erwünschte Verbindung zwischen Wissen und dessen Anwendung betont. Die Bildungsprozesse werden dabei als an Inhalten orientierte, »in Kenntnisse eingebettete Fähigkeitsentwicklung«[713] definiert. In weiteren Textpassagen wird noch zusätzlich die ethische Urteils- und Entscheidungsfähigkeit als ein regulativer Faktor anwendungsfähigen Wissens angeführt[714].

> »Es soll solches Wissen ausgebildet werden, das die SchülerInnen auch in neuen Situationen anwenden können – mit der Übersicht der vielfältigen Variationen und mit deren Beurteilung.«[715]

(3) Normative Werteorientierung und Wertebezogenheit: Die Schulprogramme spiegeln die Werteorientierung des Nationalen Bildungsplanes wider, der sich auf humanistische, universelle Gültigkeit beanspruchende Normen und Werte bezieht[716].

---

711 z.B. Bonyhád 63, Nyíregyháza-Kossuth 36, Nyíregyháza-Túróczy 41.
712 z.B. Nahalka 2014. Als Auswirkung der Proteste wurden mit dem Schuljahr 2016/2017 »flexibele Lehrpläne« eingeführt, die weniger Lehrstoff und herabgesetzte Anforderungen beinhalten als die »traditionellen Lehrpläne«. Dafür soll mehr Zeit für Kompetenzentwicklung, für Wiederholungen und Übungen bleiben. Die Lehrenden können selbst bestimmen, welche Lehrpläne sie in ihren jeweiligen Lehrgruppen verwenden.
713 z.B. Orosháza 46, Kiskőrös 45–46, Szarvas-Vajda 24, 29, 52, Soltvadkert 18–19.
714 z.B. Aszód 4, Békéscsaba 143, Sopron-Eötvös 5–6, Miskolc 10, Kőszeg 18, Kiskőrös 39.
715 Budapest-Fasor 44, Kőszeg 89, Mezőberény 87, Szarvas-Benka 85, Pápa 86, Budapest-Podmaniczky 89. Wortwörtliches Zitat aus dem Grundlehrplan vom 2012.
716 z.B. Békéscsaba 35, Budapest-Sztehlo 48–49, Szarvas-Vajda 25, Alberti 8, Szombathely 6.

> »Das Ziel der öffentlichen Erziehungs- und Bildungsarbeit besteht darin, dass sie – in Zusammenarbeit mit der Familie – zum aktiven Engagement für die Wahrheit und Gerechtigkeit, für das Gute und Schöne erzieht.«[717]

Das Werteverständnis der gesetzlichen Dokumente ist aber in sich widersprüchlich. Es dominiert zwar die normative Werteorientierung, die sich bestimmten universellen Werten und Normen verpflichtet weiß – hinsichtlich ihrer Vermittlung sowie im Blick auf das konkrete Handeln. In einigen Textpassagen findet man aber auch die Sichtweise des Werterelativismus[718].

> »Es wird [den SchülerInnen] bewusst, dass die Menschen unterschiedliche Werte und Meinungen vertreten und ein Teil der Werte und Normen ist relativ.«[719]

(4) Entwicklungsbereiche als gemeinsame Werte: Die gemeinsamen, verbindenden Werte werden im Nationalen Bildungsplan in zwölf »Entwicklungsbereichen« zusammengefasst, die auch als »Erziehungsziele« bezeichnet werden. Die Mehrheit der Schulprogramme übernimmt – wortwörtlich oder mit einigen kleinen Änderungen – die Formulierungen des Nationalen Bildungsplanes zu diesen Entwicklungsbereichen[720]. Die »Entwicklungsbereiche/ Erziehungsziele« sind: Ethische Erziehung und Bildung [nevelés], Nationales Selbstbewusstsein – patriotische Erziehung und Bildung [nevelés], staatsbürgerliche und demokratische Erziehung und Bildung [nevelés], Erziehung [nevelés] zum Leben in der Familie, Erziehung und Bildung [nevelés] zur körperlichen und seelischen Gesundheit, Verantwortung für Andere – Freiwilligkeit, Nachhaltigkeit – Umweltbewusstsein, Berufsorientierung, wirtschaftliche und finanzielle Bildung [nevelés], Bildung [nevelés] zu Medienbewusstsein, das Lehren des Lernens.

> »Erziehung zum Leben in der Familie: (…) Die Veränderungen in der näheren sowie der ferneren Umwelt, die Transformationen in Wertesystemen, die vorhandenen Störungen in einem bestimmten Anteil der Familien machen es notwendig, die Erziehung zum Leben in der Familie in die öffentliche Erziehung und Bildung hineinzuheben. Daher ist die Vermittlung von harmonischen familiären Beispielen sowie die Wertschätzung von familiären Gemeinschaften eine hervorgehobene Aufgabe der öffentlichen Bildungseinrichtungen.«[721]

---

717 Sopron-Eötvös 6, Miskolc 10, Kőszeg 18, Pápa 16. Wortwörtliches Zitat aus dem Grundlehrplan vom 2012.
718 z.B. Győr 69, Békéscsaba 144, Kiskőrös 256, Mezőberény 83.
719 Győr 97, Békéscsaba 132–133, Budapest-Sztehlo 151. Wortwörtliches Zitat aus dem Rahmenlehrplan vom 2012.
720 z.B. Bonyhád, 73–77, Békéscsaba 127–130, Sopron-Eötvös 7–12, Orosháza 44–46, Budapest-Sztehlo 151–171, Kiskőrös 256–263.
721 Budapest-Fasor 42, Győr 72, Aszód 20, Miskolc 11, Kőszeg 88, Mezőberény 84, Szarvas-Benka 84, Pápa 77. Wortwörtliches Zitat aus dem Grundlehrplan vom 2012.

(5) Primat der Erziehung: Die bisherigen Ausführungen lassen deutlich erkennen, dass die Erziehung eine entscheidende, orientierende und richtungsweisende Rolle in den Erziehungs- und Bildungsprozessen spielt[722]. Die vom Nationalen Bildungsplan bestimmten Erziehungsziele »bauen sich in die einzelnen Bildungsbereiche bzw. in die Themen und Anforderungen der einzelnen Unterrichtsfächer ein«, »thematisieren die Inhalte der Klassenvorstandstunden« und »geben Situationen und Themen vor für die außerunterrichtlichen und außerschulischen Programme und Erziehungs- und Bildungsprozesse der Schule«[723].

> »Neben der Anerkennung der Individualität und der Einzigartigkeit des Individuums möchten wir nicht nur bloß unterrichten [oktatás], sondern auch erziehen [nevelés]. Mit Hinweis auf die klassischen Werte möchten wir eine klare Orientierung vorzeigen.«[724]

(6) Spannungsfeld Tradition versus Zeitgemäßheit: Jeder Erziehungs- und Bildungsprozess stellt sich die Frage, woran er sich orientiert, wovon er sich leiten lässt. Die Textpassagen, die auf den Nationalen Bildungsplan zurückgreifen, streben eine gewisse Balance zwischen dem bewährten und zeitbeständigen Vorhandenen sowie neuen, zeitgemäßen Fortentwicklungen an[725]. Sowohl die Aneignung von bewährten Traditionen als auch das Prinzip der Zeitgemäßheit werden bejaht und angestrebt.

> »Die Absicht des Nationalen Bildungsplans besteht darin, dass er alle LehrerInnen und SchülerInnen zur Leistungssteigerung antreibt, dass das erworbene Wissen wertebeständig sei und den Anforderungen der Gegenwart zu entsprechen vermöge. Daher strebt er [=der Nationale Bildungsplan] nach einem Gleichgewicht zwischen den wertetragenden Traditionen der Kultur und des Wissens und den neuen Entwicklungszielen und Inhalten.«[726]

Die gewünschte »Zeitgemäßheit« lässt sich aus den bildungspolitischen Gesetzestexten als den Herausforderungen und Anforderungen der Gegenwart angemessen verstehen. Sie bedeutet eher eine Angleichung an die bestehenden gesellschaftlichen, politischen und ökonomischen Vorstellungen und Interessen

---

722 In dieser Passage ist die Besonderheit der ungarischen Begrifflichkeit zu beachten (siehe im Abschnitt 3.4.1). Erziehung bedeutet im Ungarischen einerseits den Prozess, in dem Kinder und Jugendlichen der Kultur einer Gesellschaft eingegliedert werden, andererseits bezeichnet sie im umfassenden Sinne die Theorie und Praxis des gesamten pädagogischen Handelns (so wie der Begriff »education« im Englischen). Wenn wir Erziehung in diesem umfassenden Sinne verstehen, ist diese Aussage der Analyse eine Trivialität. Der Primat der Erziehung gegenüber Bildung (im Ungarischen steht hier oktatás – Unterricht) betont den wertebezogenen Charakter des Erziehungs- und Bildungsverständnisses.
723 z.B. Sopron-Eötvös 7, Miskolc 11, Kiskőrös 38, 40, Mezőberény 16, 24, 82, Alberti 7.
724 Békéscsaba 35.
725 z.B. Nyíregyháza-Kossuth 10, Bonyhád 10, Oroshazá 9, Miskolc 11, Mezőberény 82.
726 Sopron-Eötvös 7. Wortwörtliches Zitat aus dem Grundlehrplan vom 2012.

– dazu passt auch die Zielvorstellung: »seinen Platz finden« – als eine kritische und offene Auseinandersetzung mit der Welt sowie mit vorhandenen und neuen Themen und Problemen. Zwar sprechen einige Textpassagen über die erwünschte kritische Dimension von Bildung, eine gesellschafts- und systemkritische Bildungsvorstellung ist aber nicht im Blickfeld. Nur ansatzweise finden sich Passagen wie die folgende:

> »Die Grundlage des demokratischen Rechtsstaates und des auf der Rechtsstaatlichkeit basierenden öffentlichen Lebens ist die Mitbeteiligung der StaatsbürgerInnen. Sie steigert den nationalen Zusammenhalt und die nationale Kohäsion steigert und bringt die individuellen Ziele und das Gemeinwohl in Einklang. (…) Die Teilnahme im öffentlichen Leben verlangt die Entwicklung des kreativen und kritischen Denkens, der Fähigkeit zur Analyse sowie der Streitkultur.«[727]

(7) Spannungsfeld gesellschaftliche und individuelle Bestimmung: Erziehung und Bildung verlaufen in einem wechselseitigen Prozess zwischen einem Subjekt und seiner natürlichen und soziokulturellen Umwelt. Jeder Erziehungs- und Bildungsprozess verfügt über eine natürliche-gesellschaftliche-kulturelle und zwischenmenschliche Eingebundenheit, eine Aufeinanderbezogenheit von Individuum und seiner Umwelt. In den Textpassagen von Schulprogrammen, die auf den Nationalen Grundlehrplan zurückgehen, orientieren sich die Erziehungs- und Bildungsprozesse sowie die Leitbildvorstellungen vorrangig an äußeren Bestimmungen (z. B. vorbestimmte Grundkenntnisse, gewünschte Fähigkeiten, deklarierte Werte), an der gesellschaftlich-ökonomischen, politischen und sozialen Umwelt und den entsprechenden Bedürfnissen[728].

> »Es ist das allgemeine Ziel der Mittelschule, dass sie die humanistischen Werte zur Geltung bringe, die Grundwerte der allgemeinen und nationalen Kultur vermittle, körperliche und seelische Gesundheit anstrebende, in ihren menschlichen Beziehungen anspruchsvolle Erwachsene ausbilde, die StaatsbürgerInnen sind, die den demokratischen Prinzipien folgen und die fähig sind, die gesellschaftlichen, ökonomischen und technischen Änderungen zu verfolgen und sich daran anpassend zu handeln.«[729]

Die Subjektwerdung, die Persönlichkeitsentwicklung erscheinen selbstverständlich unter den Zielsetzungen des Nationalen Bildungsplanes. Die diesbezüglichen Textpassagen sind aber in sich widersprüchlich oder bleiben schlagwortartig[730]. Einige Textpassagen stellen die Persönlichkeitsentwicklung in den Dienst einer

---

727 Budapest-Fasor 41, Bonyhád 76, Győr 71, Aszód 19, Sopron-Eötvös 9, Kőszeg 87–88, Mezőberény 83, Szarvas-Benka 83, Pápa 74–75. Wortwörtliches Zitat aus dem Nationalen Grundlehrplan von 2012.
728 z.B. Miskolc 10, Kőszeg 18, Budapest-Sztehlo 167, Alberti 7, Soltvadkert 18.
729 Békéscsaba, 143, 163, 175, Aszód 79. Wortwörtliches Zitat aus dem Rahmenlehrplan vom 2012.
730 z.B. Békéscsaba 132, Aszód 18, Sopron-Eötvös 10, Kőszeg 89–90.

Verinnerlichung der Anforderungen, Ziele und Zwecke bestehender politischer bzw. sozioökonomischer Gegebenheiten[731], andere plädieren für eine selbstbestimmte Lebensführung einer zweckfrei und autonom denkenden und handelnden Person[732].

10.3 Erziehung und Bildung und die Entwicklung von Kompetenzen

Das Konzept der Kompetenzentwicklung ist seit Anfang der 2000er Jahre – als Fortsetzung der Diskussion um Schlüsselqualifikationen – in den erziehungswissenschaftlichen und pädagogischen Diskussionen präsent. Es hat einen großen Aufschwung genommen und dominiert in der gegenwärtigen pädagogischen Praxis. Der Begriff »Kompetenz« ist zurzeit in vielerlei Weise angetreten den Bildungsbegriff zu ersetzen[733]. Die Kompetenzorientierung ist sowohl auf der Ebene des Bildungssystems und der Bildungspolitik als auch auf der Ebene des Unterrichts maßgebend geworden. Dieser Abschnitt nimmt das Konzept der Kompetenzentwicklung bzw. Kompetenzorientierung in den Blick und fragt: *(1) Welches Verständnis von Kompetenzen in den Schulprogrammen vorhanden ist und (2) wie die Kompetenzen systematisiert werden.* Ebenso wird nachgefragt, *(3) welche spezifischen Merkmale des Konzepts der Kompetenzentwicklung bzw. (4) der Kompetenzorientierung zu verzeichnen sind und (5) welche Zielsetzungen und Funktionen diese Konzepte haben.*

(1) Bedeutungsgehalte von »Kompetenz«: Die Schulprogramme verwenden die Begriffe »Kompetenz« und »Schlüsselkompetenz« meistens unreflektiert und ohne konkrete Definition. Eine inhaltliche Beliebigkeit und Vieldeutigkeit sind in der Verwendung des Begriffes zu vermerken:

– Kompetenz bezeichnet konkrete, erworbene Fähigkeiten, die es ermöglichen, bestimmte Rollen, Aufgaben und Tätigkeiten auszuüben sowie bestimmte Ziele zu erreichen[734.]

»In diesem Interesse besteht unser Ziel darin, dass in den SchülerInnen sich die Kompetenzen des problemlösenden, kritischen, logischen Denkens zur tätigen, handlungsorientierten Anwendung der angeeigneten Kenntnisse ausbilden.«[735]

---

731 z.B. Győr 10, Miskolc 10, Budapest-Sztehlo 39, Mezőberény 52, Soltvadkert 19.
732 z.B. Budapest-Fasor 15, Győr 10, 18, Békéscsaba 42, Miskolc 15, Mezőberény 26–27, Szarvas-Vajda 28, Szarvas-Benka 25–26, Soltvadkert 41.
733 Klieme/Hartig 2007, Müller-Ruckwitt 2008, Lederer 2014.
734 z.B. Sopron-Eötvös 104, Orosháza 44, Kőszeg 93, Budapest-Sztehlo 54, Kiskőrös 37.
735 Nyíregyháza-Kossuth 10.

- Kompetenz bezeichnet eine Kombination von Wissen, Fähigkeiten, Haltungen, Eigenschaften, die kontext- und situationsbezogene Handlungen ermöglichen[736]. In dieser Bedeutung versteht sich Kompetenz als Ergebnis der kombinierten Anwendung einer Reihe von Wissen, Fähigkeiten, Aneignungen usw. Dabei wird ihre Handlungs- und Situationsbezogenheit betont.

»Während der Entwicklung von einzelnen Kompetenzen berücksichtigen wir, dass Kompetenz in jedem Fall anwendbares Wissen, in Kenntnissen eingebettete Fähigkeitsentwicklung und Entwicklung von zur Anwendung brauchbaren Attitüden bedeutet.«[737]

- Kompetenz bezeichnet als Zielgröße die Grundlage für die selbstständige Weiterentwicklung von Wissen und für das selbstorganisierte und selbstständige Lernen[738].

»In der Oberstufe bilden wir diejenigen Schlüsselkompetenzen aus, die zum erfolgreichen und wirksamen schulischen Lernen nötig sind. Das Lehren des »Lernen Lernens« ist eine unserer wichtigen Aufgaben im fünften Jahrgang sowie in allen Jahrgängen, in denen ein neuer Lehrgegenstand auftritt.«[739]

- Kompetenzen werden nicht näher bestimmt, sondern von ihrer Notwendigkeit und Brauchbarkeit her definiert. Die persönliche Entfaltung, die gesellschaftliche Teilhabe und die Beschäftigungsfähigkeit bedingen die Kompetenzen[740].

»Die Schlüsselkompetenzen sind Kompetenzen, die jedes Individuum braucht für seine persönliche Entfaltung und für sein persönliches Vorankommen, für aktive Staatsbürgerschaft, für die Integration in die Gesellschaft und für die Beschäftigung.«[741]

- Unter Kompetenz werden Persönlichkeitsmerkmale verstanden, vor allem diejenigen, welche Selbstreflexion und selbstorganisiertes Handeln ermöglichen helfen[742].

»Grundlegend ist es, dass die persönlichen Kompetenzen erkannt und entwickelt werden, dass die SchülerInnen die Merkmale ihrer Persönlichkeit, ihre Stärken sowie

---

736 z.B. Békéscsaba 185, Aszód 39, Sopron-Eötvös 101, Kőszeg 24, Soltvadkert 48.
737 Győr 10, Sopron-Hunyadi 14, 39.
738 z.B. Aszód 79, Orosháza 42, Miskolc 91, Kiskőrös 46, Mezőberény 78, Szarvas-Benka 115.
739 Győr 68.
740 z.B. Nyíregyháza-Kossuth 10, Győr 10, Alberti 11, Pápa 16, Marcaltő 13.
741 Mezőberény 78, Alberti 11.
742 z.B. Békéscsaba 185, Sopron-Eötvös 102, Marcaltő 13, Budapest-Podmaniczky 56, 63.

Schwächen erkennen, dass sie von Selbstbewusstsein, Selbsterkenntnis, realer Selbsteinschätzung und Selbstvertrauen geprägt werden.«[743]

– Kompetenz ist – im ursprünglichen Sinne des Begriffes – Zuständigkeit bzw. Legitimation, die es ermöglicht, bestimmte Tätigkeiten auszuüben[744].

»Die Ausarbeitung des individuellen Vorbereitungsplans gehört zur Kompetenz des jeweiligen Fachlehrers.«[745]

Zusammenfassend kann festgestellt werden, dass es keine einheitliche Verwendung des Begriffes »Kompetenz« in den Schulprogrammen gibt. Die Bedeutungsgehalte des Begriffes variieren; selbst innerhalb eines Schulprogrammes finden sich mehrere unterschiedliche Auffassungen. Ein bedeutendes Merkmal der meisten Kompetenzverständnisse der Schulprogramme ist ihre unmittelbarverwendbare Ausrichtung und Handlungsorientierung. Die Kompetenzen sind notwendig, sie werden gebraucht, sie ermöglichen kontext- und situationsrelevantes Handeln.

(2) Systematisierung von Kompetenzen: Die zahlreichen Einzel- und Teilkompetenzen werden in den Schulprogrammen auf zweierlei Art systematisiert.
– Neun Schlüsselkompetenzen des Nationalen Bildungslehrplans von 2012. Die meisten Schulprogramme schließen sich dem Kompetenzraster des Nationalen Grundlehrplans (NAT) von 2012 an. Dessen Grundlage bildet die »Empfehlung des Europäischen Parlaments und des Rates vom 18. Dezember 2006 zu Schlüsselkompetenzen für lebensbegleitendes Lernen«[746]. Die acht Schlüsselkompetenzen des Dokuments der Europäischen Union modifiziert der ungarische Grundlehrplan etwas dadurch, dass die mathematische und die naturwissenschaftlich-technische Kompetenz gesondert aufgeführt werden. Dadurch entstehen neun statt acht Kompetenzbereiche. Darüber hinaus werden einige Benennungen bzw. kurze Textpassagen verändert (z.B. Staatsbürgerkompetenz statt Bürgerkompetenz, ästhetisch-künstlerisches Bewusstsein und ästhetisch-künstlerische Ausdrucksfähigkeit statt Kulturbewusstsein und kulturelle Ausdrucksfähigkeit). Mehrere Schulprogramme listen nur die neun Schlüsselkompetenzen auf[747]. Andere Programme geben noch mehr

---

743 Szarvas-Benka 25–26.
744 z.B. Sopron-Líceum 10, Miskolc 27, Budapest-Sztehlo 135, Mezőberény 205, Szarvas-Vajda 35.
745 Budapest-Sztehlo 77.
746 Europäische Union 2006, 2006/962/EG.
747 z.B. Nyíregyháza-Kossuth 36, Győr 102, Sopron-Hunyadi 14–15, Marcaltő 13–14.

oder weniger detaillierte Beschreibungen zu den Kompetenzbereichen[748].
Sowohl die Auflistungen als auch die weiteren Ausführungen basieren auf dem
Text des Nationalen Bildungsplanes von 2012, der den EU-Text zitiert.

»Die Schüsselkompetenzen, die im lokalen Lehrplan vorkommen, sind: muttersprachliche
Kommunikation, fremdsprachliche Kommunikation, mathematische Kompetenz, naturwissenschaftlich-technische Kompetenz, digitale Kompetenz, soziale Kompetenz
und Staatsbürgerkompetenz, Eigeninitiative und unternehmerische Kompetenz, ästhetisch-künstlerisches Bewusstsein und ästhetisch-künstlerische Ausdrucksfähigkeit,
effizientes, selbstständiges Lernen.«[749]

- *Trias-Einteilungen von Kompetenzen.* Weitere Systematisierungen in den
  Schulprogrammen nähern sich der etablierten Standardkategorisierung, die
  die Kompetenzen in die drei (bzw. vier) Hauptkategorien – Personale Kom-
  petenz, Fach- und Methodenkompetenz, Sozialkompetenz – unterteilt[750]. Die
  Trias-Einteilungen in den Schulprogrammen haben die Absicht, inhaltlich
  dieser Systematisierung zu folgen. Die Einteilungen bleiben aber in ihren
  Formulierungen unbestimmt. Sie bieten die folgenden Variationen:
- Personalkompetenz, Staatsbürgerkompetenz, Humankapital[751],
- Fachkompetenz, Sozialkompetenz, Methodenkompetenz[752],
- Personalkompetenz, Kognitive Kompetenzen, Sozialkompetenz[753].

Die neun Schlüsselkompetenzen des Nationalen Bildungsplanes listen vorwie-
gend solche Fähigkeiten und Fertigkeiten auf, die stärker auf die globalisierte
Gesellschaft, auf marktwirtschaftliche Prozesse bzw. Anforderungen des Ar-
beitsmarktes und weniger stark auf das Individuum gerichtet sind. Diese
Schlüsselkompetenzen dienen in erster Linie ökonomisch-gesellschaftlichen
Zwecken und der Beschäftigungsfähigkeit des Individuums.

Die Trias-Einteilungen – die auch die sozialen und personalen Kompetenzen
einbeziehen und betonen – verweisen darauf, dass im Kompetenzbegriff der

---

748 Békéscsaba 130–131, Aszód 79–81, Oroszága 10, Kőszeg 24–26, 91–92, Budapest-Sztehlo
   175–177, Kiskőrös 303–306, Mezőberény 79–82, Szarvas-Vajda 51–53, Alberti 13, Szarvas-
   Benka 86–88, Pápa 87–96, Soltvadkert 143–148.
749 Győr 102.
750 Diese Kategorisierung geht auf Heinrich Roth zurück (Roth 1971). Sie bildet die Grundlage
   für die weiteren Kategorisierungen. So werden in weiteren Systematisierungen z.B. die
   Fachkompetenz und Methodenkompetenz als einzelne Dimensionen behandelt, die Fach-,
   Personal- und Sozialkompetenz zu einer umfassenden Handlungskompetenz zusammengefasst, oder mit der Aktivitäts- und Handlungskompetenz ergänzt (Lehmann/Nieke 2001,
   3–7, Heyse/Erpenbeck ²2009).
751 Győr 10, Sopron-Hunyadi 14.
752 Békéscsaba 186–187, Budapest-Sztehlo 62.
753 Sopron-Eötvös 102, Szarvas-Benka 12.

Subjektbezug und Kontext- und Situationsbezug enthalten ist. Unter Sozialkompetenzen werden überwiegend solche Fähigkeiten und Fertigkeiten erwähnt, die die Verbesserung sozialer Interaktionen und kooperatives Miteinander umfassen (z. B. Teamfähigkeit, Konfliktlösungsfähigkeit, Empathie, Anpassungsfähigkeit, Kooperationsbereitschaft). Die Personalkompetenzen variieren je nach Auffassung, ob darunter normativ-orientierende (das kompetente Umgehen mit Kompetenzen, kritisch-reflexive Auseinandersetzung mit anschließenden Werten und Normen), eher subjektbezogene (Identitätsbildung, Selbstbestimmung, Mündigkeit) und/oder funktional-anwendungsbezogene (Fähigkeit zur Wahrnehmung, Durchführung und Reflexion des eigenen Verhaltens) Eigenschaften und Fähigkeiten verstanden werden. Die Trias-Einteilungen verweisen darauf, dass den Kompetenzen eine zentrale Bildungsrelevanz zukommt.

(3) *Das Konzept der Kompetenzentwicklung:* In den Schulprogrammen sind weder ein ausführliches Konzept zur Kompetenzentwicklung noch bestimmte Grundsätze dazu zu finden. Den Begriff »Kompetenzentwicklung« verwenden die Schulprogramme

– als Leitbegriff für zeitgemäße Erziehungs- und Bildungsprozesse bzw. Lernprozesse[754],

»In unserer Schule wenden wir zeitgemäße, inklusive Pädagogik, die Methode der Differenzierung sowie die Programme der Entwicklung von Schlüsselkompetenzen an.«[755]

– als Aufgabe der Schule, mit der Betonung von Entwicklung ausgewählter Kompetenzbereiche[756],

»Von den Schlüsselkompetenzen des Nationalen Bildungsplanes (NAT) heben wir die Entwicklung und Heranbildung der muttersprachlichen und fremdsprachlichen Kommunikation sowie der mathematischen Kompetenz ab. Daneben betont unsere Schule noch die Entwicklung und Heranbildung digitaler Kompetenz.«[757]

– als kontext- und situationsabhängiger Entwicklungsprozess, der an das Individuum gebunden ist[758],

»Grundlegendes Ziel ist die Entwicklung derjenigen Schlüsselkompetenzen, die eine bedeutende Rolle spielen, um das Erwachsenenleben erfolgreich zu meistern und sich

---

754 z.B. Sopron-Eötvös 102, Kőszeg 46, Szarvas-Vajda 51, Soltvadkert 48.
755 Bonyhád 90.
756 z.B. Győr 34, Aszód 39–40, Budapest-Sztehlo 54, Budapest-Podmaniczky 68.
757 Orosháza 36.
758 Nyíregyháza-Kossuth 36, Győr 25, Sopron-Eötvös 33, Orosháza 16, Kiskőrös 56, Szarvas-Benka 29.

auf das lebenslange Lernen vorzubereiten. Eine Bedingung der Effizienz ist die Verbreitung der modernen, personenzentrierten, interaktiven, auf die Erfahrungsorientierung basierenden Lernorganisationen.«[759]

– als Ziel des gesamten Erziehungs- und Bildungsprozesses[760].

»Die Herausbildung, Entwicklung und Stärkung von Schlüsselkompetenzen des Nationalen Bildungsplanes betrachten wir als unsere fortlaufende Aufgabe. Sie berücksichtigen wir nicht nur im Unterricht [oktatás] und in der Ausbildung [képzés], sondern auch in den Erziehungs- [nevelés] und Persönlichkeitsentfaltungsprozessen.«[761]

(4) Kompetenzorientierter Unterricht: Der Ansatz des kompetenzorientierten Unterrichts wird meistens als eine grundlegende methodische Erneuerung gesehen, in deren Mittelpunkt die »handlungsorientierte Lernorganisation« steht[762].

»Im kompetenzorientierten Unterricht bekommt die handlungsorientierte Lernorganisation eine bedeutende Rolle. In die tagtäglichen Erziehungs- und Bildungsarbeit werden die kooperativen Methoden und Techniken, der Projektunterricht und die Arbeitsformen der Differenzierung eingebaut.«[763]

Einige weitere Merkmale des kompetenzorientierten Unterrichts sind laut Schulprogrammen: selbstständiger Kenntniserwerb, selbstständige Aufgaben- und Problemlösung von SchülerInnen[764], Vielfalt an Unterrichtsformen[765], Veränderung der Rolle des Lehrenden[766], lernförderliches, motivierendes Klima[767], Einbindung des Lernens in Kontexte[768], Förderung individueller Begabungen und Interessen[769] usw.

Der Wissenserwerb und fundierte Kenntnisse spielen aber weiterhin eine bedeutende Rolle im kompetenzorientierten Unterricht. Die Schulprogramme betonen ausdrücklich, dass kompetenzorientierter Unterricht nicht losgelöst von Inhalten verstanden werden soll, sondern dass er an Inhalten orientiert und mit Inhalten gekoppelt und gefüllt ist[770].

»In unserer Schule möchten wir mit den abwechslungsreichen Methoden des kompetenzorientierten Unterrichts erreichen, dass die Kinder über im tagtäglichen Leben

---

759 Mezőberény 78.
760 z.B. Szarvas-Vajda 51, Pápa 16, Marcaltő 13–14, Soltvadkert 16.
761 Nyíregyháza-Túróczy 9.
762 z.B. Győr 11, Sopron-Eötvös 14, Orosháza 9, Kiskőrös 89, Mezőberény 79, Soltvadkert 19.
763 Nyíregyháza-Kossuth 12.
764 z.B. Aszód 79, Sopron-Eötvös 100, Orosháza 55, Miskolc 112, Kőszeg 29, Soltvadkert 42.
765 z.B. Sopron-Eötvös 14, Sopron-Hunyadi 40, Szarvas-Benka 22, Budapest-Podmaniczky 63.
766 z.B. Győr 41, Orosháza 16, Kiskőrös 46, Szarvas-Benka 22, Pápa 53, Soltvadkert 142.
767 z.B. Bonyhád 21, Győr 35, Sopron-Eötvös 104, Orosháza 45, Szarvas-Benka 29.
768 z.B. Nyíregyháza-Kossuth 22, Kiskőrös 46, Mezőberény 78, Szarvas-Benka 115.
769 z.B. Győr 27, Sopron-Eötvös 33, 99, Orosháza 16, Szarvas-Benka 114.
770 z.B. Győr 10, Sopron-Hunyadi 14, Budapest-Podmaniczky 60, Soltvadkert 148.

anwendbares Wissen verfügen, wir verzichten aber nicht auf die Aneignung von Wissen; daher streben wir eine »in Kenntnisse eingebettete Fähigkeitsentwicklung« an.«[771]

(5) Ziele und Funktionen der Kompetenz-Konzepte: Vorwiegend auflistungsartig geben die Schulprogramme die folgenden Zielvorstellungen der Kompetenzentwicklung bzw. des kompetenzorientierten Unterrichts an:

- Persönliches Vorankommen[772], persönliche Entfaltung[773],
- Integration in die Gesellschaft / aktive Teilhabe in der Gesellschaft[774],
- Beschäftigungsfähigkeit[775], Anpassung bzw. Flexibilität in rasch wandelnden Lebens- bzw. Arbeitssituationen[776],
- eine neue Lernkultur, Fähigkeit/Motivation zum lebenslangen Lernen[777],
- Individuelle Förderung, Chancengleichheit für benachteiligte SchülerInnen[778],
- Entwicklung der Lernkultur der Lehrenden, von Segregation befreite Erziehungs- und Bildungsarbeit[779],
- Grundlage der zentralen Steuerung und Evaluierung des Bildungssystems durch Kompetenzmessungen[780].

Die Zielsetzungen haben in erster Linie die gesellschaftlich-sozioökonomischen Zusammenhänge im Blick und zielen auf eine erfolgreiche Anpassung und das Vorankommen der AbsolventInnen in diesen Systemen.

»In allen Schultypen haben wir die Entwicklung von Schlüsselkompetenzen als Ziel gesetzt, damit unsere SchülerInnen sich schnell und effektiv den schnell wechselnden Welten von Arbeitgebern und Hochschulwesen anpassen können.«[781]

Diese Zielformulierungen entsprechen den Richtlinien des EU-Dokuments von 2006, die die Funktion der Schlüsselkompetenzen ebenso bei der flexiblen Anpassung zu gängigen sozialen und wirtschaftlichen Veränderungen sieht. Der ungarische Grundlehrplan – und ihn zitieren mehrere Schulprogramme – ergänzt diese Funktionsbeschreibung von Schlüsselkompetenzen, damit diese nicht nur zur Anpassung dienen, sondern auch für das Einwirken auf die Ver-

---

771 Kiskőrös 40.
772 z.B. Nyíregyháza-Kossuth 10, Kiskőrös 37, 56, Mezőberény 78, Alberti 11, Marcaltő 13.
773 z.B. Győr 10, Mezőberény 78, Nyíregyháza-Túróczy 9–10, Szarvas-Benka 25–26, Pápa 16.
774 z.B. Aszód 39, Oroszháza 44, Kőszeg 65, Budapest-Sztehlo 54, Mezőberény 78, Pápa 16.
775 z.B. Győr 10, Sopron-Eötvös 93, Oroszháza 44, Mezőberény 78, Sopron-Hunyadi 14.
776 z.B. Békéscsaba 185, Kőszeg 11, Kiskőrös 56, Szarvas-Vajda 51, Alberti 11.
777 z.B. Győr 10, Aszód 11, 79, Sopron-Eötvös 93, Miskolc 112, Kiskőrös 37.
778 z.B. Nyíregyháza-Kossuth 10, Sopron-Eötvös 93, Kiskőrös 37, Szarvas-Benka 41.
779 z.B. Sopron-Eötvös 93, Kiskőrös 91, Mezőberény 25, Szarvas-Benka 22, Soltvadkert 23–24.
780 z.B. Bonyhád 89, Sopron-Eötvös 72, Budapest-Sztehlo 132, Mezőberény 113, Pápa 125.
781 Szarvas-Vajda 51.

änderungen und für die aktive Gestaltung des eigenen Lebenslaufs hilfreich sind[782].

Weiterhin haben die Zielsetzungen der Kompetenz-Konzepte die Lernprozesse im Blick. Sie intendieren eine neue Lernkultur und Lernorganisation. Solch ein neues Lernverständnis legt die Betonung auf eine fortlaufende, selbsttätige Erschließung von objektiv-sachlicher, subjektiver und sozialer Welt und nimmt Rücksicht auf die unterschiedlichen Grundvoraussetzungen der Lernenden (z. B. kognitive, soziale, physische). Die Lehrenden werden gefordert, den Erziehungs- und Bildungsprozessen einen Sinn zu geben und solche situativen Bedingungen zu ermöglichen, die allen Lernenden die Chance geben, die angezielten Kompetenzen zu erwerben.

> »Der kompetenzorientierte Unterricht bedingt eine Lernorganisation, die sich den Aufgaben anpasst. Seine Anwendung ist im Interesse der Entwicklung der individuellen Fähigkeiten von benachteiligten SchülerInnen unentbehrlich.«[783]

10.4 Vergleich der drei Erziehungs- und Bildungskonzepte

Nachdem die drei unterschiedlichen Erziehungs- und Bildungskonzepte betrachtet wurden, ergibt sich die Frage nach einem Vergleich, der das Vorkommen dieser Erziehungs- und Bildungsverständnisse im jeweiligen Schulprogramm analysiert und ihre Verhältnisbestimmungen aufzeigt. In diesem Kapitel wird dieser Vergleich durchgeführt. Zuerst werden (1) die Formalien des jeweiligen Erziehungs- und Bildungsverständnisses herausgestellt. Anschließend wird (2) das Vorkommen der unterschiedlichen Erziehungs- und Bildungskonzepte im jeweiligen Schulprogramm behandelt. Eine Analyse (3) zu den Verhältnisbestimmungen zwischen den unterschiedlichen Erziehungs- und Bildungskonzepten schließt dieses Kapitel ab.

(1) Formalia der Erziehungs- und Bildungsverständnisse: Bezüglich des formalen Vorkommens der Erziehungs- und Bildungskonzepte in den Schulprogrammen lassen sich folgende Beobachtungen herausstellen.

- Viele Formulierungen in den einschlägigen Textpassagen gehen zurück auf die entsprechenden Orientierungsdokumente: Gesetzestext, kirchlicher Orientierungsentwurf, EU-Empfehlung. Diese werden in den Schulprogrammen wortwörtlich zitiert oder sinngemäß wiedergegeben.
- Der Umfang der Textausarbeitungen ist unterschiedlich. Das Konzept der Kompetenzentwicklung wird eher kurz erwähnt bzw. kompakt dargestellt. Demgegenüber charakterisieren – je nach Schulprogramm in unterschiedli-

---

782 Siehe noch im Kapitel 8.3 den Absatz (4).
783 Szarvas-Benka 114.

cher Weise – längere Passagen die beiden anderen Erziehungs- und Bildungsvorstellungen. Je nach Schule ist es unterschiedlich, ob das christlich bzw. evangelisch orientierte Erziehungs- und Bildungsverständnis mehr Platz und Betonung bekommt oder das Erziehungs- und Bildungsverständnis des Nationalen Grundlehrplans.

- Das Vorkommen der Textpassagen über Erziehungs- und Bildungsverständnisse von Schulen ist different. Charakteristisch sind Wiederholungen, sodass wortwörtliche Formulierungen bzw. identische Inhalte in mehreren Textpassagen des gleichen Schulprogramms erscheinen. Systematische Entfaltungen sind unter den Schulprogrammtexten ebenso zu finden wie nebeneinanderstehende Aussagen ohne kohärentere Verbindung.
- Die jeweiligen Anteile der Erziehungs- und Bildungskonzepte werden in den Schulprogrammen überwiegend in sich geschlossen behandelt. Das heißt: Sie werden nacheinander, voneinander getrennt dargestellt[784]. Selten wird der Versuch vorgenommen, die drei Erziehungs- und Bildungsverständnisse miteinander zu verbinden und dadurch ein mögliches kohärentes Erziehungs- und Bildungsverständnis auszuarbeiten[785].
- Bis auf das Konzept der Kompetenzentwicklung, das überwiegend die EU-Empfehlungen wiedergibt, sind die Auffassungen über Erziehung und Bildung nicht nur formal, sondern auch inhaltlich ausgesprochen vielgestaltig. Tiefgehende Überlegungen wechseln sich mit oberflächlichen Aussagen ab. Einige Schulprogramme enthalten in sich Widersprüche und gelegentlich auch fachlich fragwürdige Passagen. Die Texte der Schulprogramme über Erziehung und Bildung spiegeln in dieser Hinsicht ebenso ihre Quellentexte wider und bestätigen die Unbestimmtheit von Erziehung und Bildung.

(2) Vorkommen der Erziehungs- und Bildungskonzepte: Die Tabelle 25 zeigt, welche Erziehungs- und Bildungskonzepte in den jeweiligen Schulprogrammen zu finden sind. Die tabellarische Zusammenschau macht deutlich, dass die Mehrheit der Schulprogramme Elemente aus allen drei unterschiedlichen Erziehungs- und Bildungsverständnissen beinhaltet:

- Bestandteile eines christlich bzw. evangelisch orientierten Erziehungs- und Bildungsverständnisses sind in jedem Schulprogramm zu finden.
- Das Erziehungs- und Bildungsverständnis des Nationalen Grundlehrplans wird in den meisten Schulprogrammen zitiert. Es gibt aber einige evangelische Schulen, die in ihren Schulprogrammen kaum Bezug auf das Erziehungs- und Bildungsverständnis des Nationalen Grundlehrplans nehmen.

---

784 z.B. Aszód 14–22, 79–81, Mezőberény 14–28, 78–82, Alberti 7–14, Marcaltő 8–18.
785 Orosháza 44–46, Budapest-Sztehlo 151–161.

– Das Konzept der Kompetenzorientierung und Kompetenzentwicklung ist in der Mehrheit der Schulprogramme evangelischer Schulen auffindbar. In einer Gruppe von evangelischen Schulen kommt aber der Kompetenzorientierung und Kompetenzentwicklung kaum bis gar keine Bedeutung zu.

Kategorie: Erziehungs- und Bildungsverständnis	
Eigenschaft: Vergleich der drei Erziehungs- und Bildungskonzepte	
Erziehungs- und Bildungsverständnisse der Schulen	**Schulen**
Erziehung und Bildung im »christlichen bzw. evangelischen« Geist	M1, M2, M3, M4, M5, M6, M7, M8, M9, M10, M11, M12, M13, M14, M15, M16, G1, G2, G3, G4, G5, G6, G7, G8, G9
Erziehung und Bildung im Sinne des Nationalen Grundlehrplans	M1, M4, M6, M7, M8, M9, M10, M11, M12, M13, M14, M15, M16, G1, G2, G4, G5, G7, G8, G9
Kein bedeutender Bezug auf das Erziehungs- und Bildungsverständnis des Nationalen Grundlehrplans	M2, M3, M5, G3, G6
Kompetenzorientierung, Entwicklung von Schlüsselkompetenzen	M5, M6, M7, M8, M9, M10, M12, M13, M14, M15, M16, G1, G2, G3, G4, G5, G7, G9
Kein bedeutender Bezug auf das Konzept der Kompetenzentwicklung	M1, M2, M3, M4, M11, G6, G8

Tabelle 25: Erziehungs- und Bildungsverständnisse der Schulen

Die Zusammenstellung zeigt, dass einige evangelischen Schulen im Wesentlichen das christlich bzw. evangelisch orientierte Erziehungs- und Bildungsverständnis haben. In der Mehrheit der Schulprogramme sind aber alle drei Erziehungs- und Bildungskonzepte auffindbar. Die im folgenden Abschnitt behandelte Verhältnisbestimmung der drei Konzepte zeigt, welchem Konzept in den jeweils einzelnen Schulprogrammen die dominante Bedeutung zukommt.

(3) Verhältnisbestimmung der Erziehungs- und Bildungskonzepte: Wie die drei Erziehungs- und Bildungskonzepte in dem einzelnen Schulprogramm zueinanderstehen, fasst die Tabelle 26 zusammen.

In der überwiegenden Mehrzahl der evangelischen Schulen dominiert ein christlich bzw. evangelisch orientiertes Erziehungs- und Bildungsverständnis. Es gibt aber einige evangelische Schulen, wo dem Erziehungs- und Bildungsverständnis des Nationalen Grundlehrplans und der Kompetenzentwicklung mehr Bedeutung zukommt als ein christlich bzw. evangelisch orientiertes Erziehungs- und Bildungsverständnis.

Kategorie: Erziehungs- und Bildungsverständnis	
Eigenschaft: Vergleich der drei Erziehungs- und Bildungskonzepte	
Verhältnisbestimmung der Erziehungs- und Bildungskonzepte	**Schulen**
Dominantes Verständnis: Erziehung und Bildung im »christlichen bzw. evangelischen Geist«	M2, M3, G6, G8
Dominantes Verständnis: Erziehung und Bildung im »christlichen bzw. evangelischen Geist« Relevante Bedeutung bekommt noch: Erziehung und Bildung des Nationalen Grundlehrplans	M1
Dominantes Verständnis: Erziehung und Bildung im »christlichen bzw. evangelischen Geist« Relevante Bedeutung bekommt noch: Konzept der Kompetenzentwicklung	M5, M10, G3
Dominantes Verständnis: Erziehung und Bildung im »christlichen bzw. evangelischen Geist« Relevante Bedeutung bekommen noch: Erziehung und Bildung des Nationalen Grundlehrplans, Konzept der Kompetenzentwicklung	M6, M8, M9, M13, M14, M15, M16, G1, G2, G4, G5
Dominante Verständnisse: Erziehung und Bildung im »christlichen bzw. evangelischen Geist«, Erziehung und Bildung des Nationalen Grundlehrplans	M4, M11,
Dominantes Verständnis: Erziehung und Bildung des Nationalen Grundlehrplans, Konzept der Kompetenzentwicklung Relevante Bedeutung bekommt noch: Erziehung und Bildung im »christlichen bzw. evangelischen Geist«	M7, G7, G9

Tabelle 26: Verhältnisbestimmung der drei Erziehungs- und Bildungskonzepte

Das christlich bzw. evangelisch orientierte Erziehungs- und Bildungsverständnis ist dominant. Die weiteren Erziehungs- und Bildungskonzepte, deren Grundlage der Nationale Grundlehrplan und das Konzept der Kompetenzentwicklung darstellt, bilden ebenso relevante Ansätze für die Erziehung und Bildung an evangelischen Schulen. Es stellt sich daher die Frage, welche Anschlüsse bzw. Gegensätze zwischen den unterschiedlichen Erziehungs- und Bildungskonzepten zu finden sind, wie sie zueinanderstehen und welche Merkmale der Erziehungs- und Bildungskonzepte die Erziehungs- und Bildungsarbeit evangelischer Schulen konkret beeinflussen.

Das christlich bzw. evangelisch orientierte Erziehungs- und Bildungsverständnis stimmt z. B. mit dem Erziehungs- und Bildungsverständnis des Nationalen Grundlehrplans in der starken Werteorientierung überein. Demgegenüber spielt die Wertebezogenheit und eine normative Werteorientierung im Konzept der Kompetenzentwicklung keine wichtige Rolle. Das christlich bzw. evangelisch orientierte Erziehungs- und Bildungsverständnis versteht die religiöse Erziehung und Bildung als unverzichtbare Erziehungs- und Bildungsdimension, während in den beiden anderen Ansätzen die religiöse Erziehung und Bildung gar nicht vorkommen. Das Erziehungs- und Bildungsverständnis des Grundlehrplans räumt dagegen der nationalen-staatsbürgerschaftlichen Erziehung und Bildung große Bedeutung ein, während das Konzept der Kompetenzentwicklung den Erwerb von Schlüsselkompetenzen in seinem Fokus hat.

Das Erziehungs- und Bildungsverständnis des Nationalen Grundlehrplans und das Konzept der Kompetenzentwicklung verbindet das Konzept einer »an Inhalten orientierten, in Kenntnisse eingebetteten Fähigkeitsentwicklung«. Dadurch wird die Fähigkeitsentwicklung an Inhalte angekoppelt. Alle drei Erziehungs- und Bildungskonzepte verbindet ihre Umweltbezogenheit, dass sie sich in konkreten gesellschaftspolitischen, sozioökonomischen, soziokulturellen und wissenschaftlichen Kontexten eingebunden verstehen. Es ist aber unterschiedlich, wie die Konzepte mit ihren Kontexten umgehen. Eine funktional-instrumentelle Anpassung an äußere Bedingungen und Bedürfnisse, eine Gestaltung von Veränderungen im Dienste des Fortschritts oder im Dienste der Menschen und der gesamten Welt, eine Reflexion über die Möglichkeiten und Begrenzungen des Kontextes sowie über die Aufeinanderbezogenheit von Individuum und seiner Umwelt, markieren unterschiedliche Umgangsweisen mit der Umwelt. Diese Umgangsweisen machen unterschiedliche Verständnisse von Erziehung und Bildung sichtbar. Darin eingeschlossen bzw. dem vorausliegend wird darin eine unterschiedliche Sicht des Menschen erkennbar. So ergibt sich als Fazit: Die Umweltbezogenheit verbindet die drei Ansätze, ihr Subjektbezug trennt sie aber.

Die Anschlussmöglichkeiten, Schnittmengen und Gegensätze der drei Erziehungs- und Bildungskonzepte zeigen, dass die Erziehungs- und Bildungsarbeit evangelischer Schulen auf der Grundlage einander teils widersprechender Ansätze basiert. Unbestritten ist dabei: Aufgrund der Analyse der Schulprogramme kann man die Dominanz eines christlich bzw. evangelisch orientierten Erziehungs- und Bildungsverständnisses feststellen. Wie sich die einzelnen, teils gegensätzlichen Merkmale der drei Erziehungs- und Bildungskonzepte in der Praxis auswirken, wäre einer eigenen Untersuchung wert.

10.5 Zusammenfassung: Erziehungs- und Bildungsverständnis

Die Analyse der Schulprogramme hat das Erziehungs- und Bildungsverständnis als Strategie des Phänomens »Selbstverständnis evangelischer Schulen« rekonstruiert. Das Erziehungs- und Bildungsverständnis bildet ein Bindeglied zwischen Selbstverständnis – das die normative Selbstbestimmung deklariert – und Profil, das die praktische Umsetzung im Blick hat. Daher wurde in diesem Kapitel nachgefragt, welche Verständnisse von Erziehung und Bildung in den Schulprogrammen zu finden sind.

Drei, voneinander auch in formaler Hinsicht getrennte Erziehungs- und Bildungsverständnisse sind prägend für die Schulen in evangelischer Trägerschaft in Ungarn. Die Erziehung und Bildung im »christlichen bzw. evangelischen Geist« ist das dominante Erziehungs- und Bildungsverständnis der evangelischen Schulen. Sie markiert oft als ein programmatischer Hinweis den christlichen bzw. evangelischen Sinnhorizont, in den die Erziehungs- und Bildungsarbeit evangelischer Schulen eingebettet ist. Weiteres liefern die Schulprogramme theologische sowie pädagogische Erläuterungen dazu, was sie unter Erziehung und Bildung im »christlichen bzw. evangelischen Geist« verstehen und welche Merkmale dieses Erziehungs- und Bildungsverständnis hat.

Die theologischen und die pädagogischen Bestimmungen von Erziehung und Bildung werden einander auf unterschiedliche Art und Weise zugeordnet. Es sind folgende Grundmuster zu finden:
- Eine biblisch-theologische Argumentation und Begründung pädagogischer Grundansichten ist charakteristisch für die Schulprogramme. Die theologischen Prämissen bestimmen – ausgehend von der Gottebenbildlichkeit und der Rechtfertigung des Menschen – meistens die Ermöglichungsbasis und die Zielperspektiven von Erziehung und Bildung.
- Es gibt Textpassagen, die die konkreten pädagogischen Einstellungen und Handlungen theologisch begründen.
- Weitere Textstellen legen theologische und pädagogische Perspektiven des Erziehungs- und Bildungsverständnisses offen und weisen auf deren Anknüpfungspunkte und Zusammenhänge hin.
- Ein Teil der diesbezüglichen Textpassagen über Erziehung und Bildung bleibt auf der pädagogischen Ebene und verzichtet auf die theologische Sichtweise und Interpretation.

Ein christlich bzw. evangelisch orientiertes Erziehungs- und Bildungsverständnis wird unter anderem durch solche pädagogischen Leitlinien und Handlungsperspektiven charakterisiert, die eine implizit religiöse Dimension besitzen. Fünf solche pädagogischen Leitgedanken, die das Erziehungs- und Bildungsverständnis von evangelischen Schulen prägen, wurden rekonstruiert: (1) Wertschätzung und unbedingte Annahme der Person, (2) Subjektorientierung, (3) Bildungsgerechtigkeit und diakonische Ausrichtung, (4) Qualitäts- und Professionalitätsanspruch, (5) bildender Charakter der (Schul-)Gemeinschaft.

Darüber hinaus charakterisiert ein christlich bzw. evangelisch orientiertes Erziehungs- und Bildungsverständnis, dass die religiöse Erziehung und Bildung als unverzichtbare Erziehungs- und Bildungsdimension verstanden wird. Diese Einsicht stammt aus der reformatorischen Verknüpfung von Bildung und

Glaube. Sie stellt zugleich das Subjekt mit seinen Glaubenseinstellungen bzw. Sinnfragen in den Mittelpunkt von religiösen Erziehungs- und Bildungsprozessen. In der Darstellung der Schulprogramme bekommen die erfahrungsorientierten Zugänge – Ermöglichung von Erfahrungen mit dem eigenen Glauben, Einführung in Erfahrungen mit dem Glauben – eine besonders wichtige Rolle in den religiösen Erziehungs- und Bildungsprozessen evangelischer Schulen. Die religiöse Erziehung und Bildung setzt sich weiterhin kritisch-reflexiv mit den Religionen und mit der menschlichen Religiosität, insbesondere mit der eigenen Religiosität und Glaubenseinstellung auseinander. Sie wird mit der ethischen Erziehung und Bildung verknüpft, wobei die Werte von ihren Begründungen und Beweggründen her verstanden und erschlossen werden, die in christlich-religiösen Sinnzusammenhängen eingebunden sind.

Was den Umweltbezug betrifft, fordert das christlich bzw. evangelisch orientierte Erziehungs- und Bildungsverständnis weder eine Distanz von gegebenen Kontexten und Entwicklungen noch eine Bedienung des Zeitgeistes, sondern eine kritisch-reflexive Auseinandersetzung des Individuums mit den aktuellen Situationen. Insofern ist ein christlich bzw. evangelisch orientierte Erziehungs- und Bildungsverständnis zeitgemäß, dass es die kontextuellen Bedingungen und Prozesse wahrnimmt und berücksichtigt. Orientierung bietet aber für die Erziehungs- und Bildungsprozesse die Forderung, dass Erziehung und Bildung – unter Berücksichtigung der kontextuellen Situation – im Dienste des Lebens, im Dienste des Subjekts, der Menschen, der Gemeinschaften, der Gesellschaft und der gesamten Welt steht. Die Tradition gilt als erprobte und bewährte Erfahrung, die für weitere Erfahrungen und Entwicklungen Reflexionshorizonte und Urteilskriterien bereitstellt.

Das Erziehungs- und Bildungsverständnis auf der Grundlage des Nationalen Grundlehrplans ist zwar nicht der dominante, aber ein relevanter Ansatz für die Erziehung und Bildung an evangelischen Schulen in Ungarn. Besondere Merkmale dieses Erziehungs- und Bildungsverständnisses sind die Bestimmung von konkreten Bildungsinhalten, die national-staatsbürgerschaftliche Erziehung und Bildung und die normative Orientierung an humanistisch-universellen Werten.

Bildung wird an ein bestimmtes Wissen gekoppelt. Nationale und allgemeine Grundkenntnisse sollen durch Erziehungs- und Bildungsprozesse vermittelt bzw. angeeignet werden. Es wird ein anwendungsfähiges Wissen angestrebt, sodass diese Grundkenntnisse nicht nur gelernt und vermittelt, sondern auch angewendet werden können. Die nationalen und allgemeinen Grundkenntnisse gelten auch als gemeinsame Werte, die für die Mitglieder der Gesellschaft –als eine gewisse »gemeinsame Sprache der Nation« – verbindenden und verpflichtenden Charakter besitzen. Die Vermittlung und Aneignung dieser Werte rückt die unausweichliche ethische Dimension pädagogischen Denkens und Handelns in den Mittelpunkt. Das wird dadurch noch bekräftigt, dass – obwohl der un-

garische Sprachgebrauch das Wortpaar Erziehung und Bildung [nevelés és ok-
tatás] miteinander eng verbunden versteht – der Nationale Grundlehrplan von
2012 den Primat der Erziehung [nevelés] ausdrücklich betont.

Die bindende curriculare Bestimmung von konkreten Bildungsinhalten weist
darauf hin, dass tradierten Inhalten und Werten nach dem Erziehungs- und
Bildungsverständnis des Nationalen Grundlehrplans eine bedeutende Rolle zukommt. Was den Wirklichkeitsbezug betrifft, sucht dieses Erziehungs- und Bildungsverständnis eine Balance zwischen tradierten Inhalten und Werten und
gegenwärtigen Entwicklungen und Kontexten. Die gegebenen Strukturen und
Kontexte werden dabei akzeptiert und gelten als verbindlich, ebenso wie die
tradierten Werte und Inhalte. Daher enthält dieses Konzept in sich eine gewisse
Spannung. Es besteht die Gefahr, dass die Veränderungsmöglichkeiten sowie die
kritischen Auseinandersetzungen sowohl mit der Tradition als auch mit den
bestehenden Systemen und Strukturen zu kurz kommen können. Die Persönlichkeitsentwicklung und Subjektwerdung konzentrieren sich demzufolge eher
auf die Anpassung des Subjekts an die bestehende Wirklichkeit statt sich als
zwangsloser Prozess menschlicher Selbstgestaltung in Freiheit zu vollziehen.

Das dritte Erziehungs- und Bildungsverständnis, das in den Schulprogrammen zum Vorschein kommt, ist das Konzept der Kompetenzentwicklung. Dieses
Konzept bekommt keine dominante Bedeutung. Das Konzept tritt in den
Schulprogrammen nicht mit dem Anspruch auf, ein ausführliches Erziehungs-
und Bildungsverständnis zu liefern. Es erscheint als Ergänzung und Teilaspekt
von Erziehung und Bildung, wie das auch im Nationalen Bildungsplan vom 2012
der Fall ist. Hinter diesem Konzept steht aber durchaus ein bestimmtes Wirklichkeitsverständnis sowie Erziehungs- und Bildungsverständnis. Dieses fließt in
das Gesamtverständnis von Erziehung und Bildung ein und modifiziert es.

Sowohl der Kompetenz-Begriff als auch das Konzept der Kompetenzentwicklung besitzen eine relative Offenheit, was eine inhaltliche Diversität in der
begrifflichen Verwendung ermöglicht. Diese inhaltliche Diversität bei der Be-
griffsverwendung ist für die Schulprogramme auch charakteristisch. Ein bedeutendes Merkmal der Begrifflichkeit ist jedoch, dass der Begriff der Kompetenz durch Handlungsorientierung und Anwendbarkeit geprägt ist. Darum wird
die Kompetenzorientierung mehrmals auch als ein Leitbegriff für zeitgemäße
Erziehung und Bildung verwendet. Die Widersprüchlichkeit in der Begrifflichkeit
zeigt, dass unter kompetenzorientiertem Unterricht nichts weiter als eine
grundlegende methodische Erneuerung verstanden wird.

Mehrere Schulprogramme haben die EU-Empfehlung von Schlüsselkompetenzen für das lebenslange Lernen von 2006 – geringfügig modifiziert, mit neun
Schlüsselkompetenzen – übernommen. Selbst diese Empfehlung gibt an, dass der
Kompetenzerwerb hauptsächlich für die flexible Anpassung an raschen gesellschaftlich-ökonomischen Wandel dient. Die Textpassagen der Schulprogramme

selbst ergänzen diese Funktionszuschreibung damit – dem Nationalen Bildungsplan vom 2012 folgend –, dass Kompetenzen nicht nur zur Anpassung, sondern auch zur aktiven Gestaltung von Veränderungen beitragen. Einige Trias-Einteilungen von Kompetenzen rücken das Kompetenz-Konzept dadurch etwas näher zum Bildungsbegriff, indem die Personalkompetenzen breit gefasst werden und sie auch die Eigenschaften bzw. Persönlichkeitsmerkmale von Menschen beinhalten. Die Zielvorstellungen der Kompetenzentwicklung bleiben aber weiterhin gesellschaftlich-ökonomisch bestimmt. Die Beschäftigungsfähigkeit, persönliches Vorankommen, Anpassungsfähigkeit, Flexibilität dienen primär ökonomisch-gesellschaftlichen Zwecken und dem Selbsterhalt. Wo ein vorwiegend auf den je vorherrschenden Wirklichkeitskonstruktionen orientiertes Erziehungs- und Bildungsverständnis vorhanden ist, bleibt von Erziehung und Bildung nicht mehr als eine Anpassungsleistung übrig.

Es ist noch zu bedenken, wie die drei rekonstruierten Erziehungs- und Bildungsverständnisse zueinanderstehen und in welcher Weise ein – zumindest teilweise – kohärentes Erziehungs- und Bildungsverständnis als Synthese von drei Verständnissen möglich ist. Die Dominanz eines christlich bzw. evangelisch orientierten Erziehungs- und Bildungsverständnisses wurde festgestellt. Dieses gilt sowohl als programmatischer Leitbegriff von Schulen in evangelischer Trägerschaft in Ungarn als auch ein durch theologische und pädagogische Inhalte und Zugänge bestimmtes Konzept von Erziehung und Bildung an diesen Schulen. Neben dem dominanten Verständnis bekommt das Erziehungs- und Bildungsverständnis des Nationalen Grundlehrplans von 2012 relevante Bedeutung an evangelischen Schulen. Das Konzept der Kompetenzentwicklung wird mittels des Ansatzes einer »an Inhalten orientierten, in Kenntnisse eingebetteten Fähigkeitsentwicklung« in den Nationalen Grundlehrplan integriert. Diese Verbindung erscheint auch in den Schulprogrammen.

Die drei Erziehungs- und Bildungsverständnisse sind in den Schulprogrammen enthalten. Die Anschlüsse, Schnittmengen und auch Gegensätze der drei Ansätze werden – bis auf einige Hinweise – nicht herausgearbeitet. Das Erziehungs- und Bildungsverständnis bleibt jedenfalls überaus vielgestaltig. Wie sich diese programmatischen Ansätze auf das Profil von Schulen in evangelischer Trägerschaft in Ungarn auswirken, analysiert das folgende Kapitel.

	Erziehung und Bildung im »christlichen bzw. evangelischen Geist«	Erziehung und Bildung im Sinne des »Nationalen Grundlehrplans« 2012	Erziehung und Bildung als Entwicklung von Kompetenzen
Subjektbezug	Subjektorientierung Unterstützung des Einzelnen bei der Subjektwerdung	Widersprüchliche Aussagen Dominante Bedeutung: Verinnerlichung der Anforderungen, Ziele und Zwecke bestehender kontextueller Gegebenheiten	Keine Subjektorientierung Eingliederung des Subjekts in die bestehende Wirklichkeit
Umweltbezug	Kritisch-reflexive Auseinandersetzung Balance zwischen Anpassung und Gestaltung von Veränderungen	Eher eine Anpassung an bestehende Kontexte Ansatzweise eine reflexive Auseinandersetzung, aber keine Gestaltung von Veränderungen	Funktional-instrumentelle Anpassung an äußere Bedingungen und Bedürfnisse
Werteorientierung	Wertebezogenheit Christliche Werte als Grundlage des pädagogischen Handelns	Normative Werteorientierung an humanistisch-universellen Werten Bildungsinhalte und Entwicklungsbereiche als gemeinsame nationale Werte	Werterelativismus
Sinnhorizont	Christlicher bzw. evangelischer Sinnhorizont	National-kulturell und gesellschaftlich-ökonomisch bestimmter Sinnhorizont	Gesellschaftlich-ökonomisch bestimmter Sinnhorizont
Menschenbild	Christliches Menschenbild Der Mensch als Geschöpf und Ebenbild Gottes	Der Mensch als soziales Wesen in seinen gesellschaftlichen, kulturellen und sozialen Bezügen	Ökonomisches Menschenbild Der Mensch als handlungs- und anpassungsfähiges Wesen
Religiöse Bildung	Religiöse Bildung als unverzichtbarer Teil der Erziehungs- und Bildungsprozesse	Religiöser Bildung kommt keine Bedeutung zu	Religiöser Bildung kommt keine Bedeutung zu
Spezialmerkmal	Ethisch-religiöse Erziehung und Bildung	National-staatsbürgerliche Erziehung und Bildung	Erwerb von Schlüsselkompetenzen

(Fortsetzung)

	Erziehung und Bildung im »christlichen bzw. evangelischen Geist«	Erziehung und Bildung im Sinne des »Nationalen Grundlehrplans« 2012	Erziehung und Bildung als Entwicklung von Kompetenzen
Tradition	Tradition ist wichtig als erprobte und bewährte Erfahrung	Tradition ist wichtig für identitätsstiftende und gemeinschaftsbildende Werte und Inhalte	Tradition besitzt keine bedeutende Rolle
Zielvorstellung	Mündiges Christsein Kirchenmitgliedschaft	Verantwortlicher Patriot	Kompetente Handlungsfähigkeit

Tabelle 27: Vergleich der Erziehungs- und Bildungskonzepte von Schulen in evangelisch-lutherischer Trägerschaft in Ungarn

11. Kategorie 5: Schulprofil der evangelisch-lutherischen Schulen in Ungarn

Der Begriff »Schulprofil« ist sowohl in der wissenschaftlichen Literatur als auch in der allgemeinen Verwendung durch eine gewisse Unschärfe gekennzeichnet[786]. In einer Reihe von Schulprogrammen wird der Begriff als selbstverständlich vorausgesetzt und benutzt, ohne dass er näher definiert wird[787].

Jede Schule verfügt über ein eigenes Profil, in dem sie ihre Schwerpunktsetzungen, Traditionen, sonstige Besonderheiten und bestimmte Eigenarten kultiviert. Dieses Profil entwickelt sich bewusst oder unbewusst, ist oft eher implizit, in gewisser Weise zufällig, in einem bestimmten Maße von Personen und Personenkonstellationen abhängig. Die Unbestimmtheit der Definition bezieht sich auf die Inhaltsbereiche sowie auf die Entstehung und Entwicklung des Schulprofils. Manche Autoren verstehen das Schulprofil als Zielgröße der Schulprogrammarbeit und der Schulentwicklungsprozesse[788], andere sehen darin die empirisch feststellbaren Merkmale einer Schule[789]. Wiederum andere sehen die Differenz im Grad der Zielorientierung und unterscheiden zwischen »dem eher zufällig gewachsenen Schulprofil« und dem Schulprogramm als »Ausdruck planvoller pädagogischer Schulgestaltung«[790]. Eine weitere Gruppe spricht von »Schulprofilierung« und betont die Bemühungen der Einzelschule, sich ihr Profil selbst zu geben und es zu schärfen[791]. In diesen verschiedenen Definitionen spiegelt sich die Dynamik zwischen Programmatik und Praxis, zwischen externer und interner, intendierter und nicht-intendierter Schulentwicklung wider.

In dieser Arbeit wird das Schulprofil im Sinne von Merkmalen und Spezifika der Schulen thematisiert. In diesem Abschnitt wird darum gefragt: *Welche Pro-*

---

786 Holtappels 2003, 164, Reimer 2006, 16ff., Philipp/Rolff [4]2006, 21f., Altrichter/Heinrich/ Soukup-Altrichter 2011b, Evangélikus Iskola 1/2010.
787 z.B. Bonyhád 32, Nyíregyháza-Kossuth 5, Békéscsaba 108, Orosháza 30, Kőszeg 28, Kiskőrös 16, Mezőberény 10, Alberti 32, Marcaltő 47.
788 Schratz 2009.
789 Standfest 2005.
790 Philipp/Rolff [4]2006, 21.
791 Altrichter/Heinrich/Soukup-Altrichter 2011a, Kuhmlehn/Klie 2011.

filmerkmale werden in den Schulprogrammen von Schulen in evangelischer Trägerschaft in Ungarn mit »das Evangelische« bezeichnet? Welches Proprium wird in den Schulprogrammen als Spezifikum evangelischer Schulen benannt und/oder angestrebt? Wie wird das Evangelische im Profil verstanden und charakterisiert?

Aus der Analyse der Schulprogramme wurden fünf Subkategorien entwickelt, die das »Evangelische« als Profilmerkmal evangelischer Schulen ausmachen.

1. Konfessioneller Religionsunterricht als ordentliches Pflichtfach,
2. Religion als Dimension beim Unterricht aller anderen Fächer sowie bei Wissens- und Fächerkulturen,
3. Religiöses Schulleben,
4. Pädagogische Merkmale der Schule mit implizit religiösem Charakter,
5. Außerschulische Lernorte und Vernetzungen.

Die Subkategorien »Konfessioneller Religionsunterricht«, »Religiöses Schulleben« und »Außerschulische Lernorte und Vernetzungen« werden im Folgenden mit ihren Eigenschaften und dimensionalen Ausprägungen dargestellt und mit Textbeispielen aus den Schulprogrammen belegt. Die weiteren Subkategorien »Religion als Dimension beim Unterricht aller anderen Fächer sowie bei Wissens- und Fächerkulturen« und »Pädagogische Merkmale der Schule mit implizit religiösem Charakter« werden – aufgrund der umfangmäßigen und inhaltlichen Begrenzung dieser Arbeit – nur partikular behandelt.

11.1 Subkategorie: Konfessioneller Religionsunterricht

Der konfessionelle Religionsunterricht als ordentliches Pflichtfach ist seit der Wende im Jahre 1989 ein Merkmal der Schulen in christlicher Trägerschaft in Ungarn. Bis zum Jahr 2013 wurde nämlich kein Religions- bzw. Ethikunterricht als ordentliches Pflichtfach an Schulen in Trägerschaft des Staates bzw. von Stiftungen und anderen Schulträgern erteilt. In den Schulen war der konfessionelle Religionsunterricht lediglich als freiwilliges Wahlfach etabliert. Seit dem Schuljahr 2013/14 ist der Ethikunterricht bzw. der konfessionell erteilte Ethik- und Religionsunterricht als Wahlpflichtfach in allen öffentlichen Schulen in Ungarn – unabhängig von der Trägerschaft der Schule – gesetzlich eingeführt[792]. Die Schulen in konfessioneller Trägerschaft haben aber nach der Gesetzesänderung ihr Spezifikum der Erteilung des Religionsunterrichts weiterhin behalten. Der konfessionelle Religionsunterricht blieb Pflichtfach, ohne dass die Wahlmöglichkeit des Ethikunterrichts besteht.

---

792 Gesetz CXC über das nationale Erziehungswesen von 2011, § 35 Absatz 1, § 97 Absatz 7.

Der konfessionelle Religionsunterricht wird in den Schulprogrammen als ein Profilmerkmal evangelischer Schulen bezeichnet. Die Tabelle 28 fasst die Ergebnisse der Analyse zur Subkategorie »Konfessioneller Religionsunterricht« zusammen.

Kategorie: Schulprofil
Subkategorie: Konfessioneller Religionsunterricht

Eigenschaften und ihre Dimensionen
1. **Organisationsform des Religionsunterrichts**
    Konfessioneller Religionsunterricht mit Bevorzugung des evangelischen Religionsunterrichts – Konfessioneller Religionsunterricht in ökumenischer Offenheit
2. **Ziele und Aufgaben des Religionsunterrichts**
    Wissensvermittlung und Aneignung einer christlich-religiösen Lebensführung – Aneignung einer christlich-religiösen Lebensführung als Hauptziel, Wissensvermittlung als Minimalziel – Persönlichkeitsbildung – Beitrag zur Schulkultur und Schulgemeinschaft – Eröffnung von Verbindungen zu Gemeinden/zu anderen Kirchen – Beitrag zur Toleranzfähigkeit – Lebenshilfe und Seelsorge – keine Angaben zur Ziel- und Aufgabenbestimmung
3. **Inhalte des Religionsunterrichts**
    Themen des gültigen Lehrplans – Themen des Ethikunterrichts – Themen des Konfirmandenunterrichts – keine Themenangabe – Leerstelle: Verweis auf und Auseinandersetzung mit ethnischer, kultureller und religiöser Pluralität
4. **Verständnis des Religionsunterrichts**
    Als ordentliches Lehrfach, gleichgestellt mit allen anderen Fächern – als Unterrichtsfach der Weltanschauungs- und Wertevermittlung – als Unterrichtsfach der religiösen und ethischen Bildung – als Antrieb von Schulkultur, Schulleben und Schulprofil – als ein Bindeglied zwischen Unterricht, Schulleben und Gemeinde – keine Verständnisbestimmung
5. **Die Religionslehrperson und das Rollenverständnis von Religionslehrpersonen**
    ReligionslehrerInnen – SchulpfarrerInnen – GemeindepfarrerInnen LehrerIn – SeelsorgerIn – Glaubenszeugin/Glaubenszeuge – Bindeglied zwischen Schule und Gemeinde

Tabelle 28: Subkategorie »Konfessioneller Religionsunterricht«

11.1.1 Organisationsform des Religionsunterrichts

Die Eigenschaft *Organisationsform des Religionsunterricht* fokussiert darauf, wie der Religionsunterricht in den Schulen erteilt wird. Die Erteilung des Religionsunterrichts an den evangelisch-lutherischen Schulen erfolgt als ordentliches Pflichtfach, in konfessionell getrennten Gruppen als konfessioneller Religionsunterricht. Die Rahmenbedingungen zur Erteilung des Religionsunterrichts regeln die staatlichen und kirchlichenVorgaben[793]. Deren Bestimmungen geben die Schulprogramme wieder.

---

793 Erlass 20 des Ministeriums für Humanressourcen von 2012, § 3, § 4, § 14, § 182, Satzung 3 der

Der konfessionelle Religionsunterricht ist vorwiegend mit zwei Wochen-stunden in den Stundenplan eingebaut[794]. Eine Ausnahme bilden die Schulen, in denen je nach Profilierung der Schulklassen wöchentlich ein oder zwei Religi-onsunterrichtstunden erteilt werden[795], und einige Grundschulen, in denen in der ersten Klasse der Religionsunterricht nur mit einer Wochenstunde im Stundenplan steht[796]. Die meisten Schulen organisieren den konfessionellen Religionsunterricht in klassenübergreifenden Lerngruppen, damit die Schule ihren Stundenplan optimieren kann und die Religionslerngruppen möglichst aus mehreren SchülerInnen bestehen[797]. Ab welcher Teilnehmerzahl die Schule eine konfessionelle Religionsgruppe organisiert, wird in den Schulprogrammen nicht angegeben.

Bei der Inskription in der Schule sollen die Eltern/Erziehungsberechtigten entscheiden, welcher konfessionelle Religionsunterricht besucht wird[798]. Hier haben die Beteiligten die freie Entscheidung, aber es muss ein konfessionell erteilter Religionsunterricht gewählt werden. Eine Abmeldung vom Religions-unterricht ist in keiner evangelisch-lutherischen Schule möglich. Über eine mögliche Ummeldung zu einem anderen konfessionellen Religionsunterricht geben die Schulprogramme keine weitere Auskunft.

Eine gewisse Differenz ist hinsichtlich der Frage zu bemerken, welche Kirchen dazu berechtigt sind, konfessionellen Religionsunterricht in einer evangelischen Schule zu erteilen. Die Schulprogramme lassen zwei Vorgehensweisen erkennen:

- *Bevorzugung des evangelischen Religionsunterrichts:* In den Schulen werden außer dem evangelisch-lutherischen vorwiegend noch römisch-katholischer und reformierter Religionsunterricht angeboten. SchülerInnen, die nicht ge-tauft sind oder für die kein ihrer Konfession entsprechender Religionsun-terricht in der Schule angeboten wird, besuchen den evangelischen Religi-onsunterricht[799].

»SchülerInnen ohne religiöses Bekenntnis nehmen verbindlich am evangelischen Re-ligionsunterricht teil.«[800]

- *Ökumenische Offenheit:* Die drei großen Konfessionen – römisch-katholisch, reformiert, evangelisch-lutherisch – erteilen den Religionsunterricht, und die

---

Evangelisch-Lutherischen Kirche in Ungarn über die inhaltlichen, rechtlichen und finan-ziellen Rahmenbedingungen des evangelisch-lutherischen Religionsunterrichts von 2014.
794 z.B. Bonyhád 70, Sopron-Eötvös 45, Miskolc 87, Alberti 5, Pápa 70, Marcaltő 59.
795 Győr 62–65.
796 Orosháza 8, Sopron-Hunyadi 41.
797 z.B. Budapest-Fasor 53, Győr 21, Békéscsaba 97, Kőszeg 54, Mezőberény 24.
798 z.B. Budapest-Deák-tér 8, Mezőberény 25, Szarvas-Vajda 69, Soltvadkert 61.
799 Budapest Deák-tér 8, Békéscsaba 41, Miskolc 88, Nyíregyháza-Túróczy 35.
800 Budapest-Podmaniczky 80.

Schule ist offen gegenüber der Erteilung von anderem konfessionellen Religionsunterricht. In zwei Schulen können SchülerInnen griechisch-katholischen Religionsunterricht[801], in einer Schule baptistischen[802] und in zwei Schulen freikirchlichen[803] (von den Baptisten und Pfingstlern gemeinsam verantworteten) Religionsunterricht wählen. In einer Schule ist es möglich, dass die SchülerInnen ohne Bekenntnis nicht nur den evangelischen, sondern auch einen anderen Religionsunterricht wählen können.

»In ökumenischer Offenheit ermöglichen wir einen konfessionellen Religionsunterricht auch für SchülerInnen, die zu anderen Konfessionen gehören. (...) Die konfessionslosen SchülerInnen nehmen am evangelischen Religionsunterricht teil, sie können aber auch um eine Einteilung in eine andere Konfessionsgruppe ansuchen.«[804]

11.1.2 Ziele und Aufgaben des Religionsunterrichts

Die Schulprogramme schreiben dem Religionsunterricht verschiedene Aufgaben und Ziele zu.

(1) In mehreren Schulprogrammen ist *eine doppelte Zielformulierung* erkennbar[805]. Dabei geht es einerseits um die Wissensvermittlung und die Weitergabe von Kenntnissen ›über‹ Religion und andererseits um die Aneignung einer ethisch-religiösen Lebensführung, um die Erziehung ›in‹ Religion.

»Der konfessionelle Religionsunterricht arbeitet mit einer doppelten Zielsetzung: Einerseits werden grundlegende Kenntnisse zur Bibelkunde, zur Zeit- und Kirchengeschichte, zur Ethik und Dogmatik im Religionsunterricht vermittelt und bearbeitet. Dadurch lernen die Jugendlichen die Entstehung und den Aufbau der Bibel, die Geschichte des Christentums und dessen wichtigste Lehren kennen. Das bedeutet konkrete, messbare Kenntnisse. Andererseits haben wir auch die Aufgabe der mit Noten nicht messbaren Wertebenennung und Wertevermittlung sowie die Ausformung des verantwortlichen Gewissens, der Ehrlichkeit, des anständigen Benehmens und Denkens.«[806]

(2) Diese doppelte Zielformulierung modifizieren mehrere Schulprogramme dadurch, dass sie die Erziehung ›in‹ Religion und die Aneignung einer christlich-religiösen Lebensführung als das Hauptziel hervorheben, die Wissensvermitt-

---

801 Nyíregyháza-Kossuth 7, Miskolc, 121.
802 Békéscsaba 28.
803 Kiskőrös 16, 43, Soltvadkert 157.
804 Budapest-Sztehlo 37.
805 Győr 13, Orosháza 8, Kőszeg 94, Budapest-Sztehlo 171–172, Kiskőrös 36.
806 Budapest-Sztehlo 171–172.

lung dagegen als ein Grund- oder Minimalziel bezeichnen[807]. Diese *Hierarchisierung der Zielbestimmungen* wird mit der Unverfügbarkeit des Glaubens begründet, gleichzeitig wird aber auch eine Verbindung zwischen Wissensvermittlung und einer möglichen Identifikation herausgestellt.

>»Der Glaube ist Gottes Geschenk, aber er kommt vom Hören, daher halten wir die Vermittlung der Bibel, unserer Bekenntnisschriften, der Werte der christlichen Ethik und Lebensführung und der evangelischen Traditionen für wichtig.«[808]

(3) Im Bereich der *Persönlichkeitsbildung* sehen die Schulprogramme eine besondere Aufgabe des Religionsunterrichts.

>»Die Selbsterfahrung, die Selbstständigkeit, die Selbsteinschätzung, die Entwicklung der seelischen, affektiven und sozialen Fähigkeiten und Fertigkeiten bekommen eine bedeutende Rolle im Religionsunterricht.«[809]

Die Förderung und Erweiterung von persönlichen Kompetenzen als Zielsetzung des Religionsunterrichts steht in einer wechselseitigen, untrennbaren Beziehung mit der sozialen, ethischen und religiösen Bildung und Erziehung. Die ethische und religiöse Bildung und Erziehung werden als genuine Aufgaben des Religionsunterrichts angesehen. Die Auseinandersetzung mit den persönlichen Glaubens- und Werteinstellungen der SchülerInnen sowie die Vermittlung christlicher Werte und die Stärkung im christlichen Glauben zeigen die Bandbreite dieser Zielsetzung.

>»Im Rahmen des Religionsunterrichts geben wir bewusst der Gestaltung des eigenen Glaubens, der Entfaltung der eigenen Meinungen, der Herstellung von Verbindungen zwischen persönlichem Leben und christlichem Glauben Platz. Wir nehmen die individuell-persönliche, die familiäre und die gesellschaftliche Situation unserer SchülerInnen ernst. (…) Im Laufe unserer Arbeit streben wir an, dass wir in den uns anvertrauten Jugendlichen das christliche Weltbild, die christliche Weltanschauung und das christliche Wertesystem ausbilden und bestärken, die Erweckung und die Festigung ihres persönlichen Glaubens unterstützen und sie in die Praxis einer religiösen Lebensführung einführen.«[810]

(4) Im sozialen Bereich schreiben die Schulprogramme dem Religionsunterricht mehrere Zielvorstellungen zu. Er soll Gemeinschaftserlebnisse ermöglichen, die Stärkung der sozialen Kompetenzen der Einzelnen fördern und einen *Beitrag zur Schulkultur, Schulentwicklung und Schulgemeinschaft* leisten. Diese Beiträge des Religionsunterrichts werden kurz erwähnt, aber nicht ausführlich behandelt. In

---

807 Budapest-Deák-tér 8, Mezőberény 25, Nyíregyháza-Túróczy 10, Pápa 12.
808 Sopron-Líceum 6.
809 Budapest-Fasor 4, Nyíregyháza-Kossuth 9, Békéscsaba 22, Sopron-Eötvös 13, Orosháza 6, Budapest-Sztehlo 158, Kiskőrös 14, Mezőberény 21, Alberti 65, Nyíregyháza-Túróczy 8, Szarvas-Benka 17, Marcaltő 31, Budapest-Podmaniczky 55, Soltvadkert 104.
810 Sopron-Eötvös 13.

den Auflistungen zu den Lernformen sozialer Bildung und zu den Themengebieten der Schulentwicklung erscheint unter anderem auch der Religionsunterricht[811]. Lediglich der gemeinschaftsstiftende Charakter des Religionsunterrichts wird in den Schulprogrammen etwas ausführlicher benannt.

>>Die Rolle und Aufgabe des Religionsunterrichts zielt – jenseits der Wissensvermittlung – auf das Darstellen von Vorbildern, das Erleben der Glaubwürdigkeit und das Angebot von Gemeinschaftserlebnissen.<<[812]

(5) Die Eröffnung von Verbindungen zu den Kirchengemeinden ist ein anderes, laut Schulprogrammen hervorgehobenes Ziel des Religionsunterrichts. Es geht hier in erster Linie darum, dass der Religionsunterricht für die SchülerInnen ein Bindeglied zur Kirchengemeinde anbietet[813].

>>Ziel unseres Religionsunterrichts ist die Glaubenserweckung, die Stärkung des Glaubens und die Unterstützung der aktiven Teilnahme am Gemeindeleben.<<[814]

(6) Als Ziel des Religionsunterrichts wird der respektvolle Umgang mit anderen Religionen und mit anderen Formen von Religiosität angegeben. Daher soll der Religionsunterricht einen *Beitrag zur Toleranzfähigkeit*, zu einem gelingenden gesellschaftlichen Zusammenleben leisten[815].

>>Das Ziel des Religionsunterrichts besteht darin, dass die SchülerInnen die Lehre der Bibel und der Kirche kennenlernen, dadurch können sie sich zur Ausbildung der christlichen Weltanschauung und persönlichen Überzeugung veranlasst fühlen. Im ökumenischen Geist sollen sie das Leben anderer christlichen Kirchen kennenlernen und die religiösen Überzeugungen von Anderen respektieren.<<[816]

(7) Lebenshilfe, Seelsorge und Kinderschutz sehen manche Schulprogramme ebenso als Aufgaben des Religionsunterrichts an. Diese Bereiche werden aber nur kurz erwähnt, nicht jedoch ausführlicher dargestellt und diskutiert[817].

Schließlich kommt es auch vor, dass keine Aufgaben- und Zielbestimmung für den Religionsunterricht im jeweiligen Schulprogramm angegeben wird[818].

---

811 z.B. Budapest-Fasor 18, Nyíregyháza-Túróczy 22, Pápa 35, Budapest-Podmaniczky 57.
812 Kiskőrös 36.
813 z.B. Sopron-Eötvös 13, Orosháza 8, 30, Kiskőrös 34.
814 Budapest-Deák-tér 8.
815 z.B. Békéscsaba 41, Budapest-Sztehlo 11–12, Kiskőrös 34, Mezőberény 14, Szarvas-Benka 19.
816 Kőszeg 94.
817 Nyíregyháza-Kossuth 13, Győr 27, Sopron-Eötvös 13, Budapest-Sztehlo 86.
818 Sopron-Líceum, Aszód.

11.1.3 Inhalte des Religionsunterrichts

Im Zusammenhang mit den Inhalten des Religionsunterrichts verweisen die Texte der Schulprogramme auf die gültigen Lehrpläne für den Religionsunterricht[819], auf das Unterrichtsfach Ethik[820] und auf den Konfirmandenunterricht[821]. Eine Reihe von Schulprogrammen enthält jedoch keinerlei Angaben zu den Inhalten des Religionsunterrichts[822]. Als Beobachtung ist noch festzuhalten, dass unter den Aussagen zu den Inhalten kein Hinweis auf und keine Auseinandersetzung mit ethnischer, kultureller und religiöser/weltanschaulicher Pluralität zu finden ist.

Wenn es um die Inhalte des Religionsunterrichts geht, verweisen die Schulprogramme in der Regel auf die gültigen Lehrpläne. Dadurch betonen sie den ordentlichen Lehrfach-Charakter des Religionsunterrichts.

> »Der Religionsunterricht fügt sich in den Stundenplan ein. Er wird von ausgebildeten Religionslehrpersonen gemäß den Grundlagen der gültigen Lehrpläne erteilt.«[823]

Bemerkenswert ist es, dass – wenn überhaupt – nur die Inhalte des evangelischen Religionsunterrichts näher erwähnt und thematisiert werden. Aufgrund des Lehrplans benennen die Schulprogramme die folgenden Themenkreise: Bibel, Bekenntnisschriften/Lehre der Kirche, Christliche Ethik und Lebensführung, Kirchengeschichte (ungarische und allgemeine), evangelische Traditionen, Weltreligionen[824]. Manche Schulprogramme legen die Beziehungen (Gott-Mensch, Mensch-Mensch) den Inhalten des Religionsunterrichts zugrunde[825]. Diese Strukturierung folgt den neu eingeführten Rahmenlehrplänen für den evangelischen Religionsunterricht[826].

> »Basierend auf den Lehrplänen behandelt der Religionsunterricht in breit gestellten Dimensionen die Beziehungen von Gott und Mensch und von Mensch und Mensch, so wie: grundlegende Bibelkenntnis, Ethik, die Lehre der Kirche, die geschichtlichen und kulturellen Werte des Christentums, Selbsterkenntnis, menschliches Zusammenleben

819 z.B. Békéscsaba 121–122, Miskolc 121, Budapest-Sztehlo 171–172, Kiskőrös 263, Mezőberény 25, 250, Alberti 60, Nyíregyháza-Túróczy 57, Budapest-Podmaniczky 82.
820 z.B. Budapest-Deák-tér 26, Bonyhád 64–65, Nyíregyháza-Kossuth 47, Sopron-Eötvös 47, Orosháza 44, Kiskőrös 148, Szarvas-Vajda 56.
821 Kiskőrös 263.
822 Budapest-Fasor, Sopron-Líceum, Győr, Aszód, Kőszeg, Sopron-Hunyadi, Szarvas-Benka, Pápa, Szombathely, Marcaltő, Soltvadkert.
823 Budapest-Deák-tér 8, Nyíregyháza-Kossuth 7, Miskolc 121, Mezőberény 25, Szarvas-Benka 80.
824 Budapest-Deák-tér 32, Aszód 92–93, Sopron-Eötvös 42–43, Budapest-Sztehlo 171, Szarvas-Vajda 84.
825 Kiskőrös 36, Nyíregyháza-Túróczy 57.
826 Rahmenlehrplan für den evangelischen Religionsunterricht. Anlage der Satzung Nr. 2/2013 der Evangelisch-Lutherischen Kirche in Ungarn.

und Konfliktbewältigung, gesellschaftliche und schöpfungstheologische Verantwortung, die Weltreligionen, die Herausbildung und das Erleben von persönlicher Gottesbeziehung.«[827]

Das Unterrichtsfach Ethik erwähnen die Schulprogramme insofern, als dessen Inhalte in evangelischen Schulen im Rahmen des konfessionellen Religionsunterrichts thematisiert und behandelt werden[828].

> »Den Lehrstoff des Unterrichtsfaches Ethik übernimmt in unserer Schule der Religionsunterricht. Dessen Themen waren zum großen Teil bereits im bisherigen Religionsunterricht auffindbar. Das Pflichtbewusstsein, die Anerkennung der Arbeit, die Mäßigkeit, die Empathie, die Hilfsbereitschaft, der Respekt, die Ehrlichkeit, die Toleranz, die Einsicht, die Annahme, die Selbstdisziplin – all das sind auch im Religionsunterricht zu behandelnde und auszubildende Charakterzüge.«[829]

In einer Schule soll der schulische Religionsunterricht auch die Themen des Konfirmationsunterrichts beinhalten. Welche Themen aber konkret solch ein schulischer Konfirmandenunterricht behandelt, wird nicht näher ausgeführt.

> »Der Religionsunterricht erfolgt gemäß dem am Anfang des Schuljahres abgegebenen Unterrichtsplan, seine Dokumentierung und Bewertung erfolgt in gleicher Weise wie bei den anderen Unterrichtsfächern. Eine lokale Spezialität besteht darin, dass die Gemeinde- und Lokalgeschichte als Inhalt des evangelischen Religionsunterrichts in allen Jahrgangsstufen einen Platz bekommt und in der 7. und 8. Jahrgangsstufe zwei Jahre lang die Vorbereitung auf die Konfirmation im Religionsunterricht stattfindet.«[830]

11.1.4 Verständnis des Religionsunterrichts

Die Schulprogramme bringen differente Verständnisse von Religionsunterricht zur Sprache, die sich teils aus den unterschiedlichen Ziel- und Aufgabenbestimmungen des Faches, teils aus unterschiedlicher Positionierung im schulischen Organisationssystem ergeben.

(1) Der Religionsunterricht wird als *ordentliches Unterrichtsfach in Synthese mit anderen Unterrichtsfächern* charakterisiert[831]. Hier werden die Wissenschaftsbezogenheit und die Gleichstellung des Faches mit anderen Unterrichtsfächern betont. Der Religionsunterricht ist mit allen anderen schulischen Unterrichtsfächern gleichgestellt und arbeitet mit ihnen fachübergreifend und

---

827 Kiskőrös 36.
828 z.B. Budapest-Deák-tér 26–27, Bonyhád 64, Nyíregyháza-Kossuth 46, Kiskőrös 148, Szarvas-Vajda 56.
829 Orosháza 44.
830 Kiskőrös 263.
831 z.B. Bonyhád 62–63, Győr 21, Orosháza 8, Miskolc 87, Kiskőrös 43, Szarvas-Benka 19.

fächerverbindend zusammen. Seine Beziehungswissenschaft ist die Theologie bzw. Religionswissenschaft, sein Ziel ist die Wissenserweiterung. Es geht hier um die Vermittlung von fachspezifischen und allgemeinbildenden Inhalten, von Kenntnissen über die christlich-kirchliche Lehre, um Konfessionen und Religionen. Nach diesem Verständnis ist die Benotung des Religionsunterrichts – wie bei den anderen Fächern – selbstverständlich[832].

> »In den kirchlichen Schulen ist der Religionsunterricht nicht als ein unabhängiges Fach präsent, sondern befindet sich in Synthese mit den anderen Unterrichtsfächern. In einer kirchlichen Schule soll der Religionsunterricht auf einer zuverlässigen theologisch-wissenschaftlichen Basis beruhen. Die Theologie als Wissenschaft ist gleichfalls lehrbar, wie jedes andere Unterrichtsfach. Die Kenntnisse über Glaubensinhalte und Religionen halten wir daher nicht für Kategorien einer bestimmten Weltanschauung, sondern verstehen wir als ein unabdingbares Informationssystem der humanistischen Bildung. Das Wissensgebiet, das wir unterrichten und abfragen, ist klar eingrenzbar und – ebenso wie dies bei den anderen Fächern der Fall ist – benoten wir auch den Religionsunterricht.«[833]

(2) Der Religionsunterricht wird das *Schulfach der Weltanschauungs- und Wertevermittlung*, das die nötigen Kenntnisse, Informationen und Orientierungen in weltanschaulichen Fragen liefert, um eine persönliche Entscheidung zu ermöglichen[834]. Ein gewisser Widerspruch ist in mehreren Schulprogrammen zu finden, wenn sie z. B. bei der Verständnisbestimmung vom lebendigen Glauben und der Eingliederung in die Gemeinde als Zielen des Religionsunterrichts sprechen[835]. Es wird einerseits zwar betont, dass diese Zielsetzungen menschlich nicht verfügbar sind, andererseits wird aber vom Religionsunterricht erwartet, dass er Anregungen zum Glauben und zur Mitgliedschaft in der Gemeinde gibt.

> »Das eindeutige und nicht geheime Ziel des Religionsunterrichts besteht darin, zum lebendigen Glauben zu führen. Der Glaube ist aber weder zensierbar noch erzwingbar oder erwartbar. Der Glaube an Jesus Christus ist ein Geschenk des Heiligen Geistes. Im Rahmen des Religionsunterrichts kann nur die Weitergabe der Kenntnisse geschehen, die für die Entscheidung relevant sind, und es kann das persönliche Bekenntnis der Religionslehrperson hörbar werden, ohne jeglichen Druck. (…) In einer kirchlichen Schule soll der Religionsunterricht auf die Eingliederung in die Gemeinde zielen, aber er kann die SchülerInnen nicht darauf verpflichten.«[836]

(3) Aufgrund solcher Formulierungen in den Schulprogrammen ist eine Unterscheidung zwischen dem Verständnis des Religionsunterrichts als Schulfach der Weltanschauungs- und Wertevermittlung und *als Schulfach der religiös-*

---

832 Nyíregyháza-Kossuth 7, Sopron-Eötvös 39, Kiskőrös 43, Szarvas-Benka 99, Marcaltő 61.
833 Bonyhád 62–63.
834 Sopron-Líceum 6, Győr 13, Orosháza 8, Sopron-Eötvös 13, Budapest-Sztehlo 171–172.
835 z.B. Budapest-Fasor 9, Budapest-Deák-tér 8, Győr 13, Mezőberény 25.
836 Orosháza 8.

ethischen Bildung schwer durchführbar. Der Religionsunterricht wird als ein Ort der Weltanschauungs- und Wertevermittlung gesehen, wo sich die SchülerInnen aktiv mit religiösen und ethischen Fragen auseinandersetzen können und dadurch Anregungen und Anstöße bekommen, um ihre eigene persönliche religiöse Identität zu entwickeln[837].

(4) Ein erweitertes Verständnis von Religionsunterricht vertreten jene Schulen, die ihn *als Antrieb von Schulkultur, Schulleben und des gesamten Schulprofils* charakterisieren[838]. Diese Positionierung bietet dem Religionsunterricht die Möglichkeit, aus den unterrichtlichen Rahmenbedingungen herauszutreten und seinen Einfluss auf die gesamte Organisation und das Gesamtsystem der Schule insgesamt auszuüben.

>»Unsere Bildungsarbeit [képzés] begleitet beständig der Religionsunterricht, der eine der wichtigsten Stützen unserer Erziehungsarbeit [nevelés] ist.«[839]

(5) Der Religionsunterricht wird auch als *ein Bindeglied zwischen Unterricht, Schulleben und Ortsgemeinde(n)* verstanden. Als »maßgebender« und »bestimmender« Faktor[840] der gesamten Erziehungs- und Bildungsarbeit und des Systems Schule kann der Religionsunterricht eine Rolle übernehmen, die es ihm ermöglicht, seine Absichten, Deutungen und Werte im System Schule offen darzulegen und gestaltend einzubringen. Er wird dadurch befähigt, eine Wechselbeziehung zwischen Unterricht, Schulleben, Schulkultur und Gemeinde herzustellen. Dazu tragen die Religionslehrpersonen auch bei, die für die Schule einen Konnex mit den christlichen Ortsgemeinden ermöglichen[841].

>»Die anderen religiösen Veranstaltungen der Schule – wie z.B. gemeinsame wöchentliche Andachten, die regelmäßigen Gebete, die Feier der kirchlichen Feste und der schulischen Ereignisse in gottesdienstlicher Gemeinschaft, die Besinnungstage, Besinnungswochen und -wochenenden und deren Vorbereitung im Religionsunterricht – bilden im organischen Zusammenhang einen Teil unseres Lebens. Sie bieten aber auch dazu die Möglichkeit an, dass unsere SchülerInnen in Richtung der Gemeinde in Bewegung kommen. Das ist ein hervorgehobenes Ziel unserer religionsunterrichtlichen Arbeit.«[842]

(6) Einige Schulprogramme beinhalten *keinerlei Bestimmungen* dazu, wie der Religionsunterricht verstanden werden soll[843].

---

837 Kiskőrös 56, Pápa 74, Soltvadkert 104.
838 Győr 27, Budapest-Sztehlo 11, Mezőberény 13, Szarvas-Vajda 4–5, Sopron-Hunyadi 18, Marcaltő 31.
839 Budapest-Sztehlo 11, Mezőberény 13, Szarvas-Vajda 4–5.
840 Kiskőrös 16, 34.
841 Orosháza 30, Mezőberény 68.
842 Sopron-Eötvös 13.
843 Sopron-Líceum, Aszód, Szombathely.

11.1.5 Die Religionslehrperson und das Rollenverständnis von Religionslehrpersonen

Dieser Abschnitt fragt danach, wer Religionsunterricht in den evangelisch-lutherischen Schulen erteilt, in welchem Verhältnis diese Personen zu den evangelischen Schulen stehen und welche Rolle die Schulprogramme diesen Personen zuschreibt.

In den Schulen erteilen *ReligionslehrerInnen*, *SchulpfarrerInnen* und *GemeindepfarrerInnen* Religionsunterricht. Die Schulprogramme betonen, dass der Religionsunterricht von entsprechend qualifizierten Personen durchgeführt wird[844].

> »Den Religionsunterricht darf erteilt werden durch Personen, die dafür ausgebildete PfarrerInnen oder ReligionslehrerInnen sind.«[845]

Die evangelischen ReligionslehrerInnen sind Angestellte der Schule und Mitglieder des Lehrerkollegiums. Die (evangelischen) SchulpfarrerInnen und die evangelischen GemeindepfarrerInnen, die in der Schule Religionsunterricht erteilen, sind zwar keine Angestellten der Schule, gleichwohl ebenso Mitglieder des Lehrerkollegiums. Die anderskonfessionellen ReligionslehrerInnen sowie PfarrerInnen (z. B. katholisch, reformiert) werden von den jeweiligen Kirchen, deren Religionsunterricht sie erteilen, angestellt und beauftragt. Sie sind keine Mitglieder des Lehrerkollegiums, werden als »*Partner und Unterstützer bei der Lösung unserer Erziehungsaufgaben*«[846] gesehen. Sie sind verpflichtet, die Lehre der evangelischen Kirche und die Ordnung der jeweiligen Schule zu respektieren[847].

> »Wir erwarten, dass die anderskonfessionellen Religionslehrpersonen, die in unserer Schule arbeiten, die Lehre unserer Kirche und die Ordnung unserer Schule respektieren.«[848]

Zum Rollenverständnis der Religionslehrpersonen geben die Schulprogramme die folgenden Aufgabenzuschreibungen und Rollenbilder an[849]:
- Als *LehrerInnen* haben sie die Aufgabe, ihr Fach kompetent und anspruchsvoll zu unterrichten und – wie die anderen Lehrpersonen – ihrer Erziehungs- und Bildungsaufgabe in der Schule nachzugehen und am Schulleben teilzuneh-

---

844 z.B. Győr 21, Miskolc 121, Kiskőrös 263, Szarvas-Vajda 16, Alberti 5, Szarvas-Benka 15.
845 Békéscsaba 49, Aszód 25.
846 Kiskőrös 103, Soltvadert 104.
847 z.B. Budapest-Deák-tér 11, Budapest-Sztehlo 34, Sopron-Hunyadi 11, Szombathely 5.
848 Sopron-Líceum 8, Nyíregyháza-Túróczy 13, Pápa 14.
849 Die weiteren, speziellen Aufgabenbereiche und Rollenbilder von SchulpfarrerInnen werden in dieser Auflistung nicht berücksichtigt. Zu SchulpfarrerInnen und ihren Handlungsfeldern siehe noch Kapitel 11.3.2.

men[850]. Den Religionslehrpersonen schreiben die Schulprogramme – abgeleitet vom Institutsgesetz der Evangelisch-Lutherischen Kirche – eine besondere Rolle bei der Formung und Gestaltung einer christlichen Schulkultur und des Schullebens zu[851].

»Unter anderen gehören zu seinen [=des Schulpfarrers] Aufgaben: in Zusammenarbeit mit dem Schuldirektor und den Religionslehrern die Zuständigkeit dafür, dass die Schule ihr Leben und ihre Arbeit im christlichen Geist durchführt.«[852]

– *Als SeelsorgerInnen* beraten und begleiten sie die Kinder und Jugendlichen und arbeiten als Krisen- und NotfallseelsorgerInnen in der Schule[853].

»Sie [=die ReligionslehrerInnen und PfarrerInnen, die in der Schule tätig sind] helfen mit ihrer Beratung bei der Begleitung von schulischen Freizeitaktivitäten und in persönlichen sowie kollektiven Problemsituationen.«[854]

– *Als Glaubenszeugin/Glaubenszeuge* vertreten und kommunizieren sie ihre eigene Überzeugung und Werteorientierung[855]. Sie gestalten Andachten und Gottesdienste, halten Predigten und geben persönliches Glaubenszeugnis im Religionsunterricht und in schulisch-öffentlichen Veranstaltungen. Dabei sind sie aber verpflichtet, die religiösen Überzeugungen von Anderen – besonders von SchülerInnen – zu respektieren.

»Im Rahmen des Religionsunterrichts kann nur die Weitergabe der Kenntnisse, die für eine Entscheidung relevant sind, geschehen sowie das persönliche Bekenntnis der Religionslehrperson – ohne jeglichen Druck – zur Sprache kommen. Von der Religionslehrperson erwarten wir aber verbindlich das persönliche – und nicht nur das »religiöse« – Glaubenszeugnis!«[856]

– *Als Bindeglied zwischen Schule und Gemeinde* erleichtern die Religionslehrpersonen den SchülerInnen den Anschluss an und die Eingliederung in ihre Kirchengemeinden[857].

---

850 Orosháza 29, Kiskőrös 29, 36, 103, Mezőberény 13–14, Szarvas-Benka 99, Soltvadkert 104.
851 Gesetz VIII der Evangelisch-Lutherischen Kirche in Ungarn von 2005, § 64, Absatz 2.
852 Kiskőrös 35.
853 Nyíregyháza-Kossuth 13, Győr 27, Aszód 24, Orosháza 29, Kiskőrös 63, Sopron-Hunyadi 18, Szarvas-Benka 80, Marcaltő 31.
854 Szarvas-Benka 80.
855 Budapest-Deák-tér 9, Orosháza 8, Kiskőrös 16, Mezőberény 25, 47.
856 Orosháza 8.
857 Sopron-Eötvös 15, Kiskőrös 34, 103, Soltvadkert 104.

»Unsere entscheidende konfessionelle Ausrichtung ist die Evangelisch-Lutherische nach dem Augsburgischen Bekenntnis. Jeder Schüler/jede Schülerin kann aber entsprechend seiner Konfession am konfessionellen Religionsunterricht teilnehmen. Dadurch ergibt sich eine Verbindung mit ihrer Religionslehrperson, die eine Möglichkeit für die Eingliederung in der jeweiligen Kirchengemeinde bietet.«[858]

11.1.6 Fazit: Konfessioneller Religionsunterricht als Profilmerkmal evangelischer Schulen

Die Analyse der Subkategorie »Konfessioneller Religionsunterricht« zeigt, dass die evangelisch-lutherischen Schulen dem ordentlichen Pflichtfach-Charakter des Religionsunterrichts einen hohen Stellenwert beimessen. Der Religionsunterricht wird an den Schulen in konfessionell getrennten Gruppen erteilt und vorwiegend mit zwei Wochenstunden in den Stundenplan eingebaut. Neben dem evangelisch-lutherischen werden noch römisch-katholischer und reformierter Religionsunterricht an jeder evangelischen Schule angeboten. Weitere christliche Konfessionen – griechisch-katholisch, freikirchliche – können in manchen Schulen Religionsunterricht erteilen.

Es wird kein Parallelfach zum Religionsunterricht angeboten und an keiner evangelischen Schule ist eine Abmeldung vom Religionsunterricht möglich. SchülerInnen ohne Bekenntnis oder mit anderen Bekenntnissen nehmen – bis auf eine Schule, wo eine Wahl aus dem Religionsunterrichtsangebot möglich ist – am evangelischen Religionsunterricht teil. Die Schulprogramme weisen darauf hin, dass die Themen des Unterrichtsfachs »Ethik« im Religionsunterricht ihren Platz finden und die Inhalte des Religionsunterrichts die gültigen Lehrpläne bestimmen. Mit dem Verweis auf die offiziell anerkannten Lehrpläne wird der Charakter des Religionsunterrichts als ordentliches Schulfach ausdrücklich und ganz bewusst hervorgehoben.

Als Profilmerkmal evangelischer Schulen gelten nicht nur die Organisationsform des konfessionellen Religionsunterrichts als eines ordentlichen Unterrichtsfaches, sondern auch die Bestimmungen zum Verständnis und zu den Zielen des Faches sowie seine Positionierung im schulischen Organisationssystem. In den Texten zu den Zielbestimmungen und zum Verständnis des Religionsunterrichts kommt eine doppelte Zielformulierung und Verständnisbestimmung von Religionsunterricht zum Vorschein.

– Einerseits wird das Fach als ordentliches Unterrichtsfach verstanden, das fachspezifische und allgemeinbildende Inhalte vermittelt und im Zusammenhang mit den anderen Unterrichtsfächern steht. Dieser Anspruch auf

---

858 Kiskőrös 34.

Gleichstellung mit den anderen Unterrichtsfächern ist in den Ausführungen deutlich zu erkennen.

– Andererseits wird der Religionsunterricht als Unterrichtsfach der Weltanschauungs- und Wertevermittlung gesehen, das auf die Persönlichkeitsbildung und die Aneignung einer ethisch-religiösen Lebenseinstellung und Lebensführung zielt.

Ob es dabei um die Vermittlung von Werteeinstellungen und Weltanschauungen geht oder aber um eine ethisch-religiöse Bildung, das bleibt in den Schulprogrammen in der Schwebe. Die Texte formulieren hier unklar. Die Begrifflichkeit wird in diesem Bereich nicht hinreichend konsequent verwendet. Mehrere Schulprogramme geben unter den Zielsetzungen die Glaubenserweckung, die Festigung des Glaubens und die Gemeindemitgliedschaft an. Die Unverfügbarkeit des Glaubens wird angesprochen, gleichzeitig wird aber eine Verbindung zwischen ethisch-religiöser Bildung/Vermittlung und einer möglichen Identifikation und Entscheidung für den Glauben angenommen.

Der Religionsunterricht wird weiterhin so verstanden, dass er einen wichtigen Beitrag zum gemeinschaftlichen Zusammenleben leisten kann. Diese Leistung bezieht sich auf die verschiedenen Gemeinschaften innerhalb der Schule – also: Schulgemeinschaft, Schulklassen, Schulkultur. Sie reicht aber auch darüber hinaus und hat die Toleranzfähigkeit und ein respektvolles Miteinander in der Gesellschaft im Blick.

ReligionslehrerInnen, SchulpfarrerInnen und GemeindepfarrerInnen mit einer entsprechenden Ausbildung erteilen den Religionsunterricht. Im Einklang mit ihren Aufgaben werden sie als LehrerInnen, SeelsorgerInnen, GlaubenszeugInnen und als Kontaktpersonen zwischen Schule und Kirchengemeinde gesehen. Die Texte betonen dabei den Anspruch, dass ReligionslehrerInnen als LehrerInnen – wie alle andere LehrerInnen – anzuerkennen sind. Dadurch, dass ihnen mehrere Rollenbilder zugeschrieben werden, bekommt das Fach die Chance für eine Öffnung und die Möglichkeit, sich mit außerschulischen Themen und Bereichen zu verknüpfen.

11.2 Subkategorie: Religion als Dimension beim Unterricht anderer Fächer sowie bei Wissens- und Fächerkulturen

Nach den Ausführungen in den Schulprogrammen gehört es zum Erziehungs- und Bildungsverständnis evangelischer Schulen in Ungarn, dass die religiöse Dimension alle pädagogischen Handlungsformen und -felder der Schule durchdringt[859]. Der Religionsunterricht befasst sich in besonderer Weise mit Sinn-, Wert- und Wahrheitsfragen, daher hat er Bezüge zu anderen Fächern sowie zu den Wissens- bzw. Fächerkulturen, in denen sich Sinn und Erfahrung in unterschiedlicher Weise gestalten. Ein Profilmerkmal evangelischer Schulen ist es, dass die religiöse Dimension nicht allein im Religionsunterricht präsent ist und berücksichtigt wird, sondern sich auch im Unterricht anderer Fächer niederschlagen kann. Ebenso kann eine Wissens- bzw. Fächerkultur entwickelt und angestrebt werden, die die komplexen Zusammenhänge fächerverbindender und fächerübergreifender Erkenntnisse und Strukturen sowie die komplexen Handlungsfelder mit ihren Glaubenssystemen und Sinnkonstruktionen aus der Perspektive eines christlichen Lebens-, Menschen- und Wirklichkeitsverständnisses betrachtet bzw. die verschiedenen, jeweils begrenzten Weltzugänge wahrnimmt.

In welcher Form die Religion als Dimension beim Unterricht anderer Fächern und bei den Wissens- und Fächerkulturen präsent ist und berücksichtigt wird, kann in der vorliegenden Untersuchung nicht in jeder Hinsicht nachgegangen werden. Die intensive Analyse von lokalen Lehrplänen anderer Unterrichtsfächer sowie die Frage, was die religiöse Dimension für die unterschiedlichen Fächer und Fächerkulturen in den einzelnen evangelischen Schulen konkret bedeutet, überschreitet – aus Gründen des Umfangs und der inhaltlichen Begrenzung der Arbeit – die Möglichkeiten dieses Vorhabens. Jedoch wird auf diese Subkategorie mit der Eigenschaft »*Hinweise auf die religiöse Dimension bei Angaben zum lokalen Lehrplan*« in exemplarischer Form eingegangen. Darum wird an dieser Stelle nachgefragt, ob Religion als Dimension beim Fächerunterricht in den lokalen Lehrplänen der Schulen erwähnt wird.

Laut Gesetzeslage sollen die Bildungsinstitutionen ihren lokalen Lehrplan in ihrem Schulprogramm, das die Stundentafel und die Lehrpläne jedes einzelnen Faches beinhaltet, bekannt machen. Diese lokalen Lehrpläne basieren auf Rahmenlehrplänen, die entweder durch Verordnung vom Ministerium für Humanressourcen zentral vorgegeben oder von der Schule bzw. vom Träger der Schule selbst erarbeitet wurden[860]. In ihrem örtlichen Lehrplan können die Schulen von den Vorgaben der zentralen Rahmenlehrpläne in einem Ausmaß von 10 % abweichen. Die selbst erarbeiteten Rahmenlehrpläne sind durch den Schulträger einzureichen und vom Ministerium für Humanressourcen zu genehmigen.

Es wurde untersucht, ob sich bei den Angaben zum örtlichen Lehrplan der Schulen irgendein Hinweis – außerhalb der Ausführungen zum Religionsunterricht – findet, der auf die religiöse Dimension eingeht. Dabei wurden die Lehrpläne zu den einzelnen Unterrichtsfächern nicht berücksichtigt, sondern

---

859 Siehe »Erziehungs- und Bildungsverständnis« im Kapitel 10.
860 Erlass 21 des Ministeriums für Humanressourcen von 2012.

nur die allgemeinen Angaben zu den Rahmenlehplänen herangezogen. Daher gibt diese Teilanalyse keine Informationen darüber, welche Unterrichtsfächer, in welcher Form, welche (didaktischen) Zugänge zu und Zusammenhänge mit der religiösen Dimension ansprechen und theologische Betrachtungsweisen diskursiv einbringen. Es kann dabei durchaus vorkommen, dass zwar bei der Rahmenlehrplanauswahl ein Schulprogramm auf keinen christlich-religiösen Aufmerksamkeitshorizont eingeht, dass man aber beim Lehrplan eines Unterrichtsfaches dazu Aussagen findet. Auch werden im Folgenden die Aussagen der Schulprogramme zum Bildungsverständnis nicht berücksichtigt, in denen Aspekte einer christlich-religösen Welterschließung in Bezug auf die Schule als Ganze und auf den fachbezogenen und fächerübergreifenden Unterricht angesprochen und gefordert werden.

11.2.1 Hinweise auf die religiöse Dimension bei Angaben zum lokalen Lehrplan

In dieser begrenzten Analyse konnten fünf unterschiedliche Varianten ermittelt werden, wie in den lokalen Lehrplänen die konfessionell-religiöse Ausrichtung der Schule außerhalb des Religionsunterrichts Berücksichtigung findet.

– Es gibt eine Reihe von Schulen, deren Schulprogramme konkrete Hinweise auf die Berücksichtigung der religiösen Dimension im Fächerunterricht beinhalten[861]. Diese Schulen haben die zentralen Rahmenlehrpläne übernommen und verweisen darauf, dass sie im Rahmen der gesetzlich möglichen 10 % Abweichung ihre spezifischen Inhalte und Sichtweisen zur Sprache bringen.

»Der lokale Lehrplan des Gymnasiums baut auf dem zentralen Rahmenlehrplan auf. Die Spezialität unserer gymnasialen Bildung sind die vier Typen von Bildungsangeboten pro Jahrgang sowie das Wahlfach »Diakonie«, das ab dem 11. Jahrgang frei wählbar ist. Bei der Auswahl von Stundentafeln zu den Bildungsangeboten haben wir die Stundentafeln der zentralen Rahmenlehrpläne adaptiert. Die Abweichung von 10 % pro Unterrichtsfach haben wir zum Einbeziehen von christlich-religiösen Inhalten und als Möglichkeit zu Nachhilfe, Übungen und Korrepetition verwendet. Wir haben dies im Teil des lokalen Lehrplans bei den Anforderungen der einzelnen Unterrichtsfächer ausführlich formuliert.«[862]

– Eine Gruppe von weiteren Schulen geht ebenso vom zentralen Rahmenlehrplan aus und formuliert, dass sie diesen durch »*lokale Besonderheiten*« er-

---

861 z.B. Budapest-Deák-tér 23, Sopron-Eötvös 45, Mezőberény 14, Alberti 60, Nyíregyháza-Túróczy 41.
862 Budapest-Sztehlo 260.

gänzt[863]. In den Formulierungen wird aber nicht deutlich, was damit wirklich gemeint ist. Es bleibt weitgehend unklar, ob die Texte die Berücksichtigung von örtlich-lokalen, christlich-religiösen oder von beiden bzw. anderen Merkmalen ansprechen.

»Die Inhalte und Anforderungen der Rahmenlehrpläne haben wir in geringem Maße mit Elementen von Merkmalen unserer Schule erweitert.«[864]

– Die deutliche Mehrheit von Schulen in evangelischer Trägerschaft gibt *keinen Hinweis auf die Abweichung von den zentralen Rahmenlehrplänen*[865]. Manche Schulprogramme betonen sogar, dass der lokale Lehrplan der Schule die Inhalte und Anforderungen des zentralen Rahmenlehrplans gänzlich übernommen hat. Die beiden Lehrpläne stimmen damit völlig überein, auf eine besondere Profilierung des lokalen Lehrplanes deutet nichts hin.

»Im lokalen Lehrplan unserer Schule stimmen die Inhalte und Anforderungen der Unterrichtsfächer im Pflichtfachbereich mit den Inhalten und Anforderungen der vom Bildungsminister herausgegebenen zentralen Rahmenlehrpläne vollkommen überein.«[866]

– Eine Schule macht *keine Angabe* zu den verwendeten Rahmenlehrplänen[867].
– Es gibt keine einzige Schule unter den Schulen in evangelischer Trägerschaft, die *einen eigenen Rahmenlehrplan* entwickelt hat.

Subkategorie: Religion als Dimension im Unterricht anderer Fächer sowie im Blick auf die Wissens- und Fächerkulturen	
Eigenschaft: Hinweise auf die religiöse Dimension bei Angaben zum lokalen Lehrplan	
Dimensionen	Schulen
Zentraler Rahmenlehrplan mit konkreten Hinweisen auf die Berücksichtigung der religiösen Dimension im Fächerunterricht	G1, G2, M3, M9, M13, M15
Zentraler Rahmenlehrplan mit unklaren Hinweisen auf die Berücksichtigung der religiösen Dimension im Fächerunterricht	M7, M12

---

863 Békéscsaba 125, 141, Kőszeg 94.
864 Kőszeg 94.
865 Budapest-Fasor, Bonyhád, Nyíregyháza-Kossuth, Győr, Aszód, Orosháza, Miskolc, Kiskőrös, Szarvas-Vajda, Sopron-Hunyadi, Szarvas-Benka, Pápa, Szombathely, Marcaltő, Budapest-Podmaniczky, Soltvadkert.
866 Szarvas-Benka 58.
867 Sopron-Líceum.

(Fortsetzung)

Subkategorie: Religion als Dimension im Unterricht anderer Fächer sowie im Blick auf die Wissens- und Fächerkulturen	
Eigenschaft: Hinweise auf die religiöse Dimension bei Angaben zum lokalen Lehrplan	
Dimensionen	**Schulen**
Zentraler Rahmenlehrplan mit keinem Hinweis auf die Berücksichtigung der religiösen Dimension im Fächerunterricht	G3, G4, G5, G6, G7, G8, G9, M1, M4, M5, M6, M8, M10, M11, M14, M16
Kein Hinweis auf verwendete Rahmenlehrpläne	M2
Eigener, genehmigter Rahmenlehrplan	-

Tabelle 29: Hinweise auf die religiöse Dimension bei Angaben zum lokalen Lehrplan

11.2.2 Fazit: Hinweise auf die religiöse Dimension bei Angaben zum lokalen Lehrplan als (mögliches) Profilmerkmal evangelischer Schulen

Als Ergebnis der Analyse ist festzuhalten, dass die Angaben zu den lokalen Lehrplänen der evangelischen Schulen eher keinen Hinweis im Hinblick auf christlich-religiöse Perspektiven für den Fachunterricht beinhalten. Die Schulen übernehmen die zentralen Rahmenlehrpläne, die vom zuständigen Ministerium erarbeitet und empfohlen wurden. Ein geringer Anteil an evangelischen Schulen ergänzt die Vorgaben der Rahmenlehrpläne mit spezifischen Inhalten und Sichtweisen, die teils auf die evangelische Profilierung hinweisen, teils inhaltlich unklar definiert bleiben. Die Abweichung von Rahmenlehrplänen ist in einem maximalen Ausmaß von 10 % gesetzlich erlaubt. Es ist aber auch die Möglichkeit gegeben, dass die kirchlichen Schulen ihre eigenen spezifischen Rahmenlehrpläne erarbeiten und genehmigen lassen. Keine evangelische Schule hat von dieser Möglichkeit Gebrauch gemacht.

Da die Rahmenlehrpläne mit ihren Grundlagen, Schwerpunktsetzungen, ihrer Auswahl und ihren Leitgedanken bzw. Zielsetzungen ein Verständnis von Wirklichkeit vermitteln, ist nachzufragen, welche impliziten oder expliziten Welt- und Menschenbilder sich finden lassen. Sind diese Wirklichkeitsverständnisse mit einem christlich-religiösen Weltzugang vereinbar? Wo lassen sich Spannungen, Divergenzen, Übereinstimmungen, komplementäre Ergänzungsmöglichkeiten und Ansätze zum Dialog finden? Im Hinblick auf die Ergänzungen des zentralen Rahmenlehrplans ist nachzufragen, in welcher Weise die zusätzlichen Inhalte und Sichtweisen – im maximalen Ausmaß von 10 % – ein evangelisches Profil bezüglich des Fachunterrichts an evangelischen Schulen eröffnen können. Angesichts fehlender eigener Rahmenlehrpläne an evangelischen Schulen stellt sich die Frage, warum – trotz der vorhandenen Möglichkeit – kein einziger solcher Lehrplan entwickelt wurde.

11.3 Subkategorie: Religiöses Schulleben

Die Besonderheit und gleichzeitig Herausforderung von Schulen in kirchlicher Trägerschaft besteht darin, dass Religion nicht nur im Religionsunterricht und als Dimension im Unterricht anderer Fächer sowie bei den Fächerkulturen, sondern auch in allen anderen Handlungsformen und -feldern der Schule eine grundlegende Rolle spielen kann bzw. soll. Daher ist die Frage zu stellen: *Ob und in welcher Form Religion im Schulleben von evangelischen Schulen in Ungarn präsent sein und wirksam werden kann? Ob und in welcher Form das religiöse Schulleben ein Profilmerkmal evangelischer Schulen in Ungarn darstellt?*

Neuere Veröffentlichungen unterscheiden zwischen »Schulleben« und »Schulkultur« – sowie »neuer Lernkultur«. Sie definieren die Schulkultur sowie die neue Lernkultur als ein umfassendes Konzept der *»Eigenart und ganzheitlichen Qualität der jeweiligen Schule«* – mit der Gesamtheit ihrer Wertvorstellungen, Verhaltensnormen, Grundannahmen und Denk- und Handlungsweisen[868]. Demgegenüber wird das Schulleben als ein *»veralteter Begriff«* bezeichnet, der den Unterricht und das schulische Leben trennt und das Schulleben auf die außerunterrichtlichen Aktivitäten verengt[869]. Einerseits ist anzumerken, dass die Verwendung der Begriffe »Schulkultur, Schulleben, Schulprofil, neue Lernkultur« sehr different und inkonsequent ist. Eine breite Definition der Schulkultur ist z.B. mit einer bestimmten begrifflichen Fassung von Schulprofil identisch. Schultheoretisch-schulpädagogisch gesehen ist andererseits eine klare Trennung zwischen Unterricht und Schulleben praktisch nicht vollziehbar. Dies gilt zum ersten deswegen, weil Schule nicht nur Ort des Unterrichts, sondern zugleich Lebensraum für die Beteiligten ist und der Unterricht ebenso zum Schulleben gehört wie z.B. die Verhaltensweisen zwischen LehrerInnen und SchülerInnen. Zum zweiten überwinden die innovativen, fächerübergreifenden Unterrichtskonzepte (wie z.B. der Projektunterricht) und die erweiterten Bildungsangebote (wie z.B. die Ganztagsschulen und die schulischen Freizeitangebote) eben diese Trennung des Unterrichts vom Schulleben und machen so eine Trennung überflüssig.

In der vorliegenden Untersuchung wird der Begriff »Schulleben« verstanden als die institutionalisierten – oder teilweise institutionalisierten – *»schulischen Aktivitäten, die über den reinen Schulunterricht hinausgehen und auf eine Öff-*

---

868 Göhlich 2013, Horstkemper/Tillmann 2014.
869 Gudjons 2007, 43.

nung von Unterricht innerhalb der Schule und gegenüber der außerschulischen Öffentlichkeit abzielen«[870]. In der Tabelle 30 werden die Ergebnisse der Analyse der Schulprogramme zur Subkategorie »Religiöses Schulleben« zusammengefasst.

Kategorie: Schulprofil
Subkategorie: Religiöses Schulleben
Eigenschaften und ihre Dimensionen
1. **Inhalte der Beschreibung des religiösen Schullebens**   *Angebote mit christlich-religiösem Charakter – Schulgemeinschaft – Verpflichtung zur Teilnahme – Infrastruktur und äußere Kennzeichen – AkteurInnen und Verantwortlichkeit – Konfessionalität*   2. **Die SchulpfarrerInnen und ihre Handlungsfelder**   *Religionsunterricht – Seelsorge – Gestaltung des religiösen Schullebens – Jugendarbeit – Erziehung im Glauben – Beteiligung an der Schulleitung – Vernetzung mit kirchlichen Institutionen – kein Hinweis auf SchulpfarrerInnen, wohl aber auf (Gemeinde)PfarrerInnen – kein Hinweis auf (Schul)PfarrerInnen*   3. **Funktion des religiösen Schullebens**   *Beitrag zur Persönlichkeitsentwicklung von SchülerInnen – Beitrag zu Schulgemeinschaft, Schulkultur und Schulklima – Profilierung der Schule – Beitrag zur Organisation der Schule – Öffnung der Schule für die außerschulische Lebenswelt*   4. **Grad der Beschreibung des religiösen Schullebens**   *Keine Erwähnung – Geringer Hinweis auf das religiöse Schulleben – Geringer Grad der Beschreibung mit Auflistung von Angeboten – Mittlerer Grad der Beschreibung mit Präzisierung von Angeboten – Konzeptartige Beschreibung – Ausführliche Beschreibung*

Tabelle 30: Subkategorie »Religiöses Schulleben«

11.3.1 Inhalte der Beschreibung des religiösen Schullebens

Nach der Klärung des Begriffes »Schulleben« gilt es jetzt weiter nachzufragen: Welche Themenbereiche werden benannt und entfaltet, wenn die Schulprogramme Religion und das »Evangelische« im Schulleben thematisieren? Aus den Texten kristallisieren sich sechs Themen heraus, die das religiös-konfessionelle Profil im Schulleben thematisieren.

11.3.1.1 Angebote mit christlich-religiösem Charakter

Am auffälligsten sind die Angebote mit christlich-religiösem Charakter. Die wöchentlichen Schulandachten, die Besinnungstage und die Schulgottesdienste zu christlichen Feiertagen oder zu schulischen Ereignissen sind die Anlässe, die

---

870 Wermke 2012, 107. Mit weiterführenden Literaturhinweisen zur Entstehung und zur Verwendung des Begriffes »Schulleben«.

in vielen Schulprogrammen erwähnt werden und die als Charakteristika des Schullebens einer evangelischen Schule gelten[871]. In vielen Schulen beginnt und/ oder endet der Tag mit einem Tagesgebet, das von der Schulklasse gemeinsam mit den Lehrenden, die gerade Unterricht erteilen, gesprochen wird[872]. Unter den spirituellen Angeboten gehören Gottesdienste, die das Schuljahr strukturieren (wie z.B. Gottesdienste zum Schuljahresbeginn und -ende), das Schuljahr begleiten (wie z.B. Gottesdienste zu besonderen Anlässen und Ereignissen, die mit der Schule zu tun haben), bei denen die kirchlichen Feste in der Schulgemeinschaft gefeiert werden (z.B. Weihnachtsgottesdienst) oder die von der Schule und der Ortsgemeinde gemeinsam gestaltet werden. Hervorgehoben werden dabei nicht nur diese Angebote, sondern auch die gemeinsamen Vorbereitungen darauf.

> »Große Erziehungskraft hat die würdige Feier der kirchlichen, schulischen Feste und Anlässe. Nicht nur die Feier, sondern schon die Vorbereitungszeit darauf ist besonders wichtig. Unsere Kinder bereiten sich gerne und liebevoll auf die einzelnen Anlässe vor. Wir bemühen uns auch, die Eltern dabei einzubeziehen.«[873]

Zu weiteren christlich-religiösen Angeboten gehören gemeinschaftliche Aktivitäten und Freizeitangebote mit christlich-religiösem Charakter (z.B. Schüler- und Schulwettbewerbe, Sommerlager, Treffen evangelischer Schulen, Gemeindebesuche, Besinnungstage für SchülerInnen sowie für LehrerInnen), diakonisch geprägte Projekte und Angebote (z.B. außerschulische Praktika, Grundkurs Diakonie) sowie Begleitungs- und Orientierungsangebote in Glaubens- und Lebensfragen (z.B. Bibelkreise für SchülerInnen, für LehrerInnen, Seelsorge).

Die spirituellen Angebote geben dem Schuljahres- und Wochenablauf eine Struktur, verknüpfen das Kirchenjahr mit dem Schuljahr, das Schulleben mit dem Gemeindeleben, die Schule mit der Gemeinde und die evangelischen Schulen miteinander[874]. Außerdem haben die Angebote identitätsstiftenden und gemeinschaftsbildenden Charakter, die das Subjektwerden der SchülerInnen fördern, Schulgemeinschaft stiften, alle AkteurInnen der Schule für das Thema Religion sensibilisieren sowie zur Ausbildung des Schulprofils beitragen und die Traditionen der Schule bestimmen und entwickeln[875].

Die Tabelle 31 listet die christlich-religiösen Angebote von evangelischen Schulen auf, die in den Schulprogrammen aufgeführt werden. Es ist anzumerken,

---

871 z.B. Budapest-Deák-tér 9, Nyíregyháza-Kossuth 15, Kőszeg 10, Kiskőrös 33–37.
872 z.B. Győr 21, Sopron-Eötvös 13, Orosháza 8, Budapest-Sztehlo 11, Mezőberény 13, Szarvas-Vajda 5, Alberti, 20, Nyíregyháza-Túróczy 9, Szarvas-Benka 80, Pápa 12, Budapest-Podmaniczky 53.
873 Győr 21.
874 z.B. Budapest-Deák-tér 9, Győr 21, Orosháza 8, Miskolc 19, Kőszeg 111, Kiskőrös 34, Pápa 12.
875 z.B. Nyíregyháza-Kossuth 22, Győr 13, Miskolc 8, Budapest-Sztehlo 37, Kiskőrös 16, Alberti 10.

dass manche Schulen ihre spirituellen Angebote nicht spezifizieren, sondern in ihren Schuldokumenten lediglich allgemein von der Pflege kirchlicher Traditionen sprechen. Unter »kirchlichen Traditionen« werden dabei die Traditionen und Angebote der evangelischen Kirche verstanden sowie christlich-religiöse Angebote, die evangelisch geprägt sind.

Christlich-religiöse Angebote der evangelischen Schulen	Schulen
Wöchentliche Schulandachten	M1, M3, M5, M6, M8, M9, M10, M11, M12, M13, M14, M15, M16, G1, G2, G5, G8
Besinnungstage	M2, M3, M5, M6, M8, M9, M10, M11, M12, M13, M14, M15, M16, G2, G3, G5, G7, G8
Gottesdienste zu christlichen Festen	M1, M3, M5, M6, M8, M9, M10, M11, M12, M13, M14, M15, M16, G1, G2, G4, G5, G7, G8
Gottesdienste zum Schulleben, zum Schuljahresbeginn und –ende	M3, M5, M6, M8, M9, M10, M11, M12, M13, M14, G1, G2, G4, G5, G7
Tagesgebet	M5, M6, M9, M10, M12, M13, M15, M16, G1, G2, G4, G5, G8
Seelsorge	M1, M3, M6, M8, M9, M13, M14, M15, G3, G4, G7, G9
Sommerlager mit christlich-religiösem Charakter (Religionslager)	M1, M2, M6, M8, M9, M10, M11, M13, G1, G2, G3
Gemeindebesuche	M1, M2, M5, M6, M10, M13, G1, G2
Diakonische Aktivitäten	M1, M2, M3, M4, M5, M6, M9, M13, M14
Gedenktage	M1, M3, M5, G1, G7
Bibelkreise/kirchliche Jugendarbeit	M5, M13, M14, G1
Bibelkreise für Lehrende	M10, M13, M14, G4, G5, G8
Besinnungstage für Lehrende	M6, M10, M14, G4, G5, G8
Treffen von evangelischen Schulen	M2, M10
Wettbewerb Religion	M5, M8, G1
Andachten vor der Abiturprüfung	M6
Schulgottesdienste zu Nationalfeiertagen	G1
Pflege der kirchlichen Traditionen	M2, M3, M5, M6, M8, M9, M10, M11, M12, M13, M14, M15, M16, G2, G5, G7

Tabelle 31: Angebote mit christlich-religiösem Charakter der evangelischen Schulen

11.3.1.2 Schulgemeinschaft

Die Angebote mit christlich-religiösem Charakter werden als ein wichtiger Beitrag zur Entwicklung der Schulgemeinschaft gesehen[876]. Die Schulprogramme legen viel Wert auf die Schulgemeinschaft, der für die Erziehungs- und Bildungsarbeit eine wichtige Rolle zugeschrieben wird.

> »Die Entwicklung der Schulgemeinschaft ist ein Prozess, der die Beziehung zwischen Individuum und Gesellschaft ausformt und herstellt. In unserer individualisierten und erfolgsorientierten Welt kann die Gemeinschaft jene Quelle der schulischen Erziehung bilden, die die Herausbildung eines »Wir-Gefühls«, die Vermittlung des Wertesystems von Fasor [Name der Schule] und die Wertschätzung anderer Menschen fördert.«[877]

Die Schulgemeinschaft, das »Wir-Gefühl«, wird in einem breiten Sinne verstanden. Sie geht über räumliche und zeitliche Grenzen hinaus und bezieht die ungarische evangelisch-lutherische Kirche mit ein. Diese Sicht, dass zur Schulgemeinschaft in einem umfassenderen Verständnis die evangelisch-lutherische Kirche und die Ortsgemeinden gehören – sowie die Mitglieder der Kirche und der Gemeinden –, wird angestrebt und kultiviert.

> »Ein besonders wichtiger Teil der Tradition des Lyzeums ist die Entwicklung der Gemeinschaft. Unsere Schule war schon in den letzten Jahrzehnten als eine Gemeinschaft in der ungarischen Kulturgeschichte präsent, die als ein Dreieck von »SchülerInnen-LehrerInnen-Kirche« beschrieben worden ist. Daher halten wir als Mitglieder unserer Gemeinschaft im breitesten Sinne jede Person für wichtig, der die Sache des Lyzeums am Herzen liegt: unsere derzeitigen oder ehemaligen SchülerInnen, unsere derzeitigen oder ehemaligen LehrerInnen, die Mitglieder unserer evangelischen Kirche. Diese Ansicht soll die Schülerschaft und die unterschiedlichen gemeinschaftlichen Gruppen des Lyzeums grundlegend bestimmen.«[878]

Dieses Verständnis enthält einerseits soziologisch geprägte Züge, wenn die Schulgemeinschaft von bestimmten Verhaltensweisen und Zugehörigkeiten, aber auch programmatischen Aussagen über Verbundenheit und umspannende Perspektiven her definiert wird. Neben dem eher soziologisch bestimmten Verständnis von Schulgemeinschaft ist aber auch ein theologisches Verständnis von Schulgemeinde erkennbar, sofern die Mitglieder der Schulgemeinschaft sich als »*Geschwister in Christus*«[879] und »*Leib Christi*«[880] verstehen. Die Schulgemeinschaft wird auch als Gemeinde, als Ort des gelebten Glaubens aufgefasst[881].

---

876 z.B. Sopron-Líceum 11, Aszód 22, Orosháza 17, Budapest-Sztehlo 63, Mezőberény 52, Pápa 11.
877 Budapest-Fasor 18.
878 Sopron-Líceum 11.
879 Budapest-Deák-tér 9, Orosháza 7, Kőszeg 18.
880 Kiskőrös 35.
881 z.B. Győr 3, Kőszeg 18, Budapest-Sztehlo 11, Szarvas-Vajda 4–5, Szarvas-Benka 36.

»Die Geschichte unseres Christentums, unsere Feste, unsere christliche Lebensführung, die Möglichkeiten unseren Glauben erleben zu können bieten uns die wirkungsvollsten Gelegenheiten zur Gemeinschaftsentwicklung. In dieser Arbeit kommt der Schule als eine Möglichkeit zum Erleben der Gemeinde eine bedeutende Rolle zu. Unsere spezifische Gemeinde-Existenz lenkt der Schulpfarrer/die Schulpfarrerin, der/die in Kooperation mit den PfarrerInnen der umliegenden Gemeinden und mit unseren ReligionslehrerInnen arbeitet.«[882]

Die Schulgemeinschaft beinhaltet bestimmte Werte und Normen, Einstellungen und Haltungen, auf denen das schulische Leben und die schulische Arbeit beruhen und die durch diese nach außen transportiert werden. Als besondere Merkmale dieser Schulgemeinschaft werden die wertschätzende und anerkennende Schulatmosphäre und die starke Kooperation herausgestellt[883]. In der Entfaltung und im Fortbestehen der Schulgemeinschaft bekommen die Traditionen und ihre Pflege – darunter die christlich-religiösen Angebote und weitere gemeinschaftliche Programme – besondere Aufmerksamkeit. Ihnen wird die Funktion der Entwicklung eines Zusammengehörigkeitsgefühls zugeschrieben.

»Im Leben der Gemeinschaften bekommen die Traditionen eine entscheidende Rolle. Diese entwickeln und bewahren das fortlaufende Weiterbestehen der Gemeinschaft. Die regelmäßig erscheinende Schulzeitung sichert die Erhaltung der lebendigen Beziehung zwischen Schule, SchülerInnen, Eltern und AltschülerInnen. Die Wahrzeichen des Gymnasiums, die bewusst ausgebildeten Bräuche, die regelmäßig sich wiederholenden Ereignisse stärken die Verbundenheit mit den SchülerInnen und mit den AltschülerInnen von »Kossuth«. Die jährliche Veranstaltung des Familientages ist dazu geeignet, dass zwischen Familien, Eltern und Lehrenden engere Beziehungen entstehen und dadurch die festgesetzten Ziele durch eine erfolgreichere Kooperation erreicht werden können.«[884]

Die Formulierungen weisen auf die Bemühungen um ein Zugehörigkeitsgefühl und die Identifikation mit schulischen wie kirchlichen Traditionen hin[885]. Die in der ersten Person Plural formulierten Aussagen – unsere Schule, unsere Kirche, unsere Feste – unterscheiden bezüglich der Gemeinschafts- und Zugehörigkeitsansprüche nicht zwischen kirchlichen und schulischen Einsichten. Die Evangelisch-Lutherische Kirche in Ungarn und ihre Schulen sprechen als Mitglieder einer umfassenden Gemeinschaft und laden die SchülerInnen ein, an dieser Gemeinschaft teilzuhaben und teilzunehmen. Dass die Schulgemeinschaft auch als Gottesdienstgemeinschaft verstanden wird, zeigt die Verknüpfung von wöchentlichen Morgenandachten und Schulversammlungen.

---

882 Budapest-Sztehlo 63, Mezőberény 52, Szarvas-Vajda 31, Szarvas-Benka 36.
883 Sopron-Líceum 12.
884 Nyíregyháza-Kossuth 15.
885 z.B. Sopron-Líceum 11, Nyíregyháza-Kossuth 15–16, Miskolc 19–20, Nyíregyháza-Túróczy 32.

»Unsere Schule strebt danach, dass die SchülerInnen sich in der Schule wohl fühlen und die Eltern mit unserer Arbeit zufrieden sind. Daher sollen wir von den SchülerInnen und von den Eltern über unsere Arbeit fortlaufend Rückmeldungen bekommen. Dazu brauchen wir gut funktionierende Kommunikationskanäle. Die Information der gesamten Schülerschaft über die aktuellen Ereignisse der Schule erfolgt in wöchentlicher Regelmäßigkeit montags bei den wöchentlichen Morgenandachten.«[886]

In einer Reihe von Schulen werden die wöchentlichen Andachten mit der Schulversammlung verknüpft[887]. Der Ort der gelebten Religion, der christlichen Spiritualität wird ein Ort der Schulorganisation. Wie die Schulprogramme formulieren, dient die Schulversammlung als Informationsplattform für alle SchülerInnen der Schule. Angesichts dieser Funktion wird vorausgesetzt, dass die Teilnahme an den wöchentlichen Andachten bzw. Schulversammlungen verpflichtend ist.

11.3.1.3 Verpflichtung zur Teilnahme

Mehrere Schulprogramme geben Auskunft über den Verpflichtungsgrad der Teilnahme an den spirituellen Angeboten der Schule. Vor allem geht es darum, ob die Teilnahme an den wöchentlichen Morgenandachten – die in jeder evangelischen Schule stattfinden – für die Schülerschaft verpflichtend ist.

Verpflichtungsgrad der Teilnahme	Schulen
Konkret formulierte Teilnahmepflicht	M3, M5, M11, G8
Indirekt formulierte Teilnahmepflicht	M1, M6, M7, M8, M9, M10, M13, M14, G1, G2, G5
Teilnahme als Erwartung formuliert	M2, M4, M15, M16, G3, G6, G9
Ablehnung einer Verpflichtung	M10
Keine Angaben zur Verpflichtung	M12, G4, G7
Andachten mit Schulversammlungen	M1, M3, M9, M13, G1, G2, G5
(Monatliche) Sonntagsgottesdienste mit den Schulklassen	M1, M6, M10, M14

Tabelle 32: Verpflichtungsgrad der Teilnahme an den spirituellen Angeboten der Schule

(1) Die Tabelle 32 zeigt, dass bei der Mehrheit der Schulen eine indirekte Formulierung zur Teilnahmepflicht bevorzugt wird[888]. Die Schulprogramme schreiben nicht explizit vor, dass die Teilnahme an den wöchentlichen Schulandachten »obligatorisch« ist, deuten aber darauf hin, dass eine Teilnahme erwünscht ist.

---

886 Budapest-Fasor 26.
887 Budapest-Fasor 26, Budapest-Deák-tér 9, Sopron-Eötvös 18, Alberti 40, Nyíregyháza-Túróczy 31.
888 Budapest-Fasor 26, Győr 21, Békéscsaba 41, 48, Aszód 83, 98, Sopron-Eötvös 13, 18, Orosháza 8, Budapest-Sztehlo 81, Kiskőrös 78, Alberti 20, 40, Nyíregyháza-Túróczy 27, Pápa 64.

Entweder beschreiben sie die Teilnahme als Selbstverständlichkeit, bauen die Schulandachten in den Stundenplan ein oder verknüpfen die Andachten mit den Schulversammlungen.

>»Einmal pro Woche nehmen die SchülerInnen und die LehrerInnen der Schule am gemeinsamen Schulgottesdienst teil.«[889]

(2) Es gibt Schulen, die eine obligatorische Teilnahme konkret vorschreiben[890].

>»Die Teilnahme an den wöchentlichen Morgenandachten ist für unsere SchülerInnen obligatorisch. Nach der Andacht halten wir die Schulversammlung ab, da während der Schulwoche dies der einzige Anlass ist, wo die ganze Schülerschaft präsent ist.«[891]

(3) Eine andere Gruppe von Schulen formuliert die Teilnahme als Erwartung an die SchülerInnen[892].

>»Wir erwarten von den SchülerInnen des Gymnasiums, dass sie regelmäßig am Gemeinschaftsleben der Einrichtung und an den Schulgottesdiensten teilnehmen.«[893]

(4) Eine Schule spricht die Freiwilligkeit bezüglich der Gottesdienstbesuche an. Angesichts der Formulierung bleibt aber unklar, für welche Gottesdienste diese Freiwilligkeit gilt. Eine gewisse Spannung entsteht im entsprechenden Text dadurch, dass einerseits obligatorische Gottesdienstbesuche im Arbeitsplan fixiert werden, andererseits wird aber auf das Prinzip der Freiwilligkeit hingewiesen.

>»Bis auf die im Arbeitsplan fixierten obligatorischen Gottesdienstbesuche – Gottesdienste zur Schuljahreröffnung und zum Schuljahresende usw. – kann man den regelmäßigen Gottesdienstbesuch nicht vorschreiben. Es soll ermöglicht werden, dass die Schulträger-Gemeinde und die weiteren konfessionellen Gemeinden mit den SchülerInnen den Kontakt aufnehmen können. Die Tätigkeit der »Samuel-Gruppe« ist eine wirksame Form, um in Orosháza den Religionsunterricht zu begleiten und zu unterstützen; aber auf freiwilliger Basis. Die zwei Grundpfeiler des Religionsunterrichts sind daher: konkrete, eindeutige und authentische Kenntnisvermittlung sowie ein die Persönlichkeit der SchülerInnen respektierendes Feingefühl.«[894]

(5) Es gibt auch Schulprogramme, die keine Angabe zur Teilnahmepflicht enthalten[895].

(6) Manche Schulen organisieren Gottesdienstbesuche an Sonntagen, an denen die Teilnahme in einer bestimmten Regelmäßigkeit – einmal pro Monat,

---

889 Békéscsaba 41.
890 Budapest-Deák-tér 9, Nyíregyháza-Kossuth 7, Miskolc 19, Budapest-Podmaniczky 27.
891 Budapest-Deák-tér 9.
892 Sopron-Líceum 9, Bonyhád 40, Mezőberény 23, Szarvas-Vajda 23, Sopron-Hunyadi 11, Szombathely 5, Soltvadkert 21.
893 Bonyhád 40.
894 Orosháza 8.
895 Kőszeg, Szarvas-Benka, Marcaltő.

fünfmal pro Jahr – Pflicht für die SchülerInnen ist[896]. Die Schulklassen besuchen gemeinsam die ausgewählten Gemeindegottesdienste oder die SchülerInnen nehmen an diesen Gottesdiensten gemeinsam mit ihren Familien teil. Die Organisation dieser Gottesdienstbesuche ist eine Angelegenheit des Klassenvorstandes, der an diesen Gottesdiensten gemeinsam mit seiner Klasse teilnimmt[897]. Es bleibt offen, ob bei diesen Gemeindebesuchen die konfessionelle Zugehörigkeit der SchülerInnen eine Rolle spielt und die nicht-evangelischen SchülerInnen an diesen evangelischen Gottesdiensten teilnehmen dürfen bzw. müssen.

> »Sonntags erwarten wir die SchülerInnen und ihre Familien – nach der vorher festgesetzten Einteilung der Jahrgänge – zu den um halb neun Uhr beginnenden Gottesdiensten. Ebenso erwarten wir die SchülerInnen aus den Unterstufenjahrgängen zu den monatlichen Gottesdiensten mit Beginn um 15:30 Uhr.«[898]

11.3.1.4 Infrastruktur und äußere Kennzeichen

Die Religion und das Evangelische werden in mehreren Schulen durch *Infrastruktur und äußere Kennzeichen* thematisiert. Die Mehrheit der Schulprogramme zeigt das Logo der Schule auf ihrem Titelblatt. Das am häufigsten verwendete Motiv ist die Luther-Rose, die teilweise selbst das Logo der Schule ist[899], teilweise als ein Teil des Logos verwendet wird[900]. Die weiteren Logos – die zum Teil sehr traditionsreich sind – weisen ebenfalls christlich-biblische Motive auf[901]. In den Schulprogrammen findet man Hinweise auf den Raum des Religionsunterrichts/der SchulpfarrerInnen, auf Symbole der Schule (z. B. Flagge, Tracht, Logo), auf die Besonderheiten des Schulgebäudes (historischer Festsaal, historische Bibliothek, Orgel, Gedenkraum der Schule) sowie auf besondere äußere Formen von Schulbräuchen[902].

> »Die äußerlichen Kennzeichen der Traditionspflege: die Flagge der Schule, die Lutherrose, die festliche Tracht der SchülerInnen der Schule, das T-Shirt der Schule (je nach Jahrgang verschieden, in Farben der Lutherrose).«[903]

---

896 Budapest-Fasor 20, Győr 22, Orosháza 19, Kiskőrös 78.
897 Budapest-Fasor 20, Győr 22, Orosháza 19.
898 Győr 21.
899 Bonyhád, Nyíregyháza-Kossuth, Orosháza, Szarvas-Vajda, Alberti, Szarvas-Benka, Budapest-Podmaniczky.
900 Győr, Kőszeg, Budapest-Sztehlo, Mezőberény.
901 Budapest-Fasor, Sopron-Líceum, Békéscsaba, Sopron-Eötvös, Kőszeg, Mezőberény. Siehe Anhang 5 und 6.
902 z.B. Budapest-Deák-tér 6, Nyíregyháza-Kossuth 5, Aszód 12, Kőszeg 9, Kiskőrös 36, Pápa 39.
903 Miskolc 21.

Die Schulprogrammen weisen auch darauf hin, dass die Umwelt selbst erziehe-rische, motivierende Wirkung ausübt[904]. Die räumlich-sachliche Umwelt wird mit den Traditionen und mit dem Schulklima verknüpft. Die Grundlage dafür wird im evangelischen Bildungs- und Erziehungsverständnis gesehen.

»In den letzten zwei Jahrzehnten entwickelten sich unser Schulimage, die pädagogi-schen Einstellungen und Auffassungen unserer Mitarbeitenden; es befestigten sich unsere Traditionen und Bräuche, die auf der Grundlage der mehrere Jahrhunderte umfassenden evangelischen Erziehung basieren. Eines der wichtigsten Kennzeichen unserer Gemeinschaft formulierte ein evangelischer Pfarrer folgendermaßen: »Eine echte Gemeinschaft in dem Sinne, dass Fehler machen kein Ausgeliefertsein bedeutet und dass man im Erfolg nicht einsam wird.« Selbst der Ort zeigt die Verantwortung, Lebensführung und Lebensfreude der hier lebenden Menschen. Eine einladende, auf-nehmende, Interesse erweckende und zur Rückkehr motivierende sachliche Umwelt sowie eine menschenfreundliche Mentalität sind die Merkmale unserer Gemeinschaf-ten im Kindergarten sowie in der Schule.«[905]

Eine besondere spirituelle Möglichkeit bieten die evangelischen Gotteshäuser, die sich in einer größeren Zahl von Orten in unmittelbarer Nähe zum Schulge-bäude befinden. Das ergab sich aus der Geschichte des ungarischen Protestan-tismus und des evangelischen Schulwesens. In den Kirchen finden Schulgottes-dienste und wöchentliche Andachten regelmäßig statt[906]. Dadurch wird die Kirche als ein Ort der Feste und des Alltags für die Schulgemeinschaft vertraut.

»Erzieherisch ist bedeutend, dass die Altkirche [Ótemplom, Name der Kirche] einen Teil des Gebäudekomplexes bildet. Dadurch bedeutet sie den Kindern und Erwachse-nen einen natürlichen Schauplatz im Alltag und an Feiertagen. Jede Woche beginnen wir mit einer Andacht, an der die SchülerInnen der 5. bis 12. Klassen teilnehmen. Am Freitagmorgen beenden wir die Woche mit einer Andacht für die kleineren Schüle-rInnen aus den ersten bis vierten Klassen. Jede Gruppe hat ihren festen Platz in der Kirche. Die Kinder werden die Gottesdienstordnung selbstverständlich finden, sie machen sich das Verhalten in der Kirche zu eigen.«[907]

11.3.1.5 AkteurInnen und Verantwortlichkeit

Innerhalb der Eigenschaft »Religiöses Schulleben« wird im Folgenden in den Blick genommen, wer für die konzeptionelle Entwicklung, für die Gestaltung des religiösen Schullebens sowie die Organisation und Durchführung von Pro-grammen und Angeboten zuständig ist.

---

904 z.B. Sopron-Líceum 10, Békéscsaba 106, Budapest-Sztehlo 163, Marcaltő 44, Soltvadkert 216.
905 Győr 3.
906 z.B. Budapest-Deák-tér 9, Nyíregyháza-Kossuth 7, Békéscsaba 48, Alberti 14, Nyíregyháza-Túróczy 4.
907 Győr 21.

Die Mitverantwortung der Eltern erwähnt jedes Schulprogramm[908].

>Unsere Erziehungsziele können wir nur gemeinsam, mit Hilfe der Familien und der Kirche erreichen. Wir sind überzeugt, dass die Existenz und die Erforderlichkeit unserer Schule die dahinterstehende Eltern-Gesellschaft bestätigt. Eine wahre, lebendige christliche Spiritualität unserer Schule ist ohne jegliche Unterstützung von Elternhäusern unvorstellbar. Wir erwarten daher, dass die Eltern das evangelische Merkmal, das Wertesystem und die Prinzipien der Erziehungs- und Bildungsarbeit unserer Schule akzeptieren und respektieren sowie die PädagogInnen des Lyzeums anerkennen.«[909]

Neben der prinzipiellen Unterstützung einer Erziehung und Bildung »im christlichen Geist« werden konkrete Erwartungen benannt, wie die Eltern zur Förderung des religiösen Schullebens beitragen können.

>Die Eltern akzeptieren – beim Einschreiben des Kindes in unserer Schule – die Erziehung und Bildung auf der Grundlage einer christlichen Weltanschauung; sie helfen dabei, dass ihre Kinder an den kirchlichen Aktivitäten teilnehmen und sich die Traditionen der Schule aneignen.«[910]

Grundsätzlich gilt das ebenso für die Lehrenden der Schule. Bei den Erwartungen an diese wird aufgeführt, dass sie »die ihnen anvertrauten SchülerInnen im christlichen Geist erziehen«[911] und an den von der Schule organisierten Andachten und Gottesdiensten teilnehmen.

>In unserer Schule können daher nur Lehrende arbeiten – unabhängig von der konfessionellen Zugehörigkeit –, die die evangelischen Merkmale der Schule annehmen, die biblische Lehre studieren und während ihrer Arbeit keine negativen Äußerungen über die Kirche und ihre Lehre tun. Sie nehmen gemeinsam mit ihren SchülerInnen an den geistlichen Angeboten der Schule und an kirchlichen Aktivitäten teil und unterstützen die Arbeit der ReligionslehrerInnen.«[912]

Es fällt auf, dass in manchen Schulprogrammen dieses Zitat übernommen wird ohne den letzten Satz, der die Teilnahme der Lehrenden – gemeinsam mit der Schülerschaft – an spirituellen Angeboten der Schule vorschreibt[913].

Aus den Schulprogrammtexten erscheint deutlich, dass die Teilnahme und die Mitwirkung von Lehrenden bei der Gestaltung des religiösen Schullebens in den Schulen unterschiedlich vorgestellt wird. Bei der Entwicklung der Schulge-

---

908 z.B. Budapest-Fasor 26, Bonyhád 40, Aszód 16–17, Szarvas-Vajda 23, Szombathely 22, Marcaltő 37.
909 Sopron-Líceum 9.
910 Miskolc 46.
911 Budapest-Fasor 19, Bonyhád 40, Békéscsaba 50, Aszód 25, Sopron-Eötvös 21, Kőszeg 45, Budapest-Sztehlo 28.
912 Sopron-Líceum 8, Budapest-Deák-tér 10–11, Győr 20, Aszód 16, Orosháza 12, Kőszeg 22, Budapest-Sztehlo 34, Mezőberény 22, Szarvas-Vajda 22, Nyíregyháza-Túróczy 13.
913 Sopron-Hunyadi 11, Szarvas-Benka 147, Szombathely 5, Soltvadkert 21.

meinschaft schreibt jede Schule den Lehrenden wichtige Aufgaben und Mitwirkungsbereiche zu[914]. Bei den Angeboten mit christlich-spirituellem Charakter rechnen mehrere Schulen mit einer aktiven Mitgestaltung von Lehrenden[915], andere Schulen erwarten lediglich eine passive Teilnahme[916] oder geben keinerlei Hinweis auf irgendeine Beteiligung[917]. Besonders die Klassenvorstände werden angesprochen, wenn es um die Mitgestaltung des religiösen Schullebens geht. Die Aufgabenbereiche erstrecken sich von Gottesdienstbesuchen mit Schulklassen[918], aktiver Mitwirkung bei den Orientierungstagen[919], Gebeten und Lesungen[920] bis hin zur Seelsorge.

> »Die LehrerInnen sollen vorbereitet sein, auch als SeelsorgerInnen zu arbeiten. Dafür sollen sie ihre theologischen und psychologischen Kenntnisse sowie ihr Glaubenswissen erweitern und die Unterstützung von Experten im Bereich von Seelsorge erbitten.«[921]

> »Die Aufgaben der Lehrenden im Bereich des religiös-spirituellen Lebens der Schule: Sie akzeptieren die christliche Ausrichtung der Schule. Sie nehmen an den spirituellen Aktivitäten der Schule teil. Im Gebet, durch die Lesung von Bibeltexten, durch ihre christliche Gesinnung werden sie ein Vorbild für die SchülerInnen.«[922]

Zu der Art und Weise der Mitbeteiligung der Lehrenden gibt es unterschiedliche Vorstellungen. Darüber besteht aber Einigkeit, dass die Hauptverantwortung für die Organisation, Entwicklung und Gestaltung des religiösen Schullebens bei den SchulpfarrerInnen liegt. In ihrer Arbeit sollen sie vor allem von den ReligionslehrerInnen unterstützt werden.

> »In der Erziehung sowie in der Gestaltung des Schullebens im christlichen Geist haben die in der Schule voll beschäftigten SchulpfarrerInnen (Grundschule und Mittelschule) eine führende Rolle, ebenso wie die ReligionslehrerInnen, die von den einzelnen kirchlichen Konfessionen »delegiert« sind.«[923]

Es stellt sich die Frage, ob die SchulpfarrerInnen und die ReligionslehrerInnen mit ihren Aufgaben und mit ihrer Verantwortung für die Erziehung im christlichen Geist allein gelassen werden oder ob sie dieses Arbeitsfeld mithilfe des

---

914 z.B. Kőszeg 45, Kiskőrös 74, Mezőberény 53, Szarvas-Vajda 30, Alberti 18, Nyíregyháza-Túróczy 23.

915 z.B. Sopron-Líceum 8, Budapest-Deák-tér 12, Nyíregyháza-Kossuth 16, Budapest-Sztehlo 28, Pápa 46.

916 z.B. Budapest-Fasor 20, Miskolc 21, Szarvas-Vajda 27, Alberti 10, Budapest-Podmaniczky 64.

917 Sopron-Hunyadi, Szarvas-Benka, Szombathely, Marcaltő.

918 Budapest-Fasor 20, Orosháza 19, Nyíregyháza-Túróczy 27.

919 Budapest-Deák-tér 12.

920 Orosháza 19, Pápa 46.

921 Sopron-Líceum 8.

922 Pápa 46.

923 Kiskőrös 29.

gesamten Lehrerkollegiums koordinieren und leiten. In einer Reihe von Schulprogrammen wird eine solche gemeinsame Verantwortung herausgestellt[924].

> »Das Lehrerkollegium und der Mitarbeiterkreis der Schule sind gemeinsam verantwortlich für eine Erziehung und Bildung im christlichen Geist und aufgrund der wertebewahrenden und werteweitergebenden Prinzipien führen sie ihre Tätigkeit aus.«[925]

11.3.1.6 Konfessionalität

Aus der Analyse wird deutlich, dass dem religiösen Schulleben als Profilmerkmal evangelischer Schulen eine bedeutsame Rolle zukommt. Daher stellt sich die Frage: *Was bedeutet – bezogen auf das religiöse Schulleben – die konfessionelle, evangelische Ausrichtung der Schule?*

In jedem Schulprogramm wird betont – zitierend den programmatischen Grundlagentext der Evangelischen Kirche in Ungarn –, dass die Erziehungs- und Bildungsarbeit in den Schulen »im evangelischen Geist« stattfindet[926]. Ebenso wird in den Schulprogrammen darauf verwiesen, dass die religiös-spirituelle Erziehung und Bildung keine Ergänzung, sondern eine grundlegende Orientierung für die gesamte Erziehungs- und Bildungsarbeit bedeutet.

> »In unserem Bildungsinstitut bedeutet die religiös-spirituelle Erziehung und Bildung keine Ergänzung, sondern eine Orientierung für die gesamte Erziehungs- und Bildungsarbeit. Bestimmend ist unsere Konfessionalität, die lutherische Lehre nach dem Augsburgischen Bekenntnis. Alle SchülerInnen können aber an einem Religionsunterricht teilnehmen, der ihren Konfessionen entspricht. Damit ergibt sich eine Verbindung mit ihren PfarrerInnen und ReligionslehrerInnen, die ihnen helfen, eine ihrer Konfession entsprechende Gemeinde zu finden. (…) Die Aufgabe der SchulpfarrerInnen und ihrer Mitarbeitenden ist es, bei den Schulandachten solche liturgischen und musikalischen Elemente einzubauen und zu erklären, die den SchülerInnen und Mitarbeitenden der Schule dazu verhelfen, sich dem Leben und den Gottesdiensten der lokalen Gemeinde anschließen zu können.«[927]

Die ökumenische Offenheit bedeutet, dass die SchülerInnen an einem Religionsunterricht ihrer Konfessionen teilnehmen können und dass die Teilnahme am Leben ihrer Ortsgemeinden gefördert wird. In der Schule selbst ist aber das religiös-spirituelle Schulleben evangelisch-lutherisch geprägt. Als Garant für diese Prägung werden Person und Tätigkeit der SchulpfarrerInnen gesehen[928].

---

924 z.B. Budapest-Fasor 6, Budapest-Deák-tér 11, Nyíregyháza-Kossuth 11, Kőszeg 16, Soltvadkert 21.

925 Budapest-Sztehlo 28.

926 Siehe Kapitel 10.1 »Erziehungs- und Bildungsverständnis im christlichen bzw. evangelischen Geist«.

927 Kiskőrös 34.

928 Siehe Kapitel 11.3.2 »Die SchulpfarrerInnen und ihre Handlungsfelder«.

Das Reformationsfest wird in vielen Schulen mit einem Schulgottesdienst gefeiert oder in einer anderen Form gestaltet[929]. Bei den schulischen Zielangaben lässt sich die Formulierung finden, dass sich die SchülerInnen in den Traditionen und spirituellen Formen der evangelischen Kirche (Formulierung in der ersten Person Plural) auskennen und sich diese aneignen[930].

> »Die SchülerInnen eignen sich die Traditionen und Bräuche unserer Kirche an, sie verstehen die Gottesdienstordnung und praktizieren den Gottesdienstbesuch, in ihre Verhaltensformen nehmen sie das Gebet und weitere spirituelle Ausdrucksformen auf.«[931]

Den gleichen Satz formulieren weitere Schulprogramme in der dritten Person Plural (»die Traditionen und Bräuche ihrer Kirchen«). Darin zeigt sich eine Berücksichtigung der ökumenischen Zusammensetzung der Schülerschaft[932].

Die Spannung zwischen einem konfessionellen Profil und ökumenischer Offenheit sprechen die Schulprogramme an. Um zu erheben, wie damit die einzelne Schule praktisch umgeht, benötigt ein anderes Analyseinstrumentarium. Gemeinsam ist aber allen Schulen, dass das religiöse Schulleben christlich geprägt ist. Das Phänomen der Konfessionslosigkeit oder anderer Religionen wird in Bezug auf das Schulleben nicht bedacht und in den Schulprogrammen nicht weiter angesprochen. Die Aufmerksamkeit bleibt allein beim christlichen Horizont.

> »Die Bildungsinstitute der Evangelischen Kirche betätigen ihre Erziehungs- und Bildungsarbeit im Geiste der Bibel, entsprechend der lutherischen Lehre und ihrer jahrhundertelangen Traditionen im schulischen Bildungsbereich. Sie vertreten ein konfessionelles Profil, sind aber – unter Berücksichtigung der Ökumene – offen für andere christliche Kirchen.«[933]

11.3.2 Die SchulpfarrerInnen und ihre Handlungsfelder

Den SchulpfarrerInnen und ihrer Tätigkeit in der Schule wird eine wichtige Rolle bei der Gestaltung, Entwicklung und Repräsentanz des evangelischen Profils und bei der religiösen Erziehung und Bildung an evangelischen Schulen zugeschrieben. Sie sind *»Pfarrer der Schulgemeinde«*[934], *»spiritueller Leiter der*

---

929 Orosháza 18, Miskolc 19, Budapest-Sztehlo 37, Kiskőrös 79.
930 z.B. Győr 9, Aszód 4, Miskolc 8, Kőszeg 117, Budapest-Sztehlo 8, 33, Nyíregyháza-Túróczy 10.
931 Aszód 15, Budapest-Sztehlo 33, Mezőberény 16, Szarvas-Vajda 21, Sopron-Hunyadi 8, Szombathely 3.
932 Budapest-Deák-tér 10, Nyíregyháza-Túróczy 11, Pápa 15, Marcaltő 9, Soltvadkert 22.
933 Győr 9, Aszód 4, Orosháza 3, Budapest-Sztehlo 9, Mezőberény 13, Szarvas-Vajda 4, Nyíregyháza-Túróczy 10, Pápa 12, Marcaltő 9.
934 Budapest-Sztehlo 11, Mezőberény 52, Szarvas-Vajda 31.

Schule«[935], »*für den christlichen Geist der Schule verantwortlich*«[936]. In diesem Abschnitt wird danach gefragt, welche Handlungsfelder die Schulprogramme den SchulpfarrerInnen zuschreiben und welche Rolle sie in der Entwicklung und Gestaltung des religiösen Schullebens in der Schule spielen.

(1) Der *Religionsunterricht* ist ein wichtiger Aufgabenbereich. In welchem Ausmaß die SchulpfarrerInnen Religionsunterricht erteilen, wird in den Schulprogrammen nicht festgelegt. Dies geschieht vielmehr in den einzelnen Arbeitsverträgen. In den meisten Schulen leiten die SchulpfarrerInnen die Fachgruppe »Religion«. Das beinhaltet die Koordination der Arbeit der ReligionslehrerInnen und PfarrerInnen, die in der Schule den Religionsunterricht erteilen.

> »Der Schulpfarrer/Die Schulpfarrerin ist für das Koordinieren der Arbeit der ReligionslehrerInnen und für die Organisation der spirituellen Angebote in der Schule verantwortlich. Darüber hinaus ist er/sie als Seelsorger/Seelsorgerin tätig und hält den Kontakt mit den Gemeinden.«[937]

(2) Die *Seelsorge* als Aufgabenbereich wird in einer großen Zahl von Schulprogrammen erwähnt und als »*zentrales Arbeitsfeld des Schulpfarrers*«[938] bezeichnet. Die Seelsorge wird dabei in einem umfassenden Sinne verstanden. Neben der Lebensbegleitung und Beratung sowie Mediation, Prävention und dem Jugendschutz beinhaltet sie auch die Handlungen in Krisen- und Notfallsituationen. In den Schulen, wo in diesem Bereich weitere Angebote vorhanden sind – wie Schulpsychologe, Sozial- und Freizeitpädagoge –, wird eine enge Zusammenarbeit angestrebt[939]. Die Seelsorge richtet sich an alle Personen, die mit der Schule zu tun haben (SchülerInnen, LehrerInnen, Angestellte der Schule, Eltern), unabhängig von der Konfessions- und Religionszugehörigkeit. Dieses geschieht in Form von individuellen Einzelgesprächen sowie in Formen von Gruppenseelsorge.

> »Die Aufgabe des Schulpfarrers ist – neben anderen – die Seelsorge der SchülerInnen, der LehrerInnen und anderer Angestellter der Schule.«[940]

(3) Die *Gestaltung des religiösen Schullebens* konkretisiert sich in der Organisation und Durchführung von religiös-spirituellen Angeboten (Andachten, Gottesdienste, Bibelkreise usw.) und Projekten (z. B. Orientierungstage).

---

935 Kőszeg 16, Budapest-Sztehlo 11, Kiskőrös 35, Mezőberény 13, Szarvas-Vajda 16.
936 Budapest-Deák-tér 6, Kiskőrös 29.
937 Budapest-Deák-tér 9.
938 Aszód 24, Kiskőrös 35.
939 z.B. Budapest-Fasor 7, Győr 12, Aszód 31, Sopron-Eötvös 17, Orosháza 23, Budapest-Sztehlo 61.
940 Budapest-Fasor 11.

»Ein wichtiges Gebiet der Persönlichkeitsentwicklung ist die Stärkung der SchülerInnen im Glauben, deren Handlungsfelder in erster Linie die Andachten, der Religionsunterricht und das Religionslager sind. Dieser Teil der Erziehungsarbeit gehört vorrangig zur Tätigkeit der SchulpfarrerInnen. Im Idealfall leisten die Familie und die Gemeinde den größeren Anteil bei der religiösen Erziehung, aber wo diese nicht stattfindet, da bleibt es die Aufgabe und die Mission der Schule.«[941]

(4) Im Bereich der schülerbezogenen *Jugendarbeit* gehört die Organisation von Freizeitangeboten mit religiös-spirituellem und diakonischem Charakter (z.B. Religionslager, Gemeindebesuche, diakonische Praktika) zu den Aufgaben der SchulpfarrerInnen.

»Weiter organisiert der Schulpfarrer das Sommerlager (heuer Radrundweg um den Plattensee), ist bei der Organisation des 50-stündigen Gemeinwohldienstes[942] beteiligt und redigiert die Schülerzeitung der Schule.«[943]

(5) Manche Schulprogramme zählen *die Erziehung im Glauben* auch zu den Bereichen, in denen den SchulpfarrerInnen eine besondere Aufgabe zukommt. In diesem Handlungsfeld wird den SchulpfarrerInnen eine Mitbeteiligung zugewiesen, die sie gemeinsam mit den ReligionslehrerInnen und mit den Familien bzw. Pfarrgemeinden tragen.

»Die Aufgabe der SchulpfarrerInnen und ReligionslehrerInnen ist es, eine innere Motivation bei den SchülerInnen zu entwickeln, dass sie zum christlichen Glauben finden, ihren Glauben ausüben und aktive Mitglieder ihrer Pfarrgemeinden werden.«[944]

(6) Den SchulpfarrerInnen wird auch eine *Leitungsfunktion in der Schule* zugewiesen, die in unterschiedlichen Verantwortungsbereichen und Beteiligungsgraden zum Vorschein kommt. Eine Vielzahl von Schulprogrammen betitelt die SchulpfarrerInnen als »*LeiterIn der religiösen Erziehungsarbeit in der Schule*«[945]. Die SchulpfarrerInnen leiten die Schulgemeinde. Dieser Handlungsbereich wird als wichtigstes Arbeitsfeld der Schule eingestuft.

»Die religiöse Erziehung durchzieht den Alltag des Bildungsinstituts. Andachten, Morgengebete, Orientierungstage, gemeinsames Feiern unserer kirchlichen Feste und Gottesdienste ergänzen das schulische Alltagsgeschäft. Die Leitung der religiösen Erziehungsarbeit ist die Aufgabe der SchulpfarrerInnen; unter ihrer Leitung kann die

---

941 Budapest-Fasor 9.
942 In Ungarn gehört zur Voraussetzung des Abiturs, dass die SchülerInnen einen 50-stündigen Gemeinwohldienst in einem gemeinnützigen Projekt vorweisen. Diesen Gemeinwohldienst kann auch in Kirchengemeinden oder in diakonischen Einrichtungen der Kirchen absolviert werden.
943 Kiskőrös 37.
944 Sopron-Eötvös 15.
945 Kőszeg 16, Budapest-Sztehlo 11, Kiskőrös 29, 35, Mezőberény 13, 52, Szarvas-Vajda 16, 31.

Schulgemeinschaft von SchülerInnen, LehrerInnen und anderen Berufstätigen in der Schule als eine spezielle Schulgemeinde gestaltet werden.«[946]

In manchen Schulen gehört der Schulpfarrer/die Schulpfarrerin zum *Schulleitungs*team. Auf diese Weise wird die spezifische theologisch-pädagogische Sichtweise der SchulpfarrerInnen in der Leitungsorganisation der Schule verankert und für die gesamte Institution der Schule sichtbar und fruchtbar gemacht.

> »Die Schule leitet der Schuldirektor, seine Leitungsfunktion übt er mit Hilfe eines allgemein-stellvertretenden Direktors aus. Die Schulleitung wird durch den Schulpfarrer und den Schulbetriebswirt ergänzt. Der spirituelle Leiter der Schule ist der Schulpfarrer.«[947]

(7) Aus der Anstellung und den Aufgabenbereichen folgt, dass die SchulpfarrerInnen *ein Bindeglied zwischen Schule und Gemeinde sowie zwischen Schule und weiteren kirchlichen Institutionen* sind. Durch ihre Person und ihre Arbeit werden die PfarrerInnen der umliegenden Kirchengemeinden und die Gruppe der ReligionslehrerInnen innerhalb der Schule miteinander verknüpft. Das ermöglicht einerseits eine ökumenische Zusammenarbeit und andererseits eine unmittelbare Verknüpfung der Schule mit der evangelischen Bezugsgemeinde vor Ort.

> »Der Leiter unserer spezifischen Gemeinde ist der Schulpfarrer, der seine Arbeit in Zusammenarbeit mit den Leitern der umliegenden Gemeinden und mit unseren ReligionslehrerInnen ausführt.«[948]

Da die SchulpfarrerInnen mithilfe dieses Netzwerks ihre Arbeit leisten und sich in schulischen wie in kirchlichen Bereichen auskennen, koordinieren sie an einigen Schulen den Gemeinwohldienst der SchülerInnen. Die evangelischen Schulen bemühen sich darum, dass die Gemeinwohldienste möglichst in Institutionen in evangelischer Trägerschaft geleistet werden. Die Vernetzung der SchulpfarrerInnen mit den kirchlichen Institutionen bietet die nötigen Anknüpfungspunkte sowohl für die Schule als auch für die SchülerInnen.

> »Den Gemeinwohldienst organisieren wir – möglichst auf drei Jahre aufgeteilt – für die SchülerInnen der Jahrgänge 9 bis 11. Im begründeten Falle weichen wir auf die Bitte von Eltern davon ab. Die Orte des Gemeinwohldienstes in unserer Schule sind vor allem die Bildungs- und Sozialinstitutionen sowie die Gemeinden der evangelischen Kirche. Wenn SchülerInnen den Gemeinwohldienst in ihren Kirchen machen möchten, akzeptieren wir dies auch. (...) In unserer Schule koordinieren der Schulpfarrer und die Klassenvorstände den Gemeinwohldienst.«[949]

---

946 Budapest-Sztehlo 11, Mezőberény 13, Szarvas-Vajda 4–5.
947 Szarvas-Vajda 16.
948 Mezőberény 52, Szarvas-Vajda 31.
949 Budapest-Deák-tér 27–28.

(8) Es gibt Schulprogramme, die *keinen Hinweis auf SchulpfarrerInnen enthalten, wohl aber auf GemeindepfarrerInnen*, die in der Schule tätig sind[950]. Diese beteiligen sich aktiv am Leben der Schule, ihre Tätigkeit konzentriert sich nicht nur auf den Religionsunterricht. Zwischen Schule und Gemeinde wird ein wechselseitiges Miteinander angestrebt, wo eine gegenseitige Teilnahme und Teilhabe als selbstverständlich gilt.

»Die PfarrerInnen der Kirche nehmen am tagtäglichen Leben der Schule teil, neben der Erteilung des Religionsunterrichts betreiben sie Seelsorge und beteiligen sich an den verschiedenen Ereignissen des Schullebens. Damit helfen sie bei der schulischen Erziehungs- und Bildungsarbeit. Die Lehrenden und SchülerInnen der Schule nehmen ebenso aktiv am Gemeindeleben teil.«[951]

(9) Schließlich sind noch die Schulen zu erwähnen, in deren Schulprogrammen *kein gesonderter Hinweis auf SchulpfarrerInnen oder GemeindepfarrerInnen* gegeben wird[952].

Die Tabelle 33 stellt die Ergebnisse der Analyse im Überblick dar. Sie gibt einerseits Auskunft über die Tätigkeitsbereiche der SchulpfarrerInnen, weist weiterhin aber auch darauf hin, welche Bedeutung ihre Arbeit in der Schule hat und wie sie mit ihrer Arbeit im System und in der Organisation der Schule verankert sind.

Kategorie: Schulprofil	
Subkategorie: Religiöses Schulleben	
Eigenschaft: Die SchulpfarrerInnen und ihre Handlungsfelder	
Dimensionale Ausprägung	**Schulen**
Religionsunterricht	M1, M3, M5, M6, M13, M14, M15, G1, G3, G4, G7
Seelsorge	M1, M3, M5, M6, M8, M9, M13, M14, M15, G3, G4, G7, G9
Gestaltung des religiösen Schullebens	M1, M3, M6, M8, M10, M13, M14, M15, M16, G4
Jugendarbeit	M1, M2, M3, M5, M13, M14, M15
Erziehung im Glauben	M1, M9, M14, G8
Beteiligung an der Schulleitung	M3, M12, M13, M14, M15, M16
Vernetzung mit kirchlichen Institutionen	M3, M5, M10, M14, M15, M16, G2, G4, G9
Kein Hinweis auf SchulpfarrerInnen, wohl aber auf (Gemeinde)PfarrerInnen	M7, M10, G1, G7
Kein Hinweis auf (Schul)PfarrerInnen	M4, M11, G5, G6

Tabelle 33: Die Aufgabenbereiche der SchulpfarrerInnen

---

950 Békéscsaba, Orosháza, Alberti, Marcaltő.
951 Orosháza 29.
952 Bonyhád, Miskolc, Pápa, Szombathely.

Die Texte bringen in unterschiedlicher Häufigkeit die SchulpfarrerInnen und ihre Arbeitsfelder zur Sprache. Das kann ein Hinweis darauf sein, dass die Bedeutung ihrer Person und ihrer Rolle in den einzelnen Schulen unterschiedlich wahrgenommen und geschätzt wird.

Da die SchulpfarrerInnen Religionsunterricht erteilen, werden sie auch als LehrerInnen wahrgenommen. In vielen Schulen gehören sie zum Schulleitungsteam. Die Seelsorge, die Gestaltung des religiösen Schullebens, die Vernetzung der Schule mit kirchlichen Gemeinden und mit weiteren kirchlichen Institutionen werden in den Schulprogrammen aber häufiger erwähnt und als genuine Aufgaben der SchulpfarrerInnen gesehen. Ihre Person und ihre Handlungsfelder werden in den Schulen mit der Kirche und den Kirchengemeinden verknüpft. Durch ihre Person, die Art ihrer Anstellung und ihre Arbeitsfelder repräsentieren sie »das Evangelische« in den Schulen.

11.3.3 Funktion des religiösen Schullebens

Die Schulprogramme geben darüber Auskunft, welche Funktion dem religiösen Schulleben zugeschrieben wird. Die Beiträge des religiösen Schullebens können in folgenden fünf Punkten zusammengefasst werden:

(1) Dem religiösen Schulleben wird das Potential zugeschrieben, einen Beitrag zur *Persönlichkeitsentwicklung* von SchülerInnen zu leisten. Das religiöse Schulleben vermittelt Traditionen, Werte und Weltanschauung, die auf der Grundlage des christlichen Glaubens stehen, und fordert die SchülerInnen heraus, an ihrem Selbst und an ihrem Weltbild zu arbeiten. Die Wertschätzung und die Stellung der Religion zeigen sich darin, dass eine Aufzählung von Organisationsformen der Erziehungs- und Bildungsarbeit in der Schule die religiösen Angebote des Schullebens an vorderster Stelle benennt.

> »Bei der Organisation von Lernprozessen wollen wir die Aspekte der lernenden Person berücksichtigen, und wir streben die ständige Entwicklung der Selbst- und Weltanschauung unserer SchülerInnen an. Zum Erreichen unserer Ziele leisten dabei wichtige Beiträge: die christlich-religiösen Angebote, Exkursionen und das religiöse Sommerlager; die spirituelle Führung und Seelsorge; die Pflege unserer Traditionen; die Unterstützung der selbsttätigen Schülerkreise; der Verweis auf zeitgenössische Modelle; die Beratung für die Berufswahl; die Erziehung zu einer gesunden Lebensführung; die mentalhygienische Versorgung; die Drogenprävention. Dies alles trägt dazu bei, dass die Persönlichkeit unserer SchülerInnen wertvoll, in ihren Grundlagen fest und zur Entwicklung fähig wird.«[953]

---

953 Sopron-Líceum 10.

Die Angebote des religiösen Schullebens eröffnen christlich-religiöse bzw. kirchliche Erfahrungsräume, wo die SchülerInnen Religion erleben, erfahren und praktizieren können.

> »Unser Bildungsinstitut ist eine berufsbildende Schule in kirchlicher Trägerschaft. Sie möchte diejenigen ansprechen, die von der Schule auch erwarten, dass sie entsprechende Möglichkeiten bekommen, um ihren Glauben auszuüben und sich im Glauben zu stärken.«[954]

Die Angebote des religiösen Schullebens fördern die sozialen Kompetenzen der Schülerschaft.

> »Wir bemühen uns, dass viele SchülerInnen sich den Jugendbibelkreisen, den Jugendgemeinden, dem Filmklub anschließen. Diese Gruppen bieten hervorragende Möglichkeiten, um menschliche Beziehungen aufzubauen und diese gegenseitig zu pflegen. Es ist wichtig, wer ihre Freunde sind und in welcher Gemeinschaft die Jugendlichen ihre Zeit verbringen.«[955]

(2) Das religiöse Schulleben leistet zweitens einen *Beitrag zur Schulgemeinschaft, Schulkultur und zum Schulklima*. Das Potenzial der Religion, mit dem sie einen wichtigen Beitrag zur Schaffung und Entwicklung einer Gemeinschaft liefert, wird häufig in den Schulprogrammen betont.

> »Die schriftlich formulierten Erinnerungen und Andenken an unsere Schule, die Schaffung und Pflege der Traditionen haben gemeinschaftsstiftende Kräfte in unserem Bildungsinstitut. Die wichtigsten Formen der Ausformung und Entwicklung der Schulgemeinschaft in der Schule sind:
> – Die Schulgemeinschaft – Feste, Andachten, Gottesdienste,
> – Gemeinschaft der Jahrgänge,
> – Klassengemeinschaft – Unterrichtsstunden, Klassenfahrten,
> – Lerngruppen – Sprachen, Informatik, Vorbereitungsgruppen zum Abitur,
> – Gemeinschaft des Schülerheimes,
> – Schülervertretung.«[956]

(3) Das religiöse Schulleben *macht* drittens *Religion sichtbar* und *profiliert* dadurch *die evangelischen Schulen*. Die äußeren Kennzeichen (Logos, Räume usw.) und die Angebote des religiösen Schullebens machen einerseits die äußeren Formen der Religion bekannt, sichtbar und erkennbar. Andererseits kommen die Inhalte des christlichen/evangelischen Glaubens zur Darstellung. Die Schulprogramme weisen darauf hin, dass die formalen Aspekte der Religion immer mit den inhaltlichen Bezügen gemeinsam verstanden und praktiziert werden.

---

954 Kőszeg 18.
955 Nyíregyháza-Kossuth 16.
956 Aszód 22.

»Unser Ziel ist es, die äußeren Formen mit lebendigen Inhalten zu füllen, dass unser Bildungsinstitut im Ganzen ein Schulklima ausstrahlt, in dem die religiöse Erziehung und Bildung keine bloße Formalität, sondern eine lebendige Wirklichkeit wird.«[957]

(4) Das religiöse Schulleben leistet viertens einen *Beitrag zur Organisation der Schule*, wenn die christlich-religiösen Angebote die Zeit strukturieren, zwischen Alltag und Feiertag zu unterscheiden lehren und der Feier einen außergewöhnlichen und transzendenten Charakter verleihen. Die Religion wird in der Organisation der Schule verankert, die Schulgottesdienste und -andachten zeigen und bestimmen den Rhythmus des Schuljahres. Die immer wiederkehrenden und doch fortlaufenden Zeiten bilden ein Zeitbewusstsein aus. Die rituellen Wiederholungen schaffen Traditionen sowie individuelle und gemeinschaftliche Gelegenheiten der Erinnerung.

»Die Rahmen der religiösen und allgemeinen Bildungs- und Erziehungsarbeit bilden die wöchentlichen Schulandachten, die Feste des Kirchenjahres, die zweimal pro Jahr organisierten Orientierungstage sowie die das Schuljahr umrahmenden Schuljahreröffnungs- und Schuljahresende-Gottesdienste.«[958]

(5) Das religiöse Schulleben *öffnet* fünftens *die Schule für die außerschulische Lebenswelt*. Die gleiche Schulgemeinde erlebt gemeinsam das Schuljahr ebenso wie das Kirchenjahr. Das Schulleben verknüpft sich mit dem Leben und öffnet sich für das Leben. Die Unterrichtsinhalte, Schulthemen sowie Lebensthemen werden in den Horizont des christlichen Glaubens gestellt und von daher betrachtet. Dadurch bekommt die Schule einerseits eine nichtschulische Perspektive, einen kritisch-reflexiven Referenzrahmen, andererseits eine Möglichkeit zu innerschulischen und außerschulischen Vernetzungen.

»Es ist wichtig, dass die SchülerInnen im Teenageralter erfahren, dass die Grundlage eines jeden menschlichen Zusammenlebens darin besteht, dass auf die Probleme von anderen geachtet wird und dass sie durch die Unterstützung von anderen Menschen auch selbst bereichert werden. Aus diesem Interesse verstärken wir unsere Beziehungen mit den örtlichen diakonischen Anstalten der evangelischen Kirche.«[959]

11.3.4 Grad der Beschreibung des religiösen Schullebens

Wenn das religiöse Schulleben ein Profilmerkmal evangelischer Schulen darstellt, das für die evangelischen Schulen kennzeichnend ist, dann ist nachzufragen: *Wie detailliert beschreiben die Schulprogramme das religiöse Schulleben der*

---

957 Győr 22.
958 Kiskőrös 34.
959 Nyíregyháza-Kossuth 16.

Schulen? Aus der Analyse ergeben sich fünf unterschiedliche Variationen, in welcher Form und in welchem Ausmaß die Schulprogramme das religiöse Schulleben thematisieren.

- Es gibt eine Schule, deren Schulprogramm *keinen Hinweis auf religiöses Schulleben* enthält.
- *Geringer Hinweis auf das religiöse Schulleben* bedeutet, dass das Schulprogramm ziemlich knapp in ein oder zwei Sätzen auf religiöse Angebote hinweist.

»Die SchülerInnen und LehrerInnen nehmen einmal pro Woche an einem gemeinsamen Gottesdienst teil.«[960]

- *Geringer Grad der Beschreibung mit Auflistung von Angeboten* bedeutet, dass das religiöse Schulleben mindestens an zwei unterschiedlichen Textstellen im Schulprogramm erwähnt wird. Diese Erwähnung beschränkt sich aber auf die Auflistung von einigen Angeboten zum religiösen Schulleben.

»Unser spirituelles Leben:
- Teilnahme an den Schulgottesdiensten gemeinsam mit der ganzen Schulklasse, Abendmahl;
- Andachten, Besinnungstage, Vorbereitung für Religionsunterrichtswettbewerb;
- Aktive Teilnahme an kirchlichen Jugendlagern (Szélrózsa);
- Aktivität der SchülerInnen in der Gemeinde.«[961]

- *Der mittlere Grad der Beschreibung* geht über die Auflistung von Angeboten des religiösen Schullebens hinaus und benennt einige weitere Charakteristika des religiösen Schullebens, wie z.B. Begründungen und Ziele, Kontexte, Aufgabenbereiche und AkteurInnen. Diese weiteren Informationen gehen aber nicht über eine Beschreibung hinaus. Es werden vielmehr die Angebote präzisiert, statt dass ein Konzept des religiösen Schullebens vorgestellt wird.

»Jedes Jahr beginnen wir das Schuljahr mit einem Besinnungstag. Die Schulklassen in Begleitung ihrer Klassenvorstände, deren Stellvertreter, die PfarrerInnen, die ReligionslehrerInnen und Theologiestudierende nehmen an einer Exkursion teil. Während des Schuljahres organisieren wir einen weiteren Besinnungstag. Diese Aktivitäten (Vorträge, Gespräche, Diskussionen) bilden wichtige Bestandteile unserer erzieherischen Arbeit.«[962]

---

960 Békéscsaba 41.
961 Aszód 83, Szarvas-Vajda 38.
962 Budapest-Deák-tér 9.

– *Die konzeptartige Beschreibung* benennt Ziele und Leitprinzipien sowie konkrete Angebote und mehrere Charakteristika zur Gestaltung des religiösen Schullebens. Die Beschreibung bleibt aber ein Entwurf, die Eckpunkte und Ansätze werden nur partiell vorgestellt, nicht aber detailliert entfaltet.

»Mit der Ausstrahlung der ganzen Schulatmosphäre und mit der Pflege unserer kirchlichen Traditionen bieten wir angemessene Rahmenbedingungen für die religiöse Erziehung unserer SchülerInnen. Diese bilden die Grundlagen zur Aneignung von christlichen Werten. Unser Ziel ist es, dass unsere SchülerInnen die Traditionen und Riten unserer Kirche kennenlernen, den Gottesdienstablauf verstehen und darein hineinwachsen. Unsere Mittel und Maßnahmen: Religionsunterricht, Gottesdienste zu Schulanfang und Schulende, Wochenandachten, Besinnungstage, kirchliche Feste, Konferenzen, Tagungen, Jugendlager.«[963]

– *Eine ausführliche Beschreibung* liefert ein Schulprogramm. Es benennt Ziele und Leitgedanken und enthält eine detaillierte Beschreibung des religiösen Schullebens sowie seiner Merkmale und Angebote.

Die Tabelle 34 fasst das Ergebnis der Analyse zum Merkmal »Grad der Beschreibung des religiösen Schullebens« zusammen. Allgemein ist festzuhalten, dass die Schulprogramme der Grundschulen das religiöse Schulleben weniger detailliert behandeln als die Schulprogramme der Mittelschulen. Die meisten Grundschultexte listen die christlich-religiösen Angebote des Schullebens auf. Erst jüngst gegründete Mittelschulen beschreiben das religiöse Schulleben in den Schulprogrammen detailliert. Die älteren Bildungsinstitutionen begnügen sich meist mit einer Auflistung und Präzisierung von Angeboten.

---

963 Miskolc 8.

Kategorie: Schulprofil	
Subkategorie: Religiöses Schulleben	
Eigenschaft: Grad der Beschreibung des religiösen Schullebens	
Dimensionale Ausprägung	**Schulen**
Keine Erwähnung	G9
Geringer Hinweis auf das religiöse Schulleben	M4, M7, G6,
Geringer Grad der Beschreibung mit Auflistung von Angeboten	M8, M12, G1, G2, G3, G4, G5, G7, G8
Mittlerer Grad der Beschreibung mit Präzisierung von Angeboten	M1, M2, M3, M9
Konzeptartige Beschreibung	M5, M6, M10, M11, M13, M15, M16
Ausführliche Beschreibung	M14

Tabelle 34: Grad der Beschreibung des religiösen Schullebens

11.3.5 Fazit: Religiöses Schulleben als Profilmerkmal evangelischer Schulen

Die Analyse der Subkategorie »Religiöses Schulleben« zeigt, dass die Religion im Schulleben von evangelischen Schulen in Ungarn präsent ist und in *Angeboten mit christlich-religiösem Charakter*, in der *Schulgemeinschaft*, in der *Infrastruktur* und in den *äußeren Kennzeichen der Schule* auf unterschiedliche Weise ihre Gestalt gewinnt. Die überwiegende Mehrzahl der Schulprogramme beschreibt das religiöse Schulleben der Schule durch die Auflistung von Angeboten[964], durch die Präzisierung von Angeboten[965] oder in einer konzeptartigen Darstellung[966]. Einige Schulprogramme geben gar keine oder kaum Hinweise[967] auf das religiöse Schulleben, ein Schulprogramm bietet eine ausführliche Beschreibung[968].

Die Schulen bieten eine Mehrzahl von Angeboten mit christlich-religiösem Charakter an. Besonders die gottesdienstlichen Angebote werden als wichtiges Merkmal einer evangelischen Schule gesehen: die wöchentlichen Schulandachten, die Gottesdienste zu christlichen Festen sowie zu Ereignissen des Schuljahres. Der Verpflichtungsgrad zur Teilnahme an spirituellen Angeboten der Schule variiert. Manche Schulen fordern eine verpflichtende Teilnahme, andere

---

964 z.B. Aszód 83, Kőszeg 10, Alberti 10, Nyíregyháza-Túróczy 9, Sopron-Hunyadi 16–17, Szarvas-Benka 80, Pápa 12, Marcaltő 29–30, Budapest-Podmaniczky 53.

965 z.B. Budapest-Fasor 9, 18, Sopron-Líceum 10–11, Budapest-Deák-tér 9, Sopron-Eötvös 13.

966 z.B. Nyíregyháza-Kossuth 11–12, Győr 21–22, Orosháza 8, Miskolc 19–20, Budapest-Sztehlo 11, 36–38, Mezőberény 13–14, Szarvas-Vajda 4–5.

967 Bonyhád 40, Békéscsaba 41, Szombathely 5, Soltvadkert.

968 Kiskőrös 33–37.

machen in ihren Schulprogrammen keine Angaben zur Verpflichtung. Die Mehrheit der Schulen bevorzugt indirekte Formulierungen, in denen die erwünschte/verpflichtende Teilnahme als Erwartung ausgedrückt wird. Nur in einem Schulprogramm findet sich ein Hinweis auf das Prinzip der Freiwilligkeit im Blick auf die Teilnahme an Gottesdiensten. Das gleiche Schulprogramm beinhaltet aber im Widerspruch dazu Angaben zu verpflichtenden Schulgottesdienstbesuchen. Grundsätzlich gilt es, dass die Schulen in evangelischer Trägerschaft sich berechtigt sehen – aufgrund ihrer programmatischen weltanschaulichen Orientierung – eine Teilnahmepflicht an Schulgottesdiensten vorzuschreiben.

Die Schulgemeinschaft wird in den Schulprogrammen aus soziologischer wie aus theologischer Sicht thematisiert. Bei der Stiftung und Entwicklung einer Schulgemeinschaft wird mit dem Potential der Religion gerechnet. Die Zugehörigkeit zur Schulgemeinschaft wird mit dem Blick auf die Evangelisch-Lutherische Kirche in Ungarn erweitert und ein gemeinsames »Wir-Gefühl« angestrebt und kultiviert. Diese Verbundenheit wird – abgesehen von der juristischen Verbundenheit zwischen Institution und Schulträger sowie der theologischen Verbundenheit als Gemeinden in Christus – mit den gemeinsam vertretenen Werten, Haltungen und Einstellungen begründet und bestärkt. Mehrere Schulprogramme sprechen über die Schulgemeinschaft auch aus theologischer Sicht, indem sie die Schulgemeinschaft als Schulgemeinde verstehen. Sie ist die Gemeinschaft der an Gott Glaubenden und die Gemeinschaft der Glaubenden untereinander, die zu Gott gehören und wo Christus und das Wirken des Heiligen Geistes – in der Predigt des Evangeliums und in den Sakramenten – gegenwärtig sind.

Das Evangelische thematisieren mehrere Schulen auch durch ihre Infrastruktur und ihre äußeren Kennzeichen. Die Logos, Trachten, Flaggen, Schulbräuche, räumlich-sachliche Umwelt usw. deuten auf die weltanschauliche Orientierung der Schule hin und bringen sie damit gegenüber der engeren und breiteren Öffentlichkeit zum Ausdruck.

Als AkteurInnen des religiösen Lebens der Schule werden die Eltern, die LehrerInnen und die SchulpfarrerInnen angesprochen, aber mit unterschiedlichen Aufgabenbereichen und unterschiedlichem Beteiligungsgrad. Von den Eltern wird eine prinzipielle Unterstützung der evangelischen Grundausrichtung der Schule – unter Einbezug der spirituellen Angebote der Schule – erwartet. Die Art und Weise der Mitbeteiligung der LehrerInnen bei der Gestaltung des religiösen Schullebens variiert zwischen passiver Teilnahme und aktiver Mitgestaltung. Manche Schulen machen keine Angaben zur Mitbeteiligung der LehrerInnen. Die Hauptverantwortung für die Organisation, Entwicklung und Gestaltung des religiösen Schullebens wird bei den SchulpfarrerInnen gesehen. Sie werden in ihrer Arbeit von den ReligionslehrerInnen bzw. vom Lehrerkollegium unterstützt.

In der Gestaltung, Entwicklung und Repräsentanz des evangelischen Profils und in der religiösen Erziehung und Bildung kommt den SchulpfarrerInnen eine bedeutende Rolle zu. Zu ihren Aufgaben gehören in den meisten evangelischen Schulen der Religionsunterricht, die Seelsorge, die Gestaltung des religiösen Schullebens und die Vernetzung der Schule mit weiteren kirchlichen Institutionen. Manche Schulen rechnen zu den Handlungsfeldern noch die Beteiligung an der Schulleitung sowie die Erziehung im Glauben. Die Mehrheit der Schulprogramme erwähnt die Rolle und Bedeutung der SchulpfarrerInnen im Leben der Schule. Es gibt aber auch einige wenige Schulen, in deren Schulprogramm ein entsprechender Hinweis fehlt.

Der Religionsunterricht wird in den Schulen in konfessionell getrennten Gruppen als evangelischer, reformierter, katholischer usw. Religionsunterricht erteilt. Das religiöse Schulleben ist dagegen aber evangelisch-lutherisch geprägt. Die SchulpfarrerInnen sind evangelisch-lutherische PfarrerInnen, ihre Person und Tätigkeit in der Schule gilt als Garant eines konfessionell-lutherischen Profils. Die evangelischen Schulen streben danach, dass ihre SchülerInnen sich in den Traditionen, in den Handlungs- und Kommunikationsformen der evangelischen Kirche auskennen. Eine grundsätzliche ökumenische Offenheit und Kooperation wird aber in allen evangelischen Schulen bejaht. Das Phänomen der Konfessionslosigkeit wird dabei ebenso ausgeklammert wie die Berücksichtigung anderer religiöser Überzeugungen. Die Entwicklung und Gestaltung des religiösen Schullebens orientiert sich eindeutig am christlichen Horizont.

Der Beitrag des religiösen Schullebens wird sowohl aus der Sicht des Individuums als auch aus innerschulischer und außerschulischer Sicht thematisiert. Das religiöse Schulleben leistet einen Beitrag zur Persönlichkeitsentwicklung von SchülerInnen dadurch, dass es Traditionen, Werte und Weltanschauung vermittelt, christlich-religiöse bzw. kirchliche Erfahrungsräume eröffnet und soziale Kompetenzen stärkt. Aus innerschulischer Sicht leistet das religiöse Schulleben durch den gemeinschaftsstiftenden Charakter der Religion einen Beitrag zu Schulgemeinschaft, Schulkultur und Schulklima. Das religiöse Schulleben hat ebenso eine Bedeutung für das System der Schule durch die zeitliche Strukturierung von Abläufen und durch sein Verhältnis zu Erscheinungsformen von Zeit. Aus außerschulischer Sicht profiliert das religiöse Schulleben die Schule durch das Sichtbarmachen von Religion und durch das Öffnen der Schule für die außerschulische Lebenswelt. Es ist wichtig zu betonen, dass die Funktionsbereiche des religiösen Schullebens nicht unabhängig voneinander jeweils für sich bestehen, sondern wechselseitig miteinander und ineinander verflochten sind.

11.4 Subkategorie: Pädagogische Merkmale der Schule mit implizit religiösem Charakter

Die pädagogischen Merkmale der Schule mit implizit religiösem Charakter wurden als eine weitere Subkategorie des Schulprofils rekonstruiert, die das »Evangelische« an Schulen in evangelischer Trägerschaft kennzeichnen. Diese pädagogischen Merkmale besitzen auch religiös relevanten Charakter, ohne dass sie bewusst als religiös wahrgenommen werden. Die Tabelle 35 fasst die Ergebnisse der Analyse zu dieser Subkategorie zusammen.

Kategorie: Schulprofil
Subkategorie: Pädagogische Merkmale der Schule mit implizit religiösem Charakter
Eigenschaften und ihre Dimensionen   1. **Wertschätzung und unbedingte Annahme der Person**   *Schulkultur des Vertrauens und der Annahme – Menschenfreundlicher Umgang miteinander – Konfliktverhalten – Fehlerkultur: Scheitern und Neuanfang – Leistungsverständnis und schulische Leistungsbeurteilungskultur – Theologische bzw. religiöse Bezüge*   2. **Subjektorientierung**   *Individuelle Förderung und Forderung jedes Einzelnen – Ganzheitliche Persönlichkeitsentwicklung – Einbeziehung der Lebenswelt der SchülerInnen – Lernzieldifferenzierung – Umgang mit der Vielfalt – Theologische bzw. religiöse Bezüge*   3. **Bildungsgerechtigkeit und diakonische Ausrichtung**   *Förderung von Bildungsgerechtigkeit – Inklusion bzw. Integration – Diakonisches Lernen – Theologische bzw. religiöse Bezüge*   4. **Qualitäts- und Professionalitätsanspruch**   *Qualitätsbereiche und Qualitätkriterien – Innovationsgeist auf institutioneller und persönlicher Ebene – Förderung der Professionalität – Evaluations- und Unterstützungssysteme der Qualitätssicherung bzw. Qualitätsentwicklung – Theologische bzw. religiöse Bezüge*   5. **Bildender Charakter der (Schul-)Gemeinschaft**   *Identitätsbildung und Identifikation – Solidarische Schulklassen- und Schulgemeinschaft – Werteorientierung und Wertebildung – Biographisches Lernen – Schule als Lebensraum – Schülerbeteiligung – Theologische bzw. religiöse Bezüge*

Tabelle 35: Subkategorie »Pädagogische Merkmale der Schule mit implizit religiösem Charakter«

Im Folgenden wird die Dimension »Theologische bzw. religiöse Bezüge« im Zusammenhang mit jeder Eigenschaft der Subkategorie »Pädagogische Merkmale der Schule mit implizit religiösem Charakter« dargestellt.

11.4.1 Dimension »Theologische bzw. religiöse Bezüge«

Die Dimension »Theologische bzw. religiöse Bezüge« thematisiert jene wechselseitigen Verbindungen von theologischen bzw. religiösen Überlegungen und pädagogischen Leitgedanken und Handlungsperspektiven, auf welche die evangelischen Schulen in ihren Schulprogrammen hinweisen.

(1) Das pädagogische Grundprinzip »*Wertschätzung und unbedingte Annahme der Person*« wird in den Texten schöpfungstheologisch, christologisch und/oder soteriologisch begründet[969]. Die schöpfungstheologische Begründung wurzelt in der Gottebenbildlichkeit des Menschen, die besagt, dass Gott den Menschen nach seinem Bild geschaffen hat. Damit werden die Nichtverfügbarkeit und die Unantastbarkeit menschlichen Lebens untrennbar verbunden, da das Leben ein Geschenk Gottes ist. Die christologische und soteriologische Begründung des pädagogischen Grundprinzips »Wertschätzung und unbedingte Annahme der Person« liegt in Person und Werk Christi. Den theologischen Begründungen der Wertschätzung und der unbedingten Annahme der Person ist das »Ja« Gottes zum Menschen gemeinsam. Gott bejaht jedes menschliche Leben auch und gerade in all seiner Zerbrechlichkeit.

> »Jedes Kind ist ein Geschenk Gottes, aus seinen Händen nehmen wir es an, mit all seinen Fähigkeiten und Fehlern. Unsere Beziehung wächst über eine traditionelle Lehrer-Schüler-Beziehung hinaus, da uns bewusst ist, dass wir in Christus alle Jünger bzw. Jüngerinnen sind. Dieser Geist bestimmt unsere Erziehungs- und Bildungsarbeit [nevelés] und unsere tagtägliche Beziehung mit unseren Anvertrauten.«[970]

Eine wechselseitige, sowohl theologisch als auch pädagogisch bestimmte Erschließung dieses pädagogischen Grundprinzips bietet das Gebot der Nächstenliebe[971].

> »Mit Liebe und Menschlichkeit sollen wir uns den Kindern, die unsere Unterstützung brauchen, zuwenden, damit keine/r von unseren SchülerInnen sich verloren, wertlos und überflüssig fühlt.«[972]

Eine weitere Begründung der Wertschätzung und Annahme der Person liegt in der Motivation und Einstellung der LehrerInnen.

> »Es bedeutet einen entscheidenden Mehrwert, dass unsere Lehrenden den christlichen Werten verpflichtete Menschen sind. Sie wenden sich – aufgrund ihres Glaubens an

---

969 z.B. Sopron-Líceum 5, Győr 41, Békéscsaba 20, Sopron-Eötvös 12, 13, Orosháza 6, 7, 28.
970 Győr 41.
971 z.B. Nyíregyháza-Kossuth 9, Győr 12, Orosháza 3, 6, Mezőberény 20, Nyíregyháza-Túróczy 7.
972 Miskolc 27.

Jesus Christus – an die ihnen vertrauten Kinder mit Nächstenliebe, Geduld und Vergebung.«[973]

(2) Das pädagogische Prinzip der *Subjektorientierung* wird hauptsächlich mit der Tradition von Schulen in evangelischer bzw. christlicher Trägerschaft und mit den Charakteristika einer evangelisch bzw. protestantisch orientierten Erziehung und Bildung begründet oder in Parallele gestellt[974]. Bei dieser Begründung bzw. Parallelstellung wird in einigen Textpassagen zusätzlich noch auf das christliche Menschenbild hingewiesen, das sich der Einzigartigkeit eines jeden Menschen und der ganzheitlichen Sicht des Menschen verpflichtet weiß[975]. Weitere Textpassagen sprechen in diesem Zusammenhang über die Haltungen von LehrerInnen an einer christlichen Schule[976].

»Da wir eine christliche Schule sind, sind unsere Lehrenden sensibel für die Probleme der SchülerInnen. Unsere Klassenvorstände kennen die familiären Hintergründe und die soziokulturelle Umwelt ihrer SchülerInnen. Sie legen großen Wert auf die persönliche Zuwendung, sie sind – soweit es möglich ist – tolerant und tun alles dafür, dass jeder Schüler/jede Schülerin in der Gemeinschaft der Klasse und der Schule seinen/ihren Platz findet und dort ein wertvolles Mitglied ist.«[977]

Theologisch bedeutet die Subjektorientierung, dass Gott auf der Seite der Menschen steht, mit jedem einzelnen Menschen in einer eigenen Beziehung. Diese Subjektorientierung konkretisiert sich z. B. in der Schöpfung des Menschen – als einzigartiges Geschehen, jeder Mensch mit je eigenen Gaben, Fähigkeiten und Begrenzungen –, in der Erlösung in Christus, in der Liebe Gottes zu jedem einzelnen Menschen, in der Perspektive der Entmachtung des Todes für den Einzelnen. Die Textpassagen, die die theologischen Gesichtspunkte bezüglich der Subjektorientierung herausstellen, erwähnen die Individualität der von Gott geschenkten Gaben. Die Entfaltung dieser Gaben verlangt die individuelle Förderung[978]. Bei diesem Entfaltungsprozess verstehen sich die Lehrenden als Mitarbeitende Gottes[979].

»Da das Kind Gottes Geschöpf ist (Psalm 127,3), verstehen wir uns – gemeinsam mit der Familie – in der Formung unserer SchülerInnen, in der Entfaltung und Nutzung ihrer von Gott geschenkten Begabungen (ihre Fähigkeiten und Möglichkeiten) als Mitarbeitende Gottes.«[980]

---

973 Békéscsaba 52, Aszód 28.
974 z.B. Budapest-Fasor 4, Bonyhád 6, Győr 12, Orosháza 20, Mezőberény 14, Szarvas-Benka 14.
975 Orosháza 4, Mezőberény 11–12.
976 Aszód 15, Budapest-Sztehlo 33.
977 Budapest-Fasor 23.
978 z.B. Nyíregyháza-Kossuth 9, Békéscsaba 21, Orosháza 6, Mezőberény 20–21, Szarvas-Benka 17.
979 Sopron-Líceum 5, Sopron-Hunyadi 8, Sopron-Eötvös 12.
980 Sopron-Líceum 5, Sopron-Eötvös 12.

Eine christologische Annäherung zur Subjektorientierung bietet das Bild des wahren Menschen in Jesus Christus. Die diesbezüglichen Formulierungen der Schulprogramme sind eher rar und vage. Sie stellen die Verknüpfung zur Subjektorientierung in der Zuwendung und Beziehung Jesu zum Menschen als Vorbild[981], durch Bezug auf das für jeden einzelnen Menschen wirksame Heilswerk Christi[982] oder im Blick auf Christus als dem vollkommenen Menschen, der als Inspiration zur Subjektwerdung des Menschen dient,[983] her.

> »Die Subjektorientierung bedeutet uns eine Leitlinie von Christus: »Denn der Menschensohn ist gekommen, zu suchen und selig zu machen, was verloren ist« (Lk 19,10)«[984]

(3) Die *Bildungsgerechtigkeit und diakonische Ausrichtung* gelten als pädagogische Konzepte, die individuelle und gezielte Bildungs- und Förderungsangebote für benachteiligte SchülerInnen bereitstellen sowie das Verantwortungsbewusstsein und die sozialen Kompetenzen der SchülerInnen vermitteln und fördern. Diese Ansätze bilden auch als pädagogische Konzepte einen wichtigen Bestandteil des Profils evangelisch-lutherischer Schulen und werden dementsprechend in jedem Schulprogramm thematisiert[985]. Diese Ausführungen geschehen jedoch oftmals auch ohne explizite theologische bzw. kirchlich-religiöse Bezüge[986].

Die Textpassagen, die die theologisch-pädagogischen Verbindungen herstellen, beziehen sich auf biblisch-theologische Orientierungen, auf die Tradition evangelischer bzw. christlicher Schulen und auf kirchliche Einrichtungen als Orte des Gemeinwohldienstes bzw. des sozialdiakonischen Lernens und Handelns. Weiterhin bieten die sprachlichen Formulierungen ebenso eine Verbindung zwischen den pädagogischen Konzepten und ihren biblisch-theologischen Hintergründen bzw. kirchlich-religiösen Erörterungen.

– Die biblisch-theologische Perspektive verbindet den Einsatz für die Gerechtigkeit, die soziale Verantwortung, die Teilhabe am sozialen Handeln mit biblisch-theologischen Inhalten und mit Motivationen des christlichen Glaubens. Sie verweisen auf das Vorbild und die Nachfolge Jesu, auf die Handlungsempfehlungen der Episteln, auf die Nächstenliebe und auf den Akt der Rechtfertigung bzw. auf die Motivation des Glaubens[987].

---

981 Aszód 16, Orosháza 10, Budapest-Sztehlo 35, Mezőberény 34, Nyíregyháza-Túróczy 14, Pápa 14.

982 Orosháza 20.

983 Mezőberény 14.

984 Orosháza 20.

985 z.B. Aszód 29–30, Sopron-Eötvös 13, Orosháza 4, Kiskőrös 13–14, Szarvas-Vajda 33, Pápa 121.

986 z.B. Miskolc 26–28, Pápa 44–45, Szombathely 6, Marcaltő 11, Soltvadkert 15, 18, 24.

987 z.B. Budapest-Sztehlo 40, Kiskőrös 34, Alberti 7–8, Nyíregyháza-Túróczy 7, Szarvas-Benka 5.

»Ein Grundprinzip der christlichen Lehre ist die Verantwortung für andere Menschen. Das Leben Jesu Christi bezeugt das, und Jesus hat dieses Grundprinzip für seine JüngerInnen weitergegeben. Der Apostel Paulus fasst dies im Galaterbrief so zusammen: »Einer trage des andern Last, so werdet ihr das Gesetz Christi erfüllen.« (Gal 6,2) Unser Ziel ist es, dass unsere Gymnasiasten die freiwillige Arbeit für Andere nicht als Pflicht, sondern mit einer inneren Freude tun.«[988]

- Der Verweis auf die Tradition evangelischer bzw. christlicher Schulen verbindet die Ansätze der Bildungsgerechtigkeit und der diakonischen Ausrichtung der Schulen mit der Tradition von kirchlichen Schulen. Laut Tradition gilt die diakonische Ausrichtung als ein bewährtes Charakteristikum evangelischer Schulen[989].

»Die protestantische Schule ist diakonisch werteorientiert, die Solidarität gilt als Grundlage.«[990]

- In manchen Texten stellen die kirchlichen Einrichtungen und Handlungsfelder selbst die Verbindung zwischen pädagogischen und theologisch-religiösen Perspektiven her[991]. Sie werden als Orte des Gemeinwohldienstes bzw. des diakonischen Praktikums benannt.

»Unseren SchülerInnen machen wir die zahlreichen Aktivitäten der Kirche bekannt. Wir bieten ihnen im Rahmen des Gemeinwohldienstes die Möglichkeit, dass die SchülerInnen sich als Freiwillige in einem oder mehreren Handlungsfeldern der Kirche anschließen.«[992]

- In vielen Fällen intendieren die sprachlichen Formulierungen eine Bezogenheit von pädagogischen Merkmalen auf die theologisch-religiöse Dimension. Begriffe wie Nächstenliebe, Dienst an Menschen, Mitmensch, Verantwortung für die Schöpfung usw. weisen schon in sich auf einen theologisch-religiösen Horizont hin, in den sie eingebettet sind[993]. Die Begriffe »diakonisch« bzw. »Diakonie« verweisen auf ihren theologischen Ursprung und ihre theologische Verwurzelung, zugleich beinhalten sie aber auch die soziale Dimension[994]. Die Schulprogramme benutzen eher das Wort »sozial«; soziales Lernen, soziale

---

988 Budapest-Sztehlo 161.
989 z.B. Budapest-Fasor 22, Sopron-Líceum 4, Budapest-Deák-tér 27, Budapest-Sztehlo 9.
990 Bonyhád 89.
991 z.B. Budapest-Deák-tér 27–28, Nyíregyháza-Kossuth 16, Sopron-Eötvös 90, Alberti 41.
992 Budapest-Fasor 4, Békéscsaba 22, Oroszháza 6, Kiskőrös 14, Mezőberény 21.
993 z.B. Szarvas-Vajda 21, Szombathely 3, Marcaltő 9, Budapest-Podmaniczky 53, Soltvadkert 22.
994 Zur Begriffsklärung: Adam 2008, 365–366. Die Begriffe »diakonisch« und »diakonisch-sozial« sind hier synonym zu verstehen.

Kompetenzen. Wo das Wort »diakonisch« steht, wird die christliche Motivation, Begründung und Anbindung ausdrücklich mitgedacht[995].

(4) Ein weiteres Profilmerkmal und zugleich pädagogisches Merkmal evangelisch-lutherischer Schulen besteht darin, dass ihr Selbstverständnis von einem *hohen Qualitäts- und Professionalitätsanspruch* getragen ist[996]. Eine Schule formuliert diesen Anspruch programmatisch folgendermaßen:

»Wir wollen eine solche kirchliche Schule sein, die exzellente Qualität bietet.«[997]

Die evangelisch-lutherischen Schulen haben die Absicht, ihre Erziehungs- und Bildungsarbeit mit hoher Qualität und Professionalität durchzuführen. Eine systematische Entfaltung von Qualitätsdimensionen und Qualitätskriterien erfolgt aber in keinem Schulprogramm. Ohne eine solche Systematisierung werden aber mehrere entsprechende Dimensionen[998] (wie z. B. Qualität des Unterrichts, Qualität des Schulklimas) und Qualitätskriterien[999] (wie z. B. anerkennender und achtungsvoller Umgang miteinander) ungeordnet erwähnt.

Auf den Qualitäts- und Professionalitätsanspruch evangelisch-lutherischer Schulen weisen die Schulprogramme öfter hin. Eine theologisch-religiöse Verortung dieses Anspruchs bleibt jedoch weitgehend aus. An den wenigen Textstellen, bei denen diese Verbindung doch hergestellt wird, werden eher formale als inhaltliche Verknüpfungen dargelegt. Die folgende Zusammenstellung zeigt solche Verknüpfungen:

– Guter Ruf evangelisch-lutherischer Schulen: Der hohe Qualitäts- und Professionalitätsanspruch von Schulen in evangelisch-lutherischer Trägerschaft gegenüber sich selbst ist mit dem Erbe und den Erfahrungen der Vergangenheit[1000] und mit kirchlichen sowie gesellschaftlichen Erwartungen der Gegenwart[1001] verbunden. Evangelisch-lutherische Schulen haben den Ruf, leistungsfähige Schulen zu sein. Sie sind von ihrem Umfeld herausgefordert, bestmögliche Qualität zu bieten.

995 Győr 78, 88, Budapest-Sztehlo 9, 11, 18, 40, 63, 144, 152.
996 z.B. Győr 9, Miskolc 5, Kőszeg 18, Mezőberény 18, Nyíregyháza-Túróczy 6, Soltvadkert 16.
997 Kőszeg 19.
998 z.B. Nyíregyháza-Kossuth 20, Kőszeg 30, Kiskőrös 28, Mezőberény 18, Szombathely 10.
999 z.B. Győr 88, Orosháza 24, Miskolc 33, Mezőberény 82, Szarvas-Benka 63, Pápa 41, Marcaltő 6.
1000 z.B. Budapest-Fasor 3, Sopron-Líceum 4, Budapest-Deák-tér 4, Nyíregyháza-Kossuth 5–6, Győr 9.
1001 z.B. Bonyhád 86, Aszód 10, Orosháza 3, Miskolc 10, Budapest-Sztehlo 8, 152, Kiskőrös 29.

»Der Vorstand und das Presbyterium der Gemeinde verlangen und erwarten, dass die in unserem Bildungsinstitut heranwachsenden Kinder und Jugendlichen eine qualitätsvolle Erziehung und Bildung bekommen.«[1002]

– Christliche Werte als Qualitätskriterien: Den Maßstab für die Qualität bilden »die christlichen Werte«. Es wird auf diese Werte – als Grundlage der Qualität – in direkter oder indirekter Weise Bezug genommen[1003].

»Aufgrund der zehn Gebote, mithilfe der Erklärung von Luther, für die alltägliche Praxis konkretisiert und nach den einzelnen Geboten spezifiziert, haben wir die grundlegenden ethischen Normen festgelegt. Sie sollen für die Kinder, aber natürlich ebenso für die Erwachsenen, für alle Mitarbeitenden der Schule einen orientierenden, nachzuvollziehenden Weg bedeuten.«[1004]

Ebenso wird auf die »höchsten und allgemeinen« Werte berufen und das Leben Jesu als Qualitätskriterium, als ethisches Leitbild für den Einzelnen dargestellt. Dem gilt es nachzufolgen[1005].

»Die höchsten allgemeinen Werte wurzeln in unserem Glauben und in der Lehre der Bibel. Sie erscheinen aber in ihrer vollkommensten Ganzheit im Leben Jesu. Daher sollen wir seine Gestalt – altersgemäß entsprechend – unseren SchülerInnen als ein nachahmenswertes Vorbild vorstellen.«[1006]

– Theologischer Motivationsgrund zur Qualität: Zur schöpfungstheologischen Bestimmung des Menschen gehören die Gaben und Aufgaben, die der Mensch von Gott erhält. Der Herrschaftsauftrag fordert den Menschen heraus, Mitarbeiter Gottes zu sein und Verantwortung für die gesamte Schöpfung zu übernehmen. Ebenso fordert Jesu Ruf zur Nachfolge im bestmöglichen Handeln auf. Die Teilhabe und Mitarbeit am und im Schöpfungswerk Gottes beinhaltet vor allem auch die Verantwortung für die soziale Gemeinschaft wie die Entfaltung des persönlichen Lebens. Die gute, schöpfungsgemäße Arbeit vermittelt Sinn, Ziel und Lebensfreude. Mit der Einsetzung der Gaben Gottes trägt der Mensch zur Entfaltung des Lebens bei und drückt damit seine Dankbarkeit gegenüber Gott aus.

Einige Teilelemente dieser theologisch begründeten Motivation zur qualitätsvollen Arbeit lassen sich in den Schulprogrammen finden: das Beruf(ungs)-

---

1002 Győr 20.
1003 z.B. Nyíregyháza-Kossuth 11, Aszód 29, Orosháza 48, Nyíregyháza-Túróczy 8, Soltvadkert 22.
1004 Orosháza 7.
1005 Győr 40, Orosháza 10, Mezőberény 14, 34, Nyíregyháza-Túróczy 14, Pápa 14.
1006 Aszód 16, Budapest-Sztehlo 35, Mezőberény 23, Pápa 14.

verständnis von Lehrenden als »cooperatores Dei«, die Arbeit als Lob Gottes und die Verantwortung gegenüber den SchülerInnen, die letztendlich eine Verantwortung gegenüber der geschaffenen Welt und gegenüber Gott bedeutet[1007].

»Martin Luther schreibt, dass Gott von uns in jeder Berufung Treu und Fleiß fordert. Die fleißige und ehrliche tagtägliche Arbeit ist das höchste Mittel zum Lob Gottes. Wir sind verantwortlich für die Erledigung unserer Aufgaben und für die Arbeit der uns anvertrauten SchülerInnen.«[1008]

Die SchülerInnen werden ebenso herausgefordert, ihre Begabungen bestmöglich zu entfalten und dadurch Gott zu dienen und zu loben[1009]. Die Freude an der Arbeit erscheint zwar bei den Zielvorstellungen in einigen Texten – z.B. »…sie ihre Arbeit mit Freude tun«[1010] –, diese Aussage wird aber nicht in den Zusammenhang mit dem Gottesbezug – Lebensfreude als Gotteslob – gebracht.

»Sie [=die SchülerInnen] sollen ihre Begabungen in allen kognitiven, gesellschaftlichen und künstlerischen Bereichen bestmöglich einsetzen, damit sie ihre von Gott geschenkten Begabungen im Prozess der Persönlichkeitsentwicklung in den Dienst und das Lob Gottes stellen.«[1011]

(5) Das pädagogische Merkmal »bildender Charakter der (Schul-)Gemeinschaft« wird in den Schulprogrammen oft mit theologisch-religiösen Bezügen in Verbindung gebracht.

– Doppelgebot der Liebe als Grundlage für ein gelingendes menschliches Zusammenleben[1012]: Aus biblischer Sicht ist der Mensch gemeinschaftsfähig und gemeinschaftsbedürftig. Die Schule bietet einen Lebensraum für Begegnungen, für Erlebnisse von Gemeinschaft, für freundliches Zusammensein, in dem soziale Haltungen bewusstgemacht und gefördert werden. In diesem Lebensraum sind weiterhin Geselligkeit, Angenommensein, Bedürftigkeit, gelebte Diakonie und gegenseitige Verantwortung füreinander erlebbar. Dabei stellt das Gebot der Nächstenliebe, das mit der Gottesliebe untrennbar verbunden ist, die Grundlage für ein gelingendes Zusammenleben dar. Es ist je nach Schule unterschiedlich, ob in den Schulprogrammen die Nächstenliebe mit Bezug auf die Gottesliebe und die Liebe Gottes thematisiert wird[1013], oder

---

1007 z.B. Sopron-Líceum 5, Nyíregyháza-Kossuth 9, Békéscsaba 52–53, Orosháza 4, Kőszeg 18.
1008 Győr 20.
1009 z.B. Budapest-Fasor 5, Budapest-Deák-tér 9, Győr 9, Sopron-Eötvös 12, Mezőberény 14.
1010 Budapest-Deák-tér 10, Aszód 15, Budapest-Sztehlo 32, 161, Mezőberény 15, Szarvas-Vajda 20.
1011 Orosháza 4.
1012 z.B. Nyíregyháza-Kossuth 10, Győr 3, Aszód 28, Budapest-Sztehlo 152–153, Nyíregyháza-Túróczy 4.
1013 z.B. Budapest-Fasor 5, Nyíregyháza-Kossuth 9, Győr 12, Békéscsaba 21, Orosháza 10, Kiskőrös 13.

ob sie ohne Gottesbezug[1014] bzw. formal, d. h. unter Berufung auf die christlichen Werte[1015] dargelegt wird.

»Die Zielvorstellungen spiegeln immer die dahinterstehenden Wertevorstellungen wider. Sie beziehen sich auf die Beziehung des Menschen zu Gott, zu anderen Menschen, zur Umwelt, zur Natur und zur Gesellschaft. Wir möchten erreichen, dass die Verantwortung beim Treffen von Entscheidungen der uns anvertrauten SchülerInnen neben der Freiheit eine bedeutende Rolle spielt. In der Gemeinschaft sollen sie die Bedeutung der Liebe zueinander und des gegenseitigen Respekts erfahren und erlernen.«[1016]

– Theologisch-ekklesiologisches Verständnis von (Schul-)Gemeinschaft[1017]: Der Begriff von Gemeinschaft wird nicht nur soziologisch – als persönliche Gemeinschaftsformen, als eine soziale Gruppe von Menschen, bzw. als Menschen, die eine Verbindung zur Schule haben – sondern auch theologisch-ekklesiologisch verstanden. Es geht um die neutestamentliche »koinonia«, als Erfahrung der Gemeinschaft von Menschen mit Gott und der Gemeinschaft untereinander. Dieses theologische Verständnis von Schulgemeinschaft – als Gemeinde Jesu Christi – bildet einen speziellen, zeichenhaften Charakter evangelisch-lutherischer Schulen in Ungarn[1018].

»Wir, die durch die Gnade Gottes befreit sind, sind eine Gemeinschaft, die in Jesus Christus lebt, und wir arbeiten gemeinsam für eine gerechte, versöhnte und mit Gott im Einklang lebende Welt.«[1019]

Eine solche Gemeinschaft entsteht durch die gemeinsame Teilhabe an Jesus Christus und an seinem Heilshandeln. Gemeinschaft wird im umfassenden Sinne verstanden. Diese geht über die Schule hinaus und schließt die Kirche, d. h. die evangelisch-lutherische Kirche, und die Gemeinde(n) vor Ort ein. In diesem Verständnis ist eine ökumenische Ausrichtung auch erkennbar[1020].

»Als treue und verpflichtete Mitglieder unserer Konfession vergessen wir Jesus Christus nicht, der dafür gebetet hat, dass alle Christen »eins seien« (Joh 17,21). Daher stellen wir über die konfessionellen Unterschiede die uns alle verbindenden christlichen Lehren und Werte.«[1021]

1014 z.B. Miskolc 27, 115, Sopron-Hunyadi 8, Szombathely 4, Marcaltő 25, Soltvadkert 22.
1015 z.B. Bonyhád 24, Sopron-Eötvös 13, Alberti 7–8.
1016 Győr 9, Kőszeg 22–23, Nyíregyháza-Túróczy 11, Pápa 13.
1017 z.B. Budapest-Deák-tér 9, Győr 41, Aszód 14, Orosháza 28, Kőszeg 18, Budapest-Sztehlo 32.
1018 Siehe Kapitel 12.2.
1019 Békéscsaba 20, Orosháza 5, Nyíregyháza-Túróczy 6, Szarvas-Benka 8.
1020 z.B. Sopron-Líceum 11, Orosháza 5, Alberti 18, Szarvas-Benka 36.
1021 Nyíregyháza-Kossuth 10, Békéscsaba 22, Orosháza 6–7, Nyíregyháza-Túróczy 8, Szarvas-Benka 18.

Das theologische Verständnis von Schulgemeinschaft bzw. Schulgemeinde wird auch im Miteinander von Lehrenden und Lernenden thematisiert, wenn es als eine geschwisterliche Beziehung zueinander bezeichnet wird. Die Grundlage des geschwisterlichen Status der an Christus Glaubenden liegt in der Beziehung des Menschen zu Gott als Vater. Diese geschwisterliche Beziehung ist durch gegenseitige Liebe, Verantwortlichkeit und Solidarität gekennzeichnet. Eine Reihe von Textpassagen beschränkt – was aus theologischer Sicht fraglich ist – diese geschwisterliche Beziehung auf die Mitarbeitenden der Schule[1022]. Andere Texte weiten dieses geschwisterliche Gemeinde-Verständnis auf die gesamte Schulgemeinschaft aus[1023].

»Die Schule betrachten wir als eine Gemeinde, daher verstehen wir die Mitglieder der Gemeinschaft als Kinder Gottes und Geschwister zueinander.«[1024]

In einigen Formulierungen wird kaum bis kein Unterschied zwischen einem soziologischen und theologischen Verständnis von Gemeinschaft sowie zwischen pädagogischen bzw. theologischen Sichtweisen erkennbar[1025]. Das belegt die folgende Textpassage:

»Falls die Kinder in Gruppen für gemeinsame Ziele arbeiten, wenn kooperative Lernformen richtig umgesetzt werden, dann steigt die Verantwortung der SchülerInnen für das eigene Lernen. Sie üben dann zugleich die Einheit im Leib Christi.«[1026]

- Stärkung der Schulgemeinschaft durch Angebote gelebter Religion[1027]: Die Orte und Anlässe gelebten Glaubens werden mit dem Aufbau und der Stärkung der Schulgemeinschaft eng verbunden. Gemeinsame Feste, Gottesdienste, schulische Aktivitäten mit religiösem Charakter, Besinnungstage usw. haben neben identitäts- und profilstiftendem Gepräge auch gemeinschaftsstiftenden Charakter. Feste und Rituale im Rhythmus des Schuljahres und des Kirchenjahres – z. B. Gottesdienste zu kirchlichen Festen, wöchentliche Schulandachten, Tagesgebete, Schuljahreröffnungs- und Schuljahresende-Gottesdienste – formen einen religiös geprägten Rhythmus der Schule. Sie bieten zugleich Möglichkeiten zur religiösen Erziehung und Sozialisation, ermöglichen Identifikation mit der Schule sowie mit der Schulgemeinschaft. Intention ist dabei, dass gemeinsame Erlebnisse und Erfahrungen, erfüllte

---

1022 Nyíregyháza-Kossuth 10, Békéscsaba 22, Orosháza 6, Mezőberény 21, Alberti 72, Nyíregyháza-Túróczy 8, Szarvas-Benka 18, Budapest-Podmaniczky 57.
1023 z.B. Sopron-Eötvös 12, Orosháza 7, Mezőberény 15, Szarvas-Vajda 20, Sopron-Hunyadi 8.
1024 Kőszeg 18.
1025 z.B. Sopron-Eötvös 12, Orosháza 16.
1026 Orosháza 16.
1027 z.B. Budapest-Deák-tér 19, Nyíregyháza-Kossuth 15, Győr 21, Aszód 22, Miskolc 19, Kiskőrös 74.

Zeiten, Rituale und Zeichen die Gemeinschaft bilden und stärken, Identifikation ermöglichen und einen Beitrag zur Werteerziehung und Wertebildung leisten.

»Die Geschichte unseres Christentums, unsere Feste, unsere christliche Lebensführung, die Möglichkeit, unseren Glauben erleben zu können, bieten uns die wirkungsvollsten Gelegenheiten zur Gemeinschaftsentwicklung. In dieser Arbeit kommt der Schule als eine Möglichkeit zum Erleben der Gemeinde eine wichtige Rolle zu. Unsere spezifische Gemeinde-Existenz lenkt der Schulpfarrer/die Schulpfarrerin, der/die in Kooperation mit den PfarrerInnen der umliegenden Gemeinden und mit unseren ReligionslehrerInnen arbeitet.«[1028]

Die religiöse Vielfalt bzw. die Religionslosigkeit als Herausforderung bezüglich dieses Ansatzes wird in keinem Schulprogramm erwähnt. Das religiöse Schulleben ist evangelisch-lutherisch geprägt, eine ökumenische Offenheit wird praktiziert[1029]. Eine christliche Schulgemeinschaft in konfessioneller Vielfalt wird intendiert und vorausgesetzt. Gemäß den statistischen Angaben der evangelischen Schulen besucht derzeit kein einziger Schüler bzw. Lehrer mit nichtchristlicher Religion eine evangelische Schule in Ungarn[1030]. Die Toleranz und Achtung für Andersdenkende erwähnen die Schulprogramme[1031]. Die christlich-evangelische Profilierung der Schulgemeinschaft bzw. der Schulgemeinde gehört aber unerlässlich auch zum pädagogischen Merkmal evangelisch-lutherischer Schulen in Ungarn.

11.4.2 Fazit: Pädagogische Merkmale der Schule mit implizit religiösem Charakter als Profilmerkmal evangelischer Schulen

Die Analyse der Schulprogramme hat die pädagogischen Merkmale der Schule mit implizit religiösem Charakter als Subkategorie des Schulprofils evangelisch-lutherischer Schulen rekonstruiert. Es wurden fünf solcher pädagogischen Leitgedanken herausgearbeitet: Wertschätzung und unbedingte Annahme der Person, Subjektorientierung, Bildungsgerechtigkeit und diakonische Ausrichtung, hoher Qualitäts- und Professionalitätsanspruch, bildender Charakter der (Schul-)Gemeinschaft. Diese pädagogischen Merkmale haben theologisch-religiöse Gehalte, die aber eher implizit wirken, ohne explizit als religiöse wahrgenommen zu werden.

1028 Budapest-Sztehlo 63, Mezőberény 52, Szarvas-Vajda 31, Szarvas-Benka 36.
1029 Siehe Kapitel 11.3.1.6.
1030 Siehe Kapitel 5.
1031 z.B. Nyíregyháza-Kossuth 22, Győr 18, Békéscsaba 51, Aszód 14, Sopron-Eötvös 92, Orosháza 8.

Im Rahmen dieser Arbeit wurde eine Teilanalyse zu dieser Subkategorie durchgeführt, die die Eigenschaften und ihre Dimensionen dieser Subkategorie herausgearbeitet hat und eine Dimension näher vorstellt. Die Dimension »Theologische und religiöse Bezüge« fragt nach den theologisch-religiösen Gehalten des jeweiligen pädagogischen Merkmals, welche die Schulprogramme offenlegen und eine Verbindung zwischen pädagogischen und theologisch-religiösen Überlegungen herstellen.

Grundsätzlich unterscheiden sich fünf Typen von theologisch-religiösen Bezügen der pädagogischen Merkmale von evangelisch-lutherischen Schulen.

(1) Biblisch-theologische Bezüge: Das pädagogische Merkmal wird biblisch-theologisch begründet bzw. mit biblisch-theologischen Überlegungen in Parallele gestellt. Die Zusammenstellung in der Tabelle 36 erfasst die biblisch-theologischen Verbindungen von pädagogischen Merkmalen der Schulen, welche die Schulprogramme erkennen lassen.

Pädagogisches Merkmal	Biblisch-theologische Verbindungen
Wertschätzung und unbedingte Annahme der Person	Gottes »Ja« zum Menschen, Universale Zuwendung Gottes zu allen Menschen – Das Leben ist ein Geschenk Gottes, jedes menschliche Leben ist unverfügbar und unantastbar. – Gott hat den Menschen nach seinem Bild geschaffen, die unveräußerliche Würde des Menschen begründet sich schöpfungstheologisch in der Gottebenbildlichkeit. – Der befreiende Zuspruch Gottes in Jesus Christus bestärkt die Annahme und Bejahung des Menschen auch angesichts von menschlichem Versagen.
Subjektorientierung Ganzheitliche Persönlichkeitsentwicklung	Subjektorientierung Gottes – Gott liebt jeden Menschen persönlich, um seinetwillen und unmittelbar. – Der Mensch ist von Gott angesprochen, Gott steht mit jedem einzelnen Menschen in einer einzigartigen Beziehung. – Jeder Mensch ist von Gott gewollt mit besonderen Eigenschaften und Fähigkeiten. Die Erschaffung des einzelnen Menschen ist einzigartig und einmalig. – Das Evangelium – die frohe Botschaft vom Heil in Jesus Christus – richtet sich ganz persönlich an jeden einzelnen Menschen. – Die Beziehung zwischen Gott und Mensch, zwischen Menschen – bzw. zwischen Lehrenden und Lernenden – steht im Mittelpunkt.

(Fortsetzung)

Pädagogisches Merkmal	Biblisch-theologische Verbindungen
	Ermutigung durch Gottes Zuspruch und Anspruch – Die von Gott geschenkten Gaben verlangen die Entfaltung. – Christus, der vollkommene Mensch, gilt als Inspiration zur Subjektwerdung des Menschen. – Die Ziel- und Sinnperspektive des Prozesses der Subjektwerdung bleibt bei Gott bewahrt und von ihm bestimmt.
Bildungsgerechtigkeit und diakonische Ausrichtung	Gottes liebendes und versöhnendes Heilshandeln an allen Menschen – Gott handelt »diakonisch« an allen Sündern und Hilfsbedürftigen, an Armen, Kranken, Benachteiligten usw., indem er sich ihrer erbarmt und das Heil zuteilt. – Die theologische Begründung für die Bildungsgerechtigkeit und die diakonische Ausrichtung liegt in der paulinischen Rechtfertigungslehre. – Die Motivation diakonischen Handelns liegt im Glauben an Jesus Christus, das Handeln folgt aus Nächstenliebe in der Versöhnung. – Gott sieht alle Menschen als Mitarbeitende in seinem Reich. Ethos des Dienstes in der Nachfolge Jesu Christi – Haltung der Liebe und Versöhnung. – Verantwortung vor Gott für die Mitmenschen. – Zugewinn an eigener Menschlichkeit. – Jesus als Vorbild für gelebtes Menschsein.
Qualitäts- und Professionalitätsanspruch	Entfaltung des Lebens durch die Einsetzung der Gaben Gottes – Die schöpfungstheologische Bestimmung des Menschen durch Gaben und Aufgaben, durch Gottes Zuspruch und Anspruch fordert den Menschen heraus, Mitarbeiter Gottes zu sein und Verantwortung für die Schöpfung zu übernehmen. – Die Verantwortung für die Schöpfung beinhaltet zugleich Verantwortung für den Mitmenschen, für die soziale Gemeinschaft und für die Entfaltung des persönlichen Lebens. – Der Nachfolgeruf Jesu verlangt die Einsetzung der Gaben Gottes bei der Mitarbeit im Reich Gottes. – Die bestmögliche Arbeit gilt als Ausdruck von Dienst, Lob und Dank Gottes.

(Fortsetzung)

Pädagogisches Merkmal	Biblisch-theologische Verbindungen
Bildender Charakter der (Schul-)Gemeinschaft	Gemeinschaftsfähigkeit und Gemeinschaftsbedürftigkeit des Menschen – Die schöpfungstheologische Bestimmung bestimmt den Menschen als ein soziales Wesen. – Das Gebot der Nächstenliebe bildet die Grundlage für ein gelingendes menschliches Zusammenleben. – Die Nächstenliebe ist mit der Liebe zu Gott verbunden und gründet in der Liebe Gottes zu den Menschen. Neben dem soziologischen auch ein theologisch-ekklesiologisches Verständnis von Gemeinde – Die Schulgemeinschaft wird auch als Gemeinde Jesu Christi verstanden, die sich durch die gemeinsame Teilhabe an Jesus Christus definiert. – Eine unmittelbare Beziehung zu Gott als Vater begründet die geschwisterliche Beziehung untereinander, die einen heilenden, versöhnenden und solidarischen Umgang miteinander ermöglicht. – Die Angebote gelebten Glaubens tragen zur Bildung und Stärkung der (Schul-)Gemeinschaft bei. Sie stiften Identität und Identifikation, leisten einen Beitrag zur religiösen Erziehung und Sozialisation sowie zur christlich orientierten Werteerziehung und Wertebildung.

Tabelle 36: Biblisch-theologische Verbindungen der pädagogischen Merkmale der evangelischen Schulen

(2) Ethische Bezüge: Die ethischen Bezüge stellen die Verbindung zwischen pädagogischen und theologischen Sichtweisen durch das Gebot der Nächstenliebe und durch die Berufung auf christliche Werte her. Die Wertschätzung und unbedingte Annahme der Person, die Förderung und Forderung des Subjekts, die Bildungsgerechtigkeit, die diakonische Ausrichtung, ein gelingendes menschliches Zusammenleben wird motiviert und begründet mit der Nächstenliebe. Bei der Feststellung von Qualitätskriterien wird auf die christlichen Werte berufen, die Schulgemeinschaft trägt zur Werteerziehung und Wertebildung bei. Je nach Textpassage ist es unterschiedlich, ob die ethischen Bezüge mit ihren theologischen Sinnhorizonten verknüpft werden oder nicht, und ob die Nächstenliebe in den Horizont der Liebe Gottes zu den Menschen gestellt wird oder diese theologische Grundlage ausbleibt.

(3) Tradition: Eher eine formale Verknüpfung bietet die Berufung auf die Tradition von evangelisch-lutherischen Schulen, wobei einige Textpassagen neben formaler Koppelung auch inhaltliche Begründungen und Verbindungen angeben. Die Subjektorientierung, die diakonische Ausrichtung, der hohe Qualitäts- und Professionalitätsanspruch und der bildende Charakter der (Schul-)

Gemeinschaft werden als selbstverständliche Merkmale evangelischer Schulen gesehen. Der Ruf und die Erfahrung der Vergangenheit werden als Anspruch und Herausforderung in die Gegenwart und als Erwartung für die Zukunft transformiert.

(4) Motivation und Einstellung der Lehrenden: Der Motivationshintergrund zu den pädagogischen Einstellungen, Einsichten und Handlungen der Lehrenden liegt im theologisch-religiösen Bereich. Dabei geht es um den Glauben an Jesus Christus, die Nachfolge Jesu, das Bekenntnis und die Tradition. Von daher erfolgt eine Verknüpfung von theologischen und pädagogischen Dimensionen. Bewusst vertretene pädagogische Einstellungen und Handlungen werden als Äußerung des christlichen Glaubens verstanden.

(5) Sprachlich-begriffliche Bezüge: Zwischen den pädagogischen und theologischen Dimensionen bieten die sprachlichen Formulierungen Möglichkeiten der Verknüpfung. Die Verwendung von Begriffen und Ausdrucksformen, die im kirchlich-theologischen Sprachgebrauch beheimatet sind – z. B. Dienst am Menschen, Mitmensch, Nächstenliebe –, verdeutlicht das christliche Wirklichkeitsverständnis. Durch den Gebrauch dieser Ausdrucksformen wird der theologische Sinnhorizont präsent und als mitgedacht erkennbar.

Generell gilt wohl, dass die theologischen und pädagogischen Sichtweisen in den Schulprogrammen eher nebeneinanderstehen und sich weniger aufeinander beziehen. Die pädagogischen Leitgedanken und Richtlinien der evangelischen Schulen entfalten die Schulprogramme weitgehend ohne theologisch-religiöse Bezüge, so wie die theologischen Grundlagen und Sinnhorizonte auch ohne wechselseitige Verbindung zu den pädagogischen Leitgedanken formuliert werden. Eine systematische Erschließung der wechselseitigen Verbindung zwischen den theologischen und pädagogischen Sichtweisen, die auch zwischen pädagogischen und theologischen Gedanken und Argumentationsformen klar unterscheiden würde, fehlt durchaus.

Öfter verbinden die Schulprogramme die pädagogischen Einsichten, Einstellungen und Grundlagen mit der Ethik und berufen sich dabei auf die »christlichen Werte«. Eine »*kinderorientierte Erziehung und Bildung auf der Grundlage der christlichen Werte*«[1032] wird kultiviert. Das Liebesgebot und die unantastbare Würde des Menschen würden insbesondere Anknüpfungsmöglichkeiten bieten, bei denen sich Theologie und Pädagogik so aufeinander zu bewegen könnten, dass sie ihre jeweils eigenständigen Sichtweisen behalten könnten, ohne einer Vereinnahmung oder einer bloßen Ableitung aus dem anderen Bereich anheim zu fallen.

Falls überhaupt theologische Erschließungszusammenhänge angesprochen werden, werden sie eher angedeutet. Dabei kommen schöpfungstheologische,

---

1032 Miskolc 46.

christologische und/oder soteriologische Begründungen und Bezüge zu Wort. Pneumatologisch und eschatologisch orientierte Anknüpfungen werden kaum bis gar nicht erwähnt. Ebenso findet das kritische Potential der theologischen Sichtweise, die auf die Unverfügbarkeit der Person in Erziehungs- und Bildungsprozessen hinweist, sie sicherstellt und berücksichtigt, keinerlei Erwähnung. Die Erfahrung von Grenzen und Endlichkeit, die Unverfügbarkeit der Ziel- und Sinnperspektiven des Lebens und damit auch von Erziehung und Bildung überhaupt wären explizit zu thematisieren und zu reflektieren. Das kritische Potential der theologischen Sichtweise auf Erziehungs- und Bildungsprozesse kommt in den Schulprogrammen nicht zur Sprache.

Die Schulprogramme thematisieren und entfalten die Erziehungs- und Bildungsprozesse der Schulen vor allem aus pädagogischer Sicht. Die theologische Sichtweise kommt allenfalls bei der Thematisierung der anthropologischen Prämissen in Sicht. Diese anthropologischen Prämissen werden – wenn sie überhaupt zur Sprache kommen – theologisch begründet oder aus theologischen Grundabsichten abgeleitet.

Die Merkmale evangelischer Schulen werden im Wesentlichen aus pädagogischer Sicht bestimmt. Allein das Merkmal »bildender (Schul-)Gemeinschaft« – bei dem die Schulgemeinschaft auch theologisch als Gemeinde Jesu Christi verstanden wird – bildet eine Ausnahme, weil hier die theologischen und pädagogischen Sichtweisen sich untrennbar miteinander vermischen und verweben.

11.5 Subkategorie: Außerschulische Lernorte und Vernetzungen der Schule

Als fünftes Profilmerkmal von Schulen in evangelischer Trägerschaft kommen *die außerschulischen Lernorte und Vernetzungen* in den Blick. Die evangelischen Schulen suchen in der näheren und ferneren Umwelt der Schule nach Möglichkeiten, die Wege für Beziehungen, Begegnungen, Erfahrungen, Verantwortung, Profilierung, Rollenerprobung, Wahrnehmung, Unterstützung, Handlungs- und Lebensmöglichkeiten, Austauschprozesse usw. bereitzustellen. Dadurch werden Leben, Lernen und Bildung miteinander verknüpft und die Schule öffnet sich für weitere Lebenswelten.

Die Tabelle 37 fasst die Ergebnisse der Schulprogrammanalyse zur Subkategorie »Außerschulische Lernorte und Vernetzungen der Schule« zusammen.

Kategorie: Schulprofil
Subkategorie: Außerschulische Lernorte und Vernetzungen der Schule
Eigenschaften und ihre Dimensionen 1. **Typen der außerschulischen Lernorte und Vernetzungen** *Evangelische Ortsgemeinde – Weitere Bildungsinstitutionen – Netzwerk evangelischer Schulen in Ungarn – Weitere kirchliche Institutionen und Angebote – Ökumenische Beziehungen – Wettbewerbe – Kooperationen mit Lehrenden anderer Schulen – Vernetzungen vor Ort – Exkursionen – Internationale Beziehungen – Prinzipielle Offenheit für neue Kontakte* 2. **Grad der Beschreibung der außerschulischen Lernorte und Vernetzungen** *Keine Erwähnung – Geringer Hinweis auf Vernetzungen – Mittlerer Grad der Beschreibung mit Konzentration auf einen bestimmten Kreis von Kooperationspartnern – Mittlerer Grad der Beschreibung mit vielfältigen Kooperationspartnern – Ausführliche Beschreibung mit hohem Grad an Vernetzungen* 3. **Funktion der außerschulischen Lernorte und Vernetzungen** *Unterstützung und Erweiterung der Erziehungs- und Bildungsangebote der Schule – Berufliche Weiterentwicklung der Lehrenden – Mithilfe in Kinder- und Jugendschutz sowie in Kinder- und Jugendhilfe – Unterstützung der SchülerInnen bei der Berufswahl – Finanzielle Unterstützung der Schule – Vermittlung von evangelischen Traditionen, Verbindung zur evangelischen Gemeinde – Möglichkeit zur öffentlichen Sichtbarmachung der Schule – Erweiterung des Reflexionshorizonts der Schule*

Tabelle 37: Subkategorie »Außerschulische Lernorte und Vernetzungen der Schule«

11.5.1 Typen der außerschulischen Lernorte und Vernetzungen

Dieser Abschnitt fokussiert darauf, welche Formen von Kooperationen und Außenbeziehungen die Schulen pflegen. Die Texte benennen:

(1) Die *evangelische Gemeinde vor Ort*, wo die Schule stattfindet[1033]. Eine enge, tagtägliche und lebendige Beziehung wird mit den Ortsgemeinden angestrebt. Sie entsteht durch die Menschen, die in beiden Einrichtungen tätig sind (PfarrerInnen, die Religion unterrichten, Lehrenden, die Gemeindemitglieder und Presbyter sind usw.), durch gemeinsame Aktivitäten (Gottesdienste, Projekte, Freizeitangebote) und durch räumliche Bedingungen (gegenseitige Benutzung von Räumlichkeiten, unmittelbare räumliche Nähe). Die evangelische Gemeinde ist in vielen Fällen die Trägerin der Schule. Das setzt eine notwendige Zusammenarbeit voraus.

> »Die Verbindung mit dem Schulträger: Unser Träger unterstützt uns in der spirituellen Orientierung und in der Organisation der Aufgabenbewältigung. Der Vorsitz und das Presbyterium der Gemeinde beanspruchen und erwarten, dass die SchülerInnen, die in unserer Schule aufwachsen, eine qualitätsvolle Verpflegung, Erziehung und Bildung erhalten. Unsere Institution schließt sich regelmäßig an das gemeinschaftliche Leben

---

1033 z.B. Budapest-Fasor 20, Aszód 83, Orosháza 29–30, Kiskőrös 35, Alberti 41.

der Gemeinde an. Wir beteiligen uns mit Festprogrammen bei den kirchlichen und staatlichen Feiern. Diese Programme können sowohl von Gemeindemitgliedern als auch von Bewohnern des Seniorenheimes der Gemeinde besucht werden.«[1034]

(2) Die *weiteren Bildungsinstitutionen des Ortes*, wie Kindergärten, Schulen, Musikschulen, Schülerheime[1035]. Eine besonders enge Zusammenarbeit wird zwischen den »Geschwisterschulen« gepflegt, wenn mehrere Bildungsinstitutionen in evangelischer Trägerschaft am gleichen Ort vorhanden sind[1036].

> »Ordnung der Beziehungspflege zwischen den Geschwisterschulen: »Jede mögliche Gelegenheit nutzen wir (z. B. Feste, beruflich-fachliche Foren, freizeitliche und sportliche Aktivitäten, gemeinsame Bewerbungen, gemeinsame Orientierungstage) für die Zusammenarbeit, unter Einbezug der PfarrerInnen in den Schulen und in der Gemeinde.« (Vereinbarung über die gemeinsame Zusammenarbeit). Die DirektorInnen der Geschwister-, Erziehungs- und Bildungsinstitutionen halten monatliche Besprechungen, bei denen die Programme koordiniert und Möglichkeiten für die Zusammenarbeit gesucht werden.«[1037]

(3) Das *Netzwerk von Erziehungs- und Bildungsinstitutionen in evangelischer Trägerschaft*[1038]. Diese Plattform bedeutet ein vielfältiges Verbindungsnetz, das die evangelischen Bildungsinstitutionen in weiten Aufgabenbereichen (Organisation, Interessenvertretung, Evaluation, Qualitätssicherung, pädagogische Zusammenarbeit, Programme und Aktivitäten usw.) verknüpft und unterstützt.

> »Die Zusammenarbeit mit weiteren Begabtenförderschulen verwirklichen wir überwiegend im Kreis der evangelischen Schulen, in Form von gemeinsamen Fachtagen, von gemeinsam organisierten und durchgeführten Schülerwettbewerben und von gemeinsamen Kulturveranstaltungen.«[1039]

(4) Die *weiteren Institutionen und Angebote der Evangelisch-Lutherischen Kirche in Ungarn*[1040]. Dazu gehören die diakonischen Einrichtungen, die Evangelisch-Theologische Fakultät, die evangelischen Gemeinden – besonders diejenigen, aus denen die SchülerInnen die Schule besuchen –, sowie die unterschiedlichen Projekte und Programme der Kirche (z. B. Kirchentag, landesweites Treffen von Jugendlichen).

> »Wir planen, in den Gemeinden der Region – zusammenwirkend mit den SchülerInnen und Lehrenden – Gastbesuche zu organisieren. Damit sichern wir einerseits den Schülernachwuchs anderseits die regelmäßige Unterstützung. Wir halten kontinu-

---

1034 Győr 42.
1035 z.B. Bonyhád 32, 34, Sopron-Eötvös 18, Miskolc 33, Pápa 65, Budapest-Podmaniczky 71.
1036 z.B. Nyíregyháza-Kossuth 15–16, Szarvas-Vajda 4, Szarvas-Benka 14.
1037 Nyíregyháza-Túróczy 32.
1038 z.B. Győr 42, Békéscsaba 55, Orosháza 30, Miskolc 33, Szarvas-Vajda 31.
1039 Budapest-Deák-tér 16.
1040 z.B. Budapest-Deák-tér 19, Sopron-Líceum 6, Nyíregyháza-Kossuth 16, Aszód 83.

ierlich mit der Evangelisch-Theologischen Fakultät den Kontakt. Sie organisiert Fort-bildungen für unsere Lehrenden. Wir rechnen mit der Arbeit und Unterstützung von PfarrerInnen und den Studierenden der Theologischen Fakultät bei der Organisation und Durchführung unserer spirituellen Angebote. Wir organisieren Besuche bei der Evangelisch-Theologischen Fakultät für unsere SchülerInnen, die vor der Berufswahl stehen.«[1041]

(5) Die *ökumenischen Beziehungen*, die überwiegend den Kontakt mit den ka-tholischen und reformierten Ortsgemeinden beinhalten und – falls sie vorhan-den sind – mit den weiteren kirchlichen Bildungseinrichtungen vor Ort[1042].

»Wir haben mit dem Reformierten Kollegium in Pápa eine Vereinbarung getroffen. In diesem Wege sichern wir unsere Fachräume, die Turnhalle und die Mensa.«[1043]

(6) Die *Wettbewerbe*, die die SchülerInnen, die Lehrenden und die Schule mit anderen Kollegen und Schulen im Land und außerhalb des Landes verknüp-fen[1044]. Die evangelischen Schulen verstehen die Teilnahme an Wettbewerben nicht nur als eine Art von Begabtenförderung und Leistungskontrolle, sondern auch als Networking. Unter den Schulen in evangelischer Trägerschaft werden verschiedene (Fach-)Wettbewerbe organisiert sowie die Teilnahme an weiteren Wettbewerben propagiert und unterstützt.

»In und um Bonyhád lebt eine deutsche Bevölkerungsgruppe. Daher ist es selbstver-ständlich, dass das Gymnasium mit Institutionen von deutschen Minderheiten Ver-bindung hält. Unsere SchülerInnen nehmen an Veranstaltungen und Wettbewerben dieser Institutionen teil. Es ist ein Grundprinzip, dass das Gymnasium jede Teilnahme seiner SchülerInnen an außerschulischen Tätigkeiten und Aktivitäten, die ihre Per-sönlichkeitsentwicklung und Persönlichkeitsentfaltung fördert, unterstützt. Die Leh-renden unserer Schule wirken bei diesen Tätigkeiten – nach ihren Möglichkeiten – aktiv mit.«[1045]

(7) Die *Kooperation mit Lehrenden anderer Schulen*[1046]. Diese Kooperation be-zieht sich auf die Teilnahme an Tagungen, Fachkonferenzen und Fortbildungen, auf die fachspezifische und pädagogische Zusammenarbeit mit Lehrenden über die jeweilige Schule hinaus sowie auf die Arbeit an schulübergreifenden Wett-bewerben.

1041 Budapest-Sztehlo 38.
1042 z.B. Győr 42, Orosháza 29–30, Kiskőrös 103, Mezőberény 68, Alberti 42, Soltvadkert 104.
1043 Pápa 11.
1044 z.B. Budapest-Fasor 6, Győr 31–32, Mezőberény 73, Szombathely 21, Marcaltő 34.
1045 Bonyhád 35.
1046 z.B. Budapest-Deák-tér 16, Alberti 42, Mezőberény 164, Nyíregyháza-Túróczy 32.

»Unser Gymnasium ist seit 2011 auch als akkreditierte ausgezeichnete Begabtenför-
derschule tätig. Von unseren Lehrenden arbeiten mehrere als Mentoren, dadurch haben
wir uns in das landesweite Netzwerk eingeschlossen.«[1047]

(8) Die *Vernetzungen vor Ort*, die die Zusammenarbeit mit staatlichen, zivilgesellschaftlichen und privaten Partnern der Schule stärken[1048]. Dazu gehören die
Institutionen von Kinder- und Jugendschutz sowie von Kinder- und Jugendhilfe,
die sozialen Netzwerke, die kulturellen Institutionen und Vereine, die Natur- und
Sportvereine, die Einrichtungen des Gesundheitswesens, das Arbeitsamt, Firmen
und Privatpersonen, die lokalen Medien und weitere örtliche Organisationen, die
die Schulen bei der Bewältigung ihrer Aufgaben unterstützen und die Angebote
der Erziehungs- und Bildungsarbeit erweitern. Die Schulprogramme betonen bei
den Kooperationen das Prinzip der Gegenseitigkeit und das Bestreben der
Schulen, eine »offene Schule« zu sein.

»Ein wichtiges Gebiet bedeutet im Leben des Bildungsinstituts und in der Sicherstellung
des Schulbetriebes der Ausbau von gegenseitig ertragreichen Partnerschaften und die
fortlaufende Beziehungspflege mit der Umwelt des Bildungsinstituts. Die Maxime
dieser Beziehungsarbeit ist die Bemühung um gegenseitige Vorteile.«[1049]

(9) Die *Exkursionen*, die über die örtlichen Vernetzungen und Kooperationspartner hinaus die Beziehungshorizonte der Schule mit sonstigen Partnern erweitern[1050]. Dem werden z.B. die organisierten Besuche von Schüler- und/oder
Lehrergruppen oder die Austauschprogramme mit anderen ungarischen (Bil-
dungs-)Einrichtungen zugeordnet.

»Reichhaltiger und lebendiger werden die unterrichtlichen und außerunterrichtlichen
Umweltprogramme durch Besuche von unterschiedlichen Einrichtungen. In dieser
Hinsicht spielen die Museen, Tiergärten und Nationalparks eine besonders wichtige
Rolle für unsere Schule. Diese Besuche bereiten wir während der Unterrichtsstunden
vor. Im Laufe der Schulausbildung sollen alle SchülerInnen mindestens an einer solchen
Exkursion mit Umweltthemen teilnehmen. Mit den entsprechenden Institutionen hält
eine beauftragte Lehrperson des Lehrerkollegiums den Kontakt.«[1051]

(10) Die *internationalen Beziehungen der Schule*, die als Partnerschulprogramme
mit unterschiedlichen Austauschmöglichkeiten, als schulisch organisierte Stu-
dienreisen und als Kooperationen mit Institutionen und Einrichtungen von
ungarischen Minderheiten, die außerhalb der Landesgrenzen leben, zustande

---

1047 Bonyhád 34.
1048 z.B. Miskolc 33, Nyíregyháza-Túróczy 101, Sopron-Hunyadi 28, Szarvas-Benka 92.
1049 Soltvadkert 100.
1050 z.B. Aszód 95, Kőszeg 38, Kiskőrös 105, Pápa 98, Budapest-Podmaniczky 96, Soltvadkert
106.
1051 Marcaltő 47.

kommen[1052]. Die Mehrheit dieser internationalen Kooperationen bezieht sich auf die englisch- und deutschsprachigen Länder, auf Finnland, auf die Nachbarländer Ungarns sowie auf die Gebiete, wo ungarische Minderheiten leben (insbesondere Siebenbürgen).

> »Im Rahmen von Partnerschulprogrammen bekommen unsere SchülerInnen die Möglichkeit, dass sie die erlernte Sprache üben und andere Kulturen kennenlernen. Unsere jährlichen Austauschprogramme: Evangelisches Ratsgymnasium Erfurt – der jeweilige Jahrgang 9 sowie Stiernhööksgymnasiet, Rättviks kommun – der jeweilige Jahrgang 11. Mit diesen Schulen haben wir jährliche Schüleraustauschprogramme. (...) Laurentius Gymnasium, Neuendettelsau – gelegentlicher Lehrer- und Schüleraustausch.«[1053]

(11) Jenseits der hier aufgelisteten außerschulischen Lernorte und Vernetzungen sind die evangelischen Schulen *prinzipiell offen für mögliche neue Kontakte und Zusammenarbeit*. Als »offene Schulen« streben sie die Offenheit und Sichtbarkeit der Schule an sowie die Einbeziehung der Kooperationspartner in das Leben der Einrichtung[1054].

> »Im Laufe der Zusammenarbeit sollen wir die Einbeziehung der Kooperationspartner stärken (Veranstaltungen, Freizeitprogramme) und die Offenheit der Schule sichern (offene Unterrichtsstunden, Sprechstunden, Öffentlichkeit unserer Dokumente).«[1055]

Die Tabelle 38 fasst die Eigenschaft »Typen der außerschulischen Lernorte und Vernetzungen der Schule« in ihrer dimensionalen Ausprägung und mit Angabe der entsprechenden Schulen zusammen.

Kategorie: Schulprofil	
Subkategorie: Außerschulische Lernorte und Vernetzungen der Schule	
Eigenschaft: Typen der außerschulischen Lernorte und Vernetzungen der Schule	
Dimensionale Ausprägung	**Schulen**
Evangelische Ortsgemeinde	M1, M2, M3, M5, M6, M8, M9, M10, M11, M13, M14, M15, G1, G2, G3, G5, G8, G9
Weitere Bildungsinstitutionen vor Ort	M4, M5, M6, M7, M9, M10, M11, M12, M13, M14, M15, G1, G2, G4, G5, G6, G8, G9
Netzwerk von Schulen in evangelischer Trägerschaft in Ungarn	M1, M2, M3, M5, M6, M7, M10, M11, M13, G2, G7, G8, G9
Weitere Gemeinden, Institutionen und Angebote der Evangelischen Kirche	M1, M2, M3, M5, M6, M8, M9, M10, M11, M13, M15, M16, G1, G2, G5, G8, G9
Ökumenische Beziehungen	M3, M5, M6, M10, M11, M13, M14, M15, G1, G2, G3, G5, G8, G9

1052 z.B. Sopron-Líceum 11, Orosháza 30, Szarvas-Benka 27, Szombathely 15.
1053 Budapest-Deák-tér 20.
1054 z.B. Bonyhád 35, Békéscsaba 58, Orosháza 30, Miskolc 33, Kőszeg 38, Budapest-Podmaniczky 69.
1055 Soltvadkert 103.

(Fortsetzung)

Kategorie: Schulprofil	
Subkategorie: Außerschulische Lernorte und Vernetzungen der Schule	
Eigenschaft: Typen der außerschulischen Lernorte und Vernetzungen der Schule	
Dimensionale Ausprägung	Schulen
Wettbewerbe	M1, M2, M3, M4, M5, M6, M7, M8, M9, M11, M12, M13, M14, M15, M16, G2, G4, G5, G7, G8, G9
Kooperationen mit Lehrenden von anderen Schulen	M3, M4, M5, M6, M7, M10, M11, G1, G2, G4, G9
Vernetzungen vor Ort	M1, M2, M3, M4, M5, M6, M7, M8, M9, M10, M11, M12, M13, M14, M15, M16, G1, G2, G3, G4, G5, G6, G7, G8, G9
Exkursionen	M1, M2, M3, M4, M5, M6, M7, M10, M11, M12, M13, M14, M15, M16, G1, G2, G3, G4, G5, G6, G7, G8, G9
Internationale Beziehungen	M1, M2, M3, M5, M6, M7, M11, M13, M14, M15, M16, G1, G3, G4, G6, G8, G9

Tabelle 38: Typen der außerschulischen Lernorte und Vernetzungen der Schule

Auffällig ist noch, dass die Schulprogramme die Eltern und die Familien oft als die wichtigsten und unmittelbaren »außerschulischen Kooperationspartner« bezeichnen[1056]. Eine Erziehungs- und Bildungspartnerschaft mit den Eltern und Familien wird angestrebt, die auf gemeinsam geteilten Werten und Weltanschauung basiert. Die Beschreibung der außerschulischen Beziehungen beginnt in einer Reihe von Fällen mit der – meist detaillierten – Darstellung der Art und Weise, wie die Schule mit den Eltern die Beziehungen pflegt[1057].

11.5.2 Grad der Beschreibung der außerschulischen Lernorte und Vernetzungen der Schule

Die Analyse zu »Typen der außerschulischen Lernorte und Vernetzungen« hat gezeigt, dass die evangelischen Schulen ein vielfältiges Netzwerk betreiben, das ein breites Spektrum von Kooperationspartnern enthält. Daher stellt sich die Frage: *Wie detailliert werden die außerschulischen Lernorte und Vernetzungen der Schule vorgestellt?* Diese Fragestellung konstatiert nicht nur das Ausmaß der Darstellung. Sie verknüpft sich mit weiteren Themenkreisen, die die Form der

---

1056 Die Thematik »Kontakt- und Kooperationsformen mit sowie Erwartungen an Eltern« wurde bereits in Kapitel 9.4 »Die Eltern an evangelischen Schulen« behandelt.
1057 z.B. Győr 37–42, Békéscsaba 46–47, Orosháza 27–29, Mezőberény 65–67, Pápa 65.

Beschreibung, die Inhalte und Ziele, den Stellenwert und den Grad an Vernetzungen der Schule thematisieren.

Kategorie: Schulprofil	
Subkategorie: Außerschulische Lernorte und Vernetzungen der Schule	
Eigenschaft: Grad der Beschreibung der außerschulischen Lernorte und Vernetzungen der Schule	
Dimensionale Ausprägung	Schulen
Keine Erwähnung	-
Geringer Hinweis auf Vernetzungen	M1, M8, M9
Mittlerer Grad der Beschreibung mit Konzentration auf einen bestimmten Kreis von Kooperationspartnern	M2, M4, M12, G3, G4, G6
Mittlerer Grad der Beschreibung mit vielfältigen Kooperationspartnern	M3, M5, M13, M16, G5
Ausführliche Beschreibung mit hohem Grad an Vernetzungen	M6, M7, M10, M11, M14, M15, G1, G2, G8, G9

Tabelle 39: Grad der Beschreibung der außerschulischen Lernorte und Vernetzungen der Schule

Die Tabelle 39 zeigt, dass die überwiegende Mehrheit der Schulen ihr Netzwerk ausführlich darstellt. Sie lässt erkennen, dass die Schulen guten und vielfältigen Vernetzungen einen hohen Stellenwert beimessen.

- Es gibt keine einzige Schule, die in ihrem Schulprogramm die außerschulischen Lernorte und Vernetzungen der Schule nicht erwähnt.
- Wenige Schulen weisen *in geringem Ausmaß* – in ein oder zwei Sätzen – auf Kooperationspartner hin[1058]. Dabei werden wenige Kooperationspartner erwähnt, die Art und Weise der Kooperation wird nicht thematisiert. Eine dieser Schulen verweist auf ein anderes Dokument der Schule, in dem die Typen und Formen des Netzwerkes der Schule ausführlich behandelt werden[1059].
- *Der mittlere Grad der Beschreibung mit Konzentration auf einen bestimmten Kreis von Kooperationspartnern* bedeutet, dass die Schulen mehrere Kooperationspartner benennen und einige davon ausführlicher thematisieren. So betont z. B. eine Schule ihre lebendige Verbindung mit den Gemeinden und anderen kirchlichen Einrichtungen[1060], eine andere ihre Vernetzungen in beruflich-fachlichen Plattformen und in landesweiten Wettbewerbs-Organisationen[1061]. In einer weiteren Schule wird die Zusammenarbeit mit Institutionen von Kinder- und Jugendschutz und mit Umweltorganisationen hoch-

---

1058 Budapest-Fasor 27, Aszód 28, 83, Sopron-Eötvös 18, 90.
1059 Budapest-Fasor 27.
1060 Sopron-Líceum 11.
1061 Bonyhád 32–36.

geschätzt und detailliert vorgestellt[1062]. Einige Grundschulen erwähnen Kooperationspartner eher aus staatlichen und zivilgesellschaftlichen Bereichen, weniger aber aus kirchlichen Kreisen[1063]. Da der Schulträger der Grundschulen die jeweilige Ortsgemeinde ist, ist ein intensiver Kontakt zwischen Schule und Gemeinde selbstverständlich. Es stellt sich die Frage, warum diese Schulen auf ihre kirchlichen Beziehungen so zurückhaltend eingehen.

– *Der mittlere Grad der Beschreibung mit vielfältigen Kooperationspartnern* bedeutet, dass die Schulen auf ein breites Netzwerk verweisen und mit vielen außerschulischen Partnern zusammenarbeiten. Diese Beziehungen werden aber nicht detailliert dargestellt. Manche Partner werden nur aufgelistet, andere in wenigen Sätzen vorgestellt, wiederum andere in einigen Aspekten präzisiert[1064].

– *Ausführliche Beschreibung mit hohem Grad an Vernetzungen.* Die Schulen, die zu dieser Gruppe gehören, stellen ihre Vernetzung eingehend vor und präzisieren das durch eine Reihe von Gesichtspunkten[1065]. Eine Grundschule z.B. teilt ihr Netzwerk in elf Teilbereiche (Eltern, fachliche Kontakte, Kontakte mit den umliegenden Schulen, internationale Partnerschulen, Kirche und Gemeinde, Organisationen von Kinderschutz und Kindeswohl, kulturelle Institutionen und Vereine, Gesundheitswesen, Familien, Arbeitswelt, Medien)[1066]. Zu jedem Teilbereich liefert das Schulprogramm eine zusammenfassende inhaltliche Beschreibung unter Einschluss von Zielsetzungen und stellt die konkreten Aktivitäten, die Methoden, Erfolgskriterien, den zeitlichen Ablauf, die Teilnehmenden, die AkteurInnen und Verantwortlichen detailliert dar.

Zusammenfassend lässt sich feststellen, dass die Schulen sich nicht nur auf mehrere außerschulische Lernorte beziehen und vielfältige Kooperationen betreiben, sondern ihre Netzwerke bewusst wahrnehmen und in ihren Schulprogrammen detailliert ausweisen. Die Beschreibungen präzisieren vielfältige Merkmale (wie z.B. konkrete Aktivitäten, Ziele, Erfolgskriterien, AkteurInnen und Verantwortliche), die für diese außerschulischen Vernetzungen kennzeichnend sind.

1062 Marcaltő 35, 41.
1063 Sopron-Hunyadi 28, Szarvas-Benka 27, 49, 92, Szombathely 15.
1064 z.B. Budapest-Deák-tér 16–17, Nyíregyháza-Kossuth 16, Szarvas-Vajda 37, Pápa 65–66.
1065 z.B. Győr 41–43, Békéscsaba 55, 58, Orosháza 29–30, Miskolc 33, Budapest-Podmaniczky 70–71.
1066 Soltvadkert 97–111.

11.5.3 Funktion der außerschulischen Lernorte und Vernetzungen der Schule

Ein wichtiger Aspekt für die Relevanz der außerschulischen Lernorte und Vernetzungen ist ihre Funktion. In diesem Abschnitt wird daher thematisiert, welche Funktionen den außerschulischen Lernorten und Vernetzungen beigemessen werden.

(1) Eine wichtige Funktion der außerschulischen Lernorte und Vernetzungen der Schule ist die *Unterstützung und Erweiterung der Erziehungs- und Bildungsangebote der Schule*[1067]. Es wird festgestellt, dass die Schulen mit ihren schulisch-unterrichtlichen Angeboten die Bandbreite der Interessen der SchülerInnen sowie die Verwirklichung ihres Erziehungs- und Bildungsprogrammes nicht allein abdecken können. Daher sind sie auf außerschulische Partner angewiesen. Dieser Bedarf wird in den Schulprogrammen in einer Reihe von unterschiedlichen Bereichen präzisiert: wie z.B. Sprachenlehre, Kennenlernen von anderen Kulturen, Gesundheits- und Umweltwesen, nationaler Zusammenhalt, Sport, kulturelle Institutionen und Veranstaltungen (Bibliotheken, Konzerte, Museen, Theater, Ausstellungen) sowie Heimat- und Volkskunde.

> »Durch unsere Partnerschulen [wird] das gemeinsame Kennenlernen der kulturellen Erinnerungen des Karpatenbeckens, die Stärkung der nationalen Identität und Empathie [ermöglicht].«[1068] [Aus einer Auflistung]

(2) Die außerschulischen Lernorte und Vernetzungen haben Bedeutung für die *berufliche Weiterentwicklung* und für den *Erfahrungsaustausch der Lehrenden*[1069]. Sie haben ferner Auswirkungen auf die *Qualität des Unterrichts* und bieten Möglichkeiten zu *Rückmeldungen* für die Schule und die Lehrenden bezüglich ihrer Tätigkeiten.

> »Im Interesse unserer beruflichen Weiterentwicklung und effektiverer Erziehungs- und Bildungsarbeit [nevelés] pflegen wir die Kontakte mit Schulen mit einem ähnlichen Profil außerhalb unserer Stadt und suchen die Möglichkeit zum Erfahrungsaustausch. So hat sich im Laufe der Jahre unsere Schulpartnerschaft mit allen Schulen in evangelischer Trägerschaft entwickelt. (...) Wir möchten diese Gelegenheit weiterhin in Anspruch nehmen und besuchen gerne weitere, von der Theologie [=Theologischen Fakultät] und von der Evangelisch-Lutherischen Kirche in Ungarn organisierte berufliche Weiterbildungen.«[1070]

(3) Die Zusammenarbeit mit dem Kinder- und Jugendschutz sowie mit den Kinder- und Jugendhilfe-Organisationen ermöglicht es, *Probleme zu erkennen* und *geeignete Maßnahmen zum Schutz und zur Wohlfahrt von Kindern und*

1067 z.B. Bonyhád 34, Békéscsaba 58, Mezőberény 67, Alberti 41–42, Pápa 98.
1068 Szombathely 15.
1069 z.B. Budapest-Deák-tér 16, Miskolc 33, Mezőberény 164, Nyíregyháza-Túróczy 32.
1070 Orosháza 30.

Jugendlichen zu treffen. In einer Reihe von Schulen arbeitet ein Kinderschutz-bzw. Jugendschutz-Beauftragter, der für die Zusammenarbeit und den regelmäßigen Informationsaustausch zwischen der Schule und diesen Organisationen verantwortlich ist[1071].

>»Wir beobachten die Bedrohung unserer SchülerInnen (Jugendschutzbeauftragter). Wir arbeiten mit anderen Institutionen und Behörden aus dem Bereich von Kinderschutz zusammen, wie Magistrat, Erziehungsberatung, Kinder- und Jugendhilfe, Familienhilfe, Polizei, Kirchen. Wenn es notwendig ist, veranlassen wir beim Ortsgemeinderat die Zuweisung von regelmäßigen oder besonderen Unterstützungen (in der Form von Naturalien: z. B. Schulbuch- und Lehrmittel-Hilfe, Mensabeihilfe). (...) Falls wir ein Problem im Kinderschutz-Bereich wahrnehmen, verständigen wir sofort die Hilfestelle. Sie erkundigen sich bei unserer Schule ebenso in monatlicher Regelmäßigkeit.«[1072]

(4) Außerschulische Lernorte und Vernetzungen bieten Möglichkeiten, dass die SchülerInnen mehrere Berufe kennenlernen, Hochschulen besuchen, Praxiseinblicke bekommen, damit sie bei den Fragen der *Berufsorientierung und Berufswahl* die bestmöglichen Entscheidungen treffen können[1073].

>»Wir arbeiten mit dem Arbeitsamt zusammen, damit wir das Weiterstudieren und die Berufswahl unserer SchülerInnen in bestmöglicher Form unterstützen können.«[1074]

(5) Eine nicht zu unterschätzende Funktion haben die Netzwerke der Schule beim *Aufsuchen und der Bereitstellung von finanziellen Quellen und Unterstützungen.* In dieser Hinsicht weisen mehrere Schulen auf Firmen, Bewerbungen und Stiftungen hin[1075], manche auf den Schulträger[1076].

>»Das Tempo und die Richtung der Entwicklung von Betriebsmitteln bestimmen die Empfehlungen der Fachgruppen und die finanziellen Möglichkeiten des Lyzeums. Um finanzielle Basis für die Innovationen zu schaffen, ergreifen wir fortlaufend die Möglichkeiten der unseren Zielen und Möglichkeiten entsprechenden Ausschreibungen von Ministerien, Vereinen und Stiftungen.«[1077]

(6) Die Zusammenarbeit mit der jeweiligen evangelisch-lutherischen Gemeinde ermöglicht es, dass Kinder und Jugendliche die evangelischen Traditionen sowie

---

1071 z.B. Sopron-Líceum 19, Nyíregyháza-Kossuth 27–28, Alberti 42, Marcaltő 35, Soltvadkert 105.
1072 Marcaltő 35.
1073 z.B. Budapest-Deák-tér 19, Békéscsaba 58, Budapest-Sztehlo 38, Mezőberény 41, Soltvadkert 109.
1074 Soltvadkert 109.
1075 z.B. Sopron-Líceum 26, Budapest-Deák-tér 20, Bonyhád 9, Nyíregyháza-Kossuth 7, Győr 61, Aszód 11–12, Orosháza 55, Kőszeg 76, Kiskőrös 25, Szarvas-Vajda 42, Alberti 42, Marcaltő 35.
1076 z.B. Bonyhád 90, Békéscsaba 106, Alberti 32, Marcaltő 47, Budapest-Podmaniczky 69.
1077 Sopron-Líceum 26.

die Kirchengemeinde kennenlernen. In dieser Hinsicht sprechen die Schulprogramme nicht nur über eine gemeinsame oder kirchliche Bildungsverantwortung, sondern über die Verantwortung evangelischer Schulen in der *Vermittlung
von christlichen/evangelischen Traditionen und Erfahrungen*[1078]. Weiterhin bedeutet diese Partnerschaft einen Anknüpfungspunkt zur Gemeinde, mit der
Möglichkeit der Teilnahme am Gemeindeleben und der Mitgliedschaft in der
Gemeinde.

> »Mit der Intensivierung der Beziehungen zwischen der Gemeinde und der Schule
> wollen wir die Aufbewahrung der evangelischen Traditionen sowie die Verbindung von
> evangelischen Jugendlichen zur Gemeinde erreichen. Diesem Ziel dienen die gemein-
> samen Dienste und Programme, die Geltendmachung der gemeinsamen Verantwor-
> tung im Blick auf die Spendung der Taufe und der Konfirmation sowie die Anwesenheit
> und unterstützende Arbeit der SchulpfarrerInnen in der Innenmission.«[1079]

(7) Die außerschulischen Lernorte und Vernetzungen ermöglichen es der Schule,
sich sichtbar zu machen und öffentlich zu präsentieren[1080]. In dieser Hinsicht
spielen die Kontakte zu den Medien eine bedeutende Rolle. Grundsätzlich stellen
aber alle Kontakte und Partnerschaften für die Schulen Auftritte in der Öffentlichkeit dar.

> »Im Interesse von Herausbildung eines entsprechen Schulimages und der Sichtbar-
> machung der erfolgreichen Arbeit von SchülerInnen und Lehrenden halten wir fort-
> laufend Kontakt mit den örtlichen Medien.«[1081]

Eine besondere Art der öffentlichen Präsentation der Schule ist die Einschulungsinformation[1082]. Die evangelischen Schulen legen darauf Wert, dass sie sich
in den umliegenden Grundschulen und evangelischen Kirchengemeinden präsentieren. Schüler- und Lehrergruppen besuchen diese Institutionen und stellen
ihre Schule vor. Es werden gemeinsame Programme mit den Grundschulen und
evangelischen Gemeinden veranstaltet (Schülertreffen und Treffen für die Lehrenden, Wettbewerbe, Konfirmandentreffen, Feste, Freizeitprogramme usw.).
Dadurch möchten die evangelischen Mittelschulen ihre zukünftigen Klienten
erreichen und sie mit ihrem Profil und ihren Angeboten ansprechen[1083]. Ebenso
halten die evangelischen Grundschulen Kontakt mit den örtlichen sowie den
evangelischen Kindergärten.

> »Das Schulleitungsteam und die Fachlehrenden halten Einschulungsinformation in den
> mit uns in Kontakt stehenden Grundschulen, in den Klassenvorstandstunden und an

---

1078 z.B. Nyíregyháza-Kossuth 16, Orosháza 29–30, Budapest-Sztehlo 38, Alberti 41.
1079 Nyíregyháza-Túróczy 32.
1080 z.B. Budapest-Deák-tér 19, Miskolc 33, Kőszeg 85, Budapest-Sztehlo 38, Kiskőrös 105.
1081 Soltvadkert 110.
1082 z.B. Bonyhád 32, Sopron-Eötvös 18, Kőszeg 28, Kiskőrös 101, Soltvadkert 100.
1083 Siehe Kapitel 9.2.

den Elternabenden dieser Schulen. Wenn sie die Möglichkeit bekommen, suchen sie weitere Grundschulen auf. (In unserer Schule ist eine Einschulungsgruppe tätig.)«[1084]

(8) Zuletzt bieten die außerschulischen Lernorte und Vernetzungen einen *Reflexionshorizont* für die Schule, der die gesamte Tätigkeit der Schule in eine andere, nicht-schulische Dimension stellt[1085]. Diese Funktion erwähnen die Schulprogramme selten. Durch diesen Reflexionshorizont bekommt die Schule einen solchen Referenzrahmen, mit dessen Hilfe sie ihre Schulentwicklung voranbringen kann. Besonders in den Bereichen von Profilschärfung, Qualitätssicherung und Evaluation können diese Reflexionshorizonte nützlich und wirksam sein. Sie leisten einen Beitrag dazu, die gesamte Tätigkeit der Schule sowie die Teilbereiche der Erziehungs- und Bildungsarbeit reflexiv wahrzunehmen und bewusst zu gestalten.

»Die Wettbewerbe, die Kraftprobe der Begabten können unseren SchülerInnen Erfolgserlebnis, Routine, Mut und ein gesundes Selbstvertrauen geben. Wir bekommen dadurch objektive Rückmeldungen über die Vorbereitungsarbeit unserer Lehrenden. Daher streben wir danach, dass unsere SchülerInnen in höchstmöglichem Prozentsatz an Wettbewerben teilnehmen. Damit können wir auch das Ansehen unserer Schule erhöhen.«[1086]

Die evangelischen Schulen bemühen sich um eine intensive Diskussion und um den Austausch mit ihrer Umwelt. Wie die evangelischen Schulen zu ihren Reflexionshorizonten stehen, ist unterschiedlich. Manche Aussagen richten sich eher nach den Erwartungen, die an die Schulen gestellt werden[1087], andere Aussagen geben intensiv Auskünfte über das entwickelte Profil sowie über die Prinzipien der Erziehungs- und Bildungsarbeit der jeweiligen Schule[1088], andere Schulen betonen eine gegenseitige Auseinandersetzung, wodurch die Erwartungen und der Profilcharakter miteinander abgestimmt werden[1089].

»Die Schule brauchte und braucht auch heute sehr, dass die Gemeinschaften in ihrer unmittelbaren gesellschaftlichen Umwelt ihre Tätigkeit mit Aufmerksamkeit begleiten und ihre Erwartungen gegenüber der Schule äußern. Die Kenntnisse der Ansprüche der örtlichen Gesellschaft erleichtert uns in besonderem Maße die Profilierung der Schule, die Angebote unserer Programme. (...) Im Interesse daran, dass wir auf bestimmte Fragen bezüglich des Lebens der Institution noch zuverlässigere Antworten bekommen können, führen wir oft systematisierte Informationssammlungen durch (z.B. Meinungsumfragen mit Fragebogen).«[1090]

1084 Mezőberény 73.
1085 z.B. Bonyhád 32, 35, Orosháza 30, Miskolc 33.
1086 Szombathely 21.
1087 z.B. Budapest-Fasor 5, Miskolc 33, Kőszeg 2.
1088 z.B. Győr 39, Orosháza 30, Marcaltő 36.
1089 z.B. Budapest-Podmaniczky 69, Soltvadkert 100, 105.
1090 Miskolc 33.

11.5.4 Fazit: Außerschulische Lernorte und Vernetzungen der Schule als Profilmerkmal evangelischer Schulen

Die Analyse der Schulprogramme hat die außerschulischen Lernorte und Vernetzungen der Schule als ein Profilmerkmal evangelischer Schulen rekonstruiert. In diesem Abschnitt wurden die Typen und die Funktion der außerschulischen Lernorte und Vernetzungen der Schule sowie der Grad der Beschreibung der außerschulische Lernorte und Vernetzungen der Schule dargestellt.

Die Untersuchung hat die folgenden Typen von außerschulischen Lernorten und Kooperationen der evangelischen Schulen herausgefunden: (1) die evangelische Gemeinde vor Ort, (2) die weiteren Bildungsinstitute vor Ort, (3) das Netzwerk von Erziehungs- und Bildungsinstituten in evangelischer Trägerschaft, (4) weitere Institutionen und Angebote der Evangelisch-Lutherischen Kirche in Ungarn, (5) ökumenische Beziehungen, (6) Wettbewerbe, (7) Kooperation mit Lehrenden anderer Schulen, (8) die Vernetzung vor Ort, (9) die Exkursionen sowie (10) die internationalen Beziehungen.

Aus dieser Zusammenstellung wird deutlich, dass die evangelischen Schulen in Ungarn eine beachtliche Zahl von außerschulischen Lernorten aufzuweisen haben und vielfältige Kooperationen eingehen. Die Kooperationspartner sind ebenso vielfältig; es gehören sowohl kirchliche Organisationen und (Bildungs-) Einrichtungen als auch staatliche und gemeinnützige Institutionen und Vereine dazu. Eine Vernetzung vor Ort wird ebenso angestrebt, wie Kooperationen jenseits der örtlich-lokalen Ebene und über Landesgrenzen hinaus. Beachtlich ist, dass nicht nur die Schule als Institution, sondern auch die AkteurInnen der Schule in diesen Netzwerken tätig sind und die Kooperationen der Schule aktiv mitgestalten.

Es ist anzumerken, dass eine lebendige Beziehung besonders mit den Einrichtungen und Institutionen der Evangelisch-Lutherischen Kirche angestrebt wird. Die internationalen Beziehungen richten sich dabei vor allem auf Länder, mit denen die Evangelisch-Lutherische Kirche in Ungarn intensive Kontakte pflegt (Deutschland, Finnland, Rumänien/Siebenbürgen). Das Potenzial des landesweiten und länderübergreifenden Netzwerks der Kirche wird erkannt. Die positiven Synergieeffekte, die sich aus der Zusammenarbeit kirchlicher Einrichtungen und Organisationen ergeben, fördern die Bereitschaft, an diesen Kooperationen teilzunehmen und sie aktiv mitzugestalten. Auf eine prinzipielle Offenheit für weitere Kooperationspartner und das Interesse an Zusammenarbeit weist eine große Zahl von Schulen in ihren Schulprogrammen hin.

Der Grad der Beschreibung der außerschulischen Lernorte und Vernetzungen bestätigt den hohen Stellenwert der Kooperationen für die Schulen. Die überwiegende Mehrheit der evangelischen Schulen stellt ihr Netzwerk ausführlich dar. Die Beschreibungen gehen über bloße Hinweise hinaus und geben detaillierte Informationen über die Art und Weise der Kooperationen der Schule (wie z. B. Konzept für außerschulisches Lernen, konkrete Aktivitäten, Erfolgskriterien, Ziele, beteiligte AkteurInnen und Verantwortliche). Andere evangelische Schulen geben nicht so ausführlich Auskunft über ihre Vernetzungen, aber sie listen ein breites Spektrum von Kooperationspartnern auf oder thematisieren detailliert einen bestimmten Kreis von Kooperationspartnern. Nur drei Schulen weisen eher weniger auf ihre Netzwerke hin. Keine Schule lässt ihre außerschulischen Lernorte und Vernetzungen unerwähnt.

Der hohe Stellenwert der außerschulischen Lernorte und Vernetzungen liegt für die evangelischen Schulen in der Funktion der Kooperationen begründet. Die staatlichen und gemeinnützigen Institutionen und Vereine können zur Erweiterung und Unterstützung des Erziehungs- und Bildungsangebotes der evangelischen Schulen einen wesentlichen Beitrag leisten. Außerschulische Lern- und Freizeitangebote in Kooperation mit der Schule, die Zusammenarbeit im Bereich von Kinder- und Jugendschutz, die Angebote im Bereich der Weiterentwicklung der Lehrerpersönlichkeit und Lehrerprofessionalität sowie die finanzielle Unterstützung bieten Möglichkeiten für die Schulen, ihre Angebote qualitätsvoller und breiter aufzustellen und ihren Aufgaben in professionellerer und angemessenerer Form nachzugehen.

Diese Kooperationen bringen positive Synergieeffekte, die für die Schulen eine öffentliche Wirksamkeit, gesellschaftliche Teilhabe und das Potential zur Innovation bereitstellen. Darüber hinaus ermöglichen sie einen Kontakt mit der nächsten Generation und einen Einfluß auf ihre Erziehung und Bildung. Weiterhin bieten diese Vernetzungen für die evangelischen Schulen einen Reflexionshorizont, der für die Schulentwicklung einen weiterführenden Beitrag leisten kann.

Die ökumenischen Beziehungen der evangelisch-lutherischen Schulen werden erwähnt und bejaht, aber die Schulprogramme machen dazu keine weiteren inhaltlichen Angaben. Der Kooperation mit den evangelisch-lutherischen Gemeinden kommt dagegen ein besonderer Stellenwert zu. Die evangelisch-lutherischen Gemeinden stellen nämlich für die Schulen einen Erfahrungsraum dar, in dem christliche bzw. evangelische Traditionen vermittelt werden, religiöse Erfahrungen erlebt werden können und eine kirchlich-religiöse Praxis präsent ist.

Den Zielsetzungen »Identifikation mit einem christlichen Selbst-, Welt- und Gottesverständnis«, »Anerkennung und Wertschätzung christlicher Religion und evangelischer Kirche«, »Gemeindemitgliedschaft/Kirchenmitgliedschaft« und »Aneignung einer kirchlich-religiösen Praxis« kommt an den evangelisch-lutherischen Schulen ein besonderer Stellenwert zu[1091]. Darum ist die Kooperation zwischen den evangelisch-lutherischen Schulen und den evangelisch-lu-

---

1091 Siehe Kapitel 8.5.

therischen Gemeinden als eine der wichtigsten außerschulischen Beziehungen einzustufen.

11.6 Zusammenfassung: Schulprofil der evangelisch-lutherischen Schulen in Ungarn

Das Schulprofil – verstanden als Merkmale und Spezifika der Schule – bildet nach der Methodik der Grounded Theory eine Kategorie des Phänomens »Selbstverständnis von Schulen in evangelisch-lutherischer Trägerschaft in Ungarn«. Das Schulprofil zeigt, wie das Selbstverständnis evangelischer Schulen thematisiert und praktisch umgesetzt wird. Daher wurde die Frage gestellt, welche besonderen Merkmale und Spezifika evangelisch-lutherische Schulen in Ungarn kennzeichnen. Was für ein besonderes Schulprofil haben evangelisch-lutherischer Schulen? Was ist das »Evangelische« an diesen Schulen?

Die Analyse der Schulprogramme konnte zur Kategorie »Schulprofil« fünf Subkategorien rekonstruieren, die das Schulprofil näher thematisieren und nach den Schulprogrammen als Profilmerkmal evangelisch-lutherischer Schulen in Ungarn gelten. Die Subkategorien der Kategorie »Schulprofil« fasst die Abbildung 10 zusammen.

Abbildung 10: Subkategorien zur Kategorie »Schulprofil von Schulen in evangelischer Trägerschaft in Ungarn«

Die fünf Subkategorien wurden einzeln analysiert. Drei von diesen Subkategorien wurden mit ihren Eigenschaften und dimensionalen Ausprägungen dargestellt und mit Textbeispielen aus den Schulprogrammen belegt. Die Subkategorien »Religion als Dimension beim Unterricht aller anderen Fächer sowie bei Wissens- und Fächerkulturen« sowie »Pädagogische Merkmale der Schule mit implizit religiösem Charakter« wurden – aufgrund des Erkenntnisinteresses, des

Datenmaterials der Schulprogramme und der Begrenzung der Forschungsarbeit – nur begrenzt in die Analyse einbezogen.

Die Eigenschaft »Hinweise auf die religiöse Dimension bei Angaben zum lokalen Lehrplan« vertritt die Analyse der Subkategorie »Religion als Dimension beim Unterricht aller anderen Fächer sowie bei Wissens- und Fächerkulturen«. Eine tabellarische Zusammenfassung stellt die Subkategorie »Pädagogische Merkmale der Schule mit implizit religiösem Charakter« mit ihren Eigenschaften und dimensionalen Ausprägungen dar. Ausführlich wird zu dieser Subkategorie die Dimension »Theologische und religiöse Bezüge« analysiert und mit Textbeispielen aus den Schulprogrammen belegt. Eine Zusammenfassung folgt den Analysen der Subkategorien, die die Ergebnisse der Untersuchung bündelt.

12. Selbstverständnis evangelisch-lutherischer Schulen in Ungarn – Zusammenfassende Darstellung der Ergebnisse

Diese Arbeit geht der Frage nach, wie die Schulen in evangelisch-lutherischer Trägerschaft in Ungarn ihr eigenes Selbstverständnis und ihre Profilmerkmale definieren. Dazu wurden die Schulprogramme dieser Schulen mittels des explorativen und hypothesengenerierenden Verfahrens der Grounded Theory analysiert.

Die Analyse der Schulprogramme hat neun relevante Kategorien zum Phänomen »Selbstverständnis evangelisch-lutherischer Schulen« ausgemacht und ihr Verhältnis zueinander herausgearbeitet[1092]. Von diesen Kategorien wurden fünf näher analysiert und mit ihren Eigenschaften und deren dimensionalen Ausprägungen dargestellt: (1) das zugrundeliegende Menschenbild, (2) die Zielvorstellungen der Schulen, (3) die AkteurInnen der Schulen, (4) das Erziehungs- und Bildungsverständnis sowie (5) die Profilmerkmale dieser Schulen.

In diesem abschließenden Kapitel des empirischen Teils der Arbeit werden die verdichteten Ergebnisse der Analyse gebündelt. Das ergibt eine strukturierte Darstellung der programmatischen Vorgaben der Schulprogramme im Blick auf das Selbstverständnis evangelisch-lutherischer Schulen. Die Daten der Analyse charakterisieren drei Typen, welche die Subkategorien der Kernkategorie »Selbstverständnis evangelischer Schulen« bilden:

– Evangelische Schule als Erziehungs- und Bildungsinstitut – Evangelische Schule als »Gute Schule« mit Qualität und Innovation,
– Evangelische Schule als Erziehungs- und Bildungsinstitut in kirchlicher Trägerschaft – Evangelische Schule als Gemeinde im Dienst der Kommunikation des Evangeliums,
– Evangelische Schule als Teil des öffentlichen Raums – Evangelische Schule als Netzwerk bzw. Netzwerkorganisation in öffentlich-sozialen Systemen.

Dazu ist anzumerken, dass die Schulprogramme selten direkte Aussagen über das Selbstverständnis der evangelischen Schulen enthalten. Die Mehrzahl der

---

1092 Siehe Kapitel 6 »Zusammenschau der ermittelten Kategorien«.

Formulierungen, die auf das Selbstverständnis der Schule hindeuten, ist unter den Kategorien »Zielvorstellung«, »Erziehungs- und Bildungsverständnis« und »Profilmerkmale« zu finden. Die indirekt formulierten Aussagen sind aber vollauf hinreichend, um das Phänomen »Selbstverständnis evangelischer Schulen« zu belegen und diese Kernkategorie zu »sättigen«[1093].

Die Zusammenfassung kann selbstverständlich nicht alle Ergebnisse der einzelnen analysierten Kategorien wiedergeben. Die verdichteten Ergebnisse haben auch nicht mehr die Einzelschule bzw. das konkrete Schulprogramm der jeweiligen Schule im Blick. »Das Selbstverständnis evangelischer Schulen« ist vielmehr ein Konstrukt, das von den einzelnen evangelischen Schulen in unterschiedlicher dimensionaler Ausprägung konkretisiert wird. Eine Schule versteht sich z.B. verstärkt als im Dienst der Kommunikation des Evangeliums stehend. Eine andere Schule definiert sich eher durch das Bemühen um Qualität. Dabei wird bereits die Schulqualität, die »gute Schule«, durch unterschiedliche dimensionale Ausprägungen und durch die von der Schule selbst definierten Qualitätsmerkmale bestimmt. Insofern schließt das Selbstverständnis evangelischer Schulen als »Gute Schulen« die anderen beiden Typen des Selbstverständnisses nicht aus, sondern beinhaltet ebenso wesentliche Elemente davon.

So ist festzustellen, dass die drei Subkategorien des Phänomens »Selbstverständnis evangelischer Schulen« sich nur auf der theoretischen Ebene klar voneinander unterscheiden lassen. Sie sind miteinander verknüpft, ineinander verflochten, ergänzen und bereichern einander, können aber auch gegeneinander ausgespielt werden. Die drei Subkategorien umfassen jeweils die individuelle, schulische, gesellschaftliche und kirchliche Ebene. Bei der Darstellung der drei Typen wird auf diese unterschiedlichen Ebenen hingewiesen. Für die Unterscheidung zwischen den genannten vier Ebenen gilt ebenso die Feststellung, dass eine klare Trennung nur in der theoretischen Betrachtung möglich ist.

12.1 Evangelische Schule als Erziehungs- und Bildungsinstitut – Evangelische Schule als »Gute Schule« mit Qualität und Innovation

Die evangelisch-lutherischen Schulen verstehen sich als öffentliche Erziehungs- und Bildungsinstitute, die fortlaufend nach Qualität und Weiterentwicklung streben. Sie wollen Erziehungs- und Bildungsinstitute sein, die durch ihre Qualität und Innovationsfähigkeit charakterisiert sind.

1093 Strauss/Corbin 1996, 159.

Abbildung 11: Kernkategorie »Selbstverständnis evangelischer Schulen«

»Wir wollen eine solche kirchliche Schule sein, die exzellente Qualität bietet. Wir sehen unseren Aufgaben darin, unsere fachliche Arbeit entsprechend den Erwartungen unserer Partner, die am qualitätsvollen Betreiben der Schule interessiert sind, entsprechend unserem pädagogischen Engagement für die Förderung der SchülerInnen und in Anbetracht unserer religiösen Werte zu gewährleisten. Das Betreiben der Schule, die gesamte Erziehungs- und Bildungsarbeit organisieren wir im Sinne der Verlässlichkeit und der Übersichtlichkeit. Mit unserer Organisationskultur und mit der Fähigkeit zur Innovation wollen wir erreichen, auf die ständigen Veränderungen der Umwelt und auf die Erwartungen von unseren Partnern zu reagieren können.«[1094]

Welche einzelnen Qualitätsbereiche und Qualitätskriterien für die evangelischen Schulen in Ungarn leitend sind, wird in den Schulprogrammen nicht systematisch entfaltet. Eine Reihe von unsystematisch erwähnten Gütemerkmalen einer guten Schule lässt sich aber in jedem Schulprogramm finden. Jede evangelische Schule vertritt den Anspruch, eine gute, qualitätsvolle Schule zu sein, die zu Innovationen fähig ist[1095]. Die Qualitätsansprüche, die in den Schulprogrammen zu finden sind und auf die sich die evangelischen Schulen stellen, bedeuten keinen statischen und allgemeingültigen Anforderungskatalog[1096]. Da Schul-

---

1094 Kőszeg, 19.
1095 Vgl. Kapitel 10.1 (3) und 11.4 (4).
1096 Die Definition von Rolf Dubs über Schulqualität hebt in besonderem Maße auf das Konsensprinzip ab: »Qualität meint die bewertete Beschaffenheit eines Bildungssystems, eine Schule oder einer Klasse gemessen an den in einem politischen Aushandlungsprozess gefundenen Zielvorstellungen und Aussprüchen aller am Bildungswesen interessierten Anspruchsgruppen und Personen.« (Dubs 2004, 205.)

qualität immer konkret für eine Schule bzw. für ein Schulsystem entwickelt und ausgehandelt wird, können gerade die Qualitätsbereiche und -kriterien die Spezifika evangelischer Schulen – sowohl im Falle der Einzelschule als auch im Falle des evangelischen Schulsystems als Ganzes – abbilden.

Das Selbstverständnis evangelischer Schulen als qualitätsanstrebende, innovationsfähige Schulen kann hinsichtlich input-, ergebnis- und prozessbezogener Qualitätsbereiche charakterisiert werden[1097]. Die Inputfaktoren beziehen sich auf die Rahmenbedingungen und Ressourcen der einzelnen Schule. Dazu zählen z. B. die Qualifikation der Lehrenden, die curriculare Bestimmtheit des Nationalen Bildungsplanes, die Zusammensetzung der Schülerschaft und das Umfeld der Schule. Diese Merkmale sind als solche noch keine Qualitätsbereiche der Schule, sondern Voraussetzungen schulischer Prozesse. Sie sind aber bei den Schulentwicklungsprozessen und Evaluationsprozessen mit zu berücksichtigen.

Die gestaltungs- und prozessbezogenen Qualitätsbereiche beziehen sich auf die Gestaltungs- und Entwicklungsprozesse an den Schulen: Wie die evangelischen Schulen sich organisieren, wie sie ihre Erziehungs- und Bildungsarbeit durchführen und wie sie ihre Entwicklungsprozesse planen und umsetzen. Die Unterrichtsgestaltung/-entwicklung, die Organisationsgestaltung/-entwicklung und die Personalgestaltung/-entwicklung können hier genannt werden[1098]. Die aufgelisteten Bereiche weisen darauf hin, dass die prozessbezogenen Qualitätsbereiche mit der Schulentwicklungsarbeit eng verbunden sind. Die Schulentwicklung wird als ein beeinflussender Faktor der Qualität einer Schule erfasst, die in allen schulischen Bereichen verfolgt werden kann und einen Austauschprozess zwischen schulischen und externen Vorgaben und Rahmenbedingungen voraussetzt[1099].

1097 Die Bestandteile der Schulqualität werden nach dem CIPP-Modell von Stufflebeam (1967) in System- und Steuerungsqualität (Input), in Gestaltungs- und Prozessqualität (Prozess) und in Ergebnisqualität (Output) differenziert (Holtappels/Voss 2008). Diese theoretisch relativ einfache lineare Konzeptionalisierung wurde in wissenschaftlichen Debatten durch vielschichtig mehrdimensionale Modelle (z. B. Ditton 2007) und durch Angebots-Nutzungs-Modelle (z. B. Helmke 2012) immer wieder modifiziert und erweitert. Jedoch hat sich das Input-Prozess-Output-Modell als Grundstruktur zur Konzeptionalisierung von Schulqualität – ergänzt und verknüpft mit den Schulentwicklungsmodellen – in der Forschung und in der Praxis großenteils etabliert.

1098 Das s.g. Drei-Wege-Modell des Schulentwicklungskonzepts von Rolff versteht Schulentwicklungsprozesse im Systemzusammenhang von Organisations-, Unterrichts- und Personalentwicklung (Rolff 1998, 305, Rolff 2007).

1099 In ihrem Rahmenmodell von Schulqualität haben Holtappels und Voss das Verhältnis von Schulentwicklung und Schulqualität thematisiert (Holtappels/Voss 2008, 62–76). Dabei wird die Schulentwicklung sowohl als Ausgangspunkt als auch als Ergebnis der Schulqualität verstanden. Die Schulentwicklung gilt als Mittel und Verursacher der Schulqualität, die als Zieldimension der Schulentwicklung erfasst wird. Andererseits übt das Qualitätsniveau der Schule einen Einfluss auf die Schulentwicklungsprozesse in der Schule aus. So stehen Schulqualität und Schulentwicklung in einem wechselseitigen Verhältnis zu-

Die ergebnisorientierten Qualitätsbereiche beziehen sich auf die Resultate und auf die Wirkungen schulischer Prozesse[1100]. Es wird dargestellt, welche Outputbereiche für die Bestimmung von Schulqualität an evangelischen Schulen herangezogen werden.

Die einfache Konzeptionalisierung der Schulqualität in input-, ergebnis- und prozessbezogene Qualitätsbereiche entspricht den Vorstellungen der evangelischen Schulen, wie sie in ihren Schulprogrammen ihr Streben nach Qualität beschreiben. Die im Folgenden aufgeführten Qualitätsbereiche sind als Kataloge von Merkmalen der evangelischen Schulen durch diese selbst entstanden. In ihnen kommt zum Ausdruck, woran sich die Qualität einer evangelischen Schule zeigt, welche Ziel- und Idealvorstellungen von einer guten evangelischen Schule die Schulen selbst haben. Dabei ist zu berücksichtigen, dass die Schulprogramme zwar eine umfassende Darstellung der jeweiligen Schule im Blick haben, konzentrieren sich aber eher auf die pädagogische Arbeit[1101]. Daher werden bestimmte Bereiche – wie z. B. Unterricht, Schulklima – genauer und öfter in den Blick genommen, während andere Bereiche – wie z. B. Organisationsstruktur, Schulmanagement – seltener behandelt werden bzw. gar nicht zur Sprache kommen. Demzufolge bilden die im Folgenden vorgestellten Qualitätsbereiche einer guten evangelischen Schule kein Katalograster für die Evaluation evangelischer Schulen. Sie können aber als ein Teil eines solchen Kataloges von Merkmalen für Schulqualität verstanden werden, die mit weiteren Elementen für eine Qualitätsbestimmung evangelischer Schulen heranzuziehen sind.

---

einander. Wie dieses wechselseitige Verhältnis aber näher bestimmt ist, ist sowohl in theoretischer als auch in methodischer Hinsicht zu klären und bleibt Gegenstand von aktuellen Schulqualitäts- und Schulentwicklungsforschungen (Steffens/Maag Merki/Fend 2017, 23).

1100 Besonders im ergebnisorientierten Qualitätsbereich einer Schule taucht die Frage nach der begrifflichen Klärung von Schuleffektivität und von Schulqualität auf. Die meisten Forschungsarbeiten thematisieren keinen Unterschied zwischen der Schulqualität und der Schuleffektivität und setzen die beiden Begriffe gleich bzw. verwenden sie parallel (z. B. Steffens/Maag Merki/Fend 2017). Besonders beim Herausfinden von beeinflussenden Faktoren der Qualität bzw. der Effektivität einer Schule fließen die beiden Begriffe ineinander. Falls eine Unterscheidung zwischen den beiden Begriffen vorgenommen wird, werden der Output-Charakter, die Messbarkeit und die individuelle Schülerebene im Blick auf die Schuleffektivität betont: »Schuleffektivität wird üblicherweise daran gemessen, welche Ergebnisse eine Schule auf der Ebene der Schülerinnen und Schüler erreicht.« (Bischof 2017, 22). In der vorliegenden Arbeit wird von Schulqualität gesprochen, weil dieser Begriff umfassender ist und neben den Schülerleistungen auch weitere Qualitätsfaktoren miteinschließt.

1101 Vgl. Kapitel 3.2.1.

12.1.1 Qualität der Ergebnisse: Wettbewerbsfähige Schule mit gutem Ruf, erkennbarer Profilierung und Innovationsfähigkeit

Die evangelischen Schulen verstehen sich als qualitätsanstrebende und innovationsfähige Schulen, die sich in folgenden ergebnisorientierten Qualitätsbereichen stellen:

- Lernergebnisse der SchülerInnen: Eine gute evangelische Schule charakterisiert sich durch die Lernergebnisse ihrer SchülerInnen. Eine »absolute Leistung« wird auch angezielt, dass die evangelischen Schulen in verschiedenen Schülerleistungsmessungen – PISA, Nationale Kompetenzmessung usw. – mit bestmöglichen Ergebnissen abschneiden, möglichst wenige Klassenwiederholungen haben, bei den Schülerwettbewerben und in unterschiedlichen Reihungen von Schulen in Ungarn einen guten Platz erreichen[1102]. Besonders wichtig werden zukunftsorientierte Lernergebnisse eingestuft, wie z.B. Aufnahme an Gymnasien, an Universitäten und Hochschulen, Bestehen von Sprachprüfungen.
- Neben der »absoluten Leistung« betont eine gute evangelische Schule die Personbezogenheit der Lernergebnisse[1103]. SchülerInnen mit Integrations-, Lern- und Verhaltensstörungen, mit Benachteiligungen und mit Sonderbedarf sollen ebenso Erfolgserlebnisse haben und Fortschritte bei den Lernergebnissen erfahren. Die Subjektorientierung als Leitprinzip gilt an einer guten Schule auch im Bereich der Schülerleistungen. An einer guten Schule werden Leistungserfolge von SchülerInnen und LehrerInnen – auch die subjektiven Leistungserfolge – öffentlich anerkannt und wertgeschätzt.
- Mündige und solidarische Persönlichkeit: Eine gute evangelische Schule hat positive Auswirkung auf die ganze Persönlichkeit, auf die individuelle und soziale Lebensführung der SchülerInnen und AbsolventInnen, auf ihre verantwortliche und solidarische Teilhabe in der Gesellschaft[1104]. Die vermittelten Kompetenzen in persönlichen, fachlichen und sozialen Bereichen sollen zu einer bewussten, selbstbestimmten und eigenverantwortlichen Identitätsbildung und Lebensgestaltung beitragen. Dabei wird die Bildung und Entwicklung eines ungarisch-nationalen Identitätsbewusstseins sowie eines europäischen Zugehörigkeitsbewusstseins als Bestandteil der Identitätsentwicklung verstanden.
- Gesellschaftlich-politische Teilhabe: Eine gute evangelische Schule bildet SchülerInnen aus, die befähigt werden an den gesellschaftlich-politischen

---

1102 Vgl. Kapitel 8.1 und 11.5.1.
1103 Vgl. Kapitel 7.4, 8.1 und 10.1.(3).
1104 Vgl. Kapitel 8.2, 8.3 und 10.

Diskursen und Prozessen teilzunehmen[1105]. Diese Teilhabe wird auf unterschiedliche Weise verstanden und charakterisiert (Anpassung an gesellschaftlich-politische bzw. ökonomische Bedingungen versus Gestaltung von gesellschaftlich-politischen Veränderungsprozessen).

– Religiöse Sprach- und Reflexionsfähigkeit, persönliche Bekenntnis- und Glaubenspraxis: Eine gute evangelische Schule fördert die Kompetenzen ihrer SchülerInnen und LehrerInnen im Bereich von Religion[1106]. Die religiöse Sprach- und Reflexionsfähigkeit der SchülerInnen und LehrerInnen wird als ein »Minimalergebnis« in einer guten evangelischen Schule gesehen. Das bedeutet eine Auskunfts- und Dialogfähigkeit in Bezug auf religiöse Themen, im Blick auf die Bedeutung und Wirkung des Christentums und des christlichen Glaubens für existentielle, kulturelle und gesellschaftliche Bereiche und über den eigenen Standpunkt in Sinn- und Glaubensfragen. Die Identifikation mit der christlichen Botschaft, ihre Aneignung und Umsetzung im eigenen Leben kann aus theologischen Gründen nicht als Ziel gesetzt, sondern nur als ein offenes Angebot formuliert werden. Eine gute evangelische Schule bietet daher eine Reihe von vielfältigen und qualitätsvollen Angeboten an, um eine Identifikation der einzelnen Person mit der christlichen Botschaft zu ermöglichen.

– Zufriedenheit der AkteurInnen: Die beteiligten AkteurInnen sind mit der Arbeit einer guten Schule zufrieden[1107]. Die SchülerInnen gehen gerne in die Schule, da sie sich dort wohl fühlen und den Beitrag der Schule für ihre Persönlichkeitsentwicklung wertschätzen. Die LehrerInnen fühlen sich in ihren Initiativen und ihrer Weiterentwicklung gefördert. Es herrscht ein gutes Arbeitsklima, es gibt gegenseitige Unterstützung. Die Konfliktsituationen werden angesprochen, und es wird nach guten Lösungen gesucht. Die Eltern fühlen sich angesprochen, in die Arbeit der Schule eingebunden und sind mit der Arbeit der Schule zufrieden. Die Schulgemeinschaft trägt, ebenso wie das religiöse Schulleben, entscheidend zur Zufriedenheit der AkteurInnen bei.

– Guter Ruf und erkennbare Profilierung der Schule: Eine gute Schule verfügt über einen guten Ruf und eine erkennbare Profilierung[1108]. Der gute Ruf der Schule entsteht durch die guten Lernergebnisse der SchülerInnen, durch die Zufriedenheit der AkteurInnen und der Kooperationspartner. Die erkennbare Profilierung macht das Selbstverständnis der Schule deutlich, gibt für die AkteurInnen wie für das Umfeld der Schule eine klare Orientierung. Die evangelischen Schulen als gute Schulen wollen ihre speziellen Merkmale erkennbar definieren und öffentlich – inner- und außerschulisch – präsentieren.

1105 Vgl. Kapitel 8.2, 8.3 und 10.
1106 Vgl. Kapitel 8.5, 11.1, 11.3.3 und 11.5.3.
1107 Vgl. Kapitel 8.2, 9.4 und 11.3.
1108 Vgl. Kapitel 9.3, 10.1 und 11.

Dabei spielen das religiöse Schulleben und die äußeren Kennzeichen eine wichtige Rolle. Diese machen Religion und den christlich-evangelischen Charakter der Schule sichtbar und erkennbar und transportieren Inhalte und Erfahrungen, die von den formalen Aspekten der Religion nicht trennbar sind. Der gute Ruf der Schule und die erkennbare Profilierung stärken sich gegenseitig, wenn sie miteinander im Einklang stehen und die Außenwahrnehmung und das Selbstverständnis miteinander korrelieren.

– Kirchliche Verbundenheit der AkteurInnen: Eine gute evangelische Schule ist charakterisiert durch die Verbundenheit ihrer AkteurInnen mit der Kirche[1109]. Die SchülerInnen und LehrerInnen haben Kontakt zu Gemeinden, sie nehmen aktiv am Leben der kirchlichen Gemeinden teil. Eine gute evangelische Schule thematisiert die Kirche und macht die SchülerInnen und LehrerInnen mit kirchlichen Lebens- und Handlungsformen, Strukturen, Verheißungen, Hoffnungen und Aufgaben vertraut. Die konfessionelle Orientierung der »Kirche« und »der Gemeinde(n)« bleibt in den Formulierungen jedoch etwas unbestimmt. Einige evangelische Schulen verstehen unter kirchlicher Verbundenheit die evangelisch-lutherische Kirche und deren Ortsgemeinden, andere Schulen lassen die Frage nach der konkreten Sozialgestalt und Konfessionsrichtung der Kirche offen oder weisen auf die übrigen kirchlich-konfessionellen Ausprägungen hin.

– Kooperationsnetzwerk der Schule: Eine gute evangelische Schule hat viele und vielfältige Kooperationspartner aufzuweisen[1110]. Die guten evangelischen Schulen sind in das Leben ihrer näheren und weiteren Umgebung, in die nationale, konfessionelle und teilweise internationale Bildungslandschaft und in die kirchlichen Institute und Organisationen eingebunden. Eine besonders intensive, gegenseitige Beziehung wird mit der evangelischen Gemeinde am Ort gepflegt. Die Kooperationen laufen auf allen Ebenen. Die SchülerInnen, LehrerInnen, DirektorInnen, die Eltern und die weiteren Mitarbeitenden der Schule sind in die vielfältigen Kooperationen eingebunden.

– Innovationsfähigkeit: Eine gute evangelische Schule legt Wert auf die Innovation und regt die AkteurInnen der Schule zu Initiativen und zur Weiterentwicklung an[1111]. In mehreren Bereichen der Schulentwicklung – Organisations-, Unterrichts- und Personalentwicklung – wollen die evangelischen Schulen als gute Schulen Wege suchen, um die gegenwärtigen Herausforderungen zu meistern, um Veränderungen und neue Ansätze zu gestalten. Dabei wird die Tradition evangelischer Schulen als eine Größe gesehen, die den Entwicklungsprozessen Orientierung geben kann. Tradition soll die Schulen

---

1109 Vgl. Kapitel 8.5, 9.1, 9.2, 9.3, 11.1.2, 11.1.5, 11.3 und 11.5.
1110 Vgl. Kapitel 9.4, 11.1.5, 11.3.3 und 11.5.
1111 Vgl. Kapitel 8.3, 10.1, 10.2, 11.4 und 11.5.

vor einem permanenten Aktivismus und vor einer fortlaufenden Anpassung an den Zeitgeist bewahren. Zur Tradition evangelischer Schulen gehört das Bemühen um Qualität als ein Profilmerkmal[1112]. Das Bemühen um Qualität evoziert Entwicklungsprozesse. Auf diese Weise bedingen Innovation und Tradition im Leben evangelischer Schulen einander.

Unter den herausgearbeiteten Qualitätsbereichen beziehen sich einige auf die individuelle Ebene (z. B. mündige und solidarische Persönlichkeit, religiöse Sprach- und Reflexionsfähigkeit, Zufriedenheit der AkteurInnen), andere auf die gesellschaftliche (z. B. gesellschaftlich-politische Teilhabe) bzw. auf die schulische Ebene (z. B. Innovationsfähigkeit). Die Qualitätsbereiche bilden aber komplexe und mehrdimensionale Phänomene, daher haben sie Auswirkungen auf alle erwähnten Ebenen. So hat z. B. die Zufriedenheit der AkteurInnen auch Einfluss auf die schulische, gesellschaftliche und kirchliche Ebene.

Es ist festzustellen, dass es unter den ergebnisorientierten Qualitätsbereichen solche gibt, die sich explizit auf die kirchliche Ebene beziehen. Die kirchliche Verbundenheit der AkteurInnen nimmt die Kontakte zu den kirchlichen Gemeinden und die Teilnahme der SchülerInnen, LehrerInnen und der Mitarbeitenden am Leben dieser Gemeinden als einen Qualitätsbereich evangelischer Schulen an.

12.1.2 Qualität der Prozesse: Religion als bestimmende Dimension

Die evangelischen Schulen verstehen sich als qualitätsanstrebende und innovationsbetreibende Schulen, die ihre Konzeptionalisierungs-, Durchführungs-, Entwicklungs- und Evaluationsprozesse mit guter Qualität durchführen wollen. Die prozessorientierten Qualitätsbereiche können anhand der Schulprogramme nicht in ihrer Gänze erfasst werden. Jedoch erhob die Analyse der Schulprogramme mehrere Qualitätsbereiche und -merkmale, welche die Qualität der Prozesse an evangelischen Schulen – und damit auch eine gute evangelische Schule insgesamt – kennzeichnen. Im Folgenden werden einige dieser Qualitätsbereiche und -merkmale dargestellt. Es handelt sich dabei um eine Auswahl, die die Besonderheiten evangelischer Schulen im Blick haben und die Prozesse an guten evangelischen Schulen laut Schulprogrammen charakterisieren sollen.

(1) Qualitätsbereich »Unterricht«:
- Qualität des lokalen Lehrplans: Eine gute evangelische Schule zeichnet sich durch die curriculare Verankerung der religiösen Dimension im Fächerun-

---

1112 Vgl. Kapitel 11.4.

terricht sowie in den Wissens- und Fächerkulturen aus[1113]. Religion ist im Bereich des Unterrichtens nicht allein im Religionsunterricht ein Thema, sondern ebenso in anderen Fächern wie in fächerverbindenden und fächerübergreifenden Kooperationen. Der lokale Lehrplan gibt deutliche Hinweise auf die Berücksichtigung von religionsbezogenen Inhalten und Verknüpfungen in allen Unterrichtsfächern. Sinn- und Wertethemen werden in allen Unterrichtsfächern behandelt.

– Unterricht als Erziehungs- und Bildungsgeschehen: Gute evangelische Schulen sind durch die untrennbare Verkoppelung von Erziehung und Bildung geprägt[1114]. Der Unterricht konzentriert sich nicht nur auf die Vermittlung bzw. Aneignung von Fachwissen und Kompetenzen, sondern vermittelt auch Orientierungswissen, das die Kompetenzen und Sichtweisen in komplexen Zusammenhängen ordnet und auf einen sinnstiftenden Kontext bezieht. Dem Unterricht, der immer auch ein Beziehungsgeschehen ist, wird bewusst ein erzieherischer Charakter zugeschrieben. Das impliziert die Ansicht, dass jedes pädagogische Handeln unausweichlich ethische Dimensionen besitzt, Einstellungen und Haltungen vermittelt und mit Visionen und Vorstellungen des »Guten«, der »Werte«, des »Richtigen« usw. zu tun hat. Daher werden die Persönlichkeit und die pädagogischen Kompetenzen der LehrerInnen – neben den fachlich-didaktischen Kompetenzen – als entscheidender Beitrag in den Lehr- und Lernprozessen gesehen.

– Subjektorientierung: Die Lehr- und Lernprozesse sind an guten evangelischen Schulen subjektorientiert[1115]. Die einzelnen SchülerInnen stehen mit ihren individuellen Begabungen, Bedürfnissen, Interessen und Lebenskontexten im Mittelpunkt der Erziehungs- und Bildungsprozesse. Eine individuelle und ganzheitliche Förderung soll jeden Einzelnen bei der Entfaltung seiner Begabungen unterstützen. Das Prinzip der Subjektorientierung nimmt die Grenzen und die Verantwortlichkeit des Einzelnen ebenso wahr wie die persönlichen Möglichkeiten zu guten Leistungen und den Beziehungscharakter der Lehr- und Lernprozesse. Subjektorientierung bedeutet daher auch individuell angemessene Leistungsanforderung. Die Begabungen und Potenziale der SchülerInnen sollen wahrgenommen, gefördert, öffentlich anerkannt und gewürdigt werden.

– Erfolgserlebnisse: An einer guten evangelischen Schule haben die SchülerInnen Freude am Lernen, an ihren Lernfortschritten und an erfolgreicher Bewältigung der am Individuum orientierten Aufgaben und Anforderungen[1116].

1113 Vgl. Kapitel 11.2.
1114 Vgl. Kapitel 10.
1115 Vgl. Kapitel 10.1, 10.5, 11.4.1.(2) und 11.4.2.
1116 Vgl. Kapitel 7.4, 8.1 und 10.1.(3).

Ein deklariertes Ziel der Schulen besteht darin, dass alle SchülerInnen beim Lernen Erfolgserlebnisse erleben sollen.

(2) Qualitätsbereich »Schulleben«:

- Annahme und Wertschätzung: Der Umgang miteinander ist bei einer guten evangelischen Schule von gegenseitiger Wertschätzung, Annahme, Anerkennung und von gegenseitigem Respekt geprägt[1117]. Die SchülerInnen, LehrerInnen und auch die Eltern werden in jeder Form und Art der persönlichen Begegnungen als wert zu schätzende Menschen gesehen und behandelt, unabhängig von der Leistung, vom sozialen Stand, von den Schwächen und Stärken der Person.

- Fehlerkultur: Auf der Basis der Wertschätzung wird an einer guten evangelischen Schule eine Fehlerkultur praktiziert, die einen konstruktiven und differenzierten Umgang mit Fehlern und mit Scheitern ermöglicht[1118]. Fehler und Scheitern werden differenziert gesehen: Sie gehören zum menschlichen Leben, sind Begleiter von Veränderungen und Lernprozessen, zerstören aber auch Beziehungen und menschliches Leben. Ein würdevoller Umgang miteinander baut die Angst vor dem Fehlermachen ab. Zerbrochene menschliche Beziehungen können auf der Basis der Vergebung stets wieder neu aufgegriffen werden.

- Schulgemeinschaft: Eine gute evangelische Schule zeichnet sich durch eine lebendige und einladende Schulgemeinschaft aus, die durch von christlichen Werten und Normen bestimmte Verhaltensweisen, durch eine wertschätzende und kooperative Schulatmosphäre und durch das Gefühl der Zusammengehörigkeit geprägt ist[1119]. Der bildende Charakter der Schulgemeinschaft wird in Lern- und Lehrprozessen auch mitberücksichtigt. Neben der soziologischen werden auch theologisch-ekklesiologische Deutungen und Perspektiven der Schulgemeinschaft beachtet und in die Gestaltung der Schule bzw. des Schullebens einbezogen.

- Spiritualität: Die spirituellen Angebote einer guten evangelischen Schule sind vielfältig, sichtbar präsent und in der Organisation der Schule verankert[1120]. Sie bieten Möglichkeiten individuell und gemeinschaftlich zum Erfahren, Erleben und Praktizieren des Glaubens, leisten einen unersetzlichen Beitrag zur Schulkultur, zum Schulleben und zur Schulgemeinschaft, geben dem Schuljahr bzw. dem Schulleben einen Rhythmus und eröffnen Räume, Anlässe und Perspektiven für außerschulische Kooperationen. Die spirituellen Angebote

---

1117 Vgl. Kapitel 7.1, 10.1, 10.2, 10.5, 11.3, 11.4.1 und 11.4.2.
1118 Vgl. Kapitel 7.3, 7.4, 10.1, 11.4.1.
1119 Vgl. Kapitel 7.1, 9.4, 10.1, 11.1.2, 11.3.1.2, 11.3.3 und 11.4.
1120 Vgl. Kapitel 8.5, 10.1, 11.1, 11.3 und 11.5.

der Schule ermöglichen eine Einbindung der Schule in die evangelisch-lutherische Kirche.

- Gelebte Diakonie: Gute evangelische Schulen sind Orte der gelebten Diakonie[1121]. Soziale Schwierigkeiten, Benachteiligung und Ausgrenzung, individuelle Not- und Krisensituationen usw. werden wahrgenommen, und können Maßnahmen dagegengesetzt werden. Die Mitglieder der Schulgemeinschaft sind füreinander da. Inner- und außerschulische Projekte, Aktivitäten fördern die diakonischen Kompetenzen und geben Anlässe und Möglichkeiten des konkreten Tätigseins im Alltag.

(3) Qualitätsbereich »Innerschulische Kooperationen«:

- Konsens in der Werteorientierung: An einer guten evangelischen Schule werden Wertediskussionen geführt und gemeinsam getragene Verhaltensweisen festgelegt[1122]. Die Grundorientierungen, Leitlinien und Verhaltensweisen werden normativ-programmatisch von den christlich orientierten Werten bestimmt. Sie sollen die Organisation Schule sowie die Erziehungs- und Bildungsprozesse prägen. Den Lehrenden wird ein Vorbildcharakter zugeschrieben. Sie sollen die »christlich orientierten Werte und Verhaltensweisen« vertreten. Näher werden aber diese Werte und Verhaltensweisen nur vage bestimmt.

- Kollegiale Zusammenarbeit: Eine gute evangelische Schule zeichnet sich durch aktive, engagierte Zusammenarbeit und durch kollegiale Beziehungen im Lehrerkollegium aus[1123]. Die Kommunikation zwischen den Lehrenden ist offen, die Konflikte werden angesprochen und geklärt. Die Lehrenden unterstützen einander in ihrer Arbeit sowie in ihrem Alltag. Im Lehrerkollegium herrscht eine positive Atmosphäre, die von gegenseitiger Wertschätzung und vom achtsamen Umgang miteinander geprägt ist.

- Lehrer-Schüler-Beziehung: An einer guten evangelischen Schule werden gute Lehrer-Schüler-Beziehungen gepflegt, die von gegenseitiger Wertschätzung und Respekt geprägt sind[1124]. Die guten Lehrer-Schüler-Beziehungen konzentrieren sich nicht nur auf das Unterrichtsgeschehen, sondern durchdringen das ganze Schulleben. Die Schule wird als Lebensraum gesehen, wo die gemeinsamen Begegnungen und Aktivitäten sowie das Erleben der christlichen (Schul-)Gemeinschaft ein vielfältiges, menschliches Miteinander ermöglichen. Die gute Beziehungsqualität zwischen SchülerInnen und LehrerInnen wirkt auf die Unterrichtsqualität, auf die Qualität der Schulgemein-

---

1121 Vgl. Kapitel 7.1, 7.3, 8.2, 8.3, 8.4, 11.4 und 11.5.1.
1122 Vgl. Kapitel 8.4, 10.1, 10.2, 11.3.1.2, 11.4.1 und 11.4.2.
1123 Vgl. Kapitel 8.4, 9.3, 10.1, 10.2, 11.3.1.2, 11.3.1.5, 11.3.3, 11.4.1 und 11.4.2.
1124 Vgl. Kapitel 7.1, 7.4, 9.3, 10.1 und 11.4.1.

schaft bzw. Schulkultur und auf das Sozialverhalten der einzelnen SchülerInnen ein.

- Zusammenarbeit mit den Eltern: Gute evangelische Schulen sind von einer engen und konstruktiven Zusammenarbeit mit den Eltern geprägt[1125]. Es wird eine Erziehungs- und Bildungspartnerschaft mit den Eltern und Familien angestrebt, die auf gemeinsam geteilten Werten und einer entsprechenden Weltanschauung basiert. Vielfältige – teils formelle, teils informelle – Kontakt- und Kooperationsformen werden mit den Eltern und Familien gepflegt. Dabei wird von den Eltern die Unterstützung der Schule und ihrer Erziehungs- und Bildungsarbeit erwartet. Die Spezifika der Profilmerkmale einer evangelischen Schule sind den Eltern bekannt. Sie sollen das evangelische Profil mittragen. Als Mindestanforderung werden von den Eltern der Respekt vor den Erziehungs- und Bildungsprinzipien sowie dem Wertesystem der Schule erwartet.

(4) Qualitätsbereich »Schulentwicklung«:
- Professionsförderung der LehrerInnen: An einer guten evangelischen Schule werden die LehrerInnen in ihrer beruflichen Professionalität, in ihrer Persönlichkeitsentwicklung sowie in ihrer Profession, an einer evangelischen Schule zu arbeiten, gefördert[1126]. Die Fort- und Weiterbildungsangebote beziehen sich auf alle LehrerInnen und sind mit dem speziellen Erziehungs- und Bildungskonzept der Schule verbunden. Neben der fachlich-pädagogischen Professionsförderung werden daher auch Fortbildungen zum Thema »Evangelisches Profil« organisiert, damit die LehrerInnen befähigt werden, das Schulprofil einer evangelischen Schule mitzutragen und umzusetzen.
- Schule als lernende Organisation: An guten evangelischen Schulen werden Schulentwicklungsprozesse initiiert und gestaltet[1127]. In den Schulentwicklungsprozessen wird das innovative Potenzial erkannt, das zur Entwicklung führt und zur Qualität der Schule beiträgt. Das Lehrerkollegium hat die Bereitschaft, Schulentwicklungsprozesse zu initiieren, zu fördern und mitzutragen. Die SchülerInnen und die Eltern werden ebenfalls in die Schulentwicklungsprozesse einbezogen.
- Das »Evangelische« in der Schulentwicklung: Gute evangelische Schulen zeichnen sich dadurch aus, dass das Ringen um das »Evangelische« als Profil in den Schulentwicklungsprozessen thematisiert und gestaltet wird[1128]. Das »Evangelische« wird dabei nicht isoliert, sondern in Verbindung mit anderen Bereichen behandelt. Die Prozesse im Bereich des evangelischen Profils wer-

---

1125 Vgl. Kapitel 9.1, 9.2, 9.4, 9.5, 10.1, 11.3 und 11.5.
1126 Vgl. Kapitel 9.3 und 11.5.3.
1127 Vgl. Kapitel 9.3, 9.5, 11.1.2, 11.3 und 11.5.3.
1128 Vgl. Kapitel 9.3, 9.5, 11.1.2, 11.3, 11.5.3.

den von der gesamten Schulgemeinschaft – auch von den Eltern – mitgetragen. Die Mitbeteiligung findet auf unterschiedlichen Kompetenzebenen statt (z. B. SchulpfarrerIn, Schulleitung, LehrerInnen).

(5) Qualitätsbereich »Außerschulische Kooperationen«:
- Vernetzung und Austausch: Gute evangelische Schulen sind gut vernetzt und führen fortlaufend vielfältige Kooperations- und Austauschprozesse mit ihrem nahen und fernen Umfeld durch[1129]. Die außerschulischen Kooperationen unterstützen und erweitern die Arbeit und die Erziehungs- und Bildungsangebote der Schule. Sie bilden einen Reflexionshorizonte für die Konzepte und Tätigkeiten der Schule. Besonders intensive Kontakte und Kooperationen pflegen die evangelischen Schulen miteinander, mit den evangelischen Kirchengemeinden, mit den weiteren Einrichtungen und Organisationen der Evangelisch-Lutherischen Kirche in Ungarn und mit weiteren kirchlichen Einrichtungen im In- und Ausland.
- Gesellschaftliches Engagement: Eine gute evangelische Schule trägt zum gesellschaftlichen Zusammenleben und zur Wahrnehmung gesellschaftlicher Verantwortung bei[1130]. Die Schule initiiert und fördert solche inner- und außerschulischen Projekte, die das soziale Engagement der SchülerInnen fördern und den Beitrag der Schule bzw. der SchülerInnen zu einer friedlichen, gerechten und nachhaltigen Gesellschaft sichtbar machen. Dabei arbeiten die evangelischen Schulen mit staatlichen, kirchlichen und privaten Instituten und Organisationen eng zusammen.
- Kirchliches Engagement: Gute evangelische Schulen tragen zur Verwirklichung der Aufgabe der Kirche bei[1131]. Die Schulen initiieren und fördern solche inner- und außerschulischen Projekte und Kooperationen, die in den missionarischen und diakonischen Engagements der Kirche die schulischen AkteurInnen einbeziehen sowie die Identifikation und Verbundenheit der SchülerInnen, der LehrerInnen und der Eltern mit der evangelischen Kirche ermöglichen und stärken.

(6) Qualitätsbereich: »Schulleitung und Schulmanagement«:
- Systemisch-organisatorische Verankerung des evangelischen Profils bzw. der evangelischen Profilentwicklung: An einer guten evangelischen Schule sind die Profilmerkmale und die entsprechende Profilentwicklung in der systemisch-organisatorischen Einheit der Schule verankert[1132]. Diese Profil- und

---

1129 Vgl. Kapitel 9.3, 9.4, 10.2, 11.4 und 11.5.
1130 Vgl. Kapitel 7.3, 8.1, 8.3 und 11.5.
1131 Vgl. Kapitel 8.5, 11.1, 11.3 und 11.5.
1132 Vgl. Kapitel 10.1, 11.3.1, 11.3.2 und 11.3.3.

Entwicklungsbereiche werden bei den strategischen Konzepterstellungen, bei den Schwerpunktsetzungen sowie bei den Ressourcenzuteilungen besonders berücksichtigt. Die Verbindlichkeiten und Verantwortungen werden im Bereich der Gestaltung und Entwicklung des evangelischen Profils geklärt und die diesbezüglichen Prozesse bzw. die Erreichung der Ziele werden evaluiert.

– Öffentlichkeitsarbeit: Gute evangelische Schulen sind öffentlich präsent und haben Einfluss auf ihre Umgebung[1133]. Sie präsentieren ihre Spezifika deutlich erkennbar in der Öffentlichkeit, und entwickeln dazu ein Konzept, wie sie sich wirksam und relevant darstellen. Die Öffentlichkeitsarbeit wird als ein strategisch wichtiges Arbeitsfeld angesehen. Sie trägt über die schulbezogenen Funktionen – Familien und zukünftige SchülerInnen zu bewerben, die Schule in der Öffentlichkeit bekannt zu machen, Vernetzungen und Kooperationspartner zu gewinnen – hinaus auch kirchliche Interessen mit. Dazu gehört z. B.: die christliche Verkündigung bekannt zu machen, die Präsenz der Kirche im öffentlichen Raum zu verstärken, die Kompetenzen der Kirche im Bildungsbereich darzustellen und die kirchlichen Positionen zu bestimmten gesellschaftlichen und bildungspolitischen Themen zu vermitteln.

Die aus den Ergebnissen der Schulprogrammanalyse herausgearbeiteten prozessorientierten Qualitätsbereiche und -merkmale weisen auf das Selbstverständnis evangelischer Schulen hin und zeigen, in welchen Bereichen der konkreten Schulpraxis dieses Selbstverständnis als Profil der Schule verankert werden sollen. Das Selbstverständnis evangelischer Schule als »gute Schule« bedeutet, dass Religion eine Dimension ist, die alle Prozesse der Schule durchdringt. Der normative Charakter der Formulierungen zeigt, dass es beim Selbstverständnis um einen Anspruch geht, die die evangelischen Schulen an sich selbst stellen. Die Daten der Schulprogramme können diesen Anspruch vorweisen. Inwieweit dieser Anspuch an den Schulen verfolgt bzw. erreicht wird, braucht eine eigene Untersuchung.

12.1.3 Inputfaktoren: »Schulprofilähnliche« AkteurInnen an evangelischen Schulen

Die Inputfaktoren umfassen die Ressourcen, die eine Schule besitzt, und die Rahmenbedingungen, welche einer Schule vorgegeben sind. Dazu gehören strukturelle, finanzielle, materielle, personale und soziale Ressourcen und Bedingungen, wie die räumliche und sachliche Ausstattung der Schule, die Schülerzusammensetzung, die Lehrpersonen, das sozial-regionale und das gesell-

---

1133 Vgl. Kapitel 11.3.1, 11.3.2, 11.3.3, 11.5, Anhang 5 und 6.

schaftlich-kulturelle Umfeld der Schule. Wie sich die Inputfaktoren auf die Qualität einer Schule insgesamt auswirken, ist unterschiedlich[1134]. Anhand des Datenmaterials der Schulprogramme bekommen drei personenbezogene Inputfaktoren beim Selbstverständnis evangelischer Schulen als »gute Schule« besondere Bedeutung.

(1) Rekrutierung der Schülerschaft: Die Kriterien der Schüleraufnahme zeigen auf, welche Schülerschaft die evangelischen Schulen haben möchten[1135]. In der Analyse wurde ein Unterschied zwischen den Grundschulen und den Schulen im sekundären Bildungsbereich vorgenommen, weil das Kriterium der Schülerleistungen in diesen beiden Schulbereichen in unterschiedlicher Weise gewichtet wird.

Bei den Grundschulen sind die Kriterien des Territorialprinzips und der Konfessionszugehörigkeit bei der Schülerauswahl entscheidend. Aufgrund der Aufnahmekriterien wurden drei Typen von evangelischen Grundschulen rekonstruiert:

- Grundschule für alle: Bei der Auswahl von Kindern ist das Territorialprinzip entscheidend. Die Schulen sind grundsätzlich für alle Kinder offen und es werden kaum Auswahlkriterien erwähnt.
- Grundschule für Kinder aus dem Einschulungsgebiet und für evangelische Kinder: Das Territorialprinzip und die Konfessionszugehörigkeit sind bei der Auswahl entscheidend. Die evangelischen Kinder werden bei der Auswahl bevorzugt. Weiterhin werden Kinder aus dem Einzugsgebiet gewünscht, deren Familien eine schulähnliche Werteorientierung haben und bereit sind, das Schulkonzept mitzutragen.
- Grundschule für evangelische/christliche Kinder: Die Zugehörigkeit einer christlichen Kirche ist Voraussetzung bei der Aufnahme. Die evangelischen Kinder werden bei der Auswahl bevorzugt.

Bei den Schulen im sekundären Bildungsbereich bilden die Leistungsergebnisse das entscheidende Kriterium für die Aufnahme. Die Konfessionszugehörigkeit spielt jedoch eine wichtige Rolle. An einer Reihe von evangelischen Schulen im sekundären Bildungsbereich ist die Zugehörigkeit zu einer christlichen Kirche Voraussetzung für die Aufnahme. Bei einer weiteren Reihe von Schulen bedeutet die evangelische Konfession einen deutlichen Vorteil, da dieser Faktor in die leistungsbezogenen Ergebnisse – in Form des Gesamtergebnisses der mündlichen Prüfung oder als Reihungskriterium bei einer Ergebnisgleichheit – direkt einfließt. Wie an den evangelischen Grundschulen erwarten die evangelischen

---

1134 Vgl. Kapitel 4.1.2. Die zwischen den Schulen bestehenden Unterschiede in Ungarn machen mehr als 50 % der Gesamtvarianz der Schülerleistungen aus (OECD 2016, 245–247).
1135 Vgl. Kapitel 9.1, 9.2 und 9.5.

Sekundarschulen in ihrer überwiegenden Mehrzahl solche SchülerInnen, deren Familien eine schulähnliche Werteorientierung haben und die bereit sind, das Schulkonzept mitzutragen.

Das Verfahren der Schülerauswahl ist an allen evangelischen Schulen institutionalisiert. Es gibt konkrete und klar formulierte Auswahlkriterien und nachvollziehbare Auswahlverfahren. Mehrere Kriterien sind objektiv nachprüfbar, wie z. B. das Einzugsgebiet, der Schulbesuch von Geschwistern, das Grundschulzeugnis, die (mehrfache) Benachteiligung, die Konfessionszugehörigkeit. Jedoch bleiben etliche Kriterien und Verfahrensschritte »weich«, wie z. B. das Eltern-Lehrer-Gespräch, das mündliche Aufnahmegespräch, die schulähnliche Werteorientierung der Familien. Diese Faktoren ermöglichen Entscheidungsspielräume bei der Schülerauswahl.

Die Schülerauswahl ist eine Form, wie die evangelischen Schulen ihre Schülerschaft zusammensetzen. Ausgewählt werden können aber nur SchülerInnen, die sich für die Schule angemeldet haben. Die evangelischen Schulen legen großen Wert darauf, ihre Schule in ihrem allgemeinen und milieuspezifischen Umfeld zu präsentieren und bekannt zu machen[1136]. Damit wollen sie nicht nur die Sicherung der Schülerzahlen erreichen, sondern milieu- und profilspezifische Familien sowie leistungsstarke SchülerInnen ansprechen.

Letztlich kann die Zusammensetzung der Schülerschaft auch nur im Zusammenhang der regionalen Schullandschaft verortet werden. Aufgrund von Schüleraufnahmeverfahren und Einschulungsstrategien ist zu vermuten, dass an denjenigen evangelischen Schulen, an denen ein Überschuss von Schüleranmeldungen vorhanden ist, die Schülerschaft eine größere Homogenität aufweist als die Schülerschaft staatlicher Schulen in der gleichen Region. Diese Homogenität wird durch evangelische/christliche und bildungsinteressierte familiäre Spezifika herausgebildet. Allerdings wird diese Homogenität durch den geringen Anteil der evangelisch-lutherischen Personen in Ungarn (3 % der Gesamtbevölkerung) deutlich relativiert.

(2) Rekrutierung der Lehrerschaft: Bei der Rekrutierung der Lehrerschaft ist es entscheidend, dass die kirchlichen Schulen das Recht haben, ihre Lehrenden selbst auszuwählen[1137]. Die entsprechenden Qualifikationen im pädagogisch-fachlichen Bereich sind an allen evangelischen Schulen ein wichtiges Aufnahmekriterium. Die fachlichen und fachdidaktischen Kompetenzen der Lehrenden gelten als wichtige Inputfaktoren zur Qualität an evangelischen Schulen.

Die Anwendung von schulprofilbezogenen Aufnahmekriterien für Lehrende sollen ebenfalls zur Qualität an evangelischen Schulen beitragen[1138]. Diese Kri-

---

1136 Vgl. Kapitel 11.5.3.
1137 Vgl. Kapitel 4.1.4, 9.3 und 9.5.
1138 Vgl. Kapitel 9.3, 9.4, 9.5 und 11.5.1.

terien sind jedoch unklar. Das Kriterium »Lebensführung« erwartet von den KandidatInnen eine »geregelte Lebensführung«. Das Kriterium »Verbindung zur Kirche« bewegt sich in der Bandbreite von »Loyalität zur Kirche« bis zu »engagierte christliche – möglichst evangelische – KandidatInnen« und setzt eine Kirchenmitgliedschaft voraus. Das Kriterium »Einstellung zum evangelischen Profil« bleibt undefiniert. Grundsätzlich wird eine positive Akzeptanz / Bejahung / Teilnahme / Mitgestaltung am evangelischen Profil der Schule gefordert. In diesem Bereich werden Anforderungen bzw. Erwartungen an LehrerInnen gestellt, die ihre Bereitschaft zum Mittragen des evangelischen Profils formulieren oder auch testen wollen.

Der Inputfaktor »Schulprofilbezogene Einstellungen von Lehrenden« spielt nicht nur als Aufnahmekriterium eine wichtige Rolle. Er wird als ein Qualitätsfaktor angesehen, der den gesamten Erziehungs- und Bildungsprozess sowie die Organisationsprozesse der Schule prägt. Dieser Qualitätsfaktor wird unterschiedlich interpretiert. Die schulprofilbezogenen Einstellungen von Lehrenden werden als persönliche, christliche / evangelische Überzeugung, als christliche Werteorientierung, als auf einem evangelischen Erziehungs- und Bildungsverständnis basierende pädagogische Einstellung oder als Verbundenheit / Loyalität mit der Kirche verstanden.

(3) Auswahl der Familien: Die Elternschaft an evangelischen Schulen wird als ein wichtiger Qualitätsfaktor gesehen. Abgesehen von drei Dokumenten betonen alle Schulprogramme, dass die evangelischen Schulen ihre Bildungs- und Erziehungsziele nur in Zusammenarbeit mit den Eltern erreichen können. Zur Verwirklichung dieser Erziehungs- und Bildungspartnerschaft werden mehrere und vielfältige, teils formelle und teils informelle Kontakt- und Kooperationsformen zwischen Schule und Eltern bzw. Familien gepflegt und angeregt. Diese Kooperation wird aber seitens der Schule asymmetrisch verstanden. Es wird nämlich deklariert, dass die Kooperation auf den Wertevorstellungen und den Erziehungs- und Bildungsprinzipien der Schule basieren soll. Dadurch werden Eltern bzw. Familien angesprochen, die gemeinsame oder ähnliche Wert- und Weltvorstellungen haben, wie die evangelischen Schulen.

Zusammenfassend ist festzustellen, dass auf der programmatischen Ebene den personenbezogenen Inputfaktoren eine relevante Rolle als Beitrag zur Schulqualität zugeschrieben wird. Damit sind auch selektive Maßnahmen – wie Auswahlverfahren von SchülerInnen, LehrerInnen und Familien – verbunden, die auf diese Inputfaktoren Einfluss nehmen und möglichst »schulprofilähnliche bzw. schulprofilentsprechende« Gruppen von AkteurInnen an evangelischen Schulen generieren wollen. Inwieweit diese programmatischen Vorgaben in der Praxis umgesetzt werden (können), bedarf andersartiger Untersuchungsmethoden. Einer derartigen Einengung des Klientenkreises setzen allerdings die Diasporasituation und der geringe prozentuelle Anteil der evangelischen ChristInnen

(3 % der Bevölkerung in Ungarn) deutliche Grenzen. Die programmatischen Vorgaben lassen aber erkennen, dass ein möglichst hoher Anteil von evangelischen SchülerInnen und LehrerInnen als ein Qualitätsmerkmal von evangelischen Schulen verstanden wird. Zum Selbstverständnis dieser Schulen gehört es, dass sie – außer, dass sie als öffentliche Schulen für alle offen sind –besonders da sein möchten für die evangelischen Familien, für die evangelischen Lehrenden und für Familien und Lehrpersonen, die mit einer christlich-evangelisch orientierten Werteeinstellung und Weltvorstellung sympathisieren.

12.2 Evangelische Schule als Erziehungs- und Bildungsinstitut in kirchlicher Trägerschaft – Evangelische Schule als Gemeinde im Dienst der Kommunikation des Evangeliums

Die evangelisch-lutherischen Schulen verstehen sich als Erziehungs- und Bildungsinstitute in der Trägerschaft der Evangelisch-Lutherischen Kirche in Ungarn. Sie verstehen sich als Teil der Kirche Jesu Christi. Dadurch haben sie Anteil an der Berufung und der Aufgabe der Kirche.

>»Die Kirche, als Leib Christi, als Gemeinschaft der Glaubenden hat von seinem Herrn die Aufgabe bekommen, dass sie das Evangelium verkündigt, tauft und die Christen zu einer christlichen Lebensführung führt (Mt 28,19–20). Die Eltern und die Taufpaten legen bei der Taufe des Kindes das Versprechen ab, dass sie das Kind so erziehen und erziehen lassen, dass es, »wenn es heranwächst, selbst und freiwillig seinen Glauben vor der Gemeinde bestätigt«. Die Schule in kirchlicher Trägerschaft bietet eine gute Gelegenheit, die Berufung der Kirche und das Taufversprechen von Eltern und Taufpaten zu erfüllen.«[1139]

Eine Reihe von Aussagen in den Schulprogrammen formuliert direkt, weitere Formulierungen deuten darauf hin, dass die evangelischen Schulen sich auch als Gemeinde verstehen. Zunächst werden solche Aussagen dargestellt und mit theologischen bzw. soziologischen Bestimmungen und Kriterien von Gemeinde bzw. Kirche in Beziehung gesetzt. Anschließend wird dies Selbstverständnis evangelischer Schulen als Gemeinde durch die Darstellung der Ebenen und Typen näher bestimmt. Die Thematisierung der Spannungsfelder dieses Selbstverständnisses rundet dieses Kapitel ab.

1139 Aszód 4, Budapest-Sztehlo 8, Szarvas-Vajda 3.

12.2.1 Das Selbstverständnis evangelischer Schule als Gemeinde

Die Schulen in evangelischer Trägerschaft artikulieren in ihren Schulprogrammen eine Reihe von Aussagen, die die evangelische Schule in theologischer und soziologischer Sicht als Gemeinde verstehen.

- Der Schulgemeinschaft wird als Leib Christi begriffen, die Mitglieder der Schulgemeinschaft werden als Geschwister verstanden. Gott ist ihr Schöpfer und Vater, Christus ist ihr Erlöser. Die Schulgemeinschaft wird als eine Gemeinschaft definiert, in der ein geschwisterliches zwischenmenschliches Verhalten gilt. Jedes Mitglied soll Zuwendung erfahren sowie Verantwortung füreinander übernehmen[1140].

- Die bedingungslose Menschenliebe Gottes ermöglicht das Leben aus der Vergebung, die Gestaltung einer solidarischen und tragenden Schulgemeinschaft. Das zwischenmenschliche Verhalten soll in der Schule durch die Nächstenliebe und durch die gegenseitige Vergebung praktiziert werden[1141].

- Ethische und religiöse Bildung wird in der Schule als besonders wichtig angesehen. Die ethische und religiöse Bildung konzentriert sich nicht nur auf den Religionsunterricht, sondern sie soll alle Erziehungs- und Bildungsarbeit der Schule durchdringen. Die evangelische Schule hat die Aufgabe, in ihrer Schulkultur und Organisationskultur werteorientiertes Handeln zu vermitteln. In einer evangelischen Schule soll die kritische Auseinandersetzung mit unterschiedlichen Wertevorstellungen und die konstruktive Bezugnahme des Evangeliums auf das Leben der SchülerInnen, der Lehrenden bzw. der Eltern ermöglicht werden[1142].

- Ein besonders hervorgehobenes Ziel evangelischer Schulen besteht darin, dass die SchülerInnen sich ein christliches Selbst-, Welt- und Gottesverständnisses aneignen. Die persönliche Glaubensüberzeugung und die Stärkung des Glaubens werden als ein möglicher und erwünschter Zielhorizont evangelischer Schulen und des Religionsunterrichts benannt. Dafür begreifen die evangelischen Schulen die Verkündigung des Evangeliums als ihre besondere Aufgabe[1143].

- Das Schulleben an evangelischen Schulen ist geprägt von vielen Angeboten mit christlich-religiösem Charakter. Gottesdienste, weitere spirituelle Angebote, gemeinschaftliche Aktivitäten und Freizeitangebote mit christlich-religiösem Charakter werden als wichtige Beiträge zur persönlichen Glaubensüberzeugung, zur Aneignung einer kirchlich-religiösen Praxis und zur Entwicklung

---

1140 Vgl. Kapitel 7.1, 11.3 und 11.4.
1141 Vgl. Kapitel 7.4, 11.3 und 11.4.
1142 Vgl. Kapitel 8.4, 8.5, 10.1, 11.1, 11.2, 11.3 und 11.4.
1143 Vgl. Kapitel 8.5, 11.1 und 11.3.

einer Schulgemeinschaft gesehen. Spirituelle Anlässe und das Kirchenjahr strukturieren und begleiten das Schuljahr. Die Schule wird auch als Ort des gelebten christlichen Glaubens verstanden. Formen christlich-religiösen Lebens werden praktiziert, gestaltet und eingeübt[1144].

- Als Glaubenszeugen bekommen die SchulpfarrerInnen, die ReligionslehrerInnen, aber auch die DirektorInnen und die LehrerInnen besondere Bedeutung[1145].
- Evangelische Schulen wissen sich dem missionarischen Auftrag einer Gemeinde verpflichtet und wollen in der Gesellschaft ein Zeichen setzen[1146]. Sie repräsentieren für die Öffentlichkeit, dass Religion nicht nur eine private Angelegenheit ist, sondern auch in institutionalisierten Formen präsent ist. Durch ihre Profilierung machen sie die Inhalte der christlichen Botschaft, den Beitrag und die Wirkung dieser Botschaft und des Christentums in Gesellschaft und Kultur sowie im öffentlichen Leben präsent, sichtbar und öffentlich bekannt.
- Einige evangelische Schulen nehmen nur SchülerInnen auf, die getauft sind und zu einer christlichen Gemeinde gehören[1147]. Eine Reihe weiterer Schulen betont ihre Offenheit, aber sie bestehen gegenüber den Eltern auf der Minimalerwartung der Akzeptanz der christlich-religiösen Ausrichtung der Schule. Jedoch geben die Schulen an, dass eine Erziehungsgemeinschaft bzw. Kooperation zwischen Familie und Schule wünschenswert wäre[1148].
- Evangelische Schulen berufen sich auf ein christliches bzw. evangelisches Erziehungs- und Bildungsverständnis, welches auf der Grundlage eines christlichen bzw. evangelischen Welt- und Menschenbildes beruht. Durch die Erziehungs- und Bildungsarbeit, deren Grundlage ein christliches bzw. evangelisches Erziehungs- und Bildungsverständnis ist, kommunizieren evangelische Schulen das Mensch- und Wirklichkeitsverständnis des christlichen bzw. evangelischen Glaubens. Glaube und Bildung werden dabei aufeinander bezogen und als Reflexionshorizont füreinander wahrgenommen[1149].
- Als ein erwünschtes Ziel evangelischer Schulen wird die Gemeindemitgliedschaft bzw. Kirchenmitgliedschaft erwähnt. Die evangelischen Schulen und der Religionsunterricht sollen für die SchülerInnen, aber auch für die LehrerInnen und für die Eltern Verbindungen zu Kirchengemeinden sowie zur Institution Kirche(n) bereitstellen[1150].

1144 Vgl. Kapitel 8.5, 10.1, 11.3 und 11.5.
1145 Vgl. Kapitel 9.3, 11.1 und 11.3.
1146 Vgl. Kapitel 8.5, 9.3, 10.1, 11.2, 11.3, 11.4 und 11.5.
1147 Vgl. Kapitel 8.5, 9.1 und 9.2.
1148 Vgl. Kapitel 9.1, 9.2, 9.4, 11.3 und 11.5.
1149 Vgl. Kapitel 7, 10.1, 10.3, 11.2 und 11.4.
1150 Vgl. Kapitel 8.5, 11.1 und 11.3.

- Die evangelischen Schulen verstehen sich theologisch als Teil der weltweiten Kirche Jesu Christi, institutionell-organisatorisch als Teil der Evangelisch-Lutherischen Kirche in Ungarn. Sie sind in die Tradition der evangelisch-lutherischen Kirche eingebunden und prägen selbst die Tradition und Gegenwart der ungarischen Lutheraner. Durch ihre Arbeit leisten sie eine umfassende Teilhabe und Teilnahme am Leben der Evangelisch-Lutherischen Kirche, und wollen einen Reflexionshorizont sowie Innovationspotenzial zur Entwicklung der Kirche anbieten[1151].
- Die evangelischen Schulen als Teil der Evangelisch-Lutherischen Kirche in Ungarn pflegen vielfältige Beziehungen mit weiteren evangelischen Einrichtungen und nehmen an Programmen und Initiativen der evangelisch-lutherischen Kirche teil. Besonders mit der jeweiligen Ortsgemeinde und mit den weiteren evangelischen Schulen werden intensive Kooperationen gesucht. Die evangelischen Schulen verfügen über ökumenische Beziehungen zu kirchlichen Institutionen anderer christlichen Kirchen. Sie engagieren sich auch international in verschiedenen kirchlichen Ebenen und Organisationen und vertreten in fachspezifischen bzw. allgemeinen Veranstaltungen die Evangelisch-Lutherische Kirche in Ungarn[1152].

Diese Auflistung zeigt, dass das Selbstverständnis evangelischer Schule als eine Gemeinde laut der Schulprogramme eine bedeutende Rolle spielt. Das entsprechende Selbstverständnis knüpft an grundlegende theologisch-dogmatische Bestimmungen von Kirche bzw. Gemeinde an. Die evangelischen Schulen verstehen sich als Teil der einen Kirche Jesu Christi und begreifen als eine ihrer Aufgaben, das Evangelium in dialogisch-partizipatorisch-kreativer Form zu kommunizieren.

Alle vier Grunddimensionen kirchlichen Handelns – *martyria, leiturgia, diakonia* und *koinonia* – werden von den Schulen wahrgenommen und als ihr Wesensmerkmal definiert. Ebenso gehört die Bildung – jene zusätzliche Grunddimension kirchlichen Handelns, die als Querschnittsaufgabe die anderen Dimensionen durchdringt – selbstverständlich zum Wesensmerkmal evangelischer Schulen.

Das Selbstverständnis von evangelischen Schulen als Gemeinde kann auch im Lichte des protestantischen Kirchenverständnisses charakterisiert werden. Die ekklesiologische Grundformel der Confessio Augustana (1530) in Artikel VII bestimmt die Kirche als »die Versammlung aller Gläubigen, bei welchen das Evangelium rein gepredigt und die heiligen Sakramente laut dem Evangelium gereicht werden«. Die evangelischen Schulen feiern regelmäßig Gottesdienst mit

---

1151 Vgl. Kapitel 10.1, 11.3 und 11.4.
1152 Vgl. Kapitel 11.3 und 11.5.

Wort und Sakrament, eröffnen Räume und Zeiten für Gemeinschaftsbildung, in der die Gemeinschaft im Glauben erfahrbar ist und die AkteurInnen der Schule in ihren Glaubens- und Lebensfragen unterstützt und gefördert werden. Die Gottesdienste und die weiteren spirituellen Angebote stärken das Profil evangelischer Schulen und werden als ein öffentliches Zeichen von Gottes Handeln und des menschlichen Glaubens verstanden.

Das Selbstverständnis evangelischer Schulen als Gemeinde ist auch für praktisch-theologische und empirisch-soziologische Überlegungen zur Kirche bzw. zur Gemeinde anschlussfähig. Die evangelischen Schulen verstehen sich auch als »ein öffentlich-gesellschaftlicher Ort christlich-religiöser Deutungs- und Erlebniskultur«[1153]. In institutionell-organisatorischer Hinsicht sind die evangelischen Schulen sowohl in der Gesellschaft als auch in der Kirche und innerschulisch angemessen strukturiert, organisiert und verankert. Sie besitzen ihre eigene Leitungs- und Vertretungsstruktur und sind an gesellschaftlichen bzw. kirchlichen Gremien und Organisationen beteiligt. Kirchenrechtlich sind sie auch legitimiert, aber nicht als parochial verfasste Ortsgemeinden, sondern als kirchliche Institutionen. Nach ihrem eigenen Selbstverständnis verstehen und definieren sie sich aber auch als Gemeinde.

12.2.2 Potentiale und Typen des Selbstverständnisses evangelischer Schulen als Gemeinde

Das Selbstverständnis evangelischer Schulen als Gemeinde kommt laut der Schulprogramme auf verschiedenen Ebenen zum Vorschein. Diese verweisen auf die vielfältigen Potentiale, die dieses Selbstverständnis in sich trägt.
- Im Blick auf die persönlich-individuellen Ebene, dass evangelische Schulen das Evangelium kommunizieren, persönliche Auseinandersetzungen mit Sinn-, Glaubens- und Transzendenzfragen anregen, Zugänge und Ausdrucksformen zur persönlichen und gemeinschaftlichen Glaubenspraxis anbieten, individuelle Lebensbegleitung ermöglichen, ihre SchülerInnen und LehrerInnen in einer christlichen, engagierten und eigenverantwortlichen Lebensgestaltung unterstützen.

1153 Gräb 2014, 271–275. Die kirchentheoretisch erschlossenen Kriterien für eine kirchliche Praxis werden von Gräb folgendermaßen zusammengefasst: Die Kirche muss ein interaktives Kommunikationsverhalten praktizieren. Die Kirche muss das Sinnangebot der christlichen Religion (Evangelium) aneignungstauglich zu darstellender Mitteilung bringen. Die Kirche muss die religiöse Autonomie und Urteilsfähigkeit der Individuen anerkennen und fördern. Die Kirche muss die religionsästhetischen Erlebnisqualitäten ihrer Räume und Liturgien ausbauen und pflegen.

– Im Blick auf die schulische Ebene, dass evangelische Schulen sich im Dienst
der Kommunikation des Evangeliums verstehen. In ihrer pädagogischen Arbeit, in der Schul- und Organisationskultur, in ihrer Schulgemeinschaft wollen
sie solche Akzente setzen, die – in direkter und indirekter Form – die Menschenfreundlichkeit Gottes vermitteln und Begegnungen mit dem Evangelium
ermöglichen. Sie bieten Orte, Anlässe und Formen an, die für die SchülerInnen, Lehrenden, die weiteren Mitarbeitenden der Schule bzw. die Eltern Erfahrungen vom gelebten Glauben, von christlicher Spiritualität und Lebenspraxis ermöglichen. Die Zusammengehörigkeit und Gemeinschaft in Christus
werden als leitende Prinzipien für die Gemeinschaft an evangelischen Schulen
bestimmt. Die Erfahrung einer tragenden und fördernden Schulgemeinschaft
gibt dem christlichen Glauben eine konkrete soziale Gestalt, die auch durch
gegenseitige Anerkennung, Hilfeleistung und Unterstützung bestimmt ist. Die
Erfahrung intensiver Gemeinschaft – besonders mit Gleichaltrigen – wirkt sich
auf die Bildungs- und Sozialisationsprozesse aus. Der Teilhabe an der Schulgemeinschaft kommt eine öffentliche Wirkung über der Schule hinaus zu.
– Im Blick auf die kirchlichen Ebene, dass evangelische Schulen Teilnahme am
Leben der Ortsgemeinde und Begegnungen mit Menschen christlichen
Glaubens und mit christlichen Gemeinschaften und Initiativen anregen. Sie
bieten eine Reihe von Anknüpfungspunkten zur Teilhabe und Teilnahme im
Leben der Evangelisch-Lutherischen Kirche in Ungarn an. Sie verstehen sich
als Teil der Evangelisch-Lutherischen Kirche in Ungarn und nehmen an ihrem
Leben aktiv teil. Nicht nur die evangelische Kirche, sondern auch die evangelischen Schulen selbst definieren die Weitergabe des Evangeliums und die
Heranbildung von christlichen bzw. evangelischen Persönlichkeiten als eine
ihrer genuinen Aufgaben. Eine besonders wichtige Rolle schreiben sich die
evangelischen Schulen für die Heranbildung von evangelischem Nachwuchs
zu, der in der Zukunft in Kirche und Gesellschaft Aufgaben und Verantwortung übernehmen kann.
– Im Blick auf die gesellschaftliche Ebene, dass evangelische Schulen sich als Orte
christlich-evangelischer Weltanschauung, Werteorientierung und kirchlicher
Lebensäußerung im öffentlichen Raum profilieren. Sie sind Wahrzeichen der
Religionsfreiheit in einer pluralistischen und demokratischen Gesellschaft, in
welcher sie eine christlich-evangelische Weltanschauung in den öffentlichen
Dialog mit anderen Weltanschauungen einbringen können. Dieser Dialog
fordert einen ständigen Reflexions- und Entwicklungsprozess, der – im Sinne
einer »*ecclesia semper reformanda*« – die permanente Erneuerung als We-
senszug evangelischer Schulen begreift und sich den Herausforderungen der
aktuellen lebensweltlichen bzw. gesellschaftlich-politischen Kontexte stellt.
Durch ihr Engagement üben die evangelischen Schulen den Dienst einer Gemeinde an der Welt aus. Sie wollen sichtbare Beispiele für evangelische Bil-

dung und Diakonie, für eine christliche Gemeinschaft, aber auch für ein evangelisches Mensch-, Welt- und Wirklichkeitsverständnis werden.

Eine Typisierung des Selbstverständnisses evangelischer Schulen als Gemeinde kann aufgrund der inhaltlichen Bestimmung des Gemeindebegriffes und aufgrund der institutionell-organisatorischen Verankerung und der funktionalen Bestimmung dieses Selbstverständnisses durchgeführt werden. Aufgrund der inhaltlichen Bestimmung des Gemeindebegriffes ergeben sich vier Typen des Selbstverständnisses. Dabei handelt es sich um Schwerpunktsetzungen, die die Schulprogramme in dieser idealtypischen Form nicht aufweisen. Sie finden sich vielmehr konkret stets nur in Mischformen, bei denen der Haupttypus jeweils auch Elemente der drei anderen Typen enthält.

– *»Schulgemeinde in Christus«:* Der Gemeindebegriff wird hauptsächlich theologisch bestimmt. Der Bezug auf Jesus Christus charakterisiert dieses Selbstverständnis. Die evangelische Schule wird als Gemeinde Christi verstanden, als Teil des Leibes Christi, wobei die Mitglieder der Schulgemeinschaft miteinander in Christus verbunden sind. Eine so verstandene Schulgemeinde öffnet sich für eine offene und weite Perspektive, die zum Glauben »an die eine heilige christliche Kirche« anschlussfähig ist. Sie bewahrt und vermittelt die Grundausrichtung evangelischer Schulen auf das Evangelium, auf das Verbundensein mit und in Christus. Eine so verstandene Schule trägt in sich aber die Grundspannung zwischen dem Anspruch bzw. der Idealgestalt der Gemeinde und der realen Wirklichkeit sowie den unterschiedlichen Bestimmungen von Schule und Gemeinde. Es bleibt offen, wie die theologisch bestimmte Gemeinschaft der Glaubenden einen Anschluss zur konkreten Schulgemeinschaft und zur Aufgabe der Schule findet. Es droht die Gefahr einer Ideologisierung, bei der das Selbstverständnis evangelischer Schule als Gemeinde zum nichtssagenden Etikett wird, das mit der Praxis der Schule nicht viel zu tun hat.

– *»Gemeinde als Schulgemeinschaft«:* Der Gemeindebegriff wird hier vor allem soziologisch bestimmt, als gemeinschaftliche soziale Praxis. Die lebendigen gemeinschaftlichen Begegnungen sowie die integrierenden bzw. inkludierenden Bestrebungen stehen im Mittelpunkt dieses Selbstverständnisses. Die menschlichen Gemeinschaften, die zwischenmenschlichen Beziehungen und der Dienst an anderen Menschen werden als Orte der Gottesgegenwart hervorgehoben. Begleitung, Förderung der Einzelnen, gemeinschaftsstiftende und gemeinschaftsstärkende Aktivitäten, schulische und außerschulische diakonische Projekte charakterisieren die Schulgemeinde. Die engere Schulgemeinschaft besteht aus allen Personen, die den konkreten Schulalltag gemeinsam teilen: die SchülerInnen, Lehrenden und die weiteren Mitarbeitenden der Schule. In etlichen Schulen wird diese Schulgemeinschaft nach außen, mit den Eltern und mit weiteren Personengruppen – wie z. B. AltschülerInnen, Familien, Kooperationspartner der Schule usw. –, die mit der Schule irgendwie zu tun haben, erweitert. Die Gefahr dieses Selbstverständnisses besteht darin, dass die koinonische und diakonische Dimension einseitig hervorgehoben werden. Damit wird die Kommunikation des Evangeliums auf die Handlungs- und Sozialdimension verkürzt.

- *»Gemeinde als Schulpastoral«:* Der organisatorisch-institutionelle Charakter steht im Mittelpunkt dieses Gemeinde-Begriffes. Die Schulgemeinde wird als eine organisatorische Einheit in der Schule verstanden, die mit ihren speziellen Angeboten und Aktivitäten in der Schule präsent ist. Sie ist in der Organisation der Schule verankert, ihre Aktivitäten, Tätigkeitsbereichen und die Verantwortlichkeiten sind definiert und geregelt. Durch die offizielle Anstellung bzw. kirchliche Beauftragung von SchulpfarrerInnen bekommt die Schulpastoral auch eine kirchlich-institutionelle Legitimation und Verankerung (z. B. Amtseinführung im Rahmen eines Schulgottesdienstes). Die schulischen und außerschulischen christlich-religiösen Angebote eröffnen christlich-religiöse Erfahrungsräume, wo christlicher Glaube erlebbar und erfahrbar ist und praktiziert werden kann. Sie leisten einen Beitrag zur Schulgemeinschaft, Schulkultur und zum Schulklima, machen Religion sichtbar und profilieren dadurch die evangelischen Schulen. Weiterhin leisten sie einen Beitrag zur Schulorganisation und öffnen die Schule für außerschulische Lebenswelten. Die Frage der Zugehörigkeit, die Verpflichtung zur Teilnahme, die konfessionelle Ausrichtung und das Verhältnis zwischen Schulpastoral und Ortsgemeinde bzw. zwischen Schule und Schulpastoral bilden die Spannungsfelder dieses Gemeindeverständnisses. Es kann auch die Gefahr bestehen, dass die Schulpastoral von der Schule oder von der Kirche für ihre eigenen Anliegen vereinnahmt wird.
- *»Gemeinde als Zeichen«:* Der zeichenhafte Charakter evangelischer Schulen im öffentlich-sozialen Raum steht im Mittelpunkt dieses Selbstverständnisses. Die Geimeinde an der evangelischen Schule wirkt durch gemeinschaftliche Feiern, durch Rituale und Gottesdienste, durch diakonische Aktivitäten usw. in die innerschulische und außerschulische Öffentlichkeit hinein. Die Gestaltung des Glaubens, der darstellende, zeichenhafte Charakter des Gottesdienstes und diakonischen Dienstes eignen sich gut zur Profilierung der Schulen. Das Selbstverständnis evangelischer Schulen als Gemeinde hat einerseits die Gestaltung und Praxis christlich-religiösen Lebens im Blick, andererseits dient sie der Erkennbarkeit, der akzentuierten Profilierung und Zeichensetzung evangelischer Schulen. Die schulische Gottesdienstgemeinschaft relativiert die schulische Hierarchie und die Stereotypen schulischer Rollenbilder. Damit eröffnet sie eine neue Sichtweise sowohl auf die einzelnen Personen als auf die gesamte Schule bzw. Schulgemeinschaft. Die konfessio-

nelle Ausrichtung sowie die Exklusivität bzw. Inklusivität der Gottesdienst-gemeinschaft bzw. Schulgemeinschaft sind als Spannungsfelder dieses Selbstverständnisses zu bezeichnen.

Eine weitere Typisierung des Selbstverständnisses evangelischer Schulen als Gemeinde kann aufgrund der institutionell-organisatorischen Verankerung dieses Selbstverständnisses durchgeführt werden. Diese Typisierung deutet darauf hin, welchen Stellenwert das Selbstverständnis evangelischer Schule als Gemeinde in einer evangelischen Schule bekommt.

– »*Außerschulische Delegation*«: Die evangelische Schule delegiert dieses Selbstverständnis und die damit verbundenen Aufgaben. Als evangelische Schule begreift sie, dass sie mit diesem Selbstverständnis und mit diesen Aufgaben zu tun hat, delegiert diese aber an die Ortsgemeinde oder an weitere kirchliche Organisationen bzw. Personen (z. B. die regionale Jugendarbeit). Die evangelische Schule verweist auf diese außerschulischen Angebote oder bietet dafür Raum und Zeit in der Schule. Die Planung, Organisation und Durchführung dieser christlich-religiösen Angebote wird aber, ebenso wie die inhaltliche Bestimmung, an außerschulische Kooperationspartner delegiert. Die AkteurInnen der Schule können an der Planung, Durchführung und Organisation mitbeteiligt werden und bestimmte Aufgaben übernehmen. Das Selbstverständnis evangelischer Schule als Gemeinde wird vom Kooperationspartner – z. B. Ortsgemeinde – getragen und inhaltlich gefüllt. Für die Schule gilt sie als ein Aushängeschild, das für die Identifikation nach außen sorgt, und eine Vision darstellt, die von einzelnen AkteurInnen der Schule (SchülerInnen, Lehrende und Mitarbeitende der Schule als Einzelpersonen) mitgetragen wird.

– »*Funktionalisierter Spezialbereich*«: Das Selbstverständnis evangelische Schule als Gemeinde wird neben die anderen Selbstverständnisse gestellt und funktionalisiert. Es gilt als der Spezialbereich der Schule, der mit besonderen Spezialaufgaben und Spezialeinsichten verbunden ist. Um diesem Selbstverständnis gerecht werden zu können, werden bestimmte Spezialisten und Funktionäre – SchulpfarrerInnen, ReligionslehrerInnen, weitere Lehrende und Mitarbeitende der Schule – mit diesem Aufgabenbereich beauftragt. Dieses Selbstverständnis wird in der Schule organisatorisch verankert, die beauftragten Personen tragen dafür die Verantwortung. Sie initiieren Angebote, Aktivitäten und Projekte, die gesamtschulisch durchgeführt werden. Über die christlich-religiösen Angebote hinaus vertreten diese Personen das Anliegen dieses Selbstverständnisses und bringen es in die Organisations-, Entscheidungs- und Gestaltungsgremien der Schule diskursiv ein.

– »*Bestimmende Orientierung*«: Das Selbstverständnis evangelischer Schule als Gemeinde gilt als ein bestimmender Orientierungshorizont für die ganze

Schule. Es ist kein Spezialbereich der Schule, sondern eine grundsätzliche und zentrale Ausrichtung der evangelischen Schule. Sie hat einen entscheidenden Einfluss auf die Sinn- und Werteorientierung der Schule, auf die Leitbilder und Zielvorstellungen, auf die Schulgemeinschaft, auf die Leitung, Organisation und Gestaltung der gesamten Schule. Dieses Selbstverständnis gehört zur Identität der Schule und wird sowohl in der Schulleitung und in der Organisation verankert als auch von einzelnen AkteurInnen der Schule vertreten. Inhaltliche Akzente, die christlich-religiösen Angebote und Aktivitäten, Projekte, das Miteinander, das Schulklima, die Strukturierung der Zeit, die räumlich-sachliche Umwelt und die äußeren Kennzeichen sind von diesem Selbstverständnis geprägt. Es ist klar, dass dieses Selbstverständnis nicht allein die bestimmende Orientierung für die Schulleitung, Schulorganisation und Schulgestaltung sein kann Die Ansätze und Kriterien des Selbstverständnisses evangelischer Schule als Gemeinde kommen aber mit den weiteren Sichtweisen (z.B. ökonomisch-wirtschaftliche, schul- und bildungspolitische, organisatorische) auf der Ebene der Schulleitung in einen kritisch-konstruktiven Diskurs.

12.2.3 Spannungsfelder des Selbstverständnisses evangelischer Schulen als Gemeinde

Das Selbstverständnis evangelischer Schulen als Gemeinde ist ein Typ von den drei erarbeiteten Selbstverständnis-Typen evangelischer Schulen in Ungarn. Eine Reihe von Spannungsfeldern, die dieses Selbstverständnis in sich trägt, kommt in den Schulprogrammen, meistens indirekt, als Spannungen bzw. Widersprüche zwischen unterschiedlichen Aussagen zum Vorschein. Diese Spannungsfelder stammen einerseits aus den Differenzen und Deutungsvarianten, die der Begriff »Gemeinde« selbst in sich trägt. Andererseits sind sie geprägt von den Diskrepanzen der beiden weiteren Selbstverständnisse, die die evangelische Schule als »öffentliches Erziehungs- und Bildungsinstitut mit Qualität und Innovation« und als »Teil des öffentlich-sozialen Raums« verstehen. Weiterhin tauchen auch solche Spannungsfelder auf, die auf die Differenzen theologischer, pädagogischer bzw. soziologischer Sichtweisen und deren Verschmelzung zurückzuführen sind.

Die Spannungsfelder erscheinen in allen ermittelten Kategorien. Im Folgenden werden jene Spannungsfelder zusammengefasst, die aufgrund der programmatischen Bestimmungen dieses Selbstverständnisses »Evangelische Schule als Gemeinde« zum Vorschein kommen.

– *Verhältnisbestimmung zwischen Schule und Gemeinde:* Die Funktionen einer evangelischen Schule lassen sich auch anhand der Zielvorstellungen der

Schule zusammenfassen[1154]. Die Qualifikation bzw. Selektion, der Beitrag zur Persönlichkeitsentwicklung und zur Subjektwerdung, die Sozialisation bzw. der Beitrag zur aktiven Teilhabe an der Gesellschaft, die Werteorientierung und die ethisch-religiöse Bildung charakterisieren die Zielvorstellungen evangelischer Schulen. Die evangelischen Schulen haben auch das Potenzial, dem Anliegen einer Gemeinde gerecht zu werden[1155]. Die Grundfunktionen einer Gemeinde sind darum auch unter den Profilmerkmalen evangelischer Schulen zu finden[1156].

Jedoch besteht zwischen Schule und Gemeinde ein fundamentaler Unterschied, der sich besonders auf der Ebene der Reflexionskategorien beschreiben lässt. Dieser Unterschied eröffnet auf der einen Seite Möglichkeiten zur Horizonterweiterung und zum Perspektivenwechsel sowie eine bereichernde komplementäre Ergänzung zwischen den beiden Sichtweisen. Auf der anderen Seite kann es zwischen den beiden unterschiedlichen Selbstverständnissen zu einer Konkurrenz kommen. Dabei besteht die Gefahr einer nicht durchdachten Vermischung beider oder der Versuch einer Vereinnahmung der einen Seite durch die andere.

Die Verhältnisbestimmung zwischen den beiden Selbstverständnissen wird auch dadurch mitbestimmt, welches orAgnisatorisch-strukturelle und persönliche Verhältnis die Repräsentanten dieser Selbstverständnisse zueinander haben. Von besonderem Gewicht sind dafür die organisatorischen Zuordnungen (z. B. Gemeinde als Schulträger, Anstellung der SchulpfarrerInnen) und das Verhältnis, das zwischen dem Schulleiter, der die Schule leitet, und dem Schulpfarrer, der »der geistliche Leiter der Schule«[1157] ist, besteht.

– *Glaube und Bildung:* Die Spannung und Verhältnisbestimmung zwischen Schule und Gemeinde kann auch auf die Spannung und Verhältnisbestimmung zwischen Glauben und Bildung zurückgeführt werden. Evangelische Schule und Gemeinde können beide als Orte und Gemeinschaften von Bildung wahrgenommen werden. Beide können aber auch als Orte des Glaubens benannt werden. Ein christlich bzw. evangelisch orientiertes Menschen- und Wirklichkeitsverständnis bildet die Grundlage eines evangelischen Erziehungs- und Bildungsverständnisses. Religiöse Erziehung und Bildung gehören in ihrer ganzheitlichen Form als unverzichtbarer Bestandteil schulischer Bildungsprozesse an evangelische Schulen[1158].

– *Spannungsfeld Exklusivität bzw. Inklusivität:* Das Selbstverständnis evangelischer Schulen als Gemeinde enthält in sich die Spannung zwischen Exklusi-

---

1154 Vgl. Kapitel 8.
1155 Vgl. Kapitel 12.2.1.
1156 Vgl. Kapitel 11.1, 11.2, 11.3, 11.4 und 11.5.
1157 Vgl. Kapitel 11.3.2.
1158 Vgl. Kapitel 8.5, 10.1, 10.4, 10.5 und 11.

vität bzw. Inklusivität, die in mehreren Bereichen zum Vorschein kommt.

(1) Frage der Zugehörigkeit: An der Schule ist klar geregelt, wer zur Schule gehört und wer nicht. Die SchülerInnen sind in der Schule angemeldet, die Lehrenden und die weiteren Mitarbeitenden haben ein Arbeitsverhältnis bzw. eine klare Beauftragung, die Eltern bzw. Erziehungsberechtigten sind durch ihre Kinder in die Schule eingebunden. Demgegenüber bleibt es offen, wer zur evangelischen Schule »als Gemeinde« gehört[1159]. Die ganze Schulgemeinschaft mit verpflichtender Teilnahme? Die aktuelle, freiwillige Gottesdienstgemeinschaft? Die in der Gestaltung des christlich-religiösen Lebens der Schule aktiv Mitwirkenden?

(2) Verpflichtung zur Teilnahme: Zum Selbstverständnis einer Gemeinde gehört das Prinzip der Freiwilligkeit. Die Schule ist demgegenüber eine Zwangsinstitution mit Schulpflicht, die Schulgemeinschaft ist eine Zwangsgemeinschaft. Daher entsteht eine Spannung im Blick darauf, wie die Teilnahmepflicht an christlich-religiösen, spirituellen Angeboten sowie an Gottesdiensten in einer evangelischen Schule bestimmt wird[1160]. Schränkt die freie Schulwahl einer evangelischen Schule die Freiwilligkeit der Glaubensausübung ein? Oder bleibt die Freiwilligkeit gewahrt, was wiederum Exklusionsprozesse in der Schule in Gang setzt?

(3) Konfessionalität: Die konfessionelle Ausrichtung der Schule ist vom Träger und vom Selbstverständnis der Schule her evangelisch-lutherisch. Als eine öffentliche Schule ist sie grundsätzlich offen für alle. Die Aufnahmekriterien weisen aber zugleich darauf hin, dass die Religionszugehörigkeit und die Werteeinstellungen der Familien als Differenzkriterium erfasst werden, die sich auf das Auswahlverfahren von SchülerInnen bzw. von LehrerInnen auswirken[1161]. Die Schulen betonen selbst ihre ökumenische Offenheit, das Erziehungs- und Bildungsverständnis und das religiöse Schulleben ist aber grundsätzlich evangelisch-lutherisch geprägt[1162]. Die außerschulischen Kooperationen und die kirchliche Beheimatung initiieren ebenfalls eine deutlich erkennbare evangelisch-lutherische Prägung[1163]. Welche konfessionelle Ausprägung wird dem Selbstverständnis evangelischer Schule als Gemeinde zugeschrieben? Welche Auswirkung hat diese konfessionelle Prägung auf die Exklusions- und Inklusionsprozesse innerhalb der Schule?

(4) Verantwortung des Selbstverständnisses: Die Schulprogramme bestimmen die evangelischen Schulen auch als eine Gemeinde. Wer trägt und verantwortet dieses programmatische Selbstverständnis? Wie stehen die Personen und

---

1159 Vgl. Kapitel 11.3.1.2.
1160 Vgl. Kapitel 11.3.1.3.
1161 Vgl. Kapitel 9.1, 9.2 und 9.3.
1162 Vgl. Kapitel 10.1, 11.1, 11.3, besonders Kapitel 11.3.1.6 und 11.3.2.
1163 Vgl. Kapitel 11.5.

Gruppen, die das Selbstverständnis evangelischer Schulen als Gemeinde tragen und verantworten, zur Gesamtschule?

– *Grundspannung des Gemeindebegriffes:* Der Begriff »Gemeinde« kann theologisch und empirisch-soziologisch bestimmt werden. Diese Bestimmungen enthalten in sich eine grundlegende Spannung, die per se zur »Gemeinde« gehört. Das »Selbstverständnis evangelischer Schulen als Gemeinde« unterscheidet laut der Schulprogramme die beiden unterschiedlichen Bestimmungen nicht voneinander. Daher kommt zusätzlich eine gewisse Unbestimmtheit zu diesem Selbstverständnis, weil die theologische und soziologische Rede von der Gemeinde in den Schulprogrammen vermischt wird.

– *Verhältnis zwischen der parochialen Ortsgemeinde und der evangelischen Schule bzw. Schulgemeinde:* Die parochiale, evangelisch-lutherische Ortsgemeinde und die evangelisch-lutherische Schule am Ort streben programmatisch vielfältige Kooperationen und eine enge Zusammenarbeit an. Die Schulgemeinde an der evangelischen Schule konstituiert sich vor allem durch aktive und passive Mitbeteiligung der AkteurInnen der Schule. Die parochiale Ortsgemeinde ist die institutionell-organisatorische Gestalt der Kirche am Ort. Rechtlich gehören mehrere AkteurInnen der Schule als Gemeindemitglieder zur Ortsgemeinde, partizipieren jedoch intensiver am Leben der Schulgemeinde. Wie sich die beiden Gemeinden zueinander verhalten und wie die Gemeindemitglieder beider Gemeinden zur Ortsgemeinde bzw. zur Schulgemeinde stehen, bleibt offen und spannungsvoll.

12.3 Evangelische Schule als Teil des öffentlichen Raums – Evangelische Schule als Netzwerk bzw. Netzwerkorganisation in sozialen Systemen

Die evangelisch-lutherischen Schulen verstehen sich als Teil des öffentlich-sozialen Raums. Sie sind damit einerseits durch stärkere und schwächere Beziehungen und soziale Verknüpfungen mit weiteren Organisationen, Gruppierungen und Individuen vernetzt und in diesen wirksam tätig. Sie bilden andererseits selbst auch einen öffentlichen Raum, innerhalb dessen Menschen sich miteinander sozial vernetzen. Die folgenden drei Zitate machen dies exemplarisch deutlich.

»Wenn die Kirche ihre Mission erfüllen möchte, die sie vom Christus bekommen hat, und d. h. auch in die Gesellschaft hineinwirken möchte, sollte sie mit denjenigen Gemeinschaften vernetzt sein, von denen die kulturellen Änderungen herkommen. Dazu ist ein solches Gymnasium ein naheliegendes Mittel, das die ihr anvertrauten begabten

SchülerInnen so erzieht und bildet [nevelés], dass sie durch die Absolvierung ihres Studiums immer auf einem höheren Niveau vorankommen können.[1164]«

»Ein besonders wichtiger Teil der Tradition des Lyzeums ist die Entwicklung der Gemeinschaft. Unsere Schule war schon in den letzten Jahrzehnten als eine Gemeinschaft in der ungarischen Kulturgeschichte präsent, die als ein Dreiecksverhältnis von »SchülerInnen-LehrerInnen-Kirche« beschrieben worden ist. Daher halten wir als Mitglieder unserer Gemeinschaft im breitesten Sinne jede Person für wichtig, der die Sache des Lyzeums am Herzen liegt: unsere derzeitigen oder ehemaligen SchülerInnen, unsere derzeitigen oder ehemaligen LehrerInnen, die Mitglieder unserer evangelischen Kirche. Diese Ansicht soll die Schülerschaft und die unterschiedlichen gemeinschaftlichen Gruppen des Lyzeums grundlegend bestimmen.«[1165]

»Die Fülle der menschlichen Beziehungen macht die Schule zu einem echten, lebensvollen Lebensraum. Deswegen ist es wichtig, eine »gesunde« Schule zu realisieren, die nicht nur in ihren Äußerlichkeiten, sondern auch in ihrer Sozialisationsrolle ein solcher Ort ist, wo die SchülerInnen zu Hause sind, wo sie ihre Sorgen aussprechen können.«[1166]

Das Selbstverständnis evangelischer Schulen als Teil des öffentlichen Raums ist Gegenstand der Ausführungen dieses Kapitels. Zunächst (1) wird die Fragestellung auf das öffentliche Erziehungs- und Bildungswesen fokussiert. Es wird dargelegt, wie die evangelischen Schulen es verstehen, dass sie öffentliche Schulen sind. Anschließend (2) wird die evangelische Schule als Netzwerk bzw. Netzwerkorganisation behandelt, die auf vielfältige Weise in öffentlich-sozialen Räume vernetzt ist. Dabei werden einerseits die Vernetzungssysteme der Organisation evangelische Schule, andererseits die Vernetzungen der AkteurInnen der Schule in den Blick genommen. Schließlich (3) wird die evangelische Schule selbst als ein öffentlicher Raum wahrgenommen, innerhalb dessen eine Vielzahl von sozialen Netzwerken und Verbindungen zustande kommt.

12.3.1 Evangelische Schule als Teil des öffentlichen Erziehungs- und Bildungswesens

Die evangelischen Schulen verstehen sich als Teil des öffentlichen Schulsystems in Ungarn[1167]. Gesetzlich gehören sie zu den öffentlichen Erziehungs- und Bildungseinrichtungen, falls der Träger mit dem Staat eine Vereinbarung zur Übernahme von öffentlichen Erziehungs- und Bildungsaufgaben des Staates

---

1164 Budapest-Fasor 4.
1165 Sopron-Líceum 11.
1166 Budapest-Fasor 10.
1167 Vgl. Kapitel 8.1, 8.3, 10.2, 10.3, 11.2, 11.5.1 und 11.5.3.

geschlossen hat[1168]. Das Selbstverständnis evangelischer Schulen als »Teil des öffentlichen Raums« stellt den Öffentlichkeitscharakter des evangelischen Schulwesens deutlich heraus. Das zeigt, dass die evangelischen Schulen sich selbst im öffentlichen Erziehungs- und Bildungssystem verorten. Sie wissen sich den gesetzlichen Vorgaben, den Aufgaben und Herausforderungen einer öffentlichen Schule verpflichtet und wollen unter diesen Rahmenbedingungen als gute Schulen mit ihrer Qualität und Innovation zum öffentlichen Schulwesen beitragen. Die evangelischen Schulen als öffentliche Schulen

- wissen sich den Vorgaben, Zielen und Inhalten des Nationalen Grundlehrplans verpflichtet[1169].
- sind berechtigt, schulische Abschlusszeugnisse (z. B. Grundschulabschluss, Abitur, Fachprüfungen) auszustellen. Diese unterscheiden sich in keiner Weise von dem Abschluss an den entsprechenden staatlichen Schulen. Sie sind auch berechtigt, die dafür notwendigen Tests und Prüfungen gemäß den gesetzlichen Vorgaben durchzuführen[1170].
- sind grundsätzlich offen für alle SchülerInnen und Familien, die bereit sind, sich auf das Erziehungs- und Bildungskonzept einer evangelischen Schule einzulassen[1171]. Jedoch wendet eine Reihe von evangelischen Schulen religiösweltanschauliche Kriterien bei der Schüleraufnahme an. Eine evangelische Schule, die als einzige entsprechende Schule vor Ort ist, verpflichtet sich, alle Kinder aus dem entsprechenden Einzugsgebiet aufzunehmen.
- wollen mit ihrer Erziehungs- und Bildungsarbeit einen Beitrag für die Gesellschaft leisten, damit junge Menschen zur Teilhabe an der Gesellschaft in all ihren Bereichen, zur Bildung eines nationalen Identitätsbewusstseins, zur Übernahme gesellschaftlicher bzw. sozialer Verantwortung, zur ethischen Urteilsfähigkeit und zu einer ethisch verantworteten Lebensführung befähigt werden[1172].
- verstehen sich im Dienst am Menschen und wissen sich dem Prinzip der Bildungsgerechtigkeit und dem diakonischen Auftrag verpflichtet[1173]. Bildungsbenachteiligungen aufgrund von Herkunft und von sozioökonomischer Lage sollen durch personenbezogene Bildungs- und Förderungsangebote und

---

1168 In Ungarn bedeutet die »öffentliche Schule« nicht nur die »staatliche Schule«. Die öffentlichen Erziehungs- und Bildungsinstitute in Ungarn können in staatlicher, in kirchlicher und in privater Trägerschaft sein. Die kirchlichen und privaten Schulen, wenn sie das Öffentlichkeitsrecht haben, gehören zum öffentlichen ungarischen Erziehungs- und Bildungssystem und sind damit öffentliche Schulen (Gesetz CXC über das nationale Erziehungswesen von 2011, § 23, 31–34; vgl. Kapitel 4.1.1 und 4.1.3).
1169 Vgl. Kapitel 10.2 und 11.2.
1170 Vgl. Kapitel 8.1.
1171 Vgl. Kapitel 9.1, 9.2 und 9.4.
1172 Vgl. Kapitel 8.3 und 8.4.
1173 Vgl. Kapitel 9.1, 9.2, 9.5, 10.1, 11.3 und 11.4.

durch eine annehmende Schulgemeinschaft bestmöglich behoben werden. Eine subjektorientierte Erziehung und Bildung soll alle SchülerInnen bei der Entwicklung ihrer Persönlichkeit und bei der Entfaltung ihrer Begabungen unterstützen.

- wollen mit ihren Initiativen und Tätigkeiten einen Beitrag für das gesamte öffentliche Schulwesen in Ungarn leisten[1174]. Damit werden einerseits die Pluralität und Vielfalt von Weltdeutungen sichtbar und die positive Religionsfreiheit in einer pluralistischen und demokratischen Gesellschaft auch im Bereich des Bildungswesens gewährleistet. Die evangelischen Schulen tragen zur öffentlichen Auseinandersetzung zwischen unterschiedlichen Positionen und Bildungskonzepten bei. Andererseits werden dadurch erprobte und bewährte innovative pädagogische Konzepte usw. von evangelischen Schulen in die Öffentlichkeit getragen. Das eröffnet einen Reflexionshorizont und die Konzepte werden für weitere Schulen zugänglich. Die Mitbeteiligung an pädagogischen-fachdidaktischen bzw. bildungspolitischen Diskussionen ermöglicht allen öffentlichen Schulen, dass sie sich auf dem Bildungsmarkt profilieren und einander gegenseitig bereichern.
- wollen sich in das öffentliche Leben ihres Umfeldes einbringen, daran aktiv teilhaben und es gestalten[1175].

Die Öffentlichkeit evangelischer Schulen drückt auch die Finanzierbarkeit des Schulbesuchs aus. Die evangelischen Schulen verlangen für den Besuch der Schule – mit Ausnahme der Kunstschulen – kein Schulgeld[1176]. Das wird in den Schulprogrammen nicht eigens angesprochen. Der Verzicht auf Schulgeld zeigt aber, dass die Erziehung und Bildung als eine öffentliche Aufgabe definiert werden, und dass die evangelischen Schulen sich als öffentliche Erziehungs- und Bildungsinstitute verstehen[1177]. Die Familien und Eltern werden gebeten, die Erziehungs- und Bildungsarbeit der Schule auf freiwilliger Basis auch finanziell zu unterstützen. Zusätzliche Leistungen werden dabei kostenpflichtig angeboten (z.B. Beitrag für das Essen, für Exkursionen), aber auf einen verpflichtenden Beitrag für den Besuch einer Schule wird verzichtet. Bei der Bezahlung von Zusatzkosten werden die sozial benachteiligten SchülerInnen gefördert.

1174 Vgl. Kapitel 7, 8.5, 10.1, 10.4, 11.1, 11.2, 11.3, 11.4 und 11.5.
1175 Vgl. Kapitel 11.5 und 12.3.2.
1176 Vgl. Kapitel 4.1.3.
1177 Die Schulträger aller evangelischen Schulen haben die Vereinbarung zur Übernahme von öffentlichen Erziehungs- und Bildungsaufgaben mit dem Staat getroffen. Das hat zur Folge, dass alle evangelischen Schulen als öffentliche Erziehungs- und Bildungseinrichtungen gelten und sich verpflichten, kein Schulgeld für den Besuch der Schule zu verlangen (Gesetz CXC über das nationale Erziehungswesen von 2011, § 31 Absatz 4).

Es ist festzustellen, dass die Öffentlichkeit evangelischer Schulen durch die Verpflichtung auf das Konzept des Nationalen Grundlehrplans und durch die Mitbeteiligung bzw. Mitverantwortung an der Bewältigung der öffentlichen Bildungsaufgabe – was den Verzicht auf Schulgeld einschließt – gewährleistet ist. Der Öffentlichkeitsanspruch evangelischer Schulen gehört zu ihrem Selbstverständnis. Sie wollen als gute und innovative Schulen am öffentlichen Erziehungs- und Bildungswesen teilhaben und es mit ihrer Qualität und Innovation bereichern. Der Öffentlichkeitsanspruch wird aber von den evangelischen Schulen in einem breiten Sinne verstanden. Das führt diese Schulen dann auch über das Schul- und Bildungswesen als solches hinaus[1178].

12.3.2 Evangelische Schule als vernetzte Schule im öffentlich-sozialen Raum

Ihr Selbstverständnis als Netzwerk bzw. Netzwerkorganisation verortet die evangelischen Schulen im öffentlich-sozialen Raum. Als öffentliche Erziehungs- und Bildungsinstitute wirken sie im öffentlichen Raum. Ihre Beteiligung am öffentlich-sozialen Raum begrenzt sie aber nicht auf das Schul- und Bildungswesen. Es wurde festgestellt, dass die evangelischen Schulen vielfältige Kooperationen und Vernetzungen anstreben[1179]. Die außerschulischen Lernorte und Vernetzungen gehören zu dem Profilmerkmal dieser Schulen. Die außerschulischen Lernorte und Vernetzungen der Schule gehören verschiedenen Systemen des öffentlichen Raums an. Dementsprechend lassen sich die Systeme des Schul- und Bildungswesens, der Evangelisch-Lutherischen Kirche in Ungarn und der örtliche gesellschaftlich-soziale Raum als drei wichtige Bezugssysteme für evangelische Schulen benennen:

- Im »ungarischen Schul- und Bildungswesen« sind die Schulen durch ihre Verbindungen und Kooperationen mit weiteren Erziehungs- und Bildungsinstitutionen am Ort oder an anderen Orten vernetzt: durch Teilnahme an Schüler- und Schulwettbewerben sowie durch die Kooperation der Lehrpersonen mit Lehrpersonen anderer Schulen. Dabei verbindet die gemeinsame Erziehungs- und Bildungsaufgabe, zu der die öffentlichen Schulen in Ungarn verpflichtet sind, alle Beteiligten dieses Systems.
- In der »Evangelisch-Lutherischen Kirche in Ungarn« sind die Schulen durch ihre Verbindungen und Kooperationen mit den evangelischen Gemeinden, mit den weiteren Schulen in evangelischer Trägerschaft und mit den anderen kirchlichen Institutionen und Angeboten vernetzt. Die Mitglieder dieses

---

1178 Vgl. Kapitel 11.5 sowie 12.3.2 und 12.3.3.
1179 Siehe Kapitel 11.5.

Systems verbinden die Sendung und der Auftrag Christi zur Kommunikation des Evangeliums.

- Im »örtlichen gesellschaftlich-sozialen Raum« sind die Schulen durch ihre Verbindungen und Kooperationen mit den Erziehungs- und Bildungsinstituten am Ort und in der Umgebung, mit den christlichen Gemeinden vor Ort, mit den lokalen Medien und mit den weiteren staatlichen, privaten und zivilgesellschaftlichen örtlichen Organisationen und Personen vernetzt. Eine große Rolle kommt dabei den Familien zu, deren Mitglieder in unterschiedlicher Weise – z. B. als SchülerInnen, als Lehrende, als Mitarbeitende – mit der evangelischen Schule verknüpft sind. Der gemeinsam bewohnte örtliche Raum ist die Voraussetzung, um zu diesem System zu gehören. Außer dieser räumlichen Dimension gibt es weitere, vielfältige Dimensionen, durch die die Mitglieder dieses Systems und die evangelische Schule vor Ort miteinander vernetzt sind.

Es gibt Organisationen und Personen, die starke Verbindungen zu evangelischen Schulen haben. Dazu gehören auch diejenigen, die durch mehrfache Bezugssysteme mit den Schulen vernetzt sind. In diesem Sinne weisen die Schulen besonders auf weitere Schulen in evangelischer Trägerschaft und auf die evangelischen Gemeinden vor Ort hin. Die evangelisch-lutherischen Schulen sind durch das System »Schul- und Bildungswesen« und durch das System »Evangelisch-Lutherische Kirche« stark miteinander vernetzt. Zugleich verbindet die gleiche kirchliche und örtliche Zugehörigkeit Schule und örtliche Kirchengemeinde in besonderer Weise miteinander. Wenn mehrere evangelisch-lutherische Schulen vor Ort vorhanden sind, besteht zwischen ihnen eine besonders enge Verbindung. Sie bezeichnen sich gegenseitig als »Geschwisterschulen« und streben eine besondere enge und intensive Vernetzung untereinander an[1180].

Nicht nur Organisationen, auch Personen sind in mehrfacher Weise mit den Schulen verbunden. Darunter sind z. B. die Lehrpersonen zu nennen, die sowohl als Lehrende wie auch als Eltern mit der evangelischen Schule verbunden sein können. Ebenso zählen dazu die Familien, aus denen mehrere Kinder die Schule besuchen. Weiterhin können hier auch diejenigen Eltern benannt werden, die durch ihre Arbeit eine Beziehung zur evangelischen Schule haben[1181].

Die Vernetzungen der drei Hauptbezugssysteme evangelischer Schulen generieren weitere Vernetzungen[1182]. Das System »Evangelisch-Lutherische Kirche in Ungarn« ist z. B. mit anderen evangelischen Kirchen international und mit weiteren christlichen Kirchen ökumenisch vernetzt. Dadurch entstehen auch

---

1180 Vgl. Kapitel 11.5.1.
1181 Vgl. Kapitel 9.1, 9.3, 9.4 und 11.5.1.
1182 Vgl. Kapitel 11.5.1 und 11.5.4.

Vernetzungen mit Schulen in evangelischer Trägerschaft aus anderen Ländern oder mit weiteren Einrichtungen in kirchlicher Trägerschaft. Ebenso führt das System »Schul- und Bildungswesen« zu zusätzlichen Vernetzungen mit weiteren staatlichen Systemen, wie z. B. das Gesundheits-, Arbeits- und Sozialwesen.

Die ehemaligen SchülerInnen gelten als eine Art Querschnitt für die Vernetzungen der evangelischen Schule[1183]. Da sie nach der Absolvierung der Schule in unterschiedlichen Bereichen tätig sind, bieten sie für die Schule Anschlussmöglichkeiten zu unterschiedlichen Netzwerken. Die evangelischen Schulen bemühen sich darum, dass ihre gegenwärtigen und ehemaligen AkteurInnen sich mit der Schule und ihren Werteinstellungen und Weltdeutungen identifizieren, sich mit ihr weiterhin verbunden wissen und zur Netzwerkarbeit der Schule beitragen[1184]. Dies kann durch die Erweiterung der Vernetzungen, aber auch durch die Stärkung schon vorhandener Verbindungen geschehen. Die Schulen zählen besonders bei den örtlichen, zivilgesellschaftlichen und kirchlichen Vernetzungen auf die Netzwerke ihrer gegenwärtigen und ehemaligen AkteurInnen.

Grundsätzlich streben die evangelischen Schulen möglichst viele Kooperationen und eine dichte Vernetzung an. Sie weisen in ihren Schulprogrammen auf die vorhandenen Netzwerke der Schule hin und zeigen sich prinzipiell offen für neue Kontakte und zukünftige Zusammenarbeit[1185]. Die Vernetzungen sollen vor allem der Unterstützung und Erweiterung der Erziehungs- und Bildungsangebote der Schule dienen. Sie sollen der Kommunikation evangelischer Traditionen und Erfahrungen – insbesondere der Kommunikation des Evangeliums – förderlich sein und dem Bekanntwerden und der Profilierung evangelischer Schulen in der Öffentlichkeit dienen[1186]. Die Vernetzungen und Kooperationen haben das Ziel, das Ansehen der jeweiligen Schule zu erhöhen und den guten Ruf evangelischer Schulen zu verbreiten.

Einige Schulprogramme weisen noch auf die »Reflexionsfunktion« hin, dass die vielfältigen Vernetzungen für die Schule einen Reflexionshorizont zur Wahrnehmung, Einschätzung und Beurteilung der eigenen Tätigkeit anbieten[1187]. Diese Funktion wird in einer Reihe von Schulprogrammen aber nicht aufgeführt. Mithilfe der Schulprogrammanalyse kann die Frage nicht geklärt werden, ob die im öffentlich-sozialen Raum vernetzte evangelische Schule eher einseitige oder eher gegenseitige Austauschprozesse durchführt. In den entsprechenden Textpassagen der Schulprogramme sind Aussagen zu finden, die auf Gegenseitigkeit abzielen. Es dominieren aber solche Aussagen, die die Ko-

---

1183 Vgl. Kapitel 11.3.1.2 und 11.5.1.
1184 Vgl. Kapitel 9.1, 9.2, 9.3, 9.4, 11.1.5, 11.3.1.2, 11.4.1 und 11.5.1.
1185 Vgl. Kapitel 11.5.1 und 11.5.2.
1186 Vgl. Kapitel 11.5.3.
1187 Vgl. Kapitel 11.5.3.

operationen und Vernetzungen von der Seite der evangelischen Schule her in den Blick nehmen[1188].

Zusammenfassend lässt sich formulieren: Die evangelischen Schulen präsentieren sich in der Öffentlichkeit, gehen Kooperationen ein, um ihr Erziehungs- und Bildungsprogramm zu erweitern, vermitteln ihr evangelisch orientiertes Menschen- und Wirklichkeitsverständnis sowie ihre Werteeinstellungen der Öffentlichkeit und laden die Familien zu einer Erziehungs- und Bildungspartnerschaft ein, die auf den Erziehungs- und Bildungsprinzipien der evangelischen Schule basiert.

12.3.3 Evangelische Schule als vernetzter sozialer Raum

Das Selbstverständnis evangelischer Schulen als Netzwerk bezieht sich nicht nur auf die außerschulischen Vernetzungen, sondern versteht auch den innerschulischen Bereich als einen sozial vernetzten Raum. Das von den Schulen vorausgesetzte Menschenbild betont die Sozialität des Menschen. Dieser wird eine wichtige Rolle bei der Identitätsbildung und Persönlichkeitsentfaltung zugeschrieben[1189]. Die zwischenmenschlichen Beziehungen und das Zugehörigkeitsgefühl werden als eines der wichtigsten menschlichen Grundbedürfnisse bezeichnet.

Die Schule wird als eine Lehr- und Schulgemeinschaft verstanden, in der die zwischenmenschlichen Beziehungen als wichtige Faktoren für Erziehung und Bildung gelten[1190]. Neben den Lehrer-Schüler-Beziehungen machen die Erfahrungen von Beziehungen zu Gleichaltrigen die Schule zu einem sozialen Erfahrungsraum, in dem Mitmenschlichkeit, Zusammengehörigkeit, menschliche Bindungen, Verantwortungsübernahme, Gemeinschaftssinn, soziales Miteinander tagtäglich praktiziert werden.

Die pädagogischen Leitgedanken evangelischer Schulen tragen in sich ebenfalls die soziale Dimension. Die Wertschätzung und unbedingte Annahme jeder Person, die Subjektorientierung sowie die diakonisch-soziale Ausrichtung werden real im konkreten Miteinander und den personal-kommunikativen Beziehungen.

Religion wird als ein Faktor gesehen, der bei der Entwicklung einer Gemeinschaft, beim Gelingen zwischenmenschlicher Beziehungen sowie im Blick auf die Übernahme sozialer Verantwortung über ein besonderes Potential ver-

---

1188 Vgl. Kapitel 9.4, 11.5.1, 11.5.3 und 11.5.4.
1189 Vgl. Kapitel 7.3 und 7.5.
1190 Vgl. Kapitel 10.1, 11.3.1.2 und 11.4.1.

fügt[1191]. Bei der Stärkung der Schulgemeinschaft und der zwischenmenschlichen Verbundenheit spielt das religiöse Schulleben ebenso eine wichtige Rolle wie der religiöse Motivationshintergrund: das Doppelgebot der Gottes- und der Nächstenliebe. Neben dem soziologischen Verständnis werden die Schulgemeinschaft und die Gemeinschaft miteinander auch theologisch-ekklesiologisch verstanden. Das stärkt und vertieft zusätzlich die Verbundenheit der Mitglieder der Schulgemeinschaft untereinander.

Das »Wir-Gefühl«, die Zugehörigkeit zur Schule und zur Schulgemeinschaft werden ausdrücklich kultiviert[1192]. Die Zugehörigkeit zur evangelischen Schule bedeutet zugleich die Zugehörigkeit zu einem bestimmten Milieu, zu dessen Werten und Normen und dessen Anerkennungsstrukturen. Das Verhältnis zwischen Schule und Individuum, die Beteiligungsmöglichkeiten für die Mitglieder des schulischen Sozialraums werden eher von der Schule her konzipiert und verlangen von den AkteurInnen der Schule eine gewisse Anpassung an die von den evangelischen Schulen vertretenen Wertevorstellungen und Sinnorientierungen. Die Frage, inwieweit die Beteiligung an den innerschulischen Netzwerken die Möglichkeit einschließt, selbst verändernd auf die Wertevorstellungen und Sinnorientierungen der Schulgemeinschaft einwirken zu können, kann mit den Mitteln der Schulprogrammanalyse nicht ermittelt werden.

Bei der Auswahl von SchülerInnen und LehrerInnen wird angestrebt, dass möglichst solche Familien und Personen angesprochen werden, die schulähnliche Werteeinstellungen haben und bereit sind, das Schulkonzept mitzutragen[1193]. Dadurch wird zumindest zum Teil erreicht, dass die sozialen Bezugsgruppen der SchülerInnen ähnliche Werte leben und vermitteln wie die Schule, und dass die SchülerInnen mit diesen Werten, Sinnstrukturen und sozialen Orientierungen ein Stück weit vertraut sind oder sie sogar vertreten und leben.

Als besondere Merkmale der Schulgemeinschaft wird die wertschätzende und anerkennende Schulatmosphäre und das kooperative Miteinander herausgestellt[1194]. Der soziale Erfahrungsraum an evangelischen Schulen soll auch ermöglichen, dass gegenseitige Hilfeleistung und Unterstützung erfahren werden können, dass der Austausch persönlicher Lebensgeschichten stattfinden kann und dass Bildungs- und Sozialisationsprozesse diakonisch-sozialen Lernens zu machen sind.

Mit dem Zugehörigkeitsgefühl zur evangelischen Schule und der Teilhabe an der Schulgemeinschaft wird zudem angestrebt, auch eine Beziehung bzw. Sympathie zur evangelischen Kirche zu erreichen[1195]. Der innerschulisch vernetzte

---

1191 Vgl. Kapitel 10.1, 11.1.2, 11.3.1, 11.3.3, 11.4.1 und 11.4.2.
1192 Vgl. Kapitel 11.3.1.2 und 11.3.5.
1193 Vgl. Kapitel 9.1, 9.2, 9.3, 9.4, 9.5, 10.1, 10.2 und 11.3.1.5.
1194 Vgl. Kapitel 11.3.1.2.
1195 Vgl. Kapitel 8.5, 11.1.5, 11.3.1.2, 11.3.2, 11.3.5 und 11.5.1.

Sozialraum der evangelischen Schule wird in Verbindung mit dem Netzwerk der Organisation Kirche gebracht. Das kann gegebenenfalls auch weitere Vernetzungen für die einzelnen Personen generieren.

Insgesamt sollen die innerschulischen Vernetzungen der Stärkung des Individuums dienen, zur Entwicklung einer kritisch-reflektierten Sichtweise beitragen und als ein Reflexionsraum für außerschulische Erfahrungen zur Verfügung stehen. Weiterhin ermöglichen sie eine angemessene Selbstdarstellung, leiten zum gegenseitigen Austausch und einem humanen Umgang miteinander an und bieten eine Orientierung im Blick auf außerschulische Netzwerke und Vernetzungen[1196].

12.4 Die Schulprogramme als Medien des Selbstverständnisses und des Profils evangelisch-lutherischer Schulen

Das Selbstverständnis und Profil evangelisch-lutherischer Schulen wurde anhand der aktuellen Schulprogramme analysiert. Das Schulprogramm (pädagogisches Programm) ist ein offizielles Dokument, welches das Erziehungs- und Bildungsprogramm und den lokalen Lehrplan der jeweiligen Schule umfasst. Da jedes Schulprogramm die pädagogischen Grundprinzipien, die grundlegenden Werte, die Ziele und Aufgaben der Erziehungs- und Bildungsarbeit der jeweiligen Schule sowie die Strategien der Umsetzung von pädagogischen Ansätzen und die Perspektiven zur Weiterentwicklung der Schule enthalten muss, sind sie von ihren gesetzlich-programmatischen Bestimmung her dafür geeignet, das von den Schulen selbst bestimmte Selbstverständnis und Profil einer evangelischen Schule herauszuarbeiten.

In diesem Abschnitt wird auf das literarische Medium »Schulprogramm« reflektiert: In welcher Weise vermittelt das Schulprogramm das Selbstverständnis und Profil evangelisch-lutherischer Schulen? Im Blickpunkt der Arbeit stand die Herausarbeitung des Selbstverständnisses und Profils evangelischer Schulen und nicht die text- und inhaltsanalytische Untersuchung der Schulprogramme. Die Arbeit mit den Schulprogrammtexten ermöglicht es aber, auf die inhaltlichen, strukturellen und formalen Charakteristika der Schulprogramme zu reflektieren und damit einen Beitrag zum Verständnis des Mediums »Schulprogramm« zu leisten.

Zuerst werden die Textquellen der Schulprogramme analysiert. Darauffolgend werden Beobachtungen bezüglich der Struktur, der inhaltlichen Elemente und der Formalia angestellt. Eine resümierende Zusammenfassung schließt dieses

---

1196 Vgl. Kapitel 7.3, 8.6, 10.2, 10.3, 10.5, 11.3.1.2, 11.3.3, 11.3.5 und 11.5.3.

Kapitel, in dem die Schulprogramme als Kommunikationsmittel des Selbstverständnisses und Profils gewürdigt und kritisch hinterfragt werden.

12.4.1 Quellentexte und Textarten der analysierten Schulprogramme

Die Schulprogramme speisen sich aus mehreren Quellentexten, die mehr oder
weniger wortwörtlich übernommen wurden. Die folgenden Quellentexte lassen
sich in den Schulprogrammen unterscheiden:

(1) Gesetzestexte des ungarischen Bildungswesens: Das Gesetz CXC über das
nationale Bildungswesen von 2011, der Regierungserlass 110 über die Ausgabe,
Einführung und Anwendung des Nationalen Bildungsplanes von 2012, der Erlass
des Ministeriums für Humankapital 51 über die Verordnung und Bewilligung der
Rahmenlehrpläne von 2012 und der Erlass des Ministeriums für Humankapital
20 über die Betätigung der Erziehungs- und Bildungsinstitute von 2012 sind die
gesetzlichen Texte, die häufig Eingang in die Schulprogramme finden. Aus-
schnitte aus diesen Gesetzestexten werden wortwörtlich zitiert oder zusammenfassend gekürzt übernommen.

(2) Orientierungsdokumente des kirchlichen Trägers: Häufig finden sich
Textpassagen aus den Orientierungsdokumenten des kirchlichen Trägers in den
Schulprogrammen wieder[1197]. Sie sind ebenfalls Texte, die wortwörtlich zitiert
oder zusammenfassend gekürzt aus den kirchlichen Orientierungsdokumenten
übernommen wurden.

(3) Schulprogramme anderer evangelisch-lutherischen Schulen: Die Schulprogramme von evangelischen Schulen, die später gegründet wurden, speisen
sich von Schulprogrammtexten früher gegründeter evangelischer Schulen. Bei
diesen Texten sind kleine Änderungen charakteristisch, die auf kontextuelle
Merkmale, sprachliche bzw. inhaltliche Präzision oder unterschiedliche
Schwerpunktsetzungen zurückzuführen sind.

(4) Weitere Schulprogramme bzw. Vorlagen: In einigen Fällen ist es greifbar,
dass die Schulprogramme Texte aus anderen Schulprogrammen übernommen
haben, die nicht von evangelischen Schulen stammen. In diesem Zusammenhang
ist »Das pädagogisches Programm der katholischen Erziehungs- und Bildungsinstitute (Kindergarten, Schule, Schülerheim)« zu erwähnen[1198]. Das Dokument
enthält eine Reihe von Textpassagen, die von evangelischen Schulen – teilweise

---

1197 Die Orientierungsdokumente des kirchlichen Trägers wurden im Kapitel 4.2.3 vorgestellt.
1198 Katolikus Pedagógiai Intézet 2003.

unkontrolliert – übernommen wurden[1199]. Es besteht die Vermutung, dass Textpassagen auch aus weiteren Vorlagen abgeschrieben worden sind.

(5) Eigene Quelle: Die Schulprogramme enthalten ebenso Textpassagen, die vom Lehrerkollegium bzw. vom Schulleitungsteam einer Schule selbst formuliert wurden. Besonders erkennbar sind diese Textpassagen dadurch, dass sie spezifisch-kontextuelle Besonderheiten beinhalten und sich stilistisch von den anderen Texten unterscheiden.

Die Fragestellung, in welchem prozentuellen Verhältnis die unterschiedlichen Quellentexte in den einzelnen Schulprogrammen zueinanderstehen, würde eine eigene Untersuchung benötigen. Die Arbeit mit den Schulprogrammtexten lässt aber die Feststellung zu, dass es sich bei vielen Texte in den einzelnen Schulprogrammen um übernommene Texte handelt. Daraus ergibt sich, dass die Textarten des gleichen Schulprogramms sowie der Stil und die inhaltliche Qualität dieser Texte durchaus von unterschiedlicher Art sind.

Die Textarten der Schulprogrammtexte gehören zu unterschiedlichen Gattungen. Staatliche Gesetzestexte, kirchliche Gesetze, Empfehlungen, Strategiedokumente, Zielvorstellungen, Glaubensbekenntnisse, theologische und pädagogische Überlegungen stehen in mehreren Fällen nebeneinander oder vermischen sich ineinander. Eine undifferenzierte Vermischung von theologischen, pädagogischen, bildungspolitischen bzw. kirchenpolitischen Sichtweisen, die für einige Orientierungsdokumente des kirchlichen Trägers charakteristisch ist, schlägt sich durch die Zitation der Texte auch in den Schulprogrammen nieder.

12.4.2 Struktur, inhaltliche Elemente und Formalia der analysierten Schulprogramme

Die gesetzlichen Vorgaben schreiben eine Reihe von Inhalten vor, die die Schulprogramme beinhalten müssen[1200]. Die Strukturen der Schulprogramme evangelischer Schulen sind vielfältig. Etliche Schulprogramme folgen der Struktur der gesetzlichen Auflistung, wobei neben den strukturierten Themen auch weitere inhaltliche Vorgaben vorhanden sind, die aus anderen gesetzlichen Richtlinien stammen. Eine Reihe von Schulen strukturiert ihr Schulprogramm nach dem Schema »Bestandsaufnahme zur Schulsituation – pädagogische Grundsätze – Zielsetzungen – Pädagogische Gestaltungselemente im Unterricht

---

1199 Ein Ankerbeispiel bildet die Textpassage des Schulprogrammes einer evangelischen Schule, die in einem abgeschriebenen wortwörtlichen Zitat über »die Kenntnisse der Riten der *katholischen* Religion und der äußeren Formen der Religionsausübung« spricht (Mezőberény 37, Katolikus Pedagógiai Intézet 2003, 11).

1200 Erlass des Ministeriums für Humankapital 20/2012 über die Betätigung der Erziehungs- und Bildungsinstitute sowie über die Benennung dieser Institute. Siehe Kapitel 3.2.1.

– Gestaltung des Schullebens – Organisatorische Angaben – Lokaler Lehrplan«. Dabei kehren einzelne Inhalte immer wieder zurück und sind den entsprechenden Inhaltsbereichen zugeordnet.

Die Schulprogramme gehen auch unterschiedlich damit um, wie sie die theologisch, pädagogisch, schulorganisatorisch und kirchentheoretisch orientierten Textpassagen einander zuordnen[1201]. Einige Schulprogramme vermischen die Texte und Sichtweisen ineinander. Andere trennen die Sichtweisen klar voneinander und zitieren Texte aus den kirchlichen Orientierungsdokumenten sowie aus dem Nationalen Grundlehrplan nacheinander, ohne dabei jedoch eine klare inhaltliche Struktur aufzuweisen. Wiederum andere Schulprogramme versuchen, eine Struktur aufzustellen und innerhalb der einzelnen Themenbereiche die Sichtweisen voneinander zu trennen und die ausgewählten Textpassagen nacheinander aufzulisten.

Die inhaltlichen Elemente der Schulprogramme orientieren sich an den gesetzlichen Vorgaben, welche Inhalte die Schulprogramme enthalten müssen. Die Schulen wollen aber auch ihr besonderes Profil als evangelische Schule in das Schulprogramm einarbeiten und präsentieren. Die Schulprogramme beinhalten darum viele inhaltliche Elemente. Als eine deutliche Strategie ist erkennbar, dass die Schulprogramme eher mehr Inhalte in sich fassen, als dass etwas ausgelassen wird. Charakteristisch sind dabei die Wiederholungen und die Übernahme von Textpassagen aus anderen Quellen. Die aus den unterschiedlichen Quellen stammenden Texte sind inhaltlich nicht kohärent, enthalten z.T. Spannungen und Widersprüche. Die Qualität der Texte variiert dabei auch innerhalb des gleichen Schulprogramms.

Eine Bestandsaufnahme zur Schulsituation, Grundsätze zum Erziehungs- und Bildungsverständnis, Zielvorstellungen, pädagogische Gestaltungselemente im Unterricht, Gestaltung des Schullebens, Angaben zur Organisation der Schule enthalten alle in der Untersuchung analysierten Schulprogramme. Auch eine kurze Schulgeschichte wird von etlichen Schulen in ihrem Schulprogramm vorgelegt. Der lokale Lehrplan kommt in unterschiedlicher Form vor. Einige Schulprogramme geben nur kurze Hinweise auf die verwendeten Rahmenlehrpläne und Stundentafeln, andere präsentieren wiederum das detailliert ausgearbeitete Schulcurriculum für alle Fächer der Schule.

Die Grundsätze zum Erziehungs- und Bildungsverständnis und die Zielvorstellungen besitzen in den meisten Fällen einen eklektischen Charakter. Sie werden ausführlich behandelt, werden aus unterschiedlichen Quellen abgeschrieben und weisen häufig eine unklare Strukturierung auf. Die Problematik der Schnittstellen von theologischen und pädagogischen Sichtweisen spiegelt sich in diesen Textpassagen deutlich wider.

1201 Siehe z.B. Kapitel 10.4.

Auch im Blick auf die formale Gestaltung ist eine unterschiedliche Qualität zu bemerken. Bei einer Reihe von Schulprogrammen ist das Bemühen erkennbar, sich um ein ansprechendes und qualitätsvolles Dokument zu bemühen. Andere Schulprogramme haben einen deutlichen Mangel in formal-ästhetischer Hinsicht. Der große Umfang der Schulprogramme und ihr insgesamt eklektischer Charakter machen es aber insgesamt schwer, ein klar definiertes Selbstverständnis, sowie eine deutlich sichtbare Profilierung der jeweiligen Schule zu erkennen.

12.4.3 Resümee: Fragmente eines Puzzles? Würdigung und kritische Hinterfragung der Schulprogrammtexte

Von ihrer gesetzlichen Bestimmung her ist das Schulprogramm das Medium, das das Selbstverständnis und Profil der jeweiligen Schule präsentiert. Die Schulprogramme beinhalten, wie die Analyse gezeigt hat, durchaus das von den Schulen selbst bestimmte Selbstverständnis und Profil. Die entsprechenden Aussagen werden aber nicht an einer Stelle – und damit in leicht zugänglicher Weise – präsentiert, sondern sie müssen aus den Schulprogrammen insgesamt herausgesucht und aus verstreuten Teilaussagen zusammengestellt werden.

Die Art und Weise, wie das Selbstverständnis und Profil evangelischer Schulen in den Schulprogrammen präsentiert werden, zeigt in den meisten Fällen ein großes Bemühen der VerfasserInnen. Die Schulprogramme sind Ausdruck eines Ringens um das Selbstverständnis und Profil evangelischer Schulen. Es ist zu würdigen, dass in jedem Schulprogramm die Auseinandersetzung mit den Spezifika einer evangelisch-lutherischen Schule durchgeführt wird. Mögliche Antworten und Perspektiven werden präsentiert, Konsequenzen werden überlegt, Ansätze zur Umsetzung werden vorgeschlagen. Die Schulprogramme sind Ausdruck dieses Ringens um die »Evangelische Schule«.

Ein Schulprogramm ist das offizielle Dokument einer Schule, das auch für die Öffentlichkeit bestimmt ist. Es sollte eine Orientierung bezüglich der Grundprinzipien und der Profilmerkmale der Schule bieten. Dabei ist Klarheit, Verständlichkeit und Kohärenz von einem solchen Dokument zu erwarten. Der eklektische Charakter und die inhaltliche Fülle der Textaussagen lässt aber die Grundprinzipien und Profilmerkmale oft nicht hinreichend deutlich erkennen. Orientierende Richtlinien bleiben öfter inhaltlich unklar und nicht präzise. Besonders an den Schnittstellen von theologischer und pädagogischer Sprache sind öfter Verständnisprobleme und inhaltliche Defizite zu bemerken.

Schließlich ist auch darauf hinzuweisen, dass es zwischen den Schulprogrammen bezüglich ihrer Qualität deutliche Unterschiede gibt. Am Ende sei aber festgehalten, dass bei aller Fragmentarität der Schulprogrammtexte die Konturen des Selbstverständnisses und Profils der evangelischen Schulen in Ungarn durchaus »hindurchscheinen« und so auch in dieser Untersuchung herausgearbeitet werden konnten.

Teil IV:
Diskussion der Ergebnisse und Ausblick

13. Evangelische Schulen im Spannungsfeld ungarischer und deutscher Kontexte

In diesem Teil geht es um die Diskussion der empirischen Ergebnisse aus normativ-konzeptionellen Perspektiven und aus einer international-vergleichenden Sicht. Dabei werden Forschungsergebnisse zu Theorie und Praxis evangelischer Schulen in Deutschland sowie Orientierungsdokumente der kirchlichen Träger in Deutschland in die Zusammenschau einbezogen. Gemeinsame Elemente und vorhandene Unterschiede werden benannt. Durch den Vergleich wird der Erkenntnisgewinn dieser Arbeit im Blick auf Theorie und Praxis evangelischer Schulen in Ungarn erkennbar. Es werden aber auch Grenzen der durchgeführten Untersuchung deutlich.

Die Auswahl von Schulen in evangelischer Trägerschaft in Deutschland bietet sich aus mehreren Gründen an. In Deutschland ergänzt – ähnlich wie in Ungarn – das kirchliche Schulwesen das staatliche Bildungssystem. Es bildet ebenfalls einen kleineren Anteil des Gesamtschulwesens (ca. 8 %), wobei die konfessionelle Verortung dieser Schulen eine wichtige Rolle spielt. Analog zur Situation in Ungarn bildet die evangelische Theologie die Grundlage zur theologischen Fundierung dieser evangelischen Schulen. Die wissenschaftliche Diskussion über die Schulen in evangelischer Trägerschaft wurde in Deutschland seit Mitte der 1990er Jahre verstärkt geführt. Dabei bilden das Selbstverständnis und Profil evangelischer Schulen einen zentralen Gegenstand der Forschung, die vor allem in der Disziplin der Religionspädagogik beheimatet ist. Vorliegende Forschungsergebnisse beziehen sich überwiegend auf normative Fragestellungen und theoretische Perspektiven. Die zahlenmäßig beachtliche Neu- und Wiedergründung evangelischer Schulen in den neuen Bundesländern erfolgte, wiederum analog zu Ungarn, im Gefolge der politischen Wende in Ostdeutschland. Dabei stand – zwar in einem unterschiedlichen gesellschaftlichen und religiösen Kontext – ebenso die Frage des Selbstverständnisses und der Profilierung evangelischer Schulen im Mittelpunkt der Diskussion. Ferner stand und steht der ungarische Protestantismus seit der Reformationszeit in einer kontinuierlichen Verbindung mit dem deutschen Protestantismus und pflegte mit ihm stets einen regen Austausch.

Für diese international-vergleichenden Überlegungen ist darauf hinzuweisen, dass für das in den Schulprogrammen definierte Selbstverständnis und Profil evangelischer Schulen in Deutschland und in Ungarn kein Eins zu Eins-Vergleich geboten werden kann. Der Grund liegt darin, dass es bislang keine empirische Analyse gibt, die die Schulprogramme von Schulen in evangelischer Trägerschaft in Deutschland bezüglich des Selbstverständnisses und Profils umfassend befragt und analysiert. Es liegen lediglich einige wenige Analysen zu diesem Themenbereich respektive zu Teilbereichen vor, in denen einzelne Schulprogramme untersucht werden. Weiterhin stehen Ausarbeitungen zur Verfügung, die aus theoretischer Sicht das Selbstverständnis und das Profil evangelischer Schulen analysieren, und kirchliche Orientierungsdokumente, die normative Ansprüche und die Ergebnisse theoretischer Überlegungen beinhalten. Solche Ausarbeitungen stehen wiederum im spärlichen ungarischen Forschungsfeld zu evangelischen Schulen nicht zur Verfügung. Kirchliche Orientierungsdokumente stehen zwar sowohl in Deutschland als auch in Ungarn zur Verfügung, die ungarischen kirchlichen Orientierungsdokumente sind aber großenteils in die Schulprogramme eingearbeitet. Daher bietet die Einbeziehung von kirchlichen Orientierungsdokumenten aus Deutschland weitere Perspektiven, die die Beschäftigung mit der Thematik bereichern. Aus dem letzten Jahrzehnt konnten die folgenden Orientierungsdokumente herangezogen werden:

- »Schulen in evangelischer Trägerschaft. Selbstverständnis, Leistungsfähigkeit und Perspektiven«[1202] (2008),
- »Evangelische Schulen in Bayern – Miteinander leben, lernen, glauben«[1203] (2012),
- »Bildung mit Profil und Perspektive – Evangelische Schule in der EKM«[1204] (2013),
- »Gute Schule aus evangelischer Sicht. Impulse für das Leben, Lehren und Lernen in der Schule«[1205] (2016).

Bei der folgenden Zusammenschau wird die empirische Perspektive verlassen und die Ergebnisse der Schulprogrammanalyse werden in eine normative, evangelische bzw. kirchliche Perspektive gestellt, die auf den Forschungsergebnissen und Orientierungsdokumenten zu evangelischen Schulen in Deutschland basiert. Diese Sichtweise ist betontermaßen nur eine Diskussionsgrundlage, die auch in sich eine Diversität trägt und nicht das gesamte Spektrum der For-

---

1202 EKD 2008.
1203 ELKB/ESSB 2012.
1204 EKM 2013.
1205 EKD 2016.

schungsergebnisse zum Selbstverständnis und Profil evangelischer Schulen in Deutschland repräsentiert.

Dabei kann die gesamte Breite der Ergebnisse im Rahmen dieser Arbeit nicht behandelt werden. Vielmehr werden zentrale Ergebnisse der vorliegenden Untersuchung exemplarisch aufgegriffen. Diese weisen sowohl Gemeinsamkeiten als auch Differenzen zu den herangezogenen deutschen Orientierungsdokumenten und Forschungsergebnissen auf. Dabei werden die leitenden Fragestellungen und Kategorien, die zur vergleichenden Betrachtung verwendet werden, aus den Ergebnissen der Schulprogrammanalyse evangelischer Schulen in Ungarn gewonnen.

Diese international-vergleichende Perspektive ermöglicht einerseits bestimmte Charakteristika des Selbstverständnisses und Profils evangelischer Schulen in Ungarn bewusster wahrzunehmen, andererseits Themen und Charakteristika zu identifizieren, die aus einer normativen Perspektive bzw. im ungarischen Kontext nicht oder anders auftreten. Eine solche international-vergleichende Betrachtung eröffnet Zugänge zur internationalen Bildungsdiskussion und ermöglicht auf diese Weise einen Beitrag zur Identitätsklärung und Profilierung evangelischer Schulen in Ungarn und bietet Perspektiven und Orientierungsmöglichkeiten für bildungsstrategische Entscheidungsprozesse.

Die folgenden Schlussfolgerungen und Feststellungen, die aus der vergleichenden Sicht gewonnen werden, haben eine begrenzte Gültigkeit. Es handelt sich dabei um Hypothesen, begründete Vermutungen, die auf den Resultaten dieser Studie sowie auf den Forschungsergebnissen zum Thema »Evangelische Schulen in Deutschland« basieren. Das Forschungsinteresse liegt dabei bei den evangelischen Schulen in Ungarn. Aus der Einbeziehung der deutschen Diskussion sollen Einsichten im Blick auf die evangelischen Schulen in Ungarn gewonnen werden. Diese werden aber nicht ausführlich dargelegt, sondern eher knapp skizziert.

13.1 Gemeinsame Elemente des Selbstverständnisses evangelischer Schulen

Zuerst werden solche Elemente des Selbstverständnisses evangelischer Schulen identifiziert, die Gemeinsamkeiten zwischen den Ergebnissen der Analyse zum Selbstverständnis und Profil evangelischer Schulen in Ungarn und den Forschungsergebnissen und kirchlichen Orientierungsdokumenten in Deutschland aufweisen. Im Folgenden werden dazu vier Merkmale herausgestellt, die unmittelbar ins Auge fallen. Die Ausführungen dazu folgen jeweils dem gleichen Raster: (1) Zunächst werden die zentralen Ergebnisse dieser Studie zum jeweiligen Thema zusammengefasst. (2) Darauffolgend werden zum jeweiligen Thema die entsprechenden deutschen Perspektiven dargelegt. (3) Schließlich werden die beiden Perspektiven einander gegenübergestellt, um in Bezug auf die Fragestellung dieser Studie Einsichten und Konklusionen zu gewinnen.

13.1.1 Selbstverständnis evangelischer Schulen als qualitätsanstrebende und innovationsfähige Schule

(1) Die evangelischen Schulen in Ungarn verstehen sich als solche öffentlichen Erziehungs- und Bildungsinstitute, die fortlaufend nach Qualität und Weiterentwicklung streben. Sie wollen qualitätsanstrebende und innovationsfähige Schulen sein. Die Qualitätsbereiche und Qualitätskriterien, die eine qualitätsvolle evangelische Schule kennzeichnen, werden aber nicht explizit und systematisch offengelegt. Aus indirekten Hinweisen, die vor allem bei den Ausführungen zu den Zielvorstellungen, dem Erziehungs- und Bildungsverständnis und den Profilmerkmalen und bei den an unterschiedlichen Stellen der Dokumente erwähnten Gütemerkmalen zu finden waren, konnten Qualitätsbereiche und Qualitätskriterien herausgearbeitet werden, die deutlich machen, was die evangelischen Schulen in Ungarn selbst unter »qualitätsvolle Schule« verstehen.

Dabei zeigte sich, dass das Spezifikum »Evangelisch« sowohl im Blick auf die Qualitätsbereiche als auch im Blick auf die Qualitätskriterien seine Wirkung entfaltet. Unter den Qualitätsbereichen sind etliche zu finden, die sich explizit auf religiöse Dimensionen (z.B. Spiritualität, das »Evangelische« in der Schulentwicklung) und auf die kirchliche Ebene (z.B. kirchliche Verbundenheit der AkteurInnen) beziehen. Die Bestimmung von Qualität ist erkennbar mit Werteorientierungen, mit weltanschaulichen Ansichten und mit Profilmerkmalen verbunden. Der herausgearbeitete Katalograster kann als ein Baustein eines Evaluationskatalogs für evangelische Schulen in Ungarn verstanden werden, nicht aber als ein kompletter Evaluationsraster, der alle Qualitätsbereiche einer Schule abbildet.

(2) Die Anforderung an die evangelischen Schulen in Deutschland, eine »gute Schule« zu sein, erreicht diese Schulen sowohl von theologischer als auch von kirchlicher Seite. Das evangelische Bildungsverständnis wird dabei so interpretiert, dass es in sich einen hohen Qualitäts- und Innovationsanspruch dahingehend enthält, dass die Bildung dem Menschen zur Entfaltung seiner individuellen Gaben, zur eigenen Urteilsfähigkeit und zur kreativen Gestaltung christlicher Freiheit – auch im Dienst an anderen – verhilft und befähigt[1206]. Die kirchlichen Orientierungsdokumente fordern die Schulen in evangelischer Trä-

---

1206 EKD 2003, Nipkow 2004, EKD 2009, Preul 2013, Schweitzer 2014, 2016.

gerschaft auf, sich diesen Qualitäts- und Innovationsansprüchen zu stellen und besondere Qualität und innovative Entwicklungen anzustreben[1207]. Die Orientierungsdokumente bezeichnen die evangelischen Schulen leitbildartig als »gute Schule« und formulieren konkrete Orientierungen und Leitlinien dazu, was eine gute Schule aus evangelischer Sicht ausmacht. Diese »Merkmale« oder »Markenzeichen« guter evangelischer Schulen orientieren sich zugleich an christlich-theologischen Grundlagen wie an pädagogischen Überlegungen. Das Verhältnis zwischen den beiden genannten Sichtweisen wird diskursiv gestaltet. Die »Letztbegründung« liegt aber bei der Theologie, konkret: beim christlichen Menschenbild[1208]. Die sprachliche Gestaltung der Merkmale orientiert sich dagegen primär an der Sprache der Pädagogik[1209]. Die klar und explizit benannten Merkmale – der herausgearbeitete »Idealzustand« evangelischer Schulen – dienen auch als Grundlage für die Evaluation der Schulen[1210].

(3) Kirchliche Orientierungsdokumente und theoretische Überlegungen zu evangelischen Schulen drücken die Erwartung aus und stellen den Anspruch, dass diese Schulen qualitätsvolle und innovative Schulen sind bzw. sein sollen. Damit bleibt aber die Frage noch offen, ob die evangelischen Schulen in Deutschland sich selbst ebenfalls dahingehend verstehen, dass sie nach Qualität und innovativer Weiterentwicklung streben (wollen). Die vorliegende Analyse der Schulprogramme evangelischer Schulen in Ungarn hat den Anspruch auf Qualität und Innovation als einen ureigenen Bestandteil des Selbstverständnisses herausgearbeitet. Der normativ gestellte, theologisch und kirchlich formulierte Anspruch auf Qualität und Innovation steht in dieser Hinsicht durchaus im Einklang mit der Selbstbestimmung evangelischer Schulen in Ungarn.

Was genau die Qualität einer evangelischen Schule bedeutet und welche Übereinstimmungen bzw. Diskrepanzen zwischen fremdbestimmten bzw. selbstbestimmten Qualitätsbereichen und Qualitätskriterien bestehen, kann im Rahmen dieser Studie nicht weiter ausgeführt werden. Es ist aber festzustellen, dass sowohl die von außen bestimmten als auch die von den evangelischen Schulen in Ungarn selbst bestimmten Qualitätsmerkmale das Profilmerkmal »Evangelisch« in sich tragen. Das spiegelt sich sowohl in den Qualitätsbereichen als auch in den Qualitätskriterien wider. Die Definitionen der Schulen umfassen auch solche Qualitätsbereiche, die sich explizit auf die kirchliche Ebene beziehen. Ebenso wurde die kirchliche Verbundenheit der AkteurInnen als ein Qualitätsbereich evangelischer Schulen in Ungarn erfasst.

1207 EKD 2008, 14–17, 64–76, ELHB/ESSB 2012, 23–24, EKM 2013, 14–15, 20–21.
1208 ELHB/ESSB 2012, 15.
1209 EKD 2016.
1210 Hallwirth 2011, Baur/Fliege/Schlenker 2014.

Ein Unterschied besteht darin, wie deutlich die Qualitätsmerkmale einer guten evangelischen Schule offengelegt werden. Die deutschen kirchlichen Orientierungsdokumente, die theoretischen Überlegungen sowie Evaluationskataloge benennen explizit und in systematischer Anordnung die Kriterien und Bereiche einer guten evangelischen Schule. Die evangelischen Schulen in Ungarn dagegen äußern sich dazu, woran eine gute evangelische Schule zu erkennen ist, eher indirekt und nicht in systematisierter Form. Dagegen werden die konkreten Leitbildvorstellungen zum Menschen in den ungarischen Zielsetzungen detailliert dargestellt. Sie erhalten deutlich mehr Aufmerksamkeit als die konkreten Leitbildvorstellungen der guten evangelischen Schule.

13.1.2 Evangelische Schule als öffentliche Schule mit einer deutlichen Profilierung evangelischer Prägung

(1) Es ist für Schulen in evangelischer Trägerschaft in Ungarn selbstverständlich, dass sie – auch von ihrer gesetzlichen Bestimmung her – öffentliche Schulen sind: Sie bilden einen Teil des ungarischen öffentlichen Schulsystems und übernehmen vom Staat öffentliche Erziehungs- und Bildungsaufgaben. Welche Verpflichtungen für die einzelne evangelische Schule die Übernahme von öffentlichen Bildungsaufgaben des Staates mit sich bringt, ist in den Vereinbarungen zwischen Staat und Schulträger festgehalten. Die Öffentlichkeit evangelischer Schulen bedeutet vor allem, dass sie sich den Vorgaben, Zielen und Inhalten des »Nationalen Grundlehrplans« verpflichtet wissen und grundsätzlich für all jene SchülerInnen und Familien offen sind, die bereit sind, sich auf das Erziehungs- und Bildungskonzept einer evangelischen Schule einzulassen. Jedoch können sie bei der Schüleraufnahme religiös-weltanschauliche Kriterien einsetzen, bis auf die Ausnahmesituation, dass die evangelische Schule die einzige Bildungseinrichtung ihrer Art am Schulort ist. Als öffentliche Schulen werden die kirchlichen Schulen in Ungarn vom Staat finanziert und heben von den Familien kein Schulgeld ein.

Die evangelischen Schulen in Ungarn nehmen ihren Öffentlichkeitsanspruch als selbstverständlich, sie verstehen ihn dabei in einem umfassenden Sinne. Sie wollen ihre besondere Profilierung in die Öffentlichkeit tragen und sich von ihrem Selbstverständnis her präsentieren. Weiterhin wollen sie am öffentlichen Leben ihres Umfeldes aktiv teilhaben und dieses mitgestalten. Das besondere Profil »Evangelisch« wird sichtbar und getragen durch die pädagogischen Merkmale der Schule mit implizit religiösem Charakter, von der Dimension der Religion im Unterricht und bei Wissens- und Fächerkulturen, vom konfessionellen Religionsunterricht, vom religiösen Schulleben sowie von den außerschulischen Lernorten und Vernetzungen der Schule. Mit ihrer profilierten

Präsenz in der Öffentlichkeit nehmen die evangelischen Schulen auch den missionarischen Auftrag der Kirche wahr, und wollen mit ihrem Zeugnis und ihrer Tätigkeit dazu einen Beitrag leisten.

(2) Die kirchlichen Orientierungsdokumente[1211] und eine Reihe von Studien[1212] betonen, dass die Schulen in evangelischer Trägerschaft in Deutschland öffentliche Schulen sind, einen Öffentlichkeitsanspruch haben und mit ihrer besonderen pädagogisch-religiösen Profilierung das öffentliche Bildungswesen des Landes bereichern sollen und wollen. Jedoch wird dieses Verständnis von evangelischer Schule nicht einheitlich getragen[1213]. Gesetzlich gelten die evangelischen Schulen in Deutschland als Privatschulen, als Schulen in freier Trägerschaft, die das öffentliche, d. h. das staatliche Schulwesen ergänzen. Bis in die 2000er Jahren wurden die Schulen in freier Trägerschaft als Bildungseinrichtungen gesehen, die neben den staatlichen Schulen bestehen und etliche Funktionen übernommen haben, die die staatlichen, öffentlichen Schulen nicht abdecken. Gegenwärtig stehen zurzeit staatliche und freie Schulen – darunter auch die evangelischen Schulen – im konkurrierenden Gegeneinander, die alle denselben staatlichen Auftrag erfüllen[1214]. Den Privatschulen werden soziale und ethnische Segregation, selektionsbedingte Chancenungleichheiten und die Verfolgung von Eigeninteressen, die als gesellschaftliche Verantwortungsübernahme umgedeutet werde, vorgeworfen. In dieser Wettbewerbssituation – dazu gehört auch die Frage bzw. Infragestellung der Finanzierung – sind die evangelischen Schulen und ihre Schulträger in Deutschland darauf angewiesen, den Öffentlichkeitanspruch ihrer Schulen zu begründen und die Schulen von ihren besonderen »evangelischen« Spezifika her öffentlichkeitswirksam zu profilieren[1215]. Gerade in Ostdeutschland, wo der religiös indifferente Kontext diese Themen noch deutlicher in den Mittelpunkt stellt, wird eine deutliche evangelische Profilierung von evangelischen Schulen gewünscht und erwartet[1216].

(3) Die evangelischen Schulen in Ungarn verstehen sich selbst als öffentliche Schulen. Sie präsentieren ihre Spezifika und tragen ihr evangelisches Profil in die Öffentlichkeit. Dieser Anspruch auf den Öffentlichkeitscharakter und eine entsprechende Profilierung wird in den programmatischen Überlegungen zu den Schulen in evangelischer Trägerschaft in Deutschland auch geteilt. Die Kontextualität und die gesetzlichen Bestimmungen zum Selbstverständnis evangelischer Schulen als »öffentliche Schule« unterscheiden sich aber deutlich voneinander.

1211 EKD 2008, 42–44, 82–91, ELHB/ESSB 2012, 3, 37, EKM 2013, 3–4, 12.
1212 Schreiner 1996, 384–390, Nipkow 2004, Jach 2004, Lindner/Schulte 2007, 82–85, Schlag 2011, Schluß 2015.
1213 Weiß 2011, Gürlevik/Palentien/Heyer 2013.
1214 Gürlevik/Palentien/Heyer 2013, Kraul 2015.
1215 Frank/Schwerin 2008, Kumlehn/Klie 2011, Hallwirth 2014.
1216 Schulte 2014a, Schulte 2014b, 71–89, EKM 2014.

In Ungarn wird dieser Öffentlichkeitscharakter evangelischer Schulen in der Gesellschaft allgemein (schon) akzeptiert, ist gesetzlich verankert und wird nicht mehr debattiert. Demgegenüber gelten die evangelischen Schulen in Deutschland gesetzlich nicht als öffentliche Schulen. Darum wird eine aktive Debatte über die Öffentlichkeit evangelischer bzw. privater Schulen in Deutschland geführt. Aus deutscher Perspektive gesehen wäre anzustreben, dass die evangelischen Schulen in Ungarn ihre Öffentlichkeit bewusster wahrnehmen. Dazu gehört auch, theologische, pädagogische, menschenrechtliche bzw. demokratie- und bildungstheoretische Diskurse zu führen und entsprechende Begründungen zu geben, und sich nicht darauf zu beschränken, nur aus politischen bzw. kirchenpolitischen Beweggründen die Öffentlichkeit evangelischer Schulen zu sichern.

13.1.3 Ein christlich geprägtes Menschenbild und ein christlich bzw. evangelisch geprägtes Erziehungs- und Bildungsverständnis als Grundlage der Erziehung und Bildung

(1) Die Schulen in evangelischer Trägerschaft in Ungarn verpflichten sich auf ein biblisch-christliches Verständnis des Menschen als grundlegende Voraussetzung ihrer Erziehungs- und Bildungsarbeit. Zwar wird der Leitbegriff »christliches Menschenbild« in den programmatischen Schriften kaum erwähnt, die Grundaussagen dieses Menschenbildes werden aber durchaus thematisiert. Neben christlich-theologischen Elementen schwingen auch einige Elemente eines humanistisch geprägten Menschenbildes beim Verständnis des Menschen mit (z. B. bezüglich der Ganzheitlichkeit und der Überwindung von Fehlern). Pädagogische Einstellungen, Handlungen und Zielvorstellungen werden aus dem vorausgesetzten Menschenbild unmittelbar abgeleitet bzw. damit begründet. Die Zielvorstellungen formulieren klare Leitbildvorstellungen im Blick auf den Menschen. Es ist allerdings zu fragen, ob damit nicht teilweise hehre Ideale und unerreichbare Visionen des Menschen beschrieben werden.

Die Schulen in evangelischer Trägerschaft in Ungarn berufen sich auf eine Erziehung und Bildung im »christlichen bzw. evangelischen Geist«. Dieses Erziehungs- und Bildungsverständnis ist zwar das dominanteste, nicht aber das einzige Verständnis von Erziehung und Bildung, welches die Tätigkeit evangelischer Schulen in Ungarn bestimmt. Vielmehr sind drei, voneinander auch formal getrennte Verständnisse von Erziehung und Bildung zu finden: (1) Erziehung und Bildung im »christlichen bzw. evangelischen Geist«, (2) Erziehung und Bildung aufgrund des Nationalen Grundlehrplans und (3) Erziehung und Bildung aufgrund der Entwicklung von Kompetenzen. Diese drei Verständnisse werden mit unterschiedlicher Gewichtung aufgeführt und erörtert.

(2) Ein christlich geprägtes Menschenbild und ein christlich bzw. evangelisch geprägtes Bildungsverständnis bilden laut den normativen und programmatischen Überlegungen die Grundlagen der Erziehung und Bildung an evangelischen Schulen in Deutschland[1217]. Das Ringen um die inhaltliche Bestimmung dieser beiden Leitbegriffe ist ein wesentlicher Bestandteil der deutschen Diskussion über die evangelischen Schulen. Dabei werden diese Leitbegriffe sowohl aus theologischer als auch aus pädagogischer Perspektive bedacht. Die dabei gewonnenen Bestimmungen werden kritisch-konstruktiv aufeinander bezogen. Dieser Prozess verlangt eine wechselseitige Erschließung der theologischen und pädagogischen Sichtweise. Das schließt einerseits die deduktive Ableitung pädagogischer Handlungen aus theologischen Grundlagen und andererseits das Ausklammern der theologischen Dimension bei gesellschaftlichen bzw. pädagogischen / schulischen Fragestellungen aus. Tendenziell ist aber zu bemerken, dass pädagogische Argumentationen, die die Schule aus gesellschaftlicher und schulpädagogischer Sicht betrachten, im Laufe der Jahre zunehmend in den Vordergrund gerückt sind[1218].

Die Vorstellungen von einem christlichen Menschenbild und von einem evangelischen Bildungsverständnis beinhalten nun aber kein ein für alle Mal abgeschlossenes Bild[1219]. Bildung hat aus evangelischer Sicht immer eine kritisch-reflexive Funktion. Sie initiiert Veränderungen und neue Erkenntnisse. Sie bewahrt davor, die Vorstellungen vom Menschen und von Bildung zu einer Ideologie zu machen. Die angebotenen Grundansätze eines christlich geprägten Menschenbildes und eines evangelisch geprägten Erziehungs- und Bildungsverständnisses ermöglichen einen breiten Spielraum, was sich auch in der Vielfalt des Profils der Schulen in evangelischer Trägerschaft niederschlägt[1220]. Diese grundsätzliche Offenheit und der kritisch-reflexive Charakter ermöglichen weiterhin, dass die aktuellen gesellschaftlich-kontextuellen Herausforderungen in den Diskursen über eine Erziehung und Bildung auf der Grundlage eines christlichen Menschenbildes aufgenommen und reflektiert werden.

(3) Das christliche Menschenbild und das christlich bzw. evangelisch orientierte Erziehungs- und Bildungsverständnis bilden die programmatischen Grundlagen von Erziehung und Bildung an evangelischen Schulen in Ungarn wie in Deutschland. Die Bemühung um die Klärung dieser Grundlagen ist charakteristisch für die Diskussion in beiden Ländern. Aus der Perspektive der Diskussion in Deutschland wäre anzustreben, dass die inhaltliche Bestimmung dieser Leitbegriffe sowie die Verwendung theologischer und pädagogischer

---

1217 Schreiner 1996, Härle 2004, EKD 2008, 38–42, Pirner 2008, 84–112, ELHB/ESSB 2012, 13–14.
1218 EKD 2016.
1219 Schreiner 1996, Dressler 2003, EKD 2003, Dressler 2006, EKD 2009, Schweitzer 2016.
1220 Schreiner 1996, 375–378, Standfest/Köller/Scheunpflug 2005, 97–178, EKD 2008, 33–38, Frank/Schwerin 2008, Hallwirth 2014.

Sichtweisen in den ungarischen Schulprogrammen differenzierter und reflektierter erfolgt.

Die primär theologische Argumentation, die fixierten Visionen vom Menschen in den Zielvorstellungen, die Vermischung von theologischen und pädagogischen Sichtweisen, der Glaube und das Christsein als Bildungsziel sowie ein teilweise verengter Blickwinkel, der auf die gesellschaftlichen Herausforderungen mit Strategien der Anpassung reagiert, ohne dass auch mögliche Strategien der Veränderung bedacht werden, lassen kritisch fragen, welches Verständnis vom Menschen und von Bildung den jeweiligen Aussagen zugrunde liegt. Zu diesen inhaltlichen Unklarheiten kommen auch noch Unklarheiten bei den Formulierungen. Das heißt, dass die formale Gestalt der diesbezüglichen Textpassagen das Verstehen und den Überblick zusätzlich erschwert.

Es ist allerdings auch zu bedenken, dass das programmatische Menschen- und Bildungsverständnis einer Schule nie nur aus einer »Urspungsquelle« entwickelt werden kann. Die evangelischen Schulen sind in einem bildungs- und gesellschaftspolitischen Kontext aktiv. Die Leitdokumente dieses Kontextes – Schulgesetze, Bildungspläne, Rahmenlehrpläne usw. – enthalten auch bestimmte bildungspolitische, bildungstheoretische und schulpädagogische Auffassungen und Positionen, die auch ein eigenes Verständnis des Menschen sowie von Erziehung und Bildung in sich tragen. Ein evangelisch orientiertes Verständnis des Menschen und von Erziehung und Bildung ist darum *einer* von mehreren Faktoren, der sich auf die programmatische Bestimmung der Erziehungs- und Bildungsarbeit einer evangelischen Schule auswirkt. Das Ergebnis der Schulprogrammanalyse zeigt, dass die evangelischen Schulen in Ungarn das erkannt haben. Die drei unterschiedlichen Erziehungs- und Bildungsverständnisse, die die programmatischen Konzepte von Erziehung und Bildung prägen, spiegeln die kontextuelle Einbettung evangelischer Schulen in Ungarn wider. Jedoch stehen diese Konzepte nebeneinander, ohne miteinander verbunden zu sein und ohne das zu klären, wie diese Konzepte zueinander stehen und was das für die Praxis bedeutet. Rein theoretische Überlegungen über ein evangelisch orientiertes Erziehungs- und Bildungsverständnis, die allein die Grundlage der Erziehung und Bildung an evangelischen Schulen bilden sollen, klammern die bildungspolitische, schulpädagogische und kontextuelle Wirklichkeit dieser Schulen aus. Besonders gehören aber die Unverfügbarkeit menschlicher Existenz und der offene und kritisch-reflexive Charakter des Bildungsbegriffes zu bewahren und ausdrücklich zu betonen als unverzichtbare Merkmale eines christlichen Menschenbildes und eines christlich bzw. evangelisch orientierten Erziehungs- und Bildungsverständnisses.

13.1.4 Ethisch-religiöse Erziehung und Bildung als grundsätzlicher Bestandteil der Erziehungs- und Bildungsprozesse

(1) Sowohl das Erziehungs- und Bildungsverständnis als auch die Profilmerkmale evangelischer Schulen in Ungarn begreifen die ethisch-religiöse Erziehung und Bildung als einen grundlegenden Bestandteil der Erziehungs- und Bildungsprozesse an den evangelischen Schulen. Die ethisch-religiöse Dimension stellt nach Ansicht der evangelischen Schulen in Ungarn jenes Spezifikum dar, welches diese Schulen von anderen Schulen unterscheidet. Alle rekonstruierten Profilmerkmale evangelischer Schulen enthalten ethisch-religiöse Elemente und weisen direkte oder indirekte Bezüge zur ethisch-religiösen Erziehung und Bildung aus. Da die Wertevorstellungen als in Sinnkontexte eingebunden verstanden werden, werden die religiösen und die ethischen Dimensionen aufeinander bezogen, miteinander verknüpft und auf diese Weise vertieft. Das Markenzeichen »Vermittlung bzw. Aneignung christlicher Werte« – auf das sich die evangelischen Schulen in Ungarn oft berufen –, definiert die »christlichen Werte« nicht näher, weist aber auf den Sinnhorizont und auf die Weltanschauung hin, auf die sich die Werte und Normen beziehen. Die religiöse Dimension wird als eine solche gesehen, die alle Bereiche der Erziehungs- und Bildungsprozesse an der evangelischen Schule durchdringen soll.

Die ethisch-religiöse Erziehung und Bildung wird zwar von den evangelischen Schulen in Ungarn als wichtiges Markenzeichen begriffen, aber doch unterschiedlich verstanden. Die Wertebezogenheit der Erziehungs- und Bildungsprozesse wird – gegenüber einer ethischen Orientierungslosigkeit und einem Werterelativismus – in den Schulprogrammen allgemein betont. Die Deutungen einer solchen Wertebezogenheit variieren aber von einer inhaltlichen Wertevermittlung bis hin zum Abzielen auf ein selbstbestimmtes ethisches Handeln und einer ethisch verantworteten Lebensführung. In gleicher Weise orientiert sich die religiöse Erziehung und Bildung an unterschiedlichen Zielsetzungen. Darunter werden nicht zuletzt der christliche Glaube und die Gemeindemitgliedschaft/Kirchenmitgliedschaft als mögliche Zielsetzungen angestrebt.

(2) Die ethische und religiöse Bildung soll an den Schulen in evangelischer Trägerschaft in Deutschland – so wie an allen Schulen in staatlicher bzw. in privater Trägerschaft – einen grundsätzlichen Bestandteil der Bildungsprozesse bilden[1221]. Alle SchülerInnen haben das Recht auf religiöse Bildung[1222]. Bildung zielt letztendlich auf die Subjektwerdung der SchülerInnen. Dazu leisten auch die ethische und religiöse Bildung ihren Beitrag. Der Unterschied zwischen staatlichen und evangelischen Schulen wird dabei darin gesehen, welchen Stellenwert

---

1221 Schröder 2006, Schluß 2008, EKD 2009, 40, Schröder 2012, EKD 2016, 24–25.
1222 Schweitzer 2013.

und welche Möglichkeiten die ethische und religiöse Bildung an der Schule bekommt[1223]. Die evangelischen Schulen stehen daher vor der Herausforderung, Modelle und Zukunftsaussichten für die ethische und religiöse Bildung an Schulen zu entwickeln und diese exemplarisch umzusetzen und auszuprobieren.

Der sozial-diakonische Ansatz – der die theologische Verbundenheit von Ethik, ethischer Bildung und ethischem Handeln betont – wird als ein grundlegendes Element von Schulen in evangelischer Trägerschaft in Deutschland betrachtet[1224]. Das diakonisch-soziale Lernen wird darum an vielen Schulen als ein evangelisches Profilmerkmal betont und in den Schulentwicklungsprozessen verankert[1225]. Die Betonung des sozial-diakonischen Ansatzes in der Profilbildung evangelischer Schulen ist insofern auch gut nachvollziehbar, weil von den Schulträgern, die evangelische Schulen in Deutschland erhalten, die Diakonie der weitaus größte Schulträger ist.

Allerdings wird betont, dass eine Verengung des Religionsbegriffes auf die Ethik oder eine Verengung der Diakonie auf den Handlungsvollzug und auf diakonische Projekte eine unzulässige Engführung ist[1226]. Gerade der diakonische Ansatz sollte eine Verbindung von ethischer und religiöser Bildung leisten können. An evangelischen Schulen soll die religiöse Bildung nicht nur im Religionsunterricht, sondern in allen Fächern, in fächerübergreifenden Projekten, im gesamten Schulleben und in der Schulorganisation ihren Ort haben. Neben der Vermittlung von Wissen und religiösen Deutungs- und Urteilskompetenzen sollen die Befassung und die Erfahrungen mit dem Glauben ermöglicht werden[1227]. Zur Frage, ob und wie die evangelischen Schulen bei der Ermöglichung erfahrungsbezogener religiöser Bildung auf die Kooperation mit den Gemeinden angewiesen sind, werden unterschiedliche Ansätze vertreten[1228].

Die Schulen in evangelischer Trägerschaft in Deutschland sind konzeptionell gegenüber dem weltanschaulich-religiösen-kulturellen Pluralismus und der Vielfalt religiöser und nichtreligiöser Lebensformen und Lebensorientierungen offen. Eine religiöse Bildung soll daher auch interreligiöse Kompetenzen vermitteln und auf diese Weise zur Pluralismusfähigkeit und Dialogfähigkeit beitragen[1229].

1223 Nipkow 2006, EKD 2008, 72, Schreiner 2008, ELHB/ESSB 2012, 16, EKM 2013, 3–4, 19.
1224 Adam 1999, Kaiser 2006, EKD 2008, 41, 81, Adam 2008, Gramzow 2010, ELHB/ESSB 2012, 25–26.
1225 Kaiser 2006, Hallwirth 2006, Gramzow 2010, 93–122.
1226 Jüngel 1990, Dressler 2003, EKD 2008, 41, Kramer 2015, 123–132.
1227 EKD 2008, 22–23, 69–76, Schreiner, M. 2012, ELHB/ESSB 2012, 16–17, EKM 2013, 3–4.
1228 Kaufmann 1990, Schreiner 2001, 107–149, 118, Domsgen/Hahn 2010, Meyer-Blanck 2011, Wermke [7]2012, Schröder 2014.
1229 Nipkow 2004, EKD 2008, 70, Frieber 2010, ELHB/ESSB 2012, 39, Hallwirth 2012, EKM 2013, 19.

(3) Bei prinzipieller Gemeinsamkeit, dass die ethische und religiöse Bildung einen grundsätzlichen Bestandteil der Erziehungs- und Bildungsprozesse an evangelischen Schulen bildet, werden die ethische und religiöse Erziehung und Bildung in Ungarn und in Deutschland unterschiedlich verstanden. Die deutschsprachigen Texte sprechen diesbezüglich überwiegend über »Bildung« und als Ziel dieser Bildungsprozesse wird die Subjektwerdung, d. h. die ethische und religiöse Mündigkeit angestrebt. Die ungarischen Schulprogrammtexte sprechen demgegenüber konsequent über ethische und religiöse »Erziehung und Bildung«, wobei die Wertevermittlung, die religiösen Sozialisationsprozesse und der Aufbau kirchlicher Bindungen eine bedeutende Rolle zuerteilt bekommen. Der besondere Stellenwert der ethisch-religiösen Erziehung und Bildung zeigt sich auch darin, dass die evangelischen Schulen in Ungarn sich nicht nur als Schule, sondern auch als Gemeinde begreifen. Darüber hinaus arbeiten die Schulen im Bereich der ethisch-religiösen Erziehung und Bildung eng mit den evangelischen Gemeinden zusammen. Damit soll neben der individuellen und der gesellschaftlich-kulturellen Rolle auch die kirchliche Seite der Religion erfahrbar werden. Die Teilhabe an einer kirchlich-gemeindlichen Religionspraxis wird dabei als angestrebtes Ziel gesetzt.

Aus deutscher Perspektive ist die religiöse Homogenität an evangelischen Schulen in Ungarn auffallend. Der konfessionelle Religionsunterricht orientiert sich überwiegend an der eigenen Konfession. Das religiöse Schulleben ist vor allem evangelisch-lutherisch, in jedem Falle aber christlich geprägt. Die religiöse Vielfalt wird innerhalb der Konfessionen des Christentums definiert. Die religiösen Erziehungs- und Bildungsprozesse haben das Christentum im Blick. Eine ökumenische Offenheit und die Wertschätzung religiöser Überzeugungen anderer werden angestrebt. Aber die Herausforderungen eines religiösen Pluralismus (abgesehen vom Pluralismus innerhalb des Christentums) bzw. von religiöser Indifferenz ist kein Thema in den Schulprogrammen evangelischer Schulen in Ungarn.

13.2 Unterschiedliche Akzente im Selbstverständnis und im Profil evangelischer Schulen

Die Herausarbeitung der Gemeinsamkeiten lässt erkennen, dass innerhalb der großen Gemeinsamkeiten doch auch unterschiedliche Schwerpunktsetzungen und Deutungen zwischen der ungarischen und der deutschen Diskussion vorhanden sind. In diesem Kapitel geht es um diese Unterschiede. Das Forschungsinteresse bleibt dabei weiterhin bei den evangelischen Schulen in Ungarn, die deutschen Perspektiven werden eher knapp einbezogen. Die vergleichende Sicht und die Identifizierung der unterschiedlichen Akzentsetzungen dienen dazu, dass die charakteristischen Merkmale des Selbstverständnisses und Profils evangelischer Schulen in Ungarn deutlicher zum Vorschein kommen. Einerseits wird überprüft, ob und inwieweit charakteristische Analyseergebnisse dieser Arbeit im deutschen Kontext auch vorhanden sind. Andererseits können Merkmale, die im ungarischen Kontext selbst nicht so signifikant sind, durch die Außensicht deutlicher identifiziert werden. Die detaillierte Schulprogrammanalyse hat nämlich eine Fülle differenzierter Ergebnisse erbracht, die aber in sich kaum eine übereinstimmende Gestalt gewinnen können. Das ist aber wohl der Fall, wenn sie mit anderen Perspektiven konfrontiert werden.

Weiterhin gilt die Feststellung, dass die herangezogenen kirchlichen Orientierungsdokumente und theoretischen Überlegungen aus dem deutschen Kontext nicht selbst das Selbstverständnis evangelischer Schulen in Deutschland wiedergeben. Daher kann die vergleichende Betrachtung keinen Eins-zu-Eins-Vergleich bieten. Die deutschen Orientierungsdokumente und theoretischen Überlegungen formulieren aber Absichten und Erwartungen gegenüber den evangelischen Schulen in Deutschland. Durch die Verwendung von Bezugspunkten bei der vergleichenden Betrachtung werden der Vergleich und die Aufstellung von Hypothesen ermöglicht. In einigen Fällen stehen auch Ergebnisse empirischer Untersuchungen zu evangelischen Schulen in Deutschland zur Verfügung, deren Ergebnisse bei der vergleichenden Betrachtung herangezogen werden können.

13.2.1 Selbstverständnis evangelischer Schulen als Gemeinde

Die evangelisch-lutherischen Schulen in Ungarn verstehen sich als Gemeinde im Dienst der Kommunikation des Evangeliums. Sie verstehen sich als Teil der Kirche Jesu Christi, die einen Anteil an der Berufung und Aufgabe der Kirche haben. Sie verorten sich als Teil der Evangelisch-Lutherischen Kirche in Ungarn, nehmen an ihrem Leben und an ihrer Aufgabenbewältigung teil und repräsentieren sie nach außen. Anhand der Schulprogrammanalyse wurde dieses Selbstverständnis von evangelisch-lutherischen Schulen in Ungarn herausgearbeitet und vorgestellt. Es wurden die Aussagen dargelegt, die dieses Selbstverständnis sowohl aus theologischer als auch praktisch-theologischer und empirisch-soziologischer Sicht begründen und bestätigen. Weiterhin wurden die persönlich-individuellen, schulischen, kirchlichen und gesellschaftlichen Ebenen dieses Selbstverständnisses aufgeführt, zwei unterschiedlichen Typisierungen sowie die Spannungsfelder dieses Selbstverständnisses herausgearbeitet.

Angesichts der deutschen Orientierungsdokumente und Forschungsergebnisse ist zu fragen, ob das Selbstverständnis evangelischer Schulen als Gemeinde ein genuin ungarisches Merkmal ist oder auch an evangelischen Schulen in Deutschland vorhanden ist. Die deutschen kirchlichen Orientierungsdokumente sprechen über Gemeinden vor allem als parochiale Kirchengemeinden, die die Träger evangelischer Schulen sind[1230] oder mit denen die evangelischen Schulen intensiv zusammenarbeiten sollen[1231]. Als gemeinsames Selbstverständnis evangelischer Schulen wird der ausdrückliche Bezug auf das Evangelium bestimmt[1232]. Die kirchlichen Orientierungsdokumente äußern die Erwartung, dass »evangelische Schulen sich wie bisher als Orte des Glaubens verstehen sollten«[1233] und Erfahrungen mit dem Glauben ermöglichen sollen[1234]. In diesem Sinne sprechen die Orientierungsdokumente über Schulgemeinde bzw. über die Schule als religiös-spiritueller Raum, in der die christliche Gemeinschaft einen Ausdruck findet und für die christlich-spirituelle Angebote charakteristisch sind[1235].

Der Bildungsbericht der Evangelischen Kirche in Mitteldeutschland von 2013 betont, dass die evangelischen Schulträger Anteil an der Zeugnis- und Dienstgemeinschaft der Kirche haben[1236]. Die in diesem Zusammenhang zitierten Bibeltexte aus dem Korintherbrief und Epheserbrief besitzen durchaus theologische Dimensionen, aber sie sind in einen Text über die institutionelle Verbundenheit und das Zusammenwirken dieser Schulträger und Schulen eingebettet. Dadurch werden sie eher aus soziologischer Sicht herangezogen. Der spätere Bildungsbericht der Evangelischen Kirche in Mitteldeutschland von 2016 spricht schon explizit darüber, dass die Schulgemeinden an evangelischen Schulen »zu den besonderen Gemeindeformen in unserer Landeskirche« gehören[1237]. In diesem Fall handelt es sich um eine praktisch-theologische, kirchentheoretische Deutung, nach der die evangelischen Schulen als »wichtige Kernpunkte für das religiöse Leben vor Ort« sein können, in denen »jenseits traditionell gewachsener Ausprägungen und parochialer Strukturen Erprobungs- und Gestaltungsräume für die Beteiligung an kirchlichem Leben« eröffnet werden[1238]. Es wird darauf hingewiesen, dass das Verhältnis zwischen Ortsgemeinde und Schulgemeinde zu klären sei. Die SchulpfarrerInnen werden noch erwähnt dahingehend, dass sie eine wichtige Rolle für die Verbindung zwischen Schul- und Kirchengemeinde spielen. Die evangelische Schule als Gemeinde kommt in diesem Dokument

---

1230 EKD 2008, 33, 36, 46, ELHB/ESSB 2012, 9, 32, EKM 2013, 4, 8.
1231 EKD 2008, 19–21, 60, 71, 93, EKM 2013, 3, 25.
1232 EKD 2008, 38, ELHB/ESSB 2012, 6, 8, 56.
1233 EKD 2008, 22.
1234 EKD 2008, 12–13, 22–23, 69, ELHB/ESSB 2012, 16–17, 56, EKM 2013, 4.
1235 EKD 2008, 40, 58, ELHB/ESSB 2012, 16–17.
1236 EKM 2013, 8.
1237 EKM 2016, 4, 14.
1238 EKM 2016, 4.

deutlich zum Vorschein, das wird jedoch nicht explizit in einem theologisch-ekklesiologischen Sinne verstanden.

Der Begriff »Schulgemeinde« besitzt eine Wurzel und eine geschichtliche Verankerung im Leben des evangelischen Schulwesens in Deutschland[1239]. Die gängigen theoretischen Überlegungen zum Thema »Evangelische Schule als Gemeinde« beschäftigen sich eher mit den Themen der Zusammenarbeit und Verbundenheit von evangelischen Schulen und Gemeinden oder mit dem Thema des religiösen Schullebens an (evangelischen) Schulen. Anfang der 1990er Jahre wurde eine religionspädagogische Diskussion über die »Nachbarschaft von Schule und Gemeinde« geführt. Das Thema kehrt neuerlich unter dem Topos »christliche bzw. kirchliche Präsenz im Schulleben« zurück[1240]. Mit dieser Thematik ist auch die Diskussion um die Unterschiede zwischen Schule und Gemeinde angesprochen[1241]. Aus praktisch-theologischer und kirchentheoretischer Sicht wird in dem Konzept »Kirchliche Orte« die Gemeinde von ihren Aufgaben her, nicht aber als parochiale Kirchengemeinde her bedacht[1242]. Dieses Konzept wurde aber noch nicht konkret im Blick auf die evangelischen Schulen reflektiert. Das hier liegende Potential zeigt aber die Überlegung, dass Schulen in evangelischer Trägerschaft auch dem Selbstverständnis einer Gemeinde in theologisch-ekklesiologischer Perspektive entsprechen könnten[1243].

Zusammenfassend kann festgestellt werden, dass einige kirchliche Empfehlungen und theoretische Überlegungen das Selbstverständnis evangelischer Schulen als Gemeinde auch im deutschen Kontext ansprechen. Allerdings kommt diese Deutung so deutlich und umfassend, wie das bei den evangelischen Schulen in Ungarn der Fall ist, wo diese Deutung sowohl theologisch-ekklesiologisch, praktisch-theologisch wie auch soziologisch-kirchentheoretisch bedacht wird, nicht vor. Im deutschen Kontext spricht der neueste Bildungsbericht der EKM noch am deutlichsten über evangelische Schule als Gemeinde, jedoch nicht im theologisch-ekklesiologischen Sinne. An ungarischen evangelischen Schulen kommt demgegenüber dieses Selbstverständnis in der normativ-programmatischen Ebene eine bedeutende Rolle zu. Dabei ist zu berücksichtigen, dass die evangelischen Schulen in Ungarn monoreligiös gedachte Schulen sind, in denen der religiöse Pluralismus nicht vorkommt und mit einer christlichen Schulgemeinschaft zu rechnen ist. Es ist allerdings zu fragen, ob und wie diese theoretische Sichtweise der Schulprogramme in der Praxis Niederschlag findet.

1239 Dörpfeld 1863, Koerrenz 1999.
1240 Kaufmann 1990, Schreiner 2001, Schröder 2006, Grethlein 2011, 460–468.
1241 Dressler 2001, Meyer-Blanck 2011, Domsgen/Schluß/Spenn 2012, Schröder 2014.
1242 Hauschildt/Pohl-Patalong 2013, 300–310.
1243 Lehmann 2015, 102–118.

13.2.2 Bestimmung und Profilierung evangelischer Schulen: Verkündigender bzw. diakonischer Schwerpunkt

Auf eine theologische Verortung evangelischer Schulen, die grundsätzlich auf einer christlichen Anthropologie beruht, berufen sich die evangelischen Schulen in Ungarn in ihren Schulprogrammen sowie die kirchlichen Orientierungsdokumente für die evangelischen Schulen in Deutschland[1244]. Diese theologischen Verortungen – ein christliches Menschenbild und ein christlich bzw. evangelisch orientiertes Erziehungs- und Bildungsverständnis – können in der pädagogischen Profilierung der Schule mit unterschiedlichen Schwerpunktsetzungen entfaltet werden.

Die evangelischen Schulen in Ungarn profilieren sich durch ihren konfessionell-religiösen Charakter. Sie berufen sich auf das Evangelium und sehen die Kommunikation des Evangeliums auch als ihre Aufgabe an. Dabei haben sie ihre Akzente auf die darstellenden und verkündigenden Kommunikationsformen gesetzt, wobei die diakonischen Kommunikationsformen ebenfalls vorhanden sind. Die kirchlich-religiöse Ausrichtung zeigen auch die Zielformulierungen bezüglich der Schule und des Religionsunterrichts sowie in Bezug auf die einzelnen SchülerInnen. Die evangelische Schule wird auch als Ort des Glaubens verstanden, als Gemeinde, in der religiöse Erfahrungen und Gemeinschaft erlebbar sind, wo das Evangelium verkündigt wird und wo Möglichkeiten gesucht werden, solche alters- und entwicklungsgemäßen »äußeren Entstehungsbedingungen« zu schaffen, die »Impulse zum Glauben« ermöglichen. In einigen Zielvorstellungen werden das Christsein, die persönliche, christliche Überzeugung und die Kirchenmitgliedschaft direkt angesprochen. Die Öffentlichkeit der evangelischen Schule wird durch die konfessionell-religiöse Ausrichtung der Schule nicht in Frage gestellt, sondern geradezu als bestätigt angesehen. Die Schule wird per se als ein öffentlich-gesellschaftlicher Raum verstanden. In diesem öffentlich-gesellschaftlicher Raum bewältigt die Schule ihre Aufgabe, die Kinder und Jugendlichen auf das öffentlich-gesellschaftliche Leben vorzubereiten. Dabei wird der Zeugnis- und Zeichencharakter evangelischer Schulen hervorgehoben und dahingehend verstanden, dass die evangelischen Schulen das Evangelium in der Welt bezeugen und ihre SchülerInnen für ein Leben als Gottesdienst in einer pluralistischen Welt vorbereiten. Ein missionarisch-verkündigender Motivationsgrund wird bei der Gründung und Unterhaltung evangelischer Schulen auch zugesprochen.

Die evangelischen Schulen in Deutschland beziehen sich in gleicher Weise auf das Evangelium als Grundlage des Glaubens und des Lebens. Die kirchlichen Orientierungsdokumente für evangelische Schulen in Deutschland bestimmen

---

1244 Vgl. Kapitel 13.1.3.

die evangelischen Schulen als Orte des Glaubens[1245], »wo christlicher Glaube und kirchliches Leben kennen gelernt, eingeübt und der persönlichen Glaubens-überzeugung Gestalt gegeben werden kann«[1246]. Die Kommunikation des Evangeliums enthält auch verkündigende Kommunikationsformen an Schulen in evangelischer Trägerschaft in Deutschland[1247]. Jedoch bekommen die diakonisch orientierten Kommunikationsformen des Evangeliums an Schulen in evangelischer Trägerschaft in Deutschland einen besonderen Schwerpunkt bei der Profilierung dieser Schulen[1248]. Die Befähigung, Unterstützung, Förderung und Forderung, die tragende Schulgemeinschaft, der Dienst am Nächsten, der Dienst an der Gesellschaft, das diakonisch-soziale Lernen, die Befähigung zur Verantwortungsübernahme, die Ausbildung für diakonische Berufe bilden grundlegende Elemente von Profilmerkmalen evangelischer Schulen. Aus einer solchen diakonischen Verpflichtung heraus kommt an evangelischen Schulen in Deutschland bestimmten bildungspolitischen und pädagogischen Bestrebungen – wie z. B. der Bildungsgerechtigkeit und der Inklusion – eine erhebliche Bedeutung zu[1249]. Empirische Studien haben gezeigt, dass die evangelischen bzw. christlichen Spezifika für die Lehrpersonen evangelischer Schulen vor allem an den ethischen und sozialen Dimensionen des Profils erkennbar und deutlich werden[1250].

Die Bedeutung der diakonischen Profilierung wird auch daran deutlich, dass in Deutschland die Diakonie, sowohl hinsichtlich der Verantwortungsübernahme für den einzelnen Menschen als auch im Blick auf die Gesellschaft als Ganze als Begründungsargument für die Gründung und für das Betreiben evangelischer Schulen gilt[1251]. Das missionarische bzw. verkündigungsorientierte Motiv wird zwar immer wieder angesprochen, es wird aber nicht besonders hervorgehoben[1252]. Weiterhin ist daran zu erinnern, dass in Deutschland der Großteil der Träger evangelischer Schulen sich selbst der Diakonie bzw. den Einrichtungen der Diakonie zuordnet. Das betrifft immerhin 61,7 % der Schulen[1253]. Es legt sich die Vermutung nahe, dass ein solcher Schulträger auf die Profilierung der jeweiligen Schule Einfluss nimmt bzw. mit der Gründung selbst eine entsprechende Profilierung der Schule intendiert. Das zeigt sich auch darin, dass in Deutschland eine große Zahl von evangelischen Schulen Förderschulen sind.

1245 EKD 2008, 12–13, 22–23, 38, 69–70, ELHB/ESSB 2012, 15–17, 56, EKM 2013, 3–4, 8.
1246 ELHB/ESSB 2012, 17.
1247 z.B. EKD 2008, 81, Standfest/Köller/Scheunpflug 2005, 97–178, Hallwirth 2014.
1248 z.B. Kaiser 2006, Hallwirth 2006, EKD 2008, 41, 81, Gramzow 2010, Lewe 2010, EKD/WAES 2016, 25–28.
1249 EKD 2008, 41, EKD/WAES 2016, 22–25.
1250 Pirner 2008, Holl 2011.
1251 Schreiner 1996, 359–374.
1252 Schreiner 1996, 397–400, EKD 2008, 81.
1253 EKD/WAES 2016, 6.

Es ist zu betonen, dass die herausgestellten Unterschiede bei den Schwerpunktsetzungen evangelischer Schulen in Ungarn und in Deutschland keineswegs die Bedeutung unterschiedlicher Schwerpunktsetzungen für evangelische Schulen in Frage stellt. Die konfessionell-religiöse und die diakonische Ausrichtung gehören beide zum Selbstverständnis und zu den Spezifika evangelischer Schulen. Dabei zeigt auch die Entwicklung der letzten beiden Jahrzehnte in Mitteldeutschland. Dort rückt in einem weitgehend konfessionslosen und religiös indifferenten Umfeld offensichtlich die konfessionell-religiöse Profilierung evangelischer Schulen wieder stärker in den Mittelpunkt[1254]. Dementsprechend wird 2013 in einem Orientierungsdokument der Evangelischen Kirche in Mitteldeutschland formuliert: »*Evangelische Schulträger haben Anteil am kirchlichen Auftrag zur Kommunikation des Evangeliums und der sichtbaren Gestalt des evangelischen Handelns in der Welt.*«[1255]

13.2.3 Erziehungs- und Bildungsverständnis: Staatlich-nationale bzw. reformpädagogische Einflüsse

Ein christlich bzw. evangelisch orientiertes Erziehungs- und Bildungsverständnis bildet die konzeptionelle Grundlage der Erziehung und Bildung an evangelischen Schulen in Ungarn und in Deutschland. In der Analyse der Schulprogramme evangelischer Schulen in Ungarn wurde aber deutlich, dass den Schulprogrammen mehrere Konzepte von Erziehung und Bildung zugrunde liegen. Ein Unterschied zwischen Ungarn und Deutschland besteht darin, welche Einflüsse aus den jeweiligen Länderkontexten, aus dem bildungspolitischen und pädagogischen Umfeld auf das eingangs formulierte zentrale Erziehungs- und Bildungsverständnis an evangelischen Schulen einwirken. Weiterhin ist zu fragen, wie die unterschiedlichen, teils widersprüchlichen konzeptionellen Vorstellungen von Erziehung und Bildung zu einer Verbindung bzw. Synthese kommen und sich auf die Praxis der Schulen auswirken.

Die Analyse der Schulprogramme hat ergeben, dass an evangelischen Schulen in Ungarn ein christlich bzw. evangelisch orientiertes Erziehungs- und Bildungsverständnis dominant vorhanden ist. Es wurde ebenfalls deutlich, dass die national-bildungspolitischen Kontexte und Konzepte sich auf der programmatischen Ebene des Erziehungs- und Bildungsverständnisses an evangelischen Schulen niederschlagen. Neben einem christlich bzw. evangelisch orientierten Erziehungs- und Bildungsverständnis hat sich an evangelischen Schulen in Un-

---

1254 Schulte 2014a.
1255 EKM 2013, 8.

garn das Erziehungs- und Bildungsverständnis des »Nationalen Grundlehr-plans« von 2012 als ein relevantes Konzept erwiesen.

In diesem Konzept bekommt die national-staatsbürgerschaftliche Bildung eine große Bedeutung. Unter den curricular bestimmten Bildungsinhalten werden »nationale Grundkenntnisse« definiert, die die gemeinsame Basis für die Verständigung, für den Dialog zwischen den Generationen und für die erfolgreiche Integration in die ungarische Gesellschaft bilden sollen. Die Entwicklungsbereiche, die auch als gemeinsame Werte definiert werden, heben die patriotische Erziehung und Bildung hervor, deren Zielsetzung die Heranbildung eines nationalen Selbstbewusstseins ist. Eine kognitive Annäherung, die auf das Kennenlernen der nationalen Kultur und Geschichte, Symbole und Bräuche abzielt, ist ebenso im Blick wie die Kultivierung der Identifikation und affektiven Verbundenheit mit der ungarischen Heimat und Nation.

Als öffentliche Schulen sind die evangelischen Schulen in Ungarn dem Nationalen Grundlehrplan verpflichtet. Die überwiegende Mehrheit der Schulprogramme trennt die unterschiedlichen Erziehungs- und Bildungskonzepte auch formal voneinander und stellt sie nacheinander dar, ohne sie miteinander zu vermischen. In einigen Textpassagen ist aber nachweisbar, dass das nationale Konzept des Nationalen Grundlehrplans und das Konzept des christlich bzw. evangelisch orientierten Erziehungs- und Bildungsverständnis miteinander vermischt wurden. Die Verbindung der beiden Konzepte wurde mit ihren Gemeinsamkeiten und Unterschieden in dieser Arbeit herausgearbeitet. Es bleibt allerdings offen, wie sich diese unterschiedlichen konzeptionellen Einflüsse auf die Praxis evangelisch-lutherischer Schulen auswirken.

Die Schulen in evangelischer Trägerschaft in Deutschland sind ebenfalls in ihren nationalen Kontext eingebettet, der sich auf diese Schulen und ihre bildungstheoretisch-konzeptuelle und schulpädagogische Ebene auswirkt. Weiter gewannen im Falle der evangelischen Schulen in Deutschland die reformpädagogischen Konzepte einen besonderen Einfluss auf das pädagogische Konzept und auf die pädagogische Arbeit dieser Schulen.

Unter dem Begriff »Reformpädagogik« verbirgt sich eine Vielzahl von unterschiedlichen Ansätzen, die nach Oelkers durch mindestens vier Grundsatzüberzeugungen verbunden sind.

> »(1) Die ›neue Erziehung‹ orientiert sich am Kind und also weder an Kultur noch an Gesellschaft oder Politik. (2) Die Erziehung folgt dem geistigen, körperlichen und seelischen Wachstum des Kindes. (3) Die Institutionen der Erziehung müssen auf die natürliche Entwicklung eingestellt sein. (4) Und der Modus der Erziehung verzichtet möglichst weitgehend auf Fremdbestimmung und so auf Autorität.«[1256]

1256 Oelkers 2004b, 794.

Diese grundlegenden Merkmale reformpädagogischer Ansätze weisen mancherlei Übereinstimmungen mit der pädagogischen Grundausrichtung evangelischer Schulen auf. Zwar sind die evangelischen Schulen in Deutschland durch eine Vielfalt von pädagogischen Profilen gekennzeichnet. Dabei bilden aber die Subjektorientierung, eine ganzheitliche Erziehung und Bildung, eine kindgerechte, entwicklungsförderliche Lerngestaltung mit besonderen didaktisch-methodischen Formen sowie eine die Autonomie und Sozialität des Menschen berücksichtigende Pädagogik wesentliche, übereinstimmende Grundelemente ihrer pädagogischen Grundausrichtung.

Weiterhin verbindet Reformpädagogik und evangelische Schulen die Bedeutung von Religion. Der Religion und Religiosität kommen in den reformpädagogischen Konzepten und für die Reformpädagogen eine hohe Bedeutung zu[1257]. Ein verbindendes Element zwischen Reformpädagogik und evangelischen Schulen bildet noch das »Reform-Motiv«: die Verpflichtung zur Entwicklung neuer, innovativer pädagogischer Konzepte, die Offenheit gegenüber alternativen Konzepten und der Einsatz für die Erneuerung der Schule.

Es ist zu vermerken, dass die evangelischen Schulen und ihre Träger sich gegenüber reformpädagogischen Konzepten eine Zeitlang distanziert verhielten[1258]. Begründet war diese ablehnende Haltung hauptsächlich in der Unterschiedlichkeit der Menschenbilder: Den reformpädagogischen Konzepten wurde ein idealistisches Bild vom Kind vorgeworfen. Dem stand ein theologisches Menschenbild gegenüber, in dem der Mensch vor allem als Sünder definiert wurde. Andererseits haben protestantische Impulse sowohl auf die bildungstheoretischen Überlegungen als auch auf die schulpädagogischen Ebene immer wieder inspirierend und konstruktiv verändernd eingewirkt[1259].

Mit der zunehmenden Subjekt- und Erfahrungsorientierung begann ein fruchtbringender Austausch zwischen evangelischen Schulen und reformpädagogischen Ansätzen. Die reformpädagogischen Konzepte bildeten in einer Reihe von Gründungen evangelischer Schulen – besonders in Ostdeutschland – inspirative Quellen und inspirieren weiterhin neue Schulgründungen und pädagogische Erneuerungen an evangelischen Schulen[1260]. Der Elternwunsch nach kindgerechter Schule, nach Alternativen zum staatlichen Schulsystem sowie das Ringen um die »gute Schule« motivieren evangelische Schulen, sich mit reformpädagogischen Ansätzen auseinanderzusetzen und sie aufzugreifen. Als freie, private Schulen haben die evangelischen Schulen in Deutschland die nötigen Voraussetzungen, um diese Ansätze auszuprobieren und mit ihnen zu

---

1257 Koerrenz/Collmar 1994, Wermke 2010.
1258 Baron 2011.
1259 Schreiner 1996, Rupp/Schwarz 2011.
1260 Bohne 1998, Frank/Schwerin 2008.

experimentieren. Empirische Untersuchungen wiesen auf, dass die pädagogischen Orientierungen der evangelischen Schulen maßgeblich die Schulwahl der Eltern begründet[1261]. Eltern senden ihre Kinder an evangelische Schulen, weil sie erwarten, dass die Kinder dort eine hervorragende pädagogische Förderung bekommen, die die Persönlichkeit des Einzelnen und ebenso das Zusammenleben in der Gemeinschaft im Blick hat. Die kirchlichen Orientierungsdokumente erwähnen und würdigen die reformpädagogischen Einflüsse und geben als Kriterium neuer Schulgründungen in evangelischer Trägerschaft an, dass sie reformorientierte pädagogische Aspekte vorweisen sollen[1262].

Die bewusste Wahrnehmung oder Erwähnung von reformpädagogischen Einflüssen auf evangelischen Schulen fehlt in Ungarn völlig. Die Schulgründungen werden durch kirchliche Institutionen initiiert. Das sind entweder die Landeskirche oder die evangelisch-lutherischen Gemeinden. Elterliche Initiativen können dabei eine bestimmte Rolle spielen, jedoch ist ihre Bedeutung eher gering. Die Schulprogramme weisen auf reformpädagogische Ansichten und Konzepte nicht hin. Jedoch werden die Subjektorientierung, die pädagogische Innovationsfähigkeit und die Erprobung neuerer pädagogischer Ansätze als Charakteristika evangelischer Schulen herausgestellt. Die geschichtliche Tradition evangelischer Schulen in Ungarn bestätigt aber ihr pädagogisches Innovationspotential. Die Offenheit für pädagogische Experimente und für neuere pädagogische Einsichten wird dabei theologisch begründet und aus theologischen Grundlagen abgeleitet.

13.2.4 Thematisierung der Vielfalt: Vorstellungen über die Schülerschaft

Ein deutlicher Unterschied ist im Bereich zu beobachten, in welcher Weise seitens der evangelischen Schulen bzw. in den kirchlichen Dokumenten und in der theoretischen Diskussion von der Schülerschaft an evangelischen Schulen in Ungarn und in Deutschland gesprochen wird.

Die Schulprogramme evangelischer Schulen in Ungarn erwähnen kaum die Vielfältigkeit und Heterogenität der Schülerschaft insgesamt. In einigen, wenigen Schulprogrammen sind vereinzelte Aussagen zu finden, in denen die Vielfalt als Bereicherung herausgestellt und gewürdigt wird. Wenn man sich die Schulprogramme aber intensiver anschaut, ist festzustellen, dass von der Vielfalt der Schülerschaft eher in einem engeren Sinne gesprochen wird. Meistens wird von der Vielfalt im konfessionell-religiösen Horizont gesprochen. Dabei wird die

---

1261 Hanisch/Gramzow 2011, Gramzow/Hanisch 2012, Gramzow 2014.
1262 EKD 2008, 36–37, 78, 86–87, ELHB/ESSB 2012, 26, 34, EKM 2013, 4, 12, 15, 21, EKD 2016, 23–26.

ökumenische Offenheit der Schule angesprochen und bejaht. Die Schülerschaft wird also als homogen christlich wahrgenommen und verstanden. Von den christlichen Konfessionen werden dabei in erster Linie die Katholiken, die Reformierten und die Evangelischen in den Blick genommen, die weiteren christlichen Konfessionen werden kaum erwähnt und weiter bedacht.

Die Religionslosigkeit und der religiöse Pluralismus ist in den Schulprogrammen kein Thema. Die Achtung von Differenzen und ein toleranter Umgang mit ihnen werden angestrebt. Dabei werden die Differenzen aber vor allem in sozialer Hinsicht und als Unterschiede hinsichtlich der Leistungsfähigkeit wahrgenommen und thematisiert. Was die nationalen und ethnischen Minderheiten betrifft, so wird in einer Reihe von Schulprogrammen auf die slowakische und die deutsche Minderheit Bezug genommen. Auf die Minderheit der Roma, die zahlenmäßig die größte Minderheit Ungarns darstellt, wird nicht weiter eingegangen. SchülerInnen mit Migrationshintergrund kommt im ungarischen Kontext keine relevante Bedeutung zu. Es ist in den Schulprogrammen kein Hinweis darauf zu finden, dass eine Heterogenität bei der Schülerschaft an Schulen in evangelischer Trägerschaft in Ungarn angestrebt bzw. bejaht wird.

Demgegenüber werden die Vielfalt und die Heterogenität der Schülerschaft sowie der Umgang mit Heterogenität in den Orientierungsdokumenten und in den theoretischen Überlegungen zu den evangelischen Schulen in Deutschland in einem umfassenderen Sinne bedacht und in verschiedenen Hinsichten thematisiert[1263]. Grundsätzlich werden die Vielfalt und die Heterogenität der Schülerschaft einerseits als Herausforderung gesehen und andererseits als ein erwünschter Zustand betrachtet, der dem gesellschaftlichen Pluralismus und dem Selbstverständnis evangelischer Schulen entspricht[1264]. Bei der inhaltlichen Thematisierung von Vielfalt werden mehrere Schülergruppen genauer in den Blick genommen. In ethnisch-nationaler Hinsicht kommen die SchülerInnen mit Migrationshintergrund und die Flüchtlinge in den Blick. Im Blick auf den religiösen Aspekt wird die religiöse Vielfalt thematisiert im Blick auf ihre ökumenische, interreligiöse und die religiös indifferente Dimension. Schließlich wird die Heterogenität bezüglich des unterschiedlichen Forderungs- und Förderungsbedarfs der SchülerInnen wahrgenommen.

Für den Umgang mit Vielfalt und Differenz werden die pädagogischen Prinzipien der Bildungsgerechtigkeit und Inklusion als für evangelische Schulen leitend herausgestellt. Dabei wird eine produktive und konstruktive Offenheit für plurale Verhältnisse angestrebt, die die Differenzen nicht als Belastung, sondern als Reichtum begreift und behandelt. Die Pluralität der Schülerschaft an evan-

---

1263 z.B. EKD 2008, 14, 51–58, 70–71, 85–86, Frank/Hallwirth 2010.
1264 EKD 2008, 14.

gelischen Schulen wird als Beitrag zur Dialogfähigkeit, zur Identitätsbildung, zur Urteilsfähigkeit und zur Verantwortungsübernahme gesehen.

Die konzeptionellen Überlegungen zur Schülerschaft weisen darauf hin, welche SchülerInnen die evangelischen Schulen in Blick haben. Die unterschiedlichen Vorstellungen spiegeln die kontextuellen Unterschiede bezüglich der Homogenität bzw. Heterogenität der ungarischen und deutschen Gesellschaft wider. Es bleibt aber eine Frage, wie diese konzeptionelle Thematisierung der Schülerschaft an evangelischen Schulen in Ungarn in der Praxis aussieht. Es fehlen empirische Studien, die einerseits die Schülerschaft an evangelischen Schulen in Ungarn näher in Blick nehmen, andererseits die Thematisierung von Vielfalt, Differenzen und Pluralität analysieren. Bei internationalen Vergleichen ist der jeweilige gesellschaftliche Kontext mitzuberücksichtigen, und die Zusammensetzung der Schülerschaft an evangelischen Schulen in diesem Kontext zu betrachten.

Auf der konzeptionellen Ebene bleibt ein deutlicher Unterschied festzuhalten: An den evangelischen Schulen in Deutschland wird Vielfalt als Gegebenheit und als zum Selbstverständnis evangelischer Schulen gehörig betrachtet und thematisiert. An evangelischen Schulen in Ungarn bleibt Vielfalt eine Leerstelle oder wird in einem engen Sinne lediglich im Blick auf die religiöse (ökumenische) Dimension verstanden und thematisiert.

14. Resümee und Ausblick

In diesem abschließenden Kapitel werden die zentralen Ergebnisse der Arbeit zusammengefasst, die Grenzen der Arbeit benannt und Entwicklungsperspektiven für die weitere Forschung sowie für die Praxis formuliert.

14.1 Zentrale Ergebnisse und Grenzen der Arbeit

Die Bedeutung kirchlicher Orientierungsdokumente für die Schulprogramme
Im Rahmen dieser Arbeit wurden die Orientierungsdokumente der kirchlichen Träger näher dargestellt. Das Selbstverständnis evangelischer Schulen bestimmen die kirchlichen Orientierungsdokumente von drei Perspektiven her: vom staatlich-öffentlichen Bildungsauftrag der Schule, von den Erwartungen der Familien und vom Auftrag der Kirche. Dabei dominiert das Verständnis, das die evangelischen Schulen als Handlungsfelder der Kirche bestimmt. Die Orientierungsdokumente schreiben den evangelischen Schulen drei Zielvorstellungen und Aufgabenbereiche zu: eine klare evangelische Profilierung, hohe Schulqualität, offene und unterstützende Schulgemeinschaft. Auf das Individuum gerichtete Zielsetzungen sind weniger präzis und werden systematisch nicht entfaltet. Dabei kommen die Subjektwerdung und gesellschaftliches Engagement auch zur Sprache, aber die Betonung liegt auf der Zielsetzung eines ethisch-religiösen Menschen und auf dem kirchlichen Engagement. Für die kirchlichen Orientierungsdokumente ist charakteristisch, dass sie die theologischen, bildungstheoretischen, schulpädagogischen, bildungs- und kirchenpolitischen Sichtweisen miteinander vermischen und sie nicht voneinander unterscheiden. Die evangelischen Schulen orientieren sich an den Orientierungsdokumenten der Kirche. In ihren Schulprogrammen übernehmen sie die Texte der Dokumente wortwörtlich oder inhaltlich zusammengefasst.

Entwicklungsverlauf der Gründung von evangelisch-lutherischen Schulen
Die Gründung von evangelisch-lutherischen Schulen in Ungarn ist seit der politischen Wende des Jahres 1989 durch drei Entwicklungsphasen gekennzeichnet. Die erste Phase war die Epoche der Wiederinbetriebnahme von einst verstaatlichten evangelischen Schulen. Diese Phase dauerte von 1989 bis 2001. Die zweite Entwicklungsphase war gekennzeichnet durch die Konsolidierung, Organisationsentwicklung und Profilierung evangelischer Schulen. Diese dauerte von 2001 bis 2010. Die einzelnen Schulen wurden miteinander vernetzt und das evangelisch-lutherische Schulwesen wurde aufgebaut. Anstelle einer quantitativen Ausweitung stand die qualitative Entwicklung im Mittelpunkt. Die dritte Phase ist durch die strategische Weiterentwicklung des evangelischen Schulwesens geprägt. Sowohl eine qualitative als auch eine mäßige quantitative Entwicklung ist für diese Zeit kennzeichnend. Der Entwicklungsverlauf des evangelisch-lutherischen Schulwesens läuft parallel mit dem Entwicklungsverlauf kirchlicher Schulen in Ungarn insgesamt und ist von politischen bzw. bildungspolitischen Ereignissen und Entscheidungen wesentlich mitbestimmt und beeinflusst.

Bestandsaufnahme evangelisch-lutherischer Schulen in Ungarn
Im Schuljahr 2019/2020 waren insgesamt 48 Erziehungs- und Bildungsinstitute in evangelisch-lutherischer Trägerschaft. Davon sind 19 Bildungszentren, die in sich mehrere Typen von Bildungseinrichtungen umfassen (wie z.B. Kindergarten, Grundschule, Gymnasium). Zu den allgemein- und berufsbildenden evangelischen Schulen gehören 20 Grundschulen, 15 Gymnasien, 5 Fachgymnasien, und 1 berufsbildende Mittelschule. Der Schulträger ist in der Mehrzahl der Fälle die Landeskirche. Weitere Träger von evangelischen Schulen sind dann noch Kirchengemeinden. Die geographische Verteilung evangelischer Schulen in Ungarn entspricht der landesweiten Verteilung der evangelischen Bevölkerung. Der Schwerpunkt der Schulen liegt eindeutig bei den Gymnasien: Im Schuljahr 2015/2016 besuchten 5.557 SchülerInnen die evangelischen Grundschulen und 7.032 die Gymnasien (in allen Formen außer den Fachgymnasien). Die berufliche Bildung spielt keine große Rolle. Im Schuljahr 2015/2016 besuchten 694 SchülerInnen die evangelischen Fachgymnasien. Diese bieten eine gymnasiale Ausbildung und das Abitur als Abschluss an. Dagegen waren nur 107 SchülerInnen an der evangelischen Berufsmittelschule eingeschrieben. Die Bildungsangebote von evangelisch-lutherischen Schulen ziehen bildungsnahe, bildungsinteressierte und religiös orientierte Familien an.

Leistungsfähigkeit evangelisch-lutherischer Schulen
Nach den Erhebungen der landesweiten Kompetenzmessungen – die seit 2001 jährlich die Leistungen aller SchülerInnen in den Jahrgangsstufen 6, 8 und 10 in Mathematik und im Leseverständnis erheben – gelingt an den evangelisch-lu-

therischen Schulen die Vermittlung von Lesekompetenz und von mathematischer Kompetenz besser als an den ungarischen Schulen insgesamt. Diese Feststellung gilt für alle drei untersuchten Jahrgangsstufen und fast ausnahmslos für alle evangelischen Schulen. Die Leistungsfähigkeit evangelischer Schulen ist dabei beim Leseverständnis besser als bei der Mathematik, aber in beiden Bereichen liegen die Mittelwerte evangelischer Schulen weit über den Durchschnittswerten der Schulen in Ungarn insgesamt. Einige evangelischen Schulen liefern besonders gute Leistungen und gelten als Vorreiter des gesamten ungarischen Schulwesens. Die absoluten Leistungsunterschiede zwischen den evangelischen Schulen sind aber hoch, und mit den höheren Jahrgängen steigt der Leistungsunterschied zwischen den evangelischen Schulen markant.

In Mathematik liefern die evangelischen Schulen überwiegend die Leistungen, die von ihnen aufgrund ihrer Schülerschaft zu erwarten sind. In der Lesekompetenz liefern die evangelischen Schulen aber eindeutig bessere Leistungen, als von ihnen aufgrund ihrer Schülerschaft zu erwarten ist. Der pädagogische Mehrwert evangelischer Schulen ist beim Leseverständnis eindeutig positiv. Den evangelischen Schulen gelingt es in ihrer überwiegenden Mehrheit, durch ihre pädagogische Arbeit zum Leistungserfolg ihrer SchülerInnen positiv beizutragen.

Elemente und Zusammenhänge des Selbstverständnisses evangelischer Schulen
Die verdichteten Ergebnisse der Schulprogrammanalyse sind im Kapitel 6 zu finden.

Das vorausgesetzte Menschenbild
Die Schulen in evangelischer Trägerschaft in Ungarn verpflichten sich auf ein biblisch-christliches Verständnis des Menschen. Zwar wird der Leitbegriff »christliches Menschenbild« kaum in den programmatischen Texten dieser Schulen erwähnt, die Grundaussagen dieses Menschenbildes werden aber thematisiert. Das Wesen des Menschen wird grundsätzlich theologisch bestimmt: durch den Gottesbezug, durch die Geschöpflichkeit und Gottebenbildlichkeit des Menschen, durch die Fragmentarität und Verfehlung menschlicher Existenz. Neben schöpfungstheologischen werden dazu auch christologische Aspekte menschlicher Existenz herangezogen. Neben dem christlich-theologischen Menschenbild schwingen einige Elemente eines humanistisch geprägten Menschenbildes beim Verständnis des Menschen mit (z.B. bezüglich Ganzheitlichkeit, Idealbilder, Überwindung von Fehlern). Aus dem vorausgesetzten Menschenbild werden pädagogische Einstellungen, Handlungen und Zielvorstellungen unmittelbar abgeleitet bzw. mit dem Menschenbild begründet.

Zielvorstellungen evangelischer Schulen
Die Schulen in evangelischer Trägerschaft in Ungarn haben klare Leitbildvorstellungen vor Augen, auf die die schulischen Erziehungs- und Bildungsprozesse gerichtet sein sollen. Diese Idealbilder sind aber in sich nicht kohärent. Sie bleiben unklar, vage, offen und widersprüchlich. Damit bleibt zwar – bewusst oder unbewusst? – die Unverfügbarkeit menschlicher Existenz gewahrt, andererseits lassen aber die zahlreichen Leitbildvorstellungen kaum Schwerpunktsetzungen erkennen. Sie wirken eher als hehre Ideale denn als reale Zielvorstellungen. Die Zielvorstellungen der evangelischen Schulen lassen sich folgenden fünf Themenbereichen zuordnen: (1) bestmögliche Leistungen und bestmöglicher Schulabschluss, (2) ganzheitliche Persönlichkeit, (3) nationale Identität und (4) gesellschaftliche Verantwortung, ethische Mündigkeit und (5) christliche Überzeugung und Kirchenmitgliedschaft. Innerhalb der genannten Themenbereiche variieren die Ausprägungen der Deutungen und der bevorzugten Menschenbild-Elemente.

AkteurInnen evangelischer Schulen
Die Schulen in evangelischer Trägerschaft in Ungarn formulieren durch ihre Aufnahmekriterien, welche Schülerschaft sie im Blick haben. Die Schulen sind auch aktiv tätig (Einschulungsprogramme, Aktivitäten in Gemeinden), dass sie die erwünschte Bildungsklientel erreichen und ansprechen. Insgesamt weisen die Aufnahmekriterien – an den einzelnen evangelischen Schulen in unterschiedlichem Maße – auf selektierende Tendenzen hin. Die Anstellungskriterien von den Lehrenden an evangelischen Schulen werden nicht besonders hervorgehoben. Betont werden aber – neben weiteren Anforderungen und Erwartungen – spezifische Kompetenzen und Anforderungen bezüglich des evangelischen Profils, wie z. B. die persönliche Überzeugung, Vertretung christlicher Werte und einer christlich orientierten Pädagogik, die Verbundenheit/Loyalität mit der Kirche. Die Vorbildfunktion der Lehrenden wird besonders stark hervorgehoben. Mit den Eltern und Familien streben die evangelischen Schulen eine Erziehungs- und Bildungsgemeinschaft an. Zu diesem Zweck praktizieren sie vielfältige Kontakt- und Kooperationsformen. Dabei wird von den Familien erwartet, dass sie ihre eigene Erziehungspraxis – besonders was die Werteeinstellungen betrifft – an die schulische Erziehungspraxis anpassen.

Erziehungs- und Bildungsverständnis evangelischer Schulen
Die Schulen in evangelischer Trägerschaft in Ungarn sind hauptsächlich einem christlich bzw. evangelisch orientierten Erziehungs- und Bildungsverständnis verpflichtet. Jedoch sind auf der programmatischen Ebene an den Schulen in evangelischer Trägerschaft mehrere Konzepte von Erziehung und Bildung nebeneinander vorhanden. Diese enthalten neben Anschlussmöglichkeiten an-

einander, aber auch teilweise grundsätzliche Widersprüche. Neben der Dominante christlich bzw. evangelisch orientiertes Bildungsverständnis kommt noch dem Erziehungs- und Bildungsverständnis des Nationalen Grundlehrplans von 2012 eine erhebliche Bedeutung zu. Dagegen ist das Konzept der Kompetenzentwicklung weniger relevant. Jedoch ist dieses Konzept auch zu finden, und zwar vor allem in der Fassung als »an Inhalten orientierte, in Kenntnisse eingebettete Fähigkeitsentwicklung«, wie das Konzept in den Nationalen Grundlehrplan von 2012 integriert wurde.

Die drei Konzepte werden in den Schulprogrammen auch in formaler Hinsicht voneinander getrennt und nicht miteinander verbunden. Die Frage bleibt offen, wie in der konkreten alltäglichen Praxis der evangelischen Schulen die Anliegen der drei unterschiedlichen Ansätze miteinander verbunden und ausgeglichen werden.

Profilmerkmale evangelischer Schulen
Die Schulen in evangelischer Trägerschaft in Ungarn verweisen auf fünf Profilmerkmale, die für sie in besonderer Weise charakteristisch sind.

(1) Der Status des *konfessionellen Religionsunterrichts als ordentliches Pflichtfach* betont den hohen Stellenwert des Faches. Die Zielbestimmungen und das Verständnis des Religionsunterrichts geben dem Fach eine doppelte Bestimmung. Einerseits wird Religionsunterricht als ein ordentliches Unterrichtsfach verstanden, das Inhalte und Kenntnisse vermittelt und in Kooperation mit anderen Fächern steht. Andererseits wird Religionsunterricht als Fach der Weltanschauungs- und Wertevermittlung gesehen, der auf die Aneignung einer ethisch-religiösen Lebenseinstellung und Lebensführung zielt. Die Glaubenserweckung, Glaubensfestigung und die Gemeindemitgliedschaft werden dabei als selbstverständliche Zielsetzungen erwähnt. Jedoch wird die Unverfügbarkeit des Glaubens ebenfalls immer wieder betont. ReligionslehrerInnen, SchulpfarrerInnen und PfarrerInnen erteilen den Religionsunterricht. Sie gelten als Lehrpersonen der Schule, werden aber auch als Seelsorger, Glaubenszeuge und Kontaktpersonen zu den Gemeinden gesehen.

(2) Das Herausstellen der *Religion als Dimension im Unterricht anderer Fächer sowie in den Wissens- und Fächerkulturen* unterstreicht, dass die religiöse Dimension alle pädagogischen Handlungsformen und Handlungsfelder an evangelischen Schulen durchdringt. So hat sie Bezüge zu anderen Unterrichtsfächern sowie zu den Wissens- und Fächerkulturen. Dieses Profilmerkmal konnte in der Untersuchung nur sehr begrenzt entfaltet werden, da die lokalen Lehrpläne der Schulen nicht Teil der Analyse waren. Ein Drittel evangelischer Schulen machen in ihren lokalen Lehrplänen Angaben zur Berücksichtigung christlich-religiöser Perspektiven. Zwei Drittel der Schulen verweisen nur auf die staatlichen Rahmenlehrpläne. Keine einzige evangelische Schule erarbeitete

einen genehmigten Rahmenlehrplan, in dem christlich-religiöse Dimensionen Berücksichtigung gefunden haben.

(3) Das Profilmerkmal *Religiöses Schulleben* macht deutlich, dass Religion im gesamten Leben der Schule präsent ist und in vielfältigen Angeboten mit christlich-religiösem Charakter, in der Schulgemeinschaft, in der Infrastruktur und in den äußeren Kennzeichen der Schule auf unterschiedliche Weise Gestalt gewinnt. Die SchulpfarrerInnen, die LehrerInnen und die Eltern sind mit unterschiedlichen Aufgabenbereichen und Beteiligungsgrad als AkteurInnen des religiösen Lebens der Schule angesprochen. Das religiöse Schulleben ist evangelisch-lutherisch geprägt, eine ökumenische Offenheit ist dabei vorausgesetzt. Die Schulgemeinschaft wird oft auch als Schulgemeinde verstanden, auch im theologischen Sinne. Dem Beitrag des religiösen Schullebens wird ein hoher Stellenwert sowohl aus der Sicht des Individuums als auch aus innerschulischer und außerschulischer Perspektive zugemessen.

(4) *Die pädagogischen Merkmale der Schule mit implizit religiösem Charakter* zeigen, dass pädagogische Merkmale auch religiös relevante Aspekte besitzen, ohne dass sie bewusst als religiös wahrgenommen werden (müssen). Die Wertschätzung und unbedingte Annahme der Person, die Subjektorientierung, die Bildungsgerechtigkeit und diakonisch-soziale Ausrichtung, der hohe Qualitäts- und Professionalitätsanspruch und der bildende Charakter der (Schul-)Gemeinschaft sind besonders hervorgehobene pädagogische Merkmale evangelischer Schulen. Die theologisch-religiös relevanten Aspekte dieser pädagogischen Leitgedanken können biblisch-theologische Bezüge, ethische Bezüge, die Tradition evangelischer Schulen, die christliche Motivation und die Einstellung der Lehrperson sowie sprachlich-begriffliche Bezüge sein, die auf theologisch-religiöse Verknüpfungen hinweisen.

(5) Das Profilmerkmal *Außerschulische Lernorte und Vernetzungen der Schule* betont den hohen Stellenwert der Verknüpfung von Leben, Lernen, Bildung und Öffnung der Schule für weitere Lebenswelten. Die evangelischen Schulen streben Kooperationen und Vernetzungen mit den örtlichen Institutionen und Einrichtungen sowie mit den Institutionen und Einrichtungen der Evangelisch-Lutherischen Kirche in Ungarn an. Weiterhin sind sie offen für mögliche Kontakte und Zusammenarbeit. Der vielfältigen Vernetzung zwischen Schule und evangelischer Gemeinde vor Ort kommt dabei eine besondere Bedeutung zu. Neben der Unterstützung und Erweiterung der Erziehungs- und Bildungsangebote der Schule dienen diese Vernetzungen der Ermöglichung religiöser Erfahrungen, der Vermittlung einer kirchlichen Religiosität durch kirchlich-religiöse Praxis und Gemeinschaft und der öffentlichen Wirksamkeit und gesellschaftlichen Teilhabe der Schule. Die außerschulischen Lernorte und Vernetzungen als mögliche Reflexionshorizonte für die Schule deuten nur vereinzelt einige Schulen an.

Selbstverständnis evangelischer Schulen
Die Schulen in evangelischer Trägerschaft in Ungarn bestimmen sich selbst in dreifacher Weise. (1) Sie verstehen sich als Erziehungs- und Bildungsinstitute des ungarischen Schulsystems, die als »Gute Schulen« einen hohen Qualitäts- und Innovationsanspruch haben und beständig nach Qualität und Innovation streben. (2) Sie verstehen sich auch als Teil der evangelischen Kirche, die als Gemeinden im Dienst der Kommunikation des Evangeliums stehen und einen Anteil an der Berufung und der Aufgabe der Kirche haben. (3) Weiter verstehen die Schulen sich als Teil des öffentlichen Raums, die als Netzwerk bzw. Netzwerkorganisation in öffentlich-sozialen Systemen präsent und aktiv wirksam sind und sowohl innerschulisch als auch außerschulisch durch soziale Vernetzungen geprägt sind.

Die evangelischen Schulen nehmen entsprechend ihrer drei Bezugssysteme als gute Schule, als Gemeinde und als Netzwerk Funktionen und Aufgaben wahr, die diesen Rollenverständnissen entsprechen. Als gute Schule, Gemeinde und Netzwerk verfügen sie über Charakteristika, die einander ergänzen, miteinander verknüpft oder ineinander verflochten sind. Sie sind aber auch durch Charakteristika geprägt, die Spannungen und Gegensätze enthalten. Das »Selbstverständnis evangelischer Schulen in Ungarn« wurde in Kapitel 12 im Einzelnen herausgearbeitet. Die Tabellen 40, 41 und 42 fassen die Ergebnisse zu den drei Subkategorien gute Schule, Gemeinde und Netzwerk zusammen.

Grenzen der Arbeit
In dieser Arbeit wurde immer wieder betont, dass die Ergebnisse auf den Daten der Schulprogramme evangelisch-lutherischer Schulen in Ungarn basieren. Das Corpus der Schulprogramme bietet Möglichkeiten zur Bearbeitung des Themas der Untersuchung, beinhaltet aber zugleich auch deutlich die Grenzen dieser Arbeit. Die Möglichkeiten der Schulprogramme wurden auch insofern nicht völlig ausgeschöpft, weil die lokalen Lehrpläne – d. h. die curricularen Bestimmungen eines jeden Faches, das an der Schule konkret unterrichtet wird – nicht in die Analyse einbezogen wurden. Beim Profilmerkmal »Religion als Dimension beim Unterricht anderer Fächer sowie bei Wissens- und Fächerkulturen« wurden nur die Angaben zu den lokalen Lehrplänen berücksichtigt, nicht aber die lokalen Lehrpläne selbst.

Die Vollerhebung der Schulprogramme ermöglichte eine dichte Sättigung der Kategorien, die relevante Aussagen zum Selbstverständnis und Profil evangelischer Schulen in Ungarn zeitigten. Jedoch nicht nur das Corpus, sondern auch die Gattung und Qualität der Schulprogramme bedeuten Grenzen für diese Arbeit. Es ist dabei kritisch zu hinterfragen, inwieweit die Schulprogramme die Erziehungs- und Bildungsprinzipien und die konzeptuellen Verständnisse zu evangelischen Schulen widerspiegeln. Weiterhin hat die Metho-

dik der Grounded Theory ebenfalls ihre Grenzen. Diese Methodik nimmt die
Daten aus ihren Zusammenhängen heraus und stellt sie in neue Zusammenhänge. Damit gehen die ursprünglichen Kontexte und Zusammenhänge ver-
loren. Bezüglich dieser Arbeit ist dieser Aspekt jedoch nicht von größerer Bedeutung, aber er sei doch erwähnt.

Selbstverständnis evangelischer Schulen: Evangelische Schule als »Gute Schule« mit Qualität und Innovation

1. **Qualität der Ergebnisse: Wettbewerbsfähige Schule mit gutem Ruf, erkennbarer Profilierung und Innovationsfähigkeit**
   Lernergebnisse der SchülerInnen – Mündige und solidarische Persönlichkeit – Gesellschaftlich-politische Teilhabe – Religiöse Sprach- und Reflexionsfähigkeit – Bekenntnis und Glaubenspraxis – Zufriedenheit der AkteurInnen – Guter Ruf und erkennbare Profilierung der Schule – Kirchliche Verbundenheit der AkteurInnen – Kooperationsnetzwerk der Schule – Innovationsfähigkeit

2. **Qualität der Prozesse: Religion als bestimmende Dimension**
   Unterricht: Qualität des lokalen Lehrplans – Unterricht als Erziehungs- und Bildungsgeschehen – Subjektorientierung – Erfolgserlebnisse
   Schulleben: Annahme und Wertschätzung – Fehlerkultur – Schulgemeinschaft – Spiritualität – Gelebte Diakonie
   Innerschulische Kooperation: Konsens in der Werteorientierung – Kollegiale Zusammenarbeit – Lehrer-Schüler-Beziehung – Zusammenarbeit mit den Eltern
   Schulentwicklung: Professionsförderung der LehrerInnen – Schule als lernende Organisation – Das »Evangelische« in der Schulentwicklung
   Außerschulische Kooperation: Vernetzung und Austausch – Gesellschaftliches Engagement – Kirchliches Engagement
   Schulleitung und Schulmanagement: Systemisch-organisatorische Verankerung des evangelischen Profils bzw. der evangelischen Profilentwicklung – Öffentlichkeitsarbeit

3. **Inputfaktoren: »Schulprofilähnliche« AkteurInnen an evangelischen Schulen**
   Rekrutierung der Schülerschaft – Rekrutierung der Lehrerschaft – Auswahl der Familien

---

Tabelle 40: Subkategorie »Evangelische Schule als »Gute Schule« mit Qualität und Innovation«

Selbstverständnis evangelischer Schulen: Evangelische Schule als Gemeinde im Dienst der Kommunikation des Evangeliums
1. **Potentiale des Selbstverständnisses »Gemeinde«** *Persönlich-individuelle Ebene – Schulische Ebene – Kirchliche Ebene – Gesellschaftliche Ebene*
2. **Inhaltliche Bestimmung des Gemeindebegriffes** *Schulgemeinde in Christus – Gemeinde als Schulgemeinschaft – Gemeinde als Schulpastoral – Gemeinde als Zeichen*
3. **Institutionell-organisatorische Verankerung dieses Selbstverständnisses** *Außerschulische Delegation – Funktionalisierter Spezialbereich – Bestimmende Orientierung – Keine Angaben*
4. **Spannungsfelder des Selbstverständnisses »Gemeinde«** *Verhältnisbestimmung zwischen Schule und Gemeinde – Verhältnisbestimmung zwischen Glauben und Bildung – Spannungsfeld Exklusivität bzw. Inklusivität – Grundspannung des Gemeindebegriffes – Verhältnis zwischen der parochialen Ortsgemeinde und der evangelischen Schule bzw. Schulgemeinde*

Tabelle 41: Subkategorie »Evangelische Schule als Gemeinde im Dienst der Kommunikation des Evangeliums«

Selbstverständnis evangelischer Schulen: Evangelische Schule als Netzwerk bzw. Netzwerkorganisation in öffentlich-sozialen Systemen
1. **Bedeutung der Öffentlichkeit evangelischer Schulen** *Verpflichtung auf das Konzept des Nationalen Grundlehrplans – Mitbeteiligung bzw. Mitverantwortung an der Bewältigung der öffentlichen Bildungsaufgabe – Berechtigung zur Ausstellung schulischer Abschlusszeugnisse – Offenheit für SchülerInnen und Familien, die sich auf das Erziehungs- und Bildungskonzept evangelischer Schulen einlassen – Dienst am Menschen – Verzicht auf Schulgeld –Teilhabe am öffentlichen Leben des Umfeldes*
2. **Bezugssysteme für evangelische Schulen im öffentlich-sozialen Raum** *Schul- und Bildungswesen in Ungarn – Evangelisch-Lutherische Kirche in Ungarn – Örtlicher gesellschaftlich-sozialer Raum – Starke Verbindungen durch mehrfache Bezugssysteme – Vernetzung durch Bezugssysteme*
3. **Evangelische Schule als vernetzter sozialer Raum** *Schule als Lehr- und Schulgemeinschaft – Soziale Dimension pädagogischer Leitprinzipien – Soziale Dimension der Religion – Zugehörigkeitsgefühl zur Schule*

Tabelle 42: Subkategorie »Evangelische Schule als Netzwerk bzw. Netzwerkorganisation in öffentlich-sozialen Systemen«

14.2 Entwicklungsperspektiven für die weitere Forschung

Die Arbeit liefert konzeptionelle Grundlagen zu Theorie und Praxis evangelisch-lutherischer Schulen in Ungarn und verweist auf manche offenen Fragen, die für die weitere theoretische sowie empirische Forschung Anregungen und Ansatzpunkte geben können. Im Folgenden werden davon einige Themenbereiche benannt:

- *Forschungen zur weiteren Vertiefung konzeptioneller Grundlagen evangelischer Schulen:* Die vorliegende Analyse hat die Strukturen und Teilbereiche des Selbstverständnisses evangelisch-lutherischer Schulen in Ungarn rekonstruiert. Von den neun herausgearbeiteten Kategorien zum Selbstverständnis wurden vier detailliert und eine partiell (AkteurInnen) erarbeitet und dargelegt. Die weiteren ermittelten Kategorien konnten aufgrund der Datenmaterialien der Schulprogramme allein nicht erörtert werden. Forschungen zu den Traditionen, zur Rolle und Bedeutung, zu AkteurInnen evangelisch-lutherischer Schulen, sowie zu den Erwartungen an evangelisch-lutherische Schulen in Ungarn bieten sich an, um weitere Aspekte des Selbstverständnisses dieser Schulen zu erarbeiten. Ebenfalls wurden aus dem Bereich des Schulprofils die beiden grundlegenden Subkategorien »Pädagogische Merkmale der Schule mit implizit religiösem Charakter« und »Religion als Dimension beim Unterricht anderer Fächer sowie bei Wissens- und Fächerkulturen« nur partikular erarbeitet. Die detaillierte Bearbeitung dieser Themenbereiche würde zur Profilklärung und Profilschärfung weitere wesentliche Beiträge liefern.

- *Forschungen zur empirischen Erörterung konzeptioneller Grundlagen evangelischer Schulen:* Die vorliegende Arbeit ist eine empirische Analyse, sie ergründet programmatische Konzepte zum Selbstverständnis und Profil evangelisch-lutherischer Schulen in Ungarn. Es bietet sich für weitere Forschungsarbeiten an, die von den evangelischen Schulen in Ungarn selbst definierten, programmatischen Verständnisse und Profilmerkmale sowie deren Teilelemente empirisch zu hinterfragen und zu überprüfen. Dabei öffnet sich ein breites, gänzlich unerforschtes Forschungsfeld. Zur empirischen Erforschung bestimmter Themen im Blick auf die evangelischen Schulen – wie z. B. Leistungsfähigkeit, pädagogischer Mehrwert, Bildungsklientel usw. – bietet das Datenmaterial der jährlichen Nationalen Kompetenzmessungen eine ausgezeichnete Datengrundlage. Weitere Themen – wie z. B. Überzeugungen von LehrerInnen an evangelischen Schulen, Unterrichtsqualität, ethische bzw. religiöse Erziehung und Bildung, Schulklima, Erziehungsgemeinschaft mit den Eltern – benötigen eine eigene Datengenerierung. Bei den empirischen Forschungen können die Ergebnisse dieser Arbeit als Anspruch evangelischer Schulen gegenüber sich selbst leitend sein, und die Grundlage zu Forschungsfragen, Kriterienkatalogen, Leitfadeninterviews usw. bilden.

- *Forschungen in vergleichender Perspektive:* Die Ergebnisse dieser Arbeit bieten sich als Grundlage zu vergleichenden Forschungsarbeiten im nationalen und internationalen Kontext an. Dabei wird einerseits an Forschungsarbeiten gedacht, die das Selbstverständnis und die Profile, Menschenbilder, Erziehungs- und Bildungsverständnis, AkteurInnen und Zielsetzungen evangelisch-lutherischer Schulen mit weiteren Schulen aus dem ungarischen Bildungskontext – wie z. B. mit staatlichen Schulen, mit Schulen in katholischer, reformierter, baptistischer bzw. weiterer (weder staatlicher noch kirchlicher) Trägerschaft – vergleichen. Besonders wünschenswert wäre ein Vergleich zwischen den lutherischen und den reformierten Schulen. Die beiden protestantischen Kirchen betreiben ihre je eigenen Schulen und Schulsysteme völlig getrennt voneinander. Ein Vergleich der programmatischen Selbstkonzepte sowie der theologischen und pädagogischen Fundierungen der Schulen könnte zur Klärung des Verhältnisses zwischen den beiden Kirchen in theologischer, bildungstheoretischer, schulpädagogischer, bildungs- und kirchenpolitischer Hinsicht beitragen. Weiterhin kommen Forschungsarbeiten in den Blick, die das Selbstverständnis und dessen Teilelemente sowie die Profilmerkmale von Schulen in evangelischer Trägerschaft in unterschiedlichen Ländern vergleichen. Dabei könnte herausgefunden werden, welche Merkmale kontextunabhängig sind und wie die unterschiedlichen Kontexte das Selbstverständnis und die Profilmerkmale evangelischer Schulen beeinflussen.

– Forschungen zur theologischen, bildungstheoretischen und schulpädagogischen Verortung programmatischer Konzepte evangelischer Schulen: Die Diskussion um evangelische Schulen bildet eine besondere Schnittstelle von Theologie und Pädagogik, von Glauben und Bildung, von Schulpädagogik und Kirchentheorie. Die programmatischen Konzepte sowie die Praxis evangelischer Schulen haben sowohl theologische als auch pädagogische Relevanz. Die spannungsreichen Verhältnisbestimmungen von Theologie und Pädagogik, von Schule und Kirche bekommen durch den Themenbereich »Evangelische Schule« eine exemplarische Entfaltungs- und Reflexionsmöglichkeit und eine konkrete Praxisorientierung. Dabei können die Verhältnisbestimmungen genauer geklärt und die Konzepte der einzelnen evangelischen Schulen präzisiert werden. Bei diesen Fragestellungen empfiehlt es sich, die deutschsprachige Diskussion und ihre Lösungsansätze, wie sie z. B. in den Arbeiten von Peter Biehl, Karl Ernst Nipkow und in den einschlägigen Veröffentlichungen der Evangelischen Kirche in Deutschland (Kirche und Bildung [2009] und Schulen in evangelischer Trägerschaft [2008]) zu finden sind, zur Kenntnis zu nehmen und sich von dort zu eigenen Lösungen anregen zu lassen.

14.3 Anregungen für die Praxis

Aufgrund der Ergebnisse der Arbeit und der Beobachtungen während der Durchführung des Forschungsprozesses lassen sich einige Anregungen für die Praxisfelder evangelisch-lutherischer Schulen formulieren.

14.3.1 Anregungen für die Schulträger bzw. für die leitenden kirchlichen Organe
        evangelischer Schulen

Die erste Gruppe von Anregungen bezieht sich auf die leitenden kirchlichen
Organe sowie die Schulträger der jeweiligen Einzelschule bzw. des jeweiligen
Bildungszentrums.

Zur Arbeit an kirchlichen Orientierungsdokumente: Die Ergebnisse der
Schulprogrammanalyse haben rekonstruiert, dass die kirchlichen Orientierungsdokumente für die Erstellung der Schulprogramme an den evangelischen
Schulen eine große Bedeutung haben. Daher sollte das Grundverständnis evangelischer Schulen in den Orientierungsdokumenten transparent, in übersichtli-
cher Form und verständlich erläutert werden. Dabei sind die theologischen und
pädagogischen Sichtweisen und deren Verknüpfungen besonders zu beachten.
Die Orientierungsdokumente können einerseits Orientierung dazu bieten, was
eine evangelische Schule ausmacht, und andererseits können sie Anregungen
und Impulse für die Gestaltung der schulischen Praxis anbieten. Damit die Inhalte gut kommunizierbar und für die VerfasserInnen der Schulprogramme
zugänglich sind, ist es wichtig, dass die Orientierungsdokumente nicht zu weit-
schweifig formuliert sind, sich auf Wesentliches beschränken, in der Abfolge der
Thematiken klar gegliedert sind, aufeinander aufbauen und sich in der sprachlichen Formulierung vor allem der Verständlichkeit verpflichtet wissen.

*Zur Erkundung der Leistungsfähigkeit und des pädagogischen Mehrwertes
evangelischer Schulen:* Die jährlichen »Nationalen Kompetenzmessungen« bieten eine geeignete Datengrundlage, um die Leistungsfähigkeit und Qualität
evangelischer Schulen zu erheben. Auf der Basis der Ergebnisse solcher Untersuchungen können gezielte und bewusste Anstrengungen für die Qualität des
evangelischen Schulwesens insgesamt wie der einzelnen Schule unternommen
werden.

Zur Ausarbeitung eines evangelischen Rahmenlehrplans: Die gesetzlichen
Vorgaben ermöglichen es, dass Schulen eigene Rahmenlehrpläne ausarbeiten
und genehmigen lassen. In einem Muster-Rahmenlehrplan könnte die religiöse
Dimension für die Lehrpläne der einzelnen Unterrichtsfächer sowie für fächer-
verbindende und fächerübergreifende Projekte und Zusammenhänge berücksichtigt werden. Einen solchen evangelischen Rahmenlehrplan könnten die
einzelnen Schulen dann zugrunde legen und gemäß den lokalen Gegebenheiten
für ihren lokalen Lehrplan modifizieren und gestalten.

Zur Ausarbeitung eines Evaluationsinstrumentes für evangelische Schulen:
Aufgrund des Selbstverständnisses, Profils und Qualitätsverständnisses dieser
Schulen sollte ein Evaluationsinstrument für die evangelischen Schulen ausge-
arbeitet bzw. weiterentwickelt werden.

Zur Verstärkung der profilbezogenen Arbeit in den Schulentwicklungsprozessen und in der Lehrerfortbildung: Das Selbstverständnis, das Qualitätsverständnis und grundlegende Profilmerkmale sind für die LehrerInnen, DirektorInnen und für die weiteren Mitarbeitenden an evangelischen Schulen bewusst und transparent zu machen. Diesbezügliche gemeinsame Aktivitäten und unterstützende Angebote, die über die Einzelschule hinaus organisierbar sind, ermöglichen den Informationsaustausch und gemeinsame Diskussionen, generieren Klärungsprozesse und bieten Anregungen für die eigene schulische und pädagogische Praxis. Dies alles trägt zu einem wachsenden Professionsverständnis bei.

Zur Ausarbeitung von Modellen zum Verhältnis von Schule und Gemeinde: Die Ergebnisse dieser Studie zeigen, dass die evangelischen Schulen und die evangelischen Gemeinden auch auf der konzeptuellen Ebene in vielfacher Weise miteinander verknüpft sind und zueinander in Verbindung gesetzt werden. Es ist auch das Selbstverständnis vorhanden, das die evangelischen Schulen als Schulgemeinde versteht. Darum wäre eine weitergehende konzeptionelle Klärung sowohl in innerschulischer als auch in außerschulischer Hinsicht sinnvoll und hilfreich, wie das Selbstverständnis von Schule als Schulgemeinde und seine Verknüpfung mit der Kirchengemeinde gedacht und in welchen Modellen dies praktiziert werden kann.

Überlegungen zur Zugänglichkeit evangelischer Schulen: Die Ergebnisse dieser Studie zeigen, dass teilweise selektierende Auswahlkriterien die Schülerauswahl an den evangelischen Schulen bestimmen. Dies ist einerseits durch die Schultypen der evangelischen Schulen bedingt, die ja in der Mehrzahl Gymnasien sind. Andererseits wird dies auch von der Absicht der kirchlichen Träger initiiert, dass möglichst viele evangelische SchülerInnen an evangelischen Schulen aufgenommen werden sollen. Unter Berücksichtigung dieser strategischen Leitgedanken könnte aber noch einmal überlegt werden, inwieweit an den Grundschulen eine Konzentration auf christliche Familien wichtig ist, und inwieweit eine bewusste Öffnung für kirchenferne Familien möglich erscheint.

Zur Intensivierung der Vernetzung evangelischer Schulen: Die Vernetzungen miteinander, mit weiteren Einrichtungen und Initiativen des öffentlich-sozialen Raums gehören zum Selbstverständnis und zu den Profilmerkmalen evangelischer Schulen. Es ist gewiss sinnvoll, dass die Schulträger und die leitenden kirchlichen Organe diese Vernetzungen weiter initiieren und unterstützen. Bei der Weiterentwicklung dieser Vernetzungen evangelischer Schulen sollten aber neben den Möglichkeiten auch die Grenzen der Schulen sowie die Funktionen dieser Vernetzungen strategisch mitbedacht werden.

Zur Öffentlichkeitsarbeit: In den ungarischen Medien sind die konfessionellen Schulen erkennbar präsent. In den überwiegenden Fällen werden sie nicht in differenzierter Weise betrachtet, sodass zwischen den Schulen der verschiedenen Konfessionen kein Unterschied gemacht wird. Die (bildungs-)politischen Rollenzuschreibungen und die selektive Schülerauswahl dieser Schulen beherrschen die Themen der medialen Berichterstattung. Die pädagogische Qualität, die Leitgedanken und die Profilmerkmale evangelischer Schulen sind in der Öffentlichkeit weniger bekannt. Das Gleiche gilt für das evangelische Verständnis von Schule sowie von Erziehung und Bildung. Es wäre zu überlegen, in welcher Weise eine Öffentlichkeitsarbeit für die evangelischen Schulen die genannten Themen in den Blick nehmen und für ein breiteres Publikum bekannt machen könnte.

14.3.2 Anregungen für die evangelisch-lutherischen Schulen

Die zweite Gruppe von Anregungen bezieht sich auf den engeren Bereich der einzelnen evangelischen Schule.

Überlegungen zur Intensivierung der profilbezogenen Arbeit evangelischer Schulen auf der konzeptionellen Ebene: Die Ergebnisse dieser Studie zeigen, dass eine Reihe der Schulprogramme viele Textpassagen aus anderen Dokumenten übernahmen. Welche Gründe hinter dieser Vorgehensweise stehen, wurde nicht weiter untersucht. Die evangelischen Schulen können aber ermutigt werden, ihr Selbstverständnis und ihre eigenen Profilmerkmale zu reflektieren und diese in ihren Schulprogrammen offenzulegen. Bei diesem Prozess sollten die Schulen nachhaltige Unterstützung seitens der kirchlichen Organe und seitens ihrer Schulträger erhalten. In ihrer Schulprogrammarbeit können die evangelischen Schulen überlegen und überprüfen, ob ihr aktuelles Schulprogramm ihre Erziehungs- und Bildungsprinzipien und ihre Profilmerkmale hinreichend transparent macht sowie klar und verständlich erläutert. Für die Schulprogrammarbeit ist zu empfehlen, die Unverfügbarkeit menschlicher Existenz und die Unverfügbarkeit des Glaubens bei den Zielvorstellungen ausführlicher als bisher mitzubedenken.

Zur Intensivierung der profilbezogenen Arbeit an evangelischen Schulen auf der Ebene der Praxis: Neben der konzeptionellen Ebene ist an evangelischen Schulen eine profilbezogene Arbeit für die Lehrenden und Mitarbeitenden ebenfalls wichtig. Die Ergebnisse der Studie zeigen, dass besonders bei den Schnittstellen von Theologie und Pädagogik selbst die kirchlichen Orientierungsdokumente deutliche Schwachstellen aufweisen. Man sollte sich an den Schulen darum bemühen, dass die Lehrpersonen und Mitarbeitenden der Schule bezüglich des Schulprofils auskunftsfähig werden. Ebenfalls bedarf es hinsichtlich der drei unterschiedlichen Erziehungs- und Bildungsverständnisse, die auf der konzeptionellen Ebene sowie in der schulischen Praxis vorhanden sind, weiterer Klärungsprozesse und einer entsprechenden Weiterbildung des Kollegiums.

Überlegungen zum Reflexionshorizont der Schule: Die Ergebnisse der Studie weisen darauf hin, dass die Reflexion zur Wahrnehmung, Einschätzung und Beurteilung der Tätigkeit der Schule an den meisten evangelischen Schulen nicht thematisiert worden ist. Es ist kritisch zu hinterfragen, worauf diese Fehlstelle in den Schulprogrammen zurückzuführen ist. Führt die evangelische Schule eher einseitige als gegenseitige Austauschprozesse durch? Es ist nötig zu klären, worin die Schule ihren Reflexionshorizont sieht und was das für die Schule bedeutet.

Überlegungen zur Unterstützung der Subjektwerdung von SchülerInnen: Die konzeptionellen Überlegungen zu den Zielvorstellungen evangelischer Schulen weisen eine Reihe von Leitbildern von Menschen auf, worauf die Erziehungs- und Bildungsarbeit an diesen Schulen zielen sollte. Dabei ist einerseits nachzufragen, ob bei so klaren Leitvorstellungen die Unverfügbarkeit menschlicher Existenz nicht zu kurz kommt. Andererseits gilt es zu bedenken, dass diese Leitvorstellungen überwiegend auf die sozialen Bestimmungen des Menschen zielen (z. B. Kirchenmitgliedschaft, Teilhabe in der Gesellschaft, nationale Identität), und die Subjektwerdung dagegen etwas im Hintergrund bleibt. Gerade eine Schule auf reformatorischer Basis sollte den Menschen in den Mittelpunkt der Erziehungs- und Bildungsprozesse stellen.

Überlegungen zur Bedeutung der Religion bzw. Konfession an der evangelischen Schule: Die einzelnen evangelischen Schulen können anhand der konzeptionellen Ausarbeitung der Kategorien und Zusammenhänge des Selbstverständnisses und der Profilmerkmale evangelischer Schulen gezielt nachfragen, in welchen Bereichen bei ihnen Religion bewusst wahrgenommen wird und wie Religion an der Schule konkret thematisiert wird. Dabei sollte auch mitbedacht und thematisiert werden, in welcher Weise die einzelnen christlichen Konfessionen an den evangelisch-lutherischen Schulen präsent sind, und welche Exklusions- bzw. Inklusionsprozesse die konfessionellen Besonderheiten initiieren.

Überlegungen zum Modell »Schule als Lebensraum«: Die Schule als vernetzten öffentlich-sozialen Raum zu verstehen gehört zum Selbstverständnis evangelischer Schulen. Dabei bekommt die Lehr- und Schulgemeinschaft eine wichtige, bildungsrelevante Bedeutung. Die evangelischen Schulen werden als Bildungsorte wahrgenommen. Allerdings bleibt im Hintergrund, dass die Schule gleichzeitig auch ein Lebensraum ist. Die evangelischen Schulen können überlegen, ob und welche Relevanz und Potentiale für ihre konzeptionellen Überlegungen und ihre konkrete Praxis die Deutungsvariante »Schule als Lebensraum« mitbringen würde und was sich dadurch an weiteren Perspektiven eröffnet.

Zur Öffentlichkeitsarbeit: Die einzelnen evangelischen Schulen sind herausgefordert, ihre profilbezogene Öffentlichkeitsarbeit zu intensivieren. Dabei bietet sich die Gelegenheit, klar und transparent offenzulegen, was das eigene Profil ist und worin evangelische Schulen sich von staatlichen, weiteren konfessionellen und anderen Schulen unterscheiden. Hier gilt es die Leitformel »Unsere Schule achtet auf den Menschen als Person. Die Anerkennung der Person gilt unabhängig von ihrer Leistung.« zu explizieren.

Zur Erkundung der Leistungsfähigkeit und des pädagogischen Mehrwertes der einzelnen Schule: Die jährlichen »Nationalen Kompetenzmessungen« und die internationalen Leistungsstudien bieten auch für die einzelnen evangelischen Schulen die Möglichkeit, die Leistungsfähigkeit und Qualität der Schule zu erheben. Aufgrund der Ergebnisse solcher Untersuchungen können gezielte und bewusste Maßnahmen für die Qualität und ihre Sicherung bzw. Steigerung an der einzelnen Schule unternommen werden.

14.3.3 Anregungen für das ungarische Erziehungs- und Bildungssystem

Neben den Anregungen für die Schulträger der evangelischen Schulen und der einzelnen Schule als solcher ergeben sich aus der Studie schließlich auch Hinweise hinsichtlich des ungarischen Erziehungs- und Bildungssystems als Ganzem.

Überlegungen zur Leistungsfähigkeit der ungarischen Schulen: Bei der Vorstellung der Charakteristika des ungarischen Bildungswesens wurde das Problem der Effizienz benannt. Die Ergebnisse betreffend die Leistungsfähigkeit evangelischer Schulen sind besser als die Ergebnisse für die ungarischen Schulen insgesamt. Die Analyse wies darauf hin, nicht nur die günstigere Zusammensetzung der Schülerschaft, sondern auch die pädagogische Leistung spielen dabei eine Rolle, dass die evangelischen Schulen bessere Leistungen vorzuweisen haben als die ungarischen Schulen insgesamt. Für die ungarischen Schulen könnte daher der Blick auf die pädagogische Praxis an den evangelischen Schulen relevant sein, wenn sie sich bemühen, die Leistungsfähigkeit ihrer Schulen zu verbessern.

Überlegungen zum Erziehungs- und Bildungsverständnis und zum Menschenbild: Die Analysen zum Selbstverständnis evangelischer Schulen haben deutlich gezeigt, dass hinter einem Erziehungs- und Bildungsverständnis jeweils spezifische Vorstellungen vom Menschen zu finden sind. Von daher ergibt sich die Aufgabe, dass die schulische Praxis hinterfragt wird und bewusst gemacht wird, welche Vorstellungen von Erziehung und Bildung und vom Menschen für die konkrete schulische Praxis leitend und bestimmend sind.

Überlegungen zur Bedeutung der Religion an der Schule: Die Analyse der Schulprogramme evangelischer Schulen machte deutlich, dass Religion auch außerhalb des Religionsunterrichts in der Schule präsent ist und sich direkt oder indirekt auf die pädagogische Arbeit, auf das Unterrichtsgeschehen, auf das Schulleben, auf die Kooperationen und Vernetzungen auswirkt. Durch dies Ergebnis können Schulen in staatlicher und in anderen Trägerschaften dazu angeregt werden, auf die Bedeutung der Religion in ihren Schulen aufmerksam zu werden, zu achten und dies zu thematisieren. So ist Religion z. B. präsent im Leben ihrer SchülerInnen, als Bestandteil von Inhalten des Unterrichts in den Fächern Geschichte, Literatur, Kunst, Musik, Ethik usw. Nicht zuletzt ist im Blick auf die Aufgabe einer Erziehung zu einer Kultur des Mitgefühls und der Hilfsbereitschaft das christliche Gebot der Nächstenliebe ein möglicher Gesprächspartner. Weiterhin kann Religion bei der Förderung einer Kultur der Anerkennung eine bedeutende Rolle spielen, die im Kontext Schule, im Leben und bei der Entwicklung junger Menschen besondere Relevanz bekommt.

Anhang

Anhang 1: Schulprogramme der evangelisch-lutherischen Grundschulen in Ungarn

Die verwendeten Codes geben die Schulform (G = Grundschule, M = Mittelschule) und die in dieser Arbeit verwendete Nummerierung der jeweiligen Schule an. Diese Bezeichnungen werden als Hinweise auf die Schulen verwendet. Wenn es um den Hinweis auf das Schulprogramm der jeweiligen Schule geht (z.B. Zitationshinweise in Fußnoten), dann werden die Standorte der Schulen als Bezeichnungen verwendet. Im Falle eines Standortes, wo sich mehrere evangelische Schulen befinden, werden noch die Namen der Schulen angegeben. »Sopron-Hunyadi 2,« bedeutet z.B. den Hinweis auf Seite 2 des Schulprogramms der Grundschule »Hunyadi« in Sopron. Diese Zitationshinweise werden in Fußnoten verwendet.

	Schulprogramme der evangelisch-lutherischen Grundschulen (1–8 Klassen) (Schuljahr 2015/2016)	Seitenzahl Insgesamt	Seitenzahl Erziehungs- und Bildungsprogramm	Bezeichnung
1	Roszík Mihály Evangélikus Általános Iskola (Albertirsa)	77	59	G1 Alberti
2	Túróczy Zoltán Evangélikus Angol Két Tanítási Nyelvű Általános Iskola és Óvoda (Nyíregyháza)	266	39	G2 Nyíregyháza-Túróczy
3	Hunyadi János Evangélikus Óvoda és Általános Iskola (Sopron)	46	37	G3 Sopron-Hunyadi
4	Benka Gyula Evangélikus Angol Két Tanítási Nyelvű Általános Iskola és Óvoda (Szarvas)	194	56	G4 Szarvas-Benka
5	Gyurátz Ferenc Evangélikus Általános Iskola (Pápa)	132	68	G5 Pápa

(Fortsetzung)

	Schulprogramme der evangelisch-lutherischen Grundschulen (1–8 Klassen) (Schuljahr 2015/2016)	Seitenzahl Insgesamt	Seitenzahl Erziehungs- und Bildungsprogramm	Bezeichnung
6	Reményik Sándor Evangélikus Általános Iskola és Alapfokú Művészeti Iskola (Szombathely)	29	29	G6 Szombathely
7	Kmety György Evangélikus Általános Iskola és Óvoda (Marcaltő)	73	56	G7 Marcaltő
8	Podmaniczky János Evangélikus Óvoda és Általános Iskola (Budapest)	107	51	G8 Budapest-Podmaniczky
9	Kossuth Lajos Evangélikus Általános Iskola és Alapfokú Művészeti Iskola (Soltvadkert)	1.290	111	G9 Soltvadkert
10	Dél-Balatoni Gárdonyi Géza Evangélikus Általános Iskola (Szőlősgyörök) Die Schule befindet sich seit dem Schuljahr 2016/2017 in evangelischer Trägerschaft.	In die Schulprogrammanalyse wurde dieses Schulprogramm nicht einbezogen.		G10
11	Evangélikus Általános Iskola (Boba) Die Schule befindet sich seit dem Schuljahr 2017/2018 in evangelischer Trägerschaft.	In die Schulprogrammanalyse wurde dieses Schulprogramm nicht einbezogen.		G11

Anhang 2: Schulprogramme der evangelisch-lutherischen Mittelschulen in Ungarn: Gymnasien, Fachgymnasien und berufsbildende Schulen

	Schulprogramme der Gymnasien, Fachgymnasien, berufsbildenden Schulen (Schuljahr 2015/2016)	Seitenzahl Insgesamt	Seitenzahl Erziehungs- und Bildungsprogramm	Bezeichnung
1	Budapest-Fasori Evangélikus Gimnázium (Budapest)	61	33	M1 Budapest-Fasor
2	Berzsenyi Dániel Evangélikus (Líceum) Gimnázium és Kollégium (Sopron)	35	35	M2 Sopron-Líceum

(Fortsetzung)

	Schulprogramme der Gymnasien, Fachgymnasien, berufsbildenden Schulen (Schuljahr 2015/2016)	Seitenzahl Insgesamt	Seitenzahl Erziehungs- und Bildungsprogramm	Bezeichnung
3	Deák Téri Evangélikus Gimnázium (Budapest)	43	22	M3 Budapest-Deák-tér
4	Bonyhádi Petőfi Sándor Evangélikus Gimnázium, Kollégium és Általános Iskola (Bonyhád)	120	60	M4 Bonyhád
5	Nyíregyházi Evangélikus Kossuth Lajos Gimnázium (Nyíregyháza)	87	35	M5 Nyíregyháza-Kossuth
6	Péterfy Sándor Evangélikus Gimnázium, Általános Iskola és Óvoda (Győr)	139	48	M6 Győr
7	Szeberényi Gusztáv Evangélikus Gimnázium, Művészeti Szakgimnázium, Általános Iskola, Óvoda, Alapfokú Művészeti Iskola és Kollégium (Békéscsaba)	440	83	M7 Békéscsaba
8	Aszódi Evangélikus Petőfi Gimnázium, Általános Iskola és Kollégium (Aszód)	103	66	M8 Aszód
9	Eötvös József Evangélikus Gimnázium és Egészségügyi Szakgimnázium (Sopron)	109	43	M9 Sopron-Eötvös
10	Székács József Evangélikus Óvoda, Általános Iskola és Gimnázium (Orosháza)	59	36	M10 Orosháza
11	Kossuth Lajos Evangélikus Óvoda, Általános Iskola, Gimnázium és Pedagógiai Szakgimnázium (Miskolc)	145	49	M11 Miskolc
12	Kőszegi Evangélikus Szakgimnázium, Szakközépiskola és Kollégium (Kőszeg)	155	93	M12 Kőszeg
13	Sztehlo Gábor Evangélikus Óvoda, Általános Iskola és Gimnázium (Budapest)	262	87	M13 Budapest-Sztehlo
14	Kiskőrösi Petőfi Sándor Evangélikus Óvoda, Általános Iskola, Gimnázium és Szakgimnázium (Kiskőrös)	364	109	M14 Kiskőrös

(Fortsetzung)

	Schulprogramme der Gymnasien, Fachgymnasien, berufsbildenden Schulen (Schuljahr 2015/2016)	Seitenzahl Insgesamt	Seitenzahl Erziehungs- und Bildungsprogramm	Bezeichnung
15	Mezőberényi Petőfi Sándor Evangélikus Általános Iskola, Gimnázium és Kollégium (Mezőberény)	267	77	M15 Mezőberény
16	Vajda Péter Evangélikus Gimnázium (Szarvas)	88	50	M16 Szarvas-Vajda

Anhang 3 : Grundschulen in evangelisch-lutherischer Trägerschaft in Ungarn (Schuljahr 2019/2020)

Von den 20 Grundschulen, die sich im Schuljahr 2019/2020 in evangelisch-lutherischer Trägerschaft befinden, sind 11 solche, in denen die Grundschulausbildung die höchst erreichbare Bildungsstufe darstellt. Die folgende Tabelle listet diese evangelisch-lutherischen Grundschulen mit ihren Standorten, Gründungsjahren und Trägerschaften auf.

	Evangelisch-lutherische Grundschulen (1–8 Klassen)	Standort	Jahr der Gründung	Trägerschaft
1	Roszík Mihály Evangélikus Általános Iskola (»Roszík Mihály« Evangelische Grundschule)	Albertirsa	1993	Evangelisch-Lutherische Gemeinde in Alberti
2	Túróczy Zoltán Evangélikus Angol Két Tanítási Nyelvű Általános Iskola és Óvoda (»Túróczy Zoltán« Evangelische Englisch-Zweisprachige Grundschule und Evangelischer Englisch-Zweisprachiger Kindergarten)	Nyíregyháza	1996	Evangelisch-Lutherische Gemeinde in Nyíregyháza
3	Hunyadi János Evangélikus Óvoda és Általános Iskola (»Hunyadi János« Evangelischer Kindergarten und Evangelische Grundschule)	Sopron	1996	Evangelisch-Lutherische Gemeinde in Sopron

(Fortsetzung)

	Evangelisch-lutherische Grundschulen (1–8 Klassen)	Standort	Jahr der Gründung	Trägerschaft
4	Benka Gyula Evangélikus Angol Két Tanítási Nyelvű Általános Iskola, Óvoda és Alapfokú Művészeti Iskola (»Benka Gyula« Evangelische Englisch-Zweisprachige Grundschule, Evangelischer Kindergarten und Grundstufige Kunstschule)	Szarvas	1997 (2000)	Evangelisch-Lutherische Kirche in Ungarn
5	Gyurátz Ferenc Evangélikus Általános Iskola (»Gyurátz Ferenc« Evangelische Grundschule)	Pápa	2001	Evangelisch-Lutherische Gemeinde in Pápa
6	Reményik Sándor Evangélikus Általános Iskola és Alapfokú Művészeti Iskola (»Reményik Sándor« Evangelische Grundschule und Grundstufige Kunstschule)	Szombathely	2007	Evangelisch-Lutherische Gemeinde in Szombathely
7	Kmety György Evangélikus Általános Iskola és Óvoda (»Kmety György Evangelische Grundschule und Evangelischer Kindergarten)	Marcaltő	2008	Evangelisch-Lutherische Gemeinde in Malomsok
8	Podmaniczky János Evangélikus Óvoda és Általános Iskola (»Podmaniczky János« Evangelischer Kindergarten und Evangelische Grundschule)	Budapest	2012	Evangelisch-Lutherische Kirche in Ungarn
9	Kossuth Lajos Evangélikus Általános Iskola és Alapfokú Művészeti Iskola (»Kossuth Lajos« Evangelische Grundschule und Grundstufige Kunstschule)	Soltvadkert	2012	Evangelisch-Lutherische Kirche in Ungarn
10	Dél-Balatoni Gárdonyi Géza Evangélikus Általános Iskola (»Gárdonyi Géza« Evangelische Grundschule am Süd-Plattensee)	Szőlősgyörök	2016	Evangelisch-Lutherische Gemeinde in Balatonboglár
11	Evangélikus Általános Iskola (Evangelische Grundschule in Boba – Gliedeinrichtung der Evangelischen Grundschule »Reményik Sándor« in Szombathely)	Boba	2017	Evangelisch-Lutherische Gemeinde in Szombathely

Anhang 4: Mittelschulen in evangelisch-lutherischer Trägerschaft in Ungarn – Gymnasien, Fachgymnasien, Berufsbildende Schulen (Schuljahr 2019/2020)

Im Schuljahr 2019/2020 sind 16 Mittelschulen in evangelisch-lutherischer Trägerschaft. Die meisten von ihnen sind Bildungszentren, die mehrere Typen von Bildungseinrichtungen umfassen. Die folgende Tabelle listet diese evangelisch-lutherischen Mittelschulen mit ihren Standorten, Gründungsjahren und Trägerschaften auf. Das ursprüngliche Gründungsjahr der Schule steht in Klammern. Die Jahreszahl der (Neu)Gründung der gymnasialen Form in der Schule wurde ebenfalls in Klammern angegeben.

	Mittelschulen: Gymnasien, Fachgymnasien, Berufsbildende Schulen	Standort	Jahr der Gründung	Trägerschaft
1	Budapest-Fasori Evangélikus Gimnázium (Budapest-Fasor Evangelisches Gymnasium)	Budapest	1989 (1823)	Evangelisch-Lutherische Kirche in Ungarn
2	Berzsenyi Dániel Evangélikus (Líceum) Gimnázium és Kollégium (Evangelisches [Lyzeum] Gymnasium und Schülerheim »Berzsenyi Dániel«)	Sopron	1991 (1557)	Evangelisch-Lutherische Kirche in Ungarn
3	Deák Téri Evangélikus Gimnázium (Evangelisches Gymnasium am »Deák-Tér«)	Budapest	1992 (1823)	Evangelisch-Lutherische Kirche in Ungarn
4	Bonyhádi Petőfi Sándor Evangélikus Gimnázium, Kollégium, Általános Iskola és Alapfokú Művészeti Iskola (»Petőfi Sándor« Evangelisches Gynasium, Schülerheim, Evangelische Grundschule und Grundstufige Kunstschule in Bonyhád)	Bonyhád	1992 (1806)	Evangelisch-Lutherische Kirche in Ungarn
5	Nyíregyházi Evangélikus Kossuth Lajos Gimnázium (»Kossuth Lajos« Evangelisches Gymnasium in Nyíregyháza)	Nyíregyháza	1992 (1806)	Evangelisch-Lutherische Kirche in Ungarn

(Fortsetzung)

Mittelschulen: Gymnasien, Fachgymnasien, Berufsbildende Schulen	Standort	Jahr der Gründung	Trägerschaft
6	Péterfy Sándor Evangélikus Gimnázium, Általános Iskola, Óvoda, Alapfokú Művészeti Iskola és Kollégium (»Péterfy Sándor« Evangelisches Gymnasium, Evangelische Grundschule, Evangelischer Kindergarten, Grundstufige Kunstschule und Evangelisches Schülerheim)	Győr	1991 (Gymnasium ab 1994) (1564)	Evangelisch-Lutherische Gemeinde Győr-Öregtemplom
7	Szeberényi Gusztáv Evangélikus Gimnázium, Szakgimnázium, Általános Iskola, Óvoda, Alapfokú Művészeti Iskola és Kollégium (»Szeberényi Gusztáv« Evangelisches Gymnasium, Fachgymnasium, Schülerheim, Evangelische Grundschule und Grundstufige Kunstschule, Evangelischer Kindergarten)	Békéscsaba	1993 (1855)	Evangelisch-Lutherische Kirche in Ungarn
8	Aszódi Evangélikus Petőfi Gimnázium, Általános Iskola és Kollégium (»Petőfi« Evangelisches Gymnasium, Schülerheim und Evangelische Grundschule in Aszód)	Aszód	1994 (1728)	Evangelisch-Lutherische Kirche in Ungarn
9	Eötvös József Evangélikus Gimnázium, Egészségügyi és Művészeti Szakgimnázium (»Eötvös József« Evangelisches Gymnasium und Fachgymnasium mit gesundheitlicher und künstlerischer Ausrichtung)	Sopron	1996 (1932)	Evangelisch-Lutherische Kirche in Ungarn
10	Székács József Evangélikus Óvoda, Általános Iskola és Gimnázium (»Székács József« Evangelisches Gymnasium, Evangelische Grundschule und Evangelischer Kindergarten)	Orosháza	1995 (Gymnasium ab 1998) (1744)	Evangelisch-Lutherische Gemeinde in Orlosháza

(Fortsetzung)

Mittelschulen: Gymnasien, Fachgymnasien, Berufsbildende Schulen	Standort	Jahr der Gründung	Trägerschaft
11	Kossuth Lajos Evangélikus Óvoda, Általános Iskola, Gimnázium és Pedagógiai Szakgimnázium (»Kossuth Lajos« Evangelisches Gymnasium, Fachgymnasium mit pädagogischer Ausrichtung, Evangelische Grundschule und Evangelischer Kindegarten)	Miskolc	2001 (1847)	Evangelisch-Lutherische Kirche in Ungarn
12	Kőszegi Evangélikus Gimnázium, Szakgimnázium, Szakközépiskola és Kollégium (Evangelisches Gymnasium, Fachgymnasium, Schülerheim und Evangelische Berufsmittelschule in Kőszeg)	Kőszeg	2001 (Gymnasium ab 09.2020) (1899)	Evangelisch-Lutherische Kirche in Ungarn
13	Sztehlo Gábor Evangélikus Óvoda, Általános Iskola és Gimnázium (»Sztehlo Gábor« Evangelisches Gymnasium, Evangelische Grundschule und Evangelischer Kindergarten)	Budapest	2011	Evangelisch-Lutherische Kirche in Ungarn
14	Kiskőrösi Petőfi Sándor Evangélikus Óvoda, Általános Iskola, Gimnázium és Szakgimnázium (»Petőfi Sándor« Evangelisches Gymnasium, Fachgymnasium, Evangelische Grundschule und Evangelischer Kindergarten in Kiskőrös)	Kiskőrös	2012	Evangelisch-Lutherische Kirche in Ungarn
15	Mezőberényi Petőfi Sándor Evangélikus Általános Iskola, Gimnázium és Kollégium (»Petőfi Sándor« Evangelisches Gymnasium, Schülerheim und Evangelische Grundschule in Mezőberény)	Mezőberény	2012	Evangelisch-Lutherische Kirche in Ungarn
16	Vajda Péter Evangélikus Gimnázium (»Vajda Péter« Evangelisches Gymnasium)	Szarvas	2012	Evangelisch-Lutherische Kirche in Ungarn

Anhang 5: Logos und Mottos der evangelisch-lutherischen Grundschulen (Auswahl)

Ein Online-Anhang mit einer Tabelle mit weiteren Mottos und farbigen Logos der evangelisch-lutherischen Schulen ist verfügbar unter: http://www.vandenhoeck-ru precht-verlage.com/solymar_schulen (unter Downloads), Passwort: BguidGjPXA

	Grundschulen	Bibelspruch und / oder Motto	Logo
G5	Gyurátz Ferenc Evangélikus Általános Iskola (»Gyurátz Ferenc« Evangelische Grundschule) – Pápa	»Tanítsatok egyszerűséggel, tegyetek vallást hitetekről szelídséggel.« [=Lehret einfältiglich, und gebt Antwort von eurem Glauben sänftiglich.] (Luther)	
G8	Podmaniczky János Evangélikus Óvoda és Általános Iskola (»Podmaniczky János« Evangelischer Kindergarten und Evangelische Grundschule) – Budapest	»Nincs szentebb emberi tevékenység a nevelésnél.« […kein besseres Werk und Nutzen schaffen mögen, als dass sie ihre Kinder wohl aufziehen...] (Luther)	
G9	Kossuth Lajos Evangélikus Általános Iskola és Alapfokú Művészeti Iskola (»Kossuth Lajos« Evangelische Grundschule und Grundstufige Kunstschule) – Soltvadkert	»Nem az a mi világunk, amit el kell fogadnunk, hanem amit megteremtünk magunknak!« [=Unsere Welt ist nicht die, die wir annehmen, sondern die wir uns selbst schaffen!] (Ranschburg Jenő)	
G10	Dél-Balatoni Gárdonyi Géza Evangélikus Általános Iskola (»Gárdonyi Géza« Evangelische Grundschule am Süd-Plattensee) – Szőlősgyörök	»A jövőt teremteni kell.« [=Die Zukunft muss geschaffen werden.] (Ridderstrale-Nordström)	

Anhang 6: Logos und Mottos der evangelisch-lutherischen Gymnasien, Fachgymnasien und berufsbildenden Schulen (Auswahl)

	Gymnasien, Fachgymnasien, Berufsbildende Schulen	Bibelspruch und / oder Motto	Logo
M1	Budapest-Fasor Evangelisches Gymnasium – Budapest	*»Die Furcht des HERRN ist der Anfang der Erkenntnis.« (Sprüche 1,7)* *»...und werdet die Wahrheit erkennen, und die Wahrheit wird euch frei machen.« (Joh 8,32)* ÉBREN! [Wachsam!]	
M2	»Berzsenyi Dániel« Evangelisches Gymnasium [Lyzeum] und Schülerheim – Sopron		
M7	»Szeberényi Gusztáv« Evangelisches Gymnasium, Fachgymnasium, Schülerheim, Evangelische Grundschule und Grundstufige Kunstschule, Evangelischer Kindergarten – Békéscsaba		
M9	»Eötvös József« Evangelisches Gymnasium und Fachgymnasium mit gesundheitlicher und künstlerischer Ausrichtung – Sopron		

(Fortsetzung)

	Gymnasien, Fachgymnasien, Berufsbildende Schulen	Bibelspruch und / oder Motto	Logo
M10	»Székács József« Evangelisches Gymnasium, Evangelische Grundschule und Evangelischer Kindergarten – Orosháza	*»Gewöhne einen Knaben an seinen Weg, so lässt er auch nicht davon, wenn er alt wird.«* (Sprüche 22,6) »Igazságot szólni szeretetben.« [Gerechtigkeit in der Liebe.] (Székács József)	
M11	»Kossuth Lajos« Evangelisches Gymnasium, Pädagogisches Fachgymnasium, Evangelische Grundschule und Evangelischer Kindergarten – Miskolc	*»So lasst euer Licht leuchten vor den Leuten, damit sie eure guten Werke sehen und euren Vater im Himmel preisen.«* (Mt 5,16)	
M12	Evangelisches Gymnasium, Fachgymnasium, Schülerheim und Evangelische Berufsmittelschule in Kőszeg – Kőszeg	*»Jót, s jól. Ebben áll a nagy titok.«* [=Gutes und gut. Darin besteht das große Geheimnis.] (Kazinczy Ferenc)	
M13	»Sztehlo Gábor« Evangelisches Gymnasium, Evangelische Grundschule und Evangelischer Kindergarten – Budapest	»A bölcs ember sziklára épít.« [Der Weise baut auf den Felsen.]	

Literaturverzeichnis

ADAM, Gottfried (1999): Die diakonische Dimension erschließen, in: Scheilke, C. Th. / Schreiner, M. (Hg.): Handbuch Evangelische Schulen, Gütersloh: Gütersloher, 143–149.

ADAM, Gottfried (2008): Diakonisch-soziales Lernen. Eine Zwischenbilanz in weiterführender Absicht, in: Eurich, J. / Oelschlägel, C. (Hg.): Diakonie und Bildung. Heinz Schmidt zum 65. Geburtstag, Stuttgart: Kohlhammer, 362–374.

ALTRICHTER, Herbert / HEINRICH, Martin / SOUKUP-ALTRICHTER, Katharina (2011a): Schulprofilierung – Annäherung an ein Phänomen, in: Altrichter H. / Heinrich, M. / Soukup-Altrichter, K. (Hg.): Schulentwicklung durch Schulprofilierung?, Wiesbaden: VS Verlag für Sozialwissenschaften / Springer, 11–45.

ALTRICHTER, Herbert / HEINRICH, Martin / SOUKUP-ALTRICHTER, Katharina (Hg.) (2011b): Schulentwicklung durch Schulprofilierung?, Wiesbaden: VS Verlag für Sozialwissenschaften / Springer.

BACSKAI, Katinka (2008): Református iskolák tanárai, in: Magyar Pedagógia 108 (4/2008), 359–378.

BACSKAI, Katinka (2012): Református iskolák tanárai, in: Magyar Református Nevelés 13 (3/2012), 2–12.

BALÁZS, Éva / KOCSIS, Mihály / VÁGÓ, Irén (Hg.) (2011): Jelentés a magyar közoktatásról 2010, Budapest: Oktatáskutató és Fejlesztő Intézet.

BALÁZSI, Ildikó (2016): A hozzáadottérték-modellek alkalmazása a tanulói teljesítménymérésekben, in: Magyar Pedagógia 116 (1/2016), 3–23.

BALÁZSI, Ildikó / TAKÁCSNÉ KÁRÁSZ, Judit / LAK, Ágnes Rozina / OSTORICS, László / SZABÓ, Lívia Dóra / VADÁSZ, Csaba (2016): Országos kompetenciamérés 2015, Budapest: Oktatási Hivatal.

BALÁZSI, Ildikó / LAK, Ágnes Rozina / OSTORICS, László / SZABÓ, Lívia Dóra / VADÁSZ, Csaba (2017): Országos kompetenciamérés 2016, Budapest: Oktatási Hivatal.

BARON, Rüdeger (2011): Reformpädagogik und evangelische Schule im 20. Jahrhundert, Münster u. a.: Waxmann.

BARTA, Szilvia (2009): A 2006-os Országos kompetenciamérés tizedik évfolyamos adatainak elemzése, in: Educatio 18 (2/2009), 250–256.

BARTL, Ágnes (2014): A romák felekezeti megoszlása két népszámlálás alapján, in: Pusztai, G. / Lukács, Á. (Hg.): KözössÉGteremtők. Tisztelgés a magyar vallásszociológusok nagy nemzedéke előtt, Debrecen: Debrecen University Press, 351–363.

BAUR, Katja / FLIEGE, Thomas / SCHLENKER, Claudia (2014): Dialogische Evaluation und Schulentwicklung. Ein Evaluationsmodell insbesondere für evangelische Schulen, Münster: Lit.

BÁNNÉ MÉSZÁROS, Anikó (2016): Összefoglaló a hozzáadott pedagógiai értékről, http ://refpedi.hu/sites/default/files/hir_kepek/BMA%20HPE.pdf (Mai 2020).

BERÉNYI, Eszter / BERKOVITS, Balázs / ERŐSS, Gábor (2008): Iskolarend. Kiváltság és különbségtétel a közoktatásban, Budapest: Gondolat.

BENNER, Dietrich / OELKERS Jürgen (Hg.) (2004): Historisches Wörterbuch der Pädagogik, Weinheim / Basel: Beltz.

BENZ, Sabine (2015): Wer ist Jesus – was denkst du? Christologische Wissens- und Kompetenzentwicklung in den ersten beiden Grundschuljahren – eine qualitative Längsschnittstudie, Göttingen: V&R unipress.

BERNÁT, Anikó (2014): Leszakadóban: a romák társadalmi helyzete a mai Magyarországon, in: Kolosi, T. / Tóth I. Gy. (Hg.): Társadalmi Riport 2014, Budapest: TÁRKI, 246–264.

BIEHL, Peter (1991): Die Gottebenbildlichkeit des Menschen und das Problem der Bildung, in: Ders.: Erfahrung, Glaube und Bildung. Studien zu einer erfahrungsbezogenen Religionspädagogik, Gütersloh: Gütersloher, 124–223.

BIEHL, Peter (2003): Die Gottesebenbildlichkeit des Menschen und das Problem der Bildung. Zur Neufassung des Bildungsbegriffs in religionspädagogischer Perspektive, in: Biehl, P. / Nipkow, K. E.: Bildung und Bildungspolitik in theologischer Perspektive, Münster: Lit, 9–102.

BIEHL, Peter / NIPKOW, Karl Ernst (Hg.) (2003): Bildung und Bildungspolitik in theologischer Perspektive, Münster: Lit.

BISCHOF, Linda Marie (2017): Schulentwicklung und Schuleffektivität. Ihre theoretische und empirische Verknüpfung, Wiesbaden: Springer VS.

BOHNE, Jürgen (Hg.) (1998): Evangelische Schulen im Neuaufbruch. Schulgründungen in Bayern, Sachsen und Thüringen 1989–1994, Göttingen: Vandenhoeck & Ruprecht.

BOHNE, Jürgen / STOLTENBERG, Annegrethe (Hg.) (2001): Zukunft gewinnen. Evangelische Schulgründungen in den östlichen Bundesländern in den Jahren 1996–2001, Göttingen: Vandenhoeck & Ruprecht.

BREUER, Franz (unter Mitarbeit von Barbara Dieris und Antje Lettau) ([2]2010): Reflexive Grounded Theory. Eine Einführung für die Forschungspraxis, Wiesbaden: VS Verlag für Sozialwissenschaften.

CIVIL KÖZOKTATÁSI PLATTFORM (2016): Kockás könyv. Van kiút! Kiút az oktatási katasztrófából, https://drive.google.com/file/d/0B7DgDuk6iio_T05HUHFzakdyWVE/view (Mai 2020).

CSAPÓ, Benő / FEJES, József Balázs / KINYÓ, László / TÓTH, Edit (2014): Az iskolai teljesítmények alakulása Magyarországon nemzetközi összehasonlításban, in: Kolosi, T. / Tóth, I. Gy. (Hg.): Társadalmi Riport 2014, Budapest: TÁRKI, 110–136.

CSEPREGI, András (2015): Az iskolalelkész szerepe az evangélikus iskola identitásának és lelki életének alakításában, in: Evangélikus Nevelés 14 (2/2015), 36–45.

CSEPREGI, András (2016): Az egyházi iskolákról és az iskolalelkészi szolgálatról, in: Lelkipásztor 91 (8–9/2016), 325–326.

CSOMA, Gyula (2004): A magyar felnőttképzés új korszakának értelmezéséhez, in: Felnőttképzés 2/4 (2004), 17–26.

DITTON, Hartmut (2007): Schulqualität – Modelle zwischen Konstruktion, empirischen Befunden und Implementation, in: van Buer, J. / Wagner, C. (Hg.): Qualität von Schule. Ein kritisches Handbuch, Frankfurt am Main u. a.: Peter Lang, 83–92.

DRESSLER, Bernhard (2001): Schule und Gemeinde: Religionsdidaktische Optionen, in: Dressler, B. / Klie, T. / Mork, C. (Hg.): Konfirmandenunterricht. Didaktik und Inszenierung, Hannover: Lutherisches Verlagshaus, 133–151.

DRESSLER, Bernhard (2003): Menschen bilden? Theologische Einsprüche gegen pädagogische Menschenbilder, in: Evangelische Theologie 63 (4/2003), 261–271.

DRESSLER, Bernhard (2006): Unterscheidungen. Religion und Bildung [Forum Theologische Literaturzeitung, 18/19], Leipzig: Evangelische Verlagsanstalt.

DRONKERS, Jaap / RÓBERT, Péter (2004): Has educational sector any impact on school effectiveness in Hungary? A comparison of the public and the newly established religious grammar schools, in: European Societies 6, (2/2004), 205–236.

DOMSGEN, Michael / SCHLUß, Henning / SPENN Matthias (2012): Schule und Religion – Grundlegende Perspektiven, in: Domsgen, M. (Hg.): Was gehen uns »die anderen« an? Schule und Religion in der Säkularität, Göttingen: Vandenhoeck & Ruprecht, 9–26.

DOMSGEN, Michael / HAHN, Matthias (Hg.) (2010): Kooperation von Kirche und Schule. Perspektiven aus Mitteldeutschland, Münster u. a.: Waxmann.

DÖRPFELD, Friedrich Wilhelm (1863): Die freie Schulgemeinde und ihre Anstalten auf dem Boden der freien Kirche im freien Staate. Beiträge zur Theorie des Schulwesens, Gütersloh: Bertelsmann.

DUBS, Rolf (2004): Die Führung einer Schule. Leadership und Management, Zürich: Franz Steiner.

EKD [Kirchenamt der Evangelischen Kirche in Deutschland] (Hg.) (2003): Maße des Menschlichen. Evangelische Perspektiven zur Bildung in der Wissens- und Lerngesellschaft, Gütersloh: Gütersloher.

EKD [Kirchenamt der Evangelischen Kirche in Deutschland] (Hg.) (2008): Schulen in evangelischer Trägerschaft. Selbstverständnis, Leistungsfähigkeit und Perspektiven. Eine Handreichung, Gütersloh: Gütersloher. Online verfügbar www.ekd.de/ekd_de/d s_doc/handreichung_evangelische_schulen.pdf (Mai 2020).

EKD [Kirchenamt der Evangelischen Kirche in Deutschland] (Hg.) (2009): Kirche und Bildung. Herausforderungen, Grundsätze und Perspektiven evangelischer Bildungsverantwortung und kirchlichen Bildungshandelns. Gütersloh: Gütersloher.

EKD [Kirchenamt der Evangelischen Kirche in Deutschland] (Hg.) (2014): Religiöse Orientierung gewinnen. Evangelischer Religionsunterricht als Beitrag zu einer pluralitätsfähigen Schule, Gütersloh: Gütersloher.

EKD [Kirchenamt der Evangelischen Kirche in Deutschland] (Hg.) (2016): Gute Schule aus evangelischer Sicht. Impulse für das Leben, Lehren und Lernen in der Schule, EKD-Texte 127, www.ekd.de/ekd_de/ds_doc/ekdtext_127_gute_schule.pdf (Mai 2020).

EKD [Kirchenamt der Evangelischen Kirche in Deutschland] / WAES [Wisenschaftliche Arbeitsstelle Evangelische Schule] (Hg.) (2016): Statistik Evangelische Schule. Fakten und Trends 2012 bis 2014, www.ekd.de/EKD-Texte/schulstatistik2012-2014.html (Mai 2020).

EKM [Evangelische Kirche in Mitteldeutschland] (Hg.) (2013): Bildung mit Profil und Perspektive. Evangelische Schulen in Mitteldeutschland, www.ekmd.de/attachment/aa

234c91bdabf36adbf227d333e5305b/1e29b605a77baf29b6011e2a211ef0f7196491b491b/ds_4.1-2.pdf (Mai 2020).

EKM [Evangelische Kirche in Mitteldeutschland] (Hg.) (2014): Orientierungsrahmen. Schule mit evangelischem Profil, www.schulwerk-ekm.de/attachment/681fd3ea204111 de839ab1742ae1d288d288/1e51b0f74045d781b0f11e59bbc17d785ab16b216b2/2015-06 -12_oientierungsrahmen_uberarbeitet.pdf (Mai 2020).

EKM [Evangelische Kirche in Mitteldeutschland] (Hg.) (2016): Evangelische Schulen in der EKM. Bericht zu aktuellen Entwicklungen und Perspektiven, www.ekmd.de/attachmen t/aa234c91bdabf36adbf227d333e5305b/d8c90e91ed4f4be087eb6c2db19468b4/ds_3.2-1 (neu)_evangelische_schulen.pdf (Mai 2020).

ELKB/ESSB [Evangelisch-Lutherische Kirche in Bayern/Evangelische Schulstiftung in Bayern] (Hg.) (2012): Evangelische Schulen in Bayern – Miteinander leben, lernen, glauben, www.essbay.de/fileadmin/user_upload/2012-11-08_Rahmenkonzept_Ev__Sc hulen_pdf.pdf (Mai 2020).

ELSENBAST, Volker / FRANK, Jürgen / KAISER, Christel Ruth / SCHEILKE, Christoph Th. / SCHWEITZER, Friedrich (Hg.) (2002 ff): Schule in evangelischer Trägerschaft (bislang 19 Bände), Münster u.a.: Waxmann.

ENGLERT, Rudolf (2008): Anthropologische Voraussetzungen religiösen Lernens, in: Dirscherl E. / Dohmen, C. / Englert, R. / Lux, B. (Hg.): In Beziehung Leben. Theologische Anthropologie, Freiburg u.a.: Herder, 131–189.

EURÓPAI BIZOTTSÁG (2016): Oktatási és Képzési Figyelő 2016. Magyarország, https://ec .europa.eu/education/sites/education/files/monitor2016-hu_hu.pdf (Mai 2020).

EUROPÄISCHE UNION (2006): Empfehlung des Europäischen Parlaments und des Rates vom 18. Dezember 2006 zu Schlüsselkompetenzen für lebensbegleitendes Lernen (2006/ 962/EG), in: Amtsblatt der Europäischen Union L 394/10 am 30.12.2006.

EUROPEAN COMMISSION/EACEA/EURYDICE (2016): Teachers' and School Heads' Salaries and Allowances in Europe – 2015/16, Luxembourg: Eurydice Facts and Figures.

EVLKS [Ev.-Luth. Landeskirche Sachsen] (Hg.) (2018): Orientierungsrahmen der Evangelischen Schulen in der Ev.-Luth. Landeskirche Sachsens.

FEHÉRVÁRI, Anikó (2015): Lemorzsolódás és a korai iskolaelhagyás trendjei, in: Neveléstudomány 3 (3/2015), 31–47.

FEJES, József Balázs (2013): Miért van szükség deszegregációra?, in: Fejes, J. B. / Szűcs, N. (Hg.): A szegedi és hódmezővásárhelyi deszegregációt támogató Hallgatói Mentorprogram. Öt év tapasztalatai, Szeged: Belvedere Meridionale, 15–35.

FORRAY, R. Katalin (2001): A felekezeti iskolák és iskolások területi jellegzetességei, wesley.hu/_files/Forray_Felekezeti.doc (Mai 2020).

FRAAS, Hans-Jürgen (2000): Bildung und Menschenbild in theologischer Perspektive, Göttingen: Vandenhoeck & Ruprecht.

FRANCIS Leslie J. / LANKSHEAR David W. (Hg.) (1993): Christian perspectives on church schools, Leominster: Gracewing.

FRANK, Jürgen / SCHWERIN, Eckart (Hg.) (2008): Was evangelische Schulen ausmacht. Profil schärfen und zeigen, Münster u.a.: Waxmann.

FRANK, Jürgen / HALLWIRTH, Uta (2010): Heterogenität bejahen. Bildungsgerechtigkeit als Auftrag und Herausforderung für evangelische Schulen, Münster u.a.: Waxmann.

FRENKL, Róbert (2001): A magyarországi egyházi iskolarendszer jövőképe, in: Evangélikus Iskola 1 (1/2001), 11–16.

FRIEBER, Helga (2010): Interreligiöses Lernen – im Kontext der evangelischen Wichern-Schule Hamburg, in: Frank, J. / Hallwirth, U. (Hg.): Heterogenität bejahen. Bildungsgerechtigkeit als Auftrag und Herausforderung für evangelische Schulen, Münster u. a.: Waxmann, 147–161.

FUCHS, Monika (2010): Bioethische Urteilsbildung im Religionsunterricht. Theoretische Reflexion – Empirische Rekonstruktion, Göttingen: V&R unipress.

GADÓ, János (1997): Zsidó iskolák Magyarországon I. II, in: Szombat 1997.04.01; 1997.06.01, http://www.szepi.hu/irodalom/pedagogia/tped_015.html (Mai 2020).

GATES, Brian / JACKSON, Robert (2014): Religion and Education in England, in: Rothgangel, M. / Jackson, R. / Jäggle, M. (Hg.) (2014): Religious Education at schools in Europe. Part 2: Western Europe, Göttingen: V&R unipress, 65–98.

GEURTS, Thom / AVEST, Ina ter / BAKKER, Cok (2014): Religious Education in the Netherlands, in: Rothgangel, M. / Jackson, R. / Jäggle, M. (Hg.) (2014): Religious Education at schools in Europe. Part 2: Western Europe, Göttingen: V&R unipress, 171–204.

GÖHLICH, Michael (^{5}2013): Schulkultur, in: Haag, L. / Rahm, S. / Apel H. J. / Sacher, W. (Hg.): Studienbuch Schulpädagogik, Bad Heilbrunn: Klinkhardt, 52–71.

GRAMZOW, Christoph (2010): Diakonie in der Schule. Theoretische Einordnung und praktische Konsequenzen auf der Grundlage einer Evaluationsstudie, Leipzig: Evangelische Verlagsanstalt.

GRAMZOW, Christoph / HANISCH, Helmut (2012): An einer evangelischen Schule lernen. Eine Befragung zu Elternmotiven im Freistadt Sachsen, in: Hanisch, H. / Gramzow, C. (Hg.): Religionsunterricht im Freistaat Sachsen. Lernen, Lehren und Forschen seit 20 Jahren, Leipzig: Evangelische Verlagsanstalt, 259–286.

GRAMZOW, Christoph (2014): Motive von Eltern, ihre Kinder an einer evangelischen Schule lernen zu lassen. Vergleich von Untersuchungsergebnissen aus Sachsen, Bayern und Stuttgart, www.evangelische-schulen-in-deutschland.de/images/Elternmotive_im_Schulvergleich.pdf (Mai 2020).

GRÄB, Wilhelm (2014): Kirchentheorie: Praktisch-theologische Perspektiven auf die Kirche, in: Weyel, B. / Bubmann, P. (Hg.): Kirchentheorie. Praktisch-theologische Perspektiven auf die Kirche, Leipzig: Evangelische Verlagsanstalt, 266–275.

GRETHLEIN, Christian (2011): Religionspädagogik, Berlin: De Gruyter.

GRETHLEIN, Christian (^{2}2016): Schule als Lebensraum für Heranwachsende, in: Ders.: Praktische Theologie, Berlin / Boston: Walter de Gruyter GmbH, 363–385.

GRÜMME, Bernhard (2012): Menschen bilden? Eine religionspädagogische Anthropologie, Freiburg u. a.: Herder.

GUDJONS, Herbert (2007): Schulleben als Schulkultur – Lernumgebungen gestalten, in: Pädagogik 59 (7/8/2007), 42–47.

GÜRLEVIK, Aydin / PALENTIEN, Christian / HEYER, Robert (Hg.) (2013): Privatschulen versus staatliche Schulen, Wiesbaden: Springer VS.

GYAPAY, Gábor (1989): A Budapesti Evangélikus Gimnázium, Budapest: Tankönyvkiadó.

GYAPAY, Gábor (1997): A Fasor újjászületése I, in: Keresztyén Igazság 36 (4/1997), 12–17.

GYAPAY, Gábor (1998): A Fasor újjászületése II, in: Keresztyén Igazság 37 (1/1998), 22–28.

GYŐRFFY, Sándor / HUNYADI, Zoltán (1986): A soproni líceum, Budapest: Tankönyvkiadó.

GYŐRI, János L. (2003): Evangelische Schulen in Ungarn. Zur Wiederbelebung des protestantischen Schulwesens in einem postkommunistischen Staat, in: Die evangelische Diaspora 72, 55–68.

HAEFFNER, Johannes (2012): Professionalisierung durch Schulentwicklung. Eine subjektwissenschaftliche Studie zu Lernprozessen von Lehrkräften an evangelischen Schulen, Münster u. a.: Waxmann.

HAJDU, Tamás / HERMANN, Zoltán / HORN, Dániel / KERTESI, Gábor / KÉZDI, Gábor / KÖLLŐ, János / VARGA, Júlia (2015): Az érettségi védelmében, Budapest: MTA-KRTK-KTI, http://www.econ.core.hu/file/download/bwp/bwp1501.pdf (Mai 2020).

HAJDU, Tamás / HERMANN, Zoltán / HORN, Dániel / VARGA, Júlia (2015): A közoktatás indikátorrendszere, Budapest: MTA-KRTK-KTI, http://econ.core.hu/file/download/ko zoktatasi/indikatorrendszer.pdf (Mai 2020).

HALLWIRTH, Uta (2006): Modelle diakonisch-sozialen Lernens. Zum Wettbewerb der Barbara-Schadeberg-Stiftung, in: Kaiser, C. R. (Hg.): Diakonie und Schule, Münster u. a.: Waxmann, 191–210.

HALLWIRTH, Uta (2011): Werteorientiert evaluieren. Evaluation an evangelischen Schulen, in: Kumlehn, M. / Klie, T. (Hg.): Protestantische Schulkulturen. Profilbildung an evangelischen Schulen, Stuttgart: Kohlhammer, 390–404.

HALLWIRTH, Uta (2012): Heterogenität bejahen – Anregungen aus der Praxis Evangelischer Schulen, in: Schreiner, M. (Hg.): Aufwachsen in Würde, Münster u. a.: Waxmann, 41–62.

HALLWIRTH, Uta (2014): Evangelisch Profil zeigen. Anregungen aus der Praxis evangelischer Schulen, in: Schulte, A. (Hg.): Evangelisch Profil zeigen im religiösen Wandel unserer Zeit, Münster u. a.: Waxmann, 90–112.

HANDKE, Emilia (2016): Religiöse Jugendfeiern »zwischen Kirche und anderer Welt«. Eine historische, systematische und empirische Studie über kirchlich (mit)verantwortete Alternativen zur Jugendweihe, Leipzig: Evangelische Verlagsanstalt.

HANISCH, Helmut / GRAMZOW, Christoph (2011): Elternmotive zum Besuch einer evangelischen Schule. Ergebnisse einer Befragung in Mecklenburg-Vorpommern, in: Zeitschrift für Pädagogik und Theologie 63 (4/2011), 305–316.

HARRACH, Gábor (2013): A magyarországi szekularizáció egyes statisztikai összefüggései. Történelmi keresztény egyházak térvesztése a 2011-es népszámlálás tükrében, www.e vangelikus.hu/sites/default/files/szekularizacio_2013.pdf (Mai 2020).

HAUSCHILDT, Eberhard / POHL-PATALONG, Uta (2013): Kirche. Lehrbuch Praktische Theologie, Band 4, Gütersloh: Gütersloher.

HÁMORI, Ádám / ROSTA, Gergely (2013): Youth, Religion, Socialization. Changes in youth religiosity and its relationship to denominational deucation in Hungary, in: Hungarian Educational Research Journal 3 (4/2013), doi 10.14413/HERJ2013.04.04 (Mai 2020).

HÄRLE, Wilfried (2004): Zeitgemäße Bildung auf der Grundlage des christlichen Menschenbildes, in: Nipkow K. E. / Elsenbast, V. / Kast, W. (Hg.): Verantwortung für Schule und Kirche in geschichtlichen Umbrüchen, Münster u. a.: Waxmann, 69–81.

HÄRLE, Wilfried (2005): Menschsein in Beziehungen. Studien zur Rechtfertigungslehre und Anthropologie, Tübingen: Mohr Siebeck.

HÄRLE, Wilfried (⁴2012): Dogmatik, Berlin / New York: de Gruyter.

HELBLING, Dominik (2009): Religiöse Herausforderung und religiöse Kompetenz. Empirische Sondierungen zu einer subjektorientierten und kompetenzbasierten Religionsdidaktik, Münster: Lit.

HELMKE, Andreas (⁴2012): Unterrichtsqualität und Lehrerprofessionalität. Diagnose, Evaluation und Verbesserung des Unterrichts, Seelze: Klett-Kallmeyer.

HERBST, Michael (2009): Bildsame Mission – Missionarische Bildung?, in: Herbst, M. / Rosenstock, R. / Bothe, F. (Hg.): Zeitumstände: Bildung und Mission, Frankfurt am Main / Berlin / Bern / New York / Paris / Wien: Peter Lang, 153–178.

HERMANN, Zoltán / VARGA, Júlia (2016): Állami, önkormányzati, egyházi és alapítványi iskolák: részarányok, tanulói összetétel és tanulói teljesítmények, in: Kolosi, T. / Tóth, I. Gy. (Hg.): Társadalmi Riport 2016, Budapest: TÁRKI, 311–333.

HERMISSON, Sabine (2016): Spirituelle Kompetenz. Eine qualitativ-empirische Studie zu Spiritualität in der Ausbildung zum Pfarrerberuf, Göttingen: V&R unipress.

HEYSE, Volker / ERPENBECK, John (²2009): Kompetenztraining. Informations- und Trainingsprogramme, Stuttgart: Schäffer-Poeschel.

HÍVES, Tamás (2015): A hátrányos helyzet területi aspektusai, in: Fehérvári, A. / Tomasz, G. (Hg.): Kudarcok és megoldások. Iskolai hátrányok, lemorzsolódás, problémakezelés, Budapest: Oktatáskutató és Fejlesztő Intézet, 13–30.

HOLL, Anke (2011): Orientierungen von Lehrerinnen und Lehrern an Schulen in evangelischer Trägerschaft. Eine qualitativ-rekonstruktive Studie, Münster u. a.: Waxmann.

HOLTAPPELS, Heinz Günter (2003): Schulqualität durch Schulentwicklung und Evaluation. Konzepte, Forschungsbefunde, Instrumente, München / Unterschleißheim: Luchterhand.

HOLTAPPELS, Heinz Günter / VOSS, Andreas (2008): Schulqualität, in: Holtappels, H. G. / Klemm, K. / Rolff H.-G. (Hg.): Schulentwicklung durch Gestaltungsautonomie. Ergebnisse der Begleitforschung zum Modellvorhaben »Selbstständige Schule« in Nordrhein-Westfalen, Münster u. a.: Waxmann, 62–76.

HORN, Dániel (2010): A kisgimnáziumok szerepe a szelekcióban, in: Kolosi, T. / Tóth, I. Gy. (Hg.): Társadalmi Riport 2010, Budapest: TÁRKI, 408–429.

HORSTKEMPER, Marianne / TILLMANN Klaus-Jürgen (2014): Ganztagschule und neue Lernkultur – Potenziale und Restriktionen, in: Pfeifer, M. (Hg.): Schulqualität und Schulentwicklung, Münster u. a.: Waxmann, 93–111.

HÖRNER, Wolfgang (1996): Einführung. Bildungssysteme in Europa – Überlegungen zu einer vergleichenden Betrachtung, in: Anweiler, O. / Boos-Nünning, U. / Brinkmann, G. / Glowka, D. / Goetze, D. / Hörner, W. / Kuebart, F. / Schäfer, H.-P.: Bildungssysteme in Europa, Weinheim / Basel, 13–29.

HÖRNER, Wolfgang (2004): »Europa« als Herausforderung für die Vergleichende Erziehungswissenschaft – Reflexionen über die politische Funktion einer pädagogischen Disziplin, in: Tertium Comparationis 10 (2/2004), 230–244.

HVG (2016): Középiskola 2017. A 100 legjobb gimnázium és szakgimnázium, Budapest: HVG Kiadó.

IMRE, Anna (2005): A felekezeti középiskolák jellemzői a statisztikai adatok tükrében, in: Educatio 14 (3/2005), 475–491.

JACH, Frank-Rüdiger (2004): Die Notwendigkeit Freier Schulen in der Bürgergesellschaft, in: Frank, J. / Gohde, J. (Hg.): Gemeinsam Profil zeigen – Evangelische Schulen in der Bildungsdiskussion, Münster u. a.: Waxmann, 40–50.

JACKSON, Robert (2003): Should the State Fund Faith Based Schools? A Review of the Arguments, in: BJRE 25 (2/2003), 89–102.

JACKSON, Robert / O'GRADY, Kevin (2007): Religious and education in England: social plurality, civil religion and religious education pedagogy, in: Jackson, R. / Miedema, S. / Weisse, W. / Willaime, J.-P. (Hg.): Religion and education in Europe: developments, contexts and debates, Münster u. a.: Waxmann, 181–202.

JANCSÓ, Kálmánné / KELEMENNÉ FARKAS, Márta / KORZENSZKY, Richárd (Hg.) (1996): Evangéliumi nevelés. Lélekben és Igazságban, Pannonhalma: Bencés Kiadó.

JÄGGLE, Martin / ROTHGANGEL, Martin / SCHLAG, Thomas (Hg.) (2013): Religiöse Bildung an Schulen in Europa. Teil 1: Mitteleuropa, Göttingen: V&R unipress.

JÜNGEL, Eberhard (1990): Wertlose Wahrheit. Christliche Wahrheitserfahrung im Streit gegen die »Tyrannei der Werte«, in: Ders.: Wertlose Wahrheit. Zur Identität und Relevanz des christlichen Glaubens, München: Kaiser, 90–109.

KAISER, Christel Ruth (Hg.) (2006): Diakonie und Schule, Münster u. a.: Waxmann.

KATOLIKUS PEDAGÓGIAI INTÉZET (2003): Az összetett katolikus közoktatási intézmények (óvoda, iskola, kollégium) pedagógiai programja, www.kpszti.hu/pedago giai/pedprogram/osszetett.doc (Mai 2020).

KAUFMANN, Hans Bernhard (1990): Nachbarschaft von Schule und Gemeinde, Gütersloh: Gütersloher.

KÁLMÁN, Attila / MÁRKUS, Gábor / PAPP, Kornél (Hg.) (2008): Református Oktatási Stratégia. A Magyarországi Református Egyház középtávú nevelési-oktatási terve, Budapest: Református Pedagógiai Intézet.

KLAFKI, Wolfgang (1971): Hermeneutische Verfahren in der Erziehungswissenschaft, in: Klafki, W. / Rückriem, G. M. / Wolf, W. / Freudenstein, R. / Beckmann, H.-K. / Lingelbach, K. (Hg.): Funk-Kolleg Erziehungswissenschaft. Erziehungswissenschaft 3. Eine Einführung, Frankfurt am Main: Fischer-Bücherei, 126–153.

KLATTE, Silke (2018): »Und man kann auch Sport machen, mit Gott sag ich jetzt mal.« Eine empirische Untersuchung zu subjektiven Sichtweisen von Grundschülern an evangelischen Schulen im Kontext von Beschreibungen Erwachsener, Hildesheim: Olms.

KLEMM, Klaus / KRAUSS-HOFFMANN, Peter (1999): Evangelische Schulen im Spiegel von Selbstdarstellung und Elternurteil, in: Scheilke, C. Th. / Schreiner, M. (Hg.): Handbuch Evangelische Schulen, Gütersloh: Gütersloher, 60–79.

KLIEME, Eckhard / HARTIG, Johannes (2007): Kompetenzkonzepte in den Sozialwissenschaften und im Erziehungswissenschaftlichen Diskurs, in: Prenzel, M. / Gogolin, I. / Krüger, H.-H. (Hg.): Kompetenzdiagnostik. Sonderheft der Zeitschrift für Erziehungswissenschaft 8, 11–29.

KODÁCSY-SIMON, Eszter (2006): Az egyházi iskola mint a párbeszéd modellje, in: Lelkipásztor 81 (2/2006), 42–46.

KODÁCSY-SIMON, Eszter (2015): Miért tart fenn az egyház iskolát?, in: Szabó, L. (Hg.): Teológia és oktatás, Budapest: Luther, 184–204.

KOERRENZ, Ralf (1999): Evangelische Schulgemeinde, in: Scheilke C. Th. / Schreiner, M. (Hg.): Handbuch Evangelische Schulen, Gütersloh: Gütersloher, 213–219.

KOERRENZ, Ralf / COLLMAR, Norbert (Hg.) (1994): Die Religion der Reformpädagogen, Weinheim / Basel: Beltz.

KOPP, Erika (2007): Mai magyar református középiskolák identitása, Budapest: Károli Gáspár Református Egyetem.

KOPP, Erika (2014): Egyházi iskolák tanulói összetételének vizsgálata. Felekezeti különbségek a kompetenciamérések háttérváltozóinak elemzése alapján, in: Pusztai, G. / Lukács, Á.: KözössÉgteremtők. Tisztelgés a magyar vallásszociológusok nagy nemzedéke előtt, Debrecen: Debreceni Egyetemi Kiadó, 197–224.

KOPP, Erika / VÁMOS, Ágnes (2016): Die Leistungen ungarischer Schülerinnen und Schüler an konfessionellen Schulen und der pädagogische Mehrwert, in: Theo-web 15 (2/2016), 310–327.

KORMÁNY (2015): Nemzeti stratégiák. Köznevelés fejlesztés, Végzettség nélküli iskolaelhagyás – ESL, Egész életen át tartó tanulás – LLL, Budapest: Oktatáskutató és Fejlesztő Intézet.

KORMÁNY (2016): Végzettség nélküli iskolaelhagyás elleni küzdelem. Cselekvési terv 2014–2020, www.kormany.hu/download/7/6a/e0000/ESL-Cselekv%C3%A9si-terv_201 61109.pdf (Mai 2020).

KORZENSZKY, Richárd (1997): Páternoszter, Budapest: Szemimpex.

KORZENSZKY, Richárd (2000): Szünet nélkül. Egyházról, iskoláról, Tihany: Bencés Apátság.

KOVÁCS, István Vilmos (2014): Állandóság és/vagy változás, in: Evangélikus Nevelés 13 (1/2014), 50–60.

KOZMA, Tamás (2005): Egyházi iskolák – interkulturális nevelés. Az egyházi oktatás átalakulása az 1990-es években, in: Educatio 14 (3/2005), 465–474.

KÓSA, László (1996): Protestantizmus és magyar művelődés, in: Credo 2 (3–4/1996), 65–74.

KÖZPONTI STATISZTIKAI HIVATAL (2014): 2011. évi népszámlálás. 10. Vallás, felekezet, Budapest 2014.

KÖZPONTI STATISZTIKAI HIVATAL (2016): Munkaerőpiaci helyzetkép, 2015, www.ksh .hu/docs/hun/xftp/idoszaki/munkerohelyz/munkerohelyz15.pdf (Mai 2020).

KRAMER, Jens (2015): Diakonie Inszenieren. Performative Zugänge zum diakonischen Lernen, Stuttgart: Kohlhammer.

KRAUL, Margret / BERGAU, Natalia / RAPP, Sylvia (2014): Privatschulen zwischen Förderung und Distinktion. Eine Analyse aus Elternsicht, in: Pädagogische Rundschau 66 (1/2014), 73–94.

KRAUL, Margret (2017): Pädagogischer Anspruch und soziale Distinktion. Private Schulen und ihre Klientel, Wiesbaden: Springer VS.

KRAUL, Margret (Hg.) (2015): Private Schulen, Wiesbaden: Springer VS.

KUHLMANN, Carola (2013): Erziehung und Bildung. Einführung in die Geschichte und Aktualität pädagogischer Theorien, Wiesbaden: Springer.

KUHMLEHN, Martina / KLIE Thomas (Hg.) (2011): Protestantische Schulkulturen. Profilbildung an evangelischen Schulen. Stuttgart: Kohlhammer.

KUNSTMANN, Joachim (2002): Religion und Bildung. Zur ästhetischen Signatur religiöser Bildungsprozesse, Gütersloh / Freiburg im Breisgau: Gütersloher / Herder.

KULD, Lothar / BOLLE, Rainer / KNAUTH, Thorsten (Hg.) (2005): Pädagogik ohne Religion? Beiträge zur Bestimmung und Abgrenzung der Domänen von Pädagogik, Ethik und Religion, Münster u. a.: Waxmann.

L. RITÓK, Nóra (2015): Sajátosan magyar oktatási szegregáció, http://www.osztalyfonok.h u/cikk.php?id=1652 (Mai 2020).

LADENTHIN, Volker (2007): Art. Bildung. Selbstbildung / Identitätsbildung / Erziehung / Lebenssinn, in: Gräb W. / Weyel, B. (Hg.): Handbuch Praktische Theologie, Gütersloh: Gütersloher, 17–28.

LÄMMERMANN, Godwin (^{2}1998): Grundriß der Religionsdidaktik, Stuttgart: Kohlhammer, 77–90.

LÄMMERMANN, Godwin (2005): Religionsdidaktik. Bildungstheologische Grundlegung und konstruktiv-kritische Elementarisierung, Stuttgart: Kohlhammer.

LEDERER, Bernd (2014): Kompetenz oder Bildung? Eine Analyse jüngerer Konnotationsverschiebungen des Bildungsbegriffs und Plädoyer für eine Rück- und Neubesinnung auf ein transinstrumentelles Bildungsverständnis, Innsbruck: innsbruck university press.

LEEWE, Hanne (2010): Lust auf Begegnung mit der Welt. Globales Lernen an evangelischen Schulen, Jena: IKS Garamond, Edition Paideia.

LEHMANN, Gabriele / NIEKE, Wolfgang (2005): Zum Kompetenz-Modell, www.bildungsserver-mv.de/download/material/text-lehmann-nieke.pdf (Mai 2020).

LEHMANN, Tobias (2015): Evangelikal orientierte Schulen – geschlossene Systeme oder exemplarische Bildungsräume? Theologische Hintergründe, bildungstheoretische Reflexionen und schulpädagogische Perspektiven, Münster u. a.: Waxmann.

LIEBAU, Eckart (2004): Braucht die Pädagogik ein Menschenbild?, in: Menschen Bilder im Umbruch, Jahrbuch der Religionspädagogik 20 (2004), 123–135.

LIEBHARDT, Ágota (Hg.) (1992): Iskola és egyház, Themenheft Educatio 1 (1/1992).

LIEDKE, Ulf (2009): Beziehungsreiches Leben. Studien zu einer inklusiven theologischen Anthropologie für Menschen mit und ohne Behinderung, Arbeiten zur Pastoraltheologie, Liturgik und Hymnologie, Band 59, Göttingen: Vandenhoeck & Ruprecht.

LINDNER, Andreas / SCHULTE, Andrea (2007): Das evangelische Schulwesen in Mitteldeutschland. Stationen und Streifzüge, Münster u. a.: Waxmann.

MAGYARORSZÁGI EVANGÉLIKUS EGYHÁZ (Hg.) (2008): Élő kövek egyháza. Az evangélikus megújulás stratégiája. Vitaanyag, in: Credo 15 (Sonderheft/2009), 11–26.

MAGYARORSZÁGI EVANGÉLIKUS EGYHÁZ (Hg.) (2016): A Magyarországi Evangélikus Egyház köznevelési fenntartói stratégiája. Munkaanyag. Összeállította: Varga, M. / Kovács, I. V. / Fábri, Gy., Budapest.

MÁRTONFI, György (2013): Korai iskolaelhagyás a magyarországi szakképzésben, www.observatory.org.hu/wp-content/uploads/2013/09/ReferNet_2013_ESL_HU.pdf (Mai 2020).

MÁRTONFI, György (2014): Korai iskolaelhagyás – Hullámzó trendek, in: Educatio 23, (1/2014), 36–49.

MESTERHÁZY, Balázs (2007): Az iskola mint a lelki nevelés helye, in Lelkipásztor 82 (4/2007), 140–142.

MEYER-BLANCK, Michael (2011): Schulgemeinde und Parochie, in: Kumlehn M. / Klie, T. (Hg.): Protestantische Schulkulturen. Profilbildung an evangelischen Schulen, Stuttgart: Kohlhammer, 176–184.

MEYER, Karlo (2012): Gottesdienst in der Konfirmandenarbeit. Eine tringulative Studie, Göttingen: V&R unipress.

MIETZNER, Ulrike / TENORTH, Heinz-Elmar (2007): Einleitung. Anthropologie als Thema und Problem in der Erziehungswissenschaft. Vielfalt der Methoden, Desiderat des Pädagogischen, in: Mietzner, U. / Tenorth, H-E. / Welter, N. (Hg.): Pädagogische Anthropologie – Mechanismus einer Praxis, Zeitschrift für Pädagogik, 52. Beiheft.

MIHÁLYI, Zoltánné (2003): Az elmúlt tíz év szakmai összegzése az evangélikus gimnáziumi oktatásban, in: Lelkipásztor 78 (2/2003), 51–57.

MIHÁLYI, Zoltánné (2004): Az újraindított evangélikus oktatási rendszer kialakulása, fejlődése, jövője. Diplomamunka, Budapest: Kézirat.

MIHÁLYI, Zoltánné (2005): Nevelés az újraindított evangélikus oktatási rendszerben, in: Mester és Tanítvány 2 (5), 66–74.

MOHR, Lars (2011): Schwerste Behinderung und theologische Anthropologie, Oberhausen: Athena.

MOXTER, Michael (2006): Der Mensch als Darstellung Gottes. Zur Anthropologie der Gottebenbildlichkeit, in: Schulz, H. / Linde, G. / Purkarthofer, R. / Steinacker, P. (Hg.): Theologie zwischen Pragmatismus und Existenzdenken, Marburger Theologische Studien 90, Marburg: Elwert N.G., 271–284.

MULLIS, Ina V.S. / MARTIN, Michael O. (Hg.) (2015): TIMSS 2015 Assessment Frameworks. Chestnut Hill, MA: TMSS & PIRLS International Study Center, Boston College.

MÜLLER-RUCKWITT, Anne (2008): »Kompetenz« – Bildungstheoretische Untersuchungen zu einem aktuellen Begriff, Würzburg: Ergon.

NAGY, Péter Tibor (1994): Hittan-oktatás, in: Educatio 3 (1/1994), 89–105.

NAGY, Péter Tibor (2000a): Járszalag és aréna. Egyház és állam az oktatáspolitika erőterében a 19. és 20. századi Magyarországon, Budapest: Új Mandátum.

NAGY, Péter Tibor (Hg.) (2000b): Oktatáspolitika és vallásszabadság. Állam – egyház – iskola – társadalom a 20. Században, Budapest: Új Mandátum.

NAHALKA, István (2012): A NAT »külső« ellentmondásai, http://nahalkaistvan.blogspo t.co.at/2012/02/nat-kulso-ellentmondasai.html (Mai 2020).

NAHALKA, István (2014): Még egy rangsor! www.tani-tani.info/meg_egy_rangsor (Mai 2020).

NEUWIRTH, Gábor (2005): A felekezeti iskolák eredményességi és »hozzáadott érték« mutatói, in: Educatio 14 (3/2005), 502–528.

NÉMETH, Dávid (2004): Protestantisches Schulwesen in Ungarn II: Reformierte Kirche, in: Adam, G. (Hg.): Kirche-Bildung-Demokratie, Münster u. a.: Waxmann 167–188.

NIPKOW, Karl Ernst (1990): Bildung als Lebensbegleitung und Erneuerung. Kirchliche Bildungsverantwortung in Gemeinde, Schule und Gesellschaft, Gütersloh: Gütersloher.

NIPKOW, Karl Ernst (2004): Evangelische Bildungsverantwortung im Pluralismus, in: Adam, G. (Hg.): Kirche-Bildung-Demokratie, Münster u. a.: Waxmann, 13–40.

NIPKOW, Karl Ernst (2005a): Bildungsverständnis im Umbruch, Religionspädagogik im Lebenslauf, Elementarisierung, Band 1, Gütersloh: Gütersloher.

NIPKOW, Karl Ernst (2005b): Christliche Pädagogik und Interreligiöses Lernen Friedenserziehung Religionsunterricht und Ethikunterricht, Band 2, Gütersloh: Gütersloher.

NIPKOW, Karl Ernst (2006): Religionsunterricht an evangelischen Schulen. Herausforderungen und Chancen, in: Zeitschrift für Pädagogik und Theologie (ZPT) 58 (1/2006), 28–37.

NIPKOW, Karl Ernst / SCHWEITZER, Friedrich (Hg.) (2002): Zukunftsfähige Schule in kirchlicher Trägerschaft?, Münster u. a.: Waxmann.

NORDSTRÖM, Karin (2009): Autonomie und Erziehung. Eine ethische Studie, Freiburg / München: Karl Alber.

OCHEL, Joachim (Hg.) (2001): Bildung in evangelischer Verantwortung auf dem Hintergrund des Bildungsverständnisses von F. D. E. Schleiermacher, Göttingen: Vandenhoeck & Ruprecht.

OECD (2008): Measuring improvements in learning outcomes. Best practices to assess the value-added of schools. Paris: OECD.

OECD (2016): PISA 2015 Ergebnisse (Band I), Exzellenz und Chancengerechtigkeit in der Bildung, PISA, W. Bertelsmann, Germany DOI 10.3278/6004573w.

OECD (2019): Bildung auf einen Blick 2019. OECD-Indikatoren, OECD.

OELKERS, Jürgen (2001a): Einführung in die Theorie der Erziehung, Weinheim / Basel: Beltz.

OELKERS, Jürgen (2001b): Der Mensch als Maß des Bildungswesens?, in: Herms, E. (Hg.): Menschenbild und Menschenwürde, Gütersloh: Gütersloher, 118–137.

OELKERS, Jürgen (2004): Art. Erziehung, in: Benner, D. / Oelkers, J. (Hg.): Historisches Wörterbuch der Pädagogik, Weinheim / Basel: Beltz, 303–340.

OELKERS, Jürgen (2004b): Art. Reformpädagogik, in: Benner, D. / Oelkers, J. (Hg.): Historisches Wörterbuch der Pädagogik, Weinheim / Basel: Beltz, 783–806.

OKTATÁSI OSZTÁLY (2011): Az evangélikus nevelés alapjai. Az Oktatási Osztály munkaanyaga, in: Evangélikus Iskola 1 (1/2001), 16–20.

OSTORICS, László / SZALAY, Balázs / SZEPESI, Ildikó / VADÁSZ, Csaba (2016): PISA2015. Összefoglaló jelentés, Budapest: Oktatási Hivatal.

O'MALLEY, Kimberly / McCLARTY, Katie / MAGDA, Tracey / BURLING Kelly (2011): Making sense of the metrics: Student growth, value-added models, and teacher effectiveness, Bulletin 19, images.pearsonassessments.com/images/tmrs/bulletin-19-makin gsenseofmetrics.pdf (Mai 2020).

PAPP, Z. Attila (2015): Iskolai eredményesség és a roma tanulói arány összefüggésrendszere az OKM adatok alapján, http://kisebbsegkutato.tk.mta.hu/uploads/files/pappz_ea .pdf (Mai 2020).

PÁLHEGYI, Ferenc (2000): Van-e keresztyén pedagógia?, Budapest: Sola Scriptura.

PÁLVÖLGYI, Ferenc (2009): Az értékközpontú erkölcsi nevelés konstruktív rendszere I.-IV, in: Mester és Tanítvány (21/2009), 134–151; (22/2009), 138–154; (23/2009), 135–151; (24/2005), 117–140.

PETERMANN, Anna-Christina (2016): In Freiheit und Verantwortung gestalten. Eine empirische Untersuchung zur Rekonstruktion subjektiver Sichtweisen von Trägern und Leitern Evangelischer Schulen, Hildesheim: Olms.

PHILIPP, Elmar / ROLFF, Hans-Günter ([4]2006): Schulprogramme und Leitbilder entwickeln, Weinheim / Basel: Beltz.

PIRNER, Manfred L. (2008): Christliche Pädagogik. Grundsatzüberlegungen, empirische Befunde und konzeptionelle Leitlinien, Stuttgart: Kohlhammer.

PIRNER, Manfred L. (2011): Protestantische Unterrichtskultur? Überlegungen zu einer Forschungs- und Entwicklungsaufgabe an evangelischen Schulen, in: Kuhmlehn, M. / Klie, T. (Hg.): Protestantische Schulkulturen. Profilbildung an evangelischen Schulen, Stuttgart: Kohlhammer, 420–438.

PIRNER, Manfred L. (2015): Art. Schule, konfessionell, in: Das wissenschaftlich-religionspädagogische Lexikon, www.bibelwissenschaft.de/de/stichwort/100106/ (Mai 2020).

PIRNER, Manfred L. / SCHEUNPFLUG, Annette / HOLL Anke (2010): Lehrkräfte an Schulen in christlicher Trägerschaft im deutschen Sprachraum. Zum Stand der empirischen Forschung, in: Theo-Web, 9 (1/2010), 193–209.

PIRNER, Manfred L. / SCHULTE, Andrea (Hg.) (2010): Religionsdidaktik im Dialog – Religionsunterricht in Kooperation, Jena: IKS Garamond, Edition Paideia.

POMPOR, Zoltán (Hg.) (2017): Alapvetés. Háttertanulmányok a református iskolarendszer fejlesztéséhez, www.reformatus.hu/data/documents/2017/12/11/alapvetes_2017.pdf (Mai 2020).

PREUL, Reiner (2001): Anthropologische Fundamente des christlichen Erziehungs- und Bildungsverständnisses, in: Herms, E. (Hg.): Menschenbild und Menschenwürde, Gütersloh: Gütersloher, 138–155.

PREUL, Reiner (2011): »Bestimmung des Menschen« – wie lässt sich heute darüber reden, in: Polke, C. / Brunn F. M. / Dietz, A. / Rolf, S. / Siebert, A. (Hg.): Niemand ist eine Insel. Menschsein im Schnittpunkt von Anthropologie, Theologie und Ethik, (TBT 156), Berlin: de Gruyter, 487–508.

PREUL, Reiner (2013): Evangelische Bildungstheorie, Leipzig: Evangelische Verlagsanstalt.

PUSZTAI, Gabriella (2004): Iskola és közösség. Felekezeti középiskolások az ezredfordulón, Budapest: Gondolat.

PUSZTAI, Gabriella (2005): Community and Social Capital in Hungarian Denominational Schools Today. Religion and Society in Central and Eastern Europe, Vol 1, No 1, http ://www.rascee.net/index.php/rascee/article/view/18 (Mai 2020).

PUSZTAI, Gabriella (2009): A társadalmi tőke és az iskola kapcsolata. Kapcsolati erőforrások hatása az iskolai pályafutásra, Budapest: Új Mandátum.

PUSZTAI, Gabriella (2013): Expansion, Systematisation and Social Commitment of Church-Run Education in Hungary, in: Hungarian Educational Research Journal (4/2013), 1–15.

PUSZTAI, Gabriella (2014): Felekezeti oktatás új szerepekben, in: Educatio 23 (1/2014), 50–66.

PUSZTAI, Gabriella / RÉBAY, Magdolna (Hg.) (2005): Egyházak és oktatás, Themenheft Educatio 4 (3/2005).

PUSZTAI, Gabriella / BACSKAI, Katinka (2016): Evangélikus iskolák erőforrásai és eredményessége, in: Lelkipásztor 91 (4/2016), 122–125.

RASFELD, Marget (2018): Reformpädagogik an katholischen und evangelischen Schulen, in: Barz, H. (Hg.): Handbuch Bildungsreform und Reformpädagogik, Wiesbaden: Springer VS, 287–300.

RAUSCH, Jürgen (2010): Schule führen im Spannungsfeld von Stabilisierung und Veränderung. Zur Begründung eines Managementmodells an evangelischen Schulen, Wiesbaden: VS Verlag für Sozialwissenschaften.

REICHERTZ, Jo (²2013): Die Abduktion in der qualitativen Sozialforschung. Über die Entdeckung des Neuen, Wiesbaden: Springer VS.

REIMER, Maike C. (2006): Profilentwicklung an Mannheimer Schulen. Eine qualitative Untersuchung an Hauptschulen und Gymnasien (Mannheimer sozialwissenschaftliche Abschlussarbeiten, Nr. 005/2006), Mannheim: Universität Mannheim.

ROLFF, Hans-Günter (1998): Entwicklung von Einzelschulen: Viel Praxis, wenig Theorie und kaum Forschung – Ein Versuch, Schulentwicklung zu systematisieren, in: Rolff H.-

G. / Bauer, K.-O. / Klemm, K. / Pfeiffer, H. (Hg.): Jahrbuch der Schulentwicklung. Daten, Beispiele und Perspektiven, Band 10, Weinheim / München: Juventa, 295–326.

ROLFF, Hans-Günter (2007): Studien zu einer Theorie zur Schulentwicklung, Weinheim / Basel: Beltz.

ROTH, Heinrich (1971): Pädagogische Anthropologie. Band II: Entwicklung und Erziehung Hannover: Schroedel.

ROTHGANGEL, Martin (2014): Religionspädagogik im Dialog I. Disziplinäre und interdisziplinäre Grenzgänge, Stuttgart: Kohlhammer, 25–55.

ROTHGANGEL, Martin / SAUP Judith (2003): Eine Religionsunterrichts-Stunde – nach der Grounded Theory untersucht, in: Fischer, D. / Elsenbast, V. / Schöll, A. (Hg.): Religionsunterricht erforschen. Beiträge zur empirischen Erkundung von religionsunterrichtlicher Praxis, Münster u. a.: Waxmann, 85–102.

ROTHGANGEL, Martin / SCHELANDER, Robert (2015): Art. Bildung, in: Das wissenschaftlich-religionspädagogische Lexikon, www.bibelwissenschaft.de/stichwort/100081/ (Mai 2020).

ROTHGANGEL, Martin / JACKSON, Robert / JÄGGLE, Martin (Hg.) (2014) in cooperation with Philipp Klutz and Mónika Solymár: Religious Education at schools in Europe. Part 2: Western Europe, Göttingen: V&R unipress.

ROTHGANGEL, Martin / JÄGGLE, Martin / SCHLAG, Thomas (Hg.) (2016) in cooperation with Philipp Klutz and Mónika Solymár: Religious education at schools in Europe. Part 1: Central Europe, Göttingen: V&R unipress/Vienna University Press.

ROZS-NAGY, Szilvia (Hg.) (2014): Evangélikus nevelési és oktatási stratégia, in: Evangélikus Nevelés 13 (1/2014), 67–76.

RÓKUSFALVY, Pál (2003): A nevelés koordináta-rendszere: a kereszt pedagógiája, in: Keresztyén Igazság (4/2003), 21–33.

RUPP, Horst F. / SCHWARZ, Susanne (2011): Die reformpädagogischen Traditionen und ihre evangelische Rezeption, in: Kumlehn, M. / Klie, T. (Hg.): Protestantische Schulkulturen. Profilbildung an evangelischen Schulen, Stuttgart: Kohlhammer, 29–45.

SCHEILKE, Christoph Th. (2011): Fächerkulturen und evangelisches Profil, in: Kuhmlehn, M. / Klie, T. (Hg.): Protestantische Schulkulturen. Profilbildung an evangelischen Schulen, Stuttgart: Kohlhammer, 294–306.

SCHEILKE Christoph Th. / SCHREINER, Martin (Hg.) (1999): Handbuch Evangelische Schulen, Gütersloh: Gütersloher.

SCHEUNPFLUG, Annette (2011): Anspruch und Wirklichkeit evangelischer Schulen, in Kumlehn, M. / Klie, T. (Hg.): Protestantische Schulkulturen. Profilbildung an evangelischen Schulen, Stuttgart: Kohlhammer, 405–419.

SCHEUNPFLUG, Annette (2012): Schulen in evangelischer Trägerschaft, in: Ullrich H. / Strunck, S. (Hg.): Private Schulen in Deutschland. Entwicklungen – Profile – Kontroversen, Wiesbaden: Springer VS, 41–59.

SCHLAG, Thomas (2011): Protestantische Schulkulturen. Staatliche Bildungspolitik und evangelische Schulen, in: Kumlehn, M. / Klie, T. (Hg.): Protestantische Schulkulturen. Profilbildung an evangelischen Schulen, Stuttgart: Kohlhammer, 350–363.

SCHLAG, Thomas / SIMOJOKI, Henrik (2014): Religionspädagogik in anthropologischen Spannungsfeldern. Eine Einleitung, in: Schlag T. / Simojoki, H. (Hg.): Mensch – Religion – Bildung. Religionspädagogik in anthropologischen Spannungsfeldern, Gütersloh: Gütersloher, 16–31.

SCHLUß, Henning (2008): »Wie viel Religion braucht die Bildung?«, in: Schreiner, M. (Hg.) (2008): Religious literacy und evangelische Schulen, Münster u. a.: Waxmann, 83–101.

SCHLUß, Henning (2015): Öffentlichkeit und Evangelische Schulen oder Evangelische Schulen als öffentliche Schulen, in: Zeitschrift für Pädagogik und Theologie 67 (4/2015), 354–363.

SCHOBERTH, Wolfgang (2006): Einführung in die theologische Anthropologie, Darmstadt: Wissenschaftliche Buchgesellschaft.

SCHRATZ, Michael (2009): Die Zieldimension in der Schulentwicklung (Schulprofil, Leitbild, Schulprogramm), in: Blömeke, S. / Bohl, T. / Haag, L. / Lang-Wojtasik, G. / Sacher, W. (Hg.): Handbuch Schule. Theorie – Organisation – Entwicklung, Bad Heilbrunn: Klinkhardt, 567–571.

SCHREINER, Martin (1996): Im Spielraum der Freiheit. Evangelische Schulen als Lernorte christlicher Weltverantwortung, Göttingen: Vandenhoeck & Ruprecht.

SCHREINER, Martin (1999): Theologische und pädagogische Begründungszusammenhänge evangelischer Schulen, in: Scheilke, C. Th. / Schreiner, M. (Hg.): Handbuch Evangelische Schulen, Gütersloh: Gütersloher, 24–35.

SCHREINER, Martin (2001): Evangelische Schulgemeinschaft als »Schulgemeinde«?, in: Bohne, J. / Stoltenberg, A. (Hg.): Zukunft gewinnen. Evangelische Schulgründungen in den östlichen Bundesländern in den Jahren 1996–2001, Göttingen: Vandenhoeck & Ruprecht, 107–149.

SCHREINER, Martin (2012a): Aufwachsen in Würde und christliches Menschenbild. Religionspädagogische Annäherungen, in: Schreiner, M. (Hg.): Aufwachsen in Würde, Münster u. a.: Waxmann, 63–79.

SCHREINER, Martin (Hg.) (2008): Religious literacy und evangelische Schulen, Münster u. a.: Waxmann.

SCHREINER, Martin (Hg.) (2012b): Aufwachsen in Würde, Münster u. a.: Waxmann.

SCHREINER, Peter (2012): Religion im Kontext einer Europäisierung von Bildung. Eine Rekonstruktion europäischer Diskurse und Entwicklungen aus protestantischer Perspektive, Münster u. a.: Waxmann.

SCHRÖDER, Bernd (2006): Warum ›Religion im Schulleben‹?, in: Schröder, B. (Hg.): Religion im Schulleben. Christliche Präsenz nicht allein im Religionsunterricht, Neukirchen-Vluyn: Neukirchener, 11–26.

SCHRÖDER, Bernd (2012): Schulen in kirchlicher Trägerschaft, in: Schröder, B. (Hg.): Religionspädagogik, Tübingen: Mohr Siebeck, 672–681.

SCHRÖDER, Bernd (2014): Gemeinde und Schule, in: Kunz, R. / Schlag, T. (Hg.): Handbuch für Kirchen- und Gemeindeentwicklung, Neukirchen-Vluyn: Neukirchener, 357–364.

SCHULTE, Andrea (Hg.) (2014a): Evangelisch Profil zeigen im religiösen Wandel unserer Zeit, Münster u. a.: Waxmann.

SCHULTE, Andrea (2014b): Chancen evangelischer Schulen in religiös indifferenten Kontext, in: Schulte, A. (Hg.): Evangelisch Profil zeigen im religiösen Wandel unserer Zeit, Münster u. a.: Waxmann, 71–89.

SCHULTE, Andrea / WIDL, Maria (Hg.) (2011): Die konfessionelle Schule. Herausforderungen und Perspektiven zwischen Erbe und Auftrag. Würzburg: Echter.

SCHWEITZER, Friedrich (2003): Pädagogik und Religion. Eine Einführung. Stuttgart: Kohlhammer.

SCHWEITZER, Friedrich (2006): Religionspädagogik, Gütersloh: Gütersloher.

SCHWEITZER, Friedrich (2011): Menschenwürde und Bildung. Religiöse Voraussetzungen der Pädagogik in evangelischer Perspektive, Zürich: Theologischer Verlag Zürich.

SCHWEITZER, Friedrich (2013): Das Recht des Kindes auf Religion, Gütersloh: Gütersloher.

SCHWEITZER, Friedrich (2014): Bildung, Neukirchen-Vluyn: Neukirchener.

SCHWEITZER, Friedrich (2016): Das Bildungserbe der Reformation. Bleibender Gehalt, Herausforderungen, Zukunftsperspektiven, Gütersloh: Gütersloher.

SIMOJOKI, Henrik (2008): Theorie evangelischer Erziehungsverantwortung. Ein Beitrag zur Wiedererschließung einer religionspädagogischen Reflexionsdimension, in: International Journal of Practical Theology 12 (1/2008), 88–103.

SOLYMÁR, Mónika (1998): Kihívások kereszttüzében. Hogyan él a hitoktató lelkész újraindult felekezeti iskoláinkban?, in: Lelkipásztor 73, (5/1998), 183–185.

SOLYMÁR, Mónika (2004a): Protestantisches Schulwesen in Ungarn I: Lutherische Kirche, in: Adam, G. (Hg.): Kirche-Bildung-Demokratie, Münster u. a.: Waxmann, 145–166.

SOLYMÁR, Mónika (2004b): Evangélikus iskolák, in: Szabó, L. (Hg.): Ablaknyitás. Keresztény önértelmezés falakon belül és kívül, Budapest: Luther, 174–192.

SOLYMÁR, Mónika (2009): Egyházi jelenlét az iskolákban a hittanoktatáson keresztül, in: Lelkipásztor 84 (8–9/2009), 309–315.

SOLYMÁR, Mónika (2014): Gebildetes Christsein und Menschsein in der Gegenwart. Menschenbilder von Schulen in evangelischer Trägerschaft in Ungarn, in: Engemann, W. (Hg.): Glaubenskultur und Lebenskunst. Interdisziplinäre Herausforderungen zeitgenössischer Theologie, Göttingen: V&R unipress, 121–140.

SOLYMÁR, Mónika (2018): Inklusion und Auswahl von Schüler_innen an evangelisch-lutherischen Schulen in Ungarn, in: Lehner-Hartmann, A. / Krobath, T. / Peter, K. / Jäggle, M. (Hg.) (2018): Inklusion in/durch Bildung? Religionspädagogische Zugänge, Göttingen: V&R unipress, 325–346.

SÓLYOM, Jenő (2010): A Magyarországi Evangélikus Egyház Zsinata Statisztikai Munkacsoportjának jelentése, http://strategia.lutheran.hu/letoeltes/A_Zsinat_statisztikai_munkacsoportjanak_jelentese_2010.doc/view (Mai 2020).

STANDFEST, Claudia (2005): Erträge von Erziehungs- und Bildungsprozessen an Schulen in evangelischer Trägerschaft in Deutschland. Ein multikriterialer Ansatz. Dissertationsschrift, https://opus4.kobv.de/opus4-fau/files/132/Dissertation+Standfest+27_04_2005.pdf (Mai 2020).

STANDFEST, Claudia / KÖLLER, Olaf / SCHEUNPFLUG Annette (2005): Leben – lernen – glauben. Zur Qualität evangelischer Schulen. Eine empirische Untersuchung über die Leistungsfähigkeit von Schulen in evangelischer Trägerschaft, Münster u. a.: Waxmann.

STEFFENS, Ulrich / MAAG MERKI, Katharina / FEND, Helmut (Hg.) (2017): Schulgestaltung. Aktuelle Befunde und Perspektiven der Schulqualitäts- und Schulentwicklungsforschung. Grundlagen der Qualität von Schule 2, Münster u. a.: Waxmann.

STRAUSS, Anselm / CORBIN, Juliet (1996 [1990]): Grounded Theory. Grundlagen Qualitativer Sozialforschung, Weinheim: Beltz / Psychologie Verlags Union.

STRÜBING, Jörg (³2014): Grounded Theory. Zur sozialtheoretischen und epistemologischen Fundierung eines pragmatischen Forschungsstils, Wiesbaden: Springer VS.

STÖGBAUER-ELSNER, Eva (2011): Die Frage nach Gott und dem Leid bei Jugendlichen wahrnehmen. Eine qualitativ-empirische Spurensuche, Bad Heilbrunn: Klinkhardt.

SZABÓ, Lajos (2000): A megerősödés időszaka és iránya. A protestáns nevelés és iskolaügy maradandó és változó értékei, in: Lelkipásztor 75 (2/2000), 47–52.

SZABÓ, Lajos (2006): Tájékozódást segítő gondolatok az iskolalelkészi szolgálat bevezetése előtt, in: Lelkipásztor 81 (2/2006), 47–51.

SZALAY, Balázs / SZEPESI, Ildikó / VADÁSZ, Csaba (2016): TMSS 2015. Összefoglaló jelentés, Budapest: Oktatási Hivatal.

SZEMERSZKI, Marianna (Hg.) (2015): Eredményesség az oktatásban. Dimenziók és megközelítések, Budapest: Oktatási Hivatal.

SZIGETI, Jenő / SZEMERSZKI, Marianna / Drahos, Péter (Hg.) (1992): Egyházi iskolák indítása Magyarországon, Budapest: Oktatáskutató Intézet.

TOMASZ, Gábor (2017): Erősödő egyházi jelenlét az oktatásban, in: Educatio 26 (1/2017), 94–112.

TOMKA, Miklós (2005): A felekezeti oktatásügy társadalmi megítélése, in: Educatio 14 (3/2005), 492–501.

TOMKA, Miklós (2010): Religiöser Wandel in Ungarn. Religion, Kirche und Sekten nach dem Kommunismus, Ostfildern: Matthias-Grünewald.

WAAP, Thorsten (2008): Gottebenbildlichkeit und Identität. Zum Verhältnis von theologischer Anthropologie und Humanwissenschaft bei Karl Barth und Wolfhart Pannenberg, Göttingen: Vandenhoeck & Ruprecht.

WEGENAST, Klaus (1978): Didaktik des Religionsunterrichts, in: Westermanns pädagogische Beiträge, Jg. 6, 226–232.

WEIß, Manfred (2011): Allgemeinbildende Privatschulen in Deutschland. Bereicherung oder Gefährdung des öffentlichen Schulwesens?, Berlin: Friedrich-Ebert-Stiftung.

WERMKE, Michael (⁷2012): Religion und Schulleben, in: Rothgangel, M. / Adam, G. / Lachmann, R. (Hg.): Religionspädagogisches Kompendium, Göttingen: Vandenhoeck & Ruprecht, 106–123.

WERMKE, Michael (Hg.) (2010): Religionspädagogik und Reformpädagogik. Brüche, Kontinuitäten, Neuanfänge, Jena: IKS Garamond.

WILD, Klaus (2006): Wahrnehmungsorientierte Schulentwicklung. Innere Schulentwicklung unter Berücksichtigung der Wahrnehmung von Schulqualität durch Lehrkräfte, Winzer: Duschl.

WORSLEY, Howard J. (Hg.) (2013): Anglican Church School Education. London: Bloomsbury.

WULF, Christoph / ZIRFAS, Jörg (2014): Theorie, in: Wulf, C. / Zirfas, J. (Hg.): Handbuch Pädagogische Anthropologie, Wiesbaden: Springer VS, 29–42.

ZÁMBÓ, Éva (2008): A hitéleti nevelés tapasztalatai pedagógus szemmel, in: Lelkipásztor 83 (8–9/2008), 317–320.

ZOMBORYNÉ BAZSÓ, Rozália (2000): A pesti evangélikus oktatás krónikája 1788–1823–1998, Budapest: Magánkiadás.

ZSIGMOND, Anna (1999): Zsidó iskolák a 21. század küszöbén, in: Új Pedagógiai Szemle 49 (10/1999), 30–43.